1

Acción

LEVEL 3

VICKY GALLOWAY
ANGELA LABARCA

GLENCOE
McGraw-Hill

New York, New York   Columbus, Ohio   Mission Hills, California   Peoria, Illinois

Glencoe/McGraw-Hill

A Division of The **McGraw·Hill** *Companies*

Copyright © 1998 by Glencoe/McGraw-Hill. All rights reserved. Except as permitted under the United States Copyright Act, no part of this publication may be reproduced or distributed in any form or by any means, or stored in a database or retrieval system, without prior permission of the publisher.

Printed in the United States of America.

Send all inquiries to:
Glencoe/McGraw-Hill
15319 Chatsworth Street
P.O. Box 9609
Mission Hills, CA 91346-9609

ISBN 0-02-640712-4 (Student Edition)
ISBN 0-02-640713-2 (Teacher's Wraparound Edition)

1 2 3 4 5 6 7 8 9   RRW   03 02 01 00 99 98 97 96

Contents

Introduction

Your intermediate Spanish classroom is a picture of diversity. Here, young individuals representing an array of looks, attitudes, experiences, interests, and talents are assembled for the common purpose of language learning. Each brings to the union a rich and unique background in abilities, learning style, and perspective. Each owns a multifaceted self-seeking validation:

- a **personal** self under construction. Within each student beliefs and commitments, dreams and ambi- and highly personal notions of pride and insecurity, fairness and bias, importance and responsibility work and play are forming. In this self reside needs for self-exploration and personal discovery.

- a **social** self composed of learned and preferred ways of acting and interacting with others. Notions of trust and support, felt tensions for acceptance, and the constant drama of conflict between owner-ship and sharing, competition and collaboration, conformity and individualism are being formed and modified constantly. In this self lie needs for com-munication and understanding.

- an **intellectual** self which is continually engaged in storing, sorting, connecting, and reflecting on knowledge and in automatizing, stretching, and per-fecting skills in using this knowledge. This self has been developed by the learner through a multitude of strategies. From this domain arise needs for rele-vance, creativity, a sense of accomplishment, and most importantly, support in learning how to learn.

Each learner in your classroom thus has a story to tell. More than likely, these students have opted to con-tinue the study of Spanish because what takes place in this classroom responds to their needs for exploration and discovery, for communication, for relevance, cre-ativity, and sense of accomplishment. *¡Acción!* Level 3 has been written with constant attention to the learner's complex personal, social, and intellectual selves. It is dedicated to the learner's story and to you, the teacher who guides its realization.

As you work with *¡Acción!* Level 3 you will notice its flexibility, variety, and learner appeal. Linguistic and cultural aspects reflect authentic contexts and are carefully integrated with constant attention to stretch-ing and broadening cognitive, social, and affective strategies. Classroom activities respond to the chal-lenge of meaningful communication by providing both teacher and learner the appropriate circum-stances and support for participation. Tasks are designed to stimulate learner engagement, collabora-tion, and interaction through clear and purposeful directions, authentic models that focus on real life issues and ideas, and constant connection of the new and the known that respects the cognitive, cultural, and linguistic repertoire of the intermediate level Spanish student.

In *¡Acción!* Level 3 you will find many of the same features and approaches as in the successful begin-ning texts, *¡Acción!* Levels 1 and 2:

- Contextualized language presentation and use
- Communicative, personalized learning activities
- Constant attention to recycling of grammar and vocabulary
- High-interest, contemporary themes
- Careful development and integration of each of the skills
- Consolidation and stretching of successful learning and communication strategies
- Active learner participation in the development of cultural insights
- Opportunities for meaningful interaction and cooperative learning
- Consistent attention to development of critical thinking

In this program's focus on the intermediate student of Spanish, communicative features such as the follow-ing are given increased attention in order to respond to subtle differences in the needs of more "seasoned" learners of Spanish.

1. *Connectedness. ¡Acción!* Level 3 promotes the understanding and internalization of Spanish as a communicative system. Learners are guided to see patterns, to establish varied, fluid, and stable connec-tions within the language, and to form and experi-ment with relationships. Focused, yet open-ended tasks integrate opportunities for language "play"—to encourage students to explore semantic boundaries and test out linguistic and cultural hypotheses.

2. *Cohesion and expansion.* Another communica-tive aspect targeted for expansion in the intermediate language user is that of competence and comfort in the production of expanded discourse, be it in spoken or written form. *¡Acción!* Level 3 provides guidance and support in stretching students gradually beyond the clause or simple sentence level in oral and written communication to foster the cohesive, coherent, and sociolinguistically appropriate expression of thought relationships.

3. *Versatility and autonomy.* The functions and contexts of language use presented in *¡Acción!* Levels

1 and 2 are both broadened and deepened in this intermediate program to foster more flexibility, precision, and independence in communicative expression. Students are guided toward the production of description and narrative that are rich in detail and powerful in image. Because good language must develop from good thought, increased attention is directed to the union of cognitive and communicative skills in abstraction, supposition, speculation, and decision-making. ¡Acción! Level 3 is designed to help learners acquire a sense of language as much more than rules and restrictions, but as a system rich in expressive options.

4. *Skills integration.* In communication the skills of reading, writing, listening, and speaking are not used in isolation, but in continuous and simultaneous interaction. ¡*Acción!* Level 3 encourages learners to combine these skills through tasks that reflect natural contexts of language use. Reading tasks, for example, integrate speaking, listening, and writing for expression of critical thinking and cross-cultural discovery; speaking tasks spring from writing and reading, and so on.

5. *Use of learning strategies and thinking skills.* Abundant research has shown appropriate use of a good repertoire of learning strategies to be a major determining factor in student success. Likewise, those we often group under the unfortunate label "less able learners" are more likely to simply possess fewer or lower-level strategies. Strategy is the term applied to those actions taken by individuals to make thinking and learning more effective, more efficient, more independent, more stable and transferable, more personally relevant and controllable, and much more enjoyable. As you use ¡*Acción!* Level 3 with your students, you will notice the deliberate attention to fostering good thinking skills through strategy use. This attention is present in both the sequencing and organization of presentation and the progression and design of practice. The following are just some of the types of strategies students are directed to use throughout the program:

- **memory strategies,** such as grouping, associating, mapping, elaborating, and transferring contexts, using key words, linking new to known.
- **cognitive strategies,** such as recognizing and using formulae and patterns, recombining, locating and classifying salient information, summarizing, highlighting, using clues for guessing, organizing and planning, and creating structure for input and output

by activating appropriate experiential, cognitive, and linguistic frameworks.

- **social and affective strategies,** such as peer collaboration and interaction, risk-taking and hypothesis-testing, conversation planning, personal and cross-cultural reflection.

6. *Literacy through reading and writing opportunities.* One of the most striking features of ¡*Acción!* Level 3 is the heightened attention devoted to development of reading and writing. The intermediate learner's communicative growth in such areas as the ability to observe and form linguistic connections depends heavily on the accessibility of permanent and reviewable input—input that allows for reflection, analysis, and focus on detail. Written input provides opportunities for language learners to focus on the message and the detail of its packaging. The same notions hold true for student writing. Research has demonstrated the value of well-designed written tasks for directing attention to accuracy and communicative precision that has great transfer potential to oral skills as well. For continued development of proficiency to occur, there must be opportunities to stretch via tasks that allow learners not only to use the language, but, also to consider how they will use it—to reflect on and experiment with options in expression.

7. *Literary awareness and Advanced Placement.* ¡*Acción!* Level 3 presents selected, high-interest works by renowned authors from Spanish speaking countries such as Octavio Paz, Pablo Neruda, Jorge Luis Borges, Antonio Machado, Juana de Ibarbourou, Alfonsina Storni, Ernesto Sábato, Miguel Delibes, Carmen Laforet, Federico García Lorca, Rubén Darío, Juan Ramón Jiménez, Gustavo Adolfo Bécquer, Marco Denevi, and many more. Accompanying these works in the **Lectura** and **Cultura viva** sections are tasks designed to guide reader understanding and foster appreciation for the writer's ideas and expression with the aim of helping learners develop cognitively, linguistically, creatively, and culturally. An additional aim is to provide a valuable literary orientation for those students (or classes) interested in preparing for Advanced Placement Testing. Authors' works are selected for their appeal to high school students, their cultural representation value, and their accessibility for intermediate-level readers.

8. *Cultural exploration.* The culture of Spanish-speaking peoples is presented through a topical organization that explores the Hispanic perspective of such universal themes as love, friendship, and family;

work and play; education and schooling; youth and adult roles; values and generational tensions; life and death; notions of past, present, and future; technology, communication, and global concerns; and personal and cultural identity. In each thematic unit a variety of topical perspectives is conveyed, not in the form of an "outsider's" description, but rather from the minds and voices of the "insiders," Hispanic people communicating with members of their own culture. A mixture of "authentic texts"—literary and popular—not only allows opportunities for learners to explore the real culture and the person within the culture, but also the union of thought and word—language within its original cultural context. Interactive, youth-oriented activities guide students in cultural analysis and in the personal discovery of their own notions which is prerequisite to cross-cultural understanding.

9. *Cooperative learning.* Many activities in each lesson require that students develop skills in working with others. This collaboration supports an increased awareness of and respect for divergent opinions and notions; helps develop gathering, categorizing, and reporting skills; and results in the production of longer and more complex oral and written language. Cooperation also engages students in a highly personal way, thus making both process and product more stable in memory.

(For additional background information, or for specific suggestions for using cooperative learning in your classroom, see the Teacher's Manual of the Teacher's Wraparound Edition of *¡Acción!* Levels 1 or 2.)

A textbook, along with its ancillary components, serves as a springboard for opportunities to meet the diverse needs of your students in developing their proficiency in Spanish. How these materials are used, supplemented, and adapted to your groups of learners and your own teaching style is what determines their effectiveness. This Teacher's Manual familiarizes you with some of the features and additional resources the *¡Acción!* Level 3 program offers. It provides as well an easy to follow guide to using and supplementing the materials for maximum benefit to your classroom.

Description of Level 3 Components

Student Edition

¡Acción! Level 3 consists of six chapters, each of which is subdivided into three lessons. Chapters are devoted to a variety of global themes relevant to the lives of high school students. The lessons of each chapter focus students on various facets of the theme

in terms of personal, social and societal, and cross-cultural perspectives. The following are the themes and subthemes featured:

Chapter 1: **Horas de ocio**
    Lesson 1: movies and theatre, books, television
    Lesson 2: travel: personalities, pastimes and play
    Lección 3: family vacations and motoring

Chapter 2: **La vida estudiantil**
    Lesson 1: high-school life: grades, tests, study habits, and attitudes
    Lesson 2: educational systems: privileges, responsibilities, and points of view
    Lesson 3: jobs-selecting, applying, interviewing

Chapter 3: **Amistades y amores**
    Lesson 1: friends and acquaintances
    Lesson 2: attractions and relationships
    Lesson 3: love

Chapter 4: **Todo pasa y todo queda**
    Lesson 1: life stages-roles and characteristics
    Lesson 2: childhood, adolescence, and change
    Lesson 3: fantasies and realities of childhood

Chapter 5: **La fantasía de hoy, ¿la realidad del futuro?**
    Lesson 1: technology and communication
    Lesson 2: environmental problems and solutions
    Lesson 3: hopes and dreams for the future

Chapter 6: **¿Quién soy yo?**
    Lesson 1: describing oneself
    Lesson 2: non-verbal communication and its messages-looks and behavior
    Lesson 3: opinions of others and of society

Each of the three chapter lessons contains the following components:

1. **En esta lección...** This opening page provides, in annotated table-of-contents fashion, an overview of the lesson objectives with description of the linguistic, cultural, and literary orientation of each of the major lesson components.

2. **Vocabulario:** New words are presented in thematic groups, arranged under a lead-in phrase that provides a model context and springboard for their use. Introduction of vocabulary is followed by three sections of student activities, each designed to foster a different type of lexical recombination and internalization. **Asociaciones** offers students opportunities to connect new to new, and new to known, lexical items while encouraging memory strategies such as association, imaging, categorization, and prioritization. **Conversemos** promotes integration of vocabulary with previous learnings of use in oral interaction with peers in high interest communicative tasks. **Escribamos** provides written reinforcement of new vocabulary

and exploration of chapter themes through purposeful, real-life tasks that guide student creativity in a variety of print genres.

3. Estructura presents the grammatical focus of the lesson in functional, student-centered terms that review, expand, explain, and model communicative use of structural elements. A progression of contextualized activities follows for meaningful practice in two modes: **Conversemos** focuses on development of oral flexibility in use of the structures alone and in combination with previously learned structures through personalized tasks in which students perform alone, in pairs, or in groups. **Escribamos** allows for more reflective use of the target structures in tasks that adhere to the real-life parameters of written communication.

4. Lectura is the core of the lesson from which both the vocabulary selection and grammar focus are derived. Here, an authentic text—popular (Hispanic magazine articles and columns) or literary (short stories, novel excerpts, poetry)—serves to develop an important facet of the chapter theme while stimulating students' thought and discussion. Articles from popular magazines, such as **Muy interesante, Mía, Conocer,** and **Época,** capture contemporary high-interest issues. Literary works from a number of major Hispanic authors, such as Jorge Luis Borges, Pablo Neruda, Octavio Paz, Miguel Delibes, Carmen Laforet, Juana de Ibarbourou, Ana María Matute, Ernesto Sábato, Federico García Lorca, Alfonsina Storni, Rubén Darío, Juan Ramón Jiménez, Gustavo Adolfo Bécquer, Marco Denevi, and others, reflect the perspective of the culture and the individual within the culture. A carefully designed progression of activities guides students through the following stages of reading while fostering effective, transferable reading strategies:

Pensemos presents a series of pre-reading activities that engage learners in activating their own background knowledge and experience for approaching the reading with the appropriate cognitive and linguistic framework of anticipation, or mental set.

Miremos provides a set of tasks to support students in their first look at the text, to familiarize them with its global features, or to focus attention on critical aspects prior to more intensive reading. This stage encourages students to use strategies for skimming and scanning, guessing, hypothesizing, and sorting information.

Leamos carefully guides students through the actual reading of the work through a variety of inferencing

tasks that focus learners on negotiating meaning of components and idea units of the text, finding and categorizing salient information, and developing logical conclusions.

Analicemos presents activities that direct readers to focus on the language itself, on its connotations and derivations—how meaning is expressed—also to transfer and connect this information to what they already know about the language.

Apliquemos provides integrative follow-up tasks which encourage students to synthesize, internalize, and personalize concepts for their own creative performance.

5. Cultura viva follows up on the theme of the Lectura to offer a deeper and expanded Hispanic cultural perspective. Additional authentic texts and realia—from ads, cartoons, cards and letters to anecdotes, articles, interview excerpts, and poetry—reinforce the notions introduced. The frequent inclusion in this section of brief literary pieces by such renowned writers as Machado, García Lorca, Juan Ramón Jiménez, Borges, Denevi, Amado Nervo, Gloria Fuertes, Octavio Paz, Alfonsina Storni, and others captures and defines the individual writers' reflections on their culture and demonstrates the expressive beauty of the Spanish language. Written and oral tasks in this section are designed to activate the material and foster individual reflection and creativity.

6. Estructura: Un poco más is directed toward some of the subtler yet crucial and frequent notions and meaning conveyances of the Spanish language. It is designed to focus on sorting out and clarifying impressions, confusions, and misconceptions frequently held by intermediate learners regarding such aspects as augmentatives and diminutives, use of prepositions, meaning differences conveyed by adjective placement, nominalization, negation, use and omission of definite articles, and terms such as *cualquier(a), lo de, lo que,* etc. Presentation and practice provided in this section are designed to anticipate and respond to questions that arise as learners increase their competence in the language.

7. Diversiones presents pair and small-group activities and games of a lighter, play-oriented and word-focused nature.

8. Repaso de vocabulario presents a summary of active vocabulary that has been taught in the lesson, organized according to functional categories. These words and expressions are summarized here as a resource for both students and teacher.

Un paso más: This section, which appears at the end of each chapter, provides student activities for further integration of the language and cultural concepts presented in the target and preceding chapters.

THE TEACHER'S WRAPAROUND EDITION

One important component of *¡Acción!* Level 3 that adds to the series' flexible, "teacher-friendly" nature, is the Teacher's Wraparound Edition (TWE), of which this Teacher's Manual is a part. Each two-page spread of the TWE "wraps around" a slightly reduced reproduction of the corresponding Student Textbook page, and offers in the expanded margins a variety of specific, helpful suggestions for every phase of the learning process. A complete method for the presentation of all the material in the Student Textbook is provided—a complete set of lesson plans—as well as techniques for background-building, additional reinforcement of new language skills, creative and communicative recycling of material from previous chapters, and a host of other alternatives from which to choose. This banquet of ideas has been developed and conveniently laid out in order to save valuable teacher preparation time and to aid you in designing the richest, most varied language experience possible for you and your students. A closer look at the kinds of support materials in the TWE and their locations will help you decide which ones are right for your pace and style of teaching, and the differing "chemistries" of your classes.

The notes in the Teacher's Wraparound Edition can be divided into two basic categories.

1. Core notes, appearing in the left- and right-hand margins, are those which most directly correspond to the material in the accompanying two-page spread of the Student Textbook.

2. Enrichment notes in the bottom margin are meant to be complimentary to the material in the Student Textbook. They offer a wide range of options aimed at getting students to practice the Spanish they are learning in diverse ways: individually or with their classmates, in the classroom or for homework. The enrichment notes also include tips for the teacher on how to clarify and interconnect elements of Spanish language, Hispanic culture, geography and history—ideas that have proven useful to other teachers and which are offered for your consideration.

Description of Core Notes in the Teacher's Wraparound Edition

Chapter Overview At the beginning of each chapter, a brief description is given of the language functions which students will be able to perform by chapter's end. Mention is made of any closely associated functions presented in other chapters. This allows for effective articulation between lessons, and serves as a guide for more successful teaching.

Introducing the Lesson Theme

Objectives This guide immediately follows the introduction to the lesson theme and is closely related to it. Here, the focus is on grammatical objectives for the chapter, which are stated in a concise list.

Lesson Resources The beginning of each lesson includes a reference list of all the ancillary components of the series that are applicable to what is being taught in the lesson; these include the Writing Activities Workbook, Student Tape Manual, Audio Program (cassette or CD), Transparency Binder, Situation Cards, Lesson Quizzes, and Testing Program. A more precise version of this resource list will be repeated at the beginning of each section within the chapter, so that you always have a handy guide to the specific resources available to you for each and every point in the teaching process. Using these lesson and section resource references will make it easier for you to plan varied, stimulating lessons throughout the year.

Bell Ringer Reviews These short activities recycle vocabulary and grammar from previous lessons and sections. They serve as effective warm-ups, urging students to begin thinking in Spanish, and helping them make the transition from their previous class to Spanish. Minimal direction is required to get the Bell Ringer Review activity started, so students can begin meaningful, independent work in Spanish as soon as the class hour begins, rather than wait for the teacher to finish administrative tasks, such as attendance, etc. Bell Ringer Reviews appear consistently in three locations in each lesson:
1. with the introduction to **Vocabulario;**
2. with the introduction to **Estructura;** and
3. with the introduction to **Lectura.**

Presentation Step-by-step suggestions for the presentation of the material in all main section headings in each chapter—**Vocabulario, Estructura, Lectura, Cultura viva, Estructura: Un poco más,** and **Diversiones** —are presented in the left- and right-hand margins. They offer the teacher suggestions on what to say; whether to have books open or closed; whether to perform tasks individually, in pairs or in small groups; expanding the material; and assigning homework. These are indeed suggestions. You may wish to follow them as written or choose a more eclectic approach to suit your time constraints, personal teaching style and class "chemistry."

The Presentation notes suggest tips for modeling correctness of the most important grammatical structures in student responses to these activities. Besides this running presentation, the teacher's notes offer other topics for enrichment, expansion, and assessment. A brief discussion of these may help you incorporate them into your lesson plans.

Activities Answers Answers for all the *Actividades* are conveniently located near the corresponding exercise in the Student Textbook. Because the answers will vary in the majority of the activities, for the most part, they are only partially provided. Also, for lack of space, complete sets of model answers have been placed in the Teacher's Manual, with reference to the page in which they appear.

Additional Practice There are a variety of Additional Practice activities to complement the presentation of material in the Student Textbook. Frequently, the Additional Practice focuses on personalization of the new material. Examples of Additional Practice activities include having students give oral or written descriptions, or asking students to conduct interviews on a given topic and then report their findings to the class. The Additional Practice will equip the teacher with an ample, organized repertoire from which to pick and choose extra practice activities beyond those found in the Student Textbook.

Did You Know? This is a teacher resource topic where you will find additional details relevant to the chapter theme. You might wish to add this information to your own knowledge and share it with your students to spur their interest in research projects, enliven class discussions, and round out their awareness of Hispanic culture, history or geography.

Reading Strategies These are suggestions for helping students to improve their reading comprehension. These suggestions use examples taken directly from the readings in the text. They include the following: pre-reading for overall comprehension, guessing from context, looking for patterns, identifying cognates, applying knowledge and experience to the sense-making process, identifying silent information, and searching for clues to meaning.

Student Portfolio Students are encouraged to keep a notebook or file of their best written work from *¡Acción!* Level 3. These writings can be based on assignments from the Student Textbook, the Workbook, teacher-assigned compositions, or special projects. The teacher has the option to indicate to students which written works can be included in their portfolios.

Description of Enrichment Notes in the Teacher's Wraparound Edition

The notes in the bottom margin of the Teacher's Wraparound Edition enrich students' learning experiences by providing supplementary activities to those in the Student Textbook. These activities will be helpful in meeting each chapter's objectives, as well as in providing students with an atmosphere of variety, cooperation, and enjoyment.

Learning from Photos, Illustrations and Realia Each lesson of *¡Acción!* Level 3 contains many colorful photographs and reproductions of authentic Spanish documents, filled with valuable cultural information. In order to help you take advantage of this rich source of learning, additional information is provided to assist you in highlighting the special features of these photo and realia pieces. The questions that appear under this topic have been designed to enhance learners' reading and critical thinking skills.

Cooperative Learning At least one Cooperative Learning activity can be found in each lesson. These activities include guidelines regarding the size of the groups to be organized and tasks the groups will perform. They reflect two basic principles of Cooperative Learning: **(a)** that students work together, being responsible for their own learning, and **(b)** that they do so in an atmosphere of mutual respect and support, where the contributions of each peer are valued. For more information on this topic, please see the section in this Teacher's Manual entitled Cooperative Learning.

Independent Practice Many of the activities in each chapter lend themselves well to assignment or reassignment as homework. In addition to providing extra practice, reassigning exercises on paper, that were performed orally in class, makes use of additional language skills and aids in informal assessment. The suggestions under the Independent Practice heading in the bottom margin of the Teacher's Wraparound Edition will call your attention to exercises that are particularly suited to this. In addition to reassigning exercises in the Student Textbook as independent practice, additional sources are suggested from the various ancillary components, specifically, the Writing Activities Workbook and the Student Tape Manual.

Critical Thinking Activities To broaden the scope of the foreign language classroom, suggestions are given that will encourage students to make inferences and organize their learning into a coherent "big picture" of today's world. These and other topics offered in the enrichment notes provide dynamic content areas to which students can apply their Spanish language skills and their growing knowledge of Hispanic culture. The guided discussions suggested are derived from the chapter themes. They invite students to make connections between what they learn in Spanish class and other areas of the curriculum.

Vocabulary Expansion These notes provide the teacher with vocabulary items which are thematically related to those presented within the Student Textbook. They are offered to enrich classroom conversations, allowing students more varied and meaningful responses when talking about themselves, their classmates, or the topic in question. Note that none of these items—or for that matter any information in the Teacher's Wraparound Edition—is included in the Lesson Quizzes or in the Testing Program accompanying *¡Acción!* Level 3.

Cultural Connection These notes provide the teacher with diverse bits of cultural (geographic, historical, economical, etc.) information which he or she may have the option to pass on to students. These optional bits of information are another way in which *¡Acción!* crosses the boundaries into other areas of the curriculum. They will instill in students the awareness that the Spanish class is not just a study of language, but an investigation into a powerful culture that has directly or indirectly affected the lives of millions of people all over the globe.

For the Native Speaker This feature has been provided with the realization that the modern Spanish-as-a-second-language class in the United States often includes students whose first language is Spanish. These students can provide the class, including the teacher, with valuable information about Hispanic culture as well as the living Spanish language they use in their everyday lives. For the Native Speaker invites them to share this information in an atmosphere of respect and trust.

Interdisciplinary Activities These optional activities are another way in which *¡Acción!* Level 3 crosses boundaries into other areas of the curriculum. Following these suggestions can be seen as a very effective springboard from the Spanish classroom into other subjects. Students are invited to participate in the study of several academic disciplines while using the vocabulary and structures of Spanish they have learned. The notes and suggestions will assist you in providing information or in creating projects in which students do their own research.

Extra Activities These optional activities are designed for students who may need more practice on a specific point of difficulty. They consist of activities that expand or vary activities already done. Most of them are written, but they can be used for oral practice by personalizing the topics that have been learned.

Interesting Facts These notes supply the teacher with diverse bits of geographical and historical information which the teacher may decide to pass on to his or her students for their cultural enrichment.

ADDITIONAL ANCILLARY COMPONENTS

All ancillary components are supplementary to the Students Textbook. Any or all parts of the following ancillaries can be used at the discretion of the teacher.

Writing Activities Workbook, Student and Teacher Editions

This component provides additional writing practice to reinforce all vocabulary and structures presented in each lesson. As in the case of the Student Textbook, writing activities are contextualized. The workbook employs a variety of tasks, many of which are accompanied by illustrations, handwritten notes, and authentic documents—all designed to elicit written responses. With the second edition, a new, 32-page **Repaso** has been added to the workbook. This **Repaso** corresponds to the new Review section that is now part of the *¡Acción!* Level 3 Student Textbook. The Writing Activities Workbook is also available in the form of a Teacher's Annotated Edition which includes responses or suggested responses to each activity.

Audio Program (Cassette or Compact Disk)

The audio recordings for *¡Acción!* Level 3 follow a radio broadcast format that includes interviews, newscasts, public service announcements, sports events, movie and television reviews, and other topics that are "natural" venues for developing listening comprehension. In all instances these recordings are designed to reinforce the **Vocabulario, Estructura,** and **Lectura** sections of each lesson, as well as the end-of-chapter **Un paso más.** In addition, one cassette (or CD) in the Audio Program has been especially recorded to allow students to hear the poetry selections from the *¡Acción!* Level 3 Student Edition read aloud by professionals. This same cassette or CD contains twelve songs that were recorded especially for the *¡Acción!* series.

Student Tape Manual

The Student Tape Manual contains the follow-up activities to which students respond as they listen to the recorded material. Some of these activities include visuals as well as authentic documents to create a real-life, contextualized listening experience.

Student Tape Manual, Teacher's Annotated Edition

The annotated edition of the Student Tape Manual includes all material found in the Student Edition, and in addition, the complete tape script. Answers to each student activity are also provided. The lyrics to the songs are located at the front of the Student Tape Manual.

Situation Cards

This is another component of *¡Acción!* Level 3 aimed at developing listening and speaking skills through guided conversation. For each lesson of the Student Textbook, there is a corresponding set of guided conversational situations printed on hand-held cards. Working in pairs, students use appropriate vocabulary and grammar from the chapter to converse on the suggested topics. Although they are designed primarily for use in paired activities, the Situation Cards may also be used in preparation for the speaking portion of the Testing Program or for informal assessment. Additional uses for the Situation Cards are described in the Situation Cards package, along with specific instructions and tips for their duplication and incorporation into your teaching plans. The cards are in Blackline Master form for easy duplication.

Transparencies Binder

There are two categories in the package of Overhead Transparencies accompanying *¡Acción!* Level 3. Each category of transparencies has its special purpose. Following is a description:

Map Transparencies The full-color maps located at the front of the Student Textbook have been converted to transparency format for the teacher's convenience. These transparencies can be used when there is a reference to them in the Student Textbook, or when there is a history or geography map reference in the Teacher's Wraparound Edition. The Map Transparencies can also be used for quiz purposes, or they may be photocopied in order to provide individual students with a black and white version for use with special projects.

Fine Art Transparencies These are full-color reproductions of works by well known Spanish-speaking artists including Velázquez, Goya and others. Teachers may use these Art Transparencies to reinforce specific culture topics.

Lesson Quizzes

This component consists of short (5 to 10 minute) quizzes, designed to help both students and teachers evaluate quickly how well a specific vocabulary section or grammar topic has been mastered. The quizzes are on Blackline Masters. All answers are provided in an Answer Key at the end of the Chapter Quizzes booklet.

Testing Program

The Testing Program contains one test per lesson, or a total of 18 lesson tests. In addition, there is one cumulative chapter test for each of the six chapters. Both the lesson and chapter tests evaluate listening, speaking, reading, writing, and culture—in contextualized formats. All tests are prepared on Blackline Masters. An Answer Key and suggestions for scoring are provided at the back of the Testing booklet.

The Speaking Tests have been packaged at the back of the Testing booklet as separate tests, to allow greater flexibility in their administration. Due to the time-consuming nature of testing the speaking skill, you may wish to test only a few students on any given day while the remainder of the class works independently. The Speaking Tests include two formats: teacher-student, and student-student. Suggestions for presenting and scoring the Speaking Tests are given at the front of this section of the Testing booklet.

Teaching the Lesson: a Flexible Approach

You need not feel obligated to present and practice the lesson sections in order. Because chapters and lessons are organized thematically, you can alter presentation of lesson sections to correspond to your own views of language and language learning. For instance, you can begin a lesson by introducing the reading first, followed by the vocabulary and grammar sections. You will find that vocabulary, cultural, and grammatical concepts are used and recombined in varied ways throughout the lesson, so that modifying the order of presentation will not significantly affect student learning.

The following section describes in greater detail how presentation and practice of grammar and vocabulary are approached throughout *¡Acción!* Level 3 and includes suggestions for enhancement and individualization of classroom learning.

Teaching Vocabulary: A Contextualized, Personalized, and Strategic Approach

A key characteristic of *¡Acción!* Level 3 is the thematic organization and contextualized approach to presenting, using, internalizing, and transferring vocabulary. Each lesson opens with a series of vocabulary groupings related to facets of the lesson theme. Each grouping is presented via a lead-in statement that orients students toward a global context and exemplifies the how, when, and where of a real-life use of the words. Learners are thus provided a sample context for imme- diate use, as well as a sense of word relationships.

You will notice the following about the approach to vocabulary presentation and development in *¡Acción!* Level 3:

1. All words presented may not be new words to your intermediate students. If you used *¡Acción!* Levels 1 and 2, for example, you will notice that presentation of vocabulary combines the familiar with the new at a ratio of approximately two to one. Use of the familiar in this way often serves as an anchor for new vocabulary.

2. Words and expressions presented have varied and flexible uses far beyond the initial introductory context. Contemporary, high frequency vocabulary lends itself to contextual versatility and allows students greater depth and breadth of expression. The presentation and activation of idiomatic expressions and discourse connectors help students stretch beyond the clause or simple sentence level to express relationships between ideas. A progression of vocabulary tasks under the headings of **Asociaciones, Conversemos,** and **Escribamos** provides opportunities for students to explore combination and recombination of vocabulary in different contexts in order to perform a variety of functions.

3. Words and expressions presented in the **Vocabulario** section are encountered again and again through deliberate and consistent recycling. Students are asked to use the new as well as the previously learned vocabulary throughout each chapter of *¡Acción!* Level 3. They will also encounter the vocabulary in the authentic texts that appear in the **Lectura** and **Cultura viva** sections which have served as the springboard for their selection. Since the vocabulary has been derived from the readings, students are assured a more pleasurable and rewarding reading experience for a number of reasons:

a) heightened lexical awareness increases the amount of linguistic experience students can feed into the text for determining meaning;

b) the need for constant, interruptive glossing, i.e., explaining the meaning, is lessened;

c) satisfaction may be derived from seeing familiar vocabulary in an authentic, original, and expanded context.

4. The vocabulary has personal value and social relevance. Words and expressions have been selected for their potential to respond to the communicative needs of this age group and to promote opportunities for students to stretch their cognitive skills and creative capacities. For example, in keeping with the maturity level of this age group, increased attention is devoted to words and expressions of a more abstract nature to provide opportunities for language use as a reflection of higher-order thought.

Vocabulary practice encourages appropriateness in use with oral and written discourse as, in real life use, some lexical items lend themselves to use with greater frequency in oral modes, while others appear more often in the written word.

5. Vocabulary learning opportunities are not confined to the **Vocabulario** presentation. The realia and authentic readings in each chapter serve as a rich source of language in context from which individual students may begin to acquire highly personalized stores of vocabulary, both for recognition and their own expression. For example, activities accompanying the reading in the **Lectura** section foster recognition and guessing strategies. A post-reading section entitled **Analicemos** is designed to further develop lexical flexibility through word study tasks that focus on patterns, derivations, and similarities within the language.

6. Vocabulary is actively *taught,* not merely presented. Long term storage of vocabulary requires the continuous and rather intricate formation of connections. For a word to be "kept" beyond short term memory, it must be retrievable from a great variety of stored contexts. In other words, it must be hooked into previous learning and experience as well as other new learning in as many different and relevant ways as possible. Deliberate attention to this type of linkage is a prominent characteristic of *¡Acción!* Level 3.

Presentation of vocabulary is followed with activities in the **Asociaciones** section designed to help students make these valuable memory connections among new words and expressions and with previously learned vocabulary in word and sentence level production. **Conversemos** practice expands their use to the level of discourse in interactive tasks that transfer vocabulary to different contexts. **Escribamos** presents another series of activities for reinforcement of new and previously learned vocabulary in a variety of written contexts.

Specific Suggestions for Teaching Vocabulary

1. Call students' attention to the use of new vocabulary in the **Lectura** and **Cultura** viva sections of the lesson (and subsequent lessons). Here, they will see many of the new words used in an original and authentic context. You may even wish to present the reading before or simultaneously with the presentation of vocabulary in order that students' first contact with new vocabulary require valuable thought investment and be grounded in an expanded context.

2. As you present vocabulary, have students spend time exploring the new words and their relationships. Help them describe the nature of the vocabulary grouping and "test out" semantic boundaries by eliciting from them contexts in which they might expect to use the particular word(s): *Cuando hablo de... Cuando estoy... Cuando estoy en...* etc. These "anticipated contexts" will serve as a preliminary memory connection which subsequent practice will then serve to reinforce and expand. You may also wish to have students find and label their own categories for words presented: e.g., "words I might use to complain about school," "words I might use to describe... ," "words I use when I go shopping at... ," "words that to me are interesting, ugly, pretty" etc. While many activities are provided in *¡Acción!* Level 3 to encourage these types of successful learning strategies, each learner's own associations will have more personalized and proprietary value for long-term storage.

3. The following are other types of tasks that will guide good memory strategy use in students:

• *semantic mapping:* To activate and categorize previously learned material in preparation for connection to new learning. Prior to beginning each chapter or lesson, write the chapter theme on the board and surrounding the theme, label relevant categories. Have students contribute words they already know that are related to the theme under each category. For example, in Chapter 1 you may give diversiones as the theme with categories such as the following:

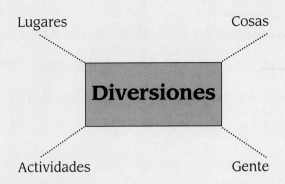

Lugares   Cosas

Diversiones

Actividades   Gente

(Or, use other categories, such as: *verbos, sustantivos, adjetivos, adverbios; ¿qué? ¿cuándo? ¿por qué? ¿cómo? ¿quién?*)

• *synonyms and antonyms:* To help students form associations and develop flexibility. As you present new vocabulary, have students provide like and opposite words from new material and from previously learned material. This can be done in the form of a game, as well, in which students provide synonym, antonym, description, or paraphrase for classmates to guess the new word or expression.

• *grouping, sorting, classifying:* To increase initial retention through multiple and varied storage opportunities. Have students sort and group new vocabulary according to categories you give them: e.g., *me gusta / no me gusta; caro / barato; adentro / afuera; positivo / negativo,* etc. Categories will depend on the nature of the vocabulary.

• *combination:* To develop semantic awareness and flexibility in use. Have students work in pairs or groups to combine as many new words and expressions as possible in one sentence that makes sense.

• *imaging:* To establish personal and individual learner associations. Have students paint verbal or pictorial representations of certain new vocabulary. For example: What associations could be used to depict the meaning of the word *arrugado?* Guide students to propose a variety of associations—*cara / piel de un viejo, el papel en que escribo mi tarea,* etc.

Teaching Grammar: A Functional and Developmental Approach

¡Acción! Level 3 continues the learner-centered, communication-based approach of *¡Acción!* Levels 1 and 2 for development of precision in communication. Each of the 18 lessons in this textbook contains two structural components which respond to learner needs at both global and local levels. **Estructura**

presents the primary structural focus of the lesson in terms of functional topics that respond to everyday communicative needs. **Estructura: Un poco más** presents elements of a secondary focus directed toward refining learners' precision in expression of meaning and idea relationships. Areas targeted in this section are based on analysis of error types typical of this intermediate level.

Grammar presentations are accompanied by a progression of meaning-focused, contextualized, speaking (**Conversemos**) and writing (**Escribamos**) activites that foster purposeful and flexible use of structures in context.

As you use *¡Acción!* Level 3, you will notice the following about its approach to developing grammatical accuracy.

1. All structures presented are not new structures to intermediate Spanish students. If you used *¡Acción!* Levels 1 and 2, for example, you will find a ratio of new to known that ranges from one to three to two to three. The known thus consistently serves as an anchor for assimilation of the new. In this manner previously learned structures are consolidated and stretched into new applications. While learners will find much of the structural focus satisfyingly familiar, they will also encounter these structures in less familiar arrangements: review of previously learned structures is achieved through different sequence and presentational groupings from those of initial learning in *¡Acción!* Levels 1 and 2. This is done in order to broaden the learner's concept of Spanish as a communicative system and to promote the deeper and expanded connections that help learners draw appropriate generalizations within the language.

2. Grammar is never treated as an end in itself but as a means to express meaning with greater precision. Structures are presented for use according to the parameters of the context and the nature of discourse within that context. For example, the pluperfect tense (e.g. *había hecho,* Chapter 4, Lesson 2) is presented in the context of past time narration in which its natural use performs a summative function. The conditional tense is used for a variety of discourse purposes, including that of dialogue summation (e.g. *Dijo que vendría...,* Chapter 5, Lesson 2).

3. Grammatical structures are encountered again and again throughout the book through deliberate recycling. Structures once presented are never abandoned. Rather, they serve as a base for subsequent learning and are used throughout the book in combination with new vocabulary and different structures.

Additionally, since the structural focus of each lesson is derived from the **Lectura** and **Cultura viva** sections, students are able to explore their function in an original and authentic context and use them in production tasks that follow up on reading and culture material.

4. Presentation and practice of grammatical structures respects the learning process and the need for a sense of accomplishment at each stage. As in *¡Acción!* Levels 1 and 2, great care has been taken throughout *¡Acción!* Level 3 to adhere to the natural process of learning and to eliminate obstacles to learning. You will notice that structures are sequenced to lessen cognitive load by use of a chaining procedure that hooks the new to the known while keeping form and function loads in balance. For example, the pluperfect subjunctive (Chapter 4, Lesson 3) is introduced with set expressions (*Ojalá que hubiera...*) prior to presentation of the imperfect subjunctive to allow students a conceptual orientation to the domain of "unreality" while keeping relatively low the cognitive load of learning new forms. Likewise, the difficult preterit/imperfect distinction with verbs of state (*tener, poder, ser, saber,* etc) is presented prior to full treatment of preterit tense and past time narration in order to isolate these more problematic areas for special attention.

Specific Suggestions for Teaching Grammar

You may wish to consider the following for enhancing classroom learning and developing successful strategies:

- Allow opportunity for reflection in initial use of new structures. If students appear to have difficulty with particular structures, allow familiarization to occur through listening and reading, and for production to begin with written tasks. Writing offers time and opportunities for reflection, analysis, and self correction that are not easily afforded by speaking tasks. Some learners will actually require this as a confidence builder before they undertake use in oral contexts.

- Help students see and predict structural patterns. For example, the verb poner can be seen in such as the following: *componer, descomponer, exponer, imponer, disponer, suponer,* and will have the same structural pattern. Guide students in this type of expansion with verbs such as hacer, venir, tener, cubrir, and so on.

- Use the *entire* book as a resource. Practice activities need not be confined to the lesson under study. To offer additional opportunities for use of new structures and to assure recycling and transfer, use activities from previous chapters as well. You will find that many of these activities will require very little adjustment in order to recycle their use with a different structural focus. For example, in activity A, page 32, in Chapter 1, students use the future to ask a question of a classmate (*"¿Crees que trabajarás o que...?"*). Later, in Chapter 5, however, it may be recycled as a springboard for use of the conditional in indirect dialogue: *"Dijo que trabajaría..."*. Likewise, activities for practice of familiar commands (*vete; no te vayas*), provided in Chapters 2 and 3 may be revisited in Chapter 5 with a different twist as follow up: use with imperfect subjunctive for reporting what someone said to do (*Dijo que se fuera...*). Use of the textbook in this way will provide an inexhaustible variety of language use opportunities and cognitive connections while consolidating and recombining previously learned material.

- Point out or have students discover for themselves the uses of target structures in the **Lectura** and **Cultura viva** sections.

These sections, from which the structural focus is derived, will provide rich, authentic models of the grammatical points under study.

Integrated Development of Language and Learning Skills

¡Acción! Level 3 presents a full communication based program by integrating into all phases of instruction the development of listening, speaking, reading, and writing skills. For example, students may use reading and peer listening skills combined with the writing skills of note taking and outlining prior to the performance of a speaking task; they may use peer discussion prior to reading tasks, writing skills during reading tasks, with writing and speaking combined in follow-up reading tasks. Additionally, tasks foster culturally appropriate language behaviors through attention to the sociolinguistic parameters of performance in each skill area and through guided participation in cross-cultural discovery.

Critical to the success of stable and continuous development of language skills and cross-cultural awareness, however, is the learner's *investment* in the learning process. Activities in *¡Acción!* Level 3 are designed for active engagement of learners through use of critical thinking skills and learning strategies.

The following sections illustrate how *¡Acción!* Level 3 treats the development of proficiency in each of these areas and provides suggestions for enhancement of the learning process.

A Process-Oriented and Strategy-Based Approach to Reading

¡Acción! Level 3 uses authentic texts and learner-centered tasks to foster an interactive, process-oriented approach to the development and transfer of reading skills. As a primary focus of the program, reading offers exceptional opportunities for the continued growth of the intermediate learner's proficiency: 1) Written texts offer a rich source of language input that is permanent, reviewable, and analyzable. 2) Reading is not subject to the time constraints of other types of performance and therefore allows for more reflection and focus on the detail of expression in the negotiation of meaning. 3) Reading promotes cognitive involvement while easing immediate linguistic demands on learners. 4) Reading provides models for student writing that are appropriate to the medium, to the genre, and to the culture. 5) Reading as a source of input has great cognitive and linguistic stretching potential, for one not only learns to read, but learns *from* reading. 6) Reading allows for self-pacing and learner autonomy. 7) The reading of authentic texts provides a direct connection to the real world and allows for cultural and cross-cultural discovery. 8) Reading opens to learners a world of language rich in expressive options. 9) The process of reading fosters learning and language-use strategies that are both cognitively engaging and transferable.

Each lesson of *¡Acción!* Level 3 has as its thematic core an authentic text—a popular or literary work written and published in a Spanish-speaking country for members of that culture. These texts have been selected on the basis of several criteria: their interest and appeal to high-school students; their linguistic, cognitive, and cultural accessibility for intermediate learners; their inclusion of a high percentage of known or guessable words and expressions; their cultural and cross-cultural value; and their representation of a variety of recognized Hispanic authors. In most cases, these texts remain unedited in their original form. In some cases, due to space restrictions, the readings have been excerpted or adapted from the original text through carefully considered deletions.

Glossing, i.e., explaining the meaning, has been used judiciously in order to encourage students to use good inferencing strategies and to decrease word-level dependence. Words selected for glossing are those that may not be "guessable" for intermediate readers.

You will notice that glossing does not occur in the traditional marginal note style, but rather is integrated into the text itself in unobtrusive parenthetical fashion. Whenever possible, words are glossed with Spanish synonyms or paraphrasing in order to keep English interference at a minimum. Additionally, this Teacher's Edition indicates by blue underlining in each reading those words that should be considered "guessable" for students through clues such as similarity to English (cognates); similarity to Spanish (derivations; recombinations); use of context (contextual parameters, repetitions and rephrasings, examples and illustrations, knowledge and experience about the content).

In *¡Acción!* Level 3, reading is approached as a process that involves use of varied and transferable strategies. **Lectura** sections of lessons approach reading as a strategic process composed of three general stages: Antes de leer, **Leamos,** and **Después de leer.** These stages serve to draw students into the world of the text and to draw the text into the world of the learner while engaging students in reading, writing, speaking, peer listening, and thinking tasks.

The **Antes de leer** section is composed of two orientational components: **Pensemos** and **Miremos. Pensemos** serves as an advance organizer whose purpose is to help students pull to the fore an appropriate experiential framework for approaching the text and to prime learners as readers, both cognitively and linguistically. This section, to be conducted prior to looking at the text, includes pair, group, and individual activities which encourage students to use strategies such as the following: word and idea association and categorization, opinion clarification, imaging, and experience sorting and exchange. This pre-reading apparatus offers several advantages for teachers and learners. Learners are helped to focus on ideas relevant to the reading and thus can approach the text with sound cognitive orientation. Because the activities involve the exchange of ideas among classmates, the individual student's universe of experience and ideas is expanded through exchange. For the teacher this type of thinking stage allows for a more global assessment of whole class experiences and their variations for the purpose of guiding students through the reading process. **Pensemos** is followed by **Miremos** which serves as an orientation to the text itself. Through a variety of oral and written skimming and scanning activities, students are guided to familiarize themselves with the text in terms of its organization

and purpose. Activities in this section may direct readers to focus on titles, subheads, or specific paragraphs, and to employ strategies such as anticipating and predicting the nature/content of the text; organizing information of the text; matching initial expectations to observed components and confirming or rejecting predictions; forming additional "hunches" about content.

Leamos presents activities to guide students through the reading and comprehension of the text through use of strategies such as the following: guessing through context, inferencing, paraphrasing, locating and classifying salient information, imaging, highlighting and note taking, and so on. Additional activities are provided in the Teacher's Wraparound Edition.

Two sections of follow-up activities are presented in **Después de leer** to foster learning from reading and integration of learning into the student's own world. **Analicemos** targets analysis and formation of conclusions at the language and expression level of the text. Tasks in this section are designed to foster flexibility in observing patterns and connections in the language as a communicative system. Here, students employ strategies such as recognizing derivations, forming semantic groupings, making like and opposite associations, and recombining known and new linguistic information. **Apliquemos** presents a final set of integrative tasks for personalizing and expanding on the reading experience. In this section students employ the following types of strategies in their own creative performance: reflecting and expressing opinions, modeling of genre and language use, context expansion, and many more.

In order to assist learners in the identification and development of these strategies and to approach reading as a process, you may wish to conduct a good number of these activities in class, rather than assign them as homework, for several reasons. Learners' strategy use will initially require guidance. Left alone, students may resort to the less efficient practice of dictionary use and thus bypass strategy development, or learning how to read, altogether. Further, the classroom affords opportunities for peer collaboration throughout the process. You will notice, in fact, that each stage of the process provides a mixture of individual and peer-based activity.

Reading skill development is not limited to the **Lectura** section, however. Opportunities are provided throughout the lesson in the following forms: 1) a generous assortment of realia in the form of ads, cartoons, and authentic documents is provided throughout the lesson; 2) poetry, essay excerpts, letters and cards, etc. appear in the **Cultura viva** section; 3) short poems, proverbs, and other products of the culture often serve as a springboard for activities in the **Vocabulario** and **Estructura** sections. All of these authentic cultural artifacts should be considered opportunities for learner exploration and modeling.

A Purposeful and Personalized Approach to Speaking Development

¡Acción! Level 3 continues and expands on the communication-based, learner centered approach to the development of oral proficiency that characterizes the previous levels of the program. Throughout each lesson, from the introduction of new material to the last summary activity, students are engaged to speak within purposeful, interesting, and authentic contexts. Because the real-life decision-making demands of speaking are both immediate and intense, activities in *¡Acción!* are designed for careful balance of the learner's cognitive load. Clear, focused tasks provide the guiding framework for output while remaining open-ended for student choice of what to say. This element of free choice and personal control is essential to the development of the learners' abilities to communicate and to feel ownership of their messages. For learners to perceive learning as "do-able" and usable, tasks must make sense in real life terms. For learning to be enjoyable and engaging, it must involve variety. As you use *¡Acción!* with your students, you will notice the care taken to develop these and other aspects of oral communication:

- *Continuous, active use of the learner's entire repertoire.* Speaking activities in each lesson are not confined to the structural or lexical points under study, but progressively recycle and integrate previous learning in the performance of new functions in different contexts.

- *Attention to learner accountability and sense of community in the classroom.* Speaking tasks in *¡Acción!* are designed to meet the needs of individual learners to feel successful, confident and capable through clearly stated outcome expectations and communicative opportunities that stimulate and energize purposeful thought and action. Students use the language for its infinite variety of intended communicative purposes: to relate opinions, preferences and personal experiences; to compare and react in agreement and disagreement; to state plans and hopes, intentions and speculations; to praise and complain, express humor and remorse; to retrieve and summarize information from others; to play

with sounds, images, and exaggerations. Tasks also provide for real life consequences. Speakers have a right to be heard and reacted to and a responsibility to listen and respond. Speaking is a social, interactive activity that connects interlocutors through shared responsibility. You will notice deliberate attention to the cooperative learning process and environment throughout *¡Acción!* Level 3. In groups or pairs students interview and survey classmates, exchange opinions and recommendations, and collect, report and summarize exchanges through oral and written modes.

- *Reinforcement of successful thinking and discourse strategies.* Speaking tasks in *¡Acción!* Level 3 are designed to progressively and painlessly stretch oral language use beyond the clausal level for expressing connection of ideas in terms of: sequence, emphasis, and evaluation; cause and effect; comparison and contrast; exemplification and clarification; summation and opinion prefacing; reported discourse, and so on. For example, students use a variety of discourse connection devices in Chapters 2 and 6; combine verbal behaviors with sociolinguistically appropriate non-verbal behaviors (gestures, facial expressions) in Chapter 6; practice circumlocution in tasks throughout; expand reporting and summarizing skills in past, present, and future time in Chapters 4 and 5. Additionally, many tasks encourage integration of listening and writing skills—such as note taking, list making—for planning, organizing, and mapping student output.

In working with *¡Acción!* Level 3, you will also notice the absence of rapid-fire, one-right-answer drills. Good oral communication requires good thought and the combination of the two does not arise automatically for learners at this stage. For proficiency to develop, students at this level will need time to orient and organize themselves mentally, to jot down notes and personal reminders. They will need time to think about what they want to say and how to package it linguistically. Sensitivity to the demands of speaking may simply mean providing all students one or two minutes orientation time prior to class conduct of the activity, particularly if the material is very new. You can provide direction by reviewing the instructions and example, giving any additional explanation or modeling necessary groups, and setting a specific length of time (30 seconds to two minutes) for preparation prior to performance. Thought time is a valuable commodity and if it is provided during the conduct of the activity only, individual pressure and group impatience are increased. These few minutes ahead of time will prove a profitable investment for you and your students, for the result will be greater creativity and accuracy in expression accompanied by a sense of satisfaction and reward.

In some cases, depending on the interests and tenor of your class, you may wish to go beyond the oral activities provided in this program. Because of the thematic orientation of the chapters, there are many issues that lend themselves to a modified classroom debate. If you wish to conduct a debate in class, the following procedures are recommended to insure student interest, participation, and successful performance:

1. Have students in groups of three list and turn in topics relevant to the theme that may be controversial in nature and that have relevance to their lives.

2. Compile these themes and ask for volunteers to select an issue and take a side (*a favor de*) and against (*en contra de*). Not everyone need debate each issue—some can participate with questions as an audience. Teams should be composed of three or four members each.

3. Allow some class time for each team to organize and divide up the argument. Each member should prepare a two or three minute presentation of some aspect of the case.

4. On the day of the debate, use a procedure such as the following:
   a. Team 1 members present their arguments.
   b. Team 2 members present their arguments.
   c. Team 1 may present up to three questions or rebuttal statements to Team 2. Team 2 may respond.
   d. Team 2 may present up to three questions or rebuttal statements to Team 1. Team 1 may respond.
   e. Audience questions are taken.
   f. Each team may appoint one person to provide a one-minute summary of the team argument.

It is perhaps better not to vote on winners of debates at this stage, but to recognize the accomplishment and applaud the efforts of all participants.

An Integrative and Guided Approach to Development of Writing

¡Acción! Level 3 provides opportunities for students both to expand their use of writing and to enrich their capacities of self expression. Written language use is integrated into all sections of each lesson, as well as the final **Un paso más** of the chapters. You will notice throughout the program that two strands of writing

skill development are maintained: writing as a strategy and support skill, and writing as a process for communication and personal creativity.

- *Writing as a support skill.* Students use writing strategically in combination with listening, reading, and speaking skills to perform memory and organizational tasks such as notetaking from oral and written input, outlining and planning, list making, rehearsing, diagramming and classifying, summarizing, and so on.

These types of tasks reflect real-life uses of written language and serve to further development of learning by providing valuable frameworks for input, reinforcing new material and its linkages, organizing thought, and keeping the risk factor manageable.

- *Writing as a process for communication and creative expression.* Writing is also developed as both an individual and collaborative process that involves reflection, decision-making, consideration of options, experimentation, and risk. Research has shown that good writing is more than control of grammar. Rather, good writing demands good thinking. Writers need worthwhile purposes to stimulate thought, time, and techniques to organize and express relationships in ideas, and range in vocabulary options to achieve precision of message. The approach to writing in *¡Acción!* Level 3 is designed to respond to the young writer's needs through clear, componential tasks that are varied and engaging. Learners are stretched gradually to practice guided and independent use of rhetorical devices for expressing idea relationships, to experiment with a broader range of vocabulary for semantic precision and use of detail, to heighten abstraction capabilities, and to expand their field of control in terms of written genre and written-language functions. Students are afforded opportunities that are varied in purpose and in form. They describe, narrate, summarize, analyze and synthesize, convince, persuade and advise, compare and contrast, illustrate cause and effect, explain and evaluate, or evoke feelings. In performing these functions, learners use a variety of forms—from resumes, letters, ads, schedules and brochures, to essays, scripts, stories, and poetry. A great deal of attention is devoted throughout the program to guiding learners' exploration of their personal creative capacities in use of verbal images and associations. Writing tasks in *¡Acción!* Level 3 provide as well the necessary linguistic and conceptual tools for getting started: clear instructions, guiding frameworks for content, and authentic models for expression. Many tasks include peer collaboration as an important preliminary step in the writing process.

Good writers, however, also need to respond to the expectations of their readers, and to tailor their writing to appeal to different publics. The activities in *¡Acción!* Level 3 foster skill in writing for a variety of simulated and real readers: administrators, peers, parents, prospective employers, friends, teachers, and groups of general public. In guiding the writing process, you will want to acquaint students with the motivations and needs of the specific readership. In reading these student-writer products, you will want to respond both as the teacher who guides, and as the reader public for whom the product was intended.

Because the writing process is a solitary undertaking, it offers learners certain advantages. There is time to think and plan, time for review and self-correction, time to consult resources such as peers, textbooks, and dictionaries. But it is also plagued by complications: facile traps of direct English translation, misuse of dictionary definitions, limited or no feedback during the writing process, and the finality of the written product. Writing is a guessing game for the writer who must constantly wonder whether the reader, separated in time and space, will not only retrieve the precise message intended, but appreciate it and acknowledge the effort invested in its production. Writing, like speaking, is subject to performance error—so-called "careless" mistakes that often do not reflect lack of knowledge, but are the result of the nature of the competing cognitive demands of the specific process. For this reason you may wish to consider students' initial submissions as drafts of their final products and provide appropriate comments on content and language use that do not "correct", but rather guide students in self correction.

A Reality-Based, Developmental Approach to Listening

¡Acción! Level 3 encourages listening skill development through a variety of approaches and resources within the classroom. As in earlier levels of language instruction, the teacher serves as the primary, most immediate source for exposure to the spoken language. In the intermediate classroom, students more easily comprehend and respond to extended teacher talk in Spanish. Their listening skills can be enhanced by exposure to more complex, abstract topics that will stretch their linguistic and lexical potential. Listening to "live" speech, generated by the teacher, can only be encouraged. The numerous literary selections in this textbook, especially the poetic works, offer many opportunities for listening to authentic Spanish texts that were intended to be appreciated both in their spoken and written forms. The teacher may wish to give particular emphasis to the poetry by reading selections aloud, and by asking students to do likewise. Some of the selections may also be used to further good pronunciation on the part of students.

¡Acción! Level 3 provides a broad range of opportunities for student interaction; this is above all in the case of paired and small-group tasks where listening to a classmate's message is critical to completing the task successfully. In this way students are responsible for listening to and reacting to messages from their peers. Frequently, directions to many learner activities include the necessity for students to record their partner's spoken message by taking notes and either reporting back to class or by writing a paragraph summarizing the information they heard. Just as students are engaged and motivated to speak within interesting and purposeful contexts, they become active and more skilled listeners in the process of reacting to what others are saying. One result of this approach is the improvement of listening skills.

In addition to the immediate listening sources described above, the **Vocabulario, Estructura,** and **Lectura** sections of each lesson in *¡Acción!* Level 3 are reinforced through listening opportunities in the Audio Cassette Program accompanying Level 3. The cassette recordings employ a variety of radio broadcast formats including interviews, simulated newscasts, public service announcements, sports events, movie and television reviews, and others. These listening activities are accompanied by a Student Tape Manual containing activities to which students respond based on the heard information. The Teacher's Wraparound Edition of the Student Tape Manual includes all material found in the Student Edition, plus the complete tape script and answers to each student activity.

A Participatory Approach to Cultural Discovery

The **Cultura viva** sections of each lesson of *¡Acción!* Level 3 follow up on the **Lectura** and expand on specific aspects of the chapter theme to explore Hispanic perspectives on issues such as love and friendship, work and play, education and family, roles of men and women, conformity and individualism, notions of past and future, youth, aging and death, cultural and individual identity, and a great variety of others. The universality of these themes allows the real life grounding for exploration of other *realities* and other ways of viewing the world. At the same time it provides for introspective examination of one's own background- and culture-influenced notions. Explored as well are the connotations and cultural coordinates of words, so that learners can begin to acquire a sense of the language as both product and perpetuation of the culture.

As you use this program with your students, you will notice a bare minimum of "culture notes" in the form of textbook-prepared descriptions and explanations. Summaries and generalizations of this type cannot easily convey the dynamism, variation, and process of culture. Nor can they capture the important realization of the *individual within* the culture, a notion whose understanding is crucial to the intermediate learner's continued development of cross-cultural proficiency. Instead, the Hispanic cultural story is told by its members themselves, through written artifacts ranging from published letters, article excerpts, transcripts and resumés and other authentic documents, to literary pieces—essays, anecdotes, and poetry. Through texts such as these, learners see the culture reflected in terms of its conventions and connotations. But they see as well individuals *reflecting* on their culture, on the world, and on aspects—both routine and extraordinary—of their lives. Included in these sections are the works of such renowned Hispanic writers as Ernesto Sábato, Gustavo Adolfo Bécquer, Federico García Lorca, Antonio Machado, Rubén Darío, Juan Ramón Jiménez, Juana de Ibarbourou, Marco Denevi, Amado Nervo, Jorge Luis Borges, Alfonsina Storni, and others.

A variety of strategies in listening, speaking, reading, writing, and thinking are integrated into the activities of the section to foster active engagement of learners in an interactive cultural and cross-cultural discovery process. Through participation in these tasks, students will retrieve from these cultural presentations more than conventional information. Rather, they will gain a sense of what a *culture* is—their own and others'— its "systemicness" and cohesion, and its conditioning of perceptions. Attention to cultural discovery is not limited to the **Cultura viva** sections of the lessons. Many of the tasks accompanying the readings focus students' attention on analysis of underlying cultural precepts. Additionally, in activities throughout the sections and in the **Un paso más** integrative chapter summary, you will find cultural contexts reinforced by realia and authentic writings serving as a springboard for creative thought and language use.

Vocabulario

Asociaciones pp. 4–5

A Answers will vary but may resemble the following:

1. Me gustan las películas policiales como, por ejemplo, "Lethal Weapon". No me gustan nada las películas de terror como "Friday the 13th".
2. Me gustan los programas de televisión como, por ejemplo, los programas cómicos. No me gustan nada los programas de cocina.
3. Me gustan los libros como, por ejemplo, las novelas de espionaje. No me gustan nada los cuentos de hadas.
4. Me gustan las telenovelas como, por ejemplo, "All My Children". No me gustan nada las telenovelas como "Dallas".
5. Me gustan los artistas de cine como, por ejemplo, Eddie Murphy. No me gustan nada los artistas de cine como Nick Nolte.
6. Me gustan las series de televisión como, por ejemplo, "A Different World". No me gustan nada las series de televisión como "Murphy Brown".
7. Me gustan los concursos como, por ejemplo, "Jeopardy". No me gustan nada los concursos como "Wheel of Fortune".
8. Me gustan los dibujos animados como, por ejemplo, "Popeye". No me gustan nada los dibujos animados como "Yogi Bear".

B Answers will vary but may resemble the following:

Los documentales sobre viajes me hacen aburrirme y me duermo.

Los vídeos musicales me hacen desear ser cantante y empiezo a soñar.

Muchas películas extranjeras me hacen dormir.

Las películas de aventura me hacen gritar.

Los poemas de amor me hacen llorar y me dan ganas de enamorarme locamente.

Los programas de cocina me hacen morirme de hambre.

Las películas de terror me hacen morirme de miedo y no puedo dormir.

Las películas de guerra me hacen pensar en el sufrimiento de la gente.

Los comentarios políticos me hacer preocuparme por la situación del mundo.

Las novelas de espionaje me hacen ponerme nervioso(a).

Los vídeos musicales me hacen querer bailar.

Los dibujos animados me hacen reír como loco(a).

Las noticias, a veces, me hacen sentirme deprimido(a).

Las comedias livianas me hacer sonreír.

C Answers will vary but may resemble the following:

1. En casa de mi tío hago el papel de gracioso. Siempre cuento chistes. Nunca me pongo serio.
2. Los fines de semana hago el papel de príncipe. Siempre duermo hasta muy tarde. No ayudo a mis padres en nada.
3. Con mi equipo deportivo hago el papel de campeón. Siempre trato de ser el mejor.
4. En mi club de teatro hago el papel de director. Siempre organizo las obras y reparto los papeles. Nunca hago el papel de asistente.
5. Cuando estoy solo, hago el papel de poeta. Siempre pienso en los poemas que quisiera escribir. Nunca escribo nada.
6. Con mis hermanos hago el papel de maestro. Siempre trato de enseñarles todo lo que yo sé.
7. Cuando salgo con mi novia hago el papel de enamorado. Siempre le traigo flores. Nunca olvido sus gustos.
8. En casa de mis abuelos hago el papel de genio. Siempre les hago creer que soy muy listo. Nunca les enseño mis malas notas.
9. Con los amigos de mis padres hago el papel de humilde.
10. En las fiestas hago el papel de payaso. Siempre soy el más divertido. Nunca cuento mis problemas.

D Answers will vary but should follow the models.

ESTUDIANTE A: ¿Qué es lo que más te gusta hacer en tu tiempo libre?

ESTUDIANTE B: A mí me encanta ir al cine y luego volver a casa y tocar mi guitarra. ¿Y a ti?

ESTUDIANTE A: A mí también me gusta ver películas. Pero después prefiero salir a comer algo con mis amigos.

ESTUDIANTE B: (A la clase): A los dos nos gusta ver películas, pero después nos gusta hacer cosas diferentes como, por ejemplo, (Estudiante A) prefiere tocar su guitarra y a mí me gusta salir a comer con mis amigos.

Conversemos p. 6

A Answers will vary but may resemble the following:

ESTUDIANTE A: Pienso en un vídeo que ganó millones de dólares. El artista tiene una gran mansión y animales exóticos. Él es gran amigo de Elizabeth Taylor. Ella se casó en la casa de él.

ESTUDIANTE B: Ya sé. El vídeo es "Thriller" y el artista es Michael Jackson.

B Answers will vary.

C Answers will vary but may resemble the following:

Mi programa es una telenovela de aerobismo. Trabajan dos personajes de telenovelas famosas, Erika Kane de "All My Children" y Robert Scorpio de "General Hospital" y por supuesto Richard Simmons. Mientras Richard Simmons enseña una clase de aerobismo, Erika Kane se casa y Robert Scorpio busca a criminales por todo el mundo. El programa se llama ...

Escribamos p. 7

A Answers will vary.

B Answers will vary but may include the following:

1. Me encantan los vídeos musicales de conjuntos populares.
2. Me desagradan algunas películas de terror especialmente las que son muy violentas.
3. Me gustan las entrevistas de personajes famosos como los artistas de cine.
4. Me irritan algunos programas deportivos como los de pesca.
5. Me vuelven loco(a) los vídeos musicales con efectos especiales.
6. Me molestan las telenovelas con argumentos muy melodramáticos.

C Answers will vary but may resemble the following:
Crítica de "El policía novato"
"El policía novato" es una producción espectacular. Cuenta la historia de un viejo policía que tiene que enseñar a su joven compañero. El joven policía es un poco cobarde. El ambiente es uno de humor y tragedia a la vez. Se trata de cómo estos dos policías intentan romper una red de ladrones de coches. Por supuesto hay muchos efectos especiales. El mejor es una carrera por una autopista que tiene mucho tránsito. Desafortunadamente, el desenlace de la historia es largo y pesado. Es lo peor de la película. Sin embargo, la actuación de los artistas es excelente. Y la película es entretenida.

Estructura

Conversemos pp. 11–12

A Answers will vary but may resemble the following:

1. Me fascinan las películas ambientadas en el futuro.
2. Me molestan los anuncios de la televisión.
3. Me vuelven loca los programas de aventuras y amor.
4. Me desagradan los concursos tontos.
5. Me dan rabia las novelas con tramas demasiado complicadas.
6. Me dan pena las noticias de accidentes de gente joven.

7. Me dan risa los dibujos animados.
8. Me dan asco las películas de terror muy grotescas.

B Answers will vary but may include the following:

1. Usted me gusta cuando no enseña películas aburridas.
2. Tú me gustas cuando escuchas mis problemas y perdonas mis defectos.
3. Tú me gustas cuando me mandas tarjetas.
4. Ustedes me gustan cuando me dejan usar el coche.

C Answers will vary but may include the following:

1. A mi maestra de español le caigo bien cuando preparo mis composiciones con la computadora.
2. A mi mejor amigo le caigo bien cuando lo ayudo con su tarea de matemáticas.
3. A mi novio le caigo bien cuando lo dejo ganar en los juegos de cartas.
4. A mis padres les caigo bien cuando limpio bien mi cuarto.

D Answers will vary but may resemble the following:

1. ... me da pena.
2. ... me parece bien.
3. ... me fascina.
4. ... me aburren.
5. ... me molesta.
6. ... me da igual.
7. ... me fascinan.
8. ... no me atrae.

E Answers will vary but may resemble the following:

1. Me da mucha alegría cuando recibo buenas noticias de la familia.
2. Me da pena cuando leo sobre la muerte de alguien en la carretera.
3. Me da mucha risa cuando veo una película de Charlie Chaplin.
4. Me da asco cuando veo una escena muy grotesca en una película de terror.
5. Me da una vergüenza terrible cuando descubren que he dicho una mentira.
6. Me da rabia cuando la gente habla durante una película.
7. Me da verdadero pánico cuando veo una película de terror y estoy solo(a) en casa.
8. Me da mucha tensión cuando veo un programa policial y sé que el héroe está en peligro.

F Answers will vary but may resemble the following:

1. Para ser feliz, a mi amigo(a) le falta mucho dinero en el bolsillo.
2. Para tener mejores notas, a mí me faltan muchas horas de estudio.
3. Para tener una colección completa de música de jazz, a mí me faltan bastantes discos compactos.

4. Para estar más tranquilos, a mis padres les falta dinero para pagar la educación de sus hijos.
5. Para ser fenomenal, a mi colegio le falta una piscina nueva.
6. Para comprarme un coche, a mí me falta un buen trabajo de verano.

G Answers will vary but may resemble the following:

1. Me atraen las campañas que tratan temas importantes. Pero me desagradan las campañas tontas.
2. Me gustan las películas de terror y de ciencia ficción. Me molestan las películas románticas.
3. Me parecen bien los concursos de ortografía porque alientan a los estudiantes a deletrear correctamente. Me dan rabia esos concursos que incluyen palabras imposibles de deletrear.
4. Me interesan las continuaciones de películas interesantes como, por ejemplo, "Alien". Me parecen tontas las continuaciones de películas como, por ejemplo, "Police Academy".

Escribamos p. 13

Answers will vary but may resemble the following:
Me gustas cuando te ríes.
Eres simpática, cómica y divertida.
Te pareces a una mañana de sol.
Cantas, bailas, sonríes.
Eres un poema de alegría.
Mariluz, a ti, ¿te gusto yo?

L e c t u r a

Pensemos pp. 14–15

A Answers will vary but should include the expressions from page 9 and may resemble the following:

1. Me fascina jugar videojuegos.
2. Me encanta dar un paseo o montar en bicicleta.
3. Me da alegría salir a bailar.
4. Me gusta entretenerme con un pasatiempo.
5. Me encanta escribir cartas.
6. Me fascina hacer ejercicio.
7. Me encanta ir de compras.
8. Me interesa jugar ajedrez.
9. Me vuelve loco viajar.
10. Me interesa leer libros.

B Answers will vary but should follow the model and may resemble the following:

Me gustan más los programas de detectives como, por ejemplo, los de Columbo porque son muy divertidos.
No me gustan nada las películas de guerra como, por ejemplo, las de Vietnam porque me hacen llorar.
Me gustan más las películas de ciencia ficción como, por ejemplo, las de "Star Wars" porque tienen efectos especiales sensacionales.

No me gustan nada las películas antiguas porque los diálogos siempre me parecen tontos.

C Answers will vary but should follow the model and may resemble the following:

ESTUDIANTE A (ESCRIBE):
Canal 5
19.00 comedia interracial
19.30 serie de un joven popular
20.00 programa de variedades, muy loco
20.30 comedia liviana de una familia

ESTUDIANTE B (DICE):
En el canal 5, a las siete de la tarde, Ramón ve una comedia interracial. A las siete y media, ve una serie sobre un joven popular. A las ocho, ve un programa de variedades que es muy loco. Y, a las ocho y media, ve una comedia liviana sobre una familia.

ESTUDIANTE C (ADIVINA)
Creo que habla del domingo.

Miremos p. 15

Answers will resemble the following:

1. La costa de los mosquitos/Clandestino y caballero
2. Lobos marinos/Brandy/Clandestino y caballero/Más allá del Poseidón/Drácula y las mellizas/Aullidos/Anatomía de un hospital/El diablo ena-morado
3. Películas norteamericanas: La costa de los mosquitos, Más allá del Poseidón, Lobo marinos, Aullidos, Anatomía de un hospital, Clandestino y caballero, Los chicos del maíz
Películas europeas: Drácula y las mellizas, El diablo enamorado, Brandy
4. Clandestino y caballero/El diablo enamorado, Los girasoles, Brandy/Más allá del Poseidón, Drácula y las mellizas, Anatomía de un hospital/La costa de los mosquitos, Lobos marinos, Aullidos, El chico de la bahía, Los chicos del maíz.
5. Por la mañana: El diablo enamorado, El chico de la bahía
Por la tarde: Los girasoles, Brandy, Clandestino y caballero, La costa de los mosquitos
Por la noche: Más allá del Poseidón, Lobos marinos, Drácula y las mellizas
Por la madrugada: Los chicos del maíz
6. Más allá del Poseidón (y Drácula y las mellizas)
7. Peter Cushing/George Scott/Vittorio Gassman

Leamos p. 18

A Answers will vary but may resemble the following:

1. A estos televidentes les gustaría... porque es fascinante.
2. A estos televidentes les interesaría... porque es muy loco.
3. A estos televidentes les gustaría... porque les gusta hacer ejercicio.

4. A estos televidentes les gustaría... porque trata de temas actuales y es divertido.
5. A estos televidentes les interesaría... porque les gusta bailar.
6. A estos televidentes les encantaría... porque se preocupa por los temas de los ancianos y es entretenido.

B **Answers will vary but may include the following:**

1. Adjetivos: cinematográfica, importante, clásico, contemporáneo, tardía, exitosa, espectacular, lujoso, bélicas, ambientada, segunda, mundial, menospreciado, habitual, excelente, inglés, mítico, eterno, lograda, aterradora, divertidas, enamorado, segunda, malvado, interesante, dramático, desquiciado, personales, insignificantes, continuos, separada, europeo, hispano-italiana, clásico, americano, breve, clandestino, principales, gran, nucleares, alemana, curiosa, agrícola, aburridos, indefensos

2. Nombres de tipos de películas:
   película de aventuras
   película de aventuras bélicas
   película de espionaje
   película de humor
   película de lo fantástico
   película de ciencia ficción
   película de terror
   película de comedia
   película de melodrama
   película de "western" europeo
   película de continuación
   película ambientada en la Segunda Guerra Mundial

C **Answers will vary.**

Analicemos p. 19

éxito:	"exitosa"	adjetivo
mal:	"malvado"	adjetivo
ambiente:	"ambientada"	adjetivo
cine:	"cinematográfica"	adjetivo
lujo:	"lujoso"	adjetivo
espía:	"espionaje"	sustantivo
amor:	"enamorado"	adjetivo
humorístico:	"humor"	sustantivo
aterradora:	"terror"	sustantivo
legendario:	"leyenda"	sustantivo
predominante:	"predomina(r)"	verbo
aventurero:	"aventuras"	sustantivo
asesinar:	"asesinatos"	sustantivo
separar:	"separada"	adjetivo
defender:	"indefensos"	adjetivo
vivir:	"vida"	sustantivo

Apliquemos p. 19

A **Answers will vary.**

B **Answers will vary.**

Cultura viva

Conversemos y escribamos pp. 20–21

A **Answers will vary but may resemble the following:**

... la comida viene preparada y sin sabor.

... la gente no piensa.

... hay máquinas para todo y puedes vivir sin mover un dedo.

... la gente no canta, no pasea y no discute.

B **Answers will vary.**

C **Answers will vary but may resemble the following:**

1. cantar canciones
2. contar cuentos de fantasmas
3. jugar juegos de mesa
4. hacer ejercicio
5. escuchar la radio (con pilas)
6. hablar por teléfono con tus amigos
7. salir a dar un paseo
8. iluminar la casa con velas
9. mirar las estrellas
10. dormir

Estructura: Un poco más p. 22

Answers will vary.

Diversiones p. 23

A **Answers will vary.**

B **Answers will vary but may resemble the following:**

No vamos a importar "Married With Children" porque es un programa muy tonto. Presenta a una familia muy desagradable. La gente de otros países va a creer que en los Estados Unidos las familias son como la familia Bundy.

Capítulo 1 • Lección 2

Vocabulario

Asociaciones pp. 28–29

A **Answers will vary but may resemble the following:**

1. tejer, coser, quedarse en casa y no hacer nada
2. ir a la escuela, estudiar, comer
3. volar con alas delta, el paracaidismo
4. la aventura-supervivencia, tener animalitos exóticos, el vuelo libre
5. tocar un instrumento, alquilar un vídeo, el senderismo

6. el ciclismo a campo, el vuelo libre, volar con alas delta
7. el ecoturismo, la aventura-supervivencia, el ciclismo a campo
8. el vuelo libre, tener animalitos exóticos
9. viajar al extranjero, ir a la playa, visitar Nueva York
10. diseñar ropa, dibujar, hacer arreglos florales, sacar fotos
11. el ciclismo a campo, la aventura-supervivencia, viajar a un país lejano
12. volar con alas delta, el vuelo libre, el paracaidismo, la aventura-supervivencia

B Answers will vary but may resemble the following:
1. zambullirse al río, pescar
2. el senderismo, el ecoturismo, la aventura-supervivencia
3. subir cerros y laderas, el senderismo, el ciclismo a campo, sacar fotos
4. la natación, la pesca (pescar)
5. cultivar flores, frutas o verduras; tener animalitos exóticos
6. tejer, coser, tocar un instrumento
7. sacar fotos, el senderismo

C Answers will vary but may resemble the following:
1. Una persona ambiciosa también es arriesgada y emprendedora.
2. ... lejano y remoto.
3. ... optimista y valiente.
4. ... impulsiva y entrometida.
5. ... curiosa y atrevida.
6. ... extraño y remoto.
7. ... hermoso y tranquilo.
8. ... impulsiva y fuerte.
9. ... lujoso y cosmopolita.

D Answers will vary but may resemble the following:
1. Para los intrépidos los mejores lugares son los cerros y las laderas de montañas porque les atrae el peligro.
2. ... son sus casas y sus sillones porque allí no hay peligro y se sienten seguros.
3. ... son los centros comerciales y los mercados porque les gusta gastar.
4. ... el coche y las carreteras porque les gusta viajar de un lugar a otro.
5. ... son las selvas y los ríos rápidos porque les encanta experimentar lo emocionante.
6. ... son los exóticos y los extraños porque les gusta lo desconocido.
8. ... son los estadios y gimnasios porque allí pueden ver y practicar todo tipo de deporte.
8. ... son los museos y bibliotecas porque pueden consultar libros sobre todas las cosas.
9. ... son los bancos y las agencias porque allí pueden hacer sus negocios.

10. ... son las fiestas porque les gusta encontrarse con sus amigos y divertirse.
11. ... son sus casas y jardines porque piensan que su casa es un castillo.
12. ... son los lugares peligrosos porque allí pueden poner a prueba su coraje.

E Answers will vary but may resemble the following:
1. Estoy harta de la rutina de todos los días.
2. Quisiera alejarme de la ciudad.
3. Me encantaría recorrer el mundo.
4. Me interesaría descubrir una nueva isla.
5. Me daría miedo probar el vuelo libre.
6. Me gustaría correr el riesgo de la aventura-supervivencia.
7. Me atraen mucho los lugares aislados.
8. Me parece muy atrevido el paracaidismo.
9. No me apetece viajar en grupos organizados.
10. No me molestaría tomar mis propias decisiones, como escoger una carrera.

F Answers will vary but may resemble the following:
1. Cuando mis padres están fuera de casa y me dejan encargada de mis hermanos, a veces tengo que tomar decisiones en casos de emergencia.
2. Cuando practico el ciclismo a campo me arriesgo cuando bajo de una montaña muy alta.
3. Cuando estoy de vacaciones, me alejo de mis estudios.
4. Cuando viajo al extranjero, me encanta probar algo nuevo.
5. Pongo a prueba mi coraje cuando yo defiendo, delante de mis amigos, las acciones de una compañera no muy popular.
6. Cuando estamos en una reunión de la escuela muy aburrida, me gusta contar algún chiste para que la reunión sea más interesante.
7. Suelo rechazar las ideas de mi hermana mayor.
8. Dejo atrás la tensión cuando me voy de vacaciones al campo, porque me relaja totalmente.

G Answers will vary.

Conversemos p. 30

A Answers will vary but may resemble the following:
¿Cuál es tu lugar preferido y cómo es?

ESTUDIANTE A: Mi lugar favorito es una ciudad alegre, con casas bellas y tradicionales, el mar, gente simpática, buenas tiendas y buenos museos.

ESTUDIANTE B: Mi lugar favorito es una isla en un lago remoto.

B Answers will vary but may resemble the following:
1. ¿Qué te gusta más, recorrer tierras lejanas o quedarte cerca de tu casa?
2. ¿Eres una persona atrevida o cuidadosa?
3. ¿Prefieres la montaña o el mar?

4. ¿Qué te gusta más, viajar en avión, barco, tren o coche?

5. ¿Qué actividades te atraen? ¿Qué te aburre? ¿Qué te fascina?

C Answers will vary but may resemble the following:

1. Mi compañero es tranquilo. Tiene sentido común.

2. Le gusta viajar. Le interesa un lugar cerca del mar. Le molesta el ruido.

3. Prefiere un hotel tranquilo. Le da miedo la oscuridad. No se atreve a viajar solo. Le dan asco los ratones.

4. Mi compañero irá a Cozumel porque es un lugar precioso.

5. Allí habrá paz y tranquilidad.

6. Allí mi compañero podrá descansar y gozar del ambiente tropical.

Escribamos p. 30

A Answers will vary but may resemble the following:

Mi lugar ideal es Palma de Mallorca, España. Es una isla del mar Mediterráneo. Tiene hermosas playas y un clima agradable.

La gente es amable y muy tranquila.

Allí se pueden hacer muchas actividades: pasear en velero, practicar el esquí acuático, bucear, etc. Y en las noches de verano, toda la isla es una fiesta.

Por supuesto que existen problemas pero son pocos. Hay demasiada gente el mes de agosto.

B Answers will vary but may resemble the following:

Palma de Mallorca: Un sueño hecho realidad

Visite esta bella isla del Mediterráneo. Venga a conocer sus magníficas playas, sus hoteles de lujo y su clima ideal.

Hay actividades para todos: pesca, esquí acuático y paseos en veleros. Para los que buscan actividades culturales, hay conciertos al aire libre y fiestas en todos los pueblos.

Casi todos los empleados de hoteles, restaurantes y demás lugares turísticos hablan por lo menos tres idiomas.

Un detalle interesante es que aunque Mallorca forma parte de España, allí la gente habla, además del español, su propio idioma: el mallorquín.

¡Venga a conocernos para que pase unas vacaciones inolvidables!

E s t r u c t u r a

Conversemos pp. 32–33

A Answers will vary but may resemble the following:

1. ¿Buscarás trabajo?

2. ¿Irás a la playa con tu familia?

3. ¿Aprenderás a manejar?

4. ¿Visitarás a tus abuelos?

5. ¿Practicarás muchos deportes?

B Answers will vary but may resemble the following:

Todos nosotros buscaremos trabajo pero luego sólo Tatiana y Ana irán a la playa con sus familias. Tito y yo nos quedaremos en casa. Pues, tal vez Tito visitará a sus abuelos que viven en Puerto Rico. Ana y yo aprenderemos a manejar y, claro, todos practicaremos muchos deportes de verano.

C Answers will vary but may resemble the following:

Haré el viaje de mi vida después de graduarme de la universidad. Iré a Chile, porque quisiera ver algo exótico y diferente. El primer lugar que visitaré será su gran capital, Santiago. Después iré a los desiertos, a las montañas, que siempre están cubiertas de nieve, y a las magníficas playas. Pero lo más importante que haré en ese país es conocer a la gente.

D Answers will vary but may resemble the following:

1. ... será atrevido y arriesgado.

2. ... le gustará la aventura-supervivencia o quizás el vuelo libre.

3. ... será valiente e impulsivo.

4. ... también le gustará cultivar flores, frutas o verduras.

5. ... le apetecerá viajar a un lugar aislado y tranquilo.

6. ... le gustará la aventura-supervivencia.

E Answers will vary but may resemble the following:

1. Actualmente, los niños no reciben una buena educación, pero en el futuro podrán recibirla.

2. En el futuro, podré comunicarme con gente de otros planetas, pero ahora no puedo comunicarme ni con todas las personas de la Tierra.

3. Actualmente muchos países tienen su propio idioma pero en el futuro habrá un solo idioma.

4. Ahora hay muchas personas que no tienen dónde vivir, pero en el futuro encontraremos casas para ellos.

5. En el futuro podremos viajar en coches eléctricos, mientras que ahora todavía dependemos de la gasolina.

6. En el futuro no tendremos que preparar comida porque los robots lo harán, pero ahora sí tenemos que cocinar.

7. Ahora hay muchas personas que no tienen dinero para ir al médico, pero en el futuro podrán pagar.

8. En el futuro todos los que quieran podrán estudiar en la universidad, mientras que actualmente sólo los que tienen dinero lo pueden hacer.

Escribamos p. 33

A Answers will vary but may resemble the following:

1. Tienes mucha imaginación. Podrás tener mucho éxito en el arte o la música.

2. Eres muy inocente. Debes tener cuidado con algunos de tus compañeros porque quieren algo de ti.

3. Sé alegre y no te preocupes por el dinero. Recibirás dinero de un pariente.

B Answers will vary but may resemble the following:

El paraíso de los jóvenes será una isla del Caribe con playas magníficas. Habrá casitas de playa para nosotros. Tendremos todas las máquinas que nos gustan como los tocadiscos compactos, televisores, computadoras, horno de microondas, walkman, etc. Hará muy buen tiempo. Allí podremos hacer de todo. Nadaremos, practicaremos deportes, bailaremos, escucharemos música y podremos divertirnos sin tener que estudiar para el examen de mañana.

Lectura

Pensemos pp. 34–35

A Answers will vary but may resemble the following:

Generalmente soy optimista. A veces soy un poco pesimista. Pero no soy nada negativo(a). A mí me atrae la gente extrovertida y entusiasta porque me divierto con ellos.

B Answers will vary.

Miremos p. 35

A

1. ... desconocido.
2. ... los astros.
3. ... un recorrido... antepasados.
4. ... estancia tranquila.

B Answers will vary but may resemble the following:

Según mi signo soy intuitivo y fuerte. Estoy de acuerdo pero pienso que también soy pragmático.

Según mi signo soy algo tímido e introvertido pero yo en realidad soy más bien extrovertido y aventurero. ¿Quién tiene razón?

C Answers will vary but may resemble the following:

1. (Acuario) Podré ir adonde me apetezca porque tengo amigos en todas partes.
2. Será un lugar tranquilo que favorezca el encuentro conmigo mismo y la intimidad con los demás.
3. Sabré lo que es el amor, el placer, el dolor y la suerte.

El artículo dice que voy adonde tengo amigos, y es cierto. Yo fui a California, donde tengo muchísimos amigos. También pasé dos semanas en Baja California, un lugar remoto y tranquilo. Allí conocí a una buena amiga. En cuanto al amor, pues no me enamoré. Pero sí sentí placer y también dolor porque eché de menos a mi familia.

Leamos p. 38

A Answers will vary but may resemble the following:

Las tres vacaciones que nos gustaron más son las de Cáncer, Aries y Leo. En el escenario de Cáncer viajarás con tienda de campaña y podrás quedarte en cualquier lugar. Tienes mucha libertad para ir adonde quieras y

aprovechar de la naturaleza. Las vacaciones de Aries son muy interesantes porque podrás enriquecerte con dinero, regalos o invitaciones. Y las de Leo tienen el espíritu de aventura. Irás por lugares misteriosos y exóticos.

B Answers will vary but may resemble the following:

Le voy a pedir a mi tía que me lleve de vacaciones con ella. Según su horóscopo ella irá a las montañas y a un lago. Desde pequeña, he querido pasar las vacaciones de verano en las montañas. Pero, desgraciadamente, mi madre siempre prefiere ir al mar. ¡Qué aburrido!

Analicemos p. 38

A Answers

1. amistad: amistoso
2. alegría: alegre
3. entusiasmo: entusiasta
4. felicidad: feliz
5. confusión: confuso
6. conocer: desconocido
7. olvidar: inolvidable
8. estimular: estimulante
9. limpiar: limpio
10. placentero: placeres
11. doloroso: dolor
12. tranquilidad: tranquilo
13. libre: liberar
14. peligroso: peligro
15. estar: estancia, estado
16. recorrer: recorrido

B Answers will vary but may resemble the following:

1. victoria
2. dejar atrás
3. platillos voladores
4. instinto de gitano, alma de nómada
5. paz, paraíso
6. lugar desconocido
7. sacar el mejor partido, tomar una decisión
8. tus antepasados, el clan familiar

Apliquemos p. 39

A Answers will vary.

B Answers will vary but may resemble the following:

1. Me gusta hacer el ciclismo a campo pero tengo que correr varios riesgos. Por ejemplo, necesito saber algo del terreno y del tiempo que va a hacer.
2. Me fascina bucear pero tengo que poner a prueba mi coraje cada vez que veo un tiburón. También necesito estar seguro de la cantidad de oxígeno que me queda y muchos otros detalles.
3. Me encanta hacer el vuelo libre. Me gusta volar sin motor. Es muy emocionate. Primero tengo que depender de la cuerda que me conecta con el avión que me lleva arriba.

C Answers will vary but may resemble the following:

bucear

cazar osos

volar con alas delta

hacer senderismo

explorar cuevas

pescar monstruos acuáticos

subir cerros muy altos

esquiar en los Alpes

practicar el esquí acuático

navegar en velero

competir en carreras de moto

competir en carreras de coche

practicar artes marciales

nadar con delfines

¿Cuáles actividades prefieres?

nadar en piscina

leer

tocar un instrumento

bailar

coser

pintar

cultivar flores

pescar

ver la tele

jugar videojuegos

tejer

sacar fotos

cocinar

observar las estrellas

Cultura viva

Conversemos y escribamos pp. 40–41

A Answers will vary.

B Answers will vary but may resemble the following:

	Línea(s)
1. preocupado	
2. alegre	14
3. tímido	
4. inseguro	5–6
5. aventurero	19–20
6. curioso	7–12
7. pesimista	2
9. deprimido	
10. sociable	10
11. extrovertido	
12. supersticioso	
13. soñador	1, 13
14. entusiasta	14
15. imaginativo	22–23

16. pasivo

17. romántico   16–18

18. práctico

19. sedentario

20. activo

C Answers will vary but may resemble the following:
Para el poeta, el paraíso es un país que está muy lejos. A él le gustaría hacer un viaje a Árgel, África, para viajar en caravana de camello, por la llanura africana.

Estructura: Un poco más p. 42

A Answers will vary but may resemble the following:

4. Lo malo es que no tengo dinero.

5. Lo extraño es que no me importa demasiado.

6. Lo que me aburre mucho es tomar el mismo autobús de siempre.

7. Lo de la excursión a la sierra fue sensacional.

8. Lo divertido de la clase de español es hablar con los amigos.

9. Lo mejor de este año es el horario.

10. Lo que no entiendo es por qué tengo que estudiar álgebra.

11. Lo que me falta es un buen trabajo de tiempo parcial.

Diversiones p. 43

A Answers will vary.

B Answers will vary.

C Answers will vary.

Capítulo 1 • Lección 3

Vocabulario

Asociaciones pp. 48–49

A Answers will vary but may resemble the following:

1. la batería, el radiador, los frenos

2. las luces, las señales, el aire acondicionado

3. el aire acondicionado, la calefacción, los asientos, el radio casete

4. los neumáticos, el gato, los frenos

B

1. e

2. g

3. f

4. h

5. i

6. a

7. d

8. b

9. c

C **Answers will vary but may resemble the following:**

1. Yo puedo echarle agua y refrigerante al radiador. Pero si se necesita cambiar el termómetro, lo hará un mecánico.
2. Yo llevaré la batería al taller a cargarla.
3. Yo puedo ocuparme del aceite.
4. Yo tendré que llevar el coche al taller para que me arreglen eso.
5. Yo llevaré el coche al taller para que me limpien el radiador.
6. Prefiero llevar el coche al mecánico cuando se trata del aire acondicionado.
7. Hay que llevarlo a un mecánico.
8. Yo puedo limpiarlas o cambiarlas.
9. Tendré que llamar al mecánico.
10. Tendré que poner refrigerante yo. No tendré que llamar al mecánico.
11. Yo puedo limpiarlo.
12. Tendré que llevar el coche al taller para que me pongan uno nuevo.

D **Answers will vary but may resemble the following:**

1. Se necesitan el gato y la rueda de repuesto.
2. Se necesita salir a las horas de menos tránsito y un poco de suerte.
3. Se necesitan los frenos.
4. Se necesitan el parabrisas limpio y, tal vez, anteojos.
5. Se necesitan respetar las reglas del tránsito y el límite de velocidad.
6. Se necesita usar la mano o las luces direccionales para indicar que uno va a doblar.
7. Se necesitan herramientas como el destornillador, la llave inglesa y los alicates.
8. Se necesita revisar el coche regularmente.
9. Se necesita guardar las distancias y prestar atención al tránsito.

E **Answers will vary but may resemble the following:**

1. En los cruces, debe mirar enfrente, atrás, a la derecha e izquierda antes de cruzar o doblar.
2. No se debe tomar ninguna bebida alcohólica antes de conducir.
3. Se deben respetar los límites de velocidad.
4. Hay que revisar el nivel de aceite para no dejarlo a cero.
5. Hay que poner el freno de mano cuando se está en una colina.
6. ¡Por la derecha no se debe adelantar! Y, además, no tenga siempre prisa. Es mejor llegar tarde que nunca.

F **Answers will vary but may resemble the following:**

1. Es peligroso adelantar cuando no se puede ver bien porque se puede chocar con otro coche o camión y causar la muerte de todos.

2. Es peligroso no parar completamente en una señal de alto porque no parar puede resultar en un accidente.
3. Es peligroso seguir a otro coche sin mantener una distancia adecuada, porque si el coche de delante para, podrá ocurrir un choque.

Conversemos p. 50

A **Answers will vary but may resemble the following:**

1. ... podrás dormirte y causar un accidente.
2. ... podrás tener una avería en el camino.
3. ... el que viene detrás chocará contigo.
4. ... causarás un accidente.
5. ... una mañana encontrarás un neumático desinflado.
6. ... no funcionará bien el motor.
7. ... te pondrán una multa.
8. ... podrás quedarte en el camino en caso de un pinchazo.
9. ... tendrás que llamar a tu papá para que te abra la puerta.

B **Answers will vary but may resemble the following:**

1. Es la primavera, y la familia va hacia el pueblo de los abuelos.
2. Es el invierno, y la familia va hacia la montaña a esquiar.
3. Es el verano, y la familia va hacia el campo donde celebrará la reunión familiar del Día de la Independencia.
4. Es el otoño, y los jóvenes van hacia el oeste para ir de pesca.

Escribamos p. 51

A **Answers will vary but may resemble the following:**

1. Se necesita un semáforo en la bocacalle de la calle O'Donnell y la avenida Alaska, porque nadie respeta la señal de alto.
2. Se necesita un carril especial para los que montan en bicicleta porque muchos conductores de coches no respetan a los ciclistas.

B **Answers will vary but may resemble the following:**

1. ¿Cuál es el límite de velocidad en las zonas residenciales?
2. Cuando para un autobús escolar para recoger o bajar a los alumnos, ¿qué distancia hay que mantener detrás del autobús?
3. ¿Hasta qué edad deben llevarse a los niños en su silla especial?

C **Answers will vary but may resemble the following:**

Un conductor joven no presta atención al tránsito. Observa a otro conductor que está reparando un neumático pinchado. Él no puede parar a tiempo. Choca con un coche, que está parado en un semáforo rojo, que a causa del choque entra en la bocacalle y choca con un camión que pasa. Todos los conductores salen de sus coches. Están enfadados con el conductor joven. Éste es un joven que acaba de recibir su carnet de conducir. Parece estar avergonzado. No es un conductor responsable.

Estructura

Conversemos pp. 53–55

A Answers will vary but may resemble the following:
1. Cede el paso.
2. Dobla a la derecha, no a la izquierda.
3. Para para que crucen los niños.
4. Respeta el límite de velocidad.
5. Dobla a la izquierda, no a la derecha.

B Answers will vary but may resemble the following:

ESTUDIANTE A:
1. Primero mete la llave, dale un poco de gasolina con el pedal del acelerador, dale vuelta a la llave.
2. Primero, escucha las noticias y sal temprano de la casa. Busca otro camino para llegar a donde vas.

ESTUDIANTE B:
1. Me dices cómo arrancar el motor, ¿verdad?
2. Me explicas cómo evitar un embotellamiento, ¿verdad?

C Answers will vary but may resemble the following:
1. Nombra todos los chicos guapos en nuestra clase.
2. Pon la radio.
3. Mira a las personas en los coches y adivina qué trabajo tienen.
4. Cuéntame los últimos chistes que has oído.
5. Mira los otros coches parados y dime cuál te gustaría tener.

D Answers will vary but may resemble the following:

ESTUDIANTE A:	LA CLASE:
1. Prepara la tarea todos los días.	Escogiste a Ramona, ¿verdad?
2. Llega a la clase de español a tiempo.	¿Hablas de Víctor?
3. Mantén tus libros cubiertos.	¿Escogiste a Derek?

E Answers will vary but may resemble the following:

ESTUDIANTE A:
1. ¿Dónde te gusta pasear?
2. Pues, si vas este fin de semana, toma la ruta 64 en vez de la 27, porque así evitarás un embotellamiento.

ESTUDIANTE B:
Me gusta ir a la sierra y caminar por las sendas.

F Answers will vary but may resemble the following:

Mi mamá siempre dice:
Limpia tu cuarto.
Levántate ahora mismo.
Come más despacio.
Haz tu tarea.

Escribamos p. 55

A Answers will vary but may resemble the following:
1. Si te gusta escuchar música cuando viajas, pon atención al tránsito, evita ponerla a todo volumen para que no molestes a los otros conductores.
2. Si te gusta conducir con exceso de velocidad, recuerda que es un peligro para ti y para los demás.
3. Si te fascina ir a las carreras de autos, piensa que los que manejan son profesionales y tú no.
4. Si te molesta que otros toquen la bocina, conduce bien para que no te lo hagan.
5. Si no quieres que te adelanten por la derecha, quédate en el carril derecho.
6. Si quieres mantener tu coche limpio, lávalo todas las semanas y pasa la aspiradora por dentro frecuentemente.

B Answers will vary but may resemble the following:
1. Obedece las reglas de circulación para coches, que son las mismas que tienen que obedecer los que montan en bicicleta.
2. Ponle una luz a la bicicleta para montar de noche.
3. Usa siempre el casco de protección.
4. No lleves nunca a un compañero en tu bicicleta porque está prohibido y es peligroso.
5. Siempre usa las dos manos. Indica con la mano antes de doblar.

C Answers will vary but may resemble the following:
1. Déjalo hablar y escúchalo cuando quiere contarte algo importante.
2. Acompáñalo en sus problemas.
3. Felicítalo en sus éxitos.
4. Ofrécele ayuda antes de que te la pida.
5. Sé generoso.

Lectura

Pensemos p. 56

A Answers will vary but may resemble the following:
1. avión
2. barco
3. avión, coche, autobús, barco y tren
4. avión y coche
5. avión
6. barco
7. avión, barco, autobús y tren
8. avión, barco, coche, autobús y tren

9. coche y autobús
10. avión
11. avión, autobús y tren
12. autobús y coche
13. coche y autobús
14. avión y barco
15. avión, autobús, barco, coche y tren
16. avión, barco y tren
17. coche y autobús
18. coche
19. coche y autobús

B Answers will vary but may resemble the following:

Es buena idea...

1. planificar la ruta.
2. hacer las reservaciones.
3. comprar gasolina.
4. lavar el coche.
5. inspeccionar el coche.
6. estudiar el mapa.
7. cambiar de conductores cada dos horas.
8. conversar para distraerse un poco.
9. llegar y después dormir
10. abrocharse el cinturón de seguridad.

No es buena idea...

11. tomar mucho café.
12. comer en cada parada.
13. fumar bastante.
14. conducir sin parar.
15. conducir lentamente.
16. levantarse a las cuatro de la mañana.
17. perder el carnet de conducir.
18. escuchar la radio para no dormir.
19. conducir muy rápido para llegar pronto.

Miremos

A Answers will vary but may resemble the following:

1. ¿Qué? el desplazamiento
2. ¿Quiénes? los españoles
3. ¿Dónde? por las carreteras de España
4. ¿Cómo? en sus propios vehículos
5. ¿Cuándo? los meses de julio y agosto
6. ¿Por qué? a pasar las vacaciones

El artículo trata del gran desplazamiento de los españoles que viajan en coche los meses de julio y agosto y de los peligros que pueden evitar tomando las precauciones necesarias.

B Answers will vary but may resemble the following:

1. Todas las secciones.
2. Sección "Y en carretera".
3. No toca este tema.
4. Sección "Y en carretera".
5. No toca este tema.

6. Sección "Últimos momentos".
7. Sección "Luces".
8. Sección "Últimos momentos".
9. Secciones "Aceite, agua y frenos".
10. Secciones "Aceite y agua".

Leamos p. 60

Answers will vary but may resemble the following:
¿Dónde?

1. Sí, verdad. (1ª frase, 1er párrafo)
2. Sí, verdad. (2ª y 3ª frase, 1er párrafo)
3. No, falso. (La "circulación" del tráfico, en vez de la "dirección"; 3ª frase, 1er párrafo)
4. Sí, verdad. (1ª frase, 1er párrafo)
5. No, falso. ("se desplaza" en su propio coche, en vez de "tienen"; 2ª frase, 1er párrafo)
6. Sí, verdad. (1ª y 2ª frase, sección "Revisión del automóvil".)
7. No, falso. (3ª frase del 1º párrafo y penúltima frase de la sección "Y en carretera".)
8. Sí, verdad. (Última frase de la sección "Revisión del automóvil".)
9. No, falso. (Sección "Últimos momentos", 3ª y 4ª frases "millones de conductores... para ir o volver".)
10. Sí, verdad. (2º párrafo bajo "Últimos momentos".)
11. Sí, verdad. (4º párrafo bajo "Últimos momentos".)
12. No, falso. (Sólo dice que tengas cuidado cuando atravieses un pueblo en el 3er consejo bajo "Y en carretera".)
13. Sí, verdad. (2º y 5º consejos bajo "Y en carretera".)

Analicemos pp. 60–61

A Answers will vary but may resemble the following:

1. Si no quieres adelantar, quédate en el carril derecho.
2. Se debe ajustar el cinturón de seguridad antes de ponerse en marcha.
3. Hay que aumentar la velocidad cuando adelantas a otro coche.
4. Se necesita cambiar el aceite y su filtro cada tres mil millas.
5. Para evitar las averías, es aconsejable revisar el aceite, el motor, las bujías, los faros, los filtros, los frenos, los líquidos, los neumáticos, las señales y llevar la rueda de repuesto.
6. Hay que inflar los neumáticos a la presión indicada.
7. Infórmate del estado de las carreteras antes de partir.
8. Debes llevar el carnet de conducir, la documentación necesaria, una botella de agua y la rueda de repuesto.
9. El conductor y los ocupantes se deben mantener sentados con el cinturón de seguridad abrochado.
10. No te olvides de llevar los anteojos de sol y un mapa para informarte de los caminos alternativos.
11. Antes de planificar las vacaciones, lee los consejos del artículo.
12. Es necesario ponerse el cinturón de seguridad.

13. Hay que reducir la velocidad cuando atravieses los pueblos.

14. Respeta todas las reglas de circulación.

15. Antes de salir de viaje, se debe revisar el coche, o sea, los líquidos, los filtros, los faros, los frenos y las señales.

16. Hay que vigilar a los ciclistas y a los peatones que van por la carretera.

B Answers will vary but may resemble the following:

1. e: Para evitar cualquier percance, hay que tener dos cosas: el coche bien preparado y un poco de suerte.

2. a: Aunque siempre decimos que no lo vamos a hacer, cargamos el coche hasta los topes cuando salimos de vacaciones.

3. b: El primero de mayo ya empiezo la cuenta atrás para las vacaciones.

4. d: Ojalá que no suframos una avería en el camino porque tenemos prisa en llegar.

5. c: Es importante poner el motor a punto antes de comenzar cualquier viaje.

6. f: Pondremos en marcha un plan para evitar embotellamiento.

Apliquemos p. 61

A Answers will vary but may resemble the following:

1. ¿Qué distancia se debe mantener entre un coche y otro en la carretera?

2. ¿Cuál es la velocidad máxima en las autopistas?

3. ¿Qué significa la línea doble por el medio de la carretera?

4. ¿A qué distancia se debe parar detrás de un autobús escolar cuando los niños suben o bajan?

B Answers will vary but may resemble the following:

Encuesta:

1. ¿Revisas la presión de los neumáticos antes de emprender el viaje?

2. Si es un viaje largo, ¿cuántas horas conduces en un día?

3. ¿Prefieres conducir en las autopistas o las carreteras?

4. ¿Prefieres conducir de día o de noche?

C Answers will vary.

C u l t u r a   v i v a

Conversemos y escribamos p. 63

A Answers will vary but may resemble the following:

Los puentes de este año son:

el cumpleaños de Martin Luther King, Jr.

el cumpleaños de George Washington

el Día de Memorial

el Día de la Independencia

el Día del Trabajo

el Día de los Veteranos

B Answers will vary but may resemble the following:

¡Magníficas vacaciones para el próximo puente!

Celebra el puente del Día del Trabajo en Hilton Head, Carolina del Sur: Tres noches y cuatro días en la playa, apartamentos de lujo con todo, terrazas y vista al mar. Piscina, tenis y golf. Todo incluido. Precios a partir de trescientos dólares. Llame a Viajes Miramar 279-1342.

C Answers will vary but may resemble the following:

¡Finalmente un descanso!

¡A la playa todos!

¡Sonrisas recibe el puente!

Estructura: Un paso más p. 64

Answers will vary but may resemble the following:

1. Mi mejor amiga es María. Me hace muchos favores. Por ejemplo, me llama para recordarme cosas importantes. Me ayuda con mi tarea de español. Me escucha cuando necesito quejarme. Y me da buenos consejos.

2. Yo también le hago favores a ella. Por ejemplo, le corrijo sus composiciones en inglés. La ayudo con la tarea de álgebra.

3. La veo una o dos veces por semana. Como asistimos a diferentes colegios, no nos vemos todos los días. Cuando nos reunimos, nos gusta hablar, salir de compras o ir al cine.

4. Sí. Me acuerdo de su cumpleaños. El año pasado le regalé unos aretes. Este año pienso darle un disco compacto de Juan Luis Guerra.

Diversiones p. 65

A Answers will vary.

B Answers will vary.

C Answers will vary but may resemble the following:

1. Varios animales se han escapado de sus jaulas y divierten a la gente en sus coches.

2. Parece que un camión del circo chocó y causó un enorme embotellamiento en una carretera.

3. La gente debe quedarse en sus coches con las ventanillas cerradas hasta que capturen a los animales. Deben abrir un carril para que los coches comiencen a circular. Deben desviar el tráfico hacia otras rutas.

Un paso más pp 67–69

A Answers will vary.

B Answers will vary but may resemble the following:

1. Adelanta a los coches por el carril derecho. El policía te dará un regalito.

2. Sigue parado cuando el semáforo cambia a verde. Los conductores de atrás te saludarán con sus bocinas.

3. Frena de pronto. El conductor de atrás saldrá a conocerte.
4. Procura no cambiar el aceite. Ahorrarás tiempo y dinero y pronto podrás cambiar de coche.
5. En las bocacalles de cuatro señales de alto, sigue adelante sin mirar ni parar. Serás candidato a quedarte sin carnet de conducir.

C Answers will vary.

D Answers will vary but may resemble the following:
Un viaje que sólo haré en mis sueños será a la tierra donde la gente vuela con los brazos. Con estas habilidades las personas no necesitarán ni aviones, ni coches, ni motos para ir de un sitio a otro. No habrá que revisar los motores ni preocuparse por el aceite. Las reglas de circulación cambiarán, por supuesto. Y si oyes a alguien decirte, "Enséñame tu carnet de conducir", será un "policiángel".

E Answers will vary.

F Answers will vary but may resemble the following:

Estudiante	Clase
Me levanté muy temprano. Estaba muy nervioso. Busqué mis apuntes para repasarlos durante el desayuno.	Hablas del examen de tu vida.
Estaba sentado en el asiento de pasajero escuchado la radio. Estábamos parados en un semáforo. De repente, casi golpeé el parabrisas. Mi padre estaba herido en la cara.	Hablas del accidente de tu vida.
Llegué a la casa de mi prima. Toqué el timbre y me abrieron la puerta con un grito de "¡Feliz cumpleaños!" Me quedé asombrado. Fue una sorpresa total.	Hablas de la fiesta de tu vida.

G Answers will vary.

H Answers will vary but may resemble the following:
1. El tema es el peligro de tomar bebidas alcohólicas y conducir.
2. El protagonista es un loco del volante, un borracho que conduce rápido.
3. Está ambientado en el presente, en una discoteca y una carretera.
4. La trama es la trayectoria del conductor borracho desde que sale borracho de la discoteca hasta que tiene el accidente. Apunto cómo él acelera continuamente.
5. El desenlace comienza con: "yendo a su encuentro maldito", y continúa con: "y en el quebrado farol quedó allí…".

I Answers will vary but may resemble the following:
1. Se trata de un coche deportivo. Es un Corvet rojo de cinco marchas y un motor de ocho cilindros.
2. Al conductor, apenas lo conocía. Tenía fama de borracho. En el bar, hablaba en voz alta de su coche. Siempre decía que llegaba a los sitios antes que nadie. Era bajo y delgado. Llevaba barba de dos días. Tenía el pelo castaño, muy corto y era un poco calvo. Tenía alrededor de treinta años. Venía a la discoteca con frecuencia, pero siempre solo.
3. Salió de la discoteca como a la una de la noche. Ya estaba muy borracho. Empezó a insultar a los que estaban a su alrededor. Entonces, cogió las llaves y entró en el coche. Cerró la puerta, arrancó el motor y salió.

J Answers will vary but may resemble the following:
Si tomas bebidas alcohólicas, no conduzcas.

Capítulo 2 • Lección 1

Vocabulario

Asociaciones pp. 74–75

A Answers will vary but may resemble the following:
1. Estoy harto de los exámenes. Merezco una semana de descanso.
2. Estoy harto de las preguntas del maestro de literatura. Merezco dos días de vacaciones.

B Answers will vary.

C Answers will vary but may resemble the following:
a. Horario típico para un día de clases
Suelo levantarme a las seis y desayunar a las seis y media. Suelo llegar a la escuela a las siete y media. De ocho a once suelo estar en clase. Suelo almorzar de once a doce. De doce a tres suelo asistir a clases. Suelo estudiar de cuatro a seis. Suelo cenar a las seis. De siete a ocho suelo llamar a mis amigos. Suelo ver la tele de ocho a nueve. Suelo prepararme para la cama a las nueve.

b. Horario típico para un fin de semana
Los sábados me levanto tarde pero los domingos suelo levantarme a las ocho para ir a la iglesia a las nueve. Suelo jugar tenis con mis amigos después del almuerzo. Los domingos, suelo visitar a mis abuelos o para cenar o para llevarles algún postre. Los sábados por la noche suelo salir o al cine o a casa de amigos. Los domingos por la noche suelo hacer mi tarea.

D Answers will vary but may resemble the following:
1. Voy a evitar largas conversaciones por teléfono con mis amigos la noche antes de un examen importante.

2. Voy a dejar de estudiar a última hora.

3. Voy a dejar de tomar café antes de una prueba.

E Answers will vary but may resemble the following:

L Lee tus apuntes.

I Intenta mantener la calma.

S Sigue las pistas del maestro.

T Ten confianza.

O Olvídate de la ansiedad.

F Answers will vary but may resemble the following:

1. ... suelo trabajar con mi compañero.

2. ... suelo estudiar mucho y dormir bien la noche antes del examen.

3. ... suelo tomar un vaso de leche caliente.

4. ... no debo comer demasiado antes de acostarme.

5. ... trato de practicar con gente que habla español.

6. ... suelo consultar un diccionario.

7. ... suelo hacer un esquema.

8. ... suelo pensar mucho antes de escribir.

Conversemos pp. 75–76

A Answers will vary.

B Answers will vary but may resemble the following:

Para calentar una prueba:

1. repaso todos los apuntes.

2. compruebo mis apuntes con los de mi amigo(a).

3. tomo mucho café o té.

4. me acuesto tarde.

5. me levanto temprano a dar el último repaso.

C Answers will vary but may resemble the following:

Suelo olvidarme de apuntar todas las tareas y al llegar a casa no sé lo que tengo que hacer. Pienso llevar un librito para apuntar las tareas de cada clase.

D Answers will vary but should include informal commands, as in the following:

1. Acuéstate temprano y te levantarás descansado y fresco.

2. Dúchate antes de acostarte y toma leche caliente.

3. Repasa los apuntes todos los días.

4. Evita ver tanto la tele. Busca nuevos pasatiempos.

5. Deja de comer entre comidas y evita los postres. Haz más ejercicio.

6. Asiste a todas las clases, haz todas las tareas y consulta al maestro cuando no entiendas algo.

Escribamos p. 76

Answers will vary but should include the future tense, as in the following:

1. Los alumnos tomarán los exámenes y las pruebas por computadora.

2. El horario de los estudiantes será muy complicado.

3. Los maestros enseñarán por televisión.

4. No habrá necesidad ni de aulas ni de pupitres.

5. Los alumnos tomarán los apuntes con computadoras.

6. El estado de ánimo de todos será muy positivo.

7. Las notas serán como ahora.

8. Los deportes y las actividades ya no formarán parte de la escuela.

9. El transporte no será necesario porque los alumnos aprenderán en casa o en centros cercanos.

E s t r u c t u r a

Conversemos pp. 79–81

A Answers will vary but may resemble the following:

1. ¿Sabes de memoria un poema en español? Claro que sí/no. Recítamelo. / No nay nadie que sepa un poema en español.

2. ¿Prestas servicios a la comunidad? Claro que sí/no. Dime qué haces. / No hay nadie que preste servicios a la comunidad.

3. ¿Ayudas a otros a estudiar? Claro que sí/no. Dime sus nombres. / No hay nadie que ayude a otros a estudiar.

4. ¿Tienes un horario pesado? Sí, bastante/no. Explícamelo. / No hay nadie que tenga un horario pesado.

5. ¿Lees al menos un libro al mes? Claro que sí/no. Dime el título. / No hay nadie que lea al menos un libro al mes.

6. ¿Eres miembro de un equipo deportivo? Claro que sí/no. Muéstrame tu uniforme. / No hay nadie que sea miembro de un equipo deportivo.

B Answers will vary but should include the present subjunctive, as in the following:

1. No me gusta que cometas errores tontos. Te aconsejo que repases lo que escribes y que escribas con más cuidado.

2. Me sorprende que no sepas ningún truco. Pero, en vez de usar trucos, te recomiendo que estudies mucho y que repases tus apuntes.

3. Lástima que no saques un sobresaliente. Te aconsejo que sigas estudiando y que no le des demasiada importancia.

4. Me molesta que siempre andes despistado porque no pones atención. Es importante que pongas atención en tus clases y que recuerdes lo que debes hacer.

5. No me sorprende que suelas calentar pruebas y exámenes. Es preferible que estudies y repases los apuntes regularmente.

6. Me molesta que siempre le pidas los apuntes a otra gente a última hora. Es mejor que tú mismo tomes los apuntes.

Answers will vary but should include the present subjunctive, as in the following:

1. Es preciso que busques un trabajo de tiempo parcial. Es conveniente que no gastes todo tu sueldo en ropa.
2. Es mejor que viajes al extranjero. Es conveniente que asistas a fiestas culturales.
3. Es malo que discutas tonterías. Es importante que seas simpático y generoso. / Es aconsejable que no discutas con ellos. Es bueno que les tengas respeto.

D **Answers will vary but should include the present subjunctive, as in the following:**

1. ... haya muchas playas... no haya mucha gente.
2. ... salga por la mañana... sea incómodo.
3. ... esté en la playa... cueste mucho dinero.
4. ... sea alegre... se queje de todo.
5. ... me escriban... se olvide de mí.

E **Answers will vary but should include the present subjunctive, as in the following:**

1. ... nos den pistas... nos den tantas pruebas.
2. ... tengamos tareas todos los días ... los exámenes terminen pronto.
3. ... haya guardias en los pasillos... los necesitemos.
4. ... la maestra de matemáticas no nos dé tarea... así decida.

Escribamos p. 81

A **Answers will vary but may resemble the following:**

1. No entren.
2. ... gimnasia. Quítense los zapatos.
3. No tiren basura.
4. Cierren la puerta.
5. No me pierdas. / ... latín. No te duermas.
6. Sólo usen zapatos de tenis.

B **Answers will vary but should include the present subjunctive.**

Lectura

Pensemos p. 82

A **Answers will vary but may resemble the following:**

1. Suelo adivinar en mi clase de cálculo.
2. Necesito analizar en mi clase de química.
3. Suelo compartir apuntes en mi clase de literatura.
4. Hay que competir en las clases deportivas.
5. Suelo confundirme en la clase de geometría.
6. Suelo conversar con mis amigos en mi clase de español.
7. Suelo dibujar en mi clase de arte.
8. Suelo enfadarme en mi clase de historia.
9. Suelo estudiar en grupos en mi clase de biología.
10. Suelo hacer diagramas en mi clase de gramática.

11. Suelo hacer investigaciones en la clase de sociología.
12. Suelo pedir ayuda en la clase de física.
13. Suelo quejarme en la clase de salud.
14. Suelo recitar en la clase de teatro.
15. Suelo relajarme en mi clase de música.
16. Suelo repasar mis apuntes en la clase de geografía.
17. Suelo saber de memoria el vocabulario en mi clase de español.
18. Suelo sorprenderme en la clase de educación física.
19. Suelo tomar apuntes en todas mis clases.

B **Answers will vary but may resemble the following:**

1. a. ¿Cómo te preparas para las pruebas de español?
   b. ¿A qué hora te acuestas la noche antes?
   c. ¿Cuánto tiempo estudias?
   d. ¿Con quién practicas el vocabulario?
   e. ¿Dónde prefieres estudiar?
   f. ¿Lees tus apuntes dos veces?
   g. ¿Haces resúmenes, diagramas, esquemas o listas?
2. Mis amigos y yo estamos de acuerdo en algunos métodos de prepararnos para las pruebas de español, pero en otros aspectos somos diferentes. Juan, Eric y Tito se acuestan tarde la noche antes, pero Nancy, Keisha y yo preferimos acostarnos temprano. Eric, Nancy y Keisha suelen estudiar de 20 a 30 minutos, mientras que Juan, Tito y yo estudiamos de 30 a 45 minutos. Todos practicamos el vocabulario con un amigo. Juan y Nancy suelen estudiar en la biblioteca cerca de su casa, pero los otros estudiamos en nuestras habitaciones. La mañana del examen, Eric, Tito y Keisha se levantan más temprano para repasar sus apuntes. Si el examen trata de literatura, todos solemos hacer resúmenes o esquemas.

C **Answers will vary but should resemble the model and include new vocabulary, as in the following:**

Si me he preparado bien, antes de un examen suelo sentir impaciencia. Entonces, si veo que las preguntas son fáciles, me siento seguro de mí mismo. Después de repasar mis respuestas, entrego el examen y siento una tremenda relajación. Pero, si encuentro que las preguntas son muy difíciles, padezco de un desconcierto terrible o, a veces, un bloqueo mental. Y, después del examen, siento desesperación.

Miremos p. 83

A **Answers will vary but may resemble the following:**

1. fenomenal, excelente, brillante, genial, estupendo, buenísimo
2. como juega Michael Jordan, las galletas de mi amiga Matilde, los vídeos de Michael Jackson.
3. d. Las notas están perdidas.

B **Answers will vary but may resemble the following:**

1. impaciente, desconcierto, confusión, irritación, atónito, nervioso, ansiedad, tensión, nerviosismo
2. Ocurrió antes del examen.

Leamos p. 86

A Answers will vary but may resemble the following:

Se debe:
1. limitar al mínimo la relectura.
2. dedicar la mayor parte del tiempo a recitar los temas.
3. recordar las ideas principales sin consultar las notas.
4. acudir a los esquemas.
5. consultar el libro y volver a leer las partes olvidadas.
6. realizar una simulación del examen.
7. intentar predecir las preguntas del examen.
8. cuidar el aspecto físico.
9. hacer ejercicio físico.

No se debe:
1. dejar de estudiar el resto de los temas.
2. comer comidas ricas en grasas, azúcares, dulces y alimentos en conserva.
3. hacer comidas copiosas.
4. estudiar inmediatamente después de las comidas.
5. usar anfetaminas ni estimulantes.
6. cambiar los hábitos de sueño.

B Answers will vary but may resemble the following:

Consejos de cómo organizarte y estudiar para un examen.
1. Prepara una lista de las cosas que no sabes bien para repasarlas.
2. Intenta hacer asociaciones para recordar nombres, palabras, fechas, etc.

Consejos de cómo debes cuidarte físicamente para un examen.
1. Toma una ducha caliente para relajarte antes de acostarte.
2. Come comidas sanas.

Analicemos p. 86

A

	Adjetivos	Sustantivos
1. sentarse	sentado	
2. dormirse	dormido	
3. sorprenderse	sorprendido	
4. enfadarse	enfadado	
5. confundirse		confusión
6. concentrarse		concentración
7. relajarse		relajación
8. creer		creencia
9. releer		relectura
10. preparar		preparación
11. repasar		repaso
12. adivinar		adivinanzas
13. perder	perdido	
14. soñar		sueño

B
1. sorpresa sorprendido
2. difícil dificultad, dificultar
3. predicción predecir
4. búsqueda buscar (buscando)
5. comentario comentar
6. compañía acompañar (acompañándote)
7. recuerdo recordar
8. relectura leer
9. dedicado dedicar
10. comprobación comprobar
11. aumento aumentar
12. disminución disminuir
13. cambio cambiar
14. uso usar

Apliquemos p. 87

A Answers will vary.

B Answers will vary but should include the informal commands.

C u l t u r a   v i v a

Conversemos y escribamos pp. 88–89

A Answers will vary but may resemble the following:

A ¡Fenomenal!

B ¡Qué bien!

C ¡Mediocre!

D ¡Deprimente!

F ¡Horrible!

B Answers will vary but may resemble the following:

En Estados Unidos
1. ... siete años (incluyendo el kinder).
2. ... la escuela intermedia... dos años.
3. ... la escuela secundaria... cuatro años.
4. ... un examen de aptitud como el SAT.

En España
1. ... ocho años.
2. ... la educación secundaria... cuatro años.
3. ... el Bachillerato... dos años más.
4. ... un examen de selectividad.

C Answers will vary but may resemble the following:

Problemas de los hispanohablantes
1. Una palabra se pronuncia de una manera y se escribe de mil maneras.
2. La pronunciación puede significar diferentes cosas.
3. A la gente que habla español le cuesta pronunciar las "eres" y "eses", y otros sonidos que no existen en su idioma.

Mi mayor dificultad: Suelo confundirme con los artículos y con el uso de ser y estar.

D Answers will vary but may resemble the following:

Esto es porque en inglés hay muchas maneras de escribir el mismo apellido. Sí.

Estructura: Un poco más p. 90

A Answers will vary but should incorporate the nosotros use of the present subjunctive.

B Answers will vary but should incorporate the que... use of the present subjunctive.

Diversiones p. 91

A Answers will vary.

B Answers will vary but may resemble the following:

Es imposible que la gente duerma en las maletas. Dudo que los peces vivan en las lámparas. No creo que se deba jugar baloncesto dentro de la casa. Es imposible que la pizza que está en el estéreo toque música como un disco. Es imposible que se hable por teléfono usando un plátano. No creo que un salvavidas necesite vigilar el cuarto de baño. Es imposible que llueva dentro de la casa.

Capítulo 2 • Lección 2

Vocabulario

Asociaciones pp. 96–97

A Answers will vary but may resemble the following:

1. Una de mis metas es conseguir una beca de estudios en una universidad importante.
2. También quisiera ser doctor.
3. Me gustaría investigar nuevas medicinas.
4. Pero también me gusta viajar, así que no me importaría ser periodista.
5. Algún día quisiera casarme y luego tener un hijo.

B Answers will vary but should follow the model, such as:

1. No le queda más remedio que estudiar.
2. No le queda más remedio que dejar de fumar.
3. No le queda más remedio que buscar un trabajo de tiempo parcial o pedirle dinero a un pariente.
4. No nos queda más remedio que buscar otro coche.
5. No me queda más remedio que mandarle una invitación.

C Answers will vary but may resemble the following:

1. Opciones: Es importante darnos cuenta de cuáles son nuestras limitaciones.
2. Deberes: Reconozco cuáles son mis deberes en casa y en el colegio.
3. Educación separada: Todos mis compañeros prefieren la coeducación porque dicen que es más divertido tener compañeros de los dos sexos.

4. Libertades: Los jóvenes tienen bastantes restricciones.
5. Ventajas: Para poder terminar una carrera uno se tiene que olvidar de los inconvenientes de estudiar.
6. Gratis: Mis estudios universitarios están pagados pero todavía quiero un trabajo de tiempo parcial.
7. Juntos: Creo que es conveniente que en los colegios los chicos y las chicas estén separados.
8. Privilegios: Si no te gusta tomar riesgos, nunca vas a tener un buen trabajo.
9. Mismos: Todos mis amigos tienen diferentes puntos de vista.

D Answers will vary but may resemble the following:

1. ... estudiar el piano.
2. ... una carrera.
3. ... (de) sus vacaciones.
4. ... dibujar?
5. ... cuántos alumnos estudian español.
6. ... una beca... me pague mis estudios universitarios.
7. ... voy con ellos de vacaciones.
8. ... una prueba de karate.
9. ... comparto su punto de vista.
10. ... estudiar una carrera... poder disfrutar de la vida también.

E Answers will vary but may resemble the following:

1. Estoy de acuerdo porque así conoces otra gente, otras costumbres y puedes practicar otros idiomas.
2. Estoy de acuerdo porque así contribuimos a proteger el medio ambiente y también podemos mantener la escuela limpia.
3. No estoy de acuerdo porque debes aprender cuando tienes 14 años.

F Answers will vary but may resemble the following:

	Inconvenientes	Ventajas
1. asistir a clase	a. Tienes que levantarte temprano	a. Puedes hacerle preguntas al maestro.
	b. Tienes que llevar libros	b. Compartes ideas con otros.
estudiar en casa con computadora	a. No puedes hablar con nadie.	a. Puedes estudiar cuando quieres.
	b. Estás solo.	b. Puedes comer mientras estudias.
2. almorzar en la cafetería	a. Te aburre el menú.	a. Estás con tus amigos.
	b. Es caro	b. Es rápido.
almorzar en casa	a. Te lleva tiempo.	a. Es económico.
	b. Comes solo.	b. Comes mejor.

almorzar en la la calle	a. Hay mucho ruido. b. Es peligroso.	a. Estás al aire libre. b. Cambias de ambiente.
3. pagar los libros	a. Cuestan mucho. b. Pueden estar sucios	a. Son nuevos. b. Puedes escribir en ellos.
4. compartir	a. No puedes quedarte con todo. b. No es justo.	a. Te enseña a ser generoso. b. Sientes. satisfacción.
competir	a. Puedes perder. b. Te pone nervioso.	a. Trabajas más. b. Te sientes orgulloso.
5. recibir notas	a. Pueden ser injustas. b. Te dan miedo.	a. Te da alegría. b. Te demuestra que vale la pena estudiar.

Conversemos pp. 98–99

A Answers will vary.

B Answers will vary but may resemble the following:
conseguir un trabajo de tiempo parcial

Derechos	*Deberes*
1. ganar dinero	1. gumplir bien el horario del trabajo
2. no tener que trabajar horas extras	2. ser amable con los clientes

En cuanto a conseguir un trabajo de tiempo parcial, tenemos el derecho de... En cambio, tenemos que...

conseguir una beca

1. recibir la educación gratis	1. sacar buenas notas
2. recibir dinero para comprar los libros	2. no causar problemas la universidad

participar en los equipos deportivos del colegio

1. tener un buen entrenador	1. ir a todas las prácticas
2. jugar en todos los partidos	2. jugar lo mejor que podamos

hacerse miembro del club de...

1. expresar nuestras opiniones	1. ir a todas las reuniones
2. elegir al presidente club	2. trabajar con los demás miembros del club

asistir a la universidad

1. recibir una buena educación	1. hacer las tareas
2. tener buenos profesores	2. prepararse para los exámenes

C Answers will vary but may resemble the following:

1. Opto por el coche porque es más rápido y cómodo. El inconveniente es que tengo que ir con mi familia y con mis hermanos que me vuelven loco.

2. Opto por las pruebas orales porque me gusta hablar y no me expreso bien por escrito. El inconveniente es que el resultado depende de mi estado de ánimo.

3. Opto más por los amigos porque no tengo tiempo para una novia. El inconveniente es que cuando hay bailes, voy solo y también los amigos requieren mucho tiempo.

4. Opto por los hermanos adolescentes porque compartimos ideas y actividades. El inconveniente es que a veces se ponen mi ropa sin permiso y chismean con mis amigos.

5. Opto por el verano porque no voy a la escuela y puedo nadar y descansar. El inconveniente es que no veo a mis compañeros y a veces me aburro.

6. Opto por la ciudad porque siempre hay cosas nuevas que ver y hacer. El inconveniente es que hay más contaminación y ruido.

7. Opto por la ropa de calle porque puedo ir a la moda y vestirme a mi gusto. El inconveniente es que me cuesta más dinero y todos los días tengo que pensar lo que me voy a poner.

8. Opto por las libertades porque me gusta tomar mis propias decisiones. El inconveniente es que puedo meterme en problemas y entonces me echan la culpa.

Escribamos p. 99

A Answers will vary but may resemble the following and must include the present subjunctive:

Para los chicos, quiero que el uniforme sea elegante pero práctico y que tenga muchos bolsillos.
Para las chicas, quiero un uniforme que esté a la moda y que sea fácil de lavar y planchar.

B Answers will vary but may resemble the following:

1. El auditorio: buenas condiciones pero la calefacción no funciona. Recomendamos que se arregle la calefacción en el auditorio porque hace mucho frío en el invierno.

2. El gimnasio: las paredes están sucias. Recomendamos que pinten el gimnasio para que esté limpio y alegre.

3. Los baños: viejos y pequeños, y no hay espejos. Recomendamos que arreglen los baños y los pongan más modernos con espejos grandes y nuevos.

4. La biblioteca: muy pequeña. No hay espacio para todos los libros. Recomendamos que construyan otra biblioteca más grande para que todos los libros estén en los estantes.

Estructura

Conversemos pp. 101–102

A Answers will vary but should include para que plus the present subjunctive, as in the following:

1. Para que me entiendan los alumnos hispanos de la escuela quiero hablar bien el español.
2. Para que sepamos las opiniones de los estudiantes intento realizar una encuesta entre todos.
3. Para que mis padres no tengan que darme dinero en las vacaciones quiero empezar a ahorrar ahora.
4. Para que pueda tomar la decisión correcta quiero escuchar otros puntos de vista.
5. Para que no engorde intento hacer ejercicio.
6. Para que aprenda mucho de la cultura de otros países quiero recorrer tierras lejanas.
7. Para que todos me quieran intento llevarme bien con todos.
8. Para que no me pongan multas intento respetar las reglas de tránsito.

B Answers will vary but should include the present subjunctive as in the following:

1. ... me dejen salir esta noche.
2. ... me pague.
3. ... ciencias... me den una beca.
4. ... en otra ocasión haga lo mismo por mí.
5. ... que ir a casa de Aurora... me ayude con la tarea de cálculo.
6. ... asistir a la universidad del estado... mis amigos vayan allí también.

C Answers will vary but should include the present subjunctive as in the following:

1. ... llegue mi secretaria a ayudarme.
2. ... termine de leer la enciclopedia Británica.
3. ... mi jefe... tenga 100 años.
4. ... gane la lotería.
5. ... reciba un telegrama del presidente...
6. ... me compren un Porsche,... estudiar 20 horas al día.
7. ...estemos de vacaciones.
8. ...las hojas de los árboles sean azules.

D Answers will vary but may resemble the following:

1. ... voy a intentar terminar este trabajo.
2. ... voy a llevar uniforme.
3. ... pienso volver a leer el capítulo esta noche.
4. ... álgebra, aunque lo haga mal.
5. ... el verano, aunque estemos de vacaciones.
6. ... pizza, aunque engorde.

E Answers will vary but should include tan pronto como plus the present subjunctive as in the following:

1. Voy a conseguir un trabajo de tiempo completo tan pronto como termine los estudios.
2. Voy a comprarme un coche deportivo tan pronto como me gradúe.
3. Voy a tener hijos tan pronto como me case.
4. Voy a viajar a un país hispano tan pronto como hable bien el español.
5. Voy a matricularme en la universidad tan pronto como reciba mi beca.
6. Voy a casarme con el chico de mis sueños tan pronto como lo encuentre.

Escribamos p. 103

A Answers will vary but may resemble the following:

1. En mi colegio no se puede llevar gorra aunque esté de moda. Pienso que esa restricción es exagerada.
2. En mi colegio no puedes participar en actividades después de las clases a menos que recibas notas de "C" en todas las clases. Es mejor que tengan estas reglas para que los alumnos estudien.
3. En mi colegio tienes que ir a tu primera clase tan pronto como llegues a la escuela. Me parece que no quieren que los alumnos estén en los pasillos conversando.
4. En mi colegio no puedes comer en el patio hasta que llegues a ser un alumno del último año. Espero que no cambien esa regla hasta que yo me gradúe y me vaya del colegio.
5. En mi colegio puedes trabajar en el laboratorio de computadoras con tal de que tu maestro te dé permiso. Me gusta esta regla aunque no la aproveche.

B Answers will vary but may resemble the following:

1. Voy a hacer los problemas de álgebra antes de que vuelvan mis padres.
2. Voy a hablar con la maestra tan pronto como pueda.
3. Voy a repasar los apuntes de historia cuando mi amigo me los devuelva.
4. Voy a hacer el trabajo escrito de inglés antes de que empiecen las vacaciones.
5. Voy a hacer ejercicio y correr cuando haga mejor tiempo.
6. No voy a ayudar a mi hermano hasta que me lo pida.
7. Voy a buscar datos en la biblioteca cuando termine este programa en la tele.
8. Voy a limpiar mi gaveta cuando sea absolutamente necesario.
9. Voy a limpiar mis zapatos de tenis antes de que salgamos a jugar.
10. No voy a contestar las preguntas en la clase de biología hasta que la maestra insista.
11. Voy a volver a casa tan pronto como termine el partido.

C **Answers will vary but may resemble the following:**

1. Mis padres me dejan salir el fin de semana con tal de que yo saque buenas notas en todas mis clases.

2. El entrenador de fútbol no me deja jugar a menos que yo practique todos los días.

3. El maestro de música me deja dirigir el coro con tal de que lo ayude después de las clases.

D **Answers will vary but may resemble the following:**

Se dan clases de cocina para que los alumnos sepan preparar buenas comidas.

Se ofrecen cursos de computadora para que los alumnos estén preparados para el futuro.

Se dan clases de karate para que podamos defendernos.

Lectura

Pensemos p. 104

A **Answers will vary but may resemble the following:**

1. Sí.
2. Existen en muchos colegios pero no en todos, especialmente las piscinas.
3. Algunas clases sí, pero otras son obligatorias.
4. Normalmente no.
5. No.
6. Sí.
7. No, normalmente hasta los 16
8. Depende, pero normalmente no.

B **Answers will vary but may resemble the following:**

5. *Change to:* Ningún colegio de los Estados Unidos debe tener normas estrictas de cómo vestirse. Creemos que cada alumno tiene el derecho de vestirse como quiere con tal de que no sea de una manera indecente.

Miremos p. 105

A **Answers will vary but may resemble the following:**

El tema trata de la coeducación versus la educación separada. Se sabe esto por el título: "¿juntos o separados?" y la pregunta en el medio del primer párrafo: "¿Qué será mejor...?"

B 2 y 4

C Answers will vary.

D

A favor: Juan García Gómez.
En contra: Sara Valdés.

Leamos pp. 108–109

A **Answers will vary but may resemble the following:**

	Punto de vista 1	*Punto de vista 2*
1. económicas		2º párrafo: "Entre las razones... deportivas".
2. de estudios	6º párrafo: "Se genera... en el colegio	2º párrafo: "Los hombres y mujeres... el mismo ritmo".
3. legales		3er párrafo: "Imponer... recomendable".
4. morales	4º párrafo: "Un mayor conocimiento ... naturales".	2º párrafo: "En los colegios mixtos,... y educación".
5. sociales	5º párrafo: " La coeducación... de un mismo sexo". 7º párrafo: "Cuando... sexo".	2º párrafo: "Además, las mujeres... y educación".
6. psicológicas	2º párrafo: "Uno de nuestros... muy similar".	2º párrafo: "Las niñas necesitan... una película".
7. tradicionales	2º párrafo: "Entre padres... de la familia".	

B **Answers will vary but may resemble the following:**

1. Debe de ser la verdad, pero ninguno de los autores plantea esta cuestión.

2. Es verdad. Los dos autores señalan diferencias que requieren diferentes métodos pedagógicos.

3. Es falso, según García Gómez, que dice que está a favor de un ambiente competitivo. Pero Valdés rechaza la competencia, diciendo que los sexos no siguen el mismo ritmo.

4. Es verdad, según Valdés, que dice que las escuelas separadas cuestan menos.

5. Es verdad, según García Gómez. Él dice que tendrán un mayor conocimiento libre de fantasías. Pero Valdés dice que la atención entre los sexos puede perjudicar los estudios.

6. Falso. Ambos autores señalan diferencias según la edad.

7. Falso. Valdés propone razones en favor de la educación separada. García Gómez es partidario de la coeducación pero no dice que la otra sea inferior.

C Answers will vary but may resemble the following:
Los dos piensan que a ciertas edades los chicos y las chicas requieren diferentes métodos pedagógicos y hasta diferentes materias que estudiar, porque maduran a diferentes ritmos. Valdés dice que las chicas tienen una sensibilidad diferente a la de los chicos. Yo estoy de acuerdo porque tengo hermanos mayores, y tienen otros intereses y no son muy maduros.

D 4

Analicemos p. 109

1. diverso	diversidad
2. sentir	sensibilidad
3. optar	opción
4. libre	libertad
5. alumno	alumnado
6. conocer	conocimiento, desconocida
7. favor	favorecer
8. compañero	compañerismo
9. amigo	amistad
10. educativos	educación, coeducación, educador
11. enseñar	enseñanza
12. deporte	deportivas
13. partido	partidario
14. escuela	escolares, escolar
15. maduro	maduración
16. estudiar	estudios
17. aprender	aprendizaje
18. elección	elegir

Apliquemos p. 109

Answers will vary but may resemble the following:
Norma aprobada: Los alumnos de colegio usarán uniforme.
Encuesta:
1. ¿Sabes por qué razón (o razones) el Consejo Local de Educación ha decidido que se debe usar uniforme?
2. ¿Estás de acuerdo con la decisión?
3. ¿Por qué sí o por qué no?
4. ¿Qué tipo de uniforme es preferible?
5. ¿Qué pasará si los padres no pueden comprar los uniformes?

Informe:
Tres de los cinco alumnos no sabían nada del asunto y dos respondieron que la decisión estaba relacionada con el control, o sea, con la disciplina de los alumnos. Ninguno estaba de acuerdo; todos prefieren vestirse como quieren. Pero si el uniforme es obligatorio, prefieren que sea cómodo y moderno. Todos dijeron que sus padres comprarían los uniformes sin quejarse.

Conversemos y escribamos pp. 110–111

A
1. a   2. b   3. a

B Answers will vary but may resemble the following:
1. De 0 a 100 años: dedicados a los juegos dirigidos por ayos de 500 años.
2. De 100 a 400 años: la educación superior se termina y se puede hacer algo de provecho.
3. A los 500 años: casarse.
4. De 500 a 800 años: dedicados a la sabiduría.
5. A los 800 años: se sabe cómo habría que vivir y las tres o cuatro cosas que valen la pena.

C Answers will vary but may resemble the following:
1. ... dediquemos los primeros 100 años a jugar.
2. ... podamos saber vivir en menos de 80 años.
3. ... sepamos algo de la vida antes de los 400 años.
4. ... sea dirigido por ayos.
5. ... terminemos la educación superior.
6. ... no nos casemos antes de los 500 años.
7. ... empezar a trabajar...

D Answers will vary.

Estructura: Un poco más p. 112

Answers will vary but should incorporate the structures presented as in the following:
1. Lo que me gustaría hacer es navegar por las islas del Caribe.
2. El tema más interesante de que hablamos es el amor.
3. Las cosas que quisiera comprar si tuviera suficiente dinero son un coche nuevo y un piano.
4. El lugar en que me gustaría vivir algún día es Alemania.
5. La persona cuyo coche me gustaría poder manejar es mi tío que tiene un Corvette.

Diversiones p. 113

A Answers will vary.

B Answers will vary.

Capítulo 2 • Lección 3

Asociaciones pp. 118–119

A Answers will vary but may resemble the following:
1. En el colegio entrego mi tarea.
En la biblioteca entrego los libros prestados.
En la tienda entrego el dinero a la cajera.

2. ... me atrevo a discutir con mi maestra.
   ... me atrevo a hablar en voz alta.
   ... me atrevo a preguntar si hay descuentos.
3. ... me informo de los exámenes.
   ... me informo de los libros nuevos.
   ... me informo de las liquidaciones.
4. ... pregunto por el nuevo maestro de música.
   ... pregunto por los horarios.
   ... pregunto por los trajes de baño.
5. ... tengo ganas de masticar chicle.
   ... tengo ganas de dormir.
   ... tengo ganas de comprar todo.
6. ... pido permiso para ir al baño.
   ... pido un nuevo libro de arte.
   ... pido un recibo.
7. ... me entero de la fecha de los exámenes.
   ... me entero del nuevo sistema de encontrar
   los libros.
   ... me entero de las liquidaciones.
8. ... demuestro interés en la clase de español.
   ... demuestro interés en las nuevas revistas.
   ... demuestro interés en los nuevos zapatos.

B Answers will vary but may resemble the following:

1. A veces pierdo el hilo durante los exámenes orales de español.
2. Generalmente pierdo la calma en las discusiones con mi madre.
3. Suelo mentir cuando me preguntan en casa si tengo tarea que hacer.
4. Suelo atrasarme en llegar al colegio cuando tengo que limpiar mi cuarto.

C Answers will vary but should include the present subjunctive and may resemble the following:

1. Si no puede ir a la entrevista, es aconsejable que llame para arreglar otra cita.
2. Si no tiene interés en la empresa, es mejor que busque otro empleo.
3. Si no trabaja bien en equipo, es preferible que busque trabajo donde puede trabajar solo.
4. Si pierde la calma a menudo, es mejor que piense en algo tranquilo.
5. Si tiene más defectos que virtudes, es mejor que le pida consejos a un/a amigo(a).
6. Si no tiene título, es preferible que siga estudiando.
7. Si no consigue el puesto, es aconsejable que busque trabajo en otro lugar.
8. Si no tiene experiencia, es mejor que trabaje para conseguirla.
9. Si no se conoce a sí mismo(a), es conveniente que le pregunte a sus amigos cómo es y piense en la clase de persona que es.

10. Si no se está tranquilo, es preferible que haga ejercicios de relajación.
11. Si no es él mismo, es preferible que intente serlo.
12. Si pierde el hilo de lo que dice, es aconsejable que se concentre en lo que dice la otra persona.

D Answers will vary but should include the present subjunctive and may resemble the following:

1. Es necesario que llegues a tiempo porque a nadie le gusta esperar.
2. Es importante que cuides tu imagen porque la primera impresión vale mucho.
3. Es preferible que te estés tranquilo para que estés más seguro de ti mismo.

E Answers will vary but may resemble the following:

1. .... aconsejo que los tenga todos.
2. ... aconsejo que llegue diez minutos antes de la entrevista.
3. ... aconsejo que dé respuestas inteligentes.
4. ... aconsejo que escuche con atención.
5. ... aconsejo que se vista de moda, pero no de una manera exagerada.

F Answers will vary but may resemble the following:

1. Es importante que no mientan cuando le pregunten qué experiencia tiene.
2. Es preferible que digan la verdad aunque duela.
3. Es preciso que no pospongan la entrevista a menos que estén enfermos.
4. Es aconsejable que expresen sus virtudes con tal de que no exageren.
5. Es necesario que desarrollen una buena conversación para que parezcan inteligentes y simpáticos.
6. Es mejor que no pidan una comida copiosa aunque tengan mucha hambre.
7. Es preciso que se arreglen bien antes de que entren en la sala de entrevistas.
8. Es importante que demuestren interés en la empresa aunque no sepan todavía nada de ella.
9. Es aconsejable que se sienten y esperen con paciencia cuando haya mucha gente que van a entrevistar.
10. Es bueno que se estén tranquilos aunque tengan ganas de morderse las uñas.

Conversemos pp. 120–121

A Answers will vary but may resemble the following:

ESTUDIANTE A: Me comunico bien con la gente.
   Hago preguntas inteligentes y nunca llego tarde a una cita.
ESTUDIANTE B: Mientes cuando dices que llegas a tiempo.

B Answers will vary but may resemble the following:

Tres virtudes:

1. Puedo desarrollar una buena conversación.
2. Respondo a preguntas con madurez.
3. Soy puntual.

Tres defectos:

1. A veces pierdo la calma. Es que no soy robot.
2. A veces soy impaciente. Es que no me gusta perder el tiempo.
3. A veces bajo la guardia. Es que me gusta ser natural.

C Answers will vary but should include the present subjunctive as in the following:

1. Prefiero un jefe que no lo tome todo en serio.
2. Quiero una oficina que dé a la calle.
3. Deseo un horario que sea flexible.
4. Quiero un buen sueldo que cubra todos mis gastos.
5. Busco un equipo que sea de mi edad.
6. Prefiero compañeros que trabajen bien en equipo.
7. Me gustan los deberes que no requieran esfuerzo físico.
8. Deseo un puesto que ofrezca oportunidades.

D Answers will vary but may resemble the following:

1. Lástima que no nos paguen por trabajar horas extra.
2. Me da pena que haya mucha gente que no quiera trabajar en equipo.
3. Siento que no nos den una hora para almorzar.

E Answers will vary but may resemble the following:

Preguntas:

1. ¿Dónde ha trabajado antes?
2. ¿Qué experiencia de trabajo tiene?
3. ¿Puede operar la computadora que tenemos?
4. ¿Puede hacer dibujos con la computadora?
5. ¿Prefiere trabajar solo o en equipo?
6. ¿Qué le gusta hacer en sus ratos libres?
7. ¿Cuántas horas a la semana quiere trabajar?
8. ¿Puede trabajar los fines de semana?
9. ¿Qué planes tiene para el futuro?
10. ¿Qué sueldo desea?

Mi compañera debe tener un trabajo que le permita desarrollar su talento para las ciencias, o sea, podría ser doctora.

Escribamos p. 121

A Answers will vary but may resemble the following:

Para superarse

Llevarse bien con los maestros es muy fácil si Uds. siguen los siguientes consejos. Primero, es importante que lleguen a las clases a tiempo. Al entrar al aula deben saludar cordialmente al maestro y sentarse inmediatamente. Es importante que muestren que están dispuestos a aprender, así que no olviden nunca los libros, el cuaderno, y, por supuesto, la tarea. Levanten la mano

para contestar. También, es buena idea hacer preguntas inteligentes. Finalmente, no se quejen cuando el maestro anuncia un examen o la tarea. Es mejor que sonrían y salgan de la clase sin hablar mal del maestro. Denle las gracias al maestro por haber enseñado una clase tan interesante.

B Answers will vary but may resemble the following:

Se busca tutor de cálculo con experiencia para ayudar a alumno que está desesperado. Tardes, lunes y jueves, cuatro horas por semana. Sueldo: 15 dólares por hora. Llamar al 23–63–498 después de las siete. Preguntar por Alex.

C Answers will vary but may resemble the following:

Muy señor mío:

Le escribo esta carta de referencia para mi amigo, David Parga. Pero, en primer lugar, permítame presentarme. Soy Alex Rossini, estudiante del Colegio Marshall y, por la tarde, cajero en McDonald's. Conozco a David desde la infancia y, además, soy su mejor amigo. Según David, Ud. tiene interés en emplearlo de salvavidas. Pues, se lo recomiendo a Ud. con mucho placer.

Aunque David tiene sólo 15 años, él tiene mucha madurez. Y es muy responsable y serio. No obstante, también es un chico divertido. Según David, Ud. recibirá una recomendación de nuestro maestro de inglés. Estoy seguro que él le dirá lo mismo que yo. David Parga será un salvavidas estupendo porque es un nadador excelente y tiene muy buen carácter.

Atentamente,
Alex Rossini

Estructura

Conversemos p. 124

A Answers will vary but may resemble the following:

1. Un novio: Es cariñoso, es simpático, es inteligente, es atractivo, tiene sentido de humor, es generoso.
2. Mi mejor amigo: es simpático, es divertido, es fiel, es generoso, guarda bien los secretos.
3. Una maestra: es exigente, es simpática, explica bien, es animada, es justa.
4. Un curso: es interesante, no es demasiado difícil.

B Answers will vary but may resemble the following:

A: Estoy cansado.
B: Creo que dices la verdad.
A. Marcos cree que digo la verdad.
A: Soy de Texas.
B: Dudo que seas de Texas.
A: Marcos duda que yo sea de Texas.
A: Mi casa está en un bosque.
B: Dudo que tu casa esté en un bosque.
A: Marcos duda que mi casa esté en un bosque.

Escribamos pp. 124–125

A **Answers will vary but may resemble the following:**

Mi tío: Es bajo y delgado, es simpático, es muy divertido, es de Virginia, es mecánico de aviones, está bien de salud, ahora está en la Florida.

B **Answers will vary but may resemble the following:**

Se busca chico(a) para acompañar a señora mayor. Debe ser cariñoso, paciente y responsable. Tiene que estar con la señora tres horas por la tarde de lunes a viernes. Llamar de 15:00 a 20:00 a 96–24–591 y preguntar por Ana.

C **Answers will vary but may resemble the following:**

Deseo que mi futuro trabajo esté en Miami porque mi abuela vive allí y así no tendré que buscar apartamento. Espero que el jefe sea latino y que sea alegre y comprensivo. Prefiero un empleo en el que tenga que viajar a Latinoamérica. Quiero que mis compañeros de trabajo sean amables y que me ayuden al principio.

D **Answers will vary but may resemble the following:**

Los trabajos del futuro

En el futuro necesitaremos trabajos que se puedan hacer en casa por medio de una computadora. Así las personas no tendrán que conducir para ir al trabajo. Habrá menos coches en las calles y en las autopistas, por eso, habrá menos contaminación en las ciudades.

Trabajar en casa será muy bueno para los padres de familia que tienen niños pequeños, pues no tendrán que llevar a los niños a la niñera y tendrán más tiempo de jugar con sus hijos.

También se podrá trabajar las horas y los días que uno quiera. En cuanto al sueldo, la gente ganará el mismo sueldo que ganarían si trabajaran en una oficina.

Lectura

Pensemos pp. 126–127

A **Answers will vary but may resemble the following:**

de tiempo parcial	de tiempo completo
cuidar niños	salvavidas
cortar el césped	secretaria
lavar coches	camarero

B **Answers will vary but may resemble the following:**

Yo quisiera saber:
¿Cuántas horas trabajo por semana?
¿Tengo que contestar el teléfono?
¿Cómo debo vestirme?
¿Hay que trabajar los fines de semana?
¿Cómo me van a pagar, por hora o por semana?
El supervisor quisiera saber:
¿Habla español?
¿Cuántos años de estudios tiene?
¿Tiene experiencia con computadoras?
¿Cuántas horas puede trabajar?
¿Puede trabajar los fines de semana?

C **Answers will vary but may resemble the following:**

1. datos biográficos: sí
2. aficiones y pasatiempos: sí
3. derechos y privilegios: sí
4. el trabajo ideal: no
5. el dinero o sueldo: sí
6. tus aspiraciones o metas: sí
7. las obligaciones del trabajo: sí
8. tu personalidad: no
9. el horario del trabajo: sí
10. tu familia: no
11. tus amigos y conocidos: no
12. tu coche: no

D **Answers will vary but may resemble the following:**

1. Es conveniente que contestes...
   No es conveniente que hables y hables...
2. Es conveniente que te vistas...
   No es conveniente que uses...
3. No es conveniente que digas mentiras.
   Es conveniente que digas la verdad.
4. Es conveniente que tengas buenos modales.
   No es conveniente que seas descortés.
5. Es conveniente que te mantengas serio.
   No es conveniente que te rías mucho.

Miremos p. 127

Answers will vary but may resemble the following:

1. vestirse cuidadosamente
2. demostrar tu personalidad
3. decir la verdad
4. contestar las preguntas que te hacen
5. mantener la calma
6. mantenerse serio
7. tener paciencia
8. tener buenos modales

Leamos p. 130

A **Answers will vary but may resemble the following:**

1er párrafo:	Es importante que seas puntual y que te vistas bien.
2o párrafo:	Es importante que demuestres ganas de trabajar y que seas tú mismo.
3er párrafo:	Es casi obligatorio que te pregunten cuáles son tus "tres virtudes y tus tres defectos" y que contestes bien.
4o párrafo:	Es importante que digas la verdad pero que nunca hables mal de un superior.
5o párrafo:	Es bueno que demuestres interés por la empresa y que dejes la cuestión de sueldo bien claro.
6o párrafo:	Es importante que te estés tranquilo y que mantengas un tono serio.
7o párrafo:	Es importante que tengas buenos modales.

B **Answers will vary.**

C Answers will vary but may resemble the following:

Los empleadores buscan empleados que quieran trabajar, que sean responsables, puntuales y que puedan trabajar bien en equipo. También desean empleados que tengan buenos modales y que sean honestos.

D Answers will vary but may resemble the following:

1. No está bien decir eso. El artículo dice que no debes hablar mal de un supervisor.
2. Está bien decir eso. Según el artículo, debes mostrar interés por la empresa.
3. Está bien decir eso. No debes mencionar el dinero primero.
4. Está bien decir eso si eres honesto.
5. Está bien decir eso porque demuestras que tienes interés por la empresa.
6. Si es la verdad, está bien decir eso. Pero normalmente, uno quiere que le paguen por su trabajo.

Analicemos p. 131

Answers will vary but may resemble the following:

1. Línea 5:   ... imprescindible... no dispones de traje, usa chaqueta oscura y pantalón.
2. Línea 9:   ... ganas de trabajar.
3. Línea 11:   ... sacar una fotografía real de tu personalidad
4. Línea 12:   ... seas tú mismo.
5. Línea 15:   ... en equipo.
6. Línea 17:   ... por donde menos te lo esperes.
7. Línea 20:   Lo importante... lo de menos...
8. Línea 28:   ...también te tocará el turno...
9. Línea 30:   ... datos... las funciones que vas a desarrollar, y el plazo...
10. Línea 36:   ... cifras... cobrarás en sueldo neto.
11. Línea 40:   ... estáte tranquilo... estropear...
12. Línea 47:   ... la pesadez... bajar la guardia.
13. Línea 52:   ... madurez.

Apliquemos p. 131

Answers will vary.

Cultura viva

Conversemos y escribamos pp. 132–133

A Answers will vary but may resemble the following:

En los Estados Unidos se le prohíbe el trabajo a los menores de 14 años, mientras que en España la edad mínima es 16 años. En los Estados Unidos, como en España, los menores de 18 años no pueden realizar trabajos peligrosos. Prefiero las leyes de España (Estados Unidos).

B Answers will vary but may resemble the following:

1. Trabajos peligrosos: policía, bombero, soldado.
2. Trabajos nocturnos: guardia, panadero, camarero.

3. Trabajos que exigen horas extraordinarias: carpintero, abogado, médico.
4. Trabajos en espectáculos públicos: actor, cantante, deportista.

C Answers will vary but may resemble the following:

1. En los currículums de los Estados Unidos no aparece la información sobre los padres.
2. No hay información sobre las aspiraciones profesionales del candidato. Tampoco menciona las referencias.
3. Le sugeriría trabajo relacionado con el turismo, como guía de museo o recepcionista en una oficina de turismo, porque sabe inglés y alemán y le interesa la cultura.

D Answers will vary.

Estructura: Un poco más p. 134

Answers will vary.

Diversiones p. 135

A Answers will vary but may resemble the following:

Objeto: el mapa de España

1. ¿Está en el aula?   Sí.
2. ¿De qué forma es?   Rectangular.
3. ¿Es grande o pequeño?   Más bien grande.
4. ¿De qué está hecho?   De papel.
5. ¿En que parte del aula está?   En la pared.

B Answers will vary but may resemble the following:

Preguntas: (abogado)

1. ¿Te gusta discutir?
2. ¿Conoces bien las leyes?

C Answers will vary.

Un paso más pp. 137-139

A Answers will vary but may resemble the following:

ESTUDIANTE A:

1. Quisiera una piscina.
2. Ojalá que sirvan pizza.

ESTUDIANTE B:

1. Construirán una piscina con tal de que haya dinero.
2. Servirán pizza con tal de que la mayoría de los alumnos quiera comerla.

B Answers will vary but may resemble the following:

1. Dudo que los maestros vengan al partido del sábado porque querrán descansar con sus familias.
2. Ojalá que todos los del último año se gradúen sin que nadie tenga que asistir a clases de verano.

C Answers will vary but may resemble the following:

Aunque a mis padres no les guste que yo actúe en obras teatrales en la escuela, pienso presentarme para el papel principal en la comedia que van a poner. Mis padres quieren que yo sea un "profesional como médico o abogado. Pero a mí me interesa el cine, y aunque les duela, mi decisión será de estudiar teatro.

D Answers will vary.

E Answers will vary.

(Note: The résumé resembles the one on p. 133.)

F Answers will vary.

G Answers will vary but may resemble the following:

Querida Abby,

Le escribo porque tengu un problema y no se lo puedo contar a nadie. Parece que el novio de mi mejor amiga quiere algo conmigo. Muchas veces me invita a salir con ellos, pero si digo que no, mi amiga también insiste. Yo no tengo ningún interés en él, pero no quiero ofender a mi amiga. Y tampoco quiero que su novio crea que estoy interesada en él. Pero si le digo algo a ella (o él), él seguramente lo negará todo.

¡Socorro!

La perpleja

Contestación:

Lo mejor que puedes hacer es buscarte un novio o un amigo especial y así podrás tener una excusa para no acompañar a tu amiga y a su novio.

H Answers will vary.

I Answers will vary but may resemble the following:

ASTRONAUTA: Debe estudiar física, química, matemáticas, y saber usar una computadora. Tiene que entrenarse por mucho tiempo y también tiene que saber cómo volar en una nave espacial.

J Answers will vary but may resemble the following:

Mi amigo ideal será diferente de mí. Mientras que yo soy extrovertida, espero que él sea introvertido y muy intelectual. Yo suelo ser muy organizada. En cambio, prefiero que él sea más desordenado, más espontáneo. En cuanto al humor, ojalá que sea chistoso, con buen sentido de humor. Aunque yo no soy seria, no puedo contar chistes bien, y me gustan los chicos con un sentido de humor.

K Answers will vary.

L Answers will vary but may resemble the following:

Estimado(a) maestro(a):

Siento mucho no haber podido estudiar para el examen. Lo que pasa es que mi hermana se enfermó y tuvimos que llevarla a la sala de emergencia. Le ruego que me dé un examen de recuperación. Le prometo que me prepararé bien. Muchas gracias por su comprensión.

Atentamente,

Kim

M Answers will vary but may resemble the following:

1. No hablen durante la película.
2. Ten cuidado...
3. No pierdan...
4. No caminen...
5. No se tiren...
6. No dejes...
7. Pon...

Vocabulario

Asociaciones pp. 144–145

A Answers will vary but may resemble the following:

1. No nos peleamos casi nunca.
2. Nos ayudamos casi siempre.
3. Lo compartimos todo muchas veces.
4. Nos contamos los secretos de vez en cuando.
5. Confiamos el uno en el otro siempre.
6. Nos comprendemos casi siempre.
7. Nos juntamos muchas veces.
8. Lo pasamos bien casi siempre.

B Answers will vary.

C Answers will vary but should include the subjunctive.

D Answers will vary.

E Answers will vary.

Conversemos pp. 145–146

A Answers will vary but may resemble the following:

Estereotipos de mujeres

1. Sólo piensan en los chicos.
2. Gastan una fortuna en ropa.
3. No son buenas en las matemáticas.
4. Son muy emocionales.
5. Son muy impulsivas.

Estereotipos de hombres

1. Sólo piensan en las chicas.
2. Sólo piensan en los deportes.
3. Sólo piensan en los coches.
4. Se ofenden si una mujer hace algo mejor que ellos.
5. No les gusta el arte ni la música clásica.

Opiniones:

No estoy de acuerdo con ninguno de los estereotipos porque no dicen la verdad.

Estoy de acuerdo porque todos los chicos que conozco se comportan como si fueran estereotipos.

B Answers will vary.

C Answers will vary but may resemble the following:

1. Me enrollo sólo con chicos que valen la pena. Para que me enrolle sólo con chicos que valen la pena, saco buenas notas y participo en el club de matemáticas.
2. Mis amigos y yo nos llevamos bien. Para que mis amigos y yo nos llevemos bien, los ayudo en todo.
3. Nunca tengo que estar sola. Para que nunca tenga que estar sola, me ocupo de mis amigos.

4. Mis amigos no hablan de mí cuando no estoy con ellos. Para que mis amigos no hablen de mí cuando no estoy con ellos, siempre me comporto bien con ellos.

5. Mis amigos me respetan. Para que mis amigos me respeten, yo los respeto a ellos.

6. No me obsesiono con los novios. Para que no me obsesione con los novios, hago muchas cosas yo sola.

D Answers will vary.

Escribamos pp. 146–147

A Answers will vary but may resemble the following:

Un chico sale con dos o tres chicas y no puede decidirse por ninguna.

Primero, me alegro de que las chicas salgan contigo. Pero, no creo que debas seguir engañándolas. Es preciso que hagas una de las siguientes cosas: o sólo sales con una o les dejas saber a todas que tienes varias amigas. Siento que tengas que decidirte sólo por una, especialmente si todas son buenas.

B Answers will vary.

C Answers will vary but may resemble the following:

1. Siento haber metido la pata. Es que a veces hablo sin pensar.

2. Siento haber creído un rumor falso. Es que la persona que me lo contó suele decir la verdad.

3. Siento no haber confiado en ti. Es que perdí la cabeza por los celos.

4. Siento haber peleado contigo. Es que escuché un rumor falso.

5. Siento haber roto con ese amigo. Es que pensaba que salía con mi novia.

6. Siento haber salido con la novia de mi amigo. Es que no pude controlarme.

7. Siento no haberte devuelto el dinero. Es que todavía no me han pagado en el trabajo.

Estructura

Conversemos pp. 150–151

A Answers will vary but may resemble the following:

1. He visitado a mis parientes en Polonia. No creo que nadie haya hecho eso.

2. He visto "E.T." quince veces. No creo que nadie la haya visto tantas veces.

3. He visto al Presidente de los Estados Unidos. No creo que nadie haya hecho eso.

B Answers will vary but may resemble the following:

A: Siento no haber aprendido a tocar el piano. ¿Has tocado el piano alguna vez?
B: Sí, por un año.
A: No he tocado el piano pero (B) sí lo ha hecho.

A: Siento no haber visitado Disneyworld. ¿Has ido alguna vez?
B: Sí, claro.
A: No he ido a Disneyworld pero (B) sí lo ha hecho.
A: Siento no haber estudiado latín.
A: Siento no haber leído Moby Dick.
A: Siento no haber escrito un poema.

C Answers will vary but may resemble the following, but students must use the present perfect in their questions:

1. ¿Has hecho muchas amistades?
¿Quién ha sido tu mejor amigo?

2. ¿Adónde has viajado?
¿Qué aventuras has tenido en tus viajes?

3. ¿En qué colegios has estudiado?
¿Cuál colegio ha sido el más difícil?

4. ¿Qué obsesiones te han controlado?
Desde que tienes diez años, ¿qué obsesiones has tenido?

5. ¿Qué libros has leído?
¿Qué deportes has practicado?

D Answers will vary.

E Answers will vary but may resemble the following:

1. Espero que Marta haya recordado traerme los apuntes.

2. Espero que mamá haya preparado mi postre favorito.

3. Espero que mis tíos hayan decidido pasar las vacaciones con nosotros.

F Answers will vary but may resemble the following:

1. Busco un compañero que saque buenas notas. Así podemos intercambiar opiniones y estudiar juntos.

2. Busco una amiga que lea muchos libros. Así podemos hablar de argumentos y personajes interesantes.

3. Busco un amigo que practique muchos deportes. No me importa que no sea experto. Tampoco lo soy yo.

4. Busco un amigo que haya conseguido su carnet de conducir. Me importa que tenga coche, pues me podría llevar a la escuela.

5. Busco un compañero que se haya enrollado con muchas chicas porque entonces me puede presentar a algunas.

6. Busco un novio que haya vivido aquí por mucho tiempo. Así tendremos mucho en común.

7. Busco una persona que se haya deshecho de su colección de tarjetas postales de otros países. Yo quiero saber por cuánto la vendió.

G Answers will vary but may resemble the following:

1. Jane piensa tener éxito en la vida cuando se haya mudado a otro país.
Jeff piensa tener éxito en la vida cuando haya terminado la carrera.

Yo pienso tener éxito en la vida cuando gane mi
primer millón.

2. Jane piensa enamorarse de alguien cuando menos
lo espere.
Jeff cree que no va a enamorarse de nadie hasta que
termine el servicio militar.
Yo espero enamorarme de alguien antes de cumplir
20 años.

3. Jane piensa casarse cuando haya encontrado un
novio rico.
Jeff cree que no va a casarse hasta que haya
cumplido 30 años.
Yo pienso que no me caso a menos que encuentre a
la persona perfecta.

Escribamos p. 150

A Answers will vary but may resemble the following:

1. ... he viajado a México. He conocido al gobernador
de mi estado.

2. ... no he terminado el colegio. No he vivido solo.

3. ... he tenido tres novios.

4. ... no me he enamorado de verdad.

B Answers will vary but may resemble the following:

Querida tía,
　　Te escribo para agradecerte el regalo de cumpleaños
que me mandaste. Cincuenta dólares es demasiado
dinero, tía. Tú siempre me has hecho demasiados
favores. Las veces que me has invitado a pasar las vacaciones contigo siempre me has tratado como el príncipe
de la casa. Nunca te has quejado de mi falta de puntualidad ni del desorden de mi habitación. Espero que algún
día yo pueda hacer lo mismo por ti y mostrarte lo mucho
que te quiero.
　　Un abrazo,
　　Julio

Lectura

Pensemos p. 152

A Answers will vary but may resemble the following:

1. Mi padre me importa mucho porque es la única persona que me comprende cuando tengo problemas.

2. Mi madre me importa mucho porque me da todo lo
que tiene.

3. Mi abuela me importa porque es la única persona
que no me critica.

B Answers will vary but may resemble the following:

A veces es difícil hacer amigos porque: vivimos en diferentes barrios, somos de diferentes culturas, tenemos
diferentes intereses, tenemos diferentes horarios.

C

Cualidades que ayudan a conocer gente:
la confianza
la cooperación

la extroversión
la imaginación
la sensibilidad
la sinceridad
la sociabilidad
Cualidades que impiden conocer gente:
la arrogancia
la avaricia
la competencia
el egoísmo
la envidia
el esnobismo
la introversión
el miedo
el silencio
la timidez
La numeración variará.

Miremos p. 153

A Answers will vary but may resemble the following:

Es una sección de consejos de una revista. No es una
entrevista, porque el psicólogo contesta cartas de personas que piden consejos; no habla directamente con la
gente.

B Answers will vary but may resemble the following:

1. Problemas: No se ha enrollado aunque tiene 22 años.
Está acomplejada y obsesionada. No sabe por qué no
se ha arreglado con un chico. Tiene vergüenza de
mostrar sus sentimentos a los chicos.

2. ¿Por qué no me he enrollado todavía?

C Answers will vary but may resemble the following:

1. a. No te avergüences de sentirte atraído por otro y de
amarlo.
b. No te cierres las puertas.
c. Hay que dar y salir de uno mismo.
d. Hay que ser natural, espontánea y confiada.
e. Procura deshacerte de tu complejo de timidez.

2. El consejo más importante que le dice es que tenga
confianza en sí misma y que se dé a los demás
porque tiene mucha capacidad de ser feliz y de hacer
feliz a otra persona.

Leamos p. 156

A Answers will vary but may resemble the following:

1. ... novio.

2. ... cuenta con buenos amigos y amigas.

3. ... chicos.

4. ... tiene dos buenos amigos con novia que le cuentan
sus problemas.

5. ... tres chicos... hablar con ellos.

6. ... le han gustado... se hubiera muerto de vergüenza.

B Answers will vary but may resemble the following:

1. ... decisión y de confianza...

2. ... cerrar...

3. ... salir...

4. ... impide...

C Answers will vary but may resemble the following:

1. Falso. No ha tenido ninguno.

2. Falso. Es amiga de muchos pero novia de ninguno.

3. Falso. Pero dice que tampoco debe apurarse.

4. Cierto. Tiene dos amigos de este tipo.

5. Cierto. Lo dice al final de su respuesta.

Analicemos p. 157

A

1. acomplejada (adj.)

2. amar (verbo), amado (adj.)

3. angustiarse (verbo)

4. atraído (adj.)

5. vergüenza (sustantivo)

6. obsesionada (adj.)

7. confiar (verbo)

8. valores (sustantivo)

B Answers will vary but may resemble the following:

1. ... no miro a las persona de frente.

2. ... no pido un favor a un compañero.

3. ... puedo contarles mis problemas.

Apliquemos p. 157

A Answers will vary.

B Answers will vary.

Cultura viva

Conversemos y escribamos pp. 158–159

A Answers will vary.

B Answers will vary.

C Answers will vary but may resemble the following:

1. La carta de Mario a Karla: amor, amistad, el miedo, los rumores, la separación, la timidez.

2. La carta de Gioconda a Ramiro: los celos, la descon-fianza, la infidelidad, los rumores, la confianza, el amor, la separación, la desilusión.

3. Las dos cartas: amor, los rumores, la separación.

4. Ninguna de las dos cartas: la vergüenza.

Estructura: Un poco más p. 160

Answers will vary.

Diversiones p. 161

A Answers will vary.

B Answers will vary.

Vocabulario

Asociaciones pp. 166–167

A Answers will vary but may resemble the following:

Palabras positivas	*Palabras negativas*
príncipe, princesa	sombra, oscuridad
rey, reina	lágrimas, cenizas
tesoro	fingir, ignorar, disimular
diosa	burlarse, tomarle el pelo
sol, claridad, risas, llamas	asustarse
acercarse a alguien	reírse de alguien
hacer caso	sospechar
ser fiel	llorar a gritos
confiar	alejarse, decir chismes
bonita, piel de seda	ciego
luz, dulce, precioso, oro,	romper el corazón
guapo, atleta, varonil	feo, gusano, cuervo lento,
manos grandes y bellas	tortuga, caracol
ojos de gato, misterioso	cruel, monstruo
cómico, travieso	tonto, gallina
fuerte, callado, listo,	engañoso, culebra, tiburón
trabajador	gordo, ballena, cerdo flojo, chismoso, loro

B Answers will vary.

C Answers will vary but may resemble the following:

1. María es simpática, generosa e inteligente, pero a veces es pretenciosa y egoísta y no me quiere ayudar con la tarea.

2. George es atento, me lleva a la escuela todos los días y me presta sus apuntes, pero a veces es chismoso y no guarda los secretos y es impaciente.

3. Francisca sonríe mucho, me hace pequeños favores, y me llama mucho, pero no me escucha, es tonta a veces y se ríe de mí.

D Answers will vary but may resemble the following:

1. ... intento interrumpir la conversación y despedirme.

2. ... cuando me critica... me toman el pelo.

3. ... John... le toman el pelo... no lo ignoro.

4. ... canto... canto más fuerte.

E Answers will vary but may resemble the following:

Me peleé con Sara porque...

me criticaba mucho.

decía mentiras.

se burlaba de mí en las fiestas.

le gusta mi novio.

F Answers will vary but may resemble the following:

Me acerco a las diosas que tienen el cabello precioso.

Pero me alejo de los tiburones engañosos.

Me atraen las chicas guapas.
Pero me desagradan las chicas chismosas.

G **Answers will vary but may resemble the following:**
1. Le llevaré flores.
2. Le regalaré un libro de poesías.
3. Le mandaré una tarjeta graciosa.
4. Le escribiré notas de amor.
5. Le prestaré mi raqueta de tenis.

Conversemos p. 167

A **Answers will vary but may resemble the following:**
1. No me digas más mentiras. Ya no te creo.
2. Deja de ser tonto. No exageres.
3. Pórtate bien. Ya no eres un niño de cinco años.
4. Déjate de contar chismes. ¿No te da vergüenza?
5. Haz algo. No seas tan perezoso.
6. Ten cuidado o vas a tener problemas.

B **Answers will vary.**

C **Answers will vary but may resemble the following:**
La mayoría dijo que a un buen amigo se le cuenta todo y se le hacen los favores que pide. Casi todos dijeron que lo más importante de una amistad es la honestidad. También dijeron que los amigos y los novios deben ser fieles. La mitad de la clase quiere amigos que sean dulces y listos. A la otra mitad no le importaría tener amigos traviesos.

D **Answers will vary but may resemble the following:**
El gusano es una persona fea que te puede dar asco. No se puede confiar en ella porque es chismosa.
La hormiga es una persona callada y trabajadora que sabe ahorrar. Es una amiga fiel y honrada.

Escribamos p. 168

A **Answers will vary but may resemble the following:**
1. Tengo una amiga que quiere saber los secretos de los demás y se queja si no se los cuentan, pero le cuesta guardarlos. Ella debe aprender a callarse.
2. Tengo un amigo que le gusta contar rumores porque quiere que le presten atención. Él tiene que tener confianza en sí mismo y tratar de ser amistoso.
3. Tengo un amigo que reacciona muy mal si le parece que otro amigo le es infiel. Él debe tener paciencia y hablar con su amigo antes de reaccionar tan mal.

B **Answers will vary but may resemble the following:**
1. Quiero que mis padres me vean como una persona responsable y buen hijo.
2. Quiero que mis compañeros me vean como una persona simpática, agradable y buena compañera.
3. Quiero que mis maestros me consideren aplicada, trabajadora y amable.
4. Quiero que la entrenadora me considere una persona que tiene ganas de mejorar.

Estructura

Conversemos pp. 170–172

A **Answers will vary but will include the imperfect tense.**

B **Answers will vary but may resemble the following:**
1. ... bajo... muy alto.
2. ... el pelo rubio. Ya no lo tengo rubio.
3. ... jugar béisbol... me gusta ver los partidos en la tele.
4. ... eran traviesos. Ahora son listos.

C **Answers will vary but may resemble the following:**
1. Me sentía atrevida cuando pedía más dinero a mis padres.
2. Me sentía sorprendida cuando recibía regalos.
3. Me sentía furiosa conmigo misma cuando perdía el autobús de la escuela.
4. Me sentía sospechosa de la gente que no conocía.

D **Answers will vary but may resemble the following:**
Mi amiga era cruel como un monstruo. Rompía todos mis juguetes. Y aunque siempre peleábamos mucho no podíamos estar una sin la otra.

E **Answers will vary but may resemble the following:**
Conocía a un chico muy cómico. Siempre imitaba a las maestras para hacernos reír.

F **Answers will vary but may resemble the following:**
1. En Navidad mi amigo esperaba a Santa Claus hasta muy tarde. Sin embargo yo me dormía temprano para despertarme temprano.
2. El Día de las Brujas mi amigo se disfrazaba siempre de fantasma o de diablo mientras que yo me vestía de ángel o de hada.
3. El 4 de julio mi amigo iba con sus padres a la playa, pero yo iba con mi familia a casa de mis abuelos.

Escribamos pp. 172–173

A **Answers will vary but may resemble the following:**
1. ... alta... frenos en los dientes... corto.
2. ... alegre.
3. ... jugar fútbol... a las muñecas.

B **Answers will vary.**

C **Answers will vary but may resemble the following:**
Las tardes de verano solía estar en el jardín de mi casa con mis abuelos que vivían con nosotros. Allí, debajo de los árboles hacía más fresco que en casa y a veces jugábamos croquet. Mi abuela me contaba cuentos y mi abuelo me traía regalos. Luego entrábamos a la casa a cenar.

D **Answers will vary but may resemble the following:**
La persona más importante de mi vida era mi abuela, que vivía con nosotros. Ella era una señora delgada, con pelo

largo precioso y la piel como seda. Tenía ojos azules llenos de luz. Mi abuela era cariñosa y muy paciente. Me trataba como a una princesa. Cuando estaba con ella me sentía siempre alegre. Ella era muy trabajadora pero siempre tenía tiempo para escucharme y secar mis lágrimas.

Lectura

Pensemos p. 174

Answers will vary but may resemble the following:

Siempre me atraían los chicos que querían montar en bicicleta y las chicas que podían jugar conmigo.

Pero ya me atraen los chicos cómicos y fuertes y las chicas listas y dulces.

Miremos p. 174

A Answers will vary but may resemble the following:

1. ... el Mochuelo, el Moñigo, el Tiñoso y la Uca-uca.
2. ... el pasado.
3. ... los prados, los montes, la bolera y el río.
4. .. variados, cambiantes, un poco salvajes y elementales.
5. ... son un poco crueles, cómicos y traviesos.
6. ... que es huérfana, que tiene ojos azules y es rubia, y que tiene pecas.
7. ... murió.

B Answers will vary but may resemble the following:

1. Se habla de Roque, Germán, Daniel y la Mariuca.
2. Ella quiere a Daniel pero piensa que a él le gusta la Mica.
3. Se ríen de Daniel porque le toman el pelo diciéndole que la Uca-uca está enamorada de él, y esto le mortifica.
4. Daniel se ríe de ella porque es ingenua y es fácil de engañarla.
5. La Mariuca está enamorada de Daniel, y él está enamorado de la Mica.
6. La Mica es una señorita del pueblo.
7. Ella es guapa, fina, con cutis suave.
8. Él sentía amor por ella.
9. Él tenía 10 y ella 20.
10. Lloraba porque Daniel la había rechazado de una manera cruel.

Leamos pp. 178–179

A Answers will vary but may resemble the following:

1. En las tardes dominicales... Sus entretenimientos...
2. Había una niña huérfana... La querían...
3. Uca-uca, toma diez y vete a la botica a pesarme.
4. ... la Mariuca-uca les aguardaba...
5. ... para pesarte has de ir tú.
6. ... había de echar mano de su astucia...
7. ... no le quitaba ojo... sintió la impresión de sus pupilas en la carne...

8. Ella se avergonzó... no desvió la mirada.
9. Pero la niña no le oyó o no le hizo caso.
10. Daniel... se puso encarnado.
11. Disimuló... fingiendo dificultades...
12. Es más vieja... te lleva diez años.
13. El Mochuelo la dejó sola ... se volvió al pueblo.
14. Parece como que la tiene de seda.
15. Una llama que le abrasaba... en su presencia.
16. Si la Mica... el valle se ensombrecía...
17. Pero cuando ella regresaba todo toma otro aspecto... se hacían más cadenciosos los mugidos de las vaca, más incitante el verde de los prados y hasta el canto de los mirlos... una sonoridad más matizada y cristalina.
18. Daniel, el Mochuelo, guardaba... el único secreto no compartido...
19. Era ya de noche. Daniel... en la oscuridad... Le tembló la voz a la Uca-uca al indagar...
20. Se había sentado... lloraba con un hipo atroz.

B Answers will vary but may resemble the following:

1. a. Cuando quería estar a solas con Daniel y le invitó a venir con ella a mostrarle el nido de rendajos.
   b. Cuando dice que Daniel intentaba "zafarse" de la niña.
      Cuando le preguntó a Daniel, "¿adónde vas a ir hoy?"
   c. Cuando ella esperaba hasta la noche el regreso de Daniel.
   d. Cuando ella le preguntó a Daniel si le gustaba más ella o la Mica.
   e. Cuando lloraba al final.
   f. Cuando el Mochuelo la dejó en el prado aquel día que fueron a ver el nido.
2. a. Cuando le contestó a la Mariuca, "Al demonio. ¿Quieres ir?"
   b. Cuando se rió de la niña porque ella había ido al boticario con la moneda a pesarle.
   c. Cuando al final le dijo a Mariuca que era fea "como un cuco de luz".
   d. Cuando se puso encarnado, cuando la Mariuca le preguntó si a él le gustaba la Mica.
      Cuando dice que "Daniel guardaba su admiración por la Mica como el único secreto no compartido".
   e. Cuando dice, "Tiene la piel como una manzana con lustre" para describir a la Mica.
   f. Cuando se enfadó con la Mariuca porque le dijo que la Mica le llevaba diez años.
3. a. Era la chica más guapa del valle, tenía "cutis" e incitaba la imaginación de todos los chicos.
   b. Cuando estaba ausente, el valle se ensombrecía, pero cuando regresaba, todo tomaba otro color.
   c. El sol era sus ojos y la brisa era el viento de sus palabras.
   d. Su presencia hacía más dulces los mugidos de las vacas y más matizado el canto de los mirlos.

Analicemos p. 179

Answers will vary but may resemble the following:

1. mirar: no quitar ojo
2. no mirar: bajar los ojos
3. avergonzarse: ponerse encarnado
4. decir: afirmar
5. amar: querer
6. ver: fijarse
7. cambiar de apariencia: tomar otro aspecto
8. llorar: con un hipo atroz
9. reírse: espasmódicamente

Apliquemos p. 179

A Answers will vary.

B Answers will vary but may resemble the following:
A Raúl le gustaba Rosa, la hermana de su mejor amigo, Eduardo. Siempre que Raúl venía a la casa de Eduardo, se ponía nervioso y no hacía más que mirar hacia la habitación de Rosa. Tenía tantas ganas de verla. Cuando Rosa le decía, "Raúl, ¿qué tal?," se avergonzaba y se le ponía la cara roja como un tomate. Un sábado por la noche cuando vino a buscar a Eduardo para ir al cine, vio a un chico sentado en el sofá de la sala. "Hola," dijo el chico, "Soy Alex, el novio de Rosa". Raúl se quedó callado, no sabía cómo contestar. Por suerte, Eduardo entró en la sala en ese momento y se fueron. Desde ese día Raúl sólo iba a la casa de Eduardo cuando estaba seguro que Rosa no estaba.

C Answers will vary.

Cultura viva

Conversemos y escribamos pp. 180–181

A Answers will vary but may resemble the following:

1. Es una chica que coquetea con los chicos.
2. Es un chico feo y antipático.
3. Es una chica que le quita los novios a sus amigas.
4. Es un chico que enamora a una chica y luego la deja.
5. Es una chica que sólo piensa en buscar novio.
6. Es una persona triste que estropea el ambiente de la fiesta.
7. Es una persona que cree que sabe todo y no entiende nada.
8. Es una chica guapa.

B Answers will vary.

C Answers will vary.

Estructura: Un poco más p. 182

Answers will vary but may resemble the following:

1. librito, librillo, librote, librazo, librón
2. viejito, viejecito, viejecillo, viejote, viejazo

3. hombrecillo, hombrecito, hombrón, hombrazo, hombrote
4. gordito, gordillo, gordón, gordazo, gordote
5. riquiteo, riquillo, ricazo, ricachón
6. casita, casilla, casona, casota, casaza
7. chiquito, chiquillo, chicote, chicazo
8. grandecito, grandecillo, grandón, grandote
9. guapito, guapillo, guapetón, guapazo, guapote

Diversiones p. 183

A Answers will vary.

B Answers will vary.

C Answers will vary.

Capítulo 3 • Lección 3

Vocabulario

Asociaciones pp. 188–190

A Answers will vary but may resemble the following:

1. La naturaleza: nube, cielo, aire, estrella, brisa, arroyo, rocío, árboles, noche, hojas, otoño, luna, sol, arco iris, vida, mundo.
2. Partes del cuerpo: boca, cabeza, brazos, labios.
3. Aromas: fresca, olorosa.
4. Ruidos o sonidos: voces, sordo, canción, silencio, oído, canta, risa.
5. Animal o insecto: mariposa.
6. Colores: doradas, arco iris.
7. Ideas o conceptos: lleno, vacío, palabras, destrucción, mes, corto, largo, olvido, alma, amor, tentación, paz, dolor, sueños, celos, recuerdo, generosa, sur, pienso, Dios, pensamientos, contemplo, vida.

B Answers will vary.

C Answers will vary.

D Answers will vary but may resemble the following:
Describe la oficina durante el día como algo no humano. Pero dice que por la noche las máquinas de escribir son como humanas porque se escriben cartas de amor.

E Answers will vary but may resemble the following:

1. Un perro: Es fiel amigo, te consuela en los momentos tristes.
2. Un gato: Es independiente, hace lo que le da la gana.
3. Una serpiente: Es traicionera, le gusta tentarte. No puedes confiar en ella.

F Answers will vary but may resemble the following:

1. Mi novia: Las flores representan a mi novia porque siempre huele bien.

2. Mi padre: El sol representa a mi padre porque es fuerte, e inteligente, cualidades que admiro en él.

3. Mi madre: Una montaña de piedra representa a mi madre porque ella es fuerte y protege a su familia.

4. Mi amiga del alma: Una computadora representa a mi amiga del alma porque ella siempre sabe la repuesta de cualquier pregunta.

G Answers will vary but may resemble the following:

1. El arroyo me recuerda cuando iba con mi familia al bosque y llevábamos comida para un picnic.

2. La brisa del mar me recuerda las vacaciones en la playa cuando era niña y hacía castillos en la arena.

3. Una estrella distante me recuerda una vez que me caí cuando era niña. No podía respirar y vi estrellitas bailando en frente de mis ojos.

4. Las hojas de un árbol me recuerdan cuando era niña y me gustaba sentarme debajo de un árbol a leer.

H Answers will vary but may resemble the following:

1. No estoy de acuerdo. A veces hay sonrisa en los ojos.

2. Estoy de acuerdo. Muchas veces cuando las personas se callan es porque están tristes.

3. No estoy de acuerdo. Se puede oír música y otros ruidos.

Conversemos p. 190

A Answers will vary but may resemble the following:

No creemos que haya paz sin comprensión. Es necesario conocer otras culturas y tratar de comprender las opiniones de los demás aunque no estemos de acuerdo con ellas. Es la única manera que podemos prevenir las guerras. El odio es el resultado de la ignorancia.

B Answers will vary but may resemble the following:

1. las playas de Hawaii
2. las enfermedades
3. las que le dan dinero los pobres
4. las que creen que lo saben todo
5. bailar, correr en la playa, navegar en barco de vela
6. jugar baloncesto, coleccionar sellos, limpiar mi cuarto

C Answers will vary.

Escribamos p. 191

A Answers will vary but may resemble the following:

Jack es un chico con mucha imaginación, siempre con la cabeza en las nubes en vez de con los pies en la tierra. Su sonrisa me recuerda a la Mona Lisa. Es dulce pero a la vez misteriosa y sus brazos son como dos gatitos muy suaves. Me gusta cuando lee un libro interesante porque entonces está como un planeta, distante y brillante.

B Answers will vary but may resemble the following:

Quiero que haya paz, no guerra para que la sonrisa de los niños dure más y para que no tengan pesadillas. Quiero que haya paz, no guerra para que los padres puedan disfrutar de sus familias y para que puedan llegar a ser abuelos y bisabuelos. Y finalmente, quiero que haya paz, no guerra porque el odio que acompaña la guerra nos mata el alma, pero el amor que acompaña la paz nos acerca a Dios.

C Answers will vary but may resemble the following:

1. El bebé de mi vecina sonríe con boca de viejo.

2. Mi maestro de matemáticas sonríe con ángulos.

D Answers will vary but may resemble the following:

Lo oí desde mi habitación del hotel y me imaginé que grandes trompetas tocaban. Salí al balcón y vi olas gigantescas rompiendo en la playa. Y pensé que tenían que estar enojadas por la fuerza de sus golpes. Era de noche y no había nadie en la playa. ¿Tenía la gente miedo?

Estructura

Conversemos p. 194

A Answers will vary but may resemble the following:

1. Quería ir a la peluquería pero no fui porque no tuve tiempo.

2. Quería asistir al concierto de rock pero no pude porque tuve que cuidar a mis hermanitos.

3. Quería ver el desfile pero llegué tarde y no vi nada.

B Answers will vary but may resemble the following:

ESTUDIANTE A	ESTUDIANTE B
¿Sabes que hoy llegó una alumna nueva?	Sí, lo sé. La conocí esta mañana.
¿Sabes que Juan tiene una moto nueva?	Sí, lo sé. Lo supe ayer cuando pasó por mi casa.

C Answers will vary.

Escribamos p. 195

A Answers will vary but may resemble the following:

1. Todavía no le he escrito una nota dándole las gracias a mi tía porque no pude encontrar mi libreta de direcciones.

2. Todavía no he terminado el proyecto de ciencias porque mi hermana no quiso conseguirme las cosas que necesito.

B Answers will vary but may resemble the following:

1. Este año no puedo tomar clases con chicos conocidos pero el año pasado sí pude.

2. Este año tengo muy buenos amigos pero el año pasado no tuve ninguno.

3. Este año tengo muchas responsabilidades pero el año pasado tuve muy pocas.

C Answers will vary but may resemble the following:

1. El día que supe que mi amiga Loretta se mudaba al lado de mi casa fue muy feliz.

2. El día que pude por fin ir la tienda yo sola me creí que era una persona mayor.

D

supe
supiste
quise
conocí
sabía
eras
pude
estaba
podía
fui
tenías
quise
pude

Lectura

Pensemos p. 196

A Answers will vary but may resemble the following:

1. verde: los celos, la envidia, el engaño, la desconfianza
2. rojo: el amor, el odio, el orgullo, la locura
3. negro: el enojo, la muerte, el mal, el miedo
4. blanco: la esperanza, el espíritu, la inocencia, la pureza
5. amarillo: la cobardía
6. azul: la depresión, la melancolía, el misterio
7. color café: el silencio, la soledad
8. gris: el abandono, el olvido, la tristeza, la humillación
9. violeta: el dolor, la pasión
10. rosa: la ternura, la vergüenza
11. dorado: la confianza, el respeto

B Answers will vary but may resemble the following:

1. la envidia
   Es la manzana prohibida. Es una gota de veneno.
   Se parece a una serpiente engañosa.
2. la mentira
   Es un monstruo.
   Se parece a la destrucción del mundo.
3. la vergüenza
   Es tristeza y ganas de llorar.
   Se parece a un animal que se quiere esconder.
4. la depresión
   Es una nube negra.
Se parece a una lluvia muy fuerte que nunca para.

Miremos p. 197

A Versos = 32; Estrofas = 17

B Answers will vary but may resemble the following:

1. Esta noche voy a escribir un poema muy triste.

2. Puedo describir las estrellas.
3. Puedo describir el movimiento y ruido del viento.
4. A veces mi amor quería que yo escribiera poemas tristes.
5. Yo la besaba en la noche.
6. Tenía grandes ojos fijos.
7. La perdí.
8. La noche es larga sin ella.
9. No importa que no pude guardarla. Lo que importa es que no está.
10. No estoy contento.
11. La busco, pero no está.
12. Ya no somos amantes.
13. Pero la quise mucho.
14. Ahora estará con otro.
15. No sé si todavía la quiero.
16. Algunas noches no estoy tranquilo porque la perdí.
17. Éste será mi último dolor por ella.

C Answers will vary but may resemble the following:

1. #2 y #3"La noche está estrellada... a lo lejos".
2. #6 y #9"Yo la quise... ella también me quiso".
   "Ella me quiso... yo también la quería".
3. #8 "La besé... infinito".
4. #10 "Como no haber amado sus grandes ojos fijos".
5. #12 "Pensar que no la tengo. Sentir que la he perdido".
6. #23 "Ya no la quiero, es cierto, pero cuánto la quise".
7. #24 "Mi voz buscaba el viento para tocar su oído".
8. #25 "De otro. Será de otro".
9. #27 y #28"Ya no la quiero... es tan largo el olvido".
10. #29 "Porque en noches como ésta... mis brazos".
11. #30 "Mi alma no se contenta con haberla perdido".
12. #31 y #32"Aunque éste sea el último dolor... le escribo".

Leamos p. 200

A Answers will vary but may resemble the following:

1. La naturaleza: noche, cielo, el pasto, el rocío, árboles, viento.
2. El tiempo: noche, últimos, ya no.
3. El espacio: estrellada, los astros, a lo lejos, cielo infinito.
4. El ruido o sonido: oído, canta, voz.
5. Lo físico o espiritual: brazos, besar, amar, querer, ojos, alma, corazón, el olvido, dolor, pensar, sentir, cuerpo.

B Answers will vary but may resemble the following:

1. el tacto: sí
2. el oído: sí
3. el sabor: no
4. la visión: sí
5. el olfato: no
6. el equilibrio: sí

C Answers will vary but may resemble the following:

1. noches como ésta: "estrellada, y tiritan, azules, los astros, a lo lejos".
2. dolor como éste: "Oír la noche inmensa, más inmensa sin ella. Y el verso cae al alma como al pasto el rocío".
3. ojos como ésos: "sus grandes ojos fijos", "sus ojos infinitos".
4. olvido como éste: "es tan largo".

Analicemos p. 200–201

A

1. d
2. e
3. f
4. a
5. b
6. c

B 4. No está seguro de lo que siente ahora.

C Answers will vary but may resemble the following:

1. "Pensar que no la tengo".
2. "Qué importa que mi amor no pudiera guardarla".
3. "Es tan corto el amor".
4. "Como antes de mis besos".
5. "Ya no la quiero, es cierto, pero cuánto la quise". "Ya no la quiero, es cierto, pero tal vez la quiero".
6. "Como para acercarla mi mirada la busca".
7. "De otro. Será de otro".

D Answers will vary but may resemble the following:

versos	5 veces
más tristes	3 veces
escribir	5 veces
noche	10 veces
estrellada	2 veces
Ya no la quiero, es cierto	2 veces
veces (vez)	4 veces
a lo lejos	4 veces
ella no está conmigo	2 veces
mismo (formas)	3 veces
querer (verbo)	8 veces
alma	3 veces
mi alma no se contenta	2 veces
últimos	2 veces

Las palabras que se usan más son "noche" y "querer" porque Neruda asocia el amor con la noche. También usa "escribir" y "versos" varias veces porque dice que éste será el último poema que va a escribir sobre su amor con esa chica.

Apliquemos p. 201

A Answers will vary but may resemble the following:

1. Los sentidos: los dulce, la seda, el limón, el humo, el paisaje.
2. La naturaleza: la lluvia, las montañas, las flores.
3. Animales: cariñosos, fieles, grandes, feos
4. El universo: los satélites, la luna, los cometas, los planetas, el sol

B Answers will vary but may resemble the following:

1. El día está alegre cuando estoy contigo porque eres muy divertida.
2. Ya no la quiero pero nunca podré olvidarla.
3. Nosotros, los de entonces, ya no somos los mismos porque hemos tenido experiencias diferentes.
4. Cómo no haber amado sus graciosas sonrisas.
5. Puedo escribir los versos más deprimentes.
6. Ella me quiso, a veces yo también la quería.
7. Es tan corto el momento. Es tan larga la vida.

C Answers will vary but may resemble the following:

Puedo contar un cuento frío lleno de olvidos.
Puedo contar la historia de nuestro amor.
Yo la esperé, pero ella nunca regresó.
En una primavera como ésta, nos besamos, bajo las ramas llenas de flores.
Yo quería decirle que la amaba.
Pero tenía terror.
Puedo contar que, por una semana, no le hablé.
Ella me esperaba, pero yo no regresé.
Hasta que aquel día de mayo, cuando me dijeron que ella se iba.
Le mandé una tarjeta con mi prima.
Pero ya se iba, ya se fue.
Y aunque me duele contarlo, lo contaré.
No fui yo y la perdí.

Cultura viva

Conversemos y escribamos p. 203

A Answers will vary but may resemble the following:

El amante como:

obsesionado	"Te quiero"
confuso	"Rimas" xxx
despistado	"Te quiero"
herido	"Rimas" xxxviii
solitario	"Solo"

El amor como:

doloroso	"Rimas" xxx
ilusorio	"Te quiero"
perdón	"Rimas" xxx
comunicación	"Rimas" xxiii
soledad	"Solo"
dificultad	"Es verdad"
tristeza	"Solo"
olvido	"Rimas" xxxviii
locura	"Te quiero"
pasión	"Es verdad"
cariño	"Rimas" xxiii

B Answers will vary but may resemble the following:
"Te quiero" expresa lo que para mí es el amor, ese amor de obsesión, cuando sólo se puede pensar en esa persona que se ama.

Estructura: Un poco más p. 204

Answers will vary but may resemble the following:

1. Me gusta esa película que vimos ayer pero no la que vimos la semana pasada.
2. La fiesta de Daniel no fue tan divertida como la mía.
3. El padre de Marta no es tan rico como el de Ana.

Diversiones p. 205

A Answers will vary.

B Answers will vary but may resemble the following:
madre: Y, ¿adónde va a llevar a Maribel?
chico: Vamos al cine.
madre: ¿A qué cine?
chico: Al Multiplex, señora.
madre: ¿A qué hora empieza la película?
chico: A las siete y media.
madre: ¿Cuánto dura la película?
chico: Dos horas.
madre: Pues, entonces quiero que Maribel esté en casa a las diez.
chico: Pero, señora…
madre: Nada de pero. A la diez la quiero en casa.

Un paso más pp. 207–209

A Answers will vary but may resemble the following:

1. … te ríes porque tu risa me pone feliz.
2. … siempre tienes ideas geniales.
3. … eres inteligente y también listo.
4. … eres simpático y bien educado
5. … me criticas porque muchas veces tienes razón.
6. … quiero que seamos amigos para siempre.
7. … que siempre has sido mi compañero ideal.

B Answers will vary but may resemble the following:
No quería romper contigo.
Tantos momentos pasados felices.
Divirtiéndonos, jugando, amándonos.
Con tus sonrisas,
Con tus besos,
Tus caricias suaves,
Tus promesas vacías,
Tus mentiras demasiado frecuentes.
Tuve, ¡ay! que dejarte.

A Answers will vary but may resemble the following:
Creo que soy una persona normal para mi edad. Me gusta mucho la música y me encanta bailar. Tengo muchas amigas en la escuela, aunque no todas son "amigas del alma". De éstas, tengo sólo tres. Me preocupo por mi peso, pero admito que me gusta demasiado la comida.

Soy inteligente pero un poco perezosa. Yo sé que debo estudiar más y ayudar más en casa, pero me gusta hablar por teléfono con mis amigos y salir a divertirme.

D Answers will vary but may resemble the following:
Estoy de acuerdo: 1, 2, 4, 5, 10, 12, 15, 18
Estoy en desacuerdo: 3, 6, 7, 8, 9, 11, 13, 14, 16, 17
Resumen
    Por lo general, uno debe casarse después de los e studios y cuando ya tenga una carrera. Casi nadie está de acuerdo con las viejas ideas como "el hombre es el rey de la casa".
    Pero casi todos dicen que el divorcio se ha hecho demasiado fácil.

E Answers will vary but may resemble the following:

1. … personas comprensivas, generosas y simpáticas.
2. … bien educados y honestos.
3. … escuelas públicas.
4. … arreglen sus vidas y vivan felices.

F Answers will vary but may resemble the following:

Palabras que me gustan:	Sentimientos importantes:
mirada	nostalgia
beso	amor
recuerdo	
sonrisa	
olvido	
suave	
Poema	

El recuerdo de tu mirada,
Luego tu sonrisa,
Entonces tus besos,
Me da una nostalgia suave
de tu amor, que,
¡Ojalá no se quede
en el olvido!

G Answers will vary but may resemble the following:
Serio
Elegante
Bello
Artista
Simpático
Tímido
Intelectual
Amante
Nada menos eres tú.

H Answers will vary but may resemble the following:
Mi reloj despertador es como un gallo. Canta temprano y no quiere callarse.
Mi novio es como un regalo. Está lleno de sorpresas.
Mi maestro es como un buen auto. Nos lleva adonde tenemos que ir.
Mi gato es como un bebé. Es gracioso y suave y le gusta que lo acaricien.
Mi lámpara es como el sol. Brilla y me da calor.
Mi radio es como una ventana al mundo. Me deja saber qué pasa en todas partes.

Vocabulario

Asociaciones pp. 214–215

A Answers will vary but may resemble the following:

Cuando era niño...
1. muchas veces me disfrazaba de monstruo.
2. a veces escondía dulces debajo de mi almohada.
3. rara vez curioseaba en el ático.
4. nunca rompía los juguetes de mi hermana.
5. Ahora no mastico tres chicles a la vez.
6. Ya no colecciono autitos.
7. Todavía colecciono sellos.

B Answers will vary.

C Answers will vary but may resemble the following:
1. Durante la niñez... la cara estirada.
   Durante la vejez... la cara arrugada.
2. Durante la niñez... de nuestros padres.
   Durante la vejez... de nuestros hijos.
3. Durante la niñez... lápices mordidos.
   Durante la madurez... recibos de tarjetas de crédito.
4. Durante la niñez... la maestra nos llama adelante.
   Durante la adolescencia... recibimos notas de amor.
5. Durante la niñez... ir a un desfile.
   Durante la vejez... jugar con los nietos.
   Durante la adolescencia... las malas notas.
6. Durante la niñez... notitas de amor.
   Durante la adolescencia... las malas notas.
7. Durante la niñez... muñequitos.
   Durante la adolescencia... fotos.
8. Durante la niñez... de piratas y princesas.
   Durante la vejez... de jóvenes.

D Answers will vary but may resemble the following:
1. ... se disfrazaba con la ropa de sus padres y los imitaba tan bien que todos se reían a carcajadas.
2. ... escondía su pistola de agua y la traía a la escuela.
3. ... leía cuando tenía sólo tres años.
4. ... miraba por la ventana.
5. ... hablaba tres idiomas.
6. ... escondía los zapatos de su mamá.
7. ... mentía mucho en la escuela.
8. ... se negaba a comer pescado y ensalada.

E Answers will vary but may resemble the following:

Cuando era niño, mi lado de diablo me empujaba a querer leer "Playboy". En cambio, mi lado de ángel no me permitía mirarlo demasiado.

Ahora que soy adolescente, mi lado de diablo me hace quejar que no tengo buena ropa, bastante dinero, etc. Y mi lado de ángel me hace recordar los cumpleaños de mis padres.

Conversemos pp. 215–216

A Answers will vary but may resemble the following:

Preguntas:
1. ¿Te gustaban los columpios?
2. ¿Subías a la montaña rusa?
3. ¿Te gustaba el carrusel?
4. ¿Qué cosas coleccionabas?
5. ¿Te gustaba curiosear? ¿Dónde?

B Answers will vary but may resemble the following:

Le tenía mucho cariño a mi abuelo, el padre de mi madre porque él me contaba cuentos todas las tardes cuando venía del trabajo y jugaba béisbol conmigo.

C Answers will vary but may resemble the following:
1. ... la fiesta del día de las brujas.
2. ... fantasmas y monstruos.
3. ... hacíamos demasiado ruido.
4. ... cascabeles.
5. ... correr y gritar.
6. ... al escondite.
7. ... acampar en el bosque.

Escribamos p. 216

A Answers will vary but may resemble the following:

Cuando era niña, no podía ver la tele después de las nueve de la noche y sólo podía verla por una hora al día. En cambio, mis padres podían verla cuando y cuánto querían.

B Answers will vary but may resemble the following:

Estoy en el año 3000. Elegí este año porque ya han eliminado todos los problemas del mundo. Los robots hacen todo el trabajo y la gente puede dedicarse al deporte, al teatro, a la música, etc. Nadie es pobre. Todo el mundo vive bien pero en pequeños apartamentos porque hay tanta gente y tantos robots.

C Answers will vary but may resemble the following:

Queridos hijos:

Uds. van a leer esta carta en el año 2022 más o menos y por eso quiero describirles mi vida y cómo es el mundo ahora. Estoy en el último año del colegio y lo más importante de la vida es graduarme y matricularme en alguna buena universidad. Quisiera estudiar para abogada. Vivo con mis padres en una zona residencial. Tenemos una casa de estilo español colonial. Tengo un Ford Escort del año 1990. ¡Increíble, verdad! En el verano trabajo de salvavidas. Para la Navidad, mis padres me regalaron una nueva computadora. Mi actor favorito es Tom Cruise. Mi actriz favorita es Julia Roberts. Mido 5 pies 9 pulgadas, peso 130 libras, y llevo la talla 10. Y tengo un novio que se llama Bill. ¡A ver si será su papá!

D Answers will vary but may resemble the following:

Lo más importante de la vida cuando mi mamá tenía 17 años era matricularse en una buena universidad y graduarse del colegio. Parece que mamá vivía bastante bien. ¿Qué pasaría con Bill?

Estructura

Conversemos pp. 220–222

A Answers will vary but may resemble the following:

1. El día que fui con mi clase de español a Cancún, me levanté a las 4:30 de la mañana.
2. Mis padres me llevaron al aeropuerto a las 5:30 donde me reuní con los otros estudiantes y mi maestra.
3. Cuando fui a sacar mi pasaporte del bolsillo, no lo encontré.
4. Tuve un ataque de pánico y empecé a buscarlo en mi maleta, en mi bolso, por todas partes.
5. Entonces me acordé que se lo había dado a mi maestra el día anterior, para no perderlo.

B Answers will vary but may resemble the following:

Cuando era niño, siempre. . .

1. … buenas en matemáticas… recibí una D.
2. … con mis abuelos… fui a Nueva York con mis tíos.
3. … la Florida… fui a Puerto Rico.
4. … en casa… les saqué la lengua.
5. … la maestra me hacía leer en voz alta,… rompí a llorar.

C Answers will vary but may resemble the following:

1. La última vez que me puse un disfraz fue el día de las brujas del año pasado. Iba a una fiesta y no sabía cómo vestirme. Por fin decidí ir de payaso.
2. Hace tres años rompí el televisor pequeño de la cocina. Iba a moverlo y se me cayó.
3. Cuando fui al circo el año pasado vi a un payaso.
4. Ayer tuve medio día de clase y pude almorzar con mi familia.
5. Se me cayó el último diente cuando tenía ocho años. Y el hada me trajo un cochecito nuevo.
6. Hace dos años, mis padres me castigaron. Fue porque había ido en coche al cine con un amigo sin permiso.
7. El año pasado cuando fui a Cancún, compré muchos recuerdos y se los traje a mis amigos y familia.
8. El domingo pasado le mentí a mi madre, pues le dije que había terminado mi tarea aunque no era verdad.
9. En Navidad, mi tío me dejó conducir su coche, pero sólo fui de casa hasta la esquina.
10. El año pasado tuve mucho miedo un día que estuve en McDonald's y y un señor se cayó al suelo. No le pasó nada.
11. Peleé con Roberto hace tres días porque siempre me pide dinero y nunca paga. Le dije que ya estaba cansado de eso.

D Answers will vary but may resemble the following:

1. … cinco años… conocí a Dora, mi mejor amiga.
2. … empecé a tomar clases de piano.
3. … dejé de creer en Santa Claus.
4. … mis padres me regalaron una bicicleta nueva.
5. … empecé a preocuparme por los chicos.
6. … 12 años… nos mudamos para San José.

E Answers will vary but may resemble the following:

Algo que me dio pena:

Recuerdo el día que llegamos a Nueva York. Fue una excursión del colegio. El autobús paró en la calle Broadway. De pronto vi a un hombre corriendo por el tráfico. Un coche por poco choca con él. Me dio escalofríos. Y después me dio risa porque me di cuenta que era una película.

F Answers will vary but may resemble the following:

1. … sonó el teléfono. Era mi novia que quería decirme "Buenas noches".
2. … de repente, me di cuenta que era sábado.
3. … encontré una cesta con tres gatitos.
4. … tomamos el metro.
5. … se enfadó conmigo.
6. … español… la maestra me hizo una pregunta.

Escribamos p. 223

A Answers will vary but may resemble the following:

Tenía cuatro años y vivíamos en Virginia. Mamá me acompañó a Nueva York. Allí nos encontramos con doña Inés, la amiga de mi abuela con quien iba a ir a Chile a visitar a mis abuelos. Inés era vieja, pero muy simpática. Me dio unos juguetes para jugar en el avión. Entonces fuimos a una cafetería en el aeropuerto y comimos helado. Cuando llegó el momento de subir al avión, yo estaba alegre. Le di un beso a mamá, pero entonces ella comenzó a llorar. Me dio un abrazo y me dijo: "Pórtate bien, hijo".

B Answers will vary but may resemble the following:

1. Tenía siete años. Fui con mis padres a Nueva York. En el avión vimos una película y nos dieron mucha comida. El vuelo duró muchas horas. Cuando llegamos, mis abuelos nos esperaban en el aeropuerto.
2. No me acuerdo de cuando cumplí un año. Mis padres me cuentan que ya hablaba pero no caminaba solo. Me hicieron una fiesta y me regalaron muchos regalos. Comí mucho pastel y helado.
3. Mi fiesta de cumpleaños de dos años fue muy divertida. Vinieron tres amigos de mi edad y jugamos con mis nuevos juguetes. Uno de ellos metió las manos en el pastel de cumpleaños. La fiesta duró sólo una hora. Mi madre me dice que casi rompimos todo en la casa.
4. Tomé mis primeras vacaciones cuando tenía tres años. Fui con mis padres a San Diego. Nos quedamos

en un hotel que estaba en la playa. El hotel tenía piscina y yo nadé en ella.

5. No recuerdo nada de mi nacimiento. Pero mis padres dicen que cuando los vi me sonreí.

6. Mi abuela me compró mi primer par de zapatos. Yo tenía ocho meses. Mi mamá dice que no me gustaban y por eso me los quitaba y los escondía.

Lectura

Pensemos p. 224

Answers will depend on each student's experiences.

Miremos p. 224

A Answers will vary but may resemble the following:

1. ... que sea alegre, tonto, exagerado.
2. .... que sea cómica, con la cara pintada, y una expresión alegre (o triste).
3. ... que sea muy exagerada y divertida, con ropa muy grande, zapatos enormes y rotos, colores muy vivos.

B Answers will vary but may resemble the following:

1. Hay cuatro personajes.
2. Ellos son Lucas de la Pedrería, don Payasito (el mismo Lucas) y los dos niños (hermanos).
3. Los niños tenían alrededor de ocho o diez años y Lucas y don Payasito eran ancianos.

Leamos p. 228

A Answers will vary but may resemble the following:

1. Era un pícaro, pero divertido y extraordinario. Fascinaba a los niños. era menudo, encorvado, con cabellos muy blancos.
2. Era tan viejo que decía que perdió el último año y no lo podía encontrar.
3. Comía sus propios guisos de carne, cebolla y patatas.
4. Trabajaba en la finca de jornalero.
5. Hacía reír a los otros, vivía solo y cocinaba y lavaba para sí mismo. También jugaba con los niños, fingiendo que era don Payasito.
6. Hablaba en extraños versos que fascinaban.

B

1. Una especie de amor.
2. Nadie, hasta entonces nos habló nunca de las cosas que él nos hablaba.
3. Era menudo, encorvado.
4. ¿Qué me venís a buscar...?
5. Malos, pecadores, cuervecillos,...
6. Con la diestra se apoyaba en un largo bastón y en la mano libre llevaba unos cascabeles dorados que hacía sonar.
7. ¿Qué traéis hoy?
8. ... llenos de pánico echábamos a correr bosque abajo.

9. ... como no nos hacía caso, le dejamos. Empezamos a curiosear...

C Answers will vary but may resemble the following:

1. la cuevecilla
2. hermosas y extrañas
3. capa encarnada, con soles amarillos, sombrero puntiagudo de color azul
4. el dedo, retorcido y oscuro, cuervecillos, el baúl negro
5. temor, aquel dulce temor cosquilleante
6. la cabaña
7. negro, muy viejo
8. rígido, frío
9. rompimos a llorar... llorando con todo nuestro corazón... gritando entre hipos

D

En ese momento se dieron cuenta de que don Lucas era Don Payasito.

Analicemos p. 229

A

1. c
2. a
3. f
4. g
5. e
6. i
7. h
8. d
9. j
10. b

B

1. Vengan y escuchen.
2. Digan la verdad.
3. Denme mis monedas de plata.
4. Bailen conmigo.
5. Dejen de curiosear.
6. Vayan a llamar a Don Payasito.

Apliquemos p. 229

A Answers will vary but may resemble the following:

Niños diablitos de las cuevas de fuego.
Malvados de la otra parte del mar.

B Answers will vary but may resemble the following:

Lucas era muy viejo. En cambio los niños, no.
Lucas sabía mucho. Los niños eran fáciles de engañar.
Lucas hablaba siempre en verso. Los niños hablaban normal.

Cultura viva

Conversemos y escribamos p. 231

A Answers will vary but may resemble the following:

Cambian:
mi talla de zapatos.
mis juguetes.
mis amigos.
mi pelo.
mi idea de lo que quiero ser.
No cambian:
mis padres.
mis amigos.
mi sonrisa.

B Answers will vary but may resemble the following:
1. colores: dorada (juventud); azul, verde (madurez).
2. objetos: juguete encantado (niñez); libro cerrado (adolescencia); divino tesoro (juventud).
3. actividades: pasar haciendo caminos (juventud); volver la vista atrás (vejez).
4. naturaleza: primavera (juventud); jardín verde (madurez); jardín sombrío, otoño (vejez).
5. apariencia: barba negra (madurez); barba blanca, párpado yertos (vejez).
6. ropa: vestido gris (madurez); enlutado (vejez).
7. música: canción de primavera (juventud); canción de otoño (vejez).

Estructura: Un poco más p. 232

A Answers will vary but may resemble the following:
1. Elena tiene un coche nuevo, el último modelo del Escort.
2. Mi nuevo coche es el antiguo coche de mi mamá.
3. Mi pobre amiga Gloria ha perdido su gato.
4. Haití es un país muy pobre.
5. Recibí una gran noticia, mis abuelos me van a llevar a España este año.
6. En mi clase no hay ningún estudiante grande que mida más de 6 pies.
7. Ayer me llamó mi viejo amigo Carlos, que estudia en la universidad de Texas.
8. Tengo bastantes parientes viejos, mis cuatro abuelos y sus hermanos.
9. Mi mamá es una persona única siempre me ayuda con mis tareas.

Diversiones p. 233

A Answers will vary.

B Answers will vary.

C Answers will vary.

Vocabulario

Asociaciones pp. 238–239

A Answers will vary but may resemble the following:

Castigos:
1. mandarme castigado
2. dejarme sin televisión
3. prohibir que salga
4. negarme mi mesada de mis hermanos
5. echarme a la calle testar mal

Faltas:
1. no obedecer a mi habitación
2. quejarme de la comida
3. quejarme de los por un mesque-haceres
4. no hacerme cargo
5. ser insolente y con-
6. no portarme bien
7. no ser respetuoso

B Answers will vary but may resemble the following:
1. Sugiero que lo mande a disculparse con ellos.
2. Sugiero que lo dejen sin televisión por un mes.
3. Sugiero que le prohíban salir por un mes.
4. Sugiero que lo mande a su habitación sin televisión.
5. Sugiero que lo mande a su habitación sin cenar.
6. Sugiero que lo amonesten y lo obliguen a pedirle perdón al muchacho que empujó.
7. Sugiero que le niegue su mesada por una semana.
8. Sugiero que le mande a lavarse la boca con jabón.

C Answers will vary but may resemble the following:
1. Yo grité, "Yo me voy".
2. Yo interrumpí, "Pero, déjeme explicarle".
3. "Y yo estoy harta también", yo grité.
4. Yo agregué, "Lo único que faltaba",
5. Yo dije, "Déjame en paz".

D Answers will vary but may resemble the following:
A mis padres no les gusta que yo sea insolente y conteste mal.
En cambio, a mí no me gusta que me presionen.

E Answers will vary but may resemble the following:
1. Se lo quisiera decir a mi amigo cuando usa mi coche y nunca le echa gasolina.
2. Se lo quisiera decir a mi hermanito cuando me despierta los sábados.
3. Se lo quisiera decir a mi novia cuando empieza a criticarme porque he salido con los amigos.
4. Se lo quisiera decir a mi entrenador cuando me dice que corra tres millas más.
5. Se lo quisiera decir a mi maestra cuando me da mucha tarea para el fin de semana.

F Answers will vary but may resemble the following:

1. ... mis padres.
2. ... a sacar mejores notas.
3. ... estoy tratando de practicar la guitarra eléctrica.
4. ... vuelva temprano a casa los viernes y los sábados.
5. ... haga las paces cuando no estoy listo.
6. ... me quede en casa todo el fin de semana.

Conversemos pp. 240–241

A Answers will vary but may resemble the following:

1. ¡Colmo de colmos!
2. ¡Lo único que faltaba!
3. ¡Apaga ese radio!
4. ¡Estoy hasta la corona!
5. ¡Y además perezoso!
6. ¡Es el colmo!
7. ¡Cómetelo, me pasé la mañana preparándolo!
8. ¡Deja de escuchar ese Walkman y ven a ayudarme!
9. ¡Qué barbaridad!

B Answers will vary.

C Answers will vary but may resemble the following:

Los deberes de los hijos menores:

1. hacer la cama
2. poner los juguetes en su sitio
3. poner la mesa
4. cepillarse los dientes regularmente
5. colgar su ropa
6. estudiar

Mesada: de 8 a 20 dólares

Los deberes de los hijos mayores:

1. mantener su habitación limpia
2. hacer la cama
3. ayudar con la limpieza de la casa
4. sacar la basura
5. cortar el césped
6. lavar el coche
7. estudiar

Mesada: de 40 a 50 dólares

Les aconsejamos que exijan que sus hijos...
Les aconsejamos que les paguen...

Escribamos p. 241

A

1. No sirve para hacer las paces.
2. Sí, sirve. Yo diría: Es mejor que vayamos a caminar y que conversemos sobre esto.
3. No sirve para hacer las paces.
4. No sirve para hacer las paces.
5. Sí, sirve. Yo diría: ¿Por qué no resolvemos el lío lo antes posible?
6. Sí, sirve. Yo diría: Hagamos las paces ahora.

B Answers will vary but may resemble the following:

Una vez presencié una discución entre mi madre y mi abuela. Así fue:

MAMÁ DIJO:	¿Por qué sigues criticándome?
ABUELA DIJO:	No te estoy criticando. Es sólo una sugerencia.
MAMÁ DIJO:	Estoy harta de tus sugerencias.
ABUELA DIJO:	¡Esto es el colmo! Me pides mi opinión y cuando te la doy, te enojas.
MAMÁ DIJO:	Vamos hagamos las paces.

C Answers will vary but may resemble the following:

Para ir a la iglesia yo prefiero vestirme cómodo, con jeans, una camiseta o suéter de colores, zapatos Nike y el pelo como lo llevo siempre, un poco a lo loco. Pero mis padres insisten en que me ponga pantalones oscuros, camisa blanca y chaqueta. Oh, y también corbata. Y dicen que debo peinarme.

D Answers will vary but may resemble the following:

Un conflicto común entre chicos y mayores es el uso del coche. Mis padres no quieren que lleve a más de tres personas en el coche. A veces llevo cinco o seis. También se quejan que no dejo el coche con gasolina. Cuando se enfadan conmigo dicen cosas como: "Es la última vez que usas el coche". O, "¡Esto es el colmo!" Y yo les explico que conduzco con mucho cuidado, o que si me suben la mesada puedo llenar el tanque de gasolina.

Estructura

Conversemos pp. 244–245

A Answers will vary but may resemble the following:

1. ¿Qué nota intentas sacar en esta clase?
   Intento sacar una "A".
   Dijo que intentaría sacar una "A".
2. ¿Qué quieres hacer después de las clases?
   Quiero ir al cine.
   Dijo que quería ir al cine.
3. ¿Qué favor piensas hacerle a la maestra?
   Voy a lavar la pizarra.
   Dijo que iba a lavar la pizarra.
4. ¿De qué te quejas?
   Me quejo de mi horario.
   Dijo que se quejaba de su horario.
5. ¿Cuáles son tus planes para el fin de semana?
   Pienso ir a esquiar.
   Dijo que pensaba ir a esquiar.

B Answers will vary but may resemble the following:

1. ¿Qué vas a decirles a tus padres por haberte quejado de tus quehaceres? Voy a pedirles que me disculpen.
   Dijo que iba a pedirles que lo disculparan.
2. ¿... a tus padres...? Voy a decirles que perdí mi reloj.
   Dijo que iba a decirles que había perdido su reloj.

3. ¿... a tu amigo...? Voy a decirle que mañana
se lo devolveré.
Dijo que iba a decirle que mañana se lo devolverá.

4. ¿... a tu amigo..? Voy a decirle que me arrepiento.
Dijo que iba a decirle que se arrepentía.

C Answers will vary but may resemble the following:

1. Mis padres me amenazaron con cortarme la mesada
si no estudiaba más.

2. Mi maestra me amenazó con llamar a mi padre si no
dejaba de hablar en clase.

3. Mi amiga me amenazó con cortarme la lengua si no
dejaba de chismear.

4. Los vecinos me amenazaron con llamar a la policía
si no dejaba de tocar la guitarra.

D Answers will vary but may resemble the following:

1. ... me había lavado, afeitado y vestido... me di cuenta
que era sábado.

2. había leído el periódico, había terminado la tarea y
había sacado el dinero del bolsillo. ... cuando vi a mi
novia corriendo para alcanzarme.

3. ...había comido, había recogido todo y lo había
tirado a la basura ...cuando me acordé que no había
guardado el dinero en la bolsa.

Escribamos p. 245

A Answers will vary but may resemble the following:

1. ... estaba dispuesto a jugar.
2. ... jugar tenis... una raqueta.
3. ... mi amigo Tomás... jugar.
4. ... el parque... había muchas canchas de tenis.
5. ... tres... mucho calor.
6. ... pelotas de otros jugadores.
7. ... queríamos jugar un partido, un chico desconocido.
8. ... no podíamos jugar con él.
9. ... jugado nosotros juntos.
10. ... se enojó y nos dijo unas palabras muy feas.
11. ... dicho eso, ... tiró su raqueta y empezó a gritarnos.
12. ... ya no parecía estar enojado... agarrar las pelotas
que estaban en el suelo y empezó a tirárnoslas.
13. ... él... irnos del parque sin jugar.

Lectura

Pensemos p. 246

A Answers will vary but may resemble the following:
1, 2, 3.

B Answers will vary but may resemble the following:

1. ... intento explicarles por qué necesito ropa o
zapatos.

2. ... les explico por qué reñí con mi amigo.

3. ... les importa más lo que dice la gente que lo
que digo yo.

4. ... casi siempre me dan lo que pido.

C Answers will vary but may resemble the following:

1. ... barata, mientras yo prefiero la ropa cara.

2. ... jazz, mientras yo prefiero la ópera y la música
clásica.

3. ... no haga ruidos mientras que a mí me gusta
escuchar música.

4. ... sean todos buenos alumnos, mientras que a mí no
me importa.

5. ... parezca un museo, mientras que yo prefiero que
esté desordenada.

6. ... sea abogado, mientras que yo prefiero ser músico.

Miremos p. 247

A Answers may resemble the following:

1. ... la madre, el padre, la abuela, el joven y sus dos
hermanos.

2. ... el padre.

3. ... el coche de la familia (y en el apartamento).

4. ... el hijo se había encerrado en el baño y no
quiere salir.

5. ... la madre quiere que el hijo se vista bien para
matricularse en el colegio, pero él quiere llevar
jeans.

B

1. el padre
2. el padre
3. el padre
4. la madre
5. el hijo
6. la madre
7. el padre
8. el padre
9. el padre
10. el padre

C

El muchacho se niega a ponerse ropa oscura.
La madre va a sacar al muchacho del baño.
El padre espera en el auto y hace oscilar las llaves.
La madre se sienta en el asiento de atrás del auto con
los niños.
La abuela le pide al padre que vaya a buscar al muchacho
al baño.
El padre va a sacar al muchacho del baño.
Padre e hijo hablan en la casa y nadie sabe de qué
hablaron.
El padre vuelve con el muchacho de la mano.

Leamos p. 250

A Answer will vary but may resemble the following:

1. ... se niega a salir del baño...
2. ... revisa numerosos informes...
3. ... juega nerviosamente con el llavero...
4. ... se enoja...

5. ... quiere explicarle a su mamá por qué él quiere vestirse así.

6. ... vuelve al coche...

7. ... permanecen mudos y quietos...

8. ... hace gruñidos guturales...

9. ... sale del automóvil...

10. ... vuelve con el hijo...

B Answers will vary but may resemble the following:

1. 1. ¿Fue su primer impulso... automóvil? Presenta el problema.

2. ¿Qué va a decir la gente? Representa la preocupación de la madre.

3. ¿Qué había hecho? Representa lo que todos en el coche han estado pensando.

4. ¿Golpeó la puerta... baño? Lo que pudo haber pasado.

5. ¿Se interpuso... paso? Lo que pudo haber pasado.

6. ¿Al encontrarse... decía? Lo que pudo haber pasado.

7. ¿Qué pasó en verdad? Se dirige al lector.

2. 1. El padre sabe.

2. La madre piensa que sabe.

3. Nadie sabe excepto el padre y el hijo.

4. Nadie sabe excepto el padre y el hijo.

5. Nadie sabe excepto el padre y el hijo.

6. Nadie sabe excepto el padre y el hijo.

7. Nadie sabe excepto el padre y el hijo.

3. 1. El padre.

2. El hijo (y no le importa).

3. Todos en el coche menos el padre.

4. Todos en el coche menos el padre.

5. Todos en el coche menos el padre.

6. Todos en el coche menos el padre.

7. Todos menos el padre y el hijo.

4. 1. Probablemente sí.

2. Probablemente nada.

3. Probablemente le dijo al hijo que no le importaba lo que él llevara pero para que no hubiera más problemas con la madre y la abuela, sería mejor que se pusiera el traje oscuro.

4. No lo creo.

5. Es posible.

6. Es posible.

7. Habló con su hijo sin amenazarlo y lo convenció.

C Answers will vary but may resemble the following:

1. Entiendo cómo te sientes, pero para que no haya problemas con tu mamá y con tu abuela, por favor ponte los pantalones oscuros.

2. Te doy cinco dólares para que te cambies de ropa.

3. Si quieres jugar con el Nintendo otra vez, cámbiate de ropa inmediatamente.

D Answers may resemble the following:

Quiero que vayas a un colegio privado.

Quiero que seas ingeniero.

Quiero que compres una casa en la zona del sur.

Quiero que te cases con esta chica.

Analicemos p. 251

A Answers will vary but may resemble the following:

1. castigar: castigo

2. oscilar: oscilaciones

3. encierro: se había encerrado

4. negación: se negaba

5. ocurrírsele a uno: ocurrencia

6. puesto: impondría

7. oportuno: oportunidad

8. presenciado: presenciar

9. elección: elegir

10. peinar: despeinándolo

B Answers may resemble the following:

1. ... contado.

2. ... castigo.

3. ... un golpe.

4. ... "es el colmo".

5. ... mudo.

6. ... gruñidos...

7. ... medio... castigar.

Apliquemos p. 251

A Answers will vary but may resemble the following:

¡Qué tonta es mi madre! ¿Por qué no me deja en paz?
Ella no sabe nada de cómo los chicos de mi colegio se visten.
Nada más que le importa lo que dice la gente.

B Answers will vary but may resemble the following:

Punto de vista de la abuela:
Debieron haber sido más estrictos con ese muchacho.
    Si fuera mi hijo se pondría la ropa que yo quiero.
Punto de vista de la mamá:
¡Cómo me hace sufrir ese chico! Tengo que ser más estricta con él.
Punto de vista de los hijos menores:
Es mejor quedarnos callados ahora pero cuando nos toque a nosotros matricularnos, vamos solamente con papá.

C Answers will vary but may resemble the following:

1. PAPÁ: Hijo, hace diez minutos que te esperamos. ¿Qué te pasa?

HIJO: Mamá insiste en que me ponga ese traje estúpido para matricularme en el colegio y no quiero. No es la clase de ropa que llevan los chicos.

PAPÁ: Trata de comprender a tu madre.

HIJO: No entiendes, papá.

PAPÁ: Sí entiendo, hijo. Ponte los blue-jean si quieres pero lleva una camisa de vestir y corbata.

Cultura viva

Conversemos y escribamos pp. 252–253

A Answers will vary but may resemble the following:

1. Años sesenta: pantalón cintura baja, pantalones de pata de elefante, símbolo pacifista, corbatas angostas
2. Los setenta: traje-pantalón de poliéster, corbatas anchas, zapatos de tacones muy altos, ponchos y sandalias, gafas tipo John Lennon
3. Los ochenta: hombreras grandes, corbatas para mujeres, aretes para hombres, tirantes de pantalones

B Answers will vary.

C Answers will vary but may resemble the following:

1. La eñe es una letra del alfabeto español. La usa toda la gente que habla español. Están orgullosos porque sólo existe en su idioma.
2. sueño, compañero, señor(a)(ita), doña, soñar, reñir, montaña, señal, enseñar, daño, peña, muñeca, viña
3. Sería "th" que causa muchos problemas de pronunciación para los extranjeros.

Estructura: Un poco más p. 254

Answers will vary but may resemble the following:

1. ... ser insolente, no debes contestar así.
2. ... tener más privilegios, debes tratar de ayudar más en casa.
3. ... usar el coche, te recomiendo que lo laves de vez en cuando.
4. ... enfadarte, te aconsejo que hables con tus padres.
5. ... ayuda, antes de hacer la tarea debes llamarme.

Diversiones p. 255

A Answers will vary.

B Answers will vary but may resemble the following:
La comida se quemó. El padre que acaba de llegar del trabajo está limpiando el piso de la cocina porque está lleno de lodo. El hijo descansa en su cuarto con la puerta cerrada. La habitación está muy desordenada. En el baño hay ropa sucia en el suelo. El baño está lleno de agua. El perro juega en el agua en el jardín. La madre acaba de entrar en la casa. Ella está mojada. Hay lodo por toda la casa.

Capítulo 4 • Lección 3

Vocabulario

Asociaciones p. 260

A Answers will vary but may resemble the following:

1. Añoro las flores. Ya no vivimos en una casa con jardín.

2. Añoro los cuentos de mi abuelo. Ya está viejo y no los recuerda.
3. Añoro los pasteles de mi abuela. Ya no los hace.

B Answers will vary but may resemble the following:

1. el soldado: pistolas, fuertes, uniformes, guerras
2. el pirata: barcos, naves, espada, joyas, oro, baúles
3. la escoba: brujas, limpieza, el piso, vuelos
4. la magia: mago, bruja, sombrero de copa, conejos, varita, capa negra
5. la espada: el pirata, el soldado
6. arco y flechas: cazador
7. la corona: rey, reina, príncipe, princesa, castillo, palacio
8. el bosque: selva, árboles, enanitos, osos, lobos
9. hacer desaparecer: magia, magos, brujas, pociones, varitas
10. espantar: fantasma, monstruo, bruja, sorpresa
11. rescatar: princesa, presos
12. disparar: pistola, soldados, cazadores
13. maquillarse: espejo, modelo, elegante, actriz, actor
14. tomar presos: piratas, policías, soldados

C Answers will vary but may resemble the following:

1. Quiero que el cuaderno de notas de mi maestra de historia desaparezca para que se olvide de mis malas notas.
2. Quiero que mi habitación se arregle por su cuenta para que yo no tenga que limpiarla.

D Answers will vary but may resemble the following:

1. Recuerdo el castigo que me dieron mis padres cuando tiré la sopa al suelo.
   Recuerdo la aprobación que recibí de ellos cuando toqué en mi primer recital de piano.
2. Recuerdo el placer de beber chocolate caliente después de jugar en la nieve.
   Recuerdo el dolor que sentí cuando se murió mi pato.
3. Recuerdo la piedad de los vecinos por la muerte de mi pato.
   Recuerdo la dureza de mi mamá cuando me castigó por haber peleado con mi hermanito.

Conversemos p. 261

A Answers will vary but may resemble the following:
De costumbre a las chicas les gustaba jugar a los vaqueros. Sin embargo, a los chicos les gustaba jugar a los soldados. Y a los dos grupos nos gustaba jugar al escondite.

Normalmente a las chicas les gustaban las muñecas Barbie. En cambio, a los chicos les gustaban los G.I. Joe. Y a los dos grupos nos gustaban las figuritas de animales.

B Answers will vary.

Escribamos p. 261

A Answers will vary but may resemble the following:
Creía en un monstruo que vivía debajo de mi cama y que salía todas las noches cuando me dormía a desordenar mi habitación y a tomar el agua del vaso que ponía en la mesa de noche.

Creía en una bruja que vivía en mi baño. Después que yo me bañaba ella tiraba las toallas en el suelo.

B Answers will vary but may resemble the following:
Estaba en la cocina de mi casa poniendo la mesa para la cena. Le pregunté a mi madre si de verdad existía Santa Claus. Le dije que un niño de mi clase me había dicho que Santa Claus era de mentira. Yo quería saber la verdad. Ella me dijo que ella y papá eran Santa Claus. Me puse muy triste y empecé a llorar.

Estructura

Conversemos pp. 263–264

A Answers will vary but may resemble the following:
1. ... amor... odio...
2. ... tiempo libre... tareas...
3. ... piscinas... coches...
4. ... felicidad... tristeza...

B Answers will vary but may resemble the following:
1. Ojalá que hubiera aprendido a nadar mejor.
2. Ojalá que hubiera conocido más a mi abuelo.
3. Ojalá que hubiera vivido en España.

C Answers will vary but may resemble the following:
1. ... un fantasma.
2. ... pasado nada.
3. ... hubiera sido la peor tragedia de su vida.
4. ... nunca hubiera hecho nada malo.
5. ... hubiera cometido un gran crimen.

D Answers will vary but may resemble the following:
1. A: ¿Sabes que llegué a las dos de la mañana?
   B: No creo que hayas llegado...
   A: (Kim) dijo que no creía que yo hubiera llegado...
2. A: ¿Sabes que le grité a mi abuelo?
   B: Yo dudo que le hayas gritado...
   A: (Kim) dijo que dudaba que yo le hubiera gritado a mi abuelo...
3. A: ¿Sabes que saqué la nota más alta de la clase de inglés?
   B: Es imposible que hayas sacado...
   A: (Kim) dijo que era imposible que yo hubiera sacado...

E Answers will vary but may resemble the following:
   A: Yo he cruzado el Atlántico doce veces.
   B: No creo que hayas cruzado el Atlántico tantas veces.

   A: (a la clase:) Ed me dijo que había cruzado el Atlántico doce veces.
   B: Marta me dijo que no creía que yo hubiera cruzado el Atlántico tantas veces.

Escribamos p. 265

A Answers will vary but may resemble the following:
Un día, cuando tenía 12 años, decidí disfrazarme y asistir a la escuela así. Me puse un vestido largo, me maquillé, llevé anteojos de sol, y entré en mi clase como si fuera estrella de cine. Esperaba oír grandes carcajadas pero nadie dijo nada. La maestra que estaba escribiendo algo en la pizarra no me había visto entrar. Cuando ella dio la vuelta para hablar a la clase, me vio y se quedó observándome tratando de adivinar quién era yo.

A Answers will vary but may resemble the following:
1. La Universidad de Boston no aceptó a uno de mis amigos.
   1. Esperaba que le hubieran aceptado.
   2. Sentí que le hubieran rechazado.
   3. Dudé que le hubieran ofrecido una beca.
2. Echaron a una amiga del club de baile por faltar a las prácticas.
   1. Esperaba que le hubieran amonestado antes.
   2. Sentí que le hubieran humillado.
   3. Dudé que le hubieran tratado así.

C Answers will vary but may resemble the following:
1. Mi padre: Si hubieras hablado con un consejero, podrías haber evitado la pelea con el maestro.
2. Mi abuela: Si hubieras llevado una linterna, no habrías visto fantasmas.
3. Mi mamá: Si me hubieras dicho que ibas a una fiesta, no te habrías arreglado de tal manera.

Lectura

Pensemos p. 266

A Answers will vary but may resemble the following:
Los niñitos quieren ser: populares, guapos, fuertes, chistosos, valientes, atrevidos.

Las niñitas quieren ser: populares, guapas, fuertes, chistosas, gimnastas, atrevidas.

B Answers will vary but may resemble the following:
A la escuela, a los piratas, a la guerra, a los vaqueros, a las muñecas

A Answers will vary but may resemble the following:
Para jugar a la escuela: Soy la maestra y mis amigos son mis alumnos. Les doy papel y lápices y enseño la lección del día. Le doy exámenes y les leo cuentos.

Miremos p. 267

C Answers may resemble the following:
1. ... Juanita... 11 or 12 años.

2. ... su madre, su ama y su maestra.

3. ... el salón de clase y en la casa de Juanita.

B Answers may resemble the following:

1. ... Juanita se pinta la cara y se pone los tacones de su madre.

2. ... va a la escuela.

3. ... la maestra le deja quedarse en la clase pero luego la acompaña a su casa.

4. ... su madre no le riñe, pero no le permite lavarse la cara.

5. ... piense lo que ha hecho.

6. ... avergonzada y ridícula.

Leamos p. 270

A Answers may resemble the following:

1. p. 268 línea 1
2. p. 268 línea 2
3. p. 268 líneas 3 y 4
4. p. 269 líneas 26–30 y Línea 34
5. p. 268 líneas 8
6. p. 268 líneas 9
7. p. 268 líneas 10 y 11
8. p. 268 líneas 19, 25–28

B Answers may resemble the following:

1. p. 268 línea 14
2. p. 268 línea 20
3. p. 268 líneas 9, 13, 14 y 19
4. p. 268 líneas 1–5
5. p. 268 líneas 31 y 32
6. p. 268 líneas 32 y 33
7. p. 268 líneas 33-35
8. p. 269 líneas 1, 13-18, 35
9. p. 269 líneas 33 y 34
10. p. 269 líneas 30 y 31

C Answers will vary but may resemble the following:
Las niñas modelo criticaron a Juanita y no le ofrecieron ni consejos ni apoyo. Se pusieron del lado de la maestra y se burlaron de la niña.

D Answers will vary but may resemble the following:

1. Su mamá no le permitió quitarse el maquillaje de la cara y al día siguiente la hizo mirarse en el espejo para que viera qué fea se veía.

2. El ama la comprendía mejor. Se dio cuenta que eran sólo cosas de niñas que están creciendo.

3. Probablemente le habría explicado por qué no se hace lo que ella había hecho, y de castigo le habría quitado algún privilegio.

E Answers will vary but may resemble the following:
La mamá es la reponsable de la conducta de Juanita. Por lo tanto, tiene que castigarla aunque le duela. El ama cuida a la niña y puede consolarla aún cuando está castigada. Las dos la comprenden, pero de distinta manera.

La mamá quiere que aprenda una lección del asunto y el ama comprende lo que sufre Juanita.

Analicemos p. 271

A

1. d
2. g
3. a
4. c
5. f
6. b
7. e

B Answers may resemble the following:

1. de "loco": ponerse loco
2. de "rico": hacerse rico
3. de "viejo": ponerse viejo
4. de "gordo": ponerse gordo
5. de "amor": sentir amor por
6. de "cárcel": meter en la cárcel
7. de "cerrar": meter dentro de, no dejar salir
8. de "duro": ponerse duro
9. de "lata": meter en lata
10. de "mudo": perder la palabra, no poder hablar
11. de "pobre": hacerse pobre
12. de "sucio": ponerse sucio

Apliquemos p. 271

A Answers will vary but may resemble the following:

1. ... castillo por un coche.
2. ... tanta pena dentro de mí que parecía que el corazón me había crecido de sufrimiento.
3. ... no quería ser perfecta.
4. ... tenía la cara muy sucia y fea.
5. ... no hubo ningún pleito.
6. ... todo el mundo se calló.
7. ... me dijo estaba de acuerdo.

B Answers will vary but may resemble the following:
Es posible que no le hubiera hecho nada más que decirle que ésa no era manera de ir vestida al colegio y que no debería tomar las cosas que no son de ella sin pedir permiso para usarlas. Su compartamiento merece un castigo como escribirle una nota a la maestra, a su hermana y a mí explicando por qué se pintó del tal manera.

Cultura viva

Conversemos y escribamos p. 273

A Answers will vary but may resemble the following:

1. la humildad: la modestia
2. la belleza: la hermosura
3. la soledad: el desierto
4. la sombra: la oscuridad
5. la angustia: la tristeza

6. la severidad: el castigo
7. la tristeza: la desgracia
8. el dolor: la pena
9. la risa: la felicidad

Estructura: Un poco más p. 274

Answers will vary.

Diversiones p. 275

A Answers will vary.

B Answers will vary but may resemble the following:

Siempre quiere saber todo lo que hablan los demás. Escucha como si tuviera orejas de elefante.

Se viste como si fuera bruja porque se cree que es muy fea.

Habla tanto que parece como si fuera un loro.

Gastan tanto como si estuvieran hechos de dinero.

Se cree que es una persona tan importante que camina como si fuera rey.

Siempre come como si tuviera dos estómagos.

Un paso más pp. 277–279

A Answers will vary.

B Answers will vary but may resemble the following:

Hay que llevar los libros en una bolsa o en la mochila. No se pueden llevar en los brazos. Hay que vestirse con ropa de marca.

C Answers will vary but may resemble the following:

Una vez decidí cambiarme el color del pelo de negro a rubio. Compré los productos para cambiarme el color y me los puse. En vez de pelo rubio tenía pelo anaranjado. Esa noche me vestí muy a la moda pero muy exagerada. Cuando mi amiga me vio, ella no sabía si gritar o reírse.

D Answers will vary but may resemble the following:

1. Para llevarte bien con tus amigos debes ser sincero con ellos.
2. No te portes como si fueras más importante que ellos.
3. Ojalá te intereses por sus problemas.
4. Es mejor que escuches lo que dicen antes de que hables.
5. Ojalá que estudies todas las noches para que saques buenas notas.

E Answers will vary but may resemble the following:

Nunca más voy a montar a caballo; me caí y me rompí el brazo.

Nunca más voy a una fiesta en casa de Ronnie; él y sus amigos se portaron como si fueran animales.

Nunca más voy a calentar los exámenes. Ojalá lo hubiera hecho hace dos semanas.

F Answers will vary but may resemble the following:

MAMÁ: Ven aquí, hijo, tienes que hacer tu tarea de matemáticas.

HIJO: Pero mamá, déjame ver un poco más de tele. Ahora empieza mi programa favorito.

MAMÁ: Pero tú sabes que tienes que hacer la tarea antes de ver la tele.

HIJO: Pero estoy cansado.

MAMÁ: Y yo estoy perdiendo la paciencia.

HIJO: Cinco minutos más, mamá.

MAMÁ: Ya han pasado diez minutos. ¡Haz la tarea ahora mismo!

HIJO: ¡No es justo que me trates así sólo porque soy menor ......!

G Answers will vary.

H Answers will vary but may resemble the following:

Recuerdo que mi primo venía todos los sábados a jugar. Traía sus espadas y pistolas y sus figuritas de soldados. Hacíamos un fuerte con almohadas y mantas y jugábamos.

I Answers will vary but may resemble the following:

El mundo es oscuro y feroz así como también es dulce y perdonador. En los bosques encontramos animales salvajes como el oso y animales que no son salvajes como los conejos. En ciertas partes del mundo siempre hay tormentas que destruyen todo pero en otras partes hay brisas suaves y sol. Hay gente buena que ayuda a la gente y gente mala que no les importa nada. Por cada cosa que es oscura y feroz hay algo que es dulce y perdonador.

J Answers will vary but may resemble the following:

1. Se considera fea porque es áspera y porque tiene ramos grises y sus gajos torcidos que nunca se han vestido de apretados capullos.
2. Se compara a los ciruelos, los limoneros y los naranjos.
3. Le dice que la higuera es el árbol más bello del huerto.
4. Estoy de acuerdo. Conozco a personas que son muy guapas que no creen que lo son porque por dentro no se sienten hermosas.

Capítulo 5 • Lección 1

Vocabulario

Asociaciones pp. 284–286

A Answers will vary but may resemble the following:

Quisiera tener un robot que pudiera:
saber de antemano las preguntas de las pruebas.
hacer mis tareas.
servirme de esclavo.

B Answers will vary but may resemble the following:

1. las montañas, los volcanes, las botellas
2. los televisores, las cajas, las mesas, algunas puertas

3. los letreros, los lados de las pirámides
4. las pelotas, las ruedas, los platos, la luna
5. las camas, las puertas, los libros
6. las computadoras, las luces eléctricas, las lámparas
7. los televisores, las calculadoras, los teléfonos
8. los aviones, las alas deltas, los pájaros

C Answers will vary but may resemble the following:
A Toño:Al conjunto de robots:
1. Haz mi cama. Recojan y cuelguen mi ropa.
2. Escribe mi composición. Tomen los apuntes.
3. Repara su televisor. Preparen algo de comer.
4. Ocúpate de la música.Ayuden en la cocina.
5. Busca mi traje de baño.Remen.
6. Pásame la pelota.Enseñen a los chicos que no saben jugar.
7. Prepara la carne.Cocinen.
8. Busca esta dirección en el mapa. Avísenme si ven un policía.

D Answers will vary but may resemble the following:
1. Será muy grande.
2. Tendrá varios brazos.
3. Será sociable.
4. Tendrá talento musical.
5. Será superinteligente.
6. Podrá hablar varios idiomas.

E Answers will vary but may resemble the following:
1. Si engaña a mis maestros, es probable que también pueda engañar a mis padres.
2. ... pese tan poco como una mosca.
3. ... pueda imitar a los animales.
4. ... pueda hacer las camas.

F Answers will vary but may resemble the following:
1. ... supiera de antemano la contestaciones de las preguntas del examen.
2. ... imitara a Jorge, si quiero tener éxito con las chicas.
3. ... me comportara como un caballero, si quiero impresionar a la mamá de Ana.
4. ... programar las computadoras, si quiero sacar buenas notas en la clase de informática.

G Answers will vary but may resemble the following:
1. ... me basta con un radio de pilas.
2. ... me basta con la luz del día.
3. ... me basta con las del colegio.
4. ... me basta con la tele.
5. ... me basta con la radio.
6. ... me basta con mi madre.

Conversemos p. 286

A Answers will vary.

B Answers will vary but may resemble the following:
Pon mis libros en mi mochila y ciérrala.
Lleva mi mochila a mi habitación y ponla al lado de mi escritorio.
Llévame a mí también y déjame en la cama.
Pasa mis apuntes por la computadora.
Lávame estas uvas.

C Answers will vary but may resemble the following:
ESTUDIANTE A:
Necesito un robot que sepa enseñarme a bailar.
ESTUDIANTE B:
El robot podrá analizar todo lo que lo haces mal. Tendrá pies para enseñarte a bailar bien. ¡Y tendrá paciencia!

Escribamos p. 287

A Answers will vary but may resemble the following:
Al levantarme, tropecé con mis botas que estaban al lado de la cama. Me cepillé los dientes con el cepillo de mi hermano. Me lavé el pelo con jabón en vez de con champú. Puse sal en vez de azúcar en el cereal y tiré la caja a la basura aunque no estaba vacía.

B Answers will vary but may resemble the following:
Me gustaría tener un humano cariñoso que me tratara como un compañero. Quisiera que me contara chistes y que me pidiera mi opinión. Si sólo él me diera órdenes como limpiar o arreglar cosas, pronto me enfadaría con él. Tendríamos graves problemas. Yo no lo obedecería y me negaría a hacer cosas tontas. Yo no quiero que me trate como una máquina tonta sino como una máquina que es tan o más inteligente que un ser humano.

C Answers will vary.

D Answers will vary but may resemble the following:
Ventajas Desventajas
menos trabajola gente perderá el deseo de hacer las cosas más simples
más ayudala gente será más perezosa
más tiempo libreaburrimiento
menos problemasproblemas diferentes

E s t r u c t u r a

Conversemos pp. 289–290

A Answers may resemble the following:
1. ... cálculo.
2. ... ecología. ... más tiempo.
3. ... mi prima. ... ir a visitarla este fin de semana.
4. ... comer dulces.
5. ... dinero para poder viajar.
6. ... terminarla ahora.

B Answers will vary.

C Answers will vary but may resemble the following:

1. Mi dentista quisiera que usara el hilo dental todos los días.

2. Mis maestros quisieran que yo prestara más atención, que trajera mis cuadernos a clase, que participara más en clase y que llegara a clase a tiempo.

3. Mis vecinos quisieran que no tocara la guitarra por la noche, que no tuviera fiestas los fines de semana y que no dejara que mi perro jugara en su jardín.

D Answers will vary but may resemble the following:

1. Quisiera un coche que tuviera alas para poder volar por encima del tráfico.

2. ... un aparato que me diera las respuestas de la tarea para poder hacer la tarea rápido.

3. ... un teléfono que tuviera vídeo para poder ver películas mientras hablo por teléfono.

4. ... un televisor que tuviera todos los canales para poder ver toda clase de programas.

5. ... una bicicleta que tuviera motor eléctrico para poder llegar más pronto adonde voy.

E Answers will vary but may resemble the following:

1. Si se comportara como si fuera bilingüe, tal vez pudiera corregirme la tarea de español.

2. ... tal vez pudiera explicarme los problemas de cálculo.

3. ... tal vez pudiera hablar de política conmigo.

4. ... tal vez pudiera servirme el desayuno en la cama.

F Answers will vary but may resemble the following:

1. A veces los maestros se comportan como si los alumnos no tuvieran sentimientos.

2. ... como si ellos fueran los únicos que viven en ese barrio.

3. ... como si los hijos no tuvieran derechos.

4. ... como si el público no tuviera buen gusto.

5. ... como si los padres fueran tontos.

G Answers will vary but may resemble the following:

1. ... ojalá que fuera más moderno.

2. ... ojalá que tuviera más discos compactos.

3. ... ojalá que tuviera una moto.

4. ... ojalá que tuviera radio despertador.

5. ... ojalá que ganara más partidos.

Escribamos p. 291

A Answers will vary.

B Answers will vary.

Lectura

Pensemos pp. 292–293

A Answers will vary but may resemble the following:
Habrá más:

paz, sol, tranquilidad, derechos, risas, sorpresas, amor, luz, virtudes, remedios, piedad, amigos, confianza, diversiones, claridad, libertades, ternura, aventura.

La gente del mundo sabrá:

respetarse, comunicarse, arrepentirse, apoyarse, deshacerse de odios competir, desarrollarse profesionalmente, conocerse, disculparse, cooperar.

El mundo será menos:

peligroso, competitivo, aislado, engañoso, desastroso, ajeno, doloroso, difícil y más placentero, hospitalario y perdonador.

B Answers will vary but may resemble the following:

teléfonos, radios, televisores, lavaplatos, lavadoras, secadoras, hornos de microondas, sacapuntas eléctricos, tocadiscos compactos, computadoras, abrelatas, radios, grabadoras, coches, aviones

C Answers will vary but may resemble the following:

... transportar cosas o personas

... lavar cosas

... ayudar en el trabajo

... divertirse

Miremos p. 293

A Answers will vary but may resemble the following:

Los robots sirven para trabajar en las fábricas. También trabajan en las oficinas para llevar cosas de una oficina a otra. Algunos trabajan de policías protegiendo edificios.

B Answers may resemble the following:

1. No imita a un ser humano. Al contrario, se comporta como un insecto.

2. No es peligroso. En realidad, todo lo que puede hacer es dar unos pasos y tratar de no tropezarse con ningún obstáculo.

3. No serán grandes ni inteligentes. Al contrario, serán pequeños y no tendrán capacidad de reflexionar ni razonar.

4. Al contrario, pesa solamente algo más de kilo y medio.

5. Sí, porque es el robot más complejo del mundo.

6. Sí, por ejemplo, cada pata se mueve independientemente.

7. No. Al contrario, se parece más a un insecto.

8. No. En realidad, no tiene capacidad de razonar.

9. Sí. Además, nunca consulta un mapa.

10. Sí. Además existe una jerarquía de comportamientos.

11. Sí, porque se pueden añadir más circuitos de conductas diferentes.

12. Sí. Además, no falla cuando se enfrenta a un desafío no anticipado, como suelen fallar los robots tradicionales.

13. Al contrario, funciona mejor en tareas cooperativas.

14. Sí. En cambio el robot tradicional imita al humano.

15. No. En realidad su creador ya ha imaginado algunos usos para su robot como, por ejemplo, el reparar vasos sanguíneos.

16. Falso. Al contrario, se ha alejando de los modelos convencionales.

Leamos p. 296

A Answers will vary but may resemble the following:

1. ... perseguir a personas u objetos.
2. ... limpiar todo el polvo de la alfombra.
3. ... explorar otros planetas.
4. ... avanzar y retroceder.
5. ... construir estructuras sencillas.
6. ... reparar vasos sanguíneos.
7. ... buscar una moneda en un pajar.
8. ... cortar el césped.

B Answers will vary but may resemble the following:

1. Attila y el hombre se parecen porque los dos caminan sin tener que pensar en sus movimientos. Los dos tienen reflejos.
2. Attila y el insecto son casi iguales porque tienen semejante estructura mental. También son casi del mismo tamaño.

Analicemos pp. 296–297

A

1. h	6. g
2. i	7. b
3. c	8. f
4. e	9. a
5. d	

B

1. perseguir	10. armazón
2. movimientos	11. conjunto
3. visitantes	12. apoderarse
4. capacidad	13. razonar
5. suceder	14. conocimiento
6. gatear	15. comportamiento
7. creador	16. manipular
8. diseñadores	17. mosquito
9. coste	18. sanguíneos

C Answers may resemble the following:

1. patas, cerebro, armazón, rodilla, articulaciones
2. perseguir, agarrar, tropezarse, dar unos pasos, activarse, moverse, escalar, gatear, sortear, alzar las patas, empujar, caminar
3. instituto, investigaciones
4. robot, motores
5. capaz, inteligencia artificial, cerebro, razonar, resolver, reflexionar, conocimiento.
6. largas, de seis patas, micro-robots, minúsculos, en miniatura, aumentar, de un moscardón
7. cámara de vídeo, microprocesadores, detectar, acusar, distinguir
8. descendientes, futuras, primeras fases, entonces, después de todo, de antemano

9. insectos—mosquito, moscas, escarabajo, moscardón

Apliquemos p. 297

A Answers will vary.

B Answers will vary.

C u l t u r a v i v a

Conversemos y escribamos pp. 298–299

A Answers may resemble the following:

1. conectores
2. diskette
3. archivo en disco fijo
4. hardware
5. byte
6. software
7. impresora calidad carta
8. modem
9. menú
10. fácil para el usuario

B Answers will vary but may resemble the following:

1. hacían menos y menos... hacían más y más.
2. sin tropezar con las máquinas... ocupaban más espacio.
3. de los hombres... aumentaban al doble.
4. las máquinas... seguían funcionando.

C Answers will vary but may resemble the following:

Denevi nombra:	Yo nombro:
las azaleaslas	computadoras
los discos de Beethoven	los discos compactos
el vino de Burdeos	el horno de microondas
los tapices flamencos	el teléfono pórtatil
el palacio de Versailles	la Casa Blanca

Estructura: Un poco más p. 300

Answers will vary.

Diversiones p. 301

A Answers will vary but may resemble the following:

1. Sus ojos rojos brillan mientras piensa y las soluciones aparecen en su pantalla que está en el estómago.
2. Tiene una mano con lápiz que diseña en un segundo y inmediatamente muestra la tela, los botones, todas las cosas que necesita la ropa. Se aprieta un botón y la ropa sale lista para llevar.
3. Conectas uno de los dedos al enchufe del teléfono, le pones la lista de teléfono en la boca, y él llama automáticamente a todos tus amigos.
4. Tiene un radar en la mano con el que puede ubicar cualquier objeto que se haya perdido. No importa de qué material está hecho.

5. Puede leer libros, revistas y periódicos. Tiene una cámara especial en los ojos y una memoria extraordinaria. Simplemente mira una página de un libro y ya sabe lo que dice. Cuando ha acabado de leer, inmediatamente echa por la boca un papel donde está escrito el resumen de lo que ha leído.

6. Puede hacer cosas tan rápido que casi no le ves las manos cuando trabaja. Solamente tienes que decirle que quieres que fabrique y lo hace enseguida.

B Answers will vary.

C Answers will vary.

Capítulo 5 • Lección 2

Vocabulario

Asociaciones pp. 306–307

A Answers will vary but may resemble the following:

Verbos

1. sobrevivir
2. proteger
3. plantar
4. recoger
5. ensuciar
6. agotar, derrochar
7. arrojar
8. enterrar
9. prevenir
10. cuidar
11. descubrir, mostrar
12. reciclar, recoger
13. fomentar, descubrir
14. morir
15. destruir
16. ensuciar
17. cuidar, embellecer
18. enterrar, destruir

Sustantivos

1. escasez
2. desempleo
3. epidemias
4. enfermedades
5. desinterés
6. problemas
7. peligro
8. sequía
9. analfabetismo
10. mayores
11. civiles
12. ricos
13. alimentación

B Answers will vary but may resemble the following:

1. ensuciar, contaminar, destruir, envenenar
2. tomar medidas, soluciones
3. desperdicios
4. bosque, naturaleza
5. cajas, botellas, latas, bolsas
6. agotar, derrochar
7. envenenar, contaminar
8. desperdicios, basura
9. cenizas, fósforos, incendios
10. arrojar, botar
11. cuidar, lograr
12. recoger
13. incendios, sequía
14. dueño de la tierra, jóvenes, mayores, hijos
15. trozos, pedazos, fragmentos, restos
16. envenenar
17. cooperar, reciclar
18. responder
19. soluciones, fomentar

C Answers will vary but may resemble the following:

1. plátanos, naranjas, limones
2. chicle, caramelos, chocolates, jabón
3. casas, escuelas, edificios, fábricas
4. refrescos, vinagre, aceite, champú, jugos
5. verduras, sopas, refrescos, legumbres, jugos
6. coches, camiones, edificios, tanques, bicicletas
7. sombreros, cestas, bolsas
8. muebles, casas, pisos, pianos, guitarras
9. de tiendas, reglas de tránsito, cines, restaurantes, parques
10. papas, dulces,
11. humo de cigarros, de coches, de fábricas, radioactividad
12. desechos de hospital, petróleo, basura

D Answers will vary but may resemble the following:

1. … se ven bolsas de papel, envolturas de dulces, servilletas y vasos de papel que el público ha dejado.
2. … se ven cáscaras, latas de refrescos, pedazos de pan, vasos de papel que la gente ha tirado.
3. … se ven billetes, papeles, pedazos de fruta y cigarillos que los pasajeros han arrojado en el suelo.
4. … se ven botellas de loción, latas de refrescos, cigarrillos, y bolsas de plástico que la gente ha dejado.
5. … se ven frutas, verduras, papeles que se han caído al suelo.
6. … se ven latas de aceite, cigarrillos, botellas de refrescos, papeles y billetes que los conductores han tirado.

E

1. vidrio
2. papel y cartón
3. vidrio
4. vidrio o plástico
5. metal
6. goma
7. plástico
8. plástico o papel y cartón

9. revistas y diarios o papel y cartón
10. aluminio y hojalata
11. vidrio o plástico
12. plástico
13. metal
14. metal

F Answers will vary but may resemble the following:

1. A las superpotencias les toca organizar una campaña global.
2. A los jóvenes les toca aprender a reciclar y a no tirar basura.
3. Al gobierno le toca preocuparse por el medio ambiente.
4. A los voluntarios les tocar limpiar las carreteras y los parques.
5. A los ricos les toca dar dinero a organizaciones ecológicas.
6. A los mayores les toca darle un ejemplo a los jóvenes.
7. A la prensa le toca educar al público.
8. A los profesionales les toca resolver los problemas.

G Answers will vary.

Conversemos p. 308

A Answers will vary but may resemble the following:

1. Sería preciso que dejáramos de cortar los árboles y que plantáramos un árbol por cada uno que cortan.
2. Sería preciso que los niños no pasaran al segundo grado sin aprender a leer y que tuvieran tutores que fueran a sus casas a ayudarlos
3. Sería aconsejable que planificáramos cómo vamos a proteger el medio ambiente.
4. Sería mejor que todos reciclaran y tiraran la basura en el bote.
5. Sería preciso que cuando acamparan en el bosque apagaran las cenizas cuando se van.

Answers will vary.

Escribamos p. 309

A Answers will vary but may resemble the following:

1. No tiren basura. Mantengamos nuestra ciudad limpia.
2. No arrojen basura. No traigan objetos hechos de vidrio a la playa.
3. No pisen el césped. Tiren la basura en el bote. No escriban en los árboles.
4. No tiren basura. No pesquen.
5. No escriban en las paredes. No tiren papeles.
6. Apaguen las luces antes de salir. No dejen correr el agua.

B Answers will vary but may resemble the following:
Terrible derrame de petróleo en el río Potomac.
Explosión en el puerto de Alexandria llena al río que corre por la capital, de manchas de petróleo. Todavía no se sabe la causa de la explosión. Miles de peces, pájaros y otros animales morirán a causa de este accidente.

C Answers will vary but may resemble the following:
Prefiero la energía solar porque es limpia. No contamina el medio ambiente. En cambio con la energía nuclear, siempre se corre el riesgo de contaminar el ambiente con desechos radioactivos porque es un problema enterrar los desperdicios nucleares. La energía solar no produce desechos radioactivos ni derrocha los recursos naturales.

D Answers will vary but may resemble the following:
ESTUDIANTE A:
Parece que los productos químicos que usamos para cultivar más plantas entran en los ríos y matan a los peces y la vegetación.
ESTUDIANTE B:
Tendremos que usar productos químicos naturales para evitar la contaminación de las aguas.

E Answers will vary but may resemble the following:

1. Los desechos de hospitales: Quisiera que el gobierno pasara leyes para controlar la eliminación de los desechos de hospitales. Es una lástima que permitan arrojar estos desechos en el mar.
2. La contaminación del aire: Quisiera que todas las fábricas dejaran de envenenar la atmósfera y no contaminaran el aire. También debían tomar medidas para reciclar y respetar la naturaleza.

E s t r u c t u r a

Conversemos pp. 312–313

A Answers will vary.

B Answers will vary but may resemble the following:

1. ... vería películas en la tele toda la noche.
2. ... establecería un gobierno global.
3. ... vendería mi computadora.
4. ... me escondería en seguida.
5. ... tendría un palacio en cada planeta.

C Answers will vary.

D Answers will vary but may resemble the following:

1. ... dinero ¿lo habrías prestado? No, no lo habría hecho. Mi compañero dijo que si le hubieran pedido prestado dinero, no lo habría hecho.
2. ... comprar un coche ¿habrías comprado un coche japonés? Sí, lo habría hecho. Mi compañero dijo que si le hubieran ofrecido dinero para comprar un coche habría comprado un coche japonés.
3. ... la residencia de ancianos, ¿habrías ido? Sí, habría ido. Mi compañero dijo que si hubieran pedido voluntarios para ir a la residencia de ancianos, él habría ido.

4. ... ¿aceptado? Sí, habría aceptado. Mi compañero dijo que si le hubieran ofrecido ir a Rusia gratis, él habría aceptado.

5. ... Princess Di, ¿la habrías aprovechado? Sí, la habría aprovechado. Mi compañero dijo que si le hubieran dado la oportunidad de conocer a la Princesa Di, la habría aprovechado.

Escribamos p. 313

A Answers will vary.

B Answers will vary.

Lectura

Pensemos pp. 314–315

A Consult a map of the Solar System to give answers.

B Answers will vary but may resemble the following:

1. Plutón, Neptuno, Urano, Saturno, Júpiter, Marte
2. Venus, Mercurio
3. la Tierra
4. Plutón (más lejano)
5. Venus y Marte
6. Júpiter y Saturno
7. Plutón, Mercurio
8. Marte
9. Saturno, Plutón, Urano
10. la Tierra
11. Mercurio, Venus, la Luna
12. Venus, la Tierra
13. Mercurio, Venus, Marte, la Tierra
14. la Luna
15. la Tierra
16. la Tierra
17. Venus
18. todos tienen gases
19. la Tierra, Júpiter, Saturno, Neptuno
20. Marte, Jupiter

C Answers will vary but may resemble the following:

Un astronauta debe ser curioso, organizado, inteligente, fuerte, energético, disciplinado y valiente.

D Answers will vary but may resemble the following:

1. ... el regreso a la Tierra.
2. ... caminan por el espacio.
3. ... dice "Roger" o tratan de ser divertidos.
4. ... mostrar las mismas fotos tantas veces en la tele.
5. ... pudiera ser astronauta.
6. ... explorar Marte.

E

1. e	3. h	5. c	7. a
2. d	4. b	6. f	8. g

Miremos p. 315

A Answers will vary but may resemble the following:

1. la Luna y... en la Tierra
2. de extraer un fragmento de la corteza lunar
3. arrancar un pedazo del suelo con aceradas mandíbulas
4. Answers will vary.

B Es un verdadero cuento.

Leamos p. 318

A Answers will vary but may resemble the following:

1. Falso. Lo escribió antes.
2. Cierto.
3. Cierto.
4. Falso. Colocaron un trozo en un parque público.
5. Cierto.
6. Falso. Fueron los primeros en observar la tierra agrisada
7. Cierto.
8. Cierto.
9. Cierto.
10. Falso. Empezaron a morir gente en diferentes ciudades.
11. Cierto.
12. Cierto
13. Falso. Las arenas de las playas eran las que avanzaban.
14. Falso. Sólo quedaron dos lunas sin vegetación.

B Answers will vary but may resemble the following:

1. brillante aparato metálico, aceradas mandíbulas
2. un fragmento de la corteza, la gran muestra, el trozo, el maravilloso pedrusco
3. Vivieron la sacudida de la noticia, se dieron conferencias, se exaltó el porvenir del hombre, vinieron a verlo los turistas.
4. Se había agrisado, la sucia mancha, como una ceniza.
5. No tardaron en apreciar un efecto destructor. La alarma, aguda y conturbadora, no salió de los medios científicos.
6. Se guardó como un secreto de Estado.
7. Un crucero realizó una operación secreta: la de arrojar al centro del Océano el trozo de luna.
8. El aspecto entre agrisado y azulenco y la rugosa piel llena de cráteres de pequeñas viruelas. La solidificación de la escasa sangre que iba quedando en las venas y arterias.
9. En las playas...las limpias arenas se ensuciaron... de lava.
10. El descenso del nivel del mar. Comenzaron a surgir islas... superficie.

Analicemos p. 319

1. medios de comunicación: la prensa, la radio, las cadenas de televisión, las conversaciones, las conferencias.
2. tierra: superficie, corteza, nuestro planeta, arena, terreno, el mundo.
3. luna: superficie lunar, corteza lunar, satélite
4. océano: un crucero, el mar, arenas, playas, islas, corales
5. parte: trozo, fragmento, pedazo, minúsculos fragmentos, capas.
6. materiales: aceradas, madera, metal, plásticos, polvo, vidrios, goma, lava.
7. modos de destrucción: efecto destructor, cubrirse de verrugas, descascarillar, inundación, fuerte calor, corroerse, resecar, astillar, ser atacado por termitas, oxidarse, pulverizar, desecarse, arrojar al océano, asolar por la sequía.
8. estudio científico: técnicos, estudiar, científicos, análisis, ciencia, laboratorios, tubos de ensayo, investigaciones.
9. mal de la luna: agrisarse, mancha sucia, epidemia, morir, terror, contagio, afectados, la muerte, alarma, enfermo, rugosa piel, viruelas, cadáveres, polvo, nuevo fenómeno.
10. sangre: venas, arterias.
11. colores: metálico, brillante, aceradas, agrisado, ceniza, grisáceo, azulenco, negruscas, gris, cenicienta

Apliquemos p. 319

A Answers will vary but may resemble the following:
El mal de cortar el césped: Esta enfermedad empieza a atacar en abril o mayo. El enfermo muestra una gran alergia al césped y a veces dolor de espalda. Se pone verde cuando ve el césped. El enfermo se siente mejor cuando los padres le dicen que si no corta el césped no puede salir ese fin de semana.

El mal de lavar platos: Esta enfermedad ocurre entre los/las chicos(as) cuyas casas no tienen lavaplatos. Es una enfermedad muy común que ataca después de haber comido. Los enfermos desaparecen de la cocina después de comer. Se mejoran cuando los padres le dicen que si no lavan los platos no pueden ver televisión.

B Answers will vary but may resemble the following:
Un marciano se llevó una piedra de la Tierra a su planeta, algo que estaba en contra de las leyes de Marte. La metió en uno de los grandes desiertos de Marte. Poco después él notó que la tierra alrededor había cambiado de color. Estaba verde, ¡pues, empezaba a crecer el césped! Al día siguiente, por primera vez, apareció una nube en el cielo. Un día después, llovió y los marcianos estaban horrorizados. Los científicos descubrieron la piedra y el césped. Empezaron a estudiarlos. También le avisaron a la policía que fue a buscar al criminal que había contaminado el planeta.

C Answers will vary but may resemble the following:
1. La gente tendría manchas en la piel y olería mal.
2. La gente tendría la piel y el pelo cubiertos de grasa negra.
3. La gente tendría la piel muy seca y la lengua tan seca que no podrían hablar.
4. La piel le brillaría a la gente y estarían tan calientes que destruirían todo lo que tocaran.
5. La gente tendría los ojos cerrados y perderían la habilidad de hablar.
6. La gente solamente diría tonterías y los ojos les crecerían mucho de ver tanta tele.

Cultura viva

Conversemos y escribamos pp. 320–321

A Answers will vary but may resemble the following:

Se parece al Génesis
1. El primer hombre se llamaba Adán.atómica.
2. No se acordaba bien de su padre.
3. Conoció a la primera mujer, Eva.
4. La tierra se cubrió de vegetación.

No se parece al Génesis
1. Hubo una guerra
2. Sobrevivió un niño.

B Answers will vary but may resemble the following:
1. océano de éter
2. en un futuro no lejano
3. humanidades de otro orbes
4. el Cristóbal Colón
5. máquina potente
6. la divina noche silenciosa

C Answers will vary but may resemble the following:
... el Neil Armstrong
... instrumentos especiales, recoger pedazos del suelo y gases de la atmósfera?

Estructura: Un poco más p. 322

1. tales como
2. cuáles
3. Cualquiera
4. cualquier
5. Cuál
6. tal como

Diversiones p. 323

A Answers will vary but may resemble the following:
bolsas de plástico, envolturas, cáscaras de frutas, trozos de metal, cajas de cartón, pedazos de vidrio, desechos radioactivos, desechos de hospital, pedazos de ladrillo, latas, pedazos de goma

B Answers will vary.

C Answers will vary but may resemble the following:
Al final, la roca original de la Luna se abre y dos personas salen de ella. Se miran uno al otro y empiezan a reírse como locos. "Ahora todo es nuestro, Eva," dice uno. "Para siempre, Adán," dice la otra.

Capítulo 5 • Lección 3

Vocabulario

Asociaciones pp. 328–329

A Answers will vary.

B Answers will vary but may resemble the following:
1. el empleo
2. la paz
3. el desamparo
4. la injusticia
5. la pobreza
6. el fracaso
7. las pesadillas
8. la muerte
9. la gordura
10. la vejez, la ancianidad
11. las enfermedades
12. la energía

C Answers may vary but will resemble the following:
En mi visión del futuro, se destacan imágenes de un planeta limpio, viajes a otros planetas, colonias en la Luna y en Marte, calles sin tránsito, personas sin hambre, niños sin enfermedades, una civilización universal sin guerra.

D Answers will vary but may resemble the following:
Me gustaría que inventaran vacunas contra el SIDA, el cáncer y la artritis.

E Answers will vary but may resemble the following:
Ojalá que tuviéramos un mundo sin pobreza, miseria, prejuicio e injusticia. Ojalá que no existieran las drogas, los robos, los asesinos, las enfermedades, los impuestos y las cárceles.

F Answers will vary but may resemble the following:
1. ... debemos prohibirlas.
2. ... debemos eliminar el prejuicio y la injusticia.
3. ... debemos buscar soluciones.
4. ... debemos dejar de herirnos.
5. ... debemos aceptarnos el uno al otro.
6. ... debemos convivir los unos con los otros.
7. ... debemos repartir amor.
8. ... debemos hacer durar la paz.

G Answers will vary but may resemble the following:
1. ancianidad, vejez, descanso, paz
2. bienestar, miseria, desamparo
3. prejuicio, cárceles, desempleo, temor
4. cárceles, robo, asesinos, ladrones
5. cohetes, armas, paz, muerte
6. ancianidad, muerte, jubilación, calvicie, pobreza
7. inmortalidad, visión
8. cansancio, pesadillas, fobias
9. cohetes, naves espaciales, viajes tripulados a Marte
10. cansancio, francaso, drogas, delito

Conversemos p. 330

A Answers will vary but may resemble the following:
Sería un milagro si un día de estos se prohibiera la guerra en todo el mundo.
1. No habría miseria.
2. Nos aceptaríamos el uno al otro.
3. Dejaríamos de sospechar de todos los países del mundo.
4. Los gobiernos podrían proponer soluciones sabias.
5. El prejuicio desaparecería.

B Answers will vary but may resemble the following:
1. aumentáramos el reciclaje.
2. redujéramos el número de accidentes en las carreteras.
3. dejáramos de fumar.
4. descubriéramos la cura para el cáncer.
5. desarrolláramos las economías de los países africanos.
6. nos diéramos cuenta que el medio ambiente es frágil.
7. pusiéramos a prueba un gobierno mundial.
8. emprendiéramos una campaña para salvar los bosques.
9. respetáramos todas las religiones.
10. dispusiéramos de mucho dinero para poder eliminar la pobreza.
11. deshiciéramos de los desechos radioactivos.
12. nos enteráramos de cómo curar todas las enfermedades.
13. nos quejáramos de las naciones que matan ballenas.
14. nos rodeáramos de gente honesta y trabajadora.

C Answers will vary but may resemble the following:
1. Sería aconsejable que descubriéramos la cura para el cáncer para que no se murieran tantas personas de esa enfermedad.
2. Sería aconsejable que dejáramos de fumar para que todos pudieran respirar mejor y no se enfermaran tantas personas.

D Answers will vary but may resemble the following:

El sentido común nos dicta que...

1. ... conservemos agua.
2. ... tengamos una discusión sobre el tema.
3. ... plantemos plantas que no necesitaran mucha agua.
4. ... no traigamos cosas valiosas al colegio.
5. ... tratemos de eliminarlos.
6. (autobuses)... usemos el coche hoy.

Escribamos p. 331

A Answers will vary but may resemble the following:

El problema del desempleo es grave porque afecta a un gran número de personas. Cuando no se tiene trabajo es posible perder la casa, enfermarse, tener problemas con el/la esposo(a). El desempleo también hace que la gente pierda la esperanza. Para resolver el problema del desempleo, tenemos que construir nuevas fábricas. Tenemos que educar a los jóvenes y darles esperanza para el futuro.

B Answers will vary but may resemble the following:

Quiero ser abogada. Y como sé que es una carrera difícil y cara tengo que ganarme una beca y estudiar mucho. Después que termine voy a buscar trabajo en una oficina que defienda a los pobres. No voy a ganar mucho dinero pero sé que será suficiente para vivir. Además ayudar a los pobres me hará muy feliz.

Mis imágenes del futuro coinciden más o menos con los de mis compañeros. Somos bastante optimistas.

C Answers will vary but may resemble the following:

Uno de los problemas que los mayores han creado es la facilidad con que se pueden comprar y vender armas en este país. Eso ha resultado en un ambiente en el que la gente vive con temor. El problema es muy grave en muchas ciudades. Una manera de resolver este problema es prohibir la venta y compra de armas por correo. Exigir que cualquier persona que compre un arma tome una clase que explique el uso del arma y los peligros de tener un arma.

Estructura

Conversemos pp. 334–335

A

1. ... buscaba una amiga que la comprendiera.
2. ... viniera temprano para que estudiaran juntos.
3. ... no pensaba contarle nada a Robbie a menos que él le hablara primero.
4. ... era una lástima que sus padres no los entendieran.
5. ... se pondría un traje oscuro para ir a esa entrevista.
6. ... le trajera sus novelas del futuro mañana porque quería leerlas de nuevo.

7. ... aburriría a su mamá hasta que le diera permiso para ir al concierto.

B Answers will vary but may resemble the following:

1. Mi papá me dijo que sacara la basura y que no tardara.
2. Mi amiga me aconsejó que llegara temprano y que no olvidara los discos.
3. Mi mamá quería que la ayudara y que no me fuera al cine hasta que terminara.
4. Mi maestro recomendó que volviera a hacer la tarea.
5. Mi entrenador exigió que hiciera más ejercicio y que perdiera peso.

C

1. ... habría hambre en Rusia.
2. ... habría un festival en San Antonio.
3. ... habría sequía en California.
4. ... padecería de muchas alergias.
5. ... tendríamos buen tiempo hoy.
6. ... no derrocharíamos los metales.
7. ... no logaríamos reducir el déficit.

D Answers will vary but may resemble the following:

1. Le dije a mi primo que era una pena que no fuera con nosotros.
2. Le pedí a mi amigo que trajera su colección de monedas.
3. Le dije al entrenador que era necesario que me lo explicara otra vez.
4. Le pedí a mi abuela que me prestara dinero para comprar unos libros.

E Answers will vary but may resemble the following:

1. ... natación ... pero mi padre no creyó que me la hubiera hecho.
2. .... arte... la pintura... pero mi mamá no creyó que me la hubiera puesto.
3. ... pero mi novia no creyó que me lo hubiera dicho.
4. ... piano... pero mi hermano no creyó que me hubiera felicitado.

F Answers will vary but may resemble the following:

1. ... hizo que me olvidara del examen que tengo mañana.
2. ... hizo que me pusiera de buen humor el resto del día.
3. ... mi novia hizo que me sintiera feliz y querido.
4. ... del nacimiento de mi sobrino hizo que gritara.
5. ... mi maestro hizo que dejara de hablar.
6. ... mi novia hizo que me sintiera alegre.

Escribamos p. 335

A Answers will vary but may resemble the following:

Querido amigo:

¡Felicitaciones! Me dijeron que te has ganado la beca. ¿Te acuerdas que te dije que llenaras la solicitud? También te dije que escribieras un ensayo sobre los derechos humanos y el problema del desempleo. Por cierto que tus buenas notas y las cartas de recomendación de los maestros no cuentan nada. Como escuchaste mis consejos, te has ganado esa beca que tanto querías. ¡Tu triunfo me lo debes a mí! (ji, ji, ji).

Tu amiga,
Sonia

B **Answers will vary but may resemble the following:**

El cuento "Apocalipsis" hizo que pensara el valor de construir robots.

"Genesis," del mismo autor, hizo que relexionara sobre el sentido de la vida.

Pensé que sería mejor que estudiáramos filosofía para pensar y discutir temas como esos. Es importante que entendamos que la tecnología sin valores humanos puede ser peligrosa.

Lectura

Pensemos pp. 336–337

A **Answers will vary but may resemble the following:**
1. ... electricidad
2. ... gente
3. ... ignorancia

B **Answers will vary but may resemble the following:**
1. ... los mares.
2. ... comida.
3. ... la población
4. ... todas las armas.
5. ... viajes tripulados a otros planetas.
6. ... el SIDA.

C **Answer will vary.**

D **Answers will vary but may resemble the following:**
1. ... usaremos monedas de plástico.
2. ... tendremos monedas de veinticinco.
3. ... nos comunicaremos por medio de pequeñas computadoras que llevaremos en el bolsillo.
4. ... tendremos fax.
5. ... oleremos perfumes especiales.
6. ... podremos usar todo el cerebro.
7. ... escucharemos música por medio de implantes en los oídos.
8. ... tendremos vehículos solares.

Miremos p. 337

A **Answers will vary but may resemble the following:**
1. el año 2168
2. Repartieron una gran noticia.
3. Fue que el hombre había conquistado la inmortalidad.
4. Un grito de triunfo, mucha alegría.

B **Answers may resemble the following:**

Lo bueno era que:
1. Sólo necesitaba una inyección cada cien años. (p. 338, #13)

2. Los jóvenes podrían ser inmortales, como los dioses. (p. 338, #35)

Lo malo era que:
1. La inyección sólo tenía efecto en los menores de veinte años. (p. 338, #19)
2. Los adultos se van a morir. (p. 338, #37)

3. Los jóvenes se convertirán en verdugos, sin proponérselo. (p. 339, #5)
4. Los jóvenes jamás se encontrarían con Dios. (p. 339, #16)
5. Los jóvenes están condenados a prisión perpetua en la vida. (p. 339, #27)

C El narrador pertenece al grupo de los mayores mortales.

Leamos p. 340

A **Answers will vary but may resemble the following:**
1. Se confundieron en un solo giro de triunfo.
2. Adiós a la enfermedad, a la senectud, a la muerte.
3. Una sola inyección, aplicada cada cien años.
4. Ningún ser humano que hubiera traspasado... a tiempo.
5. Los compartimentos de medicina de los cohetes... espacio.
6. Cómo nos iría carcomiendo... una dolorosa envidia.
7. Ellos derramarían lágrimas... alegría.
8. El último cargamento de almas... el nuestro.
9. Hasta ayer. Cuando el primer chico... decidió suicidarse.
10. Cada vez menos voluntarios... el rescate.

B **Answers may resemble the following:**
1. La comunicación consistirá de teletipos, altavoces, transmisores de imágenes y boletines.
2. Los cohetes llevarían... colonias terrestes del espacio.
3. Los mayores serán confusos conejos asustados entre una raza de titanes.
4. Será una sola inyección de cien centímetros cúbicos.
5. Los mayores serán mortales y los menores inmortales.
6. Será muy fuerte y cruel.

C **Answers will vary but may resemble the following:**
1. Los jóvenes inmortales: muchachos, animales de otra especie, no seres humanos, dueños del universo,

libres, fecundos, dioses, pobres renacuajos, condenados a prisión perpetua, niños eternos, perpétuos miserables, verdugos, raza de titanes.

2. Los mayores mortales: los adultos, los formados, hombres y mujeres de más de veinte años, ancianos, confusos conejos asustados, padres, últimos abuelos, una cosa repulsiva y enferma, los que morirán, aquéllos que esperaban la muerte.

D "Ellos derramarían lágrimas, ocultando su desprecio, mezclándolo con su alegría".

E Los mayores se alegraron al saber que los menores no querían ser inmortales.

F Answers will vary but may resemble the following:
Moraleja: No todos los avances de la ciencia mejorarán nuestra vida.

Analicemos p. 341

A

Sustantivos

1. aplicar	9. envidiar
2. colonizar	10. rebelar
3. enviar	11. finalizar
4. repartir	12. cargar
5. acertar	13. evadir
6. inyectar	14. generar
7. asilar	15. rescatar
8. desfallecer	16. despreciar

Adjectivos

1. inmortalidad
2. organismo, órgano
3. margen, marginar
4. repulsión, repulsar
5. lógica
6. perpetuidad, perpetuar, perpetuación
7. eternidad, eternizar
8. evidencia, evidenciar
9. monstruo, monstruosidad
10. religión

B Answers will vary but may resemble the following:

1. la inmortalidad: no morir jamás, dueños del universo, dioses, titanes, perpetuos, eterno
2. la vejez: senectud, desfallecimiento orgánico, mayores, abuelos, Los que Morirán, Aquellos que Esperaban la Muerte
3. el Más Allá: Dios, almas, último cargamento de almas
4. la muerte: dejar la tierra, el adiós, el pañuelo de huesos y sangre, verdugos, suicidarse.
5. lágrimas: derramar, implorar, el pañuelo.
6. la debilidad: descomposición interna, desfallecimiento orgánico, la semilla de la muerte, habitantes de un asilo.

7. el poder: raza de titanes, verdugos, policía, triunfo, conquistar, imponer
8. la comunicación: altavoces, transmisores de imágenes, boletines, teletipos.descomponer, imponerse

Apliquemos p. 341

A Answers will vary but may resemble the following:
Si pudiera vivir para siempre...
... comería todo lo que quisiera.
... haría más ejercicio.
... leería más libros de historia.

B Answers will vary but may resemble the following:
Yo consideraría la inmortalidad una bendición sólo si pudiera vivir sin enfermedades. Pero si nos enfermáramos, envejeciéramos, la inmortalidad sería peor que la muerte pues la única ventaja sería que estaríamos vivos.

Cultura viva

Conversemos y escribamos pp. 342–343

1. el ser amado, el ser querido
2. los recuerdos
3. sentido pésame

Estructura: Un poco más p. 344

Answers will vary but may resemble the following:

1. Las drogas serán prohibidas.
2. Las diferencias entre los países serán borradas.
3. Una inyección de inmortalidad será desarrollada.

1. Se me rompió un casete.
2. Se me perdieron todos mi libros.
3. Se me olvidó la tarea.

Diversiones p. 345

A Answers will vary but may resemble the following:

1. Vacuna contra la envidia de los hermanos.
2. Vacuna contra los celos de los novios.
3. Vacuna contra la gordura.
4. Vacuna contra el catarro.
5. Vacuna contra las malas notas.

B Answers will vary but may resemble the following:
Dijo que sacaría notas excelentes en todas sus clases.
Dijo que sería castigado por sus padres.
Dijo que se enojaría porque no lo invitaron a ir al cine.
Dijo que se pondría triste porque se le perdería su mesada.

Un paso más pp. 347–349

A Answers will vary but may resemble the following:
Le tengo fobia...
a los gatos.
a la altitud.
a las pistolas.

al pescado.
al ejercicio.
a las drogas.
a la gente con fobias.

B **Answers will vary but may resemble the following:**
En nuestra visión optimista del futuro, vemos un mundo unido, sin guerra, sin pobreza, sin miseria. En cambio, en la visión pesimista por un lado todas la naciones están en guerra y por el otro hay mucha hambre y enfermedades. No hay bienestar en el mundo. Finalmente, la visión optimista presenta un mundo que aunque no es rico tampoco es pobre.

C **Answers will vary but may resemble the following:**
Dijo el entrenador: Vamos a ganar el partido contra el colegio Marsh.
El entrenador dijo que iban a ganar el partido contra nosotros.
El capitán dijo: Roberto, su mejor jugador, está enfermo.
El capitán dijo que Roberto, nuestro mejor jugador, está enfermo.
Uno de los jugadores dijo: Espero que Roberto no se recupere hasta después del partido.
Uno de los jugadores dijo que esperaba que Roberto no se recuperara hasta después del partido.

D **Answers will vary but may resemble the following:**
Los mayores se visten como los jóvenes.
Los anuncios de la tele y de las revistas casi siempre usan modelos jóvenes.
Nadie quiere envejecer.
Los cantantes más populares son jóvenes.
La música "rap" es muy popular.
Somos fanáticos de las dietas y de los ejercicios.

E **Answers will vary but may resemble the following:**
La gente no padece de tensión, siempre sonríen y se ayudan en todo. Hay curas para todas las enfermedades. En las escuelas todas las aulas tienen computadoras, televisores, videocaseteras. Las clases sólo tienen diez alumnos y los maestros tienen ayudantes y ganan tanto dinero como los médicos y los abogados.

F **Answers will vary but may resemble the following:**
Hoy "En el futuro": Empleo o desempleo. ¿Para cuál te preparas tú?
Nuestros invitados son: el Sr. Armando Ribera, profesor de la Universidad de California y la Srta. Blanca Rámirez representante del Departamento del Trabajo.
Según el Sr. Ribera los jóvenes que están en el colegio hoy en día van a tener que prepararse mucho mejor que sus padres para poder conseguir un buen trabajo que pague bien y que sea interesante. El Sr. Ribera también dijo que era muy importante que los jóvenes estudiaran en la universidad después que se graduaran del colegio. La Srta. Rámirez dijo que los

trabajos del futuro necesitarán personas que sean inteligentes y que sepan mucho de la tecnología.

G **Answers will vary but may resemble the following:**
El robot de mis amores no sólo me ayuda a resolver mis problemas en el trabajo, también anticipa los problemas y me ayuda a evitarlos. Y ¿sabes qué? También me aconseja sobre mis problemas personales. ¿Quizás lo cambio por mi novia?

H **Answers will vary but may resemble the following:**
Ojalá que hubiéramos reciclado todos el vidrio, el papel, el plástico y los metales.
Si tan sólo recogiéramos la basura de la playa.
Ojalá que no hubiéramos cubierto la hierba de productos químicos.
Si tan sólo plantárarmos más árboles.
Ojalá que hubiéramos protegido la capa de ozono.
Si tan sólo todos aprendieran a respetar la naturaleza.

I **Answers will vary but may resemble the following:**
Algunos de los cambios que han ocurrido en la familia en este país me dan miedo. Por ejemplo, el divorcio. He tenido suerte que mis padres no se han divorciado. Muchos de mis amigos han sufrido mucho por el divorcio de sus padres. A todos les ha afectado de una manera negativa. Pero lo que sería más terrible sería la muerte de uno de mis padres o de mi hermano. No sé si podría aguantar la tristeza si uno de ellos muriera. No pienso siempre en eso pero cuando lo pienso, me dan ganas de llorar.

J **Answers will vary but may resemble the following:**
1. ... no aprendería nada de lo que pasa en el mundo.
2. ... nos destruiríamos a nosotros mismos.
3. ... tendríamos que conducir coches que no usaran gasolina y calentar las casas con energía solar.
4. ... haríamos algo para prevenir eso.
5. ... podríamos proteger la capa de ozono mucho más.

K **Answers will vary but may resemble the following:**
Si yo fuera tú, no vería tanto la tele.
Si yo fuera tú, no escucharía música de "Rap".
Si yo fuera tú, no me pondría esa ropa tan rara.
Si yo fuera tú, me peinaría de diferente manera.

L **Answers will vary but may resemble the following:**
Un joven y sus padres:
"Ustedes nunca me dejan ir al cine con mis amigos", se quejó Juan Carlos.
"Tus notas este semestre han sido horrible", lo amonestó su madre.
"No es culpa mía", explicó Juan Carlos.
"Entonces, ¿de quién es la culpa?", interrogó su padre.
"Está bien, mamá. Si no quieres que vaya al cine, no voy", disimuló Juan Carlos.

Vocabulario

Asociaciones pp. 354–355

A Answers will vary but may resemble the following:

1. triste, lánguido, inquieto, rechazado
2. enojado, enfadado, agresivo, acalorado, traicionado
3. tolerante, evasivo, desenredado, borracho, cansado
4. aburrido, intolerante, harto
5. contento, alegre, divertido, enamorado, tranquilo
6. tímido, leal, confidencial, reservado, reflexivo
7. dolido, herido, cansado, muletas
8. casado, prometido, hijo, heredero
9. herido, minusválido

C Answers will vary but may resemble the following:

Palabras positivas	*Palabras negativas*
1. madrugador	1. merezoso
2. trabajador	2. impulsivo
3. reflexivo	3. egoísta
4. generoso	4. altivo
5. de mente tranquila	5. lánguido
6. de mente ingeniosa	6. agresivo
7. de mente aguda	7. triste
8. de semblante abierto	8. escaso
9. de mirada risueña	9. inquieto
10. de sonrisa amplia	10. áspero

Las palabras positivas reflejan hábitos y gestos positivos.
Las palabras negativas reflejan actitudes negativas.

C Answers will vary but may resemble the following:

1. Tengo la cara redonda y lisa.
2. Tengo cabello castaño, corto y ondulado.
3. Tengo ojos grandes y muy verdes.
4. Tengo piernas largas y musculosas.
5. Soy de estatura alta.
6. Soy de frente ancha.
7. Tengo la nariz respingada.
8. Soy de piel olivácea.
9. Tengo las cejas abundantes.

D Answers will vary but may resemble the following:

1. Si eres reflexivo, entonces tienes los labios finos, las pestañas cortas y tiesas y la cara alargada.
2. Si eres perezoso, entonces tienes la cara redonda, las mejillas sonrosadas y la nariz chata.
3. Si eres madrugador, entonces tienes la cara rectangular y el pelo crespo y oxigenado, eres de sonrisa inquieta y de estatura ni alta ni baja.
4. Si eres de carácter altivo, entonces tienes la nariz aguileña y el pelo rubio.

E Answers will vary.

F Answers will vary but may resemble the following:

MADONNA: Es de mirada agresiva y altiva, y de sonrisa inquieta. Tiene los ojos almendrados y la frente amplia. Su pelo es rubio oxigenado, los labios carnosos y la piel lisa.

ARSENIO HALL: Es de mirada risueña, y de sonrisa amplia. Tiene los ojos grandes y la frente ancha. Su pelo es negro y rizado, las cejas oscuras, la nariz chata y la piel morena.

FARRAH FAWCETT: Tiene el pelo largo y rubio, los ojos claros, la cara alargada y los labios finos, la frente ancha. Es de mirada risueña y de estatura mediana.

G Answers will vary but may resemble the following:

1. Abuelita cariñosa: Es de estatura baja, de carácter alegre, de semblante tranquilo, pero tiene una sonrisa amplia. Tiene el pelo corto y canoso.
2. Mamá joven: Es de mirada risueña, de mejillas rosadas, de carácter alegre y afable. Es trabajadora y generosa. Tiene la cara rectangular, la boca grande, los ojos almendrados y los labios carnosos.
3. Señor gordo: Es de cara redonda, ojos pequeños, semblante limpio, sonrisa amplia y carácter alegre.
4. Chica bellísima: Tiene los ojos castaños y almendrados, el pelo negro, largo y liso, la nariz pequeña, la boca carnosa, la piel olivácea y de estatura mediana.
5. Niño lleno de salud: Tiene la cara redonda, las mejillas rosadas, los ojos grandes, el pelo rizado. Es de carácter alegre y comunicativo y de mirada risueña.
6. Una bruja: Es de mente aguda, carácter altivo, frente angosta, cara alargada, ojos pequeños, pelo canoso y lacio, piel blanca y la nariz aguileña.
7. Muchacho estupendo: Es de mente aguda, mirada risueña y sonrisa fácil. Es alto y musculoso. Tiene los ojos grandes y el pelo ondulado.
8. Delincuente callejero: Es perezoso y egoísta, de carácter altivo, de mirada agresiva. Apenas sonríe. Es de nariz chata, cejas escasas y de labios finos.

H Drawings will vary.

Conversemos p. 356

A Answers will vary but may resemble the following:
Mi nariz es chata. Quisiera tenerla más fina. Tengo el pelo lacio. Lo quisiera muy rizado.

B Answers will vary but may resemble the following:
Tiene la cara redonda. Tiene el pelo largo y ondulado. Es completamente blanco. Tiene barba y bigote. Tiene las mejillas rojas. Tiene las cejas abundantes. Tiene la boca chica. Tiene una sonrisa fácil.
    ¿Quién es? Santa Claus.

C Answers will vary but may resemble the following:
Es fuerte como un toro: es grande, musculoso, tiene las cejas abundantes, es impulsivo pero muy trabajador. Levanta mucho peso en su trabajo. Puede trabajar mucho sin cansarse.

Se ríe como una hiena: tiene la mirada agresiva, la boca grande y carnosa, la frente angosta, los ojos pequeños. Es mal educado y le gusta burlarse de la gente.

Nada como un pez: es alto y delgado de piel clara y pelo lacio rubio. Tiene los ojos pequeños, los labios finos y la nariz aguileña. Es reservado y poco comunicativo.

Escribamos p. 356

Answers will vary but may resemble the following:
Tengo el tipo perfecto para ser una bailarina clásica. Tengo las piernas largas, delgadas y musculosas. Soy de estatura alta, pero no excesivamente alta. Tengo la cara redonda con rasgos delicados. Sólo mi pelo corto no es de bailarina. Creo que soy simpática. Pero soy algo tímida y a veces la gente que no me conoce bien piensa que soy altiva. Creo también que tengo una apariencia física agradable. Tengo la frente ancha, medio cubierta con flequillo, mis ojos son grandes y muy verdes. Tengo cejas oscuras y escasas. Mi piel es olivácea. Soy impulsiva y trabajadora. Y a veces soy reservada.

Estructura

Conversemos pp. 359–360

A Answers will vary but may resemble the following:

1. Cuando estoy agradecido ando pensando en la bondad de la otra persona.
2. Cuando estoy furiosa, ando cerrando puertas.
3. Cuando estoy descalza ando disfrutando de no tener que llevar zapatos.
4. Cuando estoy acalorado, ando pensando en discusiones.
5. Cuando estoy perezoso, ando pensando en no hacer nada.

B Answers will vary but may resemble the following:
Siendo un neoyorquino, me encanta el teatro, la música y el arte. Me aburre el campo.
Siendo un "Jefferson Ram", toco en la mejor banda del estado.
Siendo un Martín me gusta más comer arroz que papas.

C Answers will vary but may resemble the following:

1. Mi padre siempre se despierta de mal humor, quejándose de algo.
   En cambio mi madre siempre se despierta alegre y de buen humor.
2. Mi padre cocina sólo los domingos por la mañana y siempre sin ganas.
   En cambio, mi madre cocina todos los días y siempre cantando.
3. Mi padre se viste lentamente y pidiéndole ayuda a mi mamá.
   Mi madre se viste rápido y nunca se le olvida ponerse perfume.

4. Mi padre desayuna leyendo el periódico.
   En cambio, mi madre desayuna escuchando la radio.
5. Mi padre sale de casa corriendo para no perder el autobús.
   Mi madre sale de casa caminado y saludando a los vecinos.
6. Mi padre vuelve a casa quejándose de su trabajo.
   Mi madre vuelve a casa hablando de lo maravilloso que es su trabajo.
7. Mi padre va de compras diciéndole a mi madre que prefiere quedarse en casa.
   Mi madre va de compras llevando a mi padre que está de mal humor.
8. Mi padre se va al cine gritando que vamos a llegar tarde.
   Mi madre se va al cine preguntando quién quiere palomitas.
9. Mi padre anda por la calle arrastrando al perro.
   Mi madre anda por la calle fijándose en las flores.
10. Mi padre trabaja pensando en la hora de salir para casa.
    Mi madre trabaja pensando en la hora de regreso.

D Answers will vary.

E Answers will vary but may resemble the following:
El lunes lo paso bostezando.
El martes lo paso hablando por teléfono.
El miércoles lo paso practicando el piano.
El jueves lo paso estudiando.
El viernes lo paso viendo vídeos.
El sábado lo paso divirtiéndome con mis amigos.
El domingo lo paso descansando.

Escribamos pp. 360–361

A Answers will vary.

B Answers will vary but may resemble the following:
Hablando se entiende la gente.
Comiendo poco se baja de peso.
Durmiendo mucho se pierde tiempo.
Cantando se pone uno alegre.
Llorando no se resuelven los problemas.

C Answers will vary but may resemble the following:
Nosotros, los chicos de aquí, vivimos vidas complicadas y ocupadas. Nos pasamos la semana estudiando y trabajando y los meses de verano estamos trabajando más que nunca. Nadie se da cuenta que andamos cargando libros y corriendo de un lugar a otro todo el día. ¡Es para morirse de la **risa¡ Lo malo es que a** veces nos escapamos de tener que trabajar y estudiar y vamos a divertirnos. Así somos los chicos de este colegio.

D Answers will vary.

4.	#33	"Se atrevió a darme una palmada".
5.	#39	"Todos lo encontraban simpático".
	Línea	*Página 365*
6.	#1	"Usted es forastero, señor, no lo niegue".
7.	#8	"No me venga con cuentos estúpidos".
8.	#10–11	"Este señor los engaña... impostor".
9.	#12	"Y usted es un imbécil y un desequilibrado".
10.	#13	"Me lancé... resbalé".
11.	#15	"Me pegaba con saña".
12.	#21	"Tenía el traje roto... El cuerpo me dolía".
13.	#24–25	"Salió la pareja; la mujer... se echó a reír".
14.	#27–28	"En el camino, tuve esta duda... me desvela".

Analicemos p. 367

A

1. e	5. d
2. a	6. g
3. c	7. b
4. f	

B

1. conocer: desconocido
2. presión: apresurar
3. hilo: hileras
4. ojo: reojo
5. fijo: fijamente
6. rojo: enrojecer
7. cierto: certeza
8. pensar: pensamientos
9. ninguno: ningunear
10. capaz: incapaz
11. satisfacción: satisfecho
12. puño: puñetazos

1. inmóvil: mover
2. reflexión: reflexionar
3. desequilibrado: equilibrio
4. pareja: par
5. parecido: parecer
6. desconcierto: desconcertar
7. disgusto: disgustar
8. infancia: infante
9. terciar: tercio, tercero
10. palmada: palma
11. benevolencia: benevolente
12. violencia: violento

Apliquemos p. 367

Answers will vary.

Cultura viva

Conversemos y escribamos pp. 368-369

A Answers will vary.

B

1. ... Cuba.
2. ... Panamá y luego en Puerto Rico.
3. ... Puerto Rico... los Estados Unidos.
4. ... estadounidense... cubano... su identidad nacional se centra en su cultura.

C Answers will vary.

Estructura, un poco más p. 370

Answers may resemble the following:

exitosamente	sensacionalmente
artísticamente	cuidadosamente
impulsivamente	independientemente
intuitivamente	malhumoradamente
orgullosamente	valientemente
desconcertadamente	furiosamente
lentamente	suavemente
sabiamente	

Cuando era niño corría lentamente porque era muy perezoso. Un día hubo una competencia en la escuela y decidí que ya era hora de que corriera sensacionalmente. Todos los días comencé a practicar cuidadosamente corriendo alrededor del parque que estaba en frente de mi casa. Cuando no podía correr tan rápido como yo quería me comportaba furiosamente. Entonces mi mamá me hablaba suavemente y me decía que tuviera paciencia que iba a llegar a día que podría correr rápido. El día de la competencia en la escuela corrí sensacionalmente y gané el primer premio. Cuando me dieron la medalla me paré orgullosamente.

Diversiones p. 371

A Answers will vary.

B Answers will vary.

Capítulo 6 • Lección 2

Vocabulario

Asociaciones pp. 376–377

A Answers will vary but may resemble the following:

1. Guiñar el ojo a alguien para indicarle a alguien que le estaba tomando el pelo.
2. Sacarle la lengua a alguien para burlarse de él.

3. Pestañear mucho para coquetear con un chico que te gusta.
4. Darle un codazo a un compañero de clase para despertarlo.
5. Taparse los oídos para evitar oír un chisme.
6. Dar la mano para decir gracias.
7. Menear las caderas para llamar la atención de los chicos.
8. Cruzar las piernas para indicar que tienes que ir al baño.
9. Apretar los labios juntos para mostrar disgusto.
10. Bajar los párpados para mostrarse ofendido.
11. Apuntarle el dedo a alguien para reprenderlo
12. Dar la espalda para excluir a otra persona.

B Answers will vary but may resemble the following:
1. Cuando llego a casa de mi amigo, doy un golpazo en la puerta.
2. Cuando tengo que defenderme, le doy un puñetazo en la nariz a la otra persona.
3. Cuando quiero que mi hermano se mueva de un lugar, le doy un caderazo.
4. Cuando como una buena manzana, le doy un mordiscazo.
5. Cuando quiero que mi compañero me preste atención le doy un codazo.
6. Cuando le digo una mentirita a mi hermano, le guiño el ojo a mi mamá.

C Answers will vary but may resemble the following:
Negativas:
1. Echar una mirada de furia, porque significa que tiene mal genio.
2. Clavarle los ojos con saña, porque significa que algo está mal.
3. Volver la espalda, porque significa que quiere excluir a otra persona.
4. Fruncir las cejas, porque significa desagrado.
5. Sacar la lengua, porque significa que se burla de alguien.
6. Dar un puñetazo, porque significa que la persona está enojada.
7. Dar un portazo a la puerta, porque significa que está enfadado.
8. Apuntarle a alguien con el dedo, porque significa que no es cortés.
9. Perder los estribos, porque significa que ha perdido control.
10. Taparse los oídos, porque significa que rechaza lo que la otra persona dice.
Positivas:
1. Contestar con un abrir y cerrar de ojos, porque significa que está listo.
2. Sonreír con confianza, porque significa satisfacción.
3. Hacer lenguas de alguien, porque significa que te gusta mucho.

4. Guiñar el ojo, porque significa que es una broma.
5. Trabajar codo a codo con los amigos, porque significa que son buenos amigos.
6. Hacer caso, porque significa que estás prestando atención.
7. Dar un vistazo, porque significa que tienes cuidado.
8. Dar un suspiro, porque significa que quiere mostrar alivio.
9. Morderse la lengua, porque significa que no quiere decir nada.
10. Darle un mordisco a una fruta, porque significa que quiere saber si tiene buen gusto.

D Answers will vary but may resemble the following:
Positivas:
Es conveniente sonreír mucho, pues las sonrisas alegran a las personas.
Es conveniente mirar fijamente a tus amigos cuando los escuchas .
Negativas:
No es conveniente echarle una mirada de furia a la maestra porque te puede castigar.
No es conveniente encogerse de hombros en vez de contestar.

E Answers will vary but may resemble the following:
1. Le clavé la mirada con saña a mi hermano cuando lo encontré leyendo mi diario.
2. Andaba con los pápados caídos cuando mi madre criticó mi nuevo vestido.
3. Le apunté con el dedo al nuevo maestro para que mi amigo supiera quién era.
4. Le volví la espalda a mi ex-novio cuando lo vi en la playa.
5. Bajé los ojos cuando el maestro me descubrió leyendo una nota de amor en la clase.
6. Me tapé los oídos cuando la alarma empezó a sonar.
7. Meneé la cabeza en la iglesia para decirle a mi hermanita que no hablara.
8. Hice mi tarea en un abrir y cerrar de ojos.
9. Me quedé boquiabierta cuando Juan me dijo que ya tenía un coche.
10. Le guiñé un ojo al Santa Claus que escuchaba a mi hermanito.

F Answers will vary but may resemble the following:
1. Puedo encogerme de hombros y salir.
2. Puedo dar un suspiro.
3. Puedo andar con los párpados caídos.
4. Puedo bajar los ojos.
5. Puedo darle un portazo a la puerta con el pie.
6. Puedo fruncir las cejas.
7. Puedo sacarle la lengua.
8. Puedo andar con los párpados caídos.

Conversemos p. 378

A Answers will vary but may resemble the following:

1. Lo demuestro andando con los párpados caídos.
2. ... clavándole los ojos con saña.
3. ... echándole una mirada de furia.
4. ... bajando los ojos.
5. ... frunciendo las cejas.
6. ... sonriendo con confianza.
7. ... quedándome boquiabierto.
8. ... alzando la cabeza.
9. ... alzando la cabeza y retirándome.
10. ... contestando en un abrir y cerrar de ojos.
11. ... encogiéndome de hombros.
12. ... retirándome.
13. ... apuntándole el dedo y amenazándolo(a).
14. ... dando un portazo.
15. ... dando un golpazo a la mesa.

B Answers will vary but may resemble the following:

1. Es mejor que vuelva la espalda.
2. Es mejor que interrogue con los ojos.
3. Es mejor que me muerda la lengua.
4. Es mejor que lo(a) mire fijamente.
5. Es mejor que me retire.
6. Es mejor que le dé un vistazo.
7. Es mejor que alguien me dé un codazo.
8. Es mejor que me tape los oídos.

C Answers will vary but may resemble the following:

1. Llamar a tus padres. Llamar a a tus amigos. No esperar.
2. No meterte en el asunto. Morderte la lengua. Taparte los oídos.
3. Buscar otro(a) novio(a). Dejarlo(a) primero. No hacerle caso.
4. Ayudarlo(a). Tratarlo(a) como cualquier otra persona. Ser amable.
5. No escuchar a los demás. Tener confianza en ti mismo(a).
6. Buscar ayuda. Intentar de pararla. Llamar a la policía.

D Answers will vary.

Escribamos p. 379

A Answers will vary but may resemble the following:

Querida Nancy,

Perdóname por haber discutido contigo ayer. No sé qué me pasó pero ahora estoy muy arrepentida. Desde que peleamos, paso el día con los ojos bajados y deseando que podamos hacer las paces. Nunca más voy a perder los estribos contigo y prometo que no voy a prestar atención a lo que digan los demás. No vale la pena discutir con una persona tan amable y buena como tú. Debieras darme un buen puñetazo en la nariz por ser tan mala

contigo. Espero que comprendas y me perdones. Nunca más voy a juzgar cómo te vistes. Estoy tan deprimida y tan triste. Por favor, contéstame pronto.

B Answers will vary but may resemble the following:

ELLA: ¿Qué te parece la langosta? (sonríe con confianza)
ÉL: ¿La langosta? (frunce las cejas)
ELLA: Oh, no, ¡mira el precio! (le mira fijamente)
ÉL: Me da igual! (se encoge de hombros)
ELLA: Estaba bromeando. (le guiña el ojo)

Estructura

Conversemos pp. 381–382

A Answers will vary.

B Answers will vary but may resemble the following:

1. Cuando entró el maestro de arte, todo el mundo estaba sacando las pinturas.
2. ... yo estaba esperando en la entrada.
3. ... del examen, yo estaba durmiendo en el sofá.
4. ... Arturo... de su novia... yo estaba comiendo.
5. ... mis compañeros estaban gritando.
6. ... yo no estaba prestando atención.

C Answers will vary but may resemble the following:

1. ... las vacaciones de verano.
2. ... ser independiente.
3. ... estudiando y trabajando.
4. ... planeando lo que voy a hacer este verano.

D Answers will vary but may resemble the following:

1. Siempre fiesteamos bailando mucho.
2. ... comemos en la cafetería quejándonos de la comida.
3. ... vamos en coche discutiendo sobre cuál es la mejor manera de llegar adonde vamos.
4. ... trabajamos pensando en la hora de salir.
5. ... estamos en clase masticando chicle.
6. ... chismeamos exagerando mucho.
7. ... estudiamos escuchando música.

E Answers will vary but may resemble the following:

1. ... andaba buscando un regalo.
2. ... andaba buscando mi tarea.
3. ... andaba buscando casetes en el centro comercial.
4. ... andaba secándome el pelo.

F Answers will vary but may resemble the following:

1. ... ¿qué has estado jugando?
2. ... ¿qué has estado planeando?
3. ... ¿en qué has estado trabajando?
4. ... ¿con quién has estado saliendo?
5. ... ¿qué has estado escribiendo?
6. ... ¿qué has estado estudiando?
7. ... ¿qué has estado planeando?

Escribamos p. 383

A Answers will vary.

B Answers will vary but may resemble the following:

1. Eso me pasó porque andaba corriendo en un parque lleno de piedras.
2. ... no esperaba tal noticia.
3. ... me pasé la tarde peleando con Aurora.
4. ... me estaba doliendo la mano.
5. ... estaba peleando con mi jefe.
6. ... estaba dando puñetazos a la pared.
7. ... estaba durmiendo hasta muy tarde.
8. ... estaba tapándome los oídos.

C Answers will vary but may resemble the following:

Esta semana esperamos la visita de más de 50 ex-alumnos a nuestro colegio. La mayoría vendrán pensando si las cosas que están ocurriendo actualmente en la escuela se parecen a las cosas que pasaron cuando ellos eran alumnos aquí. Se van a sorprender cuando sepan que los alumnos están desarrollando un programa para evitar conflictos entre los alumnos. Alrededor de 30 estudiantes se están entrenando para participar en el programa. También, los maestros están organizando clases nuevas en ciencias sociales y aplicaciones de computadores. El club de los padres está vendiendo entradas para el partido de vóleibol entre padres y alumnos. El dinero de la venta de las entradas lo van a usar para comprar uniformes. Y, lo mejor que está pasando en el colegio, es que la directora está enseñando una clase para mejor apreciar el trabajo de los maestros.

D Answers will vary but may resemble the following:

Querido Iván,

   Gracias por tu tarjeta. Me preguntas qué estoy haciendo. Bueno, estoy escribiendo artículos para el periódico del colegio. Escribo para la sección de deportes. No puedo quejarme. En la escuela este año todo va bien. Estoy tomando siete clases diarias. Me levanto a las seis y desayuno lo mismo todos los días, cereal. Salgo para el colegio a las siete. Después de las clases vengo directamente a casa y practico el piano por lo menos una hora. Estudio otras dos horas y ceno con mis padres a las 6: 30. Luego voy a casa de unos amigos o me quedo en casa ayudando a mi padre. Él está aprendiendo a usar mi computadora. De novias nada todavía. Pero hay una chica en mi clase de química que me gusta mucho y creo que yo le gusto también.

   Escríbeme pronto. Y cuéntame de tu vida.

Lectura

Pensemos p. 384

A Answers will vary but may resemble the following:

Para mí, la belleza física consiste en una cara rectangular, ojos azules almendrados, nariz respingada, labios carnosos, pelo largo, negro ondulado y cuerpo delgado. Creo que en nuestra cultura no existe una descripción común de lo que es la belleza. No estamos de acuerdo de lo que debe ser.

B Answers will vary but may resemble the following:

La belleza interior para mí es la generosidad, la honestidad, la comprensión y la lealtad.

C Answers will vary but may resemble the following:

1. En cuanto al maquillaje, es mejor que nos arreglemos como los demás. Por ejemplo, es bueno que usemos lápiz de labios, pero no es bueno que nos pintemos los ojos demasiado .
2. En cuanto a los lugares, es mejor que vayamos adonde vayan los demás. Por ejemplo, es bueno que nos reunamos en el café que está en frente del cine o en el parque pero no es bueno que nos reunamos en una discoteca.
3. En cuanto a las notas, es mejor que las saquemos buenas, pero no es bueno que hagamos lenguas de eso para no darles envidia a los amigos.
4. En cuanto a los deportes, es mejor que juguemos los que juegan los demás para divertirnos más, pero no es bueno que practiquemos deportes como el paracaidismo porque es peligroso.
5. En cuanto a los clubes, es mejor que nos inscribamos en diferentes de los demás porque así haremos nuevos amigos, pero no es bueno que nos inscribamos en clubes con gente arrogante.
6. En cuanto a las habilidades, es mejor que sepamos hacer cosas diferentes de los demás porque así podemos compartir nuestros talentos con los otros, pero no es bueno hacer cosas muy, muy diferentes porque no vamos a tener nada en común con los amigos.
7. En cuanto a la apariencia física, es mejor que seamos diferentes de los demás, si no pareceremos copias de los otros, pero no es bueno que tengamos una apariencia física sucia.

Miremos p. 385

A

1. ¿Quién? Servandín
2. ¿Qué? Su papá tiene un bulto muy gordo en el cuello.

B Answers will vary but may resemble the following:
1. Es un niño del colegio.
2. Su papá tiene un bulto muy gordo en el cuello.
3. Es amigo de Servandín.
4. Quería ver el bulto por curiosidad.
5. Le dio su balón a Servandín para que jugara con él.
6. No podía quitarle los ojos del lugar donde tenía el bulto.

Leamos p. 388

A Answers will vary but may resemble the following:

1. Los sentimientos de Servandín bajó los ojos, me miró con ojos de mucha lástima, estaba molesto, estaba con los párpados caídos.
2. Los sentimientos del narrador no me atrevía decírselo, le di muchas vueltas antes de decidirme, decidí marcharme a casa sin añadir palabra, entré con mucho respeto, no sabía quitar los ojos de aquel sitio.
3. Los sentimientos y acciones de los demás les costó mucho trabajo ver al señor, venían haciendo lenguas de lo gordo que era aquello.
4. Los sentimientos del papá me miró fijo, luego a su hijo, pero el papá no contestó.

B Answers will vary but may resemble the following:
1. quería
2. les fue difícil conseguirlo
3. volvían chismeando
4. hubo pena en su mirada
5. mis palabras le habían dolido
6. como si tuviera vergüenza
7. sin decir palabra
8. preguntándole sin hablar
9. miré fijadamente
10. no podía dejar de mirar
11. me clavó los ojos
12. evitando su mirada
13. me dio una señal
14. no quiso contestar

C Answers will vary but may resemble the following:
En mi opinión, los adjetivos que mejor describen el final son:
TRÁGICO: porque probablemente no había remedio para la aflicción de su papá.
TRISTE: porque el niño se veía obligado a enseñar a su papá a sus compañeros, pero le causaba dolor y vergüenza.

Analicemos p. 389

A Answers will vary.

B Answers will vary but may resemble the following:
1. Bajó los ojos como si a él mismo le pasase aquel bulto.
   Bajé los ojos como si sintiera el enfado de mi padre.
2. ... a decírselo a su hijo,...
   No me atrevía a pedírselo a mi maestra, no fuera a enfadarse.
3. ... conocer a su papá.
   A uno le entraban ganas de saltar en el agua.
4. ... ver al señor que tenía el bulto en el cuello.
   A algunos niños les costó mucho trabajo acercarse al director de la escuela.
5. ... gordo... que era aquello.
   Venían haciendo lenguas de lo estupenda que fue la película.

6. ... había mucha gente.
   Menos mal que mamá había traído un mapa.
7. ... imaginarlo.
   Me contentaba con leer un libro en vez de jugar videojuegos.
8. ... dibujase hombres con bultos en el cuello.
   Le dije a papá que me hiciera aviones de papel.

Apliquemos p. 389

A Answers will vary but may resemble the following:
Punto de vista del papá:
   Mi pobre hijo Servandín todavía no sabe cómo reaccionar cuando sus compañeros le preguntan sobre mi "bulto". Sé que se avergüenza de mí. No me lo dice, porque no quiere herirme, pero sé que sufre en silencio. Trae a sus amigos porque quiere ser popular en la escuela. Me imagino que les pide dinero o algún favor a cambio de traerlos aquí a verme. Hoy trajo a un niño que nunca había venido antes. El niño se quedó boquiabierto. Me molestó un poco que me mirara con tanta atención. Tendré que hablar con Servandín esta noche. No quiero que traiga a más chicos a verme a mí.

B Answers will vary but may resemble the following:
Me acuerdo de un día que vino una amiga a mi casa y conoció a mi tía Lola. Mi amiga no sabía que mi tía vivía con nosotros. Tampoco sabía que mi tía era sorda y no hablaba bien. Mi amiga entró y saludó a mi tía, que no le respondió. Pero cuando mi tía la vio, le dijo "hola" son-riéndose. Esto sorprendió a mi amiga. Entonces mi tía empezó a hablar con ella, pero como hablaba mal, mi amiga no entendió nada y se quedó mirándola un poco confusa. Yo entonces le expliqué lo que pasaba a mi amiga y le dije que tenía que hablar lentamente para que mi tía pudiera leerle los labios.

Cultura viva

Conversemos y escribamos p. 391

A
1. falso
2. verdad
3. verdad
4. falso
5. falso
6. falso
7. verdad

B Answers will vary but may resemble the following:
1. repetición de "casas enfiladas"
2. repetición de "cuadrados"
3. "alma cuadrada"
4. Ha vertido una lágrima cuadrada.

C Answers will vary but may resemble the following:
Pelos rizados, pelos rizados.

Todos iguales.
Vestidas con la misma ropa,
Los mismos colores,
Las mismas joyas.
Modelos unas de otras.

Estructura: Un poco más p. 392

Las Fallas es la fiesta... Se celebra todos los años en el mes... La gente pasa... ... el año pasado, pasé todas las mañanas escuchando las bandas de música típica en las calles. Pasé las tardes visitando las fallas... La útima noche de la fiesta...

Diversiones p. 393

A Answers will vary.

B Answers will vary.

Capítulo 6 • Lección 3

Vocabulario

Asociaciones pp. 398–399

A Answers will vary but may resemble the following:

	Agradables	Desagradables
Acciones:	echar una siesta	aborrecer
	entusiasmarse	ahogar
	juntarse con chicos	marcharse
Cosas:	carreratrabajo	
	sillón	túnel
	planes gloriosos	álgebra
	teléfono	
Descripciones:	glorioso	descarado
	mimado	estrafalario
	juicioso	desgarbado
	haragán	
Gente:	chicos	anciano
	jóvenes	mendigo
	muchacho	haraganes

B Answers will vary but may resemble the following:
1. Cuelgo la ropa, las toallas y los cuadros.
2. Aborrezco la cebolla, el pescado y el colegio.
3. Me siento en el sofá, en el respaldo y en el banco.
4. Ahogo las penas, las plantas y los sollozos.
5. Los niños, los magos y los payasos asombran.
6. No aguanto a la gente haragana, tacaña y egoísta.
7. Echo una siesta en mi cama, en la biblioteca y en el cine.
8. Me marcho de clase, del trabajo y de la oficina.
9. Me detengo en la cafetería, en la tienda y en la casa de mi novia.
10. Un mendigo se sienta, pide y agradece la generosidad de la gente.
11. Un túnel es largo, oscuro y misterioso.
12. Un puente es alto, estrecho y peligroso.

C Answers will vary but may resemble the following:
1. Una persona ambiciosa no se asocia con los haraganes.
2. Una persona estrafalaria no se viste como la gente común.
3. Una persona irresponsable se sienta en el respaldo del sillón.
4. Una persona perezosa anda rodeada de otros haraganes.
5. Una persona traviesa aborrece el colegio.
6. Una persona pícara finge ser mendigo.
7. Una persona descortés cuelga el teléfono abruptamente.
8. Una persona optimista se entusiasma con el colegio.
9. Una persona arrogante te mira con altivez.
10. Una persona tímida esconde su rostro.
11. Una persona débil muestra su cansancio.
12. Un payaso finge tener el cuerpo desgarbado.
13. Una persona tacaña muestra indiferencia con los mendigos.
14. Una persona cándida no se preocupa por el qué dirán.

D Answers will vary.

E Answers will vary but should follow the model:
Llevaría una blusa negra de encaje, una falda larga de cuadros, calcetines blancos y zapatos negros de tacones, una gorra roja y muchos collares plásticos.

F Answers will vary.

G Answers will vary but may resemble the following:
1. Aunque te parezca muy mimado porque mis padres me dan todo lo que quiero, yo también les ayudo mucho en casa sin que me lo pidan.
2. Aunque te parezca altiva, la verdad es que soy tímida y me gusta estar con la gente.
3. Aunque te parezca un mendigo porque me visto con ropa que está rota, la verdad es que me visto muy a la moda.

H Answers will vary but may resemble the following:
1. No me cae bien la gente que aborrece el colegio porque es gente aburrida.
2. No ando con gente que pone demasiada atención a la ropa porque es gente superficial.
3. Prefiero la gente que pone poca atención a los chismes porque suelen ser amigos leales.
4. Me caen bien los que tienen cara de mimados porque suelen ser cariños y generosos.
5. Me gusta la gente a quien no le importa el qué dirán porque son personas independientes.
6. No ando con gente que se ve estrafalaria porque siempre quieren llamar la atención.

I Answers will vary.

Conversemos pp. 400–401

A Answers will vary but may resemble the following:

1. Allí se ven los niños jugando en la arena.
2. Huele a rosas, a árboles y a hierba.
3. Se puede sentir una ligera brisa.
4. Allí apenas se nota que uno está en la ciudad.
5. A veces hay conciertos.
6. Si pones atención, puedes oír a los pájaros y a los patos. Estás describiendo el parque, ¿verdad?

B Answers will vary but may resemble the following:

1. Acaba de oír un chisme acerca de ustedes.
2. Tiene sueño y quiere dormir.
3. Será un mendigo que canta para que le den dinero.
4. Siempre le habrán dicho que es muy bonita.
5. Acaba de entrar el director.
6. Acaba de ganar la lotería.
7. Acaba de descubrir que no tiene dinero para comprar el almuerzo.

C Answers will vary.

D Answers will vary but may resemble the following:

1. La gente dice que habrá peleado con su esposa y está deprimido. Recomendamos que dejen de hablar. Puede ser que la familia esté fuera porque la señora tiene muchas hermanas y ha ido a visitarlas.
2. La gente chismea y las critica. Recomendamos que la gente deje de chismear. Puede ser que a las chicas les guste vestirse a la moda.
3. La gente piensa que él quiere pedirles dinero. Recomendamos que la gente trate de conocer mejor al chico. Su abuela murió el año pasado, y las ancianas eran muy amigas de ella.
4. La gente lo critica por ser haragán. Recomendamos que la gente no critique más. Puede ser que el chico padezca de alguna enfermedad que no le permite trabajar.
5. La gente cree que es una tonta. Recomendamos que la gente se calle. Puede ser que ella luego vaya a la universidad. La gente no debe decirle lo que tiene que hacer.

Escribamos p. 401

A Answers will vary but may resemble the following:

1. ... en la ciudad.
2. ... humo de autobuses.
3. ... el viento.
4. ... oían el ruido del tránsito.
5. ... veía edificios muy altos.
6. ... con prisa.
7. ... veían tiendas y

1. ... la playa.
2. ... loción.
3. ... la brisa de sal.
4. ... los niños gritando mientras saltaban las olas.
5. ... chicas guapas tomando el sol.
6. ... descalzos.
7. ... toallas y paraguas restaurantes.

8. ... coches y peatones.
9. ... el rascacielos.

8. ... castillos de arena.
9. ... un restaurante al aire libre.

B Answers will vary but may resemble the following:

Mi amiga Margarita es diferente a las demás chicas en mi colegio. Ella siempre lleva falda y camisa. Y el pelo no lo lleva a la moda. Tiene el pelo largo y lacio. Nunca se maquilla. Estudia violín y practica cinco horas al día. Sus padres no permiten que Margarita lleve pantalones o que se maquille porque su religión no se lo permite. Pero a Margarita no le importa. Ella es inteligente y divertida. Sin embargo tiene muchas ambiciones y espera conseguir una beca para estudiar música. Para lograr su meta, tendrá que practicar mucho.

C Answers will vary but may resemble the following:

Una contaminación que ahoga

Me acuerdo que me desperté con un ojo tan hinchado que no lo podía abrir. Me dolía la garganta y tenía la nariz tapada, pues no podía respirar. Por la ventana de mi habitación miré hacia afuera. Se veía una gran nube de humo y polvo cubriendo la ciudad. Apenas se veía el sol. Olía muy mal. Lágrimas empezaron a formarse en mis ojos. Cerré la ventana y me senté en la cama pensando que la contaminación me iba a matar.

Estructura

Conversemos p. 404

A Answers will vary.

B Answers will vary but may resemble the following:

1. Para mí, no deberían exigir uniformes en los colegios. Dicen que evita malgastar el dinero en ropa, por eso es popular con los padres. Pero no deberían limitar la libertad de vestirse como uno quiera. Por eso creo que no deberían exigir que llevemos uniformes.
4. Para mí, debieran disminuir la producción industrial para disminuir la contaminación, pero no deberían limitar la producción de productos que no dañan el ambiente. Por eso, creo que deberían limitar la producción de bolsas de plástico.

C Answers will vary but may resemble the following:

Lo que puedo hacer por ti es ayudarte a cortar el césped.
Lo que tú puedes hacer por mí es corregir el ensayo que escribí en español.

Escribamos pp. 404–405

A Answers will vary but may resemble the following:

Para la ocasión de tu quinceañera, te deseo todo lo mejor. Que tu mamá te permita desayunar en la cama. Que tus hermanos te muestren mucho respeto y amor. Que tengas una maravillosa fiesta. Y que sepas siempre que soy capaz de hacer todo por ti.

B Answers will vary but may resemble the following:

Los meses que vienen serán difíciles para mí porque tengo mucho que hacer. Para fines de mayo tengo que prepararme para los exámenes de AP. Para principios de junio tengo una entrevista para un trabajo. Para fines del verano tengo que haber ahorrado bastante dinero. Para mediados de octubre tengo que mandar cartas a las universidades.

C Answers will vary.

D Answers will vary but may resemble the following:

Esto es un memo *para* los miembros del Club de español que van a España en abril. Hay que pagar los pasajes *para* el quince de marzo. El precio es 5.000 pesetas. Éste es el precio *para* estudiantes. Deben ir a la agencia Hispano-tour y preguntar *por* la Srta. Álvarez. ¡No se olviden de pedir el descuento.

Vamos a estar ___ dos días en Madrid. Tienen la tarde del primer día libre *para* pasear por el centro histórico de Madrid. Por la noche vamos a comer en un restaurante típico. El segundo día visitaremos el Museo del Prado, que es conocido *por* sus obras de Velázquez, El Greco y Goya. El tercer día salimos *para* Toledo. Pasaremos ___ dos días en Toledo. Estoy seguro de que esto va a ser una experiencia inolvidable *para* todos.

Lectura

Pensemos p. 406

Answers will vary.

Miremos p. 406

A Answers will vary but may resemble the following:

1. Tuvo lugar en un tren, en vagón de tercera.
2. Era poco después del amanecer.
3. Rosamunda y un joven soldado estaban allí.
4. Olía mal dentro del departamento. La gente estaba acurrucada en sus asientos duros.
5. Dice que se llama Rosamunda aunque su verdadero nombre es Felisa.
6. Era vieja, flaca y tenía el cuello marchito y profundas ojeras y el cabello oxigenado.
7. Se sentía como hipnotizada.
8. Estaba pensando en su hijo muerto.
9. Empezó a recitar unos versos suyos.
10. Conoció a un soldadillo joven.

B Answers will vary but may resemble the following:

1. Volvía a su casa.
2. Porque le recordaba a su hijo y pensaba que él tenía corazón y sentimiento.
3. Pensaba que era una vieja soñadora, sentimental y media loca.
4. Era una joven rubia, de grandes ojos azules, una joven apasionada por el arte.

C Answers will vary but may resemble the following:

1. Lo que echaba de menos era la aclamación del público.
2. Temía que su marido no le perdonara.
3. Pensaba que ella era un tipo muy raro y que estaba loca.

Leamos pp. 410–411

A Answers will vary but may resemble the following:

1. Era aquél un incómodo vagón-tranvía, con el pasillo atestado de cestas y maletas.
2. Traqueteaba, pitaba.
3. Un soldadillo, un muchacho pálido, parecía bien educado, se parecía a su hijo.
4. El traje de color verde, muy viejo, viejas zapatillas de baile, color de plata, una cinta plateada, atada con un lacito, sus pendientes eran largos, baratos.
5. La gente acurrucada, dormidos hombres y mujeres en sus asientos duros.
6. El día era glorioso.
7. Un patio cerrado, un sepulcro
8. "En su interior siempre había sido Rosamunda...
   Aquel Rosamunda se había convertido...
   aquel Rosamunda convirtió al novio zafío...
   Rosamunda era para ella un nombre amado..."
9. Se veía el mar entre naranjos, el profundo verde de los árboles, el claro horizonte de agua.
10. Apenas se notaba el frío del amanecer.
11. Olía a cansancio, a tabaco y a botas de soldado.

B Answers will vary but may resemble the following:

1. incomprensión, hombre brutal, sórdido, celoso, carnicero.
2. Delgadito, pálido, escuchaba embobado, le contaba (a él) su magnífica vida anterior.
3. Igual a su marido, había intentado hasta encerrarla.
4. Fueron descaradas y necias.

C Answers will vary but may resemble the following:

1. FELISA: "Su verdadero nombre era Felisa; pero no se sabe por qué, lo aborrecía".
   "Sí, se había casado, si no a los dieciséis años, a los veintitrés, pero al fin y al cabo".
   "Lo cierto era que el sufrimiento suyo, de tantos años".
   "Su mismo hijo solía decirle que se volvería loca de pensar y llorar tanto".
2. ROSAMUNDA: "Un gran talento dramático", "era poetisa". "una niña halagada, mimada por la vida", "era famosa", "aquella mariposa de oro".
3. LA MUJER QUE VEÍA EL SOLDADO: "aquella figura flaca y estrafalaria", "Qué tipo más raro", "estaba loca la pobre", "le faltan dos dientes".
   Felisa es una vieja desgraciada, que ha sufrido los insultos de su marido y sus hijos y que ha tenido una vida dura. Está un poco loca y vive de los recuerdos.

Rosamunda es la mujer imaginaria que Felisa ha creado para olvidarse de su triste vida.

La mujer que atrae por curiosidad y compasión al soldado es una pobre infeliz, vestida estrafalariamente.

D Answers will vary but may resemble the following:

1. Es evidente que Rosamunda no iba en un tren de lujo.
2. No cabe duda que el soldado pensaba que Rosamunda estaba loca.
3. No creo que el hijo preferido de Rosamunda haya vivido en otro país.
4. Es evidente que Rosamunda iba de vuelta a casa aunque no quería.
5. Es una lástima que Rosamunda no haya podido separar la realidad de la fantasía.
6. Es dudoso que el esposo de Rosamunda no la haya tratado bien.
7. No creo que el soldado se parezca al hijo de Rosamunda.
8. Dudo que cuando el muchacho llegó a casa, se haya reído por media hora.
9. Es evidente que a Rosamunda le esperaba la muerte en vida.
10. Es dudoso que el cuento de Rosamunda haya sido verdadero.
11. No creo que las hijas de Rosamunda hayan sido realmente malas.
12. No cabe duda que todo era mentira, pero era verdad que Rosamunda era una soñadora.

Analicemos p. 411

Answers will vary but may resemble the following:

1. amargar	8. cerrar
2. soñar	9. sufrir
3. mirar	10. arrancar
4. amanecer	11. burlar
5. oler	12. comer
6. cansar(se)	13. pasar
7. sentar(se)	14. **pasar**

Apliquemos p. 411

A Answers will vary but may resemble the following:
El marido:

¿Sabes que mi mujer está loca? No sé qué hacer con ella. Piensa que es artista, poetisa y se lo dice a cualquier desconocido que va por la calle. Se viste de un modo estrafalario y se pinta demasiado. Me da vergüenza. Nunca sé cuándo se va a enfadar conmigo. Entonces coge una maleta y desaparece por una semana. Me llama cuando se le acaba el dinero. Todavía la quiero, pero ¿qué voy a hacer con ella?

B Answers will vary but may resemble the following:
Me enamoré de mi marido cuando lo conocí en una fiesta. Se veía muy guapo en su uniforme de soldado.

Después de una semana nos casamos y fuimos a vivir a Alemania. Tuvimos diez hijos, todos varones. Siempre estábamos mundándonos de un país a otro. Yo solamente me ocupaba de nuestros hijos, no trabajaba. Cuando tenía 40 años publiqué mi primera novela. Fue un éxito y gané mucho dinero. El año siguiente escribí un libro de poemas. También tuvo mucho éxito. Entonces se murió mi marido, dejándome con diez niños. Pero como yo había ganado mucho dinero, mis hijos y yo pudimos vivir bien.

Cultura viva

Conversemos y escribamos pp. 412–413

A Answers will vary but may resemble the following:
"El qué dirán" me dice que no fume, me vista bien siempre, no me junte con los estudiantes que sacan malas notas.

Y me obliga a que me vista a la última moda, vaya a estudiar a la universidad, asista a la ceremonia de graduación.

B Answers will vary but may resemble the following:

1. ... California este verano con mi novio.
2. ... mi maestro de historia que usara desodorante.
3. ... Madonna.
4. ... dormir hasta muy tarde los domingos, yo tengo que levantarme temprano para ir a la iglesia con mi familia.

A Answers will vary but may resemble the following:
Según "El qué dirán", los hombres:

1. no deben llorar.	1. deben aguantar mucho.
2. no deben encerrar a las mujeres.	2. deben dejar a las mujeres libres.

Y las mujeres:

1. no deben exigir demasiado de los hombres.	1. deben ser libres.
2. no deben comparar a los hombres con sus antepasados.	2. deben apoyar a su marido.

A Answers will vary but may resemble the following:

1. canario	la mujer encerrada
2. jaula	la casa, como una cárcel
3. volar	salir, escapar
4. soltar	dejar libre
5. pequeñito	celoso, egoísta
6. peso	la acumulación de penas
7. acero	fuerte, no muestra emociones
8. veneno	le hace sentir mal, amargo
9. vaso	su boca
10. dolor de siglos	todos los sufrimientos del mundo

Estructura: Un poco más p. 414

Answers will vary but may resemble the following:

Creo que la idea de limitar el uso del coche a cinco horas por semana es ridícula a menos que existiera un sistema de transporte público fenomenal, es decir, el metro, los autobuses, los taxis. A pesar de la contaminación del humo de los autos la gente necesita ir de un lugar a otro. Dado que muchos sitios carecen de buenos sistemas de transporte, como, por ejemplo, Los Ángeles, otra opción podría ser el auto eléctrico, o, mejor aún, el auto solar. Al fin y al cabo, la gente no quiere separarse de sus autos. Por eso, tenemos que buscar otras maneras de disminuir la contaminación.

Diversiones p. 415

Answers will vary.

Un paso más pp. 4l7-419

A **Answers will vary but should follow the models and may include the following:**

Si anduviera en silla de ruedas no podría subir al segundo piso porque no hay ascensor. Nu podría entrar al gimnasio porque la puerta es muy pequeña.

B **Answers may vary but may resemble the following:**

Soy norteamericano y polaco, o sea, tengo doble nacionalidad, porque mi padre es polaco y mi madre es norteamericana. Vivo en un barrio donde hay personas de diferentes países. Tengo quince años. Soy alto y delgado. Tengo pelo rubio, pero cada año está más oscuro. Tengo ojos azules como mi padre. Me comunico con mi padre y sus parientes en polaco. Aprendí español de niño y hablo español con mis amigos hispanos que viven en mi barrio. Y, por supuesto, hablo inglés. Me gusta vestirme de negro. Es mi color preferido. Creo que para ser feliz lo mejor es vivir y dejar vivir. No me gustan los chicos que se visten iguales, escuchan los mismos discos y comen la misma comida. Quiero ser yo.

C **Answers will vary but may resemble the following:**

Queridos amiguitos,

Quisiera compartir con Uds. algunas cosas que he aprendido en la vida. Primero, Uds. van a conocer gente que vive siempre pensando en el "qué dirán". Estas personas quieren que todo el mundo haga lo que ellos hacen. Segundo, Uds. se van encontrar en situaciones en las que no les va a importar "el que dirán". Pero, tendrán miedo de que sus amigos los critiquen porque Uds. no quieren hacer lo que ellos quieren. Es muy importante que hagan lo que ustedes quieran. Recuerden que deben vivir sus vidas sin temor al "que dirán". Algunas veces el conformismo parece ser lo ideal. Pero, en realidad es como si vivieran en una cárcel. No tengan miedo de ser independientes. Si son personas buenas, simpáticas y comprensivas, no hace falta nada más. Tendrán muchos amigos que los querrán y los respetarán.

Les saluda atentamente
Su amigo,

D **Answers will vary but may resemble the following:**

1. La segunda.
2. El primer niño ha oldo a sus padres hablar de los gringos.
El segundo niño ha oido a su maestra hablar de los gringos.
El tercer nino ha recibido su impresion de la tele.
El cuarto niño ha visto en las noticias en la tele cómo tratan algunas veces a los afroamericanos.
3. Lista de programas que exportaríamos
THE COSBY SHOW: muestra una familia de la clase media
CHEERS: muestra la gente de un barrio
THE GOLDEN GIRLS: muestra la vida de los ancianos.
Programas que no exportariamos
MIAMI VICE: porque da la impresion que en los Estado Unidos solamente hay criminales.
KNOTS LANDING: porque da la impresión que todos los americanos son ricos y arrogantes.

E **Answers will vary but may resemble the following:**

1. ... mis padres me dejen usar el coche.
2. ... me pregunten con quién salgo y a qué hora vuelvo.
3. ... tengan confianza en mí.
4. ... mi mamá me planche las camisas.
5. ... tenga que cuidar a mi hermanito todas las tardes.
6. ... mi novia... su personalidad.
7. ... me gustan las chicas altas y delgadas.
8. ... no me quejo porque me invitan a muchas fiestas.
9. ... debo estudiar más, pero saco bastante buenas notas.
10. ... no hay bastante tiempo y es dificil escoger.
11. ... soy más independiente.

F Se refiere a su sombra.

G **Answers will vary but may resemble the following:**

Corro, corre.
Me paro, se para.
Intento agarrarla, intenta agarrarme.
¡Por favor! le digo, ¡Por favor! me dice.
Pero yo no hago nada, y ella no hace nada.

H **Answers will vary but may resemble the following:**

1. Antes nu podía aguantar a mi hermanito pequeño.
2. Me veía demasiado delgado y sin músculos.
3. Me volvía loco cuando tenía que cuidar a mi hermanito y no podía salir con mis amigos.
4. Solía levantarme primero para poder usar el baño antes que mis hermanos y mis padres.
5. Tartamudeaba cuando no estaba prestando atención y cuando el maestro me preguntaba algo.

ADDITIONAL INFORMATION
AND STUDENT ACTIVITIES

CHAPTER 1, LESSON 1

❏ from Chapter 1, Lesson 1
VOCABULARY EXPANSION, PAGE 5

2. Words that are approximate opposites of:
   aburrido (entretenido)
   perdedor (ganador)
   me interesa (me da bostezos)
   sensacional (tonto)
   desierto (selva)
   con (sin)
   ignorados (destacados)
   del pasado (actual)
   aburrido (entretenido)
   reyes (reinas)
   estreno (película antigua; continuación)
   comedia (terror)
   cuentos de hadas (documentales; noticias)

3. Words that are derivatives of:
   ambiente (ambientado)
   producir (producción)
   deporte (deportivo)
   entretener (entretenido)
   historia (historieta)
   viajar (viaje)
   dibujar (dibujos)
   cocinar (cocina)
   bruja (brujería)
   continuar (continuación)
   persona (personaje)
   éxito (exitoso)
   ganar (ganador)

❏ from Chapter 1, Lesson 1
ADDITIONAL PRACTICE, PAGE 19

1. Following the model of the TV schedule, have students develop their own **teleguía**, that includes only their favorite shows and films.
2. Have students guess the original title of as many movie titles as they can possibly recall. For example: **"Solo en casa" con Macauly Caulkin** (Home Alone), **"El padrino" con Marlon Brando, Al Pacino y James Caan** (The Godfather), **"Leyendas del otoño" con Brad Pitt** (Leyends of the Fall), **"Nueve meses" con Hugh Grant** (Nine Months), etc.

CHAPTER 1, LESSON 2

❏ from Chapter 1, Lesson 2
VOCABULARY PRESENTATION, PAGE 26

3. Then show students some of your travel brochures: **"Quiero irme, quiero alejarme se aqui... "** (Write the word **alejarme** on the board,

underlining the letters **lej**) **"Quiero estar lejos de este lugar."**

4. Write the word **paraíso** on the board; then, using the brochures, describe your paraíso, integrating words from the vocabulary, and writing them on the board as you explain them, e.g.: **"Mi paraíso es un lugar remoto y lejano, es decir que está muy lejos de aquí, que no hay mucha gente. Es un lugar tranquilo y aislado...."**
5. Have students look at the brochures and describe the following aspects of your **paraíso** using the verb habrá: el paisaje, el clima, las diversiones, etc. For example: **habrá...playas, montañas, buena comida...**

❏ from Chapter 1, Lesson 2
VOCABULARY PRESENTATION, PAGE 27

2. Relate words to other words by eliciting associations:
   a. **Find other words in the vocabulary that are linked to each of these traits:**
      arriesgado (el paracaidismo, el ciclismo, el vuelo libre)
      intuitivo (descubre otra gente, nuevos sentimientos, rechaza el prejuicio)
      amistoso (lugares atestados, descubrir otra gente)
      curioso or inquieto (lo desconocido, nuevos sentimientos, descubrir...)
      artístico or artista (hacer arreglos florales, diseñar ropa...)
      gitano (recorrer tierras lejanas, experimentar lo desconocido...)
      hogareño (quedarse en casa...)
      deportista (ciclismo a campo, aventura--supervivencia, saltar, subir...)
   b. **Relate these adjectives to other adjectives in the vocabulary. For example: una persona arriesgada**
      Una persona arriesgada probablemente será... (impulsiva, curiosa, valiente, atrevida, emprendedora)...pero no será nada... cuidadosa, hogareña, tranquila, etc.)

❏ from Chapter 1, Lesson 2
WARM UP ACTIVITY, PAGE 28

3. Words they associate with:
   crecer (experimentar/descubrir/desarrollar)
   involvidable (fenomenal/increíble/emocionante)
   coraje (valor/riesgo/peligro/arriesgado)
   desconocido (remoto/lejano/aislado)
   coser (tejer/diseñar ropa/hogareño)
   atrevido (arriesgado/emprendedor/valiente)

características negativas (celoso/malhumorado/pesimista)

cómodo (placentero/seguro/tranquilo)

creativo (imaginativo/soñador/intuitivo/curioso)

entretenido (gracioso/amistoso)

sentimientos (enojado/contento/nervioso/aburrido)

CHAPTER 1, LESSON 3

❏ from Chapter 1, Lesson 3
VOCABULARY PRESENTATION, PAGE 46

1. Survey the class in terms of the following, choosing those expressions that are likely to be (or sound) familiar to students and providing examples, synonyms, explanations, illustrations, or gestures whenever possible: **¿Cuántos saben manejar un coche? ... tienen su carnet (licencia/permiso) de conducir? ... la llave del coche de los padres? ... saben reparar un coche? ... pueden llenar el tanque de gasolina? ... saben cargar una batería? ... conocen las reglas del tránsito, por ejemplo, el límite de velocidad cerca de una escuela? ... han recibido una multa alguna vez?**

2. Quiz students in Spanish on the speed limits of certain areas:
   a. la velocidad máxima... en la autopista, en una calle del centro, en un camino del pueblo, cerca de una escuela, cerca de un hospital, etc.
   b. ¿Deben aumentar o disminuir la velocidad si... entran en la autopista de un camino del campo? ...pasan por una escuela? ...salen de la autopista? ...entran en la ciudad? ...cruza la calle un peatón (si hay gente en la calle)? ...ven la luz roja? ...tienen prisa? ...un accidente en la calle? ...empieza a llover? ...tienen que doblar? ...tienen que adelantar? (illustrate with hands), etc.

❏ from Chapter 1, Lesson 3
WARM UP ACTIVITY, PAGE 48

1. Words that are related to:
   neumáticos: rueda de repuesto, pinchazo, desinflar, gato
   dinero: ahorrar, efectivo, presupuesto, multa
   identificación: carnet de conducir, placa
   velocidad: disminuir, aumentar, límites, acelerador, multa
   la ruta: carretera, autopista, camino, mapa
   el motor: radiador, refrigerante, agua, gasolina, aceite
   percances: averías, choques, accidentes, embotellamientos

herramientas: destornillador, alicates, llaves inglesas
líquidos: gasolina, agua, aceite, refrigerante
la comodidad: calefacción, aire acondicionado
preparativos: cargar, cambiar, llenar, revisar
reglas tránsito, circulación, ceder paso, respetar límites, adelantar
circulación: tránsito, embotellamientos
proteger: peatones, pasajeros, cinturón de seguridad, frenos
reparactiones: herramientas, taller, descompuesto, avería

2. Words that express an "opposite" or contrary idea to:
   aire acondicionado (calefacción)
   terminar (poner en marcha)
   reparado (descompuesto)
   el norte (el sur)
   conductor (pasajero/peatón)
   calentar (enfriar)
   disminuir (aumentar)
   seguir derecho (doblar)
   parar el coche (arrancar)
   carril izquierdo (carril derecho)
   gastar dinero (ahorrar)
   funcionar bien (tener una avería; estar descompuesto)
   respectar (evitar)
   continuar (frenar)

4. Words associated with the following:

equipaje (maletero)	señal (dirección; doblar)
reparar (taller, herramientas)	gato (neumático/rueda de repuesto)
policía (multa)	parar (frenos)
taller (reparaciones)	llave (arrancar)
filtro (aceite)	

❏ from Chapter 1, Lesson 3
CRITICAL THINKING ACTIVITY, PAGE 62–63

B. Share with students the following news headlines from the month of July in Spain. With what do Spaniards associate cars? (vacationing)

"Hoy comienza la Operación Verano"

"Carreteras españolas: El calvario del verano Los embotellamientos acechan a los automovilistas.

"Operación salida: Comienza el éxodo"

"Hoy a las 23,19 horas empezará el verano. Su duración será de 93 días, 15 horas, y 29 minutos." "Los españoles son los que más gastan en vacaciones"

CHAPTER 2, LESSON 1

❏ from Chapter 2, Lesson 1
VOCABULARY PRESENTATION, PAGE 72

3. Haz una lista de las cosas que haces para prepararte para una prueba; y para calmarte

antes de una prueba. Have students do lists individually, using **yo** forms, then share their strategies with the class.

Encourage specific strategies, not just the word **estudio:**

Para prepararme...
...me reúno con mis amigos a estudiar.
...repaso la materia todos los días
...hago listas.
...desarrollo mi propia prueba
escribo palabras claves en tarjetitas.
Para calmarme...
...escucho música.
...duermo ocho horas.

Use this board list to prepare students for review of the subjunctive, presented in this chapter. Tell students they are now going to turn their ideas into advice or recommendations for a freshman just starting high school **(un estudiante/alumno novato/ principiante).** On board, above columns, write:

A un alumno novato (principiante), le recomiendo que...

Then, erase the **o** endings of the verbs on the board list and replace with the subjunctive endings:

...se reúna; ...repase; ...haga; ...desarrolle; ...escriba; ...escuche ;...duerma

Ask them to describe what you just did and to recall that they have used these forms before.

❏ from Chapter 2, Lesson 1
WARM UP ACTIVITY, PAGE 74

1. Find a word that is a derivative of the following:

desconcertado (desconcierto)	cansado (cansancio)
ansioso (ansiedad)	responder (respuesta)
sorprendido (sorpresa)	resumir (resumen)
nervioso (nerviosismo)	hora (horario)
furia (furioso)	confusión (confundido)
adivinar (adivinanza)	pesar/pesado (pesadilla)
repasar (repaso)	leer (lectura)
probar (prueba)	mes (bimestral, semestral)
esperanza (desesperación)	despistado (pista)
sentar (asiento)	apuntar (apuntes)

2. Find a word that is an opposite of the following

nerviosismo, tensión, ansiedad (calma, relajación)	continuar (dejar de..)
	olvidar (recordar)
rutina (sorpresa)	calma (nerviosismo, tensión, ansiedad)
disminuye (aumenta)	buen ánimo (mal ánimo)
pregunta (respuesta)	paciencia (impaciencia)

3. Provide a word or phrase that is similar in meaning to...

evitar (dejar de)	cada seis meses (semestral)
intento (trato de)	

sufrir (padezco)	frecuentemente (a menudo)
estoy (me quedo)	
acostumbro a (suelo)	nerviosismo (ansiedad, tensión)
furioso (enfadado)	
errar (cometer errores)	mal humor (mal ánimo)
desconcertado (confundido)	sorprendido (atónito)
	estrategia (truco)
confusión (desconcierto)	descanso (relajación)
	estudiar a última hora (calentar)
sueño (cansancio)	

E. **Trucos.** Demonstrate another model for the class:
TRUCOS
Trata de adivinar
Recuerda las ideas principales
Usa las pistas
Consulta al maestro
Organiza bien tus apuntes
Simula las condiciones del examen
Best palabras clave can be posted on the bulletin board.

❏ from Chapter 2, Lesson 1
CRITICAL THINKING ACTIVITY, PAGES 88–89

3. Some words reflect values, ideas, or customs that may not exist in the other culture. A word that has positive connotations in one culture may have very negative connotations in another. The full meanings of English words like "ambitious," "competitive," "successful" are difficult to translate into Spanish, because their counterparts generally refer to different (or even negative) concepts.
   a. Have students look up the word "competition" in a Spanish dictionary. They will find the word **competencia.** However, while "competition" is used for many contexts in English, the word competencia refers strictly to a contest. The expression **"espíritu competitivo"** is quite negative and carries the connotation of "money hungry" or "disloyal." Have students try to:

1. define the following English words in Spanish in a way that carries their U.S. cultural connotations: successful (without using **exitoso**); ambitious (without using **ambicioso**) proud (without using **orgulloso**)

2. describe these English words that are difficult to translate into Spanish: know-how, cheerleader, input

❏ from Chapter 2, Lesson 1
INFORMATION ABOUT THE AUTHOR, PAGE 90

Germán Arciniegas (1900)

Germán Arciniegas is one of Colombia's most distinguished writers. At the age of 21, he became editor of the journal **Voz de la juventud.** He was also director of **Ediciones Colombia** and became a member of the board of editors of the distinguished journal **El tiempo.**

He has been a contributor to periodicals in Latin America and the United States.

In addition to his literary endeavors, Arciniegas has also served as a diplomat. He also taught literature and sociology at Columbia University, the University of Chicago, and Mills College. For a period of time Arciniegas served as Colombia's Minister of Education and as editor-in-chief of the Revista de América of Bogotá. Many of his works have been translated into English.

CHAPTER 2, LESSON 2

❏ from Chapter 2, Lesson 2
VOCABULARY PRESENTATION, PAGE 95

2. You may wish to follow up by briefly and simply summarizing students' comments (and, if necessary, contrasting their views with the views of teachers, parents, or administrators). Try to integrate the following words into your summary: **sin embargo, no obstante, en cambio.** For example: **En cuanto al tema de las asignaturas obligatorias... unos alumnos están a favor; sin embargo, otros alumnos creen que deben poder elegir (escoger/seleccionar) sus propias asignaturas.**

3. On the second half of the board, write the following words as column headings and illustrate their meanings by your example, such as the one below, on the issue of uniforms:
Ventajas
no se presta tanta atención a la ropa
(en cambio) Inconvenientes
los alumnos no pueden expresarse
Derechos
decidir cómo vestirse
(sin embargo) Deberes
vestirse bien

Have students brainstorm to add to your example. Do the same for other topics students have raised. Guide students to consider different points of view, not just their own. For each, guide students to summarize the points outlined: **En cuanto a los uniformes, una ventaja de los uniformes es que no se presta tanta atención a la ropa. En cambio, un inconveniente es que los alumnos no pueden expresarse por su ropa. Los alumnos creen que tienen el derecho de decidir cómo vestirse. Sin embargo, uno de sus deberes es vestirse bien.**

❏ from Chapter 2, Lesson 2
VOCABULARY PRESENTATION, PAGE 95

3. Relate through cause and effect. For example,
   a. Name some actions and
      have students provide the **resultado:**
      No estudiaste nada para una
      prueba. El resultado fue que saqué una...

   b. Have students say what they need to do to achieve goals such as the following. For example: **Si mi meta es ser abogado, vale la pena... participar en el club de debate.**

4. Expand through personal expression. Have students express their own thoughts by completing the following in as many ways as they can.
   a. Cuesta... (sacar buenas notas, etc.)
   b. A medida que crezco, me doy cuenta que...
   c. Según mi familia, mi meta deber ser...
   d. Trato de someterme a... (las reglas del colegio, etc.)

❏ from Chapter 2, Lesson 2
VOCABULARY PRESENTATION, PAGE 95

2. ¿Cómo se sienten Uds. antes de tomar una prueba cuando no están preparados? Have students complete the following. Note the adjectives on the board.
Me siento: nervioso(a), enfadado/enojado(a), frustrado(a), confundido(a), confuso(a), tenso(a); etc.
Me muero de... miedo, pánico, sueño, etc.

❏ from Chapter 2, Lesson 2
WARM UP ACTIVITY, PAGE 96

2. Words that are similar in meaning to the following:

no obstante (sin embargo)	en otras palabras (es decir)
diferentes (diversos)	optar por (elegir)
los dos (ambos)	opinión (punto de vista)
es difícil (cuesta)	libertades (privilegios)
desventaja (inconveniente)	aspiraciones (metas)
	restricciones (reglas)
lo bueno (la ventaja)	dar y recibir (compartir)
escoger (elegir)	responsabilidades (deberes)
alumnos novatos (principiantes)	mandar (enviar)
consecuencia (resultado)	cuestionario (encuesta)
	igual (mismo)
tomar decisiones (decidirse)	comer (almorzar)
	merece la pena (vale la pena)
obtener (conseguir)	hacerlo otra vez (volver a hacerlo)
solución (remedio)	

3. Approximate opposites of the following:

encender	apagar
opciones	limitaciones
derechos	deberes
resultado	esfuerzo
separados	juntos
competitivo	formativo
alegrarse	enfadarse
acuerdo	desacuerdo
viejo/antiguo	moderno
a favor	en contra
dejar de	volver a

diversos	mismo
pagado	gratis
ni uno ni otro	ambos
sufrir	disfrutar
competir	compartir
ignorar	darse cuenta de
inconvenientes	ventajas
sacar	meter
es fácil	cuesta

CHAPTER 2, LESSON 3

❑ from Chapter 2, Lesson 3
VOCABULARY PRESENTATION, PAGE 117

1. Guide students through examples and illustrations. For example:

concerse bien: tener metas, darse cuenta de sus limitaciones.

trabajar en equipo: juntarse, compartir ideas, cooperar, etc.

comunicarse: hablar, escribir, escuchar bien; usar palabras expresivas.

presentarse a la entrevista: asistir a la entrevista, ir a la entrevista

tener ganas de superarse: querer mejorarse, tener éxito

disponer del tiempo necesario: tener el tiempo, no estar siempre ocupado, tener un horario flexible

estar dispuesto a aprender: ser buen estudiante, tener ganas de aprender

entregar una solicitud: darles información personal y académica

Direct students to the **solicitud** on page 136. What kinds of information must one include?

2. Personalize and recycle previous vocabulary in new contexts.

a. ¿Cuántos disponen de ...? ... su propio coche, fines de semana libres, mucho tiempo, un horario flexible, etc.

b. ¿Cuántos tienen ganas de...? ... conseguir un puesto, conseguir una beca, trabajar en equipo en clase, cambiar su rutina, dejar de calentar los exámenes, emprender viaje; etc.

c. ¿Cuántos están dispuestos a...? ... correr riesgos, dedicarse tiempo a su formación, cambiar su rutina, padecer cansancio, vivir en el **extranjero?**

3. Students brainstorm questions they would want to ask an employer. For example: **Queremos averiguar...** qué tenemos que hacer, cuándo tenemos que trabajar, cuánto nos van a pagar, con quiénes vamos a trabajar, cómo tenemos que vestirnos, a qué hora tenemos que llegar al trabajo, qué día tenemos que presentarnos, etc.

4. Associate new and known vocabulary to aid assimilation. For example, what would an employer have of the following people? Have students respond sí or no.

¿Qué van a pensar del aspirante que...?

... siempre pierde el hilo de la conversación? ¿Van a pensar que es...

¿impulsivo? ¿despistado? ¿desconcertado? ¿ansioso? ¿cuidadoso? etc.

... pierde la calma? ¿Van a pensar que es una persona... ¿nerviosa? ¿insegura? ¿sensible? ¿extrovertida? ¿intuitiva? ¿arrogante? etc.

... contesta con monosílabos? Van a pensar que es... ¿tímido? ¿sociable? ¿buen comunicador? ¿inseguro? ¿aburrido? ¿entretenido? ¿arriesgado?

... miente en la entrevista? Van a pensar que es... ¿falso? ¿inseguro? ¿arrogante? ¿atrevido?

... se atrasa? ¿que es puntual, diligente, emprendedor, arrogante, confiado?

... demuestra interés? ¿que es entusiasta, inquieto (curioso); malhumorado?

... pospone la entrevista ¿que es serio, ambicioso, exitoso, emprendedor, tímido, seguro?

... pregunta por el suelo de inmediato ¿que es... egoísta, entusiasta?

CHAPTER 3, LESSON 1

❑ from Chapter 3, Lesson 1
VOCABULARY PRESENTATION, PAGE 142

1. Write on board: **Para mantener las amistades...** Ask students to brainstorm actions in two columns, as below, using verbs they've learned. Contributions will vary, but may include some of the following.

Es necesario	sin embargo no es bueno...
comunicarse	dar rabia
competir	reunirse
llamar por teléfono	padecer mal ánimo
pelearse	escribir cartas/tarjetas
compartir	demostrar impaciencia
alejarse	escuchar
ayudar	enfadarse
mentir	visitar
ser tú mismo	hablar mal de un amigo
sentirse deprimido	dedicar tiempo
tomarlo en serio	disfrutar
tomarlo en broma	conocerse bien
salir juntos	

❑ from Chapter 3, Lesson 1
VOCABULARY ACTIVITIES, PAGE 143

confiar en: ¿En quién confías más si... necesitas consejos/si has roto con un amigo o un enamorado/si necesitas contar un secreto/si te avergüenzas por un rumor? ¿Por qué?

avergonzarse: ¿Cuándo te avergüenzas? ¿Metiste la pata alguna vez?

NOTE: Point out the use of the reflexive pronoun **se** for the reciprocal "each other" with the verbs **cono-cerse, quererse, apoyarse, comprenderse, ayu-darse, amarse, abrazarse, besarse,** and **respetarse.**

For practice with the notion of reciprocity, have students give you the following information about various people: **tú y tu amigo del alma; tú y tu enam-orado/a; tus padres; tus abuelos; una pareja famosa;** etc.... **¿En qué año se conocieron; cuánto tiempo hace que se conocen; en qué se ayudan; por qué se respetan?**

2. Surveying students with new vocabulary. For example:

    ¿Cuántos se han enrollado alguna vez?

    ¿Cuántos se han enamorado más de dos veces?

    ¿Cuántos se han enamorado de la misma per-sona más de una vez?

    ¿Cuántos piensan casarse inmediatamente después de graduarse?

    ¿Cuántos piensan casarse cuando tengan más de 25 años/más de 30?

    ¿Con qué frecuencia rompen los jóvenes con sus amores?

    ¿Quiénes tienen más celos, los chicos o las chicas?

    ¿Quiénes son más fieles, los chicos o las chicas (o los perros)?

    ¿Cuántos alumnos de este colegio se han com-prometido ya?

    De las parejas que conocen, ¿cuántos van a casarse, según ustedes?

    ¿Cuántos creen que es mejor deshacerse de los novios (o novias) infieles?

3. Personalizing questions to elicit past/present comparison.

    a. ¿Con qué te obsesionabas cuando tenías 10 años? ¿Con qué te obsesionas hoy en día? ¿Con qué se obsesionan las chicas de hoy? ¿los chicos?

    b. ¿Con quién te llevabas mejor cuando tenías 10 años...con los padres o con los amigos? ¿Por qué? ¿Y ahora?

❏ from Chapter 3, Lesson 1
   WARM UP ACTIVITY, PAGE 144

1. Derivatives of the following.

novio	(noviazgo)
abrazo	(abrazar)
respeto	(respetar)
amor	(enamorado/enamorarse)
junto	(juntarse)
compromiso	(comprometer)
obsesión	(obsesionarse con)
beso	(besar)
fiel	(infiel)
hacer	(deshacerse de)

vergüenza	(avergonzarse)
amigo	(amistad)

2. Approximate opposites of the following.

pelearse	(llevarse bien)
contar un secreto	(guardar...)
competir	(compartir)
enrollarse	(deshacerse/romper con)
recordar	(olvidarse de)
abandonarse	(juntarse/apoyarse/ayudarse)
enterarse de	(ignorar)
odiar	(amar/querer/enamorarse)
divorciarse	(casarse)
aburrirse	(pasarlo bien)
fiel	(infiel)
demostrar	(ocultar)

3. Approximate synonyms for the following.

carrera	(concurso)
contar con	(confiar en)
cometer un error	(meter la pata)
perarse	(tener éxito)
divertirse	(pasarlo bien)
con frecuencia	(a menudo)
querer	(amar/enamorarse)
enamorados	(novios)
reunirse	(juntarse)
unirse los enamorados	(casarse)
ayudar	(apoyar)
envidia	(celos)
abandonar	(dejar/deshacerse de /romper con)

❏ from Chapter 3, Lesson 1
   CRITICAL THINKING ACTIVITY, PAGE 159

Cuando un hispano percibe que necesita ayuda para conseguir algo que le conviene siempre acude a un compadre, amigo o familiar que conozca a alguien que sirva de contacto ("enchufe", "palanca") con la persona que pueda solucionar el problema. En general, el éxito depende de la habil-idad con que se usen los enchufes de que uno dispone.

2. Have students think of someone who has served, or could serve, as **enchufe** in some way and describe the intricate relationship or network. For example:

    Tengo un amigo cuyo tío trabaja con una per-sona que conoce a la directora de personal en una gran empresa.

CHAPTER 3, LESSON 2

❏ from Chapter 3, Lesson 2
   LESSON'S THEME PRESENTATION, PAGE 163

2. Write on the board the following "leaders":

    Físicamente era...

    Tenía...

    En cuanto a mi personalidad, era...

Me gustaba...
Me interesaba...

Then, have students do the following:

Piensen cómo eran Uds. cuando eran niños de 10 u 11 años. Descríbanse a sí mismos y también sus actividades completando lo siguiente.

Físicamente yo era... (alto(a), bajo(a), algo gordo(a), algo flaco(a)

y tenía (frenos/gafas/pecas), el pelo... corto/largo/lacio/rizado

y la piel... (suave/áspera/clara/oscura/tersa)

En cuanto a mi personalidad, era... y en cuanto a mis pasatiempos favoritos, siempre me gustaba... Pero no me interesaba nada...

Encourage students to go beyond the "old reliables" in use of adjectives (**inteligente, guapo, interesante, simpático**) and to stretch their language with more descriptive adjectives (**sincero, leal, afectuoso, seguro de mí mismo(a)**, etc.). Provide the Spanish for descriptors students wish to express. Follow up with comparisons to present: In what ways are students the same (**todavía...**)? In what ways are they different (**Ya no...**)?

Todavía me gusta... Pero ya no me interesa tanto...

❏ from Chapter 3, Lesson 2
VOCABULARY PRESENTATION, PAGE 165

j. Nunca le hago caso a la gente arrogante... ¿Y tú?

k. Soy algo tímido(a) y prefiero callarme con gente que no conozco bien. ¿Cuándo (con quién) te callas tú?

2. **Combining words to produce vivid images.** Have students work with a partner to come up with as many other ways as they can to describe physical features, using as much new vocabulary as possible.

la piel➔de gallina;como de leche/chocolate/canela; tan suave/áspera como... los ojos➔como estrellas, que disimulan, celosos, fieles, vacíos, llenos de lágrimas, que se ríen, que sospechan, que coquetan, que asustan, que lloran, que se fijan en todo, que no ocultan nada, que besan, que burlan..

el rostro➔de una princesa, de un ángel/un bebé/un monstruo, que no oculta nada, que asusta, ...

las manos➔delicadas, fuertes, de un gigante, de una reina, etc.

3. Describing abstract concepts with more concrete images. Have students work with a partner to describe adjectives from this and previous lessons. For example:

misterioso como➔una sombra, la oscuridad, etc.

grande como3➔una casa, un elefante, un barco, árbol, etc.

fiel como... mi perro, una piedra, etc.

Recycle: entretenido/leal/tímido/nervioso/cariñoso/ansioso/

celoso/precioso/serio/gracioso/orgulloso/mentiroso/aburrido/hablador

❏ from Chapter 3, Lesson 2
WARM UP ACTIVITY, PAGE 166

1. Provide a derivative of the following:

trabajar (trabajoso)	callar (callado)
claro (claridad)	oscuro (oscuridad)
engañar (engañoso)	chisme (chismoso)
varón (varonil)	misterio (misterioso)
reír (reímos)	lejos (alejarse)
cerca (cercanías)	gritar (grito)

2. Provide an approximate opposite of the following:

confiar en (sospechar de)	callado (chismoso)
fea (bella, bonita)	femenino (varonil)
trabajador (flojo)	claridad (oscuridad)
risas (lágrimas)	sol (sombra)
rápido (lento)	presencia (ausencia)
reírse (llorar)	feo (guapo)
cruel (dulce)	diablo (ángel)
ser fiel (coquetear)	demostrar (disimular)
listo (tonto)	respetar (burlarse de)
no hacerle caso (fijarse en)	calmar (asustar)
	llamas (cenizas)
alejarse de (acercarse a)	niño bueno (niño travieso)

3. Provide an approximate synonym of the following:

reírse de (burlarse de)	tener celos (sospechar)
luz (claridad)	mentiroso (engañoso)
contar rumores (decir chismes)	perezoso (flojo)
	notar (fijarse en)
fuego (llamas)	dar miedo (asustar)
guardar silencio (callarse)	dulce (precioso)
	sombra (oscuridad)
fingir (disimular)	cara (rostro)
no confiar (sospechar)	deportista (atleta)
prestar atención (hacer caso; ignorar)	pelo (cabello)
	no poder ver (ser ciego)
ignorar (no hacerle caso)	

4. Give words from the vocabulary that you associate with:

llorar	(lágrimas, ojos, a gritos, tristeza, triste, cruel)
ojo	(ciego, llenos de luz, fijarse en, de gato)
reirse	(risa, a carcajadas, burlarse, cómico, travieso)
oro	(tesoro, corazón, precioso, rey, reina)

fuego	(llamas, sol, cenizas, luz, claridad, alejarse)
sol	(claridad, [lleno de] luz)
payaso	(cómico, tonto, burlarse, reírse [a carcajadas], risas)

□ from Chapter 3, Lesson 2
  WARM UP ACTIVITY, PAGE 169

Provide words as students need them to describe their experiences; for example: **pelearme con.., elevar cometas, pillar insectos, bañarme en el lago, tirar piedras, saltar en las camas, mirar los dibujos animados, armar cosas, juntarme con amigos, andar en monopatín, jugar a... la escuela/a la guerra/al escondite/al papá y la mamá/al almacén, montar en la montaña rusa, maquillarme, coleccionar... tarjetas de jugadores de béisbol/piedras y minerales/modelos/conchas de mar/monedas, etc.**

Follow up by having students summarize class activities by converting the verbs listed under **me gustaba...** to the imperfect tense. For example:

> **colleccionábamos sellos, les tomábamos el pelo a nuestros hermanos, jugábamos..., nos trepábamos...; etc.**

CHAPTER 3, LESSON 3

□ from Chapter 3, Lesson 3
  VOCABULARY PRESENTATION, PAGES 186

2. Then, have students choose one of the aspects in the list and, with a partner, imagine they are experiencing it through another of the senses.
   Al tocarlo es como.../parece...
   Al escucharlo es como.../parece...oigo...
   Sabe a... (tastes like...)
   Huele a.... (smells like...)
   Se ve.../Se parece a (looks.../looks like...)
   Por ejemplo:
   El silencio: Al tocarlo es (parece) suave/está frío.
   El río: Al escucharlo, oigo la risa de un niño
   La oscuridad: Sabe a vinagre/Pesa mucho/Huele a miedo/Al tocarlo, parece una manta de lana.

3. Have students choose one of the following and work in pairs to give it human qualities or actions.

un árbol	la computadora
la muerte	el silencio
los celos	el bolígrafo
las nubes	la noche
la noche	el calendario
el espejo	el coche
el televisor	la prueba
el sol	el beso

Por ejemplo:
> **la silla (me invita, quiere que me siente en ella; me es fiel; se queja; se siente sola; es tímida;**

se asusta cuando...)
a noche (se viste de seda; es cruel; tiene manos grandes; se burla de mí; se calla; se acerca a mí; disimula...)
el espejo (coquetea; se ríe a carcajadas; me toma el pelo)

□ from Chapter 3, Lesson 3
  WARM UP ACTIVITY, PAGES 188

1. Words that are derivatives of the following:

mirar	cantar
besar	soñar
olvidar	oír
sonreír	recordar
oler	reír
volar	llenar
tentar	

2. Words that are approximate opposites of the following:

el silencio (la voz)	la vida (la muerte)
corto (largo)	el sol (la luna)
lleno de (vacío de)	el norte (el sur)
la guerra (paz)	el olvido (el recuerdo)
oído (sordo)	el placer (el dolor)

3. Words that are approximate synonyms of the following.

contemplo (pienso en)	lejano (distante)
el planeta (el mundo)	con fragancia (oloroso)
nada (el vacío)	color del oro (dorado)
que no oye (sordo)	mucha lluvia (tormenta)
dura mucho (largo)	viene (aparece)
el espíritu (el alma)	acercarse a (alcanzar)
comunicación (mensaje)	ideas (pensamientos)

□ from Chapter 3, Lesson 3
  BIOGRAPHY OF PABLO NERUDA, PAGE 197

Neruda's real name was Neftalí Eliecer Ricardo Reyes but he changed it to the more poetic Pablo Neruda because he didn't want his father to know he was writing poetry. Neruda was born in the small rainy town of Parral in southern Chile. He began his literary career at the age of 14 when he began writing as literary editor of the newspaper, *La mañana,* of Temuco. He was acclaimed nationally at the age of 19 for *Crepusculario,* his first significant volume of verse. A year later he published what turned out to be the most successful of all his books, *Veinte poemas de amor y una canción desesperada.* Besides writing poetry, he was a dedicated politician who served his country as consul in several countries throughout the world. He also served as senator but was impeached in 1948 by the Chilean Senate for having published an open letter criticizing President González Videla.

Pablo Neruda is the most frequently discussed Latin American poet of his time. He is considered the indisputable master of twentieth century Spanish, as well as Spanish-American poetry. He has an international reputation: his poems have been translated into 24 different languages. He published about 50 books, which are notable for their consistently high quality and diversity of style. In 1971 Neruda received the Nobel Prize for Literature.

❐ from Chapter 3, Lesson 3
INFORMATION ABOUT THE AUTHORS, PAGES 202-203

Gustavo Adolfo Bécquer (1836–1870)

Gustavo Adolfo Bécquer is one of the outstanding lyric poets of nineteenth century Spain. He was born in Sevilla of noble blood. His real name was Gustavo Adolfo Domínguez Insausti y Bastida, but he adopted the last name Bécquer from one of his Flemish ancestors who settled in Seville at the end of the sixteenth century. His father, who died when Bécquer was five, was an artist of considerable repute. At the age of ten Bécquer's mother died, and he went to live with an uncle who encouraged him to paint and write. Later, Bécquer lived with his godmother until his early twenties, when he moved to Madrid. In Madrid he lived precariously as a free-lance journalist and translator until his death from tuberculosis.

Most of his work was published posthumously by his friends who wanted to give financial help to Bécquer's three children. Bécquer's forte is the creation of an atmosphere of lyrical beauty. His poetry is simple but profound. He is best known for his Rimas and his prose work, particularly **Leyendas españolas.**

Federico García Lorca (1898–1936)

Federico García Lorca is probably one of the most admired Spanish poets and dramatists of modern times. He was born and grew up on his family's farm in a village near Granada. From his mother, a noted pianist, and his godfather, Spanish composer Manuel de Falla, he developed a love of music and became an accomplished pianist. Music is both a topic and a tool of much of García Lorca's poetry. Other important aspects of his poetry are rhythm, use of metaphors, and a sense of mystery. He was also skilled at writing his poetry in romances, poems written in eight-syllable lines of which only every other line rhymes.

Among his plays that have received international fame are **Bodas de sangre, Yerma,** and **La casa de Bernarda Alba.** García Lorca's plays represent the suffering and frustrations of Spanish women in an intense, powerful, poetic way.

García Lorca died at the beginning of the Spanish Civil War at the hands of a firing squad. The reasons for his death are unknown but the circumstances of his death have made him a tragic figure.

Octavio Paz (1914)

Octavio Paz, winner of the Nobel Prize for Literature in 1990, is a well-known and respected poet and essayist. He was born and educated in Mexico City and published his first volume of poetry, Luna silvestre, before he was 20. His poetry reveals techniques that are surrealistic.

Paz is also considered one of Latin America's foremost essayists. His best-known essay, El laberinto de la soledad, was written after a stay in the United States on a Guggenheim Fellowship. His residence in the United States brought him to a realization of his own national identity. Recurring themes in Paz's works are time, being and existence, the nature of poetry, Mexico's history, and the Mexican landscape.

CHAPTER 4, LESSON 2

❐ from Chapter 4, Lesson 2
VOCABULARY PRESENTATION, PAGE 237

3. Expand with original expression by completing such as the following:
Cuando era menor
   a. Tenía rabietas cuando...
   b. Siempre les hacía caso a mis padres cuando...
   c. Les gruñía a mis padres cuando...
   d. Me hacía cargo de...
   e. Me amurraba y lloriqueaba cuando...
   f. Para escaparme, me encerraba en...
   g. Mis padres me castigaban cuando...
   h. Me gustaba escaparme a...
   i. Le tomaba el pelo a...
   j. Mis padres y yo discutíamos cuando...
   k. Recibía una mesada de...(dólares al mes/a la semana)
   l. Me hacía cargo de muchos quehaceres como, por ejemplo...
   ll. Cuando me portaba mal, mis padres me dejaban sin...
   m. A veces me negaba a...

4. Link new words to known words by sharing personal examples of such as the following:
   a. cosas que me gusta hacer sin parar
   b. quehaceres y responsabilidades que tengo en casa
   c. lo que se encontraba en el ático o sótano de mi casa
   d. cosas de que se quejan los adolescentes

5. Relate new words to other new words by eliciting associations:
   rabietas [chillar, gritar, tirar todo al suelo]
   quejarse [lloriquear, amurrarse, gruñir]

pelearse [discutir, golpear, hacer daño, empujar, maldecir, amenazar]

hacer las paces [arrepentirse, disculparse]

portarse bien [ser respetuoso, no contestar
mal, no ser insolente, ...]

castigar [dejar sin televisión, amonestar, ...]

esconderse [encerrarse, escaparse]

❏ from Chapter 4, Lesson 2
WARM UP ACTIVITY, PAGE 238

1. Find a word or expression in the vocabulary that is
a derivative of the following.

rabia [rabietas]	mes [mesada]
golpe [golpear]	culpa [disculpar]
respeto [respetuoso]	presión [presionar]
decir [maldecir (maldijeron)]	paz [hacer las paces]
	castigar [castigo]

2. Find a word or expression in the vocabulary that is
an approximate opposite of the following.

prestar atención [no hacer caso]	permitir [prohibir]
guardar [echar]	con [sin]
hacer las paces [discutir]	ayudar [hacer daño]
mayor [menor]	justo [injusto]
el ático [el sótano]	diligente [perezoso]
apremiar [castigar]	guerra [paz]
	respetar [ser respetuoso]

3. Find a word in the vocabulary that is an approximate synonym of the following.

obedecer [portarse bien]	gritar [chillar]
pelearse [discutir]	no dejar [prohibir]
no quisieron [se negaron a...]	la habitación [el dormitorio]
sin fin [sin parar]	amonestar [amenazar]
prestar atención [hacer caso]	sentirlo mucho [arrepentirse]
buscar la venganza [vengarse]	dañar [hacer daño]
responsabilizarse de [hacerse cargo de]	responder [contestar]
dinero mensual [mesada]	tirar [echar]
	alejarse [escaparse]

CHAPTER 4, LESSON 3

❏ from Chapter 4, Lesson 3
VOCABULARY PRESENTATION, PAGE 258

2. Write on the board the word **Añoro....** Tell students
they are going to talk about what they miss most
from their childhood. Each student may name only
one thing in each category.

Un lugar	Una actividad
Una persona	Una cosa
la terraza de mi casa	escuchar cuentos
mi abuelita	mi oso de felpa

3. Then invite students, individually, to share their
earliest childhood memory, using words on the
board to guide their description and narration.
SET THE SCENE:
a. Lugar: Estaba en...→Mi hermanito y yo
estábamos en la cocina.
b. Acción: Él y yo peleábamos porque...
PRESENT THE ACTION:
De repente mi papá entró y nos dijo que...

❏ from Chapter 4, Lesson 3
VOCABULARY PRESENTATION, PAGE 259

3. Sort vocabulary by associating with groups such as
the following:
acciones: atacar, tomar presos, volar, rescatar,
disparar, mezclar, operar, etc.
armas: la espada, el hacha, la pistola, arco y
flechas
la magia: capa negra, varita, el mago, la bruja,
poción
el transporte: nave, andar, volar
el peligro: pociones venenosas, pistolas, feroz,
disparar, estallar, incendios, etc.
disfraces: sábana blanca, delantal blanco, capa
negra, maquillarse, etc.
la tristeza: dolor, llanto, dureza, sombra,
piedad, etc.
la felicidad: sol, risa, placer, dulce, amable, etc.
la guerra: tomar presos, luchar, disparar,
rescatar, cazar, etc.

4. Relate new words to known words by eliciting
associations:
arriesgado (por ejemplo: atacar, rescatar,
luchar)

curioso	soñador
hogareño	travieso
emprendedor	feo
vanidoso	imaginativo
atrevido	

❏ from Chapter 4, Lesson 3
WARM UP ACTIVITY, PAGE 260

1. Find a word in the vocabulary that is a derivative
of the following:

abrazar (abrazo)	cazar (cazador)
magia (mago, mágico)	duro (dureza)
besar (beso)	cocinar (cocina)
aparecer (desaparecer)	real (realidad)
jugar (juego)	vuelo (volar)
perdonar (perdonador)	

2. Find a word in the vocabulary that is an approximate opposite of the following:

sol (sombra)	dolor (placer)
rescatar (tomar preso)	separar (mezclar)
verdad (mentira)	claro (oscuro)
hacer las paces (luchar)	aparecer (desaparecer)

fantasía (realidad) amable (feroz, ajeno)
defender (atacar) hospitalario (ajeno)
dureza (piedad) gigante (enanito)
pobre (rico) risa (llanto)

❏ from Chapter 4, Lesson 3
ADDITIONAL PRACTICE, PAGE 271

1. Busca en el texto palabras relacionadas a las
siguientes. (Responses appear in parentheses).
duro (dureza) tortura (torturante)
salir (salida) arrepentirse
advertir (advertencias)   (arrepentimiento)
ojo (ojeras) pólvora (polvorín)
mirar (mirada) asombrar (asombro)
reprochar (reproche) ferocidad (feroz)
loco (enloquecer) hereje (herejía)
ronco (enronquecer) verdad (verdadera)
ensordecer (sordo) pintura (pintarse)
casa (caseros)

2. Contracciones. En español, hay sólo dos contracciones, como ya sabes: a + el = al y de + el
= del. Sin embargo, la gente hace otras contracciones al hablar. Por ejemplo, se pueden
contraer...
para = pa
mi hija(o), mi hijita(o) = m'hija/mija(o),
  mijita(o)
para + el = pal
mi señoría, mi señora = misia, misiá
Busca ejemplos de estas contracciones en el
relato y copia las frases completas.

CHAPTER 5, LESSON 1

❏ from Chapter 5, Lesson 1
WARM UP ACTIVITY, PAGE 284

2. Words that are approximate opposites:
limpiar (ensuciar)
recoger (derramar)
gigantesco (minúsculo)
poderosos (débiles)

3. Words that are derivatives:
autómata (automático)
coordinarme (la coordinación)
gatear (el gato)
enchufarse (el enchufe)
imitar (la imitación)
archivar (el archivo)

CHAPTER 5, LESSON 2

❏ from Chapter 5, Lesson 2
WARM UP ACTIVITY, PAGE 306

1. Words that are similar in meaning:
el paisaje (la tierra) alimentación (comida)
los desperdicios graves (serias)
  (la basura) medicamentos
la hierba (el césped)   (medicinas)

la atmósfera (el aire) trabajos (puestos)
prevenir (evitar) actuar (hacer algo)
lograr (conseguir) responder (contestar)
un equilibrio (una mostrar (enseñar)
  balanza) los mayores (los adultos)
proteger (cuidar) las poblaciones (los
latas (botes)   pueblos)
envolturas (papelitos) arrojar (tirar)
petróleo (aceite)

2. Words that are approximate opposites:
ensuciar (limpiar) proteger (hacer daño)
derrochar (guardar, sequía (lluvia)
  conservar) enfermedades (salud)
cubrir (descubrir) desempleados
destruir (armar,   (trabajadores)

CHAPTER 5, LESSON 3

❏ from Chapter 5, Lesson 3
WARM UP ACTIVITY, PAGE 238

1. Words that are similar in meaning:
la calidad de la vida juzgarse (criticarse)
  (el nivel de vida) convivir (llevarse bien)
la jubilación (el retiro) borrar (eliminar)
el temor (el miedo) proponer (sugerir)
los cárceles (las herirse (lastimarse)
  prisiones) la tensión (el estrés)

2. Words that are approximate opposites:
el temor (la confianza) el fracaso (el éxito)
la injusticia (la justicia) la muerte (la vida)
el desempleo (el la vejez (la juventud)
  trabajo) la tensión (la
la contaminación (el   tranquilidad)
  aire puro) la pereza (la ambición)
la pobreza (la riqueza) la gordura (la delgadez)
la miseria (el bienestar) el cansancio (la energía)

CHAPTER 6, LESSON 1

❏ from Chapter 6, Lesson 1
WARM UP ACTIVITY, PAGE 354

1. Words that are similar in meaning:
trabajador redonda (circular)
  (emprendedor) chica (pequeña)
de mente aguda (listo) lacio (liso)
reservado (tímido) conducir (manejar)
afable (amable) enrojecerse (arderle
alegre (contento)   las mejillas)
comunicativo
  (hablador)

CHAPTER 6, LESSON 2

❏ from Chapter 6, Lesson 2
WARM UP ACTIVITY, PAGE 376

1. Words that are similar in meaning:
echar (tirar) contestar (responder)
averiguar (descubrir) interrogar (preguntar)

mostrar (enseñar)   reprender (castigar)
saña (furia)

2. Words that are approximate opposites:
bajar (subir, alzar)   mal genio (buen humor)
desagrado (agrado)

CHAPTER 6, LESSON 3

❑ from Chapter 6, Lesson 3
WARM UP ACTIVITY, PAGE 398

1. Words that are similar in meaning:
carrera (profesión)   juntarme (reunirme)
estrafalario (raro)   tímido (reservado)
aborrezco (odio)   rostro (cara)
me marcho (me voy)   semblante (apariencia)
deber (responsabilidad)   descarado (insolente)
me echo una siesta   desgarbado (torpe)
   (duermo la siesta)   ancianos (viejos)
noto (me doy cuenta)   altivez (arrogancia)
estupideces (tonterías)   franqueza (sinceridad)
haraganes (perezosos)

2. Words that are approximate opposites:
atrás (adelante)   mendigos (ricos)
dentro (fuera)   altivez (humildad)

CHAPTER 4, LESSON 1

INFORMATION ABOUT THE AUTHORS, PAGES 230–231.

Antonio Machado (1875–1939)

Antonio Machado was the leading poet of the
Generation of 1898. He was born in Seville to a
family of intellectuals who inspired his lifelong
love of literature and learning. As a young man
he moved to Madrid where he worked for a pub-
lishing company, wrote articles for a local newspaper, and was employed briefly as an actor.

His career as a poet began in 1903 with the publication of his volume Soledades. His best known
collection of poems is Campos de Castilla in which
he describes the countryside of Castille in a sober,
austere, and melancholy way. Most of Machado's
verse shows his deep love for the Spanish landscape, both urban and rural. One of the most
recurrent themes in his work is remembrance of
the past.

Rubén Darío (1867–1916)

During his lifetime, Rubén Darío was regarded as
the greatest Spanish-language poet since Quevedo.
He was born in Nicaragua, of Spanish-Indian-
African extraction. Out of his birth name Félix
Rubén García Sarmiento he carved the more poetic
Rubén Darío. He wrote verses in early childhood
and·became known as el poeta niño. His literary
talents were soon recognized and to some extent
subsidized by influential Central Americans. In 1886
he went to Chile, where he worked on La época,
immersed himself in contemporary French literature, and won a poetry contest. Two years later
he published his famous collection of verse and
prose sketches, Azul. This collection set the stage
for a new genre in Spanish America, modernismo,
one of the most important literary schools in the
Spanish language. Modernismo renovated poetic
vocabulary and established new standards for
poetry. It is also the first genre in Spanish literature
that was created in Latin America. One of the characteristics of modernista poetry is pure verse that
often reflects a sophisticated knowledge of art
and culture.

Darío's next famous work after Azul was Prosas
profanas (1896) which marks the zenith of the
modernista movement. In 1905 appeared his finest
work, Cantos de vida y esperanza (1905), which
retains all the beauty of his previous books but has
a new feeling of freedom, simplicity, and strength.
By now Darío's health was failing due to heavy
drinking, drugs, and womanizing. He continued
writing and produced two important volumes of
poetry, El canto errante and Poema del otoño. His
last years were a nightmare of drunkenness and
physical decay. On a trip to New York in 1916 he
caught pneumonia. He garnered enough strength
to return to Nicaragua where he died.

Juan Ramón Jiménez (1881–1958)

Juan Ramón Jiménez began to write poetry after
his graduation from the University of Seville. His
first books of poetry, Almas de violeta and Ninfeas,
appeared in 1900. Over the next decade his poetry
developed delicacy of feeling, technical innovation,
and lyricism. In 1914 he published his masterpiece,
Platero y yo, a series of lyrical impressions in prose
in which the poet speaks to his small donkey,
telling him an account of life in the little town of
Moguer, the poet's birthplace.

Jiménez also wrote critical essays and nonfiction
while he worked as an editor for literary journals in
Spain. After the outbreak of the Spanish Civil War
he and his wife left Spain, making his home in the
United States and then in Puerto Rico. He was a
visiting lecturer at the University of Puerto Rico
and the University of Maryland. In 1956 he received
the Nobel Prize for Literature.

¡Acción!

LEVEL 3

Second Edition

VICKI GALLOWAY

ANGELA LABARCA

GLENCOE
McGraw-Hill

New York, New York   Columbus, Ohio   Mission Hills, California   Peoria, Illinois

ABOUT THE COVER

Avila, Spain is located 53 miles northwest of Madrid. It is famous for the medieval wall, built at the end of the eleventh century, that surrounds the city and that is still in remarkably good condition. Built into the 1.5 mile wall is the Avila cathedral, begun in the 12th century and requiring nearly 600 years to complete. Avila is also known as the home of Saint Teresa, the famous Spanish mystic and writer.

Glencoe/McGraw-Hill

A Division of The McGraw·Hill Companies

Copyright © 1998 Glencoe/McGraw-Hill. All rights reserved.
Except as permitted under the United States Copyright Act,
no part of this publication may be reproduced or distributed
in any form or by any means, or stored in a database or
retrieval system, without prior written permission of the
publisher.

Printed in the United States of America.

Send all inquiries to:
Glencoe/McGraw-Hill
15319 Chatsworth Street
P.O. Box 9609
Mission Hills, CA 91346-9609

ISBN 0-02-640712-4 (Student Edition)
ISBN 0-02-640713-2 (Teacher's Wraparound Edition)

1 2 3 4 5 6 7 8 9 RRC 02 01 00 99 98 97 96

Acknowledgments

The authors and editors would like to express their deep appreciation to the Spanish teachers throughout the United States who advised us in the development of these teaching materials. We wish to give special thanks to the educators whose names appear below.

Educational Reviewers

Kirstine Aarhus
Everett, Washington

Milagros Cancel-Howarth
Frederick Douglas High School
Prince George's County, Maryland

Liliana Heller
Antelope Valley Unified High School
Lancaster, California

Charles Keortge
Antelope Valley Unified High School
Lancaster, California

María A. Leinenweber
Glendale Unified School District
Glendale, California

Leslie Lumpkin
Prince George's County Public Schools
Prince George's County, Maryland

Carol Marshall
Affton High School
St. Louis, Missouri

Marilynn Pavlik
Lyons Twp. High School
La Grange, Illinois

Contenido

Repaso

iv

CAPÍTULO 1

Horas de ocio

CAPÍTULO 2

La vida estudiantil

Amistades y amores

CAPÍTULO 4

Todo pasa y todo queda

La fantasía de hoy: ¿La realidad del futuro?

CAPÍTULO 6

¿Quién soy yo?

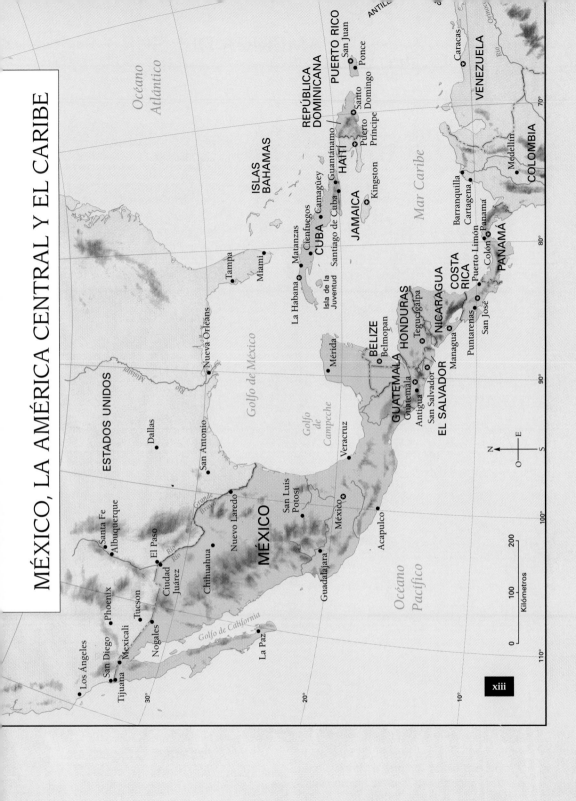

MÉXICO, LA AMÉRICA CENTRAL Y EL CARIBE

Océano Atlántico

ESTADOS UNIDOS

Santa Fe
Albuquerque
El Paso
Ciudad Juárez
Chihuahua
Nuevo Laredo
San Antonio
Dallas
Nueva Orleans

Los Ángeles
San Diego
Tijuana
Mexicali
Phoenix
Tucson
Nogales
La Paz
Golfo de California

MÉXICO
Guadalajara
México
Acapulco
San Luis Potosí
Veracruz
Mérida
Golfo de Campeche
Golfo de México

Océano Pacífico

ISLAS BAHAMAS

Tampa
Miami

La Habana
Matanzas
Cienfuegos
Isla de la Juventud
CUBA
Camagüey
Santiago de Cuba

JAMAICA
Kingston

HAITÍ
Guantánamo

REPÚBLICA DOMINICANA
Puerto Príncipe
Santo Domingo

PUERTO RICO
San Juan
Ponce

Mar Caribe

BELIZE
Belmopan
GUATEMALA
Guatemala
Antigua
San Salvador
EL SALVADOR
HONDURAS
Tegucigalpa
NICARAGUA
Managua
COSTA RICA
Puntarenas
San José
Puerto Limón
PANAMÁ
Colón
Panamá

Barranquilla
Cartagena
Medellín
COLOMBIA

Caracas
VENEZUELA

N
E
S

200
100
0
Kilómetros

xiii

LA AMÉRICA DEL SUR

Mar Caribe

Maracaibo • Caracas
VENEZUELA • GUYANA
Georgetown SURINAM
Medellín Bogotá Paramaribo Cayena
COLOMBIA GUAYANA FRANCESA

Islas Galápagos (Ecuador)

Quito
ECUADOR
Guayaquil • Iquitos

Río Amazonas

PERÚ BRASIL
Lima • Cuzco Brasilia
BOLIVIA
La Paz • Sucre

PARAGUAY São Paulo • Río de Janeiro
Asunción

Océano Pacífico

Córdoba
Rosario URUGUAY
Valparaíso Buenos Aires Montevideo
Santiago
ARGENTINA
CHILE • Mar del Plata

Puerto Montt • Bariloche

CORDILLERA DE LOS ANDES

Islas Malvinas (R.U.)

N
O — E
S

Océano Atlántico

0   500   1000
Kilómetros

Punta Arenas

xiv

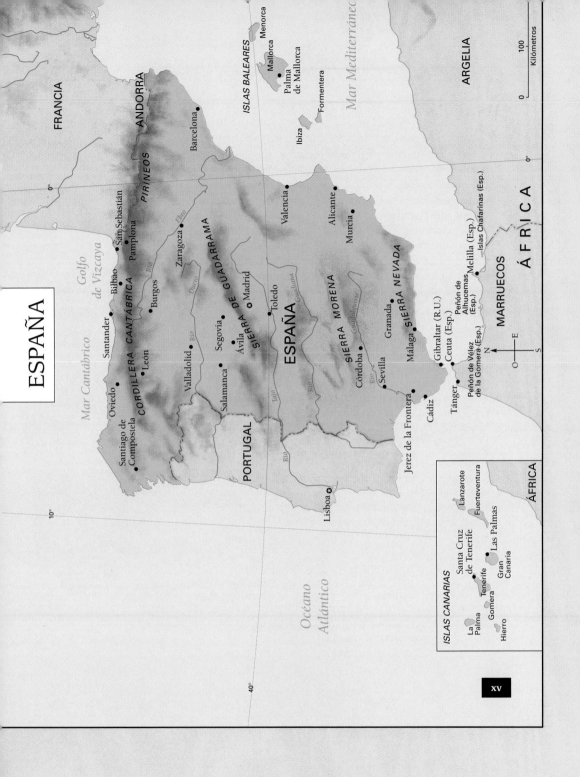

ESPAÑA

FRANCIA

ANDORRA

PIRINEOS

Barcelona

ISLAS BALEARES

Menorca

Mallorca

Palma de Mallorca

Formentera

Ibiza

Mar Mediterráneo

ARGELIA

Golfo de Vizcaya

Mar Cantábrico

San Sebastián

Pamplona

Bilbao

CORDILLERA CANTÁBRICA

Zaragoza

Río Ebro

Santander

Burgos

Valencia

Alicante

Oviedo

León

Río Duero

Valladolid

SIERRA DE GUADARRAMA

Segovia

Ávila

Madrid

Toledo

SIERRA

Murcia

Santiago de Compostela

Salamanca

Guadiana

ESPAÑA

SIERRA MORENA

Granada

SIERRA NEVADA

Córdoba

Río

Sevilla

Málaga

Gibraltar (R.U.)

Ceuta (Esp.)

Peñón de Vélez
de la Gomera (Esp.)

Peñón de
Alhucemas
(Esp.)

Melilla (Esp.)

Islas Chafarinas (Esp.)

MARRUECOS

ÁFRICA

PORTUGAL

Río Tajo

Lisboa

Jerez de la Frontera

Cádiz

Tánger

Guadalquivir

Océano Atlántico

ISLAS CANARIAS

Santa Cruz
de Tenerife

Lanzarote

Fuerteventura

La Palma

Tenerife

Gomera

Las Palmas

Gran Canaria

Hierro

ÁFRICA

N

E

S

O

0

100

Kilómetros

10°

40°

0°

0°

xv

1 Así es la gente

Pacing

Review of Section 1, **Así es la gente**, should take two to four days depending on the length of the class, the age of the students, and student aptitude.

Review Resources
1. *¡Acción!* Level 2 **Vocabulario** Overhead Transparencies
2. Writing Activities Workbook

Bell Ringer Review

Write the following on the board or use BRR Blackline Master R-1: Write a postcard to a new pen pal describing yourself in detail.

Vocabulario

Actividades

Presentation (pages xvi, R–1)

A. The vocabulary for **Actividad A** was originally introduced in *¡Acción!* Level 2, Chapter 3, Lesson 1; Chapter 4, Lesson 4, and Chapter 5, Lesson 4.

B. Before doing **Actividad A,** you may wish to use the **Vocabulario** Transparencies from *¡Acción!* Level 2, **Vocabulario 1,** Chapter 4, Lesson 4 and **Vocabulario 2,** Chapter 5, Lesson 4.

Actividad A Answers

Answers will vary but may include the following:
1. ¡Qué terco!
2. ¡Qué mentiroso!
3. ¡Qué cobarde!
4. ¡Qué travieso!
5. ¡Qué mandón!
6. ¡Qué trabajador (serio)!
7. ¡Qué leal!
8. ¡Qué perezoso!

---

1 Así Es La Gente

Vocabulario

A **¡Qué raro!** Use the adjectives from the list to describe the people who made the following comments.

bondadoso/desconsiderado	humilde/pretencioso
valiente/cobarde	leal/desleal
cortés/descortés	maduro/inmaduro
cuerdo/despistado	servicial/obstinado o terco
dócil/mandón	optimista/pesimista
entretenido/pesado	ordenado/desordenado
franco/mentiroso	paciente/impaciente
generoso/tacaño	trabajador/perezoso
gracioso/serio	obediente/travieso

"¡Qué tacaño!"

Por ejemplo: ¿Veinte dólares por un par de zapatos? ¡Eso es demasiado! *¡Qué tacaño!*

1. ¡No, no y no! ¡Insisto en quedarme aquí!
2. Mi papá es millonario y mi mamá es la hija de un príncipe.
3. No voy a la playa. Le tengo miedo al agua.
4. Oye, ¿qué te parece si ponemos sal en todos los azucareros?
5. Primero, quiero que me limpies esta habitación. Luego, que me traigas un refresco—con hielo, por favor.
6. No quiere ir con nosotros. Pasa todos los días estudiando.
7. Pase lo que pase, siempre seré tu amigo.
8. Jorge, ¿por qué no te levantas? Ya has dormido más de doce horas.

B **¿Cómo es?** Choose one of the adjectives from the list in Exercise A and give a brief description of that type of person, without saying the adjective. Your classmates will guess the characteristic you are describing.

Por ejemplo: Esta persona nunca piensa en los demás. Sólo piensa en sí misma. *Es desconsiderada.*

Estructura

How to Say "to Be"

Ser, estar, *and* **haber**

1. You have learned to use two verbs to express "to be." Here is a summary of some of their uses.

Use **ser** for...

- Identity: **¿Quién es?**
- Origin: **¿De dónde es?**
- Nationality: **Es mexicano(a).**
- Possession: **¿De quién es?**
- Profession or occupation: **Ella es abogada. Yo todavía soy estudiante.**
- Time: **¿Qué hora es? ¿Cuándo es la fiesta, y a qué hora?**
- Inherent qualities or characteristics: **¿Cómo es?**
- Composition or material: **¿De qué es? Es de madera.**
- Saying where an event is held or taking place: **¿Dónde es la reunión?**

Use **estar** for...

- Giving location: **¿Dónde está?**
- Describing moods, feelings, or conditions: **¿Cómo está? Está preocupado.**
- Describing perceptions, impressions, taste: **¡Qué guapa estás hoy! ¡Qué rica está la comida!**

2. To express "there is... (are, was, were, etc.)" you will use neither **ser** nor **estar**, but a form of **haber.**

There is/are: **hay**

There was/were: **había** or **hubo**

There may be: **Es posible que haya...**

There has/have been: **ha habido**

There will be: **va a haber/ habrá**

There would be: **habría**

R-1

Actividades

Additional Practice

Ask students to do the following activity: Choose an item found in the classroom. Write a description of the item without naming it. Include what it looks like, what it is made of, where it is in the room, etc. Read your description to the class and see if the other students can identify what it is.

C **¿Ser, estar o haber?** Review the forms of **ser** and **estar** in the present tense. Then complete the following dialogue with the appropriate form of **ser**, **estar**, or **haber (hay)**.

	SER	ESTAR
yo	soy	estoy
tú	eres	estás
él, ella, Ud.	es	está
nosotros	somos	estamos
vosotros	sois	estáis
ellos, ellas, Uds.	son	están

Dos amigos se encuentran en la universidad:

Martín: Joaquín, ¿__ tú? ¿Cómo __? Hace mucho que no nos vemos.

Joaquín: Martín, ¿qué tal? Sí, hace como cinco años. ¿__ estudiante aquí?

Martín: Sí, __ en mi segundo año. ¿Y tú?

Joaquín: Pues, no __ alumno. Sólo __ aquí de visita—mi novia asiste a una clase de francés.

Martín: ¡Tu novia!

Joaquín: Sí, es que __ enamorado. Hace un año que __ comprometidos Carmen y yo. Parece que por fin __ listo para casarme.

Martín: ¿Carmen? Fíjate que ese también __ el nombre de mi novia. Bueno, ya no __ mi novia. Ahora, __ solo.

Joaquín: Pues, no te preocupes. __ muchas chicas aquí.

Martín: Sí, pero las que conozco __ aburridas. Dime, ¿cómo __ tu novia? Tiene que __ una chica extraordinaria.

Joaquín: __ muy lista. __ colombiana, de Bogotá. Si quieres conocerla, ¿por qué no vas con nosotros a una fiesta esta noche?

Martín: ¿Dónde __ la fiesta?

Joaquín: En la casa de Carmen. No __ lejos.

Martín: Y, ¿a qué hora __?

Joaquín: La fiesta __ a las nueve. [En ese momento llega Carmen]

Joaquín: ¡Ah, aquí __!

Carmen: ¡Martín!

Martín: Car... Carmen...

Joaquín: Martín, ¿qué te pasa? ¡__ blanco!

Martín: Hola, Carmen. Hace mucho que no nos vemos. ¡__ muy guapa!

Carmen: Sí, Martín, hace mucho... ¿Tú y Joaquín __ amigos?

R-2

D **Autorretrato.** Use forms of **ser, estar,** and **haber** to write a short description of yourself. Include the following information.

1. Your name and a personal description
2. Where you are from
3. Your home and its location
4. Your school, its location, and your year of study (first, second, etc.)
5. Your favorite school events and where they are held
6. Your career goals—what you want to be some day and why
7. Whether there are any special opportunities (**oportunidades**) offered at your school
8. How you feel sometimes and why

Silvia Barres
Los Angeles, California
El estudiante de tercer año en la secundaria.
Juega en los equipos de vóleibol y fútbol de su escuela.
Espera estudiar medicina en la universidad.
Es voluntaria en el hospital.

Actividad D Answers
Answers will vary but may resemble the following:

1. Me llamo (David). Soy alto y delgado.
2. Soy de Idaho.
3. Vivo en una casa pequeña. Está en la calle Elm.
4. Prefiero los partidos de fútbol. Son en el estadio.
5. Mi escuela es Center City High. Está en Center City. Estoy en el tercer año.
6. Quiero ser doctor. Me gusta la biología.
7. Hay muchas oportunidades en mi escuela.
8. A veces estoy cansado porque no duermo mucho.

Estructura

How to Communicate in Past and Present: Some Special Cases

Present and preterit stem-changing verbs

The "stem" of a verb is the part that remains after you remove the **-er**, **-ir**, or **-ar** ending of the infinitive. Stem-changing verbs can be divided into four categories, as shown in the following charts. For the present tense, the stem changes are made in all conjugations except the **nosotros** and **vosotros** forms. In the preterit tense, stem changes occur in the **él/ella/Ud.** and **ellos/ellas/Uds.** forms.

1. o(u) > ue   o > u

   PRESENT   **PRETERIT**

   dormir → duerme   dormir → durmió
   jugar → juega   morir → murió
   poder → puede

2. e > ie

   PRESENT

   divertirse → se divierte
   pensar → piensa
   tener → tiene
   venir → viene

Remember that the **yo** form of **tener** and **venir** is **tengo** and **vengo.**

Estructura

Presentation (pages R–3, R–4)

A. The present and preterit stem-changing verbs were presented in *¡Acción!* Level 2, Chapter 2 Lesson 4.

B. Lead students through steps 1–4. Ask students questions using stem-changing verbs. Repeat their answers to the class: ¿Juegas básquetbol, Jaime? ¿Jugaste anoche? Jaime jugó básquetbol anoche.

R-3

3. e > i

PRESENT	PRETERIT
pedir → pide	despedirse → se despidió
repetir → repite	divertirse → se divirtió
servir → sirve	mentir → mintió
	pedir → pidió
	preferir → prefirió
	seguir → siguió
	vestirse → se vistió

4. add -y

PRESENT	i > y PRETERIT
construir → construye	construir → construyó
destruir → destruye	creer → creyó
huir → huye	leer → leyó
	oír → oyó

E **Recuerdos.** In groups of four, interview each other using the following questions. Take notes and summarize classmates' responses to the class, as shown in the model.

Por ejemplo: ¿Recuerdas una vez que mentiste?

Mis compañeros dicen que generalmente no mienten nunca. Pero Stacy recuerda una vez que le mintió a su mamá cuando su mamá le preguntó su nota en una prueba. David y Kate también les mintieron a sus padres una vez.

¿Recuerdas una vez que...
1. casi te moriste de miedo?
2. les pediste un favor a tus padres?
3. te despediste de un buen amigo?
4. te divertiste en una reunión?
5. leíste un libro increíble?

Cooperative Learning Activity
Working in pairs, ask students to do the following: List ten things you did last week. Then interview your partner to find out if he or she did any of the same activities. Switch roles. Report back to the class, stating which activities you did and did not have in common.

2 De Fiesta

Vocabulario

A **Para celebrar.** Complete the following statements using relevant vocabulary to describe how you, your family, friends, and the community celebrate the following events.

1. Si me han invitado para una fiesta de brujas, me pongo... y...
2. Para mi cumpleaños me gusta pasar el día...
3. Para el 4 de julio, me encantan los... y los... en el parque.
4. El día de Navidad, la gente pasa...
5. Para Yom Kippur tenemos una...
6. Para la fiesta de Año Viejo, la gente se pone a...
7. Para la Pascua Florida *(Easter),* mis abuelos y tíos mandan... y...
8. Para celebrar el aniversario de la escuela podemos organizar... y...

Estructura

How to Talk About Myself, Yourself, Himself, etc.

Reflexive verbs

Reflexive verbs are used to talk about oneself; they employ the use of reflexive pronouns. Reflexive pronouns reflect or refer back to the subject of the verb. Review the following.

VESTIRSE (PRETERIT)

Ayer,...

> me vestí bien.
>
> te vestiste bien.
>
> se vistió bien.
>
> nos vestimos bien.
>
> os vestisteis bien.
>
> se vistieron bien.

R-5

Cooperative Learning Activity

Working in groups of four, ask students to do the following: Give each group a bag from which to draw slips of paper with reflexive verbs written on them. Each player will choose a paper from the bag and act out the verb written on it. To guess correctly, the others must say that he or she did this activity in the preterit tense. You may also wish to have the groups play against each other in teams of two.

---

2 De fiesta

Pacing

Review of Section 2, **De fiesta,** should take two to four days depending on the length of the class, the age of the students, and student aptitude.

Bell Ringer Review

Write the following on the board or use BRR Blackline Master R-2: Draw a stick figure and label in Spanish all the body parts you can.

Vocabulario

Presentation (page R–6)

A. The vocabulary for **Actividad A** was originally introduced in *¡Acción!* Level 2, Chapter 3, Lesson 3.

B. Before doing **Actividad A,** you may wish to review the vocabulary using the **Vocabulario** Transparencies for **Vocabulario** from *¡Acción!* Level 2, Chapter 3, Lesson 3.

Actividad

Actividad A Answers
Answers will vary.

Estructura

Presentation (page R–5)

A. The reflexive verbs were presented in *¡Acción!* Level 2, Chapter 2, Lesson 3.

B. After reviewing **vestirse,** you may want to have the students help you compile a list of reflexive verbs that they recall. You may also want to use *¡Acción!* Level 2, **Vocabulario 1** Transparencies, Chapter 2, Lesson 3, to review reflexive verbs.

Actividades

Actividad B Answers
Answers will vary but may include the following verb forms :
1. ¿... te vestiste... ?
   Se vistió...
2. ¿... te levantaste... ?
   Se levantó...
3. ¿... te acostaste... ?
   Se acostó...
4. ¿... te portaste... ?
   Se portó...
5. ¿... te quejaste ...?
   Se quejó...
6. ¿... te divertiste ...?
   Se divirtió...

Actividad C Answers
1. Nos reímos mucho en el cumpleaños de Angelita.
2. Nos vestimos tan elegantes...
3. Nos servimos tanta comida rica...
4. Nos pusimos disfraces más lindos...
5. Nos quemamos tanto en el sol...
6. Nos mojamos mucho con la lluvia...
7. Nos caímos tantas veces...
8. Nos llevamos tan bien...

B **Curiosidad.** In each item make up at least one question to ask your partner and then report back to the class. Use reflexive verbs with the corresponding reflexive pronoun.

Por ejemplo: divertirse / en los partidos / en las fiestas

¿Cuándo te divertiste más, en los partidos o en las fiestas?

(José) se divirtió más en las fiestas.

1. vestirse elegante / fiesta formal / reunión de amigos
2. levantarse temprano / los domingos / los lunes
3. acostarse muy tarde / el verano / el invierno
4. portarse mejor / en casa de los abuelos / en casa de la familia
5. quejarse más / en casa / en la escuela
6. divertirse como loco(a) / en la piscina / en el parque

C **Fechas inolvidables.** Imagine that your mother is showing her scrapbook to some friends. Complete her statements after she reads the date on each picture.

Por ejemplo: 13 de Noviembre de 1995; boda de Jorge y Patricia. (divertirnos mucho)

Nos divertimos mucho en la boda de Jorge y Patricia.

1. 2 de abril de 1992; cumpleaños de Angelita. (reírnos mucho)
2. 6 de enero de 1993; 30 años de matrimonio de mi tía. (vestirnos tan elegantes)
3. 24 de noviembre de 1989; comida del Día de Acción de Gracias. (servirnos tanta comida rica)
4. 21 de febrero de 1987; carnaval en Nueva Orleans. (ponernos disfraces más lindos)
5. 4 de julio de 1995; picnic familiar. (quemarnos tanto con el sol)
6. 5 de mayo; fiesta mexicana en la escuela. (mojarnos mucho con la lluvia)
7. 25 de diciembre de 1994; primer día con patines nuevos. (caernos tantas veces)
8. 2 de septiembre de 1988; cumpleaños de mi amiga Elena. (llevarnos tan bien)

R-6

Estructura

How to Refer to People and Things Already Mentioned *Double object pronouns*

1. To avoid repetition and redundancy, you will often need to use pronouns in combinations of two. The order in which you place or attach the pronouns is very important to the meaning. The pronouns **me** + **la** and **te** + **la** precede the verb or are attached to an infinitive, command, or gerund in this order:

indirect object pronoun (**me, te, le, les, nos**) + direct object pronoun (**me, te, los, la, las, nos**) + verb form

—Jeff, ¿dónde está mi guitarra?

—Te la dejé en la sala de música. (**te** = *you*; **la** = **guitarra**)

—¿Podrías traérmela mañana? (**me** = *me*; **la** = *guitar*)

—Cómo no; mañana mismo te la traigo. (**te** = *you*; **la** = *guitar*)

2. If the indirect object pronoun you are using is **le** or **les**, however, you must change **le** or **les** to **se** before using direct object pronouns.

—Ramón, ¿le conseguiste una entrada a tu amigo?

—Sí, claro, se la conseguí con mi prima. (**se** = *him*; **la** = **entrada**)

—¿Y hay otra para mi novia?

—No sé. Podemos conseguírsela con otra persona. (**se** = *her*; **la** = *entrada*)

—No sabes cuánto te lo agradezco. (**te** = *you*; **lo** = *favor*)

Notice that when attaching pronouns you will need to place an accent on the verb as shown.

—Dicen que ya sabes quién será el monitor de la carroza. Dímelo ya.

—No, no puedo decírtelo hasta que lo anuncien en la fiesta.

D **Sé buenito.** Your friend has forgotten to do what you asked him or her to do. Repeat your original request by attaching pronouns to the command in the correct order, noting where an accent must be added.

Por ejemplo: ¿Me has puesto mis tareas en la mochila?
  Por favor, pónmelas.

1. ¿Me has escrito la nota para el entrenador?
2. ¿Me has prestado ya los balones de baloncesto?
3. ¿Me has enseñado las fotos del desfile?
4. ¿Me has comprado las entradas para el campeonato?
5. ¿Me has traído tu medalla de oro para verla?

R-7

A. Double object pronouns were presented in *¡Acción!* Level 2, Chapter 1, Lesson 4, and Chapter 3, Lesson 2.

B. Before leading the students through steps 1–2, you may want to begin with example sentences that contain only one object (direct or indirect): **¿Escribiste la carta? Sí, la escribí. ¿Le escribiste la carta a tu abuela? Sí, le escribí la carta.** Then you may want to start putting them together: **Entonces, se la escribiste.**

Actividad

Actividad D Answers
1. Por favor, ordénamelos.
2. ...escríbemela.
3. ...préstamelos.
4. ...esnséñamelas.
5. ...cómpramelas.
6. ...tráemela para verla.

Additional Practice

Have students do the following activities:

A. Tell the following friends to do what they have not done.
1. Carla no le prestó los libros al maestro.
2. Jorge no le mandó la carta a su tío.
3. Enrique no se puso el suéter.
4. Anita no les dio las invitaciones a sus amigos.
5. Paquito no le compró las revistas a su madre.

B. Make a list of five items you want to give away. Then tell your partner what is on your list. Your partner will tell you to whom to give each item according to their needs. Switch roles.
Por ejemplo: No necesito mi estéreo viejo. ¿Lo quieres?
Sí, lo quiero. Dámelo. (No, dáselo a Jorge. Lo necesita.)

3 De viaje

Pacing

Review of Section 3, **De viaje,** should take five to seven days depending on the length of the class, the age of the students, and student aptitude.

Bell Ringer Review

Write the following on the board or use BRR Blackline Master R-3: Answer the following personal questions in complete sentences:

1. ¿Has visitado un país extranjero alguna vez?
2. ¿Has hecho planes para el verano?
3. ¿Has visto la Estatua de la Libertad alguna vez?
4. ¿Has roto un vidrio en tu casa?
5. ¿Has escrito una composición para la clase de matemáticas?
6. ¿Le has dicho una mentira a tu mejor amigo?

Vocabulario

Presentation (page R–8)

A. The vocabulary for **Actividad A** was originally presented in *¡Acción!* Level 2, Chapter 1 Lesson 1.

B. Before doing **Actividad A,** you may want to review the vocabulary in *¡Acción!* Level 2, **Vocabulario** Transparencies, Chapter 1, Lesson 1.

Actividad

Actividad A Answers

1. ventanilla/pasillo
2. escala/ida/demora
3. facturé/auxiliar/puerta/ reclamar
4. crucero/tabla/bajar
5. mano

---

3 De Viaje

Vocabulario

A **Ya se va el avión.** Complete the following with vocabulary related to airplane travel.

auxiliar	facturar	puerta
bajar	ida	reclamar
crucero	mano	tabla
demora	pasillo	ventanilla
escala		

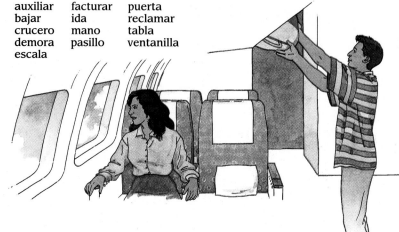

1. Como me gusta mirar el paisaje, yo prefiero un asiento en la ___. Sin embargo, a mi hermana le gusta sentarse en el ___ porque así puede levantarse y caminar cuando quiera.

2. Un vuelo sin ___ es mucho más corto. Por eso, tomé pasajes de ___ y vuelta en un vuelo directo a San Francisco. No quiero pasar por Dallas primero, porque un vuelo directo tiene menos probabilidades de llegar con ___.

3. Cuando fui a ___ mis maletas, me olvidé de entregar mi bolso deportivo también. Después, la ___ de vuelo me hizo facturarlo en la ___ de salida, porque dijo que era muy grande para llevarlo en la cabina. Por supuesto, no podía encontrar mi bolso cuando fui a ___ mi equipaje.

4. Me gustaría mucho más hacer un ___ por el Caribe. Claro que, para practicar la ___ hawaiana, no hay nada mejor que el Pacífico. Pero a mí no me importa nada, porque yo prefiero ___ el río en balsa.

5. No conviene poner nada importante en las maletas. Los remedios, los anteojos, las llaves y la cámara deben ir en el equipaje de ___, por supuesto. Desgraciadamente, yo no sabía nada de esto.

Estructura

How to Tell or Report Something

The use of **que** *as a connector*

1. In Spanish, verbs of reporting require **que** after them. Unlike English, this connective **que** is not optional.

   Dicen que es mejor dormir mucho para que no te dé soroche.

   Oímos que el costo de vida no ha subido.

2. The following verbs require **que**:

contar	decir	imaginarse	oír	saber
creer	escuchar	leer	parecer	ver

Me imagino que hay que llevar ropa de invierno a la sierra.

B **Recados.** Work with a classmate to send a message to the people who want to know something about you.

Por ejemplo: ESTUDIANTE A: **Tus compañeros quieren saber si estás enamorado(a).**

ESTUDIANTE A: *Diles que no sé. Me encanta mi novio(a) pero no sé si estoy enamorado(a).*

1. —Tu supervisor quiere saber por qué no trabajaste la semana pasada.
   —Cuéntale...
2. —El entrenador quiere saber si vas a jugar la próxima semana.
   —Dile que parece...
3. —Los chicos quieren saber si tocas la guitarra.
   —Diles...
4. —Queremos saber qué pasó en la última fiesta.
   —Oí...
5. —El/La profesor(a) quiere saber qué país te gusta más.
   —Creo...
6. —¿Sabes qué le pasó a tu amigo(a)?
   —Supe...

Estructura

Presentation (page R–9)

A. The uses of **que** as a connector were presented in *¡Acción!* Level 2, Chapter 4, Lesson 1.

B. Lead the students through steps 1–2. Have the students think of example sentences for each verb in step 2.

Actividad

Actividad B Answers
Answers will vary, although each completion should begin with **que**.

Cooperative Learning Activity

Make a list of stereotypes that older adults believe about teenagers today. Then decide which stereotypes are actually true and which are not based on fact.

Por ejemplo: Dicen que los jóvenes son perezosos. No es verdad. Nosotros trabajamos, estudiamos y practicamos muchos deportes.

Estructura

Presentation (page R-10)

A. **Esperar** with the present perfect subjunctive was originally presented in *¡Acción!* Level 2, Chapter 4 Lesson 2.

B. Lead the students though steps 1–3. You may wish to share what you hope has happened and ask the students what they hope has happened.

Actividad

Actividad C Answers

1. Espero que él haya llegado ya.
2. Espero que mi mamá haya hecho las reservaciones ya.
3. Espero que haya nevado mucho ya.
4. Espero que el profesor haya dado una prueba fácil.
5. Espero que mi prima me haya devuelto la trompeta.
6. Espero que la NASA haya organizado viajes para estudiantes.
7. Espero que mi amiga haya comprado las entradas ya.

Estructura

How to Say What You Hope Has Happened   **Esperar** *with the present perfect subjunctive*

1. To express what you hope has happened use **espero que + haya(n) / hayas / hayamos** + a past participle.

   Cómo me gustaría inscribirme *(register)* **para el maratón.**

   Espero que hayan abierto las inscripciones ya.

2. Any necessary pronouns must be placed before the form of **haya**.

   No pude encontrar mi libro esta mañana.

   Espero que mi hermana me lo haya encontrado.

3. To express what you hope might exist use **espero que + haya**.

   No tengo deseos de ir a clase mañana.

   Espero que haya una gran tormenta esta noche.

C **Deseos.** Say what you hope for with reference to the followin[g] plans or desires using **espero que + haya** + past participle.

Por ejemplo: Quisiera llegar a casa y comer inmediatamente pero papá tiene que hacer la comida.

   Espero que mi papá haya hecho la comida ya.

1. Sueño con las vacaciones en Puerto Rico pero mi mamá tie[ne] que hacer las reservaciones.
2. Quiero ir a esquiar pero tiene que nevar mucho esta seman[a].
3. Quisiera sacar una A en la prueba de matemáticas pero el profesor tiene que dar una prueba fácil.
4. Sueño con irme a otro planeta pero la NASA tiene que organizar viajes para estudiantes.
5. Me muero de ganas de ir al concierto pero mi amiga tiene c[ue] comprar las entradas.

Estructura

How to Express Desires or Give Indirect Commands to Others   *The present subjunctive*

1. To say what you or others want people to do or hope they would do, use the subjunctive. Also use the subjunctive to give indirect commands.

   Espero que estudies para el examen.

2. To form the present subjunctive, take the **yo** form of the present tense, drop the final **-o** and add the subjunctive endings. For **-ar** verbs, use **-e** endings; for **-er / -ir** verbs, use **-a** endings as follows:

R-10

	BAJAR (bajo)	RECIBIR (recibo)	PONER (pongo)
yo	baje	reciba	ponga
tú	bajes	recibas	pongas
él, ella, Ud.	baje	reciba	ponga
nosotros	bajemos	recibamos	pongamos
vosotros	bajéis	recibáis	pongáis
ellos, ellas, Uds.	bajen	reciban	pongan

3. Verbs that have **ie** or **ue** stem changes, do not present that change in the **nosotros** form of the subjunctive.

	SOÑAR (sueño)	ACOSTARSE (me acuesto)
yo	sueñe	me acueste
tú	sueñes	te acuestes
él, ella, Ud.	sueñe	se acueste
nosotros	soñemos	nos acostemos
vosotros	soñéis	vos acostéis
ellos, ellas, Uds.	sueñen	se acuesten

4. Some verbs have a stem change of **i** or **u** in the **nosotros** form of the subjunctive.

jugar → juguemos   preferir → prefiramos   sentirse → nos sintamos

5. As in the preterit, spelling changes are necessary with verbs ending in:

-car	-zar	-gar	-ger/-gir
buscar > busque	empezar > empiece	llegar > llegue	elegir > elija
sacar > saque	organizar > organice	pagar > pague	recoger > recoja

D Ayúdame por favor. Relay these messages to a friend. Use a **que** connector and the subjunctive **tú** or **Uds.** form of the command given.

Por ejemplo: Tu madre dice: ¡pórtate bien!
          Tu madre dice que te portes bien.

1. Tu papá dice: ¡Está callado!
2. La profesora dice: ¡Sé buen alumno!
3. Tus primos dicen: ¡Danos el disquete de juegos!
4. Tu amiga dice: ¡Pon atención!
5. Tu compañera dice: ¡Ven rápido!

R-11

Estructura

Presentation (pages R–11, R–12)

A. The present subjunctive was presented in *¡Acción!* Level 2, Chapter 4, Lesson 3.

B. Lead the students through steps 1–4. Give example sentences using **esperar** and **querer**.

Actividades

Actividad D Answers

1. Tu papá dice que estés callado.
2. La profesora dice que seas buen alumno.
3. Tus primos dijeron que les des el disquete de juegos.
4. Tu amiga dice que pongas atención.
5. Tu compañera dice que vengas rápido.

Actividad E Answers

1. Niños, no quiero que salten como locos.
2. ...que se quemen con el sol.
3. ...que se saquen el salvavidas.
4. ...que se reúnan con otros chicos.
5. ...que se sienten a todo sol.
6. ...que se ahoguen por comer y bañarse.
7. ...que se mojen la ropa seca.
8. ...que se quejen como bebés.

Additional Practice

Have students do the following:

A. List what Carlitos, a failing student, should do to do better in Spanish class.
   Por ejemplo: Es necesario que tú estudies más.

B. List six things your parents hope or want you to do. Ask your partner whether his or her parents want or hope the same for him or her. Switch roles. Compare your parents. Whose parents are more demanding, optimistic, realistic, etc.?

Estructura

Presentation (page R–12)

A. The subjunctive after **no creer, alegrarse** and **sentirse** was originally presented in *¡Acción!* Level 2, Chapter 5, Lesson 1.

B. Lead the students through steps 1–3. Have the students help you provide examples for each sentence starter.

E **Mejor que no.** Imagine that you are baby-sitting for a neighbor at the pool. Tell the children what you don't want them to do.

Por ejemplo: correr como locos
   Niños, no quiero que corran como locos.

1. saltar como locos
2. quemarse con el sol
3. sacarse el salvavidas
4. reunirse con otros chicos
5. sentarse a todo sol
6. ahogarse por comer y bañarse
7. mojarse la ropa seca
8. quejarse como bebés

Estructura

How to Express Disbelief and How to Say You Are Happy / Sorry Something Has Happened

The subjunctive after **no creer,** *and the present and present perfect subjunctive after* **alegrarse** *and* **sentir**

1. To say that you don't believe that someone has done something or that something has happened, use **no creo que + haya(n) / hayamos** + past participle.

   —Dicen que los Aguilera encontraron un hotel muy barato en Lima.

   —No creo que el hotel haya sido tan barato.

2. To say that you are glad or sorry that someone has done something, or that something has happened, use the following expressions.

Positive:	Negative:
me alegro que / qué bueno que + haya(n) / hayamos + past participle	siento que / lástima que + haya(n) / hayamos + past participle

   Me alegro que hayan podido ir a Machu Picchu, pero siento que haya llovido todo el tiempo. ¡Qué bueno que los Aguilera los hayan ayudado!

3. If the event or action is taking place at the present time or will happen in the future use **no creo que, me alegro que, siento que** + present subjunctive.

   No creo que Greg y Scott vayan a Iquitos también. Lástima que no tengan tiempo.

F **De todo corazón.** Say something nice to friends who have the following problems.

Por ejemplo: Perdí mi certificado de vacunas pero mi padrino me consiguió otro en la clínica.

Siento mucho (Qué lástima) que hayas perdido tu certificado de vacunas, pero qué bueno que (me alegro mucho que) tu padrino te haya conseguido otro en la clínica.

1. Me olvidé de la pasta de dientes pero traje la seda dental.
2. No llevé colonia, pero sí me acordé del desodorante, que es más importante.
3. No puse la crema de afeitar en la maleta pero sí llevé mi afeitadora eléctrica.
4. Compré un cepillo de dientes que era demasiado duro, pero mi hermano me dió otro.
5. No pude dormir en el avión pero eché una siesta en el hotel.

G **Es el colmo** *(The last straw).* Bruno really did it this time. He did not sleep last night and left behind everything that was important for the trip. Express your disbelief.

Por ejemplo: Se va a Iquitos, pero no trajo la loción contra mosquitos.

No creo que no haya traído la loción contra mosquitos.

¡No puedo creer que se haya olvidado de la loción!

1. se olvidó de los pasajes
2. no les avisó a los Aguilera
3. no durmió ni dejó dormir a nadie anoche
4. no trajo la brújula
5. dejó la billetera en la habitación del hotel

R-13

Actividades

Actividad F Answers
Answers will vary but the verbs should be as follows:
1. ...te hayas olvidado/hayas traído...
2. ...no hayas llevado/te hayas acordado...
3. ...no hayas puesto/hayas llevado...
4. ...hayas comprado/te haya dado...
5. ...no hayan podido/se hayan echado...

Actividad G Answers
Answers will vary but the verbs should be as follows:
1. ...que se haya olvidado...
2. ...que no les haya avisado...
3. ...que no haya dormido ni haya dejado dormir...
4. ...que no haya traído...
5. ...que haya dejado...

Cooperative Learning Activity

Have students do the following: In small groups, compile a list of current events related to your school, town, and region. Decide as a group how you feel about these events and write down your reaction. You may wish to have students prepare for this activity by bringing in headlines from the school paper and local papers.
Por ejemplo: Nos alegramos que hayan construido un gimnasio nuevo.

Estructura

Presentation (page R-14)

A. The present subjunctive after **recomendar, mandar, aconsejar,** and **decir** was presented in *¡Acción!* Level 2, Chapter 5, Lesson 2.

B. Give advice to the students using each verb at least once. Then ask students what advice their parents give them at home: **Les digo que estudien más. ¿Te dicen tus padres que estudies más?**

Actividades

Actividad H Answers

Answers will vary but should resemble the following:

1. Te aconsejo que lleves dos pares de anteojos en un viaje para que tengas uno de repuesto.
2. Te recomiendo que nunca pongas tus remedios de la alergia en la maleta para que los tengas a mano.
3. Te mando que te acuerdes de la loción bronceadora si vas a estar al sol para que no te quemes gravemente.
4. Te aconsejo que tengas unos 5 dólares en algún bolsillo para que los uses en caso de emergencia.
5. Te digo que no comas lechuga en otro país si es verano para que no te enfermes del estómago.
6. Te mando que no saques la cabeza fuera de la ventanilla del autobús para que no tengas un accidente grave.
7. Te recomiendo que no comas mucho antes de un viaje largo para que no te sientas mal en el avión.

Estructura

How to Give Advice or Orders to Someone

The present subjunctive after **recomendar, mandar, aconsejar,** *and* **decir**

To share your experience, give advice to friends, and also to indicate the purpose of doing something you recommend, use subjunctive forms after the following verbs or after **para que.**

> aconsejar / decir / mandar / recomendar + que + present subjunctive

Siempre le digo a Bruno que no se olvide de devolver las llaves del hotel. Después, él me manda que cierre la boca para que nadie se dé cuenta que se le olvidó otra vez.

H **Más te vale.** For each problem, give sound advice and show the results, as shown in the model.

Por ejemplo: Nunca debes dejar tu billetera en la habitación puedes perderla.
Te recomiendo que nunca dejes tu billetera en la habitación para que no la pierdas.

1. Siempre debes llevar dos pares de anteojos en un viaje; debes tener uno de repuesto (spare).
2. Nunca debes poner tus remedios de la alergia en la maleta; debes tenerlos a mano.
3. Hay que acordarse de la loción bronceadora si vas a estar al sol; puedes quemarte gravemente.
4. Siempre debes tener unos 5 dólares en algún bolsillo; puedes usarlos en caso de emergencia.
5. No puedes comer lechuga en otro país si es verano; puedes enfermarte del estómago.
6. Sólo los locos sacan la cabeza fuera de la ventanilla del autobús; puedes tener un accidente grave.
7. Es mejor no comer mucho antes de un viaje largo; te puedes sentir mal en el avión.

Cooperative Learning Activity

Have students work in groups of three and ask them to write a "Dear Abby/Ann Landers" type letter. Tell them to be sure to describe difficult or interesting problems. Then, have them exchange their letters with another group. Now, as a group, have them answer the letter giving advice about the problems presented there. Ask them to share the letters and responses with the class.

Estructura

*How to Refer to Events
in the Future*

The conjunctions **antes
que, cuando, hasta que,**
and **tan pronto como**

Use **cuando, antes que, tan pronto como,** and **hasta que** + the
present subjunctive to talk about events that have not yet happened.

**Antes que lleguemos a Cuzco quiero sacar una foto desde el avión
para tener un recuerdo.**

**Cuando sea padre o abuelo, quiero traer a mis hijos o nietos a ver
las maravillas del Perú.**

**Tan pronto como tenga un buen sueldo, voy a ahorrar algo para
poder volver.**

I Cuando... Use the word **cuando** to tell when the following will
happen.

1. Viajaré a un país extranjero...
2. Me casaré...
3. Seré millonario(a)...
4. Me sentiré contento(a)...
5. Ya no tendré que trabajar...
6. No me preocuparé más...
7. Me portaré bien...
8. Dejaré de quejarme de las tareas...
9. Me despediré de los padres...
10. Me llevaré bien con todo el mundo...

J Proyectos. Say what you plan to do in each case. Choose an
expression from the list.

ahorrar	conseguir trabajo	mantenerme en forma
aprender a	empezar a...	tener 18 anos
casarme	graduarme	tener dinero
comprar...	irme a...	viajar a...

Por ejemplo: Voy a ir a Nueva Orleans
tan pronto como tenga
18 años.

1. Voy a ir a... tan pronto como...
2. Quiero... hasta que...
3. Pienso... cuando...
4. Sueño con... antes que...
5. Me gustaría... cuando...
6. Quisiera... tan pronto como...

R-15

A. The conjunctions **antes que,
cuando, hasta que,** and **tan
pronto como** were presented
in *¡Acción!* Level 2, Chapter 5
Lesson 3.

B. After reading the examples given
on page R–15, you may want to
point out that when referring to
habitual actions, **cuando** is used
with the present, and when referring to past events **cuando** is
used with the preterit or imperfect tense. **Cuando voy al supermercado, siempre compro
leche. Cuando era niña, tenía
una bicicleta roja. Cuando abrí
el libro, encontré mi tarea.**

Actividades

Actividad I Answers
Answers will vary, but the verbs after
cuando should be in the subjunctive.

Actividad J Answers
Answers will vary but should follow
the model.

Presentation (page R-16)

The subjunctive in adjective phrases was presented in *¡Acción!* Level 2, Chapter 5, Lesson 4.

Actividad

Actividad K Answers
Answers will vary but may resemble the following:

1. ...un hotel que sea económico.
2. ...una habitación que tenga balcón.
3. ...una habitación que tenga vista al mar.
4. ...un hotel que sea de lujo.
5. ...un hotel que tenga pensión completa.

Estructura

How to Describe People and Things That May Not Exist   *The subjunctive in adjective phrases*

Many times we need to describe what we are looking for and determine whether or not it exists. To describe unspecific things or events, use **quisiera un(a)..., busco un(a)..., ¿hay un(a)...?** + person/place/thing + **que** + present subjunctive.

—**Quisiera una (Busco una) excursión que sea interesante pero no muy larga.**

K **Vamos al grano** *(Let's get down to details).* Since you have already had some experience traveling, advise a friend about what kind of hotel and other facilities to look for, depending on his or her interests and preferences.

Por ejemplo: —Mira, a mí me encanta jugar vídeojuegos.
                   —*Entonces, busca un hotel donde haya videocaseteras.*
                   —*Entonces, pide una habitación que tenga videocasetera.*

1. Fíjate que queremos ir a México pero no tenemos mucho dinero.
   —Entonces, busquen...
2. Sueño con sentarme afuera a tomar el sol y leer un libro.
   —Entonces, tienes que pedir...
3. No quiero oír el ruido de la calle todo el día; quiero ver el mar Caribe.
   —Entonces, pide...
4. A mi abuelita sólo le gustan los mejores hoteles; no importa el precio.
   —Entonces, que busque...
5. ¿Sabes? A mí no me gusta andar buscando restaurantes donde comer.
   —Entonces, necesitas...

Cooperative Learning Activity

Working in pairs, ask students to do the following: *Estudiante A:* You are hiring a tour guide for a trip to Perú. Write a description of the five or six qualities you are most looking for in a guide. Start with **Busco un guía que...**
Then, interview your partner about a guide he or she knows. Decide whether this guide will answer your needs.

Estudiante B: Your uncle is a tour guide in Perú. Write a description of his five to six most distinguishing qualifications.
Then, answer your partner's questions regarding your uncle.

4 En El Centro

Vocabulario

A **¿Adónde?** Tell a friend where he or she should go for the following items when visiting a Hispanic country.

el almacén
la camisería
la carnicería
la dulcería
la farmacia
la ferretería
la heladería
la joyería

la lavandería
la librería
el mercado al aire libre
la mueblería
la panadería
la papelería
la relojería

la sastrería
el supermercado
el taller de reparaciones
la tienda de artesanía
la tienda de ropa
la tintorería
la zapatería

Por ejemplo: busca un sofá cómodo
Si buscas un sofá cómodo es necesario que vayas a la mueblería.

1. tiene que comprar un buen diccionario
2. quiere probar las frutas y verduras más frescas
3. piensa comprar aretes de plata
4. necesita algún medicamento
5. ya no funciona su cámara
6. hace calor y quiere comprar algo refrescante
7. quiere comprar pasteles o panecillos
8. necesita unas herramientas para reparar algo
9. quiere que le limpien su traje de lana
10. busca recuerdos y cosas hechas a mano

R-17

Pacing

Review of Section 4, **En el centro,** should take two to three days depending on the length of the class, the age of the students, and student aptitude.

Bell Ringer Review

Write the following on the board or use BRR Blackline Master R-4: Write the name of the specialty store where you would buy the following items:
1. chocolate
2. una camiseta
3. lápices y papel
4. latas de atún
5. un sofá
6. un reloj
7. aspirinas
8. chuletas de cerdo
9. unas naranjas
10. pan

Vocabulario

Presentation (page R–17)

A. The vocabulary used in **Actividad A** was originally presented in *¡Acción!* Level 2, Chapter 1, Lesson 2.

B. Before doing **Actividad A,** you may wish to review the vocabulary in *¡Acción!* Level 2, **Vocabulario** Transparencies, Chapter 1, Lesson 2.

Actividad

Actividad A Answers
1. ...es necesario que vayas a la librería.
2. ...que vayas al mercado al aire libre.
3. ...que vayas a la joyería.
4. ...que vayas a la farmacia.
5. ...que vayas al taller de reparaciones.
6. ...que vayas a la heladería.
7. ...que vayas a la panadería.
8. ...que vayas a la ferretería.
9. ...que vayas a la tintorería.
10. ...que vayas a la papelería.
11. ...que vayas a la tienda de artesanía.

Estructura

Presentation (page R–18)

A. The structure used in **Actividad B** was originally presented in *¡Acción!* Level 2, Chapter 5, Lesson 2. Impersonal expressions were presented in *¡Acción!* Level 2, Chapter 5, Lesson 2.

B. Lead students through steps 1–2. You may want to expand the Presentation by discussing what is and is not done in Spanish class.

Actividades

Actividad B Answers.
1. ...se compran en una papelería.
2. ...se encuentran en un taller de reparaciones.
3. ...se venden en un supermercado.
4. ...se encuentran en un mercado al aire libre.
5. ...se encuentran en una tintorería.

B **¿Dónde se encuentran?** Tell where the following can be sold, bought, or found, using the verbs **vender, comprar,** or **encontrar** as indicated.

Por ejemplo: las herramientas (vender)

Las herramientas se venden en una ferretería.

1. una variedad de artículos relacionados con la escuela y la oficina, como bolígrafos, lápices, cinta adhesiva, gomas de borrar (comprar)
2. muchas partes de autos y muchos coches que no funcionan bien (encontrar)
3. muchos alimentos congelados o enlatados (vender)
4. además de frutas y verduras, muchos artículos de artesanía (comprar)
5. muchos vestidos, pantalones, abrigos, y trajes para limpiarse (encontrar)

Estructura

Expressing What Is Said and Done   *The impersonal* **se**

1. The pronoun **se** is used in many impersonal expressions, such as **Se dice que**... English has many translations of this expression: "People say that...", "It is said that...," or "They say that...". The use of **se** in this way is extremely common in Spanish when one has no *specific* person in mind.
2. **Se** can also be used with other verbs when there is no interest in expressing *who* does the action, but simply to say that it is done. To form such statements, use **se** and the singular or plural form of the verb in any tense. Use the *singular form* of the verb if the object you are referring to is singular. Use the *plural* form of the verb if the object you are referring to is plural.

   El restaurante se abrió a la 1:00.

   Las tiendas se abrieron a las 9:00.

   Aquí se compra pan.

   Aquí se venden muchos artículos de artesanía.

   No se ha encontrado ningún vestido de seda.

C **¿Qué se vende allí?** With a partner, make a list of all the things you can think of that are sold in the following places.

1. una carnicería
2. una papelería
3. una farmacia
4. un mercado al aire libre
5. una mueblería
6. una tienda de ropa
7. una joyería o relojería
8. una librería

D **¿Qué se hace?** Tell what was done in the following places, using the verbs indicated.

Por ejemplo: En la panadería (preparar)

En la panadería se prepararon pasteles y panecillos muy ricos.

1. la tintorería (limpiar)
2. el taller de reparaciones (reparar; ver)
3. la lavandería (lavar y secar)
4. la joyería (vender)
5. el extranjero (sacar fotos; comprar recuerdos)
6. la escuela (hacer proyectos; tomar pruebas)
7. el restaurante (servir)

R-19

Actividad E Answers
Answers will vary.

Actividad F Answers
Answers will vary but may resemble the following:
1. Se vende el ajo en racimos.
2. Se vende el apio en racimos.
3. Se vende el bróculi en racimos.
4. Se venden los cacahuetes en caja.
5. Se vende la calabaza fresca.
6. Se venden las cebollas en bolsa.
7. Se venden los chícharos congelados.
8. Se venden las ciruelas frescas.
9. Se vende la coliflor congelada.
10. Se venden los duraznos frescos.
11. Se venden las espinacas congeladas.
12. Se venden las fresas en caja.
13. Se venden los frijoles enlatados.
14. Se venden las habichuelas congeladas.
15. Se vende la lechuga fresca.
16. Se vende el maíz enlatado.
17. Se venden las manzanas en bolsa.
18. Se venden los melones frescos.
19. Se venden las naranjas en bolsa.
20. Se venden las papas en bolsa.
21. Se venden las peras frescas y enlatadas.
22. Se venden las piñas enlatadas.
23. Se venden los plátanos en racimos.
24. Se venden los rábanos en racimos.
25. Se venden las sandías frescas.
26. Se vende el tomate enlatado.
27. Se venden las toronjas frescas.
28. Se venden las uvas en racimos.
29. Se venden las zanahorias en racimos.

Additional Practice

Have students work in pairs and ask them to do the following: Describe a food item without naming it to your partner including what it looks like, where it is sold and in what quantity it is bought. See if your partner can identify the food item. Switch roles.

E **¿Dónde está?** Tell classmates how to get to each of the following places using these expressions.

al lado de	detrás de	enfrente de
bajar	doblar	seguir derecho
cruzar	encontrar	subir

Por ejemplo: Para llegar a Marshall's, se sube al autobús en la tercera parada de la calle Revolución y se baja del autobús en la calle San Marcos. Luego se sigue derecho dos cuadras. Se dobla a la derecha en la calle San José. El almacén se encuentra al lado del restaurante mexicano.

1. al supermercado
2. a la escuela
3. al gimnasio
4. a la tintorería
5. a la casa de tu mejor amigo(a)
6. al restaurante favarito de tu familia
7. a la piscina pública
8. a la casa de tu abuelita

F **¿Cómo se venden?** Describe how the following fruits and vegetables are sold in the supermarket: **en bolsa, en botella, en caja, en racimos, frescos, congelados** or **enlatados.**

el ajo	las espinacas	las peras
el apio	las fresas	las piñas
el bróculi	los frijoles	los plátanos
los cacahuetes	las habichuelas	los rábanos
la calabaza	la lechuga	las sandías
las cebollas	el maíz	el tomate
los chícharos	las manzanas	las toronjas
las ciruelas	los melones	las uvas
la coliflor	las naranjas	las zanahorias
los duraznos	las papas	

Cooperative Learning Activities

Provide small groups with a paper plate, glue sticks, and magazines to cut up or markers to draw with. On the paper plate the students will glue or draw food pictures to illustrate a complete meal that they all would like to eat. Each group will then pass its plate to another group which will write a detailed shopping list on the back of the plate indicating the quantities of food needed and at what stores the food should be purchased. The plates will then be returned to the original group for correction.

5 Cuida Tu Salud

Vocabulario

A ¿Cómo te sientes? Complete the following with words referring to common ailments and cures.

fiebre	insecto	polvo	garganta
jarabe	pulgas	gotas	ojos
tapada	infección	picaduras	

1. Estuve tan enfermo. Me moría de calor en la cama porque tenía una ___ de 40°c. Tampoco podía respirar porque tenía la nariz ___. Además, el dolor de ___ me mataba. No dormí en toda la noche porque se me olvidó tomar el ___ para la tos.
2. En el concierto al aire libre había muchos mosquitos y ahora tengo muchas ___ en las piernas.
3. Me pican los ___ cada vez que vamos al parque porque soy tan alérgico al polen y a las plantas.
4. Una picadura de ___ puede causarle la muerte a una persona alérgica. A mi pobre gato no le gusta el verano, porque él le tiene alergia a las picaduras de las pequeñitas ___.
5. Una buena crema con antibióticos es la mejor cura para una ___ de la piel. También hay ___ con antibióticos para echarte en los ojos cuando tienes conjuntivitis.
6. Mi mamá tiene una excusa muy buena para no limpiar la casa: le tiene alergia al ___. Lo curioso es que no le tiene alergia al polvo de la cara.

---

5 Cuida tu salud

Pacing

Review of Section 5, **Cuida tu salud,** should take four to six days depending on the length of the class, the age of the students, and student aptitude.

Bell Ringer Review

Write the following on the board or use BRR Blackline Master R-5: Match the ailment with the appropriate remedy:

1.	una infección de los ojos	a.	crema antibiótica
2.	una cortadura	b.	jarabe
3.	una garganta inflamada	c.	aspirinas
4.	un dolor de cabeza	d.	una curita
5.	una infección de la piel	e.	gotas
6.	un tobillo hinchado	f.	una compresa de hielo

Vocabulario

Presentation (page R–21)

A. The vocabulary used in **Actividad A** was presented in *¡Acción!* Level 2, Chapter 4, Lessons 1 and 3.

B. Before doing **Actividad A,** you may want to review the vocabulary with **Vocabulario** Transparencies from *¡Acción!* Level 2, Chapter 4, Lessons 1 and 3.

Actividad

Actividad A Answers
1. fiebre/tapada/garganta/jarabe
2. picaduras
3. ojos
4. insecto/pulgas
5. infección/gotas
6. polvo

Estructura

Presentation (page R–22)

A. Informal commands were presented in *¡Acción!* Level 2, Chapter 3, Lesson 2. Negative informal commands were presented in Chapter 4, Lesson 4.

B. After leading the students through steps 1–4, point, you may wish to give them commands to carry out, or have them make up commands to give each other.

Actividades

Actividad B Answers
1. Compra más fruta.
2. Duerme más por la noche.
3. Lee los consejos de salud.
4. Bebe más leche.
5. Deja las gaseosas.
6. Toma un antiácido para el estómago.
7. Consulta a la dentista dos veces al año.
8. Usa tus gafas del sol.

Estructura

How to Tell A Friend What To Do and What Not To Do   *Informal Commands*

1. To give commands to people who are close to you or are about your age, drop the final -s from the present tense **tú** form of the verb.

   Tú cuentas los secretos.   Cuenta los secretos, por favor.

   Tú lees la carta de tu novia.   Lee la carta de tu novia.

2. Some irregular verbs do not follow this pattern for **tú** commands.

decir	di	Di la verdad.
hacer	haz	Haz lo que te digo.
ir	ve	Ve por helados.
poner	pon	Pon la radio.
ser	sé	Sé bueno.
tener	ten	Ten cuidado.
venir	ven	Ven temprano.

3. Pronouns must be attached to the command and an accent added to maintain the same stressed syllable.

portarse bien	te portas bien	Pórtate bien en clase.
llamar	me llamas	Llámame esta noche cuando llegues del gimnasio.
decir	me dices	Dime qué te dijo la doctora.
irse	te vas	Vete a estudiar para que saques una A.

4. If you need to warn a friend or give a negative command, use **no** + (pronouns) + present subjunctive **tú** form.

Llámame esta noche, pero *no me llames* después de las 11.

Acuéstate temprano, pero *no te acuestes* sin repasar el vocabulario.

B **Un buen consejo.** Give your friends good advice on staying healthy.

Por ejemplo: ¿Por qué no comes menos grasa?
                    Come menos grasa.

¿Por qué no...
1. compras más fruta?
2. duermes más por la noche?
3. lees los consejos de salud?
4. bebes más leche?
5. dejas las gaseosas?
6. consultas a la dentista dos veces al año?

R-22

C **En caso de incendio.** You have to be extremely careful in case of fire. Tell your friend what to be watchful for.

Por ejemplo: Hay que gritar "¡incendio!", no gritar "¡mamá!"

—Grita "¡incendio!", no grites "¡mamá!"

1. Hay que marcar 911, no llamar a la operadora.
2. Hay que gatear por el suelo, no irse caminando.
3. Hay que taparse la nariz con un pañuelito, no respirar el humo.
4. Hay que escaparse, por la ventana, no bajar por la escalera.
5. Hay que mojar unas toallas, no tirarle agua a la grasa.
6. Hay que apagar la luz y el gas, no encender la cocina.

Estructura

How to Tell Somebody Else What To Do   *Formal Commands*

1. To give commands to people who are older than you, in positions of authority or are not close to you, use the **Ud.** form of the present subjunctive and add **por favor**, to soften the command.

Quisiera que Ud. traiga la radiografía.	Traiga la radiografía, por favor.
Quiero que se tome las cápsulas cada 4 horas.	Por favor, tómeselas.
Es bueno que se consiga esas tabletas.	Por favor, consígase esas tabletas.
Sería bueno que se tome una infusión de hierbas.	Tómese una infusión de hierbas.

2. As with informal commands, attach any necessary pronouns to the command form. If the command is negative, however, place **no** and the pronouns before the command.

Tómeselas cada 4 horas, pero no se las *tome* con el estómago vacío.

Pídale que le dé otra receta, pero no le *pida* más recetas para calmantes.

R-23

Actividad C Answers
1. Marca... no llames...
2. Gatea... No te vayas...
3. Tápate... no respires...
4. Escápate... no bajes...
5. Moja... no le tires...
6. Apaga... no enciendas...

Estructura

Presentation (page R–23)

A. Formal commands were presented in *¡Acción!* Level 2, Chapter 4, Lesson 4.

B. After leading the students through the **Estructura** point, you may want to have the students give you commands. If the commands are correctly formulated (and, of course, within reason) you will carry them out.

Cooperative Learning Activity

Working in pairs, ask students to do the following: Tell your friend to do the opposite. Use object pronouns whenever possible. Switch roles.

Tu amigo...
1. ...no pone la mesa.
2. ...no tiene cuidado.
3. ...hace mucho ruido.
4. ...no estudia para el examen.
5. ...come todo el postre.
6. ...no le dice la verdad al maestro.
7. ...le da el regalo a Marcos.

Actividad

Actividad D Answers
1. no se la dé...
2. no se la ponga...
3. no se lo hagan...
4. no se la saquen...
5. no se la enyesen...

Estructura

Presentation (page R–24)

A. The reciprocal use of **nos** and **se** was presented in *¡Acción!* Level 2, Chapter 5, Lesson 4.

B. After presenting the **Estructura** point, pick several well-known historical or current couples to describe. Have students help you create reciprocal sentences appropriate for each couple. **Romeo y Julieta: Se querían mucho. No se veían mucho. Sus familias no se amaban....**

Actividad

Actividad E Answers
Answers will vary, but the verbs should be as follows:
1. ...nos mandábamos...
2. ...nos prestábamos...
3. ...nos llamábamos...
4. ...nos escapábamos...
5. ...nos contábamos...
6. ...nos escribíamos...

D **En la botica.** Doctors say one thing but pharmacists may add further information. Give the pharmacist's comments.

Por ejemplo: La doctora quiere que le ponga una inyección al muchacho hoy mismo.
Pero *no se la ponga* hasta mañana.

1. El doctor quiere que le dé aspirina al bebé. Pero ___ si tiene fiebre.
2. La doctora quiere que le ponga una vacuna. Pero ___ si tiene catarro.
3. La doctora quiere que le hagan un análisis de sangre al bebe. Pero ___ si tiene anemia.
4. El doctor quiere que le saquen ésta muela. Pero ___ si tiene alergia.
5. El médico quiere que le enyesen la muñeca. Pero ___ si está inflamada.

Estructura

How to Talk about "Each Other"   *Reciprocal use of*
                                            nos** and **se

To talk about what you and a friend or other people do together or for each other, you need to use the pronouns **nos** and **se** with the corresponding **nosotros** and **ellos/ellas/ustedes** forms of the verbs.

QUERERSE	
present tense	imperfect
nos queremos tanto	*nos* queríamos tanto
se quieren mucho	*se* querían mucho

Mis primos y yo nos vemos todas las tardes y nos llevamos muy bien, pero mis primas nunca se ven y por eso no se entienden bien.

E **Así éramos.** Describe the way you and your closest friend were when you were younger. Use the pronoun **nos** to indicate "each other."

Por ejemplo: mandarse arañas o insectos en un paquetito
Cuando estábamos en la primaria, nos mandábamos arañas en un paquetito.

1. mandarse mensajes secretos
2. prestarse las bicicletas
3. llamarse todas las tardes
4. escaparse juntos(as)
5. contarse todo
6. escribirse notitas

Cooperative Learning Activity

Have students work in groups to play **"Jaime dice..."** (Simon Says). Students will take turns giving other students commands (in the **Uds.** form) and trying to catch them off guard. The last one standing for each round will earn a point. After a predetermined number of rounds, an overall winner may be declared for each group.

Estructura

Telling Time and Duration;
Indicating Actions Done For
Someone; Indicating A General
Area, Destination, or Exchange;
Expressing Purpose

Review of the uses
of **por** and **para**

Although both **por** and **para** mean *for* in English, they have very specific uses in Spanish.

Use **por** when...

- telling time of day or duration.
  Por la tarde me da fiebre.

- referring to a general area.
  Gatear por el suelo.

- thanking somebody.

  Gracias por ayudarme.

- doing something for somebody.
  Habló por nosotros.

- talking about exchanges or prices.
  Le cambié mi abeja por su araña.
  Se compró la silla por sólo $150.

Use **para** when...

- indicating purpose for something.
  Me compré un gorro para no enfermarme.
  ¿Para qué es este antibiótico?
  Para que te mejores, toma mucho líquido.

- telling who will receive something.
  Estas vitaminas son para mi hermanita.

- saying where you are heading.
  Yo me fui para urgencias y él para la clínica.

F **Curioso.** Complete the following questions with **por** or **para**.

1. ¿A qué hora saliste ___ la escuela esta mañana?
2. ¿___ qué compraste esta ropa tan cara?
3. ¿___ qué calles viene el autobús a la escuela?
4. ¿Qué has cambiado ___ tu sandwich de jamón y queso?
5. ¿A qué hora salió tu papá/mamá ___ el trabajo?
6. ¿___ quién será el regalo más caro que compres este diciembre?

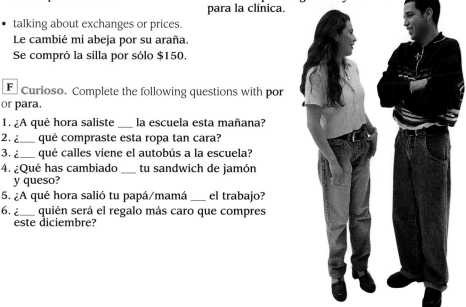

R-25

6 Mi carrera

Pacing

Review of Section 6, **Mi carrerra,** should take two to four days depending on the length of the class, the age of the students, and student aptitude.

Bell Ringer Review

Write the following on the board or use BRR Blackline Master R-6: Say who works where. List as many people as you can who work in the following places:
el hospital/la escuela/el supermercado/el restaurante/el almacén/el banco

Vocabulario

Presentation (page R–26)

A. The vocabulary used in **Actividad A** was presented in *¡Acción!* Level 2, Chapter 3, Lesson 1.

B. Before doing **Actividad A** you may want to review the vocabulary in *¡Acción!* Level 2, **Vocabulario** Transparencies, Chapter 3, Lesson 1.

Actividad

Actividad A Answers
Answers will vary but may resemble the following:

1. Trabaja para una revista de moda. Trabaja con un fotógrafo.
2. Trabaja en un almacén. Le ayuda a la gente a probar ropa.
3. Trabaja en una oficina. Saluda a la gente y contesta el teléfono.
4. Trabaja en casa. Cuida niños.
5. Trabaja en la caja de un supermercado. Les pide dinero a los clientes.
6. Trabaja en la piscina o en la playa. Supervisa a la gente que nada.

6 Mi Carrera

....

Vocabulario

A **Trabajos.** Give a brief description of the following occupations, saying what each does, where each works and/or with whom.

Por ejemplo: la asistente legal
Trabaja en la oficina de un abogado. Le ayuda a redactar informes y hacer investigaciones.

1. la modelo
2. el dependiente
3. el recepcionista
4. la niñera
5. el cajero
6. el salvavidas.
7. la empacadora
8. el mesero
9. el operario
10. el jardinero
12. el ayudante de construcción
11. la repartidora de pizzas
13. el pintor de casas
14. la cocinera
15. el repartidor de periódicos

R-26

Estructura

What You Would Do under
Certain Circumstances

The conditional
tense

1. To say what one would do under certain circumstances, use the conditional tense. This tense has the following endings:

-ía (sería)	-íamos (seríamos)
-ías (serías)	-íais (seríais)
-ía (sería)	-ían (serían)

2. The endings are attached to the infinitive form of all verbs with the exception of the following.

   a. The following verbs have irregular stems.

	QUERER	HABER	SABER	PODER
stem	querr-	habr-	sabr-	podr-
yo	querría	habría	sabría	podría
tú	querrías	habrías	sabrías	podrías
él/ella/Ud.	querría	habría	sabría	podría
nosotros	querríamos	habríamos	sabríamos	podríamos
vosotros	querríais	habríais	sabríais	podríais
ellos/ellas/Uds.	querrían	habrían	sabrían	podrían

	PONER	TENER	VENIR	SALIR
stem	pondr-	tendr-	vendr-	saldr-
yo	pondría	tendría	vendría	saldría
tú	pondrías	tendrías	vendrías	saldrías
él/ella/Ud.	pondría	tendría	vendría	saldría
nosotros	pondríamos	tendríamos	vendríamos	saldríamos
vosotros	pondríais	tendríais	vendríais	sadríais
ellos/ellas/Uds.	pondrían	tendrían	vendrían	saldrían

R-27

7. Trabaja en el supermercado con el cajero. Pone los alimentos en bolsas para los clientes.
8. Sirve la comida en un restaurante.
9. Trabaja en una fábrica. Hace coches.
10. Trabaja afuera. Corta el césped.
11. Trabaja para un restaurante de pizzas. Reparte pizzas con su coche.
12. Construye casas y edificios.
13. Pinta casas.
14. Cocina en un restaurante o en una cafetería.
15. Reparte periódicos en su bicicleta o coche.

Estructura

Presentation (page R–27)

A. The conditional tense was presented in *¡Acción!* Level 2, Chapter 3, Lesson 1 and Chapter 6, Lesson 4.

B. Lead the students through the forms of the conditional. You may want to ask students what they would do if there were no school tomorrow. **¿Te despertarías a las seis de la mañana?**

Actividad B Answers
Answers will vary but verbs should be in the conditional tense.

Actividad C Answers
Answers will vary but verbs should be in the conditional tense.

Additional Practice

Ask students: Write what you would do if you won the lottery: **Si ganara a la lotería...**

b. Two verbs have a stem change.

	HACER	DECIR
stem	har-	dir-
yo	haría	diría
tú	harías	dirías
él/ella/Ud.	haría	diría
nosotros	haríamos	diríamos
vosotros	haríais	diríais
ellos/ellas/Uds.	harían	dirían

B **Si así fuera.** Use the conditional tense to say what you would do if you didn't have these responsibilities.

Si no tuvieras que...
1. asistir al colegio...
2. ahorrar dinero...
3. vestirte bien...
4. trabajar...
5. preocuparte por tus estudios...
6. portarte bien en la escuela...
7. ser cortés y maduro(a)...
8. apurarte...

C **Si no hubiera...** Say what things would be like if we didn't have these modern conveniences
Use the **nosotros** form of the conditional tense.

Si no hubiera....
1. televisión
2. teléfonos
3. computadoras
4. fuego
5. penicilina
6. luces eléctricas
7. refrigeradores
8. espejos
9. blue jean
10. calculadoras

R-28

Estructura

How to Say How Things Would Be   *The imperfect subjunctive*

1. The verb forms **tuviera (tener)** and **hubiera (haber)** are examples of the past or imperfect subjunctive. To form the imperfect subjunctive, start with the **ellos/ellas/Uds.** form of the preterit tense, remove the **-on** ending, and replace it with the imperfect subjunctive endings, as in the chart. Notice that an accent must be added to the **nosotros** form.

	STEM	ENDING	IMPERFECT SUBJUNCTIVE
yo	tuvier-	-a	tuviera
tú	tuvier-	-as	tuvieras
él/ella/Ud.	tuvier-	-a	tuviera
nosotros	tuvier-	-amos	tuviéramos
vosotros	tuvier-	-ais	tuvierais
ellos/ellas/Uds.	tuvier-	-an	tuvieran

2. Remember that some preterit forms (such as **tener**) are irregular and that all stem-changing **-ir** verbs will have a stem change in the imperfect subjunctive form as well.

	PRETERIT	IMPERFECT SUBJUNCTIVE
dormir	durmieron	durmiera
pedir	pidieron	pidiera
sentirse	se sintieron	se sintiera

D Un poco más... Give the **yo** and **nosotros** forms of the imperfect subjunctive for the following.

1. Irregular verbs: **saber, tener, poner, decir, andar, ir, ser, hacer, poder, venir, traer, estar, dar, querer.**
2. Stem-changing verbs: **destruir, construir, oír, caer, creer, leer.** What do they have in common?
3. Stem-changing verbs: **reducir, producir, traducir.** What do they have in common?
4. Stem-changing verbs: **morir, dormir, conseguir, despedirse, servir, corregir, sugerir, sentirse, divertirse, preferir, mentir, repetir, reírse, vestirse.** What do they have in common?

R-29

Estructura

Presentation (page R–30)

A. The imperfect subjunctive was presented in *¡Acción!* Level 2, Chapter 6, Lesson 4.

B. Lead the students through steps 1–2.

Actividad

Actividad D Answrs
1. a. supiera/supiéramos
   tuviera/tuviéramos
   pusiera/pusiéramos
   dijera/dijéramos
   anduviera/anduviéramos
   fuera/fuéramos
   hiciera/hiciéramos
   pudiera/pudiéramos
   viniera/viniéramos
   trajera/trajéramos
   estuviera/estuviéramos
   diera/diéramos
   quisiera/quisiéramos
2. destruyera/destruyéramos
   construyera/construyéramos
   oyera/oyéramos
   cayera/cayéramos
   creyera/creyéramos
   leyera/leyéramos
   Imperfect subjuntive, **i** changes to **y**
3. redujera/redujéramos
   produjera/produjéramos
   tradujera/tradujéramos
   Imperfect subjuntive, **c** changes to **j**
4. muriera/muriéramos
   durmiera/durmiéramos
   consiguiera/consiguiéramos
   se despidiera/nos despidiéramos
   sirviera/sirviéramos
   corrigiera/corrigiéramos
   sugiera/sugiéramos
   se sintiera/nos sintiéramos
   se divirtiera/nos divirtiéramos
   prefiriera/prefiriéramos
   mintiera/mintiéramos
   repitiera/repitiéramos
   se riera/nos riéramos
   se vistiera/nos vistiéramos
   Imperfect subjuntive, **i** changes to **ie**

Estructura

Presentation (page R-30)

A. The imperfect subjunctive with **si, ojalá que,** and **como si** was presented in *¡Acción!* Level 2, Chapter 6, Lesson 4.

B. Lead the students through steps 1–2.

Estructura

How to Say What You Would Do If Things Were Different

The imperfect subjunctive with **si, ojalá que,** *and* **como si**

The imperfect subjunctive is used ...

1. after the word **si** to hypothesize or propose a situation that is not fact, as in the following example.

   Si no hubiera televisión...

   Si no tuviéramos que estudiar...

   Si pudieras hablar chino...

   In statements like these, the sentence is usually completed by the conditional tense to describe what would happen.

   Si todo el mundo hablara sólo un idioma, el mundo no sería tan interesante.

   Si todos nos lleváramos mejor el uno con el otro, habría más paz en el mundo.

2. with **ojalá que** to express wishes or fantasies that seem impossible or unlikely.

   Ojalá que tuviera un millón de dólares.

   Ojalá que no tuviera que trabajar nunca.

3. after **como si** ("as if") to express nonfactual comparisons. The expression **como si** will always be followed by the imperfect subjunctive.

   El candidato se porta como si no quisiera conseguir el puesto.

   Le habla al jefe como si fueran amigos muy íntimos.

4. in all cases where you used the present subjunctive. Use the present subjunctive if your statement refers to the present or future. Use the imperfect subjunctive if your statement refers to the past.

   Present: **Dice que conseguirá un puesto tan pronto como se gradúe del colegio.**

   Past: **Dijo que conseguiría un puesto tan pronto como se graduara del colegio.**

   Present: **Mi mamá quiere que me vista bien para la entrevista.**

   Past: **Mi mamá quería que me vistiera bien para la entrevista.**

E Ojalá... Form statements with **ojalá que** to express what you wish were true about the following.

Por ejemplo: la tarea de mis clases
Ojalá que no hubiera tanta tarea.
Ojalá que se redujera la cantidad de tarea.

1. la comida que se sirve en la cafetería
2. el sueldo que se recibe en los trabajos de tiempo parcial
3. los exámenes que se toman para ir a la universidad
4. la manera de vestirse de las chicas/los chicos
5. los horarios que siguen los estudiantes
6. las clases que se ofrecen en la escuela
7. las horas que duermen Uds.
8. las noticias que te traen tus amigos
9. los libros que se leen en la clase de inglés
10. los consejos que te dan los maestros
11. el trabajo que te cuesta sacar buenas notas
12. los clubes que hay en tu escuela

F Si... Work with a partner to develop five hypothetical questions for your classmates using **si...** + the imperfect subjunctive. Your classmates will respond with what they would do under these circumstances.

Por ejemplo: ¿Qué harían Uds. si sólo les quedara un mes de clases?
ESTUDIANTE A: *Yo estudiaría como loco(a).*
ESTUDIANTE B: *Yo pensaría en mis vacaciones.*

R-31

Actividades

Actividad E Answers
Answers will vary but may include the following:
1. Ojalá que sirvieran comida sana.
2. Ojalá que se aumentara el sueldo mínimo.
3. Ojalá que no existieran los exámenes de SAT.
4. Ojalá que los chicos/las chicas se vistieran de una manera cómoda.
5. Ojalá que las clases comenzaran a las nueve.
6. Ojalá que se ofrecieran clases interesantes en la escuela.
7. Ojalá que durmiéramos ocho horas cada noche.
8. Ojalá que mis amigos me trajeran buenas noticias.
9. Ojalá que se leyeran novelas contemporáneas en la clase de inglés.
10. Ojalá que mis maestros me dieran consejos útiles.
11. Ojalá que no me costara mucho trabajo sacar buenas notas.
12. Ojalá que hubiera diversos clubes en mi escuela.

Actividad E Answers
Answers will vary.

Additional Practice

Have students do the following: Interview your partner about his or her likes, dislikes, and desires. Considering this information, indicate to your partner which career is most suited to him or her. Also indicate which jobs you think your partner should not consider taking. Switch roles.

Cooperative Learning Activity

In groups of three to four, decide upon your idea of a perfect world. Make a list of the top ten problems you feel need correcting in the world today. Then generate at least five steps you all could personally take to improve some or all of the problems you have identified. **Por ejemplo: Si no hubiera tanta contaminación sería un mundo perfecto. Podríamos usar bicicletas o andar en pie más.**

R-31

Chapter Overview

This chapter focuses on the broad theme of leisure and entertainment and integrates vocabulary groupings for discussion of books, movies, television, vacationing, personal characteristics, outdoor activities, and car travel.

Cultural aspects integrate explorations of U.S. and Hispanic cross-cultural perspectives as related to **el ocio,** particularly attitudes toward television viewing, cars, and vacationing.

Grammatical emphasis is on the use of **gustar** and "like" verbs, future tense, and familiar commands. Authentic texts in the **Lectura** sections include newspaper and magazine articles and schedules, as well as brief selections of highly accessible poetry from well-known Hispanic authors.

All student activities have been designed with attention to development of effective learning strategies. For your convenience, this Teacher's Wraparound Edition notes the types of learning strategies encouraged in each section of student activities.

CAPÍTULO 1

Horas de ocio

Learning from Photos

Ask students to describe the photo. **¿Qué hacen los muchachos? ¿Dónde están? Describe a cada persona.**

Lección 1

En esta lección

Lección 1   **1**

Lección 1

Introducing the Lesson Theme

Through the media of books, movies, and television, this lesson focuses on descriptions of preferences, likes, and dislikes. To introduce the theme, you may wish to begin the lesson with **Actividad A,** in the **Pensemos** section of the **Lectura,** page 14. This section of the **Lectura** is designed to extract students' experience and focus their attention on the lesson topic, without involvement in the reading itself. The lesson theme, vocabulary, and grammar focus are all drawn from the authentic text in the **Lectura** section.

Objectives

By the end of this lesson students will be able to:
1. express the idea that something is pleasing or fascinating to someone using the verbs **gustar, encantar,** and **fascinar.**
2. discuss movies and other forms of media entertainment, based on the lesson vocabulary and reading selection
3. express the concept of "to become"

Lesson 1 Resources
1. Workbook
2. Audio Program (cassette or CD)
3. Student Tape Manual
4. Bell Ringer Review Blackline Masters
5. Fine Art Transparencies
6. Situation Cards
7. Lesson Quizzes
8. Testing Program
9. Situation Cards

Learning from Realia

Direct students to the TV schedules on page 1 to locate the times that the following are shown:
1. programas para damas
2. programas para niños
3. noticias
4. documentales
5. películas, etc.

1

Bell Ringer Review

Write the following on the board or use BRR Blackline Master 1.1.1: Complete each sentence below:
1. Espero que mi maestro
2. Mis padres no creen que
3. Mis amigos saben que
4. Es necesario que
5. Mi hermano y yo queremos que
6. Me alegro que
7. Lástima que

Presentation (pages 2–3)

Ask students to think about words they already know that relate to leisure time. Have them draw three circles on their paper and label them **leer, ver,** and **ir.** Branching off from each one, then write in Spanish things that they could read or see or places they could go for fun.

To ensure assimilation of meaning and appropriate use, do not rush vocabulary presentation.

A. With books closed, label three columns on the board: **películas, televisión, libros.** In each column note the names and characteristics students give as they name and describe the following:
1. ...la mejor película del año;
2. ...el mejor programa de la tele;
3. ...el mejor anuncio comercial;
4. ...el mejor libro que hemos leído

B. Have students vote in each category on **el/la más exitoso(a).**

Vocabulario

Esta película merece (*deserves*) un Oscar porque...

los protagonistas (*main characters*) son artistas destacados (*prominent actors*).
la producción es espectacular.
los efectos especiales son sensacionales.
la trama (*plot*) no es muy complicada.
el argumento (*story*) es tan entretenido.
la realización (*production*) es de primera (*first-rate*).
el tema (*theme*) es actual (*current*).

Para mí, lo más entretenido (*entertaining*) es ver la tele.

No soy muy exigente (*demanding*); me gustan...	Pero sólo me dan bostezos (*make me yawn*)...
los programas cómicos.	los documentales sobre viajes.
los concursos.	los comentarios políticos.
las telenovelas.	los programas de cocina.
los vídeos musicales.	las continuaciones (*sequels*) de películas viejas.
las series policiales.	las películas de terror.
las entrevistas a personajes famosos.	las películas de guerra *(war)*.
las comedias livianas (*light-hearted*).	los programas de aventuras.
algunos programas de aerobismo.	
las películas antiguas.	
algunos programas deportivos.	
las noticias.	
los dibujos animados.	

En una película, lo más importante para mí es...

el personaje (*character*) principal.
el/la artista que hace el papel (*plays the role*) principal.
la trama de la historia.
el desenlace (*ending*).

2 CAPÍTULO 1 *Lección 1*

Learning from Realia

Refer students to the movie posters on page 2 that show the title of the film in Spanish, an image that conveys the mood, and a few descriptive words. Then have students work in pairs or small groups to make posters in Spanish for a current movie, translating the title and adding a few well-chosen words or phrases.

En la pantalla chica (TV), se pueden ver películas ambientadas en (set in)...

el pasado.	el oeste (*west*).
el presente.	el desierto.
el futuro.	la selva.
el extranjero (*abroad*).	la luna.
Europa.	el espacio (*outer space*).
África.	la Primera Guerra.
Asia.	la Segunda Guerra.
las islas del Pacífico.	la Guerra Civil.
el sur (*south*).	el mundo árabe.
el norte (*north*).	el mundo hispano.
el este (*east*).	el mundo oriental.

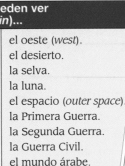

Todos los Programas de TV

Radio Caracas TELEVISION

06:00 Emisión matutina de El Observador	8:00 Tierra de Gracia
06:40 Lo que hoy es noticia	8:30 Curso de Inglés Práctico
07:30 A puerta cerrada	8:45 El Mundo en Breves
09:00 Cazafantasmas	9:00 Francia Hoy
09:30 obotech	9:30 Cita con la Historia
10:00 perdidos en el espacio	10:00 A media mañana con Mariela Capriles
11:00 Chespirito	11:00 Pintores de Venezuela
12:00 Emisión meridiana de El Observador	11:30 Voces y Raices de nuestro pueblo.
01:00 Mata mujer	12:00 La Noticia. Con Marilú Díaz, Antonio Jota, Maripili Hernández y Apolinar Martínez
02:00 Ana de negro	
03:00 Cristal	
04:00 Hablando de Fantasía	01:00 Afán de volar
06:00 abuelito	01:30 Todo sobre "El SIDA" con Carolina Cerruti
07:00 Playa infernal	2:30 Intermezzo Femenino "Desayuno Incluido" (Capítulo Final)
09:00 El desprecio	
10:00 Emisión este- de El Obser-	3:30 Robi...

08:30 Dartañán Series Animadas: Leoncio el León
09:00 Series animadas: Los autos locos
09:30 Desde mi cocina
10:30 Video clips
11:00 El show del Camaleón
12:00 El show de Fantástico
01:00 La reina de la chatarra
02:00 Semidiós
03:00 Series Animadas: Pixie y Dixie
03:30 Series Animadas: Don Gato y su pandilla
04:00 Programa infantil: Chamo-krópolis
06:00 Series Animadas: El famoso Teddy "Z"
06:30 S l e d g e

Juan Rulfo — **EL GALLO DE ORO** y otros textos para cine

...argas Llosa — ...l hipopótamo

Mario Vargas Llosa — **El hablador** Novela

Me interesa la lectura, sobre todo (*especially*)...

las biografías sobre personajes famosos o históricos.	**las novelas que tratan de (*are about*)...**
los poemas de amor.	espionaje.
los cuentos de hadas (*fairy tales*).	aventuras.
las historias de reyes y reinas (*kings and queens*).	ciencia ficción.
las leyendas de personajes antiguos.	misterio y suspenso.
las historietas.	brujería (*witchcraft*).
las tiras cómicas.	amor (*love*).
	los cuentos que tienen lugar (*take place*) en...
	otros tiempos.
	otros países.

También me encanta ir al cine.

Este año ya vi...	**Pero me irritan...**
todos los estrenos (*first-run films*) del verano.	las continuaciones tontas.
todas las películas ganadoras de Oscares.	los melodramas.
	las películas muy largas.
todas las películas exitosas.	las películas sin trama.
muchas películas extranjeras.	los anuncios comerciales.

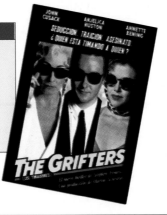

THE GRIFTERS

Independent Practice

Have students choose one of the following writing assignments and integrate as much new vocabulary as they can:

1. **Libros recomendados.** Name a title for at least five types or genres of books (**biografía, de espionaje, de ciencia ficción, de aventura, de terror, de suspenso, de amor, policial**, etc.). Then, for each book, write a brief 2–3 line description to recommend it to your classmates.

2. **Un/a artista destacado(a).** Think of one of your favorite actors and, without naming the person, describe the various roles (**papeles**) the person has played. Read your description to the class to see if they can guess the actor's identity.

C. With books open, guide students through the new vocabulary, personalizing words and expressions to ensure comprehension and active learner involvement. The following are some suggested techniques. Expand on examples provided as desired.

1. Have students share examples of the following:
   a. **los artistas más destacados de la gran pantalla**
   b. **algunos temas actuales del cine popular**
   c. **una película con efectos especiales sensacionales**
   d. **una película con la trama más complicada**
   e. **una película con el argumento más entretenido**
   f. **los protagonistas de las película más populares**
   g. **una película ambientada en... el futuro/el oeste/la selva/el espacio/el mundo hispano/una guerra**
   h. **una comedia liviana ambientada en el futuro**
   i. **la película que merece un Oscar**
   j. **los estrenos recientes**
   k. **una película con muchas continuaciones**
   l. **una película ganadora del Oscar**

2. Have students describe one of the following without naming it. Classmates will guess the name of the program.
   a. **el programa más entretenido (o aburrido) de la pantalla chica**
   b. **el mejor concurso**
   c. **una telenovela**
   d. **la comedia liviana que nos da bostezos**
   e. **el/la protagonista de un programa popular**

3. Sort vocabulary for movies, books, and TV into categories, according to their tastes:
   me encantan sobre todo... (e.g., **los vídeos musicales, las tiras cómicas,...**)
   me interesan sobre todo...
   me dan bostezos sobre todo...

Asociaciones

This section encourages use of the following types of strategies for assimilation of new vocabulary: personalizing, transferring to new contexts, recycling, recombining, associating, categorizing, expanding on stock phrases, cooperating, interviewing, summarizing.

Actividades

Note: For complete answers to these activities see the Teacher's Manual, page 21.

Actividad A Answers
Answers may resemble the following:
Me gustan... No me gustan nada...
1. **...las películas policiales como, por ejemplo, "Lethal Weapon". ...las películas de terror como "Friday the 13th".**

Actividad B Answers
Answers may resemble the following:
Los documentales sobre viajes me aburren y me duermo.

Asociaciones ....

A **El mundo de las estrellas.** Di qué te gusta y no te gusta de las siguientes categorías.

Por ejemplo: los concursos

> *Me gustan los concursos como, por ejemplo, "Jeopardy". No me gustan nada los concursos como "Wheel of Fortune".*

1. las películas
2. los programas de la televisión en general
3. los libros
4. las telenovelas
5. los/las artistas de cine
6. las series de televisión
7. los concursos
8. los dibujos animados

B **¿Cómo te sientes?** Di qué acciones y emociones asocias con cinco tipos de películas, obras y lecturas que te gustan. Usa las siguientes sugerencias.

Por ejemplo: morirse de miedo

> *Las películas de terror me hacen morirme de miedo y no puedo dormir.*

aburrirse
desear ser...
dormir
gritar
llorar
morirse de hambre
morirse de miedo
pensar en...
ponerse nervioso(a)
preocuparse
querer bailar
reír como loco(a)
sentirse deprimido(a)
sonreír

Vocabulary Expansion

Have students work in pairs to practice the lesson vocabulary. Give one student in each pair the words and phrases, and ask the other to respond with a word or phrase that is similar in meaning. Probable responses are shown in parenthesis.
1. Words that are similar in meaning to:
   otros países (el extranjero)
   el fin (el desenlace)
   del presente (actual)
   me gusta mucho (me encanta)
   la trama (el argumento)
   estar ambientado en (tener lugar)
   el protagonista (el personaje principal)
   famoso (exitoso)
   espectacular (sensacional)
   la televisión (la pantalla chica)

(continued on the next page)

C **Papeles de la vida diaria.** Describe qué papeles haces en la vida diaria según el ambiente en que estés. Completa las frases de abajo. Usa las siguientes ideas o imagina tus propios papeles.

actor	campeón(-ona)	gracioso(a)	payaso	tonto(a)
actriz	diablo (devil)	héroe	príncipe	
angelito	genio	heroína	princesa	

Por ejemplo: En casa de mi abuela...

En casa de mi abuela hago el papel de angelito. Siempre me porto bien. Nunca pongo los pies en los muebles.

1. En casa ___ .
2. Los fines de semana ___ .
3. Con mi equipo deportivo ___ .
4. En mi club de ___ .
5. Cuando estoy solo(a) ___ .
6. Con mis hermanos (primos) ___ .
7. Cuando salgo con mi novio(a) ___ .
8. En casa de mis abuelos ___ .
9. Con los amigos de mis padres ___ .
10. En las fiestas ___ .

D **El mejor plan.** Pregúntale a tu compañero(a) qué es lo que más le gusta hacer en su tiempo libre. Tu compañero(a) te hace la misma pregunta a ti. Luego, denle a la clase un resumen de los gustos de Uds.

Por ejemplo:

ESTUDIANTE A:

(1) ¿Qué es lo que más te gusta hacer en tu tiempo libre?

ESTUDIANTE B:

(2) A mí me encanta ver una película y luego salir a bailar. ¿Y a ti?

ESTUDIANTE A:

(3) A mí también me encanta ver un vídeo por la noche. Pero después prefiero ir a comer pizza.

(A la clase:) A los (las) dos nos gustan mucho las películas, pero después nos gusta hacer cosas diferentes como, por ejemplo,...

Actividad C Answers
Answers will vary according to the model.

Actividad D Answers
Answers will vary but should follow the models.

Estudiante A: ¿Qué es lo que más te gusta hacer en tu tiempo libre?

Estudiante B: A mí me encanta ir al cine y luego volver a casa y tocar mi guitarra. ¿Y a ti?

Estudiante A: A mí también me gusta ver películas. Pero después prefiero salir a comer algo con mis amigos.

Estudiante B: (A la clase:) A los dos nos gusta ver películas, pero después nos gusta hacer cosas diferentes como, por ejemplo, (Estudiante A) prefiere tocar su guitarra y a mí me gusta salir a comer con mis amigos.

historia (cuento)	viejo (antiguo)
misterio (suspenso)	del este (oriental)
me aburre (me da bostezos)	de habla española (hispano)
muy bueno (de primera)	la luna (el espacio)
liviano (complicado)	vale (merece)
la idea principal (el tema)	tiras cómicas (historietas; dibujos)
producción (realización)	
representar (hacer un papel)	❒ For further Vocabulary Expansion practice see Teacher's Manual, page 93.
conversación (entrevista)	
ejercicio (aerobismo)	

Conversemos

Presentation (page 6)

This section focuses on integration of the vocabulary, while encouraging the use of the following conversational strategies: mapping and organizing thoughts, cooperating, expressing and supporting opinion, expanding, personalizing, context transferring and recycling, recombining.

Actividades

Note: For complete answers to these activities see the Teacher's Manual, pages 21–22.

Actividad A Answers
Answers may resemble the following:

Estudiante A: Pienso en un vídeo que ganó millones de dólares. El artista tiene una gran mansión y animales exóticos. Él es gran amigo de Elizabeth Taylor. Ella se casó en las casa de él.

Estudiante B: Ya sé. El vídeo es "Thriller" y el artista es Michael Jackson.

Extension of Actividad A
Have students **(1)** focus on just one of the following in their description, without revealing the name of the movie, book, or TV program: **sólo el desenlace; sólo el/la protagonista; sólo la fecha y el género; sólo los artistas que hicieron los papeles; sólo el papel de un personaje menor; (2) describe un anuncio comercial** instead of a movie, book, or TV program.

Actividades B and C Answers
Answers will vary.

Extension of Actividad B
Match two students who chose different movies. Each time one names a merit of his or her movie, he or she gains a point and the other must name a merit of his or her movie. The one with the most points wins the Oscar.

Conversemos ....

A **¡A que no sabes!** Describe un programa, película, vídeo o libro con respecto a su género (drama, comedia, de aventuras, etc.), trama y personajes. Tus compañeros(as) adivinan de qué se trata y te dan el nombre o los artistas que trabajan en él.

ESTUDIANTE A:
(1) Pienso en un programa antiguo cómico. Trata de una mujer muy divertida casada con un músico cubano...

(3) Sí, tienes razón.

ESTUDIANTE B:
(2) ¡Ya sé! El programa se llama "I Love Lucy" y la artista es Lucille Ball...

B **¡Que se lo merece, digo yo!** Piensa en alguna película que tú crees que merece un Oscar, pero que nunca lo recibió. Prepara una defensa completa y explica claramente por qué crees que se lo merece. Incluye algunos de los siguientes detalles.

la actuación de los protagonistas	el maquillaje
el argumento	la música
la dirección	la producción
los efectos especiales	el vestuario

C **¡Vuélvete loco(a)!** Con otra persona describe el programa más extraño que te puedas imaginar, combinando los elementos de las tres columnas. Describan el programa y digan cómo se llama y quiénes son los artistas.

aventura	antiguo(a)	de aerobismo
comedia	cómico(a)	de cocina
concurso	deportivo(a)	de dibujos animados
documental	musical	de personajes famosos
serie	policial	de terror
telenovela	romántico(a)	de viajes

Por ejemplo: Mi programa es un concurso musical de cocina. Aquí trabajan personas famosas como Madonna y Julia Child. Mientras la cocinera prepara un plato, la cantante tiene que cantar una canción sobre los ingredientes. El programa se llama "¡Pásame la salsa, por favor!"

Cooperative Learning Activity

Although often the title of a film cannot be translated literally, a saying might exist in Spanish to fit the situation. For example, "Much Ado About Nothing" is called **Mucho ruido y pocas nueces.** Have students form pairs or groups, then give them a **dicho** in Spanish and have them work together to invent a movie for it, briefly describing the characters, plot, theme, special effects, etc.

Escribamos ....

A **Trivialidades del ocio.** Escribe un ejemplo de cada uno de los siguientes. Agrega *(Add)* otros que te interesen.

Por ejemplo: el libro mejor escrito
Para mí, el libro mejor escrito es...

1. la película más exitosa
2. la telenovela más melodramática
3. la lectura más aburrida
4. la comedia más entretenida
5. el libro mejor escrito
6. la película más larga
7. el concurso más cómico
8. la continuación más tonta
9. la obra más sensacional
10. el cuento de hadas más famoso

B **El mundo de la pantalla chica.** Expresa tus reacciones al mundo de la pantalla chica. Completa las frases que siguen.

Por ejemplo: Me irritan...
Me irritan las series melodramáticas con muchas tragedias y problemas.

1. Me encanta(n) ___ .
2. Me desagrada(n) ___ .
3. Me gusta(n) ___ .
4. Me irrita(n) ___ .
5. Me vuelve(n) loco(a) ___ .
6. Me molesta(n) ___ .

C **Estrenos de este verano.** Escribe una crítica de uno de los últimos estrenos. Incluye detalles sobre lo siguiente.

1. el argumento
2. los artistas
3. la ambientación
4. la realización
5. los efectos especiales
6. el desenlace de la historia

Explica por qué te gustó o no y qué aspectos son más débiles que otros.

Por primera vez en la televisión hispana, Univisión ofrece
ACCION DEPORTIVA en vivo de COSTA a COSTA

A partir del 11 de agosto, todos los domingos

UNIVISION 30 AÑOS
La Visión de América

Vocabulario **7**

Estructura

Gustos, intereses y molestias: Verbos como **gustar** y los pronombres de objeto indirecto

1 The verbs **gustar**, **encantar**, and **fascinar** are used to express the idea that something "is pleasing" or "is fascinating" to someone.

a. The form of the verb will depend on the subject, that is, what pleases or fascinates.

> **Me encanta esta biografía de Cristóbal Colón; me gusta leer biografías.**
>
> **Me gustan las novelas y me fascinan los poemas de amor.**

Notice in the above examples that if the subject is singular (**esta biografía**), the singular form of the verb is used. If the subject is plural (**las novelas**, **los poemas**), the plural form of the verb is used. Nouns are used with their articles (**el**, **la**, **los**, **las**).

b. If the subject is an infinitive (**me encanta leer**) or a series of infinitives (**me gusta leer**, **ir al cine**, **ver la tele**), use the singular form of the verb.

c. An indirect object pronoun that goes before the verb says who likes or dislikes something or to whom or for whom something is pleasing. These pronouns are: **me**, **te**, **le**, **nos**, **os***, **les**.

> **¿Te interesa ver el documental sobre el Amazonas?**
>
> **No, no me interesa, pero a mi hermano le va a interesar mucho.**

d. Frequently, a prepositional phrase is added to clarify to whom one is referring or to express contrast. For example, *I* like it, but *she* doesn't.

> **a** + **mí**, **ti**, **él/ella**, **nosotros(as)**, **vosotros(as)***, **ellos(as)**, or **a** + name(s) of person(s)
>
> **A mí me interesan las películas modernas, pero a mi hermana mayor le gustan las películas antiguas. A ella le interesan todas las cosas viejas, también los libros antiguos.**

* This form is rarely used in the Spanish-speaking world, except for Spain.

Si su hijo estudia fuera de casa, esto les interesa a Vd. y a él.
Y si vive en casa, le interesará también.
DINERO JOVEN

Structure Teaching Resources
1. Workbook, pages 5–8
2. Audio Cassette 1.1
3. Student Tape Manual, pages 3–4
4. Lesson Quizzes, pages 3–4

Bell Ringer Review

Write the following on the board or use the BRR Blackline Master 1.1.2: As you read what each person enjoys, write down a type of movie or program that the person should watch.

1. **Me interesan los efectos especiales.**
2. **Me fascina la música popular.**
3. **Me encantan la acción y el suspenso.**
4. **Me interesan mucho los detalles de las vidas de los actores.**
5. **Me gusta reírme.**

Presentation (pages 8–9)

A. Review the use of the verbs **gustar** and **encantar** by having students summarize the likes/dislikes previously expressed by their classmates regarding movies, books, programs, themes, genres, etc. On a sheet of paper, have students list all they can remember about their classmates' preferences. For example:

> **A Mike no le gustan las telenovelas melodramáticas.**
>
> **A Kate le encantan las películas ambientadas en...**
>
> **A todos nos gustan los concursos.**
>
> **A nadie le gustan los documentales.**
>
> **A la maestra le encanta el artista...**

Learning from Realia

Have students look carefully at the pamphlet on page 8. Then ask the following questions: In what ways are these young people showing independence? Brainstorm ways in which going away to school brings new freedoms and responsibilities. Who is the audience for this pamphlet? How can you tell?

2 To use these verbs in different tenses, follow these models.

Presente:	**Me gustan las obras de ficción.**
Futuro:	**Creo que me va a gustar esa novela.**
Imperfecto:	**Cuando era chico(a), no me gustaba leer.**
Presente perfecto:	**Pero siempre me ha gustado escuchar cuentos y leyendas.**
Pretérito:	**Un año mi abuelo me regaló** *La isla del tesoro*. **Me gustó muchísimo.**
Condicional:	**Me gustaría volver a leer esos libros de mi niñez.**

3 Here are some other verbs that belong to this family and will be used with indirect object pronouns to express reactions.

interesar	**Me interesan las chicas.**
parecer	**Me parece mal si ella come demasiado.**
importar	**¿No te importa si él no viene?**
caer	**¿No te cae bien ese chico? ¿Por qué?**
atraer*	**Le atraen los artistas viejos.**
molestar	**Me molesta la gente que habla en el cine.**
irritar	**Nos irritan los anuncios comerciales.**
sorprender	**¿Te sorprende esta música?**
volver loco(a)	**Me vuelven loco los vídeos de Madonna.**
apetecer	**A Eva no le apetece salir hoy.**
desagradar	**Me desagrada estudiar.**
faltar	**No podemos ir al cine. Nos falta dinero.**
dar igual	**A mis padres les da igual si hay tele o no.**

dar rabia	**Esa chica me da rabia cuando me habla así.**
dar pánico	**Me dan pánico los exámenes de inglés.**
dar pena	**Nos da pena ver a ese pobre niño.**
dar miedo	**Me dan miedo las películas de terror.**
dar risa	**Le dan risa los payasos.**
dar terror	**Me da terror pensar en ese accidente.**
dar asco	**Me dan asco las escenas grotescas.**

*Note the preterit forms of **atraer: atrajo, atrajeron**.

Presentation (page 9)

B. As you lead students through step 3 on page 9, have them use each verb to express their own tastes and preferences. Guide students to use the articles with all nouns: **Me interesan... los deportes, las matemáticas, los libros de ciencia ficción, los comentarios políticos, los documentales, etc.**

Cooperative Learning Activity

Las noticias. Have students find three headlines, brief articles, or photos from a current newspaper. They should share these examples in small groups, explaining how each one makes them feel, and adding some details or examples. For example, the student who brings in an article about gangs could say: **Me dan rabia las actividades de las pandillas.**

Dan una mala impresión de los jóvenes de nuestra ciudad. Each small group should choose two or three of the best examples to share with the whole class. You may wish to follow up by asking questions about how people feel about the topics presented and whether others agree.

(See the Teacher's Manual for more information on Cooperative Learning.)

A. As you lead students through step 4, tell them that besides **me gustas** or **me fascinas,** you can express your liking for someone by saying **me caes bien, te aprecio,** or, in the case of a close friend, **te quiero.**

B. The popular Argentine cartoon "Mafalda," by Quino, appears throughout this book. You may wish to point out to students the instances of **voceo,** the dialectical variation used in Argentina. For example: **tú eres = vos sos; ¿Qué haces (tú)? = ¿Que hacés (vos)?; ¿Cómo andas (tú)? = ¿Cómo andás (vos)?; dime (tú) = decime (vos).**

4 Although you are most accustomed to using these verbs to talk about reactions to things, they can also be used to express reactions to people.

> **Me gustas, me fascinas, me sorprendes.**

5 Indirect object pronouns also have other uses, particularly that of replacing the names of those receiving something from someone else.

> **Le compré un libro de poemas a mi amigo. Y él me invitó a ver un vídeo nuevo.**

Notice that these pronouns are placed before the verb, but that they can also be attached to present participles, commands, and infinitives.

> **Mamá, estoy hablándole a Marcia sobre algo muy importante.**
> **Déjame hacer las tareas más tarde, por favor.**
> **Voy a decirle a Joaquín que me espere en casa.**

Cooperative Learning Activity

The following group activity can lead to a discussion of slang or of intercultural humor: Find a simple cartoon and cut the words out of the speech bubbles, make one copy of the pictures for each group, and cut the frames apart. Give each group an envelope containing the frames and a half sheet of paper. In each group you will need a leader, an editor, a timekeeper, and a printer. Ask the groups to arrange and glue the cartoon frames as they see fit and compose dialogue in Spanish for the speech bubbles, using at least one of the verbs like **gustar.** At the end of the allotted time for this activity, you can post the various versions of the cartoon on a bulletin board along with the original.

Conversemos

A **Me da tanta...** Da al menos un tipo de programa, película, libro o actividad que te produzcan las siguientes reacciones.

Por ejemplo: encantar
>*Me encantan las películas de amor.*

1. fascinar
2. molestar
3. volver loco(a)
4. desagradar
5. dar rabia
6. dar pena
7. dar risa
8. dar asco

B **Gente.** Piensa en las siguientes personas y diles cuándo te gustan más. Ten cuidado con el sujeto: escoge entre *Ud., Uds.* o *tú.*

Por ejemplo: el/la director/a de tu escuela
>*Usted me gusta cuando cancela las clases porque hace mal tiempo.*

1. tu maestro(a) de español
2. tu mejor amigo(a)
3. tu novio(a)
4. tus padres

C **Yo le gusto a todo el mundo.** Ahora di cuándo les caes mejor a las mismas personas de la actividad B.

Por ejemplo: a tus padres
>*A mis padres les caigo bien cuando hago los quehaceres de la casa.*

D **¿Qué te da?** Di qué reacción te producen las siguientes cosas.

Por ejemplo: las películas antiguas
>*Las películas antiguas me dan bostezos.*

1. un desenlace triste
2. un desenlace feliz
3. una trama complicada
4. una película sin argumento
5. una novela larguísima
6. un tema polémico (controversial)
7. los efectos especiales
8. un libro mal escrito

Estructura **11**

For the Native Speaker

Have native speakers participate in the following activity: **Escribe un párrafo sobre cómo has cambiado en cuanto a lo que te gusta o no te gusta. ¿Todavía te dan miedo las mismas cosas que te daban pánico cuando eras joven? ¿Crees que cuando eres mayor te interesarán o te molestarán las mismas cosas que te apetecen o te desagradan ahora? Menciona unos ejemplos específicos.**

Actividades

Note: For complete answers to these activities see the Teacher's Manual, pages 22–23.

Actividad E Answers
Answers may resemble the following:
1. **Me da mucha alegría cuando recibo buenas noticias de la familia.**

Actividad F Answers
Answers may resemble the following:
1. **Para ser feliz, a mi amigo(a) le falta mucho dinero en el bolsillo.**

Actividad G Answers
Answers may resemble the following:
1. **Me atraen las campañas que tratan temas importantes. Pero me desagradan las campañas tontas.**

Expansion of Actividad G
Have students come up with their own thoughts on things that irritate them, e.g., **los artistas que consumen drogas, las telenovelas que nos dejan en suspenso, los anuncios comerciales que nos mienten (que interrumpen los programas), las repeticiones de programas, las películas que cuestan mucho, las películas en blanco y negro, la violencia de algunas películas,** etc.

Additional Practice

As a class project, students may devise a bilingual questionnaire and take a survey of students in your school regarding movies or TV preferences. Then, they can compare the likes and dislikes of boys and girls or of older and younger students. Have them make a hypothesis before they begin and chart their results in Spanish on a big poster for the classroom wall.

E **No soy de palo.** Completa las frases para explicar cuándo sientes lo siguiente.

Por ejemplo: Me da miedo cuando...
  Me da miedo cuando veo una película de terror y estoy solo en casa.

1. Me da mucha alegría cuando ___ .
2. Me da pena cuando ___ .
3. Me da mucha risa cuando ___ .
4. Me da asco cuando ___ .
5. Me da una vergüenza terrible cuando ___ .
6. Me da rabia cuando ___ .
7. Me da verdadero pánico cuando ___ .
8. Me da tensión cuando ___ .

F **¿Qué te falta?** Completa las frases que siguen.

Por ejemplo: Para ser feliz, a mí...
  Para ser feliz, a mí me falta un buen amigo.

1. Para ser feliz, a mi amigo(a) ___ .
2. Para tener mejores notas, a mí ___ .
3. Para tener una colección completa de ___ , a mí ___ .
4. Para estar más tranquilos, a mis padres ___ .
5. Para ser fenomenal, a mi colegio ___ .
6. Para comprarme un/a ___ , a mí ___ .

G **En pro y en contra.** Da tu opinión en pro y en contra de los siguientes temas.

Por ejemplo: los vecinos
  Me encantan los vecinos que pagan bien cuando cuido a sus niños.
  Pero me irritan los vecinos que dicen que no me porto bien.

1. las campañas
2. las películas de medianoche
3. los concursos de ortografía *(spelling)*
4. las continuaciones de películas

Independent Practice

1. Have students choose a controversial topic related to television and write a two-or three-paragraph essay in which they take a stand and support it; for example:
   a. **Los niños y la violencia de los dibujos animados**
   b. **El censo: ¿Debe haber más leyes para controlar la programación?**
   c. **La tele y la lectura de libros: ¿Estamos convirtiéndonos en un país de analfabetos?**

2. Workbook, pp. 5–7

Escribamos ....

Mis propios pensamientos. El famoso poema Nº 15 del poeta chileno Pablo Neruda empieza así:

Me gustas cuando callas porque estás como ausente,
y me oyes desde lejos, y mi voz no te toca.
Parece que los ojos se te hubieran volado
y parece que un beso te cerrara la boca.

Usa el siguiente modelo (o inventa otro) para escribir tu propio poema. Dedícaselo a un buen amigo o a una buena amiga o a una persona en tu familia.

Me gustas cuando ___ .
(un verbo)

Eres ___ , ___ y ___ .
(tres adjetivos)

Te pareces a ___
(cosa y adjetivo)

___ , ___ y ___.
(tres verbos)

Eres ___
(un símbolo de la amistad)

___ .
(nombre de la persona)

A ti, ¿te gusto yo?

Estructura **13**

Escribamos

Presentation (page 13)

A. This section focuses on written integration of the grammatical structures while encouraging use of such learner strategies as modeling, mapping, expanding, personalizing, and creating.

B. Give students the option of writing a negative version of the poem as well. For example: **Me molestas (desagradas, irritas) cuando...**

Actividad

Note: For complete answers to these activities see the Teacher's Manual, page 23.

Actividad Answers
Answers will vary.

Did You Know?

Pablo Neruda's name was Neftalí Ricardo Reyes y Basoalto. When he was 16, he went to study in Santiago, where he won an award for his poetry. Neruda wrote his famous work, **Veinte poemas de amor y una canción desesperada,** in 1924, when he was only 20 years old.

Learning from Photos

In connection with the photos on page 13, have students recall a friend from childhood and bring in a picture of the person, if possible. Put the verbs in the model poem above into the imperfect and rewrite it as you would remember your childhood friend later in life.

Lectura

Teaching Resources
1. Audio Cassette 1.1
2. Student Tape Manual, page 5

Bell Ringer Review

Write the following on the board or use BRR Blackline Master 1.1.3: Write a note to your partner describing something that makes you laugh when you shouldn't. Exchange notes and write a reply to your partner.

Presentation (pages 14–15)

This section develops reading skills through a five-stage, integrative process: **pensar, mirar, leer, analizar, aplicar.** For a complete description of each of these stages, as well as suggestions for teaching, please refer to the Teacher's Manual. You may effectively do this section at any point in the lesson. In this particular lesson, it is recommended that you use the **Pensemos** section, **Actividad A,** to introduce the lesson, then return to the other sections at some point after vocabulary has been reviewed and practiced. Lesson theme, vocabulary, and grammar focus have all been drawn from the authentic text in this **Lectura.**

Antes de leer

Pensemos

This pre-reading section pulls out existing experience and language knowledge while encouraging use of the following reading preparation strategies: anticipating, categorizing, comparing and contrasting, personalizing, expressing and supporting opinion.

Actividades

Note: For complete answers to these activities see the Teacher's Manual, page 23.

Lectura

Antes de leer

Pensemos

A **Horas de ocio.** ¿Qué combinación de actividades describe lo que te gusta hacer para divertirte en tus horas libres? Di al menos diez. Si quieres, agrega más actividades que te gustan.

Por ejemplo: Me interesa dar paseos y practicar deportes. Me apetece ver la tele. Me vuelve loco(a) salir a bailar.

coleccionar cosas	jugar videojuegos
dar un paseo	leer libros
dormir	montar en bicicleta
entretenerse con un pasatiempo	pasear en coche
escribir cartas	practicar deportes
hacer ejercicio	salir a bailar
ir al cine	trabajar en la computadora
ir de compras	ver la tele
jugar ajedrez	viajar
jugar cartas	visitar amigos

B **Programas y películas.** ¿Cuáles son los tipos de películas, vídeos y programas de televisión que te gustan más? ¿Cuáles no te gustan? Da un ejemplo de cada tipo.

Por ejemplo: Me gustan más las películas de espionaje como, por ejemplo, las de James Bond porque son muy emocionantes.

No me gustan nada las telenovelas como, por ejemplo, "General Hospital" porque el argumento es tonto.

C **Tele guía.**

1. Escoge una tarde o una noche en que te gusta ver la tele.
2. Haz un horario de tres clases de programas que ves ese día, pero no digas los nombres de los programas. Usa el reloj de 24 horas.
3. Dale tu programación a tu compañero(a) para que él o ella se lo lea a la clase.
4. La clase debe adivinar de qué día de la semana se trata.

Cooperative Learning Activity

Have students do the following activity in pairs: **Imagínense que Uds. son padres. Trabajen juntos para escribir por lo menos cinco reglas sobre la tele que sus hijos tendrían que obedecer.**

Interesting Facts

According to Spanish law, a movie on TV cannot be interrupted more than 3 times for advertising during a 90–minute period. Sports events cannot be interrupted for commercials. Tobacco advertising on TV is prohibited, and commercials for alcoholic beverages are restricted.

Por ejemplo:

ESTUDIANTE A (escribe)**:**

Canal 3

19.00: noticias

20.00: programa cómico
sobre una familia loca

20.30: programa de dibujos
animados

ESTUDIANTE C:

Me parece que habla del jueves.

ESTUDIANTE B:

En el canal tres, a las siete
de la tarde, Sue ve las noticias.

A las ocho ve un programa cómico
sobre una familia loca y a las ocho
y media le gusta ver un programa
de dibujos animados.

Miremos

Guía de la semana. Mira el horario de televisión de las páginas 16 y
17 y ubica lo siguiente.

1. la película más reciente / más antigua
2. películas de guerra / vaqueros / espías / catástrofes / vampiros /
   criaturas fantásticas / médicos / humor
3. películas norteamericanas / europeas
4. películas de los años cuarenta / sesenta / setenta / ochenta
5. películas que se ven por la mañana / por la tarde / por la noche /
   por la madrugada (*middle of the night*)
6. película que es una continuación
7. el nombre del artista que hace el papel de vampiro / director de un
   hospital / protagonista de una comedia italiana

Al lector

● No te preocupes si
no entiendes todas las
palabras de la lectura.
Eso es normal.

● No es necesario usar
un diccionario. Trata de
adivinar las palabras
que no conoces.

● Confía en tu español;
¡ya sabes muchísimo!

Lectura **15**

For the Native Speaker

Have native speakers participate in the following activity: **Cuando vemos la tele
aprendemos muchas palabras y expresiones informales. ¿Puedes pensar en
unos programas en inglés que te han
gustado y que te han enseñado unas
expresiones útiles? ¿Te cuesta mucho
trabajo a veces comprender el inglés**
**hablado en la tele? ¿Sabes de algún
programa en español que les recomen-
darías a tus compañeros para mejorar
su español? Haz una breve presentación
a la clase o escribe un párrafo sobre
este tópico.**

Actividad A Answers
Answers should include the expressions from page 9 and may resemble
the following:
1. **Me fascina jugar videojuegos.**

Actividad B Answers
Answers should follow the model
and may resemble the following:
**Me gustan más los programas de
detectives como, por ejemplo, los
de... porque son muy divertidos.**

Actividad C Answers
Answers will vary.

Miremos

This preliminary reading section provides the first glimpse of the reading,
and focuses on the reading strategy
of scanning for specific information.
Point out to students the note, **Al
lector,** and tell them that no intensive reading is necessary at this
stage. Before doing the activity, have
students brainstorm on the types of
information they would expect to
find in a TV schedule: **día, hora,
nombre del programa, fecha de la
película, descripción de la trama,
tipo de programa, nombres de los
artistas, evaluación,** etc.

Actividad

Note: For complete answers to this
activity see the Teacher's Manual,
page 23.

Actividad Answers
Answers will resemble the following:
1. **La costa de los mosquitos/
   Clandestino y caballero**

El mejor cine de la semana

Presentation (pages 16–17)

Reading Strategies

A. This authentic text encourages use of such reading strategies as:

1. guessing from context
2. identifying cognates
3. using derivatives
4. looking for patterns
5. applying knowledge and experience to sense-making process
6. identifying salient information
7. searching for clues to meaning. Guide students in how to guess the meaning of unfamiliar words.

B. Have students work in pairs or individually to give meaning to these words using the following:

1. cues from context
2. their own experience
3. knowledge of English and knowledge of Spanish. Help them find and choose the correct clues to the meanings of: **sobrevivió** (derivative); **catástrofe** (cognate); **bélicas** (context; also cognate "bellicose"); **menospreciado** (menos + precio); **mítico** (cognate); **mezcla** (context **horror y humor**); **no cesa de...** (cognate); **aterradora** (derivative); **malvado** (derivative: mal); **nimiedades** (context); **asesinatos** (cognate); **potencias** (cognate); **agrícola** (cognate).

C. If you assign this reading for homework, follow up by having students give you the clues they used to discover the meanings of these words.

El mejor cine de la semana

En la selección cinematográfica de esta semana predomina la aventura y hacen un papel importante el terror y el amor.

Acción. Aventuras en Telemadrid con *La costa de los mosquitos* (1986). Una adaptación del ya clásico contemporáneo de la novela de aventuras de Paul Theroux, podremos verla el sábado 29 a las 18.00 h.

5 También en Telemadrid, y a las 20.15 h. del mismo día, *Más allá del Poseidón* (1972), una continuación de la exitosa *Aventura del Poseidón* (1972). La película se centra en el grupo que sobrevivió a la espectacular catástrofe del lujoso transatlántico.

Lobos marinos (1980), para la noche del sábado a las 22.05 h., es una realización de aventuras bélicas que, ambientada en la Segunda Guerra Mundial, combina
10 algo de espionaje y humor.

Terror. Parece ser que todas las televisiones han dado la importancia que se merece al a veces menospreciado cine de terror, dedicando al menos un espacio habitual al miedo, lo fantástico y la ciencia-ficción. En Antena-3, el domingo a las 23.00 h. destacamos *Drácula y las mellizas*
15 (1971), una excelente realización del director inglés John Hough, donde el mítico Peter Cushing hace su eterno papel de vampiro en un marco de brujería y misterio.

Otra lograda realización de terror de uno de los maestros del género, Joe Dante (*Los Gremlins*) es *Aullidos* (1980), donde Dante contemporiza la leyenda del
20 hombre-lobo. Mezcla de horror y algo de humor, la angustia no cesa de crecer a medida que se va descubriendo la aterradora verdad.

Cultural Connection

1. Notice that the word **lobo** appears twice, but in neither case is a wolf being described. Have students guess at each of its uses.
2. Call students' attention to the following: **a.** the use of the international time for schedules; **b.** the use of the period to separate hours and minutes; **c.** broadcasting times—shows do not necessarily start and end on the half hour. Have students guess at the reasons for and implications of this. **d.** Only the first word of titles is capitalized. The other words are in lower case unless they are proper nouns. Have students respect these protocols in their own creations.

Risas. Dos divertidas comedias para la semana. En Tele-5 el miércoles, a las 11.00 h *El diablo enamorado* (1966) con Vittorio Gassman y Mickey Rooney. Ambientada en Roma y Florencia, en la segunda mitad del siglo XV, el malvado Belcebú aparecerá para implantar la discordia y el mal donde reina la calma.

5

Otra comedia interesante, aunque en tono dramático, es *Anatomía de un hospital* (1972). La acción transcurre en un hospital de Manhattan y George Scott es el desquiciado (*unstable*) director del centro, cuyos problemas personales son nimiedades, insignificantes ante los continuos asesinatos de médicos y enfermeras.

10

Amor. *Los girasoles* (1969), un melodrama de una pareja de campesinos separada por la guerra. Domingo, en TV-3 a las 15.40 h.

Oeste. *Brandy* (1964), un western europeo en coproducción hispano-italiana que guarda los esquemas del clásico western americano. Martes en Telemadrid a las 16.20 h.

15

Drama. *El chico de la bahía* (1984) relata un breve período en la vida de un adolescente, durante los años treinta. Tele-5 el martes a las 11.00 h.

Misterio. *Clandestino y caballero* (1946) con Gary Cooper y Lili Palmer en los principales papeles. Ambientada en el final de la Segunda Guerra Mundial, la trama de gran suspenso se centra en los avances nucleares que tanto codician [desean] las potencias americana y alemana. TVE-2, el domingo a las 17.30 h.

20

Violencia. Una curiosa película es, sin duda, *Los chicos del maíz* (1984). En una ciudad agrícola de EE.UU., un grupo de jóvenes, aburridos, llegan a asesinar a indefensos granjeros. En TVE-1, sábado a las 00.15 h.

25

Additional Practice

Have students scan this reading and pick out words that express the reviewer's opinions about the programs, rather than the facts. Is any show particularly recommended or criticized?

Did You Know?

Within the next few years, television stations in Spain will be required to broadcast at least 50% European programming, half of which must be Spanish. Violent or possibly pornographic programs will be restricted to the hours between 22.00 and 6.00.

Presentation (page 18)

This section focuses on comprehension and use of information derived from more intensive reading, through use of the following strategies: context transferring, associating, personalizing, supporting opinion, scanning, listing and notetaking, personalizing.

Actividades

Note: For complete answers to these activities see the Teacher's Manual, pages 23–24.

Actividad A Answers
Answers may resemble the following:
1. **A estos televidentes les gustaría... porque es fascinante.**

Actividad B Answers
Answers may include the following:
1. **Adjetivos: cinematográfica, importante, clásico, contemporáneo, tardía.**
2. **Nombres de tipos de películas: película de aventuras**

Actividad C Answers
Answers will vary.

Leamos ....

A **Los televidentes.** Sugiere un programa que crees que les gustaría a los siguientes tipos de espectadores y explica por qué les gustaría.

Por ejemplo: jóvenes activos
A estos televidentes les interesaría "Club MTV" porque les gusta bailar.

1. niños
2. adolescentes
3. adultos activos
4. adultos sedentarios
5. jóvenes activos
6. ancianos

B **Buscapalabras.** Lee el horario y haz una lista de las siguientes palabras.

1. todos los adjetivos que puedas encontrar
2. nombres de tipos de películas

C **Se estrena hoy.** Usa las expresiones de la lista que hiciste en la actividad B para describir dos películas que estén dando en tu ciudad actualmente. Tus compañeros(as) deben adivinar de qué películas se trata.

Por ejemplo:

ESTUDIANTE A:
Es una película de ciencia-ficción aterradora.

ESTUDIANTE B:
¿Hablas de...?

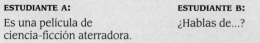

18 CAPÍTULO 1 *Lección 1*

Learning from Realia
1. Have students look at the realia on the bottom of page 18. Ask them to identify the title of the film advertised.
2. Have students provide in Spanish several other original titles of films produced in the U.S., and translated titles for foreign films.

Independent Practice
The **Leamos** activities on page 18 can be assigned as written homework; then they can be done orally in the classroom.

Después de leer

Después de leer

Analicemos

Derivaciones. En el horario de la tele, ubica palabras que sean derivadas de las que siguen. En cada caso, di si la palabra derivada es un sustantivo (*noun*), adjetivo o verbo.

Por ejemplo: agricultura
"*Agrícola*" *es una palabra derivada. Es un adjetivo.*

Sustantivos	Adjetivos	Verbos
éxito	humorístico	asesinar
mal	aterradora	separar
ambiente	legendario	defender
cine	predominante	vivir
lujo	aventurero	
espía		
amor		

Apliquemos

A **El cine de la semana.** Escribe un resumen de una película que se da esta semana en tu área. Incluye lo siguiente.

1. el título de la película y la fecha de producción
2. el género (drama, comedia, del oeste, de aventuras, etc.)
3. los actores o intérpretes y sus papeles
4. el ambiente
5. una descripción de la trama
6. la duración (en minutos)
7. el día y la hora

B **No hay primera sin segunda.** Describe una continuación o segunda (tercera, cuarta, quinta... ¡décima!) parte imaginaria de una película que te gustó mucho. Incluye lo siguiente.

1. el título
2. el género
3. los artistas y sus papeles
4. el ambiente
5. una descripción de la trama o el argumento
6. algunas diferencias entre la continuación y la película original

Por ejemplo: "Pesadillas en la calle Elm: parte 10"
Continuación de la exitosa película de terror...

Analicemos

A. This section focuses on analysis of new vocabulary encountered in the reading through use of the following language expansion strategies: transferring, associating, searching for patterns, noting similarities.

B. Have students guess the meanings of the following words that share the prefix "tele":

teleaudiencia	teleguía
telegrama	telecontrol
telenovela	televidente
telediario	telescopio
telepatía	telespectador
televisor	televisivo
telefonazo	telefonista
telecomunicación	

Actividad

Note: For complete answers to these activities see the Teacher's Manual, page 24.

Actividad Answers
éxito: "exitosa" adjetivo
mal: "malvado" adjetivo
ambiente: "ambientada" adjetivo
cine: "cinematográfica" adjetivo
lujo: "lujoso" adjetivo
espía: "espionaje" sustantivo
amor: "enamorado" adjetivo

Apliquemos

This section focuses on summarizing and integrating content and language of the reading through the following strategies: transferring to new contexts, summarizing, personalizing, imagining, describing.

Actividades A and B Answers
Answers will vary.

❏ (For Additional Practice see Teacher's Manual, page 93.)

Cultura viva

Presentation (pages 20–21)

A. This section examines the lesson theme from a cultural perspective. Students are asked to reflect and comment on their own culture as well as Hispanic cultures, through the stimulus of authentic personal, journalistic, and literary texts. Use of the following types of cultural discovery strategies is promoted: focusing attention, identifying salient information, associating, personalizing, self-reflection, examining points of view, considering alternatives, and language modeling.

B. Introduce students to the topic on page 20 by asking if they agree with the comment by Mutis and the cartoon that follows. Then ask which are characteristics of **momias, zombies y robots: conformistas, independientes, encerrados, intelectuales, sociables, gregarios, animados, cultos, bien educados, aburridos, tontos, entretenidos, ingenuos, listos, sumisos, inquietos (curious), aventureros, destacados.**

Conversemos y escribamos

Note: For complete answers to these activities see the Teacher's Manual, page 24.

Actividad A Answers
Answers may resemble the following: **... la comida viene preparada y sin sabor.**

Actividad B Answers
Answers will vary.

Extension of Actividad B
Have students compile the results of their survey, summarizing in terms of percentages: **Un 30% dice que...; La mitad cree que...; la mayoría dice que...; una minoría cree que...;** etc.

¿Será el siglo XXI la edad del aburrimiento?

¿La sociedad de la tecnología y del ocio se convertirá en la de la mediocridad, la rutina y el bostezo? Afirma el escritor colombiano Álvaro Mutis:

> "En esta época, que es la más aburrida, me llama la atención que muchos jóvenes, por ejemplo, mis nietos, no lean. El único horizonte que tienen, el más chato, es la televisión. No tiene nada de raro que estos tiempos estén llenos de momias, de zombies y de robots".

Conversemos y escribamos ....

A **¿De acuerdo?** Pregúntale a cinco compañeros(as) cómo terminarían ellos(as) la siguiente frase. Luego, cuéntaselo a la clase.

Creo que el próximo siglo será el siglo del aburrimiento y del ocio porque...

B **¿Eres adicto a la tele?** Haz la siguiente encuesta entre tus compañeros(as). Según lo que contesten, di si eso confirma o niega las conclusiones de la actividad A.

1. ¿Cuántas horas te pasas viendo televisión todos los días?
   - a. menos de una hora al día
   - b. de una a tres horas al día
   - c. más de tres horas al día

2. ¿Cuándo ves la televisión?

   a. después de hacer las tareas   **c.** mientras haces las tareas

   b. antes de hacer las tareas

3. ¿En qué noticias o informaciones confías (*trust*) más?

   a. las noticias del periódico   **c.** lo que dicen en la
                                          televisión

   b. lo que dicen los libros de texto

4. ¿Qué porcentaje de lo que sabes viene de la televisión?

   a. menos del 25 por ciento   **c.** 50 por ciento o más

   b. de 25 a 50 por ciento

5. ¿Qué piensas de lo que dicen en la televisión?

   a. No creo nada de lo que veo en la televisión.

   b. La televisión es más o menos creíble, más del 60 por ciento.

   c. Creo más del 85 por ciento de lo que veo en la televisión, porque
      es contra la ley mentir en la televisión.

6. ¿Qué cosas lees?

   a. novelas y cuentos   **c.** sólo los libros de texto
                                 para hacer las tareas

   b. revistas y tiras cómicas

7. ¿Cuántos libros lees al año?

   a. más de diez   **c.** menos de cinco

   b. de cinco a diez

C **En caso de apagón.** Escribe una lista de diez cosas que puedes
hacer si se corta la luz (electricidad).

Cultura viva **21**

Critical Thinking Activity

La televisión. Explain to students that foreigners visiting the U.S. quickly remark
about the prominence of television as **el
gran totem** and are truly surprised not
only by the number of hours television is
watched in the U.S., but by the lack of time
spent socializing and interacting with others. They are also shocked that TV would
be watched during dinner!

1. Brainstorm reasons why television has
become so prominent in U.S. life. How
is it linked to other important aspects
of the U.S. life-style? For example:
a. mobility → cars → suburbs →
isolation, **b.** competition → work
schedules → lack of time → stress

Estructura: Un poco más

Presentation (page 22)

A. This section presents additional aspects of the Spanish language that are often confusing for foreigners.

B. With regard to step 4, the following additional words may be introduced in a contextual manner: **emblanquecer, endulzar, enloquecer, empobrecerse, embellecer, aterrar, acercarse, enamorarse, engrandecer, encerrar, etc.** For example: **Los parques embellecen nuestras ciudades.**

Actividad Answers
Answers will vary.

Estructura: Un poco más

¿Cómo se dice "to become"?

To convey changes of character, condition, emotion, or to express physical transformation, Spanish uses several expressions for "to become," according to the context.

1 The verb **convertirse en (ie, i)** is used to imply chemical or physical transformation (to become something else).

> **En realidad los animales no se convierten en personas, pero en un cuento de hadas, la rana se convirtió en príncipe.**

2 The verbs **volverse** and **ponerse** indicate physical, mental, or emotional change. **Volverse** (often used with **loco[a]**) often implies a more sudden or violent change.

> **El gigante del cuento se volvió loco por los ataques del joven. La bruja se puso furiosa cuando se enteró de que la princesa se había despertado.**

3 The verbs **hacerse** and **llegar a ser** indicate change as a result of some effort, plan, or series of events.

> **Mi cuñado siempre quería hacerse ingeniero, pero en cambio llegó a ser arquitecto.**

4 Often the idea of "to become" is expressed in other ways.

envejecer	to become, grow old
enrojecerse	to become red (embarrassed)
palidecer	to become pale
adelgazar	to become thin
engordar	to become fat
enriquecerse	to become rich

Completa las siguientes frases de una manera personal.

1. Me llevo bien con muchos de mis compañeros de clase pero me vuelvo loco(a) cuando ___ .
2. Algún día me gustaría hacer una película de terror sobre un/a chico(a) ___ que se convierte en ___ .
3. Me pongo furioso(a) cuando mi amigo(a) (maestro[a], hermano[a], etc.) ___ .
4. Me gustaría llegar a ser ___ .
5. Creo que la mejor manera de enriquecerse es ___ .
6. Me enrojezco cuando ___ .

Cooperative Learning Activity

Have students work in pairs or small groups to brainstorm English uses of "to get" (to get fat, to get rich, to get old, to get up, to get it, to get going...). In Spanish a specific verb is used for each of these actions. The groups or pairs could make posters illustrating the English expression with "get" and write the Spanish verb at the bottom. A display of the posters around the room will help students to remember these verbs.

Diversiones

A **Las caricaturas.** Júntate con tres o cuatro compañeros(as). Cada miembro del grupo va a describir a un personaje de un dibujo animado que presentan en la tele. El resto del grupo tiene que adivinar qué personaje es. Cada persona debe describir a tres personajes.

Por ejemplo: Este personaje siempre está tratando de agarrar a un canario que está en una jaula.

Es el gato Silvestre.

B **En la tele.** Imagínate que tú y tres compañeros(as) viven en un país extranjero. Ustedes importan programas de televisión de los Estados Unidos para la televisión de su país.

1. Decidan qué programas van o no van a importar.
2. Hablen de cómo estos programas presentan la vida y la cultura de los Estados Unidos. ¿Presenta a los norteamericanos como estereotipos? ¿Presenta una sátira de la vida en los Estados Unidos? ¿Qué van a pensar las personas de su país de los Estados Unidos cuando vean los programas que ustedes han escogido?

Actividades

Note: For complete answers to these activities see the Teacher's Manual, page 24.

Actividades A and B Answers
Answers will vary.

Student Portfolio

Have students keep a Spanish notebook with their best written work from *¡Acción! 3* in it. These writings can be based on assignments from the Student Textbook and the Writing Activities Workbook. Written assignments in this lesson that may be included in students' portfolios are the **Escribamos** activities, pages 7 and 13, and **Actividad A,** page 19 of the Student Textbook.

Presentation (page 24)

The words and phrases in the **Repaso de Vocabulario** have been taught for productive use in this chapter. They are summarized here as a resource for both student and teacher. There are approximately thirty cognates in this list.

Evaluation

Quizzes. There are two quizzes for the **Vocabulario** presentation and one quiz for the **Estructura** presentation.

Tests. There is a listening, reading and writing test to accompany each lesson in *¡Acción! 3.* There is also a speaking test for each lesson, located at the back of the Testing Program booklet.

Repaso de vocabulario

Cosas y conceptos

el aerobismo
el anuncio comercial
el argumento
la biografía
la brujería
la cocina (*cooking*)
el comentario
   político
la continuación
el cuento de hadas
el desenlace
el documental
los efectos especiales
el espacio
el espionaje
el este
el estreno
Europa
el futuro
la guerra (*civil*)
la historia (*story*)
la lectura
la leyenda
el melodrama
el misterio
el norte
el ocio
el oeste
el Oscar
el Pacífico
la pantalla chica
el pasado
el poema
el presente
la producción
la realización
la serie
el sur
el suspenso
el tema
la trama
el viaje

Personas

el/la artista
el personaje
el/la protagonista
la reina
el rey

Gustos y reacciones

apetecer (zc)
atraer
caer bien (mal)
dar asco
dar bostezos
dar igual
dar miedo
dar pena
dar rabia
dar risa
dar terror
desagradar
importar
irritar
parecer (zc)
sorprender
volver loco(a)

Descripciones

actual
ambientado(a)
árabe
chico(a)
complicado(a)
de primera
destacado(a)
entretenido(a)
espectacular
exigente
exitoso
famoso(a)
ganador/a
hispano(a)
histórico(a)
liviano(a)
oriental
principal
sensacional

Otras palabras y expresiones

en el extranjero
merecer (zc)
sobre todo
tener lugar
tratar(se) de

Cooperative Learning Activity

A concept review works well for large amounts of vocabulary. The teacher makes up four sheets of "clues" for the words. Sheet A tells the beginning letter of the word: **1. Esta palabra comienza con "g."** Sheet B tells the number of syllables of the same word: **1. Esta palabra contiene 2 sílabas.** Sheet C tells the number of letters in the word: **1. Esta palabra tiene 6 letras.** Sheet D contains the definition: **1. Un conflicto violento entre países o grupos.** Students read their clues in order (A–D) for each word then decide together what the word is —**"guerra"** in this case— and write it down. Then have students work in groups to write concept reviews on their own to be used by other students.

Lección 2

Lección 2

Introducing the Lesson Theme

Through the theme of vacations and pastimes, this lesson focuses on personal description, dreams, and aspirations. To introduce the theme, you may wish to begin the lesson with **Actividades A** and **B** in the **Pensemos** section of the **Lectura,** pages 34–35. This section of the **Lectura** is designed to pull out students' experience, and focus their attention on the lesson topic, without involvement in the reading. The lesson theme, vocabulary, and grammar focus are all drawn from the authentic text in the **Lectura** section.

Objectives

By the end of this lesson, students will be able to:
1. talk about future events
2. discuss outdoor activities, pastimes and vacations, and explore their personality through their desires, likes, and preferences in travel and vacations
3. use **lo** expressions

Lesson 2 Resources
1. Workbook
2. Audio Program (cassette or CD)
3. Student Tape Manual
4. Bell Ringer Review Blackline Masters
5. Fine Art Transparencies
6. Lesson Quizzes
7. Testing Program
8. Situation Cards

Vocabulario

Vocabulario

Vocabulary Teaching Resources

1. Workbook, pages 9–11
2. Audio Program 1.2
3. Student Tape Manual, pages 6–7
4. Lesson Quizzes, pages 5–11

Bell Ringer Review

Write the following on the board or use BRR Blackline Master 1.2.1: What features of the natural landscape can you name in Spanish? Do you remember "islands" or "mountain ranges"? Think of three. Draw a sketch of each one and pass your paper to your partner. He or she will label in Spanish what you have drawn and return it to you.

Presentation (pages 26–27)

To ensure assimilation of meaning and appropriate use, do not rush vocabulary presentation. Try to model use of future tense as much as possible in the questions and comments you use to present the vocabulary.

A. To focus students' attention on listening for meaning, do this part of the presentation with books closed. You may wish to bring in some travel brochures (which can be picked up at any travel agency) to facilitate the presentation.

1. Write on the board the words **Estoy harto(a)** and describe to students how you are tired and fed up: **"Estoy harto(a) del trabajo, de la tensión (del estrés, de las notas, del papeleo, de tantos exámenes, de lo rutinario, de esta vida tan aburrida). No puedo más..."**

2. Ask students to say what they are fed up with; list on the board.

❏ (To continue with this activity see the Teacher's Manual, page 93.)

¡Estoy harto(a) de *(fed up with)* la misma rutina! Quiero hacer el viaje de mi vida.

Me gustaría...
dejar atrás (*leave behind*) toda esta tensión.
recorrer tierras lejanas (*tour distant lands*).
alejarme de (*leave, get away from*)
lo rutinario.
lo aburrido.
lo seguro.
lo cómodo.
experimentar (*experience, feel*)...
lo placentero (*pleasant*).
lo desconocido.
lo emocionante.

descubrir (*discover*)...
nuevos horizontes.
nuevos sentimientos (*feelings*).
otra gente, otra cultura, otras costumbres (*customs*).
el mundo que nos rodea (*surrounds*).
desarrollar (*develop*)...
mis ideas.
mis actitudes.
tener el valor (*courage*) de...
correr nuevos riesgos (*risks*).
atreverme a (*dare to*) tomar mis propias decisiones.
poner a prueba (*test*) mi coraje (*courage*).
rechazar el prejuicio (*resist, reject prejudice*).

En mi paraíso habrá (*there will be*)...
mucha diversión.
un clima fenomenal.
un paisaje (*scenery*) inolvidable.
buen tiempo todos los días.
balnearios (*seaside resorts*) increíbles.
paz y descanso.

Allí la gente podrá (*will be able to*)...
subir cerros (*hills*) y laderas de montañas (*mountain sides*).
saltar entre las peñas (*rocks*) y las grietas (*crevices*).
caminar por las praderas (*fields*), arboledas (*forests*) y quebradas (*ravines*).

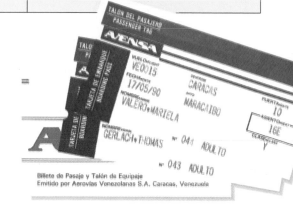

Billete de Pasaje y Talón de Equipaje
Emitido por Aerovías Venezolanas S.A. Caracas, Venezuela

26 CAPÍTULO 1 *Lección 2*

Independent Practice

Allow students to choose one of the following written assignments, integrating as much new vocabulary as possible:

1. Una composición sobre...
   Un paisaje inolvidable
   Una decisión que tuve que tomar
   Un riesgo que tuve que correr
   Un incidente que puso a prueba mi coraje

La última novedad en deportes
A medida que crezco, aprendo mucho...
¿Qué es el ecoturismo?

(continued on the next page)

A medida que (As) crezco me pongo más/menos...

arriesgado(a) (*bold*).	deportista.
intuitivo(a).	fuerte.
amistoso(a).	atrevido(a) (*daring*).
entusiasta.	gracioso(a).
independiente.	optimista.
malhumorado(a).	pesimista.
impulsivo(a).	entretenido(a).
curioso(a).	exitoso(a).
artístico(a).	emprendedor/a (*enterprising*).
valiente.	celoso(a) (*jealous*).
entremetido(a) (*nosy*).	soñador/a.
imaginativo(a).	orgulloso(a).
ambicioso(a).	cuidadoso(a).
gitano(a) (*gypsy*).	
hogareño(a) (*homebody*).	

Mi paraíso es un lugar...

extraño.	remoto.
exótico.	hermoso.
lejano.	atestado (*crowded*).
aislado (*isolated*).	lujoso.
tranquilo.	cosmopolita.

Quisiera probar la última novedad (*the latest fad*) en deportes. Tal vez (*Perhaps...*) / Quisiera hacerlo aunque es menos peligroso (*dangerous*)...

Quisiera probar la última novedad (*the latest fad*) en deportes. Tal vez (*Perhaps...*)	Quisiera hacerlo aunque es menos peligroso (*dangerous*)...
el senderismo (*hiking*).	quedarse en casa y no hacer nada.
el paracaidismo.	hacer muñecos (*figures*) de nieve.
el ecoturismo (*ecological vacation*).	tejer (*knit*).
el ciclismo a campo (*mountain biking*).	cultivar flores, frutas o verduras.
volar con alas delta (*hang gliding*).	tener animalitos exóticos.
el vuelo libre (*flying in a glider*).	coser (*sew*).
la aventura-supervivencia ("*Outward Bound*").	trabajar por la ecología.
	diseñar ropa.
	hacer arreglos (*arrangements*) florales.
	alquilar un vídeo.

Vocabulario **27**

Cambio C.A.

**Eco-Aventura:
Belleza Hondureña,
Servicio Europeo**

Grupos pequeños (4 a 12 viajeros)
Personal Profesional
Servicio de transferencias
¡Gratis! entre viajes

DESDE SAN PEDRO SULA

EXPERIMENTE LOS MAYAS

Explore Copán y su historia ecológica, conozca la gente de ayer y hoy, viaje por vehículo de todoterreno, canoa, balsa. Servicio completo, paseos a partir de un día, por Lps. 324.00

MANGLARES Y REFUGIO DEL BOSQUE TROPICAL

Una de las escasas y amenazadas áreas de bosque tropical en la Costa Atlántica, cual es refugio de varias especies de mono y del manatí. Visite el área en un tren cocotero manual, observando el bosque tropical. 4 días servicio completo por Lps. 2,077.00

DESDE LA CEIBA

PARAISO ISLEÑO EN UTILA

Bucee en BELL KEY, cayo privado en medio de la famosa a nivel mundial Barrera Coralina, entre palmeras, arenas blancase innumerables cayos, disfrute una moderna y confortable casa, bote y servicio especial para usted, servicio completo por Lps. 445.00 diarios (sin buceo).

---

2. **Un poema original** in which **(a)** each line contains a new vocabulary word (adjective or expression) that describes them and **(b)** the first (or other) letters of each line spell their name:

Gitana
Arriesgada
Impulsiva
Le gusta recorrer tierras lejanas

eMprendedor
artIsta
riesGo
intUitivo
fuErte
eL soñador

B. With books open, guide students through the new vocabulary, personalizing words and expressions to ensure comprehension and active student involvement. Here are some suggested techniques. Expand on examples as desired.

1. Personalize vocabulary through questions that elicit examples:
   a. Y ustedes, ¿qué quieren dejar atrás?
   b. ¿Qué asocian Uds. con lo rutinario? (acostarse a.../levantarse/hacer la tarea/asistir a clases/reuniones, etc.)
   c. Y ustedes, ¿qué tierras lejanas quisieran recorrer?
   d. ¿Qué asocian Uds. con lo seguro y cómodo? (mi cama, mi casa...)
   e. ¿Qué asocian Uds. con lo emocionante?
   f. ¿Me pueden dar ejemplos de algunos sentimientos? (el amor, el enojo, etc.)
   g. ¿Qué costumbres o tradiciones tienen ustedes en casa?
      ¿Qué costumbres tenemos aquí para las siguientes ocasiones: para dar las gracias cuando una persona nos regala algo; para saludarnos; para...? ¿Qué costumbres tienen los hispanos?
   h. ¿Cuándo corren riesgos Uds.? ¿Cuáles de los siguientes son riesgos que ponen a prueba el coraje: subir cerros, subir laderas de montañas, saltar entre las peñas, caminar por las praderas, volar con alas delta, cultivar flores, coser, el vuelo libre, el senderismo, el paracaidismo, el ecoturismo, el ciclismo a campo; etc.? ¿Cuáles de estos han hecho Uds. alguna vez?

❏ (To continue with this activity see the Teacher's Manual, page 93.)

Asociaciones

A **Lo conocido.** Anota al menos tres actividades que asocias con lo siguiente.

Por ejemplo: lo desconocido
> *Hacer paracaidismo, volar con alas delta, visitar un país lejano...*

1. lo aburrido
2. lo rutinario
3. lo peligroso
4. lo exótico
5. lo placentero
6. lo emocionante
7. lo desconocido
8. lo extraño
9. lo turístico
10. lo imaginativo
11. lo remoto
12. lo arriesgado

B **¡Qué entretenido!** Anota todas las actividades que se puedan asociar con los siguientes lugares.

1. puente
2. sendero
3. sierra
4. playa o lago
5. jardín
6. sala de tu casa
7. peñas o praderas

C **Tipos y arquetipos.** Da dos características más de cada uno de lo siguiente.

Por ejemplo: una persona artística
> *Una persona artística también es imaginativa y curiosa.*

1. una persona ambiciosa
2. un lugar exótico
3. una persona aventurera
4. una persona gitana
5. una persona entremetida
6. un lugar aislado
7. un lugar bucólico
8. una persona intrépida
9. un lugar hermoso

D **Lugares para todos los gustos.** Da dos lugares estupendos para cada uno de los siguientes tipos de personas.

Por ejemplo: deportistas
> *Para los deportistas los mejores lugares son el gimnasio y el... porque...*

1. intrépidos
2. tranquilos
3. impulsivos
4. gitanos
5. aventureros
6. entusiastas
7. deportistas
8. curiosos
9. emprendedores
10. amistosos
11. hogareños
12. arriesgados

BELIC
La Costa de la Aventu

28 CAPÍTULO 1 *Lección 2*

Asociaciones

Presentation (pages 28–29)

A. This section encourages use of the following types of learning strategies for assimilation of new vocabulary: associating, personalizing, categorizing, expanding, transferring to new contexts, recycling, recombining, mapping, and gridding.

B. **Warm-up.** Have students work in pairs to provide the following vocabulary. Probable responses are shown in parentheses.

1. Words that are similar in meaning to...
   desarrollar (diseñar), abandonar (rechazar), exótico (extraño), dar un paseo (caminar), irse (alejarse), el tiempo (el clima), emociones (sentimientos), atrevido (arriesgado), correr riesgos (atreverse), envidioso (celoso), decidir (tomar decisiones), remoto (aislado), no irse (quedarse)

2. Words they associate with...
   la paz, un balneario, un deportista, gente hogareña, el peligro, lo exótico, el descanso, la diversión, el paisaje, un malhumorado, gente gitana

❑ (For more warm-up activities see the Teacher's Manual, page 93.)

Actividades

Note: For complete answers to these activities see the Teacher's Manual, pages 24–25.

Actividad A Answers
Answers may resemble the following:
1. **tejer, coser, quedarse en casa y no hacer nada**
2. **ir a la escuela, estudiar, comer**
3. **volar con alas delta, el paracaidismo**

Actividad B Answers
Answers may resemble the following:
1. **zambullirse al río, pescar**
2. **el senderismo, el ecoturismo, la aventura-supervivencia**

Interesting Facts

Belize is truly the coast of adventure. The capital city had to be moved in 1970 from Belize City on the coast to Belmopan, 50 miles inland. Belize City had been destroyed by a hurricane and tidal wave several years earlier.

E **El viaje de mi vida.** Completa las siguientes frases con lo que quieres para ti en tu vida o en tu paraíso.

1. Estoy harto(a) de ___ .
2. Quisiera alejarme de ___ .
3. Me encantaría recorrer ___ .
4. Me interesaría descubrir ___ .
5. Me daría miedo probar ___ .
6. Me gustaría correr el riesgo de ___ .
7. Me atraen mucho los lugares ___ .
8. Me parece muy atrevido ___ .
9. No me apetece ___ .
10. No me molestaría tomar mis propias decisiones, como ___ .

F **A veces me toca.** Di cuándo te toca hacer las siguientes cosas. Explica por qué.

Por ejemplo: probar algo nuevo

> *Cuando mi tía me invita a comer a un restaurante muchas veces pruebo platos nuevos, porque a mi tía le fascina comer en restaurantes extranjeros.*

1. tomar decisiones
2. arriesgarme
3. alejarme de mis estudios
4. probar algo nuevo
5. poner a prueba mi coraje
6. ser entremetido(a)
7. rechazar una idea
8. dejar atrás la tensión

G **Mi paraíso imaginario.** Inventa tu propio paraíso. En las columnas que siguen, pon las palabras que mejor lo describan. ¿Cómo será? ¿Qué habrá allí ? ¿Qué podrá hacer la gente allí?

Será...	Habrá...	Allí la gente podrá...
exótico.	animales extraños y desconocidos.	aprender algo de la naturaleza.

Vocabulario **29**

Conversemos

Presentation (page 30)

This section focuses on integration of vocabulary, while encouraging use of the following conversational strategies: personalizing, cooperating, recycling, transferring to new contexts, focusing attention, note taking, reporting, mapping and organizing thoughts, speculating, expanding.

Actividades

Note: For complete answers to these activities see the Teacher's Manual, pages 25–26.

Actividad A Answers
Answers may resemble the models:
¿Cuál es tu lugar preferido y cómo es?

Actividad B Answers
Answers may resemble the following:
1. **¿Qué te gusta más, recorrer tierras lejanas o quedarte cerca de tu casa?**

Actividad C Answers
Answers may resemble the following:
1. **Mi compañero es tranquilo. Tiene sentido común.**

Escribamos

Presentation (page 30)

A. This section focuses on written integration of vocabulary while encouraging use of the following writing strategies: attending to detail, describing, outlining, imaging, personalizing.

B. When doing **Actividad B**, allow students to study various travel brochures in class to get ideas on how to organize and prepare their own.

Follow up: Have students exchange **folletos** and comment on the places classmates have advertised, using the following (put on the board):
Podré... porque dice que habrá...
No tendré que... porque aquí dice que habrá....

Actividades A and B Answers
Answers will vary.

30

Conversemos

A **Tu lugar preferido.** Pregúntale a tu compañero(a) cuál es su lugar preferido y cómo es. Luego, tú le describes el tuyo a él o ella.

Por ejemplo: Mi lugar preferido está en la costa del norte. El mar es muy azul y frío y hay una cabaña en la ladera de la montaña.

B **Tú, entrevistador/a.** Haz una lista de cinco preguntas que puedas usar para averiguar los gustos, las actitudes y preferencias de tus compañeros(as). Luego, usa tus preguntas para entrevistar a tu compañero(a).

Por ejemplo: 1. ¿Qué te gusta más, descubrir nuevos horizontes o quedarte en casa?
2. ¿Eres cuidadoso(a) o impulsivo(a)?
3. Para ti, ¿qué es el riesgo?

C **Tú, agente de viajes.** Usa lo que descubriste en la actividad B para recomendarle un paraíso a tu compañero(a). Completa las frases que siguen.

1. Mi compañero(a) es ___ . Tiene ___ .
2. Le gusta ___ . Le interesa ___ . Le molesta ___ .
3. Prefiere ___ . Le da miedo ___ . No se atreve a ___ . Le da(n) asco ___ .
4. Mi compañero(a) irá a ___ porque es un lugar ___ .
5. Allí habrá ___ .
6. Allí mi compañero(a) podrá ___ .

Escribamos

A **Tu lugar de veraneo.** Escribe una descripción muy detallada de tu lugar de veraneo ideal o real. Incluye una descripción de lo siguiente.

1. el lugar
2. la gente
3. las actividades que se puede hacer allí
4. los problemas que existen allí

B **Un folleto.** Diseña un folleto para atraer turistas a tu paraíso. Describe lo siguiente.

1. el lugar
2. las actividades
3. el tipo de gente que va a este paraíso
4. cualquier otro detalle interesante

Cooperative Learning Activity

Have small groups pick a destination and create a travel poster to appeal to people whose personality suits them to it. They should present a conversation in the travel office in which a travel agent talks someone into visiting this place. If these conversations are shared with the whole class, assign students to write a letter home from one of these destinations, mentioning what they have done and whether they liked it. (This follow-up encourages students to listen to the conversations presented by others.)

Estructura

El tiempo futuro

In the Vocabulario section you used sentences such as **En mi paraíso habrá un clima fenomenal** and **Allí la gente podrá subir cerros.** The verbs **habrá** and **podrá** are in the future tense.

1 To form the future tense, add the following endings to the infinitive of the verb. To the right is the future tense of **ir**.

To say:	use:	ir
what I will do	-é	iré
you (**tú**) will do	-ás	irás
he, she, it, you (**Ud.**) will do	-á	irá
we will do	-emos	iremos
you (**vosotros***) will do	-éis	iréis
they, you (**Uds.**) will do	-án	irán

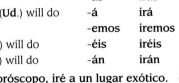

Según mi horóscopo, iré a un lugar exótico. ¿Y tú, adónde irás?
Con mi amiga viajaremos por Bolivia en tren. ¿Será posible?

2 Of course, some common verbs are irregular.

hacer:	haré, harás, hará, haremos, haréis*, harán
decir:	diré, dirás, dirá, diremos, diréis*, dirán
querer:	querré, querrás, querrá, querremos, querréis*, querrán
haber (hay):	habrá
saber:	sabré, sabrás, sabrá, sabremos, sabréis*, sabrán
poder:	podré, podrás, podrá, podremos, podréis*, podrán
salir:	saldré, saldrás, saldrá, saldremos, saldréis*, saldrán
poner:	pondré, pondrás, pondrá, pondremos, pondréis*, pondrán
tener:	tendré, tendrás, tendrá, tendremos, tendréis*, tendrán
venir:	vendré, vendrás, vendrá, vendremos, vendréis*, vendrán

*This form is rarely used in the Spanish-speaking world, except for Spain.

Interdisciplinary Activity

The trains that run through Mexico and South America offer some of the most interesting and exciting trips available today. In small groups, students can research one of these routes and make a large map of the area it encompasses, noting major geographical and cultural landmarks and charting how the land changes as the train moves toward its destination.

One place to start would be the train that runs from Nuevo Laredo to Mexico City, for example.

Structure Teaching Resources
1. Workbook, pages 12–14
2. Audio Program 1.2
3. Student Tape Manual, pages 8–29
4. Lesson Quizzes, pages 12–15

Bell Ringer Review

Write the following on the board or use BRR Blackline Master 1.2.2: Draw three circles on your paper. Inside each one write one of these phrases: **practicar el ciclismo a campo, volar con alas delta,** and **quedarse en casa y no hacer nada.** Attach to each circle the vocabulary words that you associate with the activity.

Presentation (pages 31–32)

If you choose to do the **Lectura** at this point, have students locate their horoscope and identify and list all verbs in the future tense that they find.

Point out that the irregular verbs are listed according to the three patterns:
1. First, two verbs change their stems: **hacer → har–; decir → dir–**
2. Next, four verbs lose the –e from their infinitives: **querer → querr–; saber → sabr–; haber → habr–; poder → podr–**
3. Last, four verbs replace their –er/–ir with **dr–: salir → saldr–; poner → pondr–; tener → tendr–; venir → vendr–**

Conversemos

Presentation (page 32)

This section focuses on oral integration of the grammatical structures, while encouraging use of conversational strategies, such as: cooperating, mapping and planning, summarizing, note taking, reporting, personalizing, expanding, transferring to new contexts, recombining, recycling, imaging, comparing and contrasting, expressing opinions.

Warm-up. Plan an imaginary trip by having the class brainstorm the following as you take notes on the board: **¿Adónde iremos? ¿Qué dejaremos atrás? ¿Qué habrá allá? ¿Cuándo saldremos? ¿En qué viajaremos? ¿Qué haremos allá? ¿Cómo será el lugar? ¿Cómo será el paisaje? ¿Cómo será la gente? ¿Cómo nos portaremos? ¿Cómo nos sentiremos? ¿Qué descubriremos? ¿Qué deportes jugaremos? ¿Qué riesgos correremos? ¿Qué querremos llevar? ¿Qué les diremos a los padres? ¿Quiénes vendrán con nosotros? ¿Qué tendremos que hacer primero? ¿Quién nos hará las reservaciones? ¿Quién nos planeará el itinerario?**, etc.

Actividades

Note: For complete answers to these activities see the Teacher's Manual, page 26.

Actividad A Answers
Answers may resemble the following:
1. **¿Buscarás trabajo?**
2. **¿Irás a la playa con tu familia?**

Actividad B Answers
Answers may resemble the following:
Todos nosotros buscaremos trabajo pero luego sólo Tatiana y Ana irán a la playa con sus familias.

Actividad C Answers
Answers will vary.

32

---

3 The future tense is used when you want to say what will happen or occur, or what someone will do or be. Normally, it is used to express a more distant future than what will happen tomorrow or the next day. To express plans or intentions for the immediate future, you may simply use the present tense.

> **Esta tarde tengo que estudiar con mis amigos y mañana voy a una reunión del club de ajedrez.**

4 You may also use **ir** + **a** + infinitive to express future plans.

> **El verano que viene voy a quedarme en casa porque estoy harta de tanto viajar.**

5 The future tense is also used to express probability. In other words, by using a verb in the future tense you may convey the idea of **probablemente**. Study the following examples.

> **Tengo que irme. Serán las dos de la madrugada.**
> I have to go. It must be (probably is) two in the morning.

> **¿Será suficiente llevar unos doscientos dólares para el viaje?**
> I wonder if 200 dollars is enough for the trip?

Conversemos ·······························

A **Curioso.** Prepara cinco preguntas para hacerle a tu compañero(a) sobre lo que piensa hacer el verano que viene.

Por ejemplo: ¿Crees que trabajarás o que...?
              ¿Irás al lago o...? ¿Con quién...?

B **Los más comunes.** En un grupo de cuatro personas comparen sus respuestas a las preguntas de la actividad A y luego háganle un resumen a toda la clase.

Por ejemplo: Todos nosotros trabajaremos por un tiempo, pero después...

C **La experiencia de mi vida.** Escoge dos de los temas que siguen y descríbelos con detalles usando el futuro.

> **la salida de mi vida**
> **el viaje de mi vida**
> **la fiesta de mi vida**

Por ejemplo: La fiesta de mi vida será... Habrá... Invitaré a...
              Tendremos... Tendrá lugar en...

Extra Activities

Have students do the following activities:
1. Describe **tres cosas que habrá en tu paraíso. Por ejemplo: Nunca habrá nieve como ahora en el invierno. Podré ir a la playa a practicar la tabla hawaiana todos los días.**
2. Tell what your goals are for the future. **Por ejemplo: Un día de estos me matricularé en la universidad.**
3. Imagine an event and give the result. **Por ejemplo: Si gano la lotería, compraré un coche deportivo.**

D **Así será también.** Agrega otra frase a cada una de las descripciones que siguen, según las características de la persona.

Por ejemplo: Si le apetece viajar...
Si le apetece viajar, también le apetecerá experimentar lo desconocido y descubrir nuevos horizontes.

1. Si sabe hacer paracaidismo ___ .
2. Si le gustan las aventuras peligrosas, ___ .
3. Si se atreve a correr nuevos riesgos ___ .
4. Si es tímido(a) y le gusta el pedestrismo ___ .
5. Si quiere dejar atrás toda la tensión ___ .
6. Si está harto(a) de la rutina y quiere tomar sus propias decisiones ___ .

E **Arquitectos del futuro.** Imagínate que puedes planificar el mundo perfecto del futuro. Descríbelo en ocho o diez frases y compáralo con el mundo actual.

Por ejemplo: Ahora hay muchas guerras pero en el futuro habrá paz.
Actualmente hay gente que no come bien pero en el futuro todos tendrán qué comer.

Escribamos ....

A **Predicciones.** Como ya conoces bien a tu compañero(a), escríbele una predicción de ésas que se ponen en las galletitas chinas de la fortuna.

Por ejemplo: Eres una persona emprendedora. Algún día serás dueño(a) de una compañía internacional grande. Serás millonario(a).

B **El paraíso de los jóvenes.** Describe el paraíso de los jóvenes, ese lugar ideal donde habrá de todo lo que les gusta a los jóvenes como tú. Incluye lo siguiente:

1. el lugar y el tiempo que hará
2. las cosas especiales que habrá allí
3. todas las actividades que podrán hacer los jóvenes

Estructura **33**

Cargarás con todo el equipo.

TriNaranjus

Ahora, Trinaranjus te regala miles de camisetas, mochilas, headphones y cámaras de fotos. Y, además, sortea 50 mountain-bikes. Todo, para que puedas tener el equipo del atleta urbano al completo. Las instrucciones las encontrarás en las botellas de Trinaranjus.

Bell Ringer Review

Write the following on the board or use BRR Blackline Master 1.2.3: Use the future form of these five verbs to complete the sentences: **hacer, tener, poner, salir, poder.**

1. Quiero salir._____ mis tareas más tarde.
2. Lo siento pero nosotros no _____ asistir a la fiesta.
3. No, mi hijo, tú nunca _____ con esos muchachos.
4. Si juego bien en el partido, mis amigos _____ que respetarme.
5. Si compras este coche, ¿dónde _____ el equipaje?

Presentation (pages 34–35)

This section develops reading skills through a five-stage, integrative process: **pensar, mirar, leer, analizar, aplicar.** For a complete description of each of these stages, as well as suggestions for teaching, please refer to the Teacher's Manual.

Antes de leer

Pensemos

This pre-reading section pulls out existing experience and language knowledge while encouraging use of the following reading preparation strategies: associating, expanding, determining meaning through context, anticipating and predicting, recycling and recombining previous knowledge, context transferring.

Actividades

Note: For complete answers to these activities see the Teacher's Manual, page 27.

Actividades A and B Answers
Answers will vary.

34

Lectura

Antes de leer

Pensemos

A **Estados de ánimo.** Di cuáles de los siguientes aspectos de la personalidad y estados de ánimo corresponden a tu propia personalidad. Luego, di qué tipo de gente te atrae.

Por ejemplo: Generalmente, soy...
A veces soy un poco...
A mí me atrae la gente... porque...

amistoso(a)	divertido(a)	introvertido(a)
artístico(a)	extrovertido(a)	intuitivo(a)
aventurero(a)	generoso(a)	negativo(a)
cariñoso(a)	gracioso(a)	nervioso(a)
celoso(a)	imaginativo(a)	orgulloso(a)
confiado(a)	impulsivo(a)	positivo(a)
cuidadoso(a)	inquieto(a)	práctico(a)
curioso(a)	inseguro(a)	supersticioso(a)
	intrépido(a)	tímido(a)
		tranquilo(a)
alegre	inflexible	sociable
arrogante	leal	
feliz	sensible	
egoísta	idealista	pesimista
entusiasta	optimista	realista

PARAPENTE SOBRE KENYA
Vuelo salvaje

B **¿Cuál es tu pareja?** Lee las frases que siguen y con otra persona digan a qué tipo de gente le gustarían los siguientes tipos de vacaciones.

Por ejemplo: viajar a un lugar distante, desconocido y peligroso
A una persona intrépida le gustaría viajar a un lugar distante, desconocido y peligroso.

1. visitar los pueblos de sus abuelos o antepasados
2. viajar a una tierra lejana, exótica, misteriosa
3. acampar como nómada o gitano con carpa

34 CAPÍTULO 1 *Lección 2*

Extra Activity

Have students do the following activity: **Todos tenemos una idea de qué es el paraíso. Describe un lugar que para ti es un verdadero paraíso y di por qué. Por ejemplo: Para mí, el paraíso es las Islas Hawaianas. Pasé una semana allí hace dos años y me impresionaron el azul del mar y el blanco de la arena.** Por la noche es un lugar tranquilo y misterioso. Me gustan sus playas porque soy una persona sensible e imaginativa.

4. buscar la aventura, el peligro y el riesgo
5. pasar días tranquilos, llenos de paz y equilibrio
6. buscar un ambiente bucólico con aire fresco y aguas cristalinas
7. pasar tiempo con sus familiares, rodeado(a) de gente maravillosa

Miremos

A O sea... Lee el título y el primer párrafo del artículo de las páginas 36 y 37 para tener una idea general de qué se trata. En seguida, completa el siguiente resumen con palabras del primer párrafo del artículo.

1. El tema de este artículo es el paraíso que no conocemos, o sea, el paraíso ___ .
2. Este artículo trata de las vacaciones que te sugiere tu signo del zodíaco, o sea, ___ .
3. Si te lo dicta tu destino, vas a hacer un viaje, o sea, ___ por donde vivieron tus abuelos, bisabuelos y tatarabuelos, o sea, tus ___ .
4. O quizás te espera un período de descanso, una ___ en tu residencia habitual.

B ¿Cuál es tu signo? Ubica tu signo del zodíaco en el artículo que sigue y copia las palabras que te describen según este artículo. Después, compara esta descripción con las palabras que escogiste tú mismo(a) para describir tu personalidad (de la actividad A , p. 34). ¿Te describe bien este artículo?

Por ejemplo: Según mi signo soy cuidadoso, pero no es cierto porque yo creo que soy impulsivo (tiene razón porque soy así).

C La verdad es que... Lee lo que dice el artículo sobre tus vacaciones de verano y copia las palabras que contesten las siguientes preguntas.

1. ¿Adónde vas, según este artículo?
2. ¿Cómo es el lugar?
3. ¿Qué vas a hacer allí?

Ahora, compara la descripción del artículo con lo que realmente hiciste el verano pasado.

Por ejemplo: El artículo dice que... Pero en realidad, fui a.. Pasé las vacaciones en... con... Viajé en... con... Me quedé en... con... y nosotros...

Al lector

• No te preocupes si no entiendes todas las palabras de la lectura. Eso es normal.

• No es necesario usar un diccionario. Trata de adivinar las palabras que no conoces.

• Confía en tu español; ¡ya sabes muchísimo!

Lectura **35**

Miremos

This preliminary reading section provides the first glimpse of the reading and focuses on strategies of predicting, skimming for global ideas, focusing attention, scanning for specific information, transferring words to new contexts, summarizing, mapping and organizing, comparing and contrasting, expressing opinions/reader reactions, recycling, and re-combining. No intensive reading is necessary at this stage.

Actividades

B. ¿Cuál es tu signo? Have students list words and expressions in three sections:

características
    inquieto
    curioso
    alegre
    emprendedor

predicciones
    el destino cambiará tus
      planes
    la fortuna te vendrá
    buscarás lo nuevo

recomendaciones
    arriésgate
    haz el negocio

Note: For complete answers to these activities see the Teacher's Manual, page 27.

Actividad A Answers
1. ...desconocido.
2. ...los astros.
3. ...un recorrido... antepasados.
4. ...estancia tranquila.

Actividad B Answers
Answers may resemble the following:

Según mi signo soy intuitivo y fuerte. Estoy de acuerdo pero pienso que también soy pragmático.

Según mi signo soy algo tímido e introvertido pero en realidad soy más bien extrovertido y aventurero. ¿Quién tiene razón?

Actividad C Answers
Answers will vary.

Interesting Facts

The Basque people of northeastern Spain are famous for their sports. A competitive people, they turn their everyday hard work into sporting contests involving hauling huge boulders or splitting gigantic logs. The Basques invented the sport of **pelota**, also known as jai-ali, one of the most dangerous sports in the world because of the speed with which the ball travels.

Throughout the Basque country there are community centers for Basque sports and free-standing courts in the plazas where people gather to watch men play **pelota** bare-handed.

35

Paraísos desconocidos

This authentic text encourages use of such reading strategies as guessing from context, identifying cognates and derivatives, applying knowledge and experience to sense-making process, identifying salient information, searching for clues to meaning. Guide students in how to guess meanings of unfamiliar words such as **inquieto** (context: **curioso**); **poco habitual, ruta** (cognates); **avatar** (context: **peligro, aventuras, riesgos**); **paraje, pérdida** (derivatives: **parar, perder**); etc.

Additional Practice

1. Have students research famous people who were born under their sign of the zodiac. Then, ask them to make a poster illustrating their accomplishments. Tell them to include themselves on the poster, telling about what they will do some day.
2. Have the students first write down five adjectives that describe themselves. Then, let them find the other people in the class who share their sign of the zodiac. They should compare lists and report on words in common. If you have a horoscope in Spanish, the groups could then compare their self-description with the general description for people born under their sign. If not, have them work together to make up a horoscope description for themselves. (You will have to even out the groups if you want them to stay together throughout the lesson and perform cooperative tasks.)

Paraísos desconocidos

Descubre las vacaciones que te proponen los astros que rigen tu destino para este año: un viaje a un lugar desconocido con todos sus atractivos, un recorrido por los pueblos de tus antepasados, o bien una estancia tranquila y relajada en tu residencia habitual.

Aries: Romances y aventuras

Estado de ánimo: Inquieto, curioso y dispuesto a todo. Alegre y emprendedor, buscarás lo nuevo y diferente.

Escenario: Impulsado por la intuición, has escogido un lugar desconocido y poco habitual. El destino, sin embargo, cambiará alguno de tus planes, poniendo ante ti rutas y situaciones extrañas. Arriésgate y haz el negocio de tu vida. La fortuna te vendrá en forma de dinero, regalos o invitaciones.

Cáncer: Insólitas vivencias

Estado de ánimo: Hedonista y con buen humor, sabrás sacar el mejor partido de todas las situaciones. Un nuevo impulso te empujará a crecer y a alejarte de lo rutinario. Aprenderás cosas nuevas, prácticas y divertidas. Las actividades sacarán a luz tus mejores talentos.

Escenario: Tu alma de nómada e instinto de gitano te llevarán tras un teatro ambulante, siguiendo las fiestas de pueblo en pueblo o bien practicando la pesca submarina y descubriendo el secreto de las profundidades del mar, espejo de tu propia naturaleza. Irás al pueblo de tus antepasados o llevarás tu casa a cuestas como buen caracol, instalando tu tienda de campaña (carpa) allí donde la intuición te guíe.

Tauro: Jornadas inolvidables

Estado de ánimo: El entusiasmo que tienes es mayor que la claridad de lo que persigues. Eres como un toro en la plaza con mil capotes agitándose a un tiempo. Todo te estimula y te atrae. Disfrutas de los placeres de la vida plenamente.

Escenario: Buscarás un paraje bucólico para estar a gusto y sin problemas. El destino implacable te exige, sin embargo, riesgo y aventura. En todo caso será una experiencia inolvidable que pondrá a prueba tus recursos. Si viajas en septiembre, todo será como un cuento de hadas.

Leo: Rutas misteriosas

Estado de ánimo: Positivo y entusiasta. A tu paso se abren las puertas del éxito, la fortuna y el amor. Ganarás si eres generoso y flexible; perderás si caes en la ostentación y el orgullo.

Escenario: El espíritu de Marco Polo te llevará por rutas misteriosas y llenas de encanto. Conocerás el paraíso en la tierra, sintiéndote tan exuberante como la naturaleza que te rodea. Lugares de moda y exóticos serán el regalo que el destino te ofrece. Correr riesgos y vivir aventuras no supondrá para ti peligro alguno. Saldrás de cada avatar con más confianza en ti mismo.

Géminis: Movimiento continuo

Estado de ánimo: Alegre y feliz a la vez que intrépido y confiado. El mal humor desaparecerá con la rapidez del relámpago. Enamoradizo y amistoso sabrás llegar al corazón de todos aquéllos que te conozcan.

Escenario: La brújula de tu ruta no tendrá puntos cardinales suficientes para marcar tantos itinerarios. Coches, trenes, barcos, aviones y platillos voladores. Todo es posible. Tus vacaciones serán un continuo movimiento y trasiego.

Virgo: Pasiones encendidas

Estado de ánimo: Comienzas el verano un tanto confuso e inquieto. Estás esperando un cambio, algo nuevo y verdaderamente estimulante, pero nada de lo que ves atrae tu interés. Más que nunca necesitas paz y equilibrio. Tras las dudas, un horizonte nuevo se descubrirá ante ti.

Escenario: Julio y agosto no te darán la tranquilidad que buscas pero no te desesperes. Septiembre te ofrecerá la oportunidad de hacer el viaje de tu vida. Dejarás atrás las tensiones y harás que tus planes se cumplan mucho mejor de lo que tenías previsto.

(Line numbers in margin: 5, 10, 15, 20, 25, 30, 35, 40)

Cooperative Learning

Depending on the size of the class, the teacher can make up sets of index cards, with each set corresponding to a fairly well-known destination. The destinations should be as different from one another as possible. Post construction paper signs noting each destination around the room before students arrive. One card in each set contains the items a traveler might pack for this destination. One card contains the method of travel, type of currency, and/or language spoken. One card contains some activities that the traveler might do there, and the last card contains some sights or geographical features. Distribute these cards at random throughout the class. The students must move around and ask one another in Spanish about

(continued on the next page)

Libra: Imprevistos complicados

Estado de ánimo: Vas a tomar una decisión importante. ¡Enhorabuena! Actúa sin vacilar y sin pérdida de tiempo. Las circunstancias piden firmeza.

Escenario: ¿El mar o la montaña? Allí donde vayas encontrarás gente maravillosa que te acompañe. Sabrás escabullirte de los problemas y liberarte de las ataduras para pasar unas cuantas noches en tus ambientes favoritos.

Capricornio: Cambios súbitos

Estado de ánimo: Sucede que la vida quiere poner a prueba tu carácter y coraje. Así que evita el miedo al futuro, la preocupación por el presente y el dolor por el pasado. Todos y cada uno de los asuntos de tu vida prometen grandes cambios.

Escenario: Has alquilado una casa teniendo en cuenta los gustos y manías de todos los miembros del clan familiar. "Juntos pero no revueltos", ése es tu lema. El verano que al principio presagia nubarrones y cierto caos, terminará en unas vacaciones espléndidas y maravillosas.

Escorpio: Libertad en armonía

Estado de ánimo: Deseas imperiosamente la más absoluta libertad. No te importa resolver las relaciones difíciles y las situaciones emocionales complicadas. Enfréntate con honestidad al enemigo y con valentía y coraje a la adversidad.

Escenario: Aléjate de los pantanos, de los volcanes y de las grutas. Busca lagos alpinos y las más altas montañas; allí donde el aire sea limpio y fresco.

Sagitario: Desarrollo personal

Estado de ánimo: No te faltará buen humor, cierta chifladura y bastante imaginación. Tienes suerte, resultas tan simpático y gracioso que nadie se enfada contigo. Tu buena disposición a la hora de trabajar, de organizar y de ayudar es tal que todo será para ti pura diversión.

Escenario: Tu espíritu buscará nuevos horizontes. El viaje más importante de tu vida se hará realidad si así lo deseas. No es necesario que te vayas muy lejos, porque ahí donde estés encontrarás gente maravillosa. Tu entusiasmo te hará recorrer los confines del mundo de un modo u otro.

Acuario: Profundas transformaciones

Estado de ánimo: Intuición y fuerza. En la dificultad encontrarás la oportunidad. Si eliges utilizar el poder a tu favor, conseguirás la victoria que anhelas. Si, por el contrario, decides utilizarla en tu contra, obtendrás el fracaso que tanto temes.

Escenario: Como tienes amigos en todas partes, podrás ir donde te apetezca. Elige un sitio tranquilo que favorezca el encuentro contigo mismo y la intimidad con los demás. Este verano sabrás lo que es el amor, el placer, el dolor y también la suerte.

Piscis: Talento creativo

Estado de ánimo: Podrás fortalecer tus debilidades y desarrollar tu talento creativo. No mires hacia atrás, sabes que el pasado no tiene futuro. De lo que se trata es de convertir el futuro en presente.

Escenario: Escalar las montañas de la Luna, descansar en el país de Nunca Jamás, recorrer a lomos del dragón de San Jorge los anillos de Saturno o desayunar con el fantasma del paraíso, están a tu alcance. Podrás viajar al lugar soñado. Si vas a lo ya conocido, no te preocupes, te sucederán cosas felices y tú las harás muy diferentes.

Lectura **37**

---

their future travel plans. (For example, **¿Qué llevarás en la maleta? ¿Cómo viajarás?**) The object is to locate all four members of your group by exchanging this information in Spanish. The first group to find the correct members, guess their destination, and group themselves next to the sign might win the game, if the teacher chooses to play it this way. Some travelers will get lost, so that additional questions will have to be asked of the whole class at the end to locate correct groups. More advanced students could help the teacher make the card sets.

Presentation (page 38)

This section focuses on comprehension and use of information derived from more intensive reading, through use of the following strategies: associating, listing and notetaking, personalizing, reacting as a reader, cooperating, summarizing. Notice that students do not read the entire text; instead, they approach it as they would in real life, focusing on those portions pertaining to themselves, their friends and family members.

Actividades

Note: For complete answers to these activities see the Teacher's Manual, page 27.

Actividades A and B Answers
Answers will vary.

Después de leer

Analicemos

This section focuses on analysis of new vocabulary encountered in the reading through the following language expansion strategies: transferring, associating, searching for patterns, noting similarities, identifying derivatives, grouping.

Actividades

Actividad A Answers
Answers may resemble the following:
1. **amistad: amistoso**
2. **alegría: alegre**

Actividad B Answers
Answers may resemble the following:
1. **victoria**
2. **dejar atrás**

Extension of *Actividad B*
Have students locate the opposite of words listed here: **éxito (fracaso); quejarse (irse); acercarse (alejarse); cosmopolita (bucólico);** a word similar to: **riesgo (peligro); dejar atrás (alejarse); paz (tranquilidad); tomar decisiones (decidir).**

Leamos

A **Las mejores vacaciones.** En grupos de tres, conversen de las descripciones de sus vacaciones según el signo de cada uno de Uds. Luego, escojan las mejores vacaciones de las tres que analizaron y expliquen por qué les gustan.

B **¡Envidia!** Busca las vacaciones que se le predicen a tus amigos o familiares y decide con quién te conviene hacerte amigo(a) para que te lleve de vacaciones con él o ella.

Por ejemplo: Le voy a pedir a papá (a mi amigo[a]) que me lleve de vacaciones con él (ella) porque...

Después de leer

Analicemos

A **Palabras conocidas y desconocidas.** Ubica palabras en el artículo que sean derivadas de las palabras que siguen.

Por ejemplo: soñar
soñado

1. amistad
2. alegría
3. intuición
4. entusiasmo
5. felicidad
6. confusión
7. conocer
8. olvidar
9. estimular
10. limpiar
11. placentero
12. doloroso
13. tranquilidad
14. libre
15. peligroso
16. estar
17. recorrer

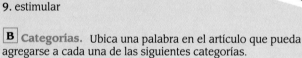

B **Categorías.** Ubica una palabra en el artículo que pueda agregarse a cada una de las siguientes categorías.

1. coraje, peligro, fracaso
2. viajar, irse de vacaciones, alejarse
3. coches, trenes, barcos, aviones
4. tienda de campaña, brújula, correr riesgos
5. equilibrio, tranquilidad, libertad, sitio tranquilo
6. confines, nuevos horizontes, paraje bucólico
7. decidir, esperar un cambio, actuar
8. abuelos, bisabuelos, tatarabuelos

Learning from Realia

Have students notice the title of this pamplet from RENFE, the Spanish railway. Then, ask them the following questions: When you focus on the words **destino** and **estación**, how does the title take on two meanings? To what sort of person is this advertisement meant to appeal?

A **Mi propio paraíso.** Usa las expresiones que has aprendido en esta lección para describir tu paraíso desconocido. Incluye lo siguiente.

1. una descripción del lugar (la naturaleza o el paisaje, la gente, la transportación, etc.)
2. tus sentimientos y reacciones
3. las actividades que puedes desarrollar allí

Por ejemplo: Mi paraíso está en la sierra y sólo se puede llegar allí en coche. El paisaje es fenomenal: un río torrentoso y...

B **Los riesgos.** Escoge tres de las actividades que más te gustan y luego describe los riesgos que tendrás que correr para desarrollar cada una de ellas.

Por ejemplo: Me encanta recorrer tierras lejanas pero tendré que correr varios riesgos. Por ejemplo, necesitaré saber algo de la cultura del país para no ofender a la gente...

C **Una encuesta.** Prepara un cuestionario para descubrir si a tus compañeros(as) les fascina la aventura o no.

1. Haz una lista de actividades para los que buscan la aventura.
2. Luego haz otra lista de actividades para los que no les gusta correr riesgos.
3. Finalmente, entrevista a tus compañeros(as) para ver qué actividades prefieren.

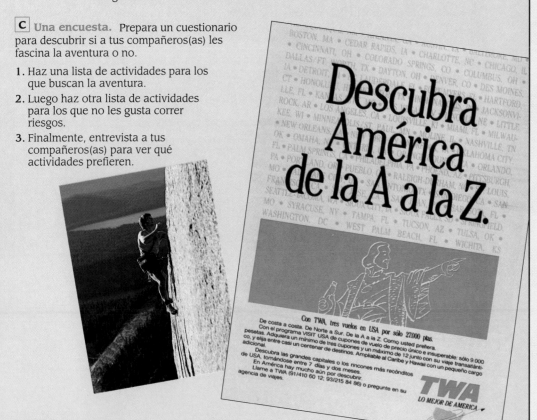

Descubra América de la A a la Z.

Con TWA, tres vuelos en USA por sólo 27.000 ptas.

TWA
LO MEJOR DE AMÉRICA

This section focuses on summarizing and integrating content and language of the reading through the following strategies: transferring words to new contexts; summarizing, describing, personalizing, grouping, cooperating, surveying.

Actividades

Note: For complete answers to these activities see the Teacher's Manual, pages 27–28.

Actividad A Answers
Answers may resemble the following:
1. Me gusta hacer el ciclismo a campo pero tengo que correr varios riesgos. Por ejemplo, necesito saber algo del terreno y del tiempo que va a hacer.

Actividades B and C Answers
Answers will vary.

Learning from Realia

In regards to the ad on page 39, you may wish to ask students the following questions: Why is the theme of this ad appropriate for the Spanish traveler? Whose image does the drawing represent? In fact, this is a famous statue in the city of Barcelona. Can you find out something about it?

Cultura viva

Presentation (pages 40–41)

This section examines the lesson theme from a cultural perspective. Students are asked to reflect and comment on their own culture as well as Hispanic cultures, through the stimulus of authentic personal, journalistic, and literary texts. Use of the following cultural discovery strategies is promoted through activities in this section: self-reflection, examining points of view, language modeling, focusing attention, identifying salient information.

Introduction: Guide students through Enrique's ad (Enrique is from Spain), focusing on the following:

1. **Lo que quiere hacer; lo que le falta; lo que busca; lo que está dispuesto a hacer; lo que conoce; lo que sabe hacer; lo que estudia.**
2. Based on this description, have students describe Enrique, using adjectives they have learned in this **Lección** and others: **aventurero, arriesgado, atrevido, emprendedor, independiente, curioso/inquieto; valiente; deportista; entusiasta,** etc.
3. Have students think about what can happen to young people who travel by making a list of **tres riesgos que pueden correr** and **tres beneficios que pueden resultar.**

En busca de nuevos horizontes

A muchos jóvenes les interesa recorrer nuevos sitios y vivir nuevas emociones. Lee el siguiente anuncio y completa las actividades que siguen.

Navegante sin barco busca aventura
Quisiera navegar este verano a vela, pero me falta algo importante, el barco, así que escribo esta carta con la esperanza de que algún aventurero esté buscando gente para acompañarle. Estoy dispuesto a correr cualquier aventura (bueno, sin pasarse). Por otra parte, tengo algo de experiencia y conozco algo la costa norte, sobre todo la asturiana. También estudio náutica, por si te da algo de tranquilidad... Si te interesa, llámame al 94/463 43 42, de 20.00 a 20.30. Preguntar por Enrique.

Conversemos y escribamos

A Escribe tu propio anuncio en el cual indicas qué aventura quieres correr y qué necesitas para llevarla a cabo. Sigue el modelo y el anuncio original.

Título: ___

Quisiera ___ este verano, pero me falta(n) ___ . Escribo este anuncio porque ___ . Estoy dispuesto(a) a ___ . Por otra parte, tengo algo de experiencia en ___ , sobre todo ___ . También ___ . Si te interesa, ___ . Preguntar por ___ .

Tarjeta Oro de Bancomer
Nunca lo dejará viajar solo.

40 CAPÍTULO 1 *Lección 2*

Critical Thinking Activities

1. Usa la palabra "otro(a)" como la usa Julián del Casal para contar todas las experiencias y emociones que uno puede tener en un lugar distinto. Piensa en tu primera experiencia en un lugar extraño, remoto, o desconocido. ¿En cuántos "otros" puedes pensar? Por ejemplo: otra gente, otras actividades, otras costumbres, otro horario, otra comida, otros amigos, otra lengua, etc.

2. Escribe un poema siguiendo el modelo de Julián del Casal.
Si yo un día pudiera
con qué júbilo partiera
para_____
donde_____
Allí ver otro(a)...

(continued on the next page)

40

Lee el poema que sigue.

Nostalgias II
Julián del Casal (cubano, 1863–1893)

	... Otras veces sólo ansío*	deseo
	bogar* en firme navío	remar
	a existir	
	en algún país remoto	
5	sin pensar en el ignoto*	desconocido
	porvenir*	futuro
	Ver otro cielo, otro monte,	
	otra playa, otro horizonte,	
	otro mar,	
10	otros pueblos, otras gentes	
	de maneras diferentes	
	de pensar.	
	¡Ah!, si yo un día pudiera,	
	con qué júbilo* partiera	alegría
15	para Argel*	capital de Argelia *(Algeria)*
	donde tiene la hermosura	
	el color y la frescura	
	de un clavel.	
	Después fuera en caravana	
20	por la llanura africana	
	bajo el Sol	
	que, con sus vivos destellos*	rayos
	pone un tinte* a los camellos	color, pigmento
	tornasol*	cambiante

B Decide cuáles de los siguientes estados de ánimo son los del poeta. Cita el verso (*line*) que te lo indique.

1. preocupado
2. alegre
3. tímido
4. inseguro
5. aventurero
6. curioso
7. pesimista
8. intrépido
9. deprimido
10. sociable
11. extrovertido
12. supersticioso
13. soñador
14. entusiasta
15. imaginativo
16. pasivo
17. romántico
18. práctico
19. sedentario
20. activo

C Lee otra vez el poema y copia las palabras que indiquen qué es el paraíso desde el punto de vista del poeta.

Cultura viva **41**

Nostalgias II. Have students skim the poem first, to get a general sense of its theme and then, individually or in pairs, read it more carefully. Then, encourage students to describe in their own words what Africa represents to the Cuban poet, Julián del Casal, e.g.: **un lugar/paraíso... exótico, lejano, remoto, desconocido, inolvidable, increíble, emocionante, hermoso,...**

Conversemos y escribamos

Note: For complete answers to these activities see the Teacher's Manual, page 28.

Actividad A Answers
Answers will vary.

Actividad B Answers
Answers may resemble the following:
Línea(s)
1. preocupado

Actividad C Answers
Answers may resemble the following:
Para el poeta, el paraíso es un país que está muy lejos. A él le gustaría hacer un viaje a Argel, África, para viajar en caravana de camello, por la llanura africana.

Información solve el autor

Julián del Casal (1863–1893)

Julián del Casal's mother died when he was five years old from causes related to his birth. Her death left him with terrible feelings of guilt and remorse. He also suffered from a painful form of tuberculosis. He studied at a Jesuit college and entered law school, but he never completed his degree. Because his world was so painful, Del Casal found refuge in art and poetry. His feelings of desolation, irony, and emptiness are apparent in his poems. He longed to experience the exotic life of Paris. Although he did manage to scrape enough money together to go to Europe, he never got beyond Spain. After a few weeks he ran out of money and returned to Cuba penniless.

3. Explain to students that travel to other countries represents, in a sense, two adventures:
   a. **discovering another culture**
   b. **discovering one's own culture from a new perspective.**

Viajar por el mundo que nos rodea no sólo nos da la oportunidad de conocer otra gente y descubrir otras costumbres, sino que también nos permite ponernos en el lugar del otro, descubrir nuevos horizontes y mirar nuestra cultura materna a la luz de otra cultura. Ask if students have ever had this experience, either traveling to different parts of the U.S. or traveling outside the U.S. Did it change them in any way? When they returned home, were they able to view things differently?

Estructura: Un poco más

Presentation (page 42)

This section presents additional aspects of the Spanish language that are often confusing for foreigners. Explain that it is difficult to pin down an exact English translation for the versatile Spanish **lo,** as it may be variously translated as: "what," "the part," "the aspect," "the side," etc.

Actividad

Note: For complete answers to these activities see Teacher's Manual, page 28.

Actividad Answers
Answers may resemble the following:
1. Lo que me gusta mucho es viajar.
2. Lo que me molesta mucho es hacer cola en el cine.
3. Lo bueno es que tengo un mes de vacaciones.

Lo del "lo"

1 In this lesson you used expressions such as: **lo rutinario, lo aburrido,** and **lo cómodo**. Study the following.

Lo gracioso de...	What is amusing about...
Lo curioso del asunto...	The curious part of the matter...
Lo bueno es que...	The good part is that...
Lo malo es que...	What is bad is that...
Lo hecho, lo dicho	what is done, what has been said

2 The word **lo** is also commonly combined with **que** to express the idea "that which..." or "what." Study the examples:

Gracias. Es exactamente lo que quiero.
Thanks. It's just what I want.

Lo que me molesta más es...
What bothers me most is...

3 Lo is used with **de** to express "the matter of...", "the issue of...", "the question of..." . Study the following examples:

Lo del uso de esa palabra es bastante complicado.
The question of the use of that word is quite complicated.

Es lo de siempre.
It's the same (matter) as always

No quiero pensar más en lo del dinero perdido.
I don't want to think any more about (the issue of) the lost money.

Completa las siguientes frases sobre tu vida este año.

1. Lo que me gusta mucho ___ .
2. Lo que me molesta mucho ___ .
3. Lo bueno es ___ .
4. Lo malo es ___ .
5. Lo extraño es ___ .
6. Lo que me aburre mucho es ___ .
7. Lo de *(un evento)* ___ fue ___ *(una reacción o descripción)*.
8. Lo divertido de la clase de ___ es ___ .
9. Lo mejor de este año es ___ .
10. Lo que no entiendo es ___ .
11. Lo que me falta es ___ .

42 CAPÍTULO 1 *Lección 2*

Extra Activities

A. Have students use one of the descriptions of their "paradise" or "trip of their dreams" that they prepared in this **Lección,** but this time describe it only in terms of the less attractive features, such as:
lo peligroso será (que)...
lo malo será (que)...
lo difícil será (que)...

lo que me molestará más será...
lo que me dará pánico será...

B . Viajar por el mundo que nos rodea nos permite ponernos en el lugar del otro, descubrir nuevos horizontes y mirar nuestra cultura materna a la luz de otra cultura. Cita las palabras que usa el poeta para expresar esta idea.

(continued on the next page)

Diversiones

A **Las diversiones del futuro.** Con tres compañeros(as) habla sobre cómo van a ser las diversiones del futuro. ¿Veremos la tele tranquilamente o podremos controlar lo que pasa en la pantalla? ¿Podremos hacer lo mismo con las películas? ¿las revistas de historietas ilustradas? ¿los deportes? Después que acaben de hablar, escojan a un/a compañero(a) para que le describa a la clase una de las predicciones que ustedes han hecho.

B **¿Tú eres paracaidista?**

1. En un papel escribe una actividad o un pasatiempo que te gusta y uno que no te gusta.
2. En otro papel escribe algo que te gustaría hacer y algo que no te gustaría hacer.
3. Reúnete con tres o más compañeros(as) y pongan todos los papeles juntos. Cada persona saca un papel del montón, lo lee y trata de adivinar quien lo escribió. Si tu sacas tu propio papel, ponlo de nuevo en el montón y escoge otro.

C **Juntos construiremos el futuro.**

1. Siéntate en un círculo con tres o cuatro compañeros(as) para describir el futuro una palabra a la vez.
2. Una persona comienza la oración con una palabra. La persona que está a la izquierda agrega otra palabra a la primera.
3. Continúen de esta manera hasta que todos hayan agregado una palabra. Traten de hacer una frase muy larga o varias sobre el mismo tema.
4. Elijan a una persona del grupo para que escriba la frase completa.

Por ejemplo:

ESTUDIANTE A:	En...	**ESTUDIANTE A:**	todos...
ESTUDIANTE B:	el...	**ESTUDIANTE B:**	seremos...
ESTUDIANTE C:	año...	**ESTUDIANTE C:**	millonarios...
ESTUDIANTE D:	2010...	**ESTUDIANTE D:**	y...

Diversiones **43**

Diversiones

Note: For complete answers to these activities see Teacher's Manual, page 28.

Actividades

Actividades A, B, and C Answers
Answers will vary.

C. Usa la palabra "otro(a)" como la usa Julián del Casal (pág. 41) para contar todas las experiencias y emociones que uno puede tener en un lugar distinto. Piensa en tu primera experiencia en un lugar remoto. ¿En cuántas otras puedes pensar?
Por ejemplo: Otra gente, otras actividades, otro horario,...

Critical Thinking Activity

If you were to take an adventure vacation, what would be your responsibility to the natural environment? Investigate an area that tourism has endangered, such as the Galapagos Islands, the Alhambra in Granada, or one of the coasts of the U.S. Report briefly to the class on how it is possible for people and nature to co-exist in this place.

Repaso de Vocabulario

Presentation (page 43)

Review descriptive words by giving each student an index card with a word written on it. The student must then act out the characteristic while others try to guess the word without looking at their books. This activity may be done in small groups or as a whole-class review game.

Note: If students wish to study vocabulary words by making flash cards, ask them to try writing the Spanish word on one side and drawing a little picture to represent the meaning on the other. It doesn't matter if their drawings are not professional; in fact, they may remember them better if pictures make them laugh!

Repaso de vocabulario

Cosas y conceptos	Descripciones	Actividades
la actitud	aislado(a)	alejarse
el animalito	ambicioso(a)	atreverse (a)
la arboleda	amistoso(a)	correr riesgos
el arreglo floral	arriesgado(a)	coser
la aventura-supervivencia	artístico(a)	cultivar
el balneario	atestado(a)	dejar atrás
el cerro	atrevido(a)	desarrollar
el ciclismo a campo	celoso(a)	descubrir
el clima	cosmopolita	diseñar
el coraje	cuidadoso(a)	experimentar
la costumbre	curioso(a)	hacer un viaje
la cultura	deportista	poner a prueba
el descanso	desconocido(a)	rechazar
la diversión	emprendedor/a	recorrer
la ecología	entremetido(a)	rodear
el ecoturismo	entusiasta	tejer
la grieta	exótico(a)	volar (ue) con alas delta
el horizonte	fenomenal	
el hoyo	fuerte	**Otras expresiones**
la idea	gitano(a)	a medida que
la ladera	harto(a)	tal vez
el muñeco	hermoso(a)	
la novedad	hogareño(a)	
el paraíso	imaginativo(a)	
la peña	impulsivo(a)	
la pradera	independiente	
el prejuicio	inolvidable	
la quebrada	intuitivo(a)	
la rutina	lejano(a)	
el senderismo	lujoso(a)	
el sentimiento	malhumorado(a)	
la tensión	optimista	
la tierra	orgulloso(a)	
el vuelo libre	peligroso(a)	
	placentero(a)	
	propio(a)	
	remoto(a)	
	rutinario(a)	
	soñador/a	
	último(a)	
	valiente	

Lección 3

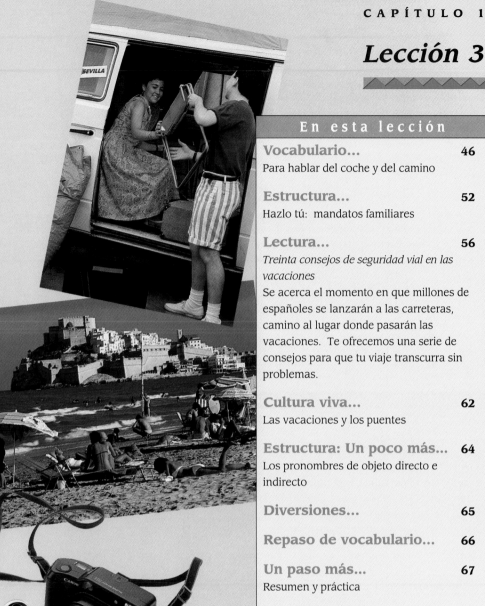

Lección 3 **45**

Lección 3

Introducing the Lesson Theme

Through the theme of vacationing and car travel, this lesson focuses on giving advice using affirmative familiar **tú** commands. To introduce the theme, you may wish to begin the lesson with **Actividades A** and **B** in the **Pensemos** section of the **Lectura**, page 56. This section of the **Lectura** is designed to pull out students' experience and focus their attention on the lesson topic, without involvement in the reading. The lesson theme, vocabulary, and grammar focus are all drawn from the authentic text in the **Lectura** section.

Objectives

By the end of this lesson students will be able to:
1. talk about topics related to automobiles, the road, and vacations
2. tell others what to do
3. refer to people and objects already mentioned

> ### Lesson 3 Resources
> 1. Workbook
> 2. Audio Program (cassette or CD)
> 3. Student Tape Manual
> 4. Bell Ringer Review Blackline Masters
> 5. Fine Art Transparencies
> 6. Video Cassette
> 7. Lesson Quizzes
> 8. Testing Program
> 9. Situation Cards

Learning from Photos

Tell students that when we think of castles and fortresses, we think first of the walls surrounding them. Spanish has several different words for types of walls. Have students investigate the differences among **pared, muro, tapia,** and **muralla.** Ask how would they describe the wall in the photo.

45

Vocabulario

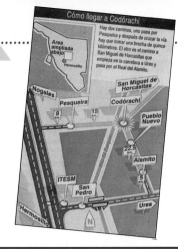

Cómo llegar a Codórachi

Hay dos caminos, uno pasa por Pesqueira y después de cruzar la vía hay que tomar una brecha de quince kilómetros. El otro es el camino a San Miguel de Horcasitas que empieza en la carretera a Ures y pasa por el Real del Alamito.

Consejos a un/a amigo(a) antes de emprender *(undertake)* viaje:

Pon en marcha *(Begin)* los preparativos.
Ahorra dinero.
Haz...
un presupuesto *(budget)*.
las reservaciones.

Revisa (Check)....

el coche.	las bujías.
los frenos *(brakes)*.	los niveles *(levels)* de los líquidos.
los neumáticos *(tires)*.	la calefacción.
la rueda de repuesto *(spare)*.	el agua.
las presiones.	el aire acondicionado.
las luces.	el refrigerante *(coolant)*.
los filtros.	el aceite.
la batería.	la gasolina.

Si algo está descompuesto *(broken)* o no funciona bien....

lleva el coche al taller *(shop)* mecánico.
haz las reparaciones.
Carga la batería.
Llena el tanque de gasolina.
Planifica el viaje de ida y vuelta *(round trip)*...
hacia *(toward)* el norte por la autopista *(highway)* número 95.
hacia el sur por la carretera 41.
hacia el este por el camino *(road)* 25A.

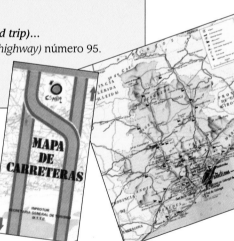

MAPA DE CARRETERAS

46 CAPÍTULO 1 *Lección 3*

Vocabulary Teaching Resources
1. Workbook, pages 16–19
2. Audio Program 1.3
3. Student Tape Manual, pages 11–13
4. Lesson Quizzes, pages 16–18

Bell Ringer Review

Write the following on the board or use BRR Blackline Master 1.3.1: Your friends have invited you to go with them on a vacation. Write five questions to ask about what they will do on the trip.

Presentation (pages 46–47)

To ensure assimilation of meaning and appropriate use, do not rush vocabulary presentation. Try to model use of familiar command forms in the comments you use to present the vocabulary. Only the affirmative commands are presented in this lesson. The expression **no debes...** can be used in cases where negative commands are called for.

A. With books closed, have students focus their attention on listening for meaning. As a class, plan an imaginary three-day car trip. Decide where you are going and who is going to drive. Use this trip as the context for presenting vocabulary.

❐ To continue with this activity see the Teacher's Manual, page 94.

Lleva...

el carnet de conducir *(driver's license)*.
dinero en efectivo *(cash)*.
herramientas *(tools)*, como...
  el destornillador *(screwdriver)*.
  los alicates *(pliers)*.
  la llave inglesa *(wrench)*.

En ruta hacia las vacaciones, evita...

pinchazos *(blowouts)* o neumáticos
  desinflados.
averías *(breakdowns)*.
multas.
choques o accidentes.
embotellamientos *(traffic jams)*.
percances *(mishaps)* en el camino.

Respeta...

las reglas del tránsito.
las señales *(signs)* del tránsito.
a los peatones.
los límites de velocidad.

Sigue...

la circulación *(traffic)*.
los consejos.
por el carril *(lane)*
  derecho.

Disminuye la velocidad en los pueblos.
Aumenta la velocidad en las autopistas.
Cede el paso *(Yield)* en los cruces de caminos
  (intersections).

¿Para qué sirve...?	Claro, es para...
el limpiaparabrisas *(windshield wiper)*	limpiar el parabrisas.
la llave	arrancar *(start)* el motor.
el gato *(jack)*	poner la rueda de repuesto.
el volante *(steering wheel)*	conducir o manejar el coche.
el acelerador	disminuir o aumentar la velocidad.
el freno	frenar o parar el coche.
el maletero *(trunk)*	guardar el equipaje.
el cinturón de seguridad	proteger a los pasajeros.
las señales *(signals)* de dirección	doblar, adelantar *(pass)* o cambiar de carril.
la placa *(license plate)*	identificar el coche.
el radiador	enfriar el motor.

B. With books open, guide students through the new vocabulary, personalizing words and expressions to ensure comprehension and active student involvement. The following are some suggested techniques. Expand on examples provided as desired.

Antes de emprender viaje...
(Use an imaginary class trip as the context for the following:)

1. **¿Cuándo vamos a poner en marcha nuestros preparativos?**
2. **Tenemos que hacer un presupuesto. ¿Qué vamos a incluir?** (As a class, devise a budget for your imaginary trip, estimating costs per person for the three days.)
3. **Tenemos que revisar el coche para averiguar si funciona bien. ¿Me pueden explicar para qué sirven éstos?**
   los frenos—si los frenos no funcionan, no podremos...(parar el coche)
   los neumáticos—deben estar en buenas condiciones para evitar...(pinchazos)
   la rueda de repuesto—¿por qué necesitamos esto? (neumático desinflado)
   las bujías—¿para qué sirven? (encienden el aire y la gasolina en el cilindro)
4. **Planifica... ¿Cómo vamos a llegar a nuestro destino?** (As a class plan the route you will take on your imaginary trip, using the words **autopista, carretera, camino,** and the directions **hacia el norte/sur/este/oeste.)**

Cooperative Learning Activity

After students have learned the familiar commands, the teacher can copy small sections of a map such as the one at the top of page 46, blanking out the names of a few places on student A's map and a few different places on student B's map. The student who has a particular place must then tell his or her partner how to arrive there in Spanish. The listening student follows directions and labels his or her map accordingly. At the end of the activity, students compare maps to see whether they have understood the directions well.

Asociaciones

Presentation (pages 48–49)

This section encourages use of the following types of learning strategies for assimilation of new vocabulary: associating, categorizing, defining, personalizing, cooperating, collaborating, listing.

Warm-up. Have students in pairs provide the following vocabulary. Expand as desired.

❏ To continue with this activity see the Teacher's Manual, page 94.

Actividades

Note: For complete answers to these activities see the Teacher's Manual, pages 28–29.

Actividad A Answers
Answers may resemble the following:
1. la batería, el radiador, los frenos

Extension of Actividad A
5. cosas que sirven para reparar un coche; 6. partes del auto que sólo se usan noche; 7. partes de una carretera; 8. partes del motor; 9. cosas relacionadas con las ruedas; 10. precances en el camino

Actividad B Answers
1. e   6. a
2. g   7. d
3. f   8. b
4. h   9. c
5. i

Actividad C Answers
Answers may resemble the following:
1. Yo puedo echarle agua y refrigerante al radiador.
   Pero si se necesita cambiar el termómetro, lo hará un mecánico.

Asociaciones

A **Partes por todas partes.** Da al menos tres ejemplos de las siguientes categorías.

1. partes del coche donde hay que poner un líquido
2. partes que son eléctricas
3. partes del coche que les dan comodidad a los ocupantes
4. partes que están relacionadas con las ruedas

B **Definiciones.** Conecta la definición con la palabra correspondiente.

1. Aquí se pone el número del coche.
2. Se produce cuando hay muchos coches en un lugar.
3. Sirve para poner maletas y paquetes.
4. El neumático se pincha y pierde el aire.
5. Lo puedes conseguir cuando cumples 16 años.
6. Tienes una cuando el coche no funciona bien.
7. Es el dinero que pagas por no respetar las reglas.
8. Te sirven para parar o detener el coche.
9. Con éstas puedes reparar cualquier cosa.

a. una avería
b. los frenos
c. las herramientas
d. una multa
e. la placa
f. el maletero
g. un embotellamiento
h. un pinchazo
i. el carnet de conducir

C **Reparaciones.** Di qué cosas puedes hacer tú y cuáles tiene que reparar el mecánico.

Por ejemplo: Una rueda está un poco desinflada.
Yo puedo ir a la estación de servicio y le puedo echar aire al neumático. No necesito un mecánico.

1. La temperatura está muy alta.
2. Se descargó la batería.
3. El nivel del aceite está bajo.
4. Hay un cortocircuito en un faro (*headlight*).
5. Parece que el radiador está sucio.
6. El aire acondicionado necesita refrigerante.
7. El motor tiene un ruido muy raro.
8. Las bujías están sucias.
9. El coche no quiere arrancar.
10. No hay más refrigerante.
11. Está sucio el parabrisas.
12. Está roto el cinturón de seguridad.

Siempre use luces direccionáles antes de voltear, antes de cambiar hileras o cuando se mueva de un lado del camino al otro. Usted debe hacer la señal no menos de cien (100) pies antes de empezar el movimiento.

VUELTA A LA IZQUIERDA:
La mano y el brazo extendidos horizontalmente.

VUELTA A LA IZQUIERDA

VUELTA A LA DERECHA:
La mano y el brazo extendidos hacia arriba.

VUELTA A LA DERECHA

PARAR O DESMINUIR LA VELOCIDAD:
La mano y el brazo extendidos hacia abajo.

DESPACIO O ALTO

Cooperative Learning

The article at the top of page 49 gives advice for families traveling at Christmas time with small children. Have students work in small groups. Have them devise and describe in Spanish some simple games or activities for kids to do in the car. Write the directions using familiar commands. They could put them in a booklet of advice for parents.

D **Todo lo necesario.** Haz una lista de todo lo que sea necesario para hacer lo siguiente.

Por ejemplo: para arrancar el motor
Se necesitan una llave y un acelerador.

1. para reparar un neumático desinflado
2. para evitar un embotellamiento
3. para parar el coche
4. para ver mientras conduces
5. para evitar multas
6. para doblar
7. para hacer reparaciones
8. para evitar averías
9. para evitar choques o accidentes

EN FAMILIA

Para un viaje con final feliz

Viajar con niños es complicado pero una buena planificación puede facilitar el proceso

por Chiori Santiago

E **Malos conductores.** Dale consejos a los siguientes malos conductores.

Por ejemplo: Le dieron una multa por estacionar en un lugar prohibido.
Hay que respetar las reglas del tránsito. Debe pensar en los otros conductores.

1. Produjo un accidente en una esquina por no mirar a los dos lados.
2. La policía le quitó el carnet por tomar una bebida alcohólica y luego conducir.
3. Le dieron una multa por correr a 85 millas por hora.
4. Siguió conduciendo aunque el nivel del aceite estaba a 0.
5. Nunca le pone el freno de mano al coche cuando está en una colina (*hill*).
6. Siempre va de prisa y adelanta por la derecha.

F **Pasaje al cielo.** Con otra persona, haz una lista de tres cosas que son muy peligrosas para los conductores. Expliquen por qué son peligrosas.

Por ejemplo: Es peligroso hacer un viaje largo solo, porque el conductor puede dormirse y causar un accidente.

Vocabulario **49**

Actividad D Answers
Answers may resemble the following:
1. **Se necesitan el gato y la rueda de repuesto.**

Actividad E Answers
Answers may resemble the following:
1. **En los cruces, debe mirar enfrente, atrás, a la derecha e izquierda antes de cruzar o doblar.**

Actividad F Answers
Answers may resemble the following:
Es peligroso adelantar cuando no se puede ver bien porque se puede chocar con otro coche o camión y causar la muerte de todos.

Independent Practice

Assign the following:
1. Activities on pages 48–49
2. Workbook, pages 16–19

Conversemos

Presentation (page 50)

This section focuses on integration of vocabulary, while encouraging use of the following conversational strategies: expressing cause and effect, expanding, giving description, transferring to new contexts, recycling.

Actividades

Note: For complete answers to these activities see the Teacher's Manual, page 29.

Actividad A Answers
Answers may resemble the following:
1. ... podrás dormirte y causar un accidente.

Expansion of Actividad A
Reverse the task by having students develop their own "consequences" and read them to class; classmates will provide reasons for each incident and solutions to the problem. For example: **Tengo un neumático desinflado Razón: No revisaste los neumáticos antes de emprender viaje/no le pusiste aire. Solución: Debes poner la rueda de repuesto.**

Actividad B Answers
Answers may resemble the following:
1. **Es la primavera, y la familia va hacia el pueblo de los abuelos.**

Additional Activity
Recycle adjectives from **Lección 2,** such as the following: **arriesgado, malhumorado, impulsivo, valiente, deportista, optimista, pesimista, soñador, cuidadoso, celoso, gracioso.** Have students describe how each person would be as a driver or car owner. For example: **El atrevido: No respeta las reglas del tránsito.**

Siempre conduce a una velocidad rápida. No revisa el coche antes de emprender viaje.

Conversemos ....

A **Consecuencias.** Explícales a tus compañeros cuáles serían las consecuencias de cada una de las siguientes acciones. Usa el tiempo futuro.

Por ejemplo: Si conduces a una velocidad excesiva...
   Si conduces a una velocidad excesiva, la policía te dará una multa.

1. Si conduces el coche mientras tienes sueño, ___ .
2. Si no revisas el coche antes de hacer un viaje largo, ___ .
3. Si no señalas la dirección antes de doblar, ___ .
4. Si no cedes el paso a los demás conductores antes de entrar en la autopista, ___ .
5. Si no revisas la presión de los neumáticos de vez en cuando, ___ .
6. Si no cambias el aceite después de unas siete mil millas, ___ .
7. Si no circulas por el carril derecho, ___ .
8. Si no llevas rueda de repuesto, ___ .
9. Si pierdes las llaves, ___ .

B **¿Adónde van?** Di qué estación es y hacia dónde va esta gente, según el equipaje que llevan.

Por ejemplo: Llevan trajes de baño y muchas bebidas frescas. Van hacia el oeste (el este, la playa, el lago, la costa) y es verano.

For the Native Speaker
Choose and investigate two places either in the U.S. or another country where people could take interesting car trips. Prepare an informational pamphlet about when they should visit this place, what can be done there, and how to arrive safely and without problems. Include a map with several routes.

Escribamos ....

A **Para mi comunidad.** Toda comunidad tiene necesidades especiales. Escribe cinco reglas que reducirán los accidentes en tu comunidad.

Por ejemplo: En la calle Figueroa se debe respetar el límite de velocidad porque hay dos escuelas en esa calle.

B **Para sacar el carnet.** Todos los conductores tienen que tomar un examen para sacar el carnet de conducir. Usa los siguientes temas para hacer un examen escrito de cinco preguntas para tus compañeros.

- límites de velocidad en ciertas calles específicas
- ciertas reglas específicas según el tiempo en tu área
- días en que ciertas condiciones de tráfico o los embotellamientos son peores
- reglas específicas para las horas en que hay más escolares en la calle
- el significado de ciertos letreros
- las reglas de estacionamiento en ciertas áreas de la ciudad
- las reglas que dictan cuándo hay que ceder paso a otro conductor
- las reglas que gobiernan cuándo y cómo adelantar otro coche
- las reglas que tienen que ver con el uso de los cinturones, las luces o señales
- las distancias de seguridad apropiadas en ciertos casos

C **¿Qué pasó?** Observa bien los dibujos que muestran cómo ocurrió este accidente y después escribe el informe policial con los siguientes detalles.

1. Describe qué pasó, quién tiene la culpa y por qué.
2. Agrega otros comentarios como, por ejemplo, el estado de la calle y las condiciones del tiempo, la inexperiencia de los conductores, etc.

Vocabulario **51**

Interdisciplinary Activity

Is there an organization in your school that tries to promote safe, alcohol-free driving among the students? Ask whether you can collaborate with them and prepare some bilingual posters for your school.

Escribamos

Presentation (page 51)
This section encourages written integration of vocabulary through use of the following writing strategies: personalizing, using outlines, organizing and sequencing, attending to detail in description, expressing cause and effect.

Actividades

Note: For complete answers to these activities see the Teacher's Manual, page 29.

Actividad A Answers
Answers may resemble the following:
1. **Se necesita un semáforo en la bocacalle de la calle O'Donnell y la avenida Alaska, porque nadie respeta la señal de alto.**

Actividad B Answers
Answers may resemble the following:
1. **¿Cuál es el límite de velocidad en las zonas residenciales?**

Extension of Actividad B
Have classmates give responses to each student's "quiz."

Actividad C Answers
Answers will vary.

Variation of Actividad C
Divide class into three sections, each section expressing a different view of the accident: 1. **el conductor del coche azul** 2. **el conductor del coche rojo** 3. **el testigo** (witness to the accident who is changing his tire in the picture). The **testigos** will write objective detailed accounts of the accident; both sets of **conductores** will write the account from their own (more biased) perspective, providing excuses for their actions. Follow up in class by having each set of **conductores** try to persuade the class that their story represents what really happened.

Estructura

Estructura

Structure Teaching Resources
1. Workbook, pages 20–24
2. Audio Program 1.3
3. Student Tape Manual, pages 14–15
4. Lesson Quizzes, pages 19–22

Bell Ringer Review

Write the following on the board or use BRR Blackline Master 1.3.2: **Escriba cinco ventajas y desventajas de vijar en coche y viajar por avión.**

Presentation (pages 52–53)

If you choose to do the **Lectura** (or parts of it) at this point, have students locate in the reading all the familiar commands they can find. Only affirmative commands are presented here. If students wish to use a negative command, you may provide them with another format, such as: **No debes...**

Additional Practice

Many popular songs in Spanish seem to contain examples of familiar commands. A few of these are **"Reloj," "Di que no es verdad," "Ven,"** and **"Sabe que me estás matando."** Students could investigate lyrics in the music of Jon Secada, Gloria Estefan, Rubén Blades, or more traditional songs. Playing the songs while the students follow along with a copy of the words, with commands omitted as a cloze activity, is enjoyable listening practice.

Cómo usar los mandatos familiares para dar consejos

In the Vocabulario section you were given the following advice regarding travel plans.

> **Pon en marcha los preparativos.**
> **Haz un presupuesto.**
> **Revisa el coche.**
> **Sigue por el carril derecho.**
> **Disminuye la velocidad en los pueblos.**
> **Cede el paso en los cruces de caminos.**

The verbs in these statements are the familiar **tú** command forms, the forms you use to tell someone (such as a friend, family member, or someone you address casually) what to do. For those whom you address as **usted**, another form is used. This will be presented in Chapter 2.

1 To form familiar affirmative commands, drop the *s* from the present tense **tú** form of the verb (in other words, use the **él/ella** form). If a pronoun is needed, attach it to the command. Notice how this is done in the following examples.

To describe...	To order or recommend...
Llenas el tanque.	**Llena el tanque de gasolina, por favor.**
Emprendes el viaje.	**Emprende el viaje antes de los embotellamientos.**
Sigues la circulación.	**Sigue la circulación**
Sacas el carnet.	**Saca el carnet cuando cumplas 16 años.**
Te cuidas.	**Cuídate de los conductores locos.**
Te olvidas de todo.	**Olvídate de las tensiones y conduce tranquilo.**
Conduces con cuidado.	**Conduce con cuidado y respeta las reglas.**

2 Many common verbs have irregular familiar commands.

poner	pon	**venir**	ven
hacer	haz	**tener**	ten
ir	ve	**decir**	di
ser	sé	**salir**	sal

Again, if a pronoun is needed, attach it to the command.

Sal antes de las seis y ponte el cinturón de seguridad.

Si necesitas revisar los niveles, hazlo ahora mismo.

3 If the command form is more than one syllable, attaching a pronoun will require also writing in an accent to maintain the correct stress.

Si haces un viaje largo, *acuérdate* **de revisar el coche,** *acuéstate* **temprano la noche anterior y** *olvídate* **del reloj.**

Conversemos ....

A **Señales de la carretera.** Dile a un/a compañero(a) que obedezca cada uno de los siguientes letreros. En cada caso, tu compañero(a) te dirá a cuál letrero te refieres.

Por ejemplo: Para aquí.

1.

2.

3.

4.

5.

Estructura **53**

Conversemos

Presentation (pages 53–54)

This section focuses on oral integration of the grammatical structures, while encouraging use of conversational strategies, such as: cooperating, personalizing, attending to detail, sequencing, transferring to different contexts, recycling, and others.

Actividades

Note: For complete answers to these activities see the Teacher's Manual, page 30.

Actividad A Answers
Answers may resemble the following:
1. **Cede el paso.**
2. **Dobla a la derecha, no a la izquierda.**

Extension of Actividad A
If you have access to a driver's training manual, copy some signs and use them to expand on items in this activity.

Additional Practice

Make up a particular sign that you, a friend, or a family member should have in the car. It could be a command related to trash, make-up, boring tapes, or eating, for example.

54

Actividad B Answers
Answers will vary according to the model.

Extension of Actividad B
Add these to activity: **protegerse en coche; cambiar de carril; limpiar el parabrisas; ceder el paso en un cruce de camino; evitar una avería; cambiar la placa del auto; revisar el aceite; negociar el precio de una reparación en el taller.**

Actividad C Answers
Answers may resemble the following: **Nombra todos los chicos guapos en nuestra clase.**

Variation of Actividad C
Have students give the commands they might hear from their parents in the following situations: **Antes de hacer un viaje en coche; durante un viaje muy largo (en coche); en la estación de gasolina; cuando quieres usar el coche familiar; cuando has perdido las llaves del coche familiar; cuando te dan una multa; si has tenido un accidente; si dejas el coche sin gasolina; si tocas tus casetes mientras tu mamá/papá está conduciendo el coche; etc.**

Actividades D and E Answers
Answers will vary according to the model.

B **Hazlo así.** Explícale a un/a compañero(a) cómo hacer dos de las siguientes cosas, dándole una serie de mandatos. Tu compañero(a) adivinará lo que le estás explicando.

ahorrar dinero	leer un mapa
arrancar el motor	llenar el tanque de gasolina
aumentar la velocidad	conducir un coche
ceder el paso	poner la rueda de repuesto
doblar a la derecha	preparar un presupuesto
evitar embotellamientos	recibir una multa
hacer una reservación	usar una tarjeta de crédito

Por ejemplo:

ESTUDIANTE A:
Primero pon los frenos. Para el coche, saca la llave, baja del coche y cierra la puerta con llave.

ESTUDIANTE B:
Me dices cómo estacionar el coche, ¿verdad?

C **Embotellamientos.** Imagina que tú y un/a amigo(a) están en un embotellamiento y el tránsito está completamente parado. Dile a tu amigo(a) que haga al menos cinco cosas para que Uds. puedan divertirse.

Por ejemplo: Pon tu casete nuevo. Mira al chico que está en el coche detrás de nosotras...

D **Un consejo de amigo.** Piensa en tres personas de la clase y prepara un consejo para cada una. Luego, dile los consejos a toda la clase. La clase adivina quiénes son las personas que escogiste.

Por ejemplo: (A veces ella no trae el libro a clase).

ESTUDIANTE A:
Trae el libro a todas las clases.

ESTUDIANTE B:
Escogiste a Gina, ¿verdad?

E **¿Adónde vas?** Pregúntale a un/a compañero(a) adónde va de paseo frecuentemente. Luego, dale un consejo para ese viaje.

Por ejemplo:

ESTUDIANTE A:
(1) ¿Adónde vas los fines de semana?

(3) Si vas al lago, toma la carretera 5 hacia el sur y luego toma el camino 126 hacia el este. Así es más rápido.

ESTUDIANTE B:
(2) A veces, voy al lago con...

Extra Activity
Words such as **embotellamiento** lend themselves to picture coding. For example, "**em** + (picture of a bottle)+ **miento.**" Have students find other words that could be represented this way and make a set of picture cards for vocabulary practice.

F **Juguemos a ser papás.** Dile a tu compañero(a) las órdenes que siempre te da tu papá o tu mamá. Luego comparen las órdenes y vean si son similares o no.

Por ejemplo: Mi mamá siempre me dice: "Ordena tu habitación y cuelga tu ropa".

Escribamos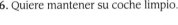

A **Una cosa con la otra.** Todos tenemos nuestros estilos de conducir, pero todos podemos tener más cuidado también. Escribe reglas para los siguientes jóvenes.

Por ejemplo: Le gusta salir temprano cuando viaja.
Si te gusta salir temprano cuando viajas, acuéstate temprano y descansa bien.

1. Le gusta escuchar música cuando viaja.
2. Le gusta conducir con exceso de velocidad.
3. Le fascina ir a las carreras de autos.
4. Le molesta que otros toquen la bocina *(horn)*.
5. No quiere que le adelanten por la derecha.
6. Quiere mantener su coche limpio.

B **¿Y para la bici?** Escribe cinco reglas para los chicos(as) que montan en bicicleta.

Por ejemplo: Ponle un espejo a tu bicicleta para poder mirar hacia atrás.

C **Buenos amigos.** Escribe cinco reglas de oro para conservar a los buenos amigos.

Por ejemplo: Hay que darles una tarjeta cariñosa de vez en cuando.
Regla: Dales una tarjeta cariñosa de vez en cuando.

Estructura **55**

Cooperative Learning Activity
In small groups, make up the rules for being a school bus driver, using affirmative commands.

Actividad F Answers
Answers may resemble the following:
Mi mamá siempre me dice: "Limpia tu cuarto".

Escribamos

Presentation (page 55)
This section focuses on written integration of the grammatical structures while encouraging use of such learner strategies as personalizing, context transferring, recycling, and expanding.

Additional Activity
Have students compete in the design of the best safety or good driver poster.

Actividades
Note: For complete answers to these activities see the Teacher's Manual, page 30.

Actividad A Answers
Answers may resemble the following:
1. **Si te gusta escuchar música cuando viajas, pon atención al tránsito, evita ponerla a todo volumen para que no molestes a los otros conductores.**

Actividad B Answers
Answers may resemble the following:
1. **Obedece las reglas de circulación para coches, que son las mismas que tienen que obedecer los que montan en bicicleta.**

Actividad C Answers
Answers may resemble the following:
1. **Déjalo hablar y escúchalo cuando quiere contarte algo importante.**

Lectura

Teaching Resources
1. Audio Program 1.3
2. Student Tape Manual page 16

Bell Ringer Review

Write the following on the board or use BRR Blackline Master 1.3.3: **Escribe cinco cosas que necesitas preparar antes de hacer un viaje largo en coche.**

Presentation (pages 56–61)

This section develops reading skills through a five-stage, integrative process: **pensar, mirar, leer, analizar, aplicar.** For a complete description of each of these stages, as well as suggestions for teaching, please refer to the Teacher's Manual. You may effectively do this section at any point in the **Lección,** including lesson introduction. In this particular **Lección,** it is recommended that you use the **Pensemos** section to introduce the **Lección,** then return to the other sections at some point after vocabulary has been reviewed and practiced. Lesson theme, vocabulary, and grammar focus have all been drawn from the **Lectura.**

Antes de leer

Pensemos

This pre-reading section pulls out existing experience and language knowledge while encouraging use of the following reading preparation strategies: associating, grouping and classifying, anticipating and predicting, recycling and recombining previous knowledge, context transferring.

Actividades

Note: For complete answers to these activities see the Teacher's Manual, pages 30–31.

Lectura

Antes de leer

Pensemos

A **Medios de transporte.** ¿Con qué medio(s) de transporte asocias las siguientes palabras —con un viaje en autobús, barco, coche o avión?

1. el aeropuerto
2. el mar
3. las maletas
4. el cinturón de seguridad
5. el aterrizaje
6. el crucero
7. el pasaje de ida y vuelta
8. el pasaporte
9. el semáforo
10. el piloto y los auxiliares de vuelo
11. el equipaje de mano
12. el conductor
13. la carretera
14. la tarjeta de embarque
15. los pasajeros
16. las escalas
17. el carnet de conducir
18. aceite y gasolina
19. el taller

B **Consejos para viajeros.** Clasifica las frases que siguen en dos grupos: lo que tú recomiendas y lo que no recomiendas para un viaje en coche.

Es buena idea...
No es buena idea...

1. planificar la ruta
2. hacer las reservaciones
3. comprar gasolina
4. tomar mucho café
5. comer en cada parada
6. fumar bastante
7. lavar el coche
8. inspeccionar el coche
9. estudiar el mapa
10. conducir sin parar
11. conducir lentamente
12. levantarse a las cuatro de la mañana
13. cambiar de conductores cada dos horas
14. conversar para distraerse un poco
15. perder el carnet de conducir
16. escuchar la radio para no dormirse
17. llegar rápido y después dormir
18. abrocharse el cinturón de seguridad
19. conducir muy rápido para llegar pronto

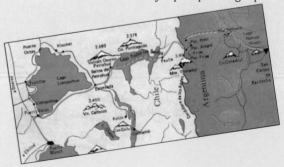

Learning from Realia

You may wish to give the following information about the map on page 56.

The Andes Mountains, between Chile and Argentina, contain the highest peak in the Western Hemisphere. Monte Aconcagua is in Chile, near the border with Argentina. It rises 22,834 feet above sea level. This area is also prone to earthquakes, strong winds, and extremely low temperatures. It's no wonder that Mount Aconcagua was not scaled until 1897.

Miremos

A **Preguntas básicas.** Mira sólo el primer párrafo del artículo. Ubica y anota la siguiente información. Luego, escribe una frase que resuma bien el tema de este artículo.

1. ¿Qué?
2. ¿Quiénes?
3. ¿Dónde?
4. ¿Cómo?
5. ¿Cuándo?
6. ¿Por qué?

B **Ubica la información.** Ahora mira todo el artículo y ubica dónde se habla de los temas que siguen. Algunos de estos temas no están en el artículo.

1. para preparar el coche
2. cuando vas conduciendo
3. en caso de accidente
4. si el coche no funciona
5. cómo reparar el coche
6. a qué hora salir
7. Revisa el sistema eléctrico.
8. Lleva algunas provisiones.
9. Revisa todos los fluidos.
10. Lleva agua y aceite para el coche.

Tarjeta Europ Assistance 4B.
Este verano, no salga sin ella.

Por tranquilidad

Este verano viaje a cubierto. Siéntase seguro. Y además disfrute de todas las ventajas de 4B. Con su tarjeta Europ Assistance-4B. Con ella podrá pagar en más de 40.000 tiendas, restaurantes, hoteles y gasolineras. Y sacar dinero de más de 3.000 cajeros automáticos 4B. Además, imprevisto, tendrá cubierta **la asistencia para usted o para**... Hasta dos vehículos, desde el...

Lectura **57**

Al lector

● No te preocupes si no entiendes todas las palabras de la lectura. Eso es normal.

● No es necesario usar un diccionario. Trata de adivinar las palabras que no conoces.

● Confía en tu español; ¡ya sabes muchísimo!

Miremos

This preliminary reading section provides the first glimpse of the reading and focuses on the reading strategies of predicting, skimming for global idea, focusing attention, scanning for specific information, summarizing. No intensive reading is necessary at this stage. Prior to the activities in this section, have students look at the title, layout, and format of this article. They should notice bullets, bold print, etc. What type of article is this? What information should they expect to find?

Actividades

Note: For complete answers to these activities see the Teacher's Manual, page 31.

Cooperative Learning Activity

Working in pairs, students play the roles of roadside-assistance operator and stranded motorist. This conversation can be made a cooperative learning, expert group activity by pairing up students. Then allow all of the "motorists" and all of the "operators" to work together and brainstorm questions to ask and possible situations to describe.

They should practice together in these groups before returning to their original pairs to converse.

Treinta consejos

Presentation (pages 58–59)

This authentic text encourages use of such reading strategies as guessing from context, identifying cognates and derivatives, applying knowledge and experience to sense-making process, identifying salient information, searching for clues to meaning. Guide students in how to guess meanings of unfamiliar words.

1. Have students list all the familiar commands they find in the reading.
2. Ask students to determine through context, what the following are: **amortiguadores, muelles, sistema de dirección, zapatas.**
3. Have students provide another way to say the following:
   Lines 1–5 vehículo, trayectos, cargado, revisión
   Lines 6–10: vigila, recorrido, kilometraje, líquido de refrigeración
   Lines 11–15: conviene
   Lines 16–20: sistema de dirección, ocupantes, cargado, accidente
   Lines 21–25: la frenada, verifica, los faros
   Lines 25–30: realizar el viaje, atascos, infórmate
   Lines 31–33: partir, vías, desvíos

   Lines 6–10: condiciones metereológias, regreso
   Lines 11–15: ingerir, el depósito, ponerte en ruta, ármate
   Lines 16–20: en todo momento, tráfico
   Lines 21–25: atravieses (atravesar), frenar, amplíala, adversas
   Lines 26–30: los restantes, los demás, destellos luminosos, paradas
   Lines 30–35: auxiliar, estaciona, intermitentes, indicaciones

Treinta consejos de seguridad vial en las vacaciones

Como todos los años, la mayoría de los españoles ha comenzado la cuenta atrás, esperando el día de partida de sus ansiadas vacaciones y, también como todos los años, la carretera se convertirá por unos días en uno de los mayores peligros para los conductores y sus familias. Y es que más del 60 por ciento de los españoles se desplaza (se viaja) en su propio vehículo durante los meses de julio y agosto. E igualmente como todos los años, los agentes de Tráfico pondrán en marcha su ya famosa operación salida-retorno en un desesperado intento de reducir el número de accidentes de circulación, pues gran parte de estos siniestros se podrían evitar tomando las precauciones necesarias.

Revisión del automóvil. Generalmente, nuestro vehículo no suele (acostumbra a) estar preparado para realizar trayectos muy largos, bajo temperaturas excesivamente altas, y cargado hasta los topes. Antes de emprender el viaje conviene realizar una completa inspección del coche y

5 ponerlo a punto. Existen una serie de elementos cuya revisión es obligada:

● **Aceite** El calor aumenta su consumo. Vigila su nivel y cambia los filtros siempre que hayas recorrido el kilometraje advertido (recomendado) por el fabricante.

10 ● **Agua** Comprueba los niveles de agua o del líquido de refrigeración. Conviene llevar siempre un recipiente lleno.

● **Bujías** De su buen estado dependerá el encendido y la combustión. Es aconsejable cambiar las bujías cada 15.000 kilómetros aproximadamente.

15 ● **Sistema de dirección** Es uno de los elementos más importantes, en cuanto a la seguridad del vehículo y sus ocupantes.

● **Amortiguadores** Un muelle defectuoso supone un grave peligro para la estabilidad del coche. En una curva tomada a alta velocidad y con el maletero cargado, ese amortiguador puede ser el causante de un

20 accidente.

● **Frenos** La eficacia de la frenada es fundamental. Comprueba el líquido de frenos, las pastillas y las zapatas.

● **Neumáticos** Si no quieres exponerte a un pinchazo, atiende al estado de las ruedas. Verifica la presión y no olvides la rueda de repuesto.

25 ● **Luces** Revisa los faros, sobre todo si viajas de noche.

Últimos momentos. Ya tienes el coche a punto para realizar el viaje, ahora conviene que lo planifiques todo, sin olvidar nada.

● ¿Has pensado en qué itinerario es el mejor para llegar a tu punto de destino? Intenta evitar los grandes atascos; millones de conductores

30 salen en las mismas fechas que tú. Infórmate de las horas más adecuadas para partir o volver, el estado de las vías públicas, los caminos alternativos y los desvíos que existen.

58 CAPÍTULO 1 *Lección 3*

- Haz una lista de los objetos necesarios que no debes olvidar en casa: documentación del vehículo, tarjeta de las asociaciones de ayuda al automovilista, documentación personal (pasaporte, agenda, tarjetas de crédito, cartilla de Seguridad Social, carnet de conducir, etc.), gafas de
5 sol, botiquín de primeros auxilios, medicinas necesarias, mapas, etc.

- Prevé las condiciones metereológicas que te vas a encontrar durante el trayecto.

- Tanto a la ida como al regreso, descansa convenientemente. La fatiga y la falta de reflejos es una de las causas más frecuentes de los
10 accidentes en carretera.

- No se debe ingerir alcohol ni bebidas estimulantes como, por ejemplo, té, café o refrescos con cafeína.

- Por último, llena el depósito de gasolina antes de ponerte en ruta.

Y en carretera. Llegó el momento de salir. Ármate de paciencia y buen
15 humor y piensa en los días tan maravillosos que vas a disfrutar. Lo conseguirás si prestas atención a nuestros últimos consejos:

- Ajusta bien los cinturones de seguridad.

- Mantén en todo momento los límites de velocidad señalados y, sobre todo, la velocidad adecuada a las condiciones de la carretera o las
20 circunstancias del tráfico.

- Ten cuidado cuando atravieses algún pueblo. Inesperadamente pueden surgir un peatón o un motociclista sin darte tiempo a reaccionar y frenar.

- Respeta las distancias de seguridad; amplíala si circulas en autopista o
25 si las condiciones meteorológicas son adversas.

- Circula siempre por el carril derecho usando los restantes para adelantar. En las autopistas, advierte a los demás conductores de la intención de adelantar mediante destellos luminosos, sin olvidar dar la señal de maniobrar para cambiar de carril.

30 - Realiza frecuentes paradas para descansar, al menos unos 15 minutos cada 200 kilómetros.

- Si sufres una avería o si te detienes a auxiliar a otro conductor, estaciona el coche donde no moleste al resto del tráfico y enciende los intermitentes o luces de avería.

35 - Por último, atiende siempre a las indicaciones que realicen los agentes de tráfico. Como ves, se trata de tomar las precauciones necesarias para evitar cualquier percance en la carretera que pueda amargar tus vacaciones o las de otros. Lo importante es que todos pasemos unos felices días de descanso.

Lectura **59**

Leamos

Presentation (page 60)

This section focuses on comprehension and use of information derived from more intensive reading through the following types of strategies: reacting to content, summarizing, looking for evidence or lack of evidence, citing the source to support contentions.

Ask students if they learned anything from this article that they did not know before reading it, e.g., **¿Cuándo se cambian las bujías? ¿Qué documentación debes llevar cuando viajas en coche?**

Actividad

Note: For complete answers to these activities see the Teacher's Manual, page 31.

Actividad Answers
Answers may resemble the following:
1. **Sí, verdad. (1ª frase, 1er párrafo)**
2. **Sí, verdad. (2ª y 3ª frase, 1er párrafo)**

Después de leer

Analicemos

This section focuses on analysis of new vocabulary encountered in the reading through the language expansion strategies of grouping, associating, transferring to other contexts, personalizing.

Actividades

Actividad A Answers
Answers may resemble the following:
1. **Si no quieres adelantar, quédate en el carril derecho.**
2. **Se debe ajustar el cinturón de seguridad antes de ponerse en marcha.**

Leamos

¿Sí o no? Di si las siguientes frases son verdaderas o falsas de acuerdo con lo que leíste. Si son verdaderas, da la frase del artículo que lo confirma. Si son falsas, corrígelas y cita la frase del artículo que contiene la información correcta.

1. Las familias españolas están esperando las ansiadas vacaciones.
2. Las carreteras son muy peligrosas en julio y agosto.
3. Como siempre, la dirección del tráfico producirá muchos accidentes.
4. Hay más accidentes de ida que de regreso.
5. Sesenta por ciento de los españoles tienen coche y esto es muy peligroso.
6. Es una buena idea preparar el coche para los viajes largos con mucha carga.
7. Los accidentes no se pueden evitar.
8. Entre las cosas que hay que revisar están: los niveles de los líquidos, los neumáticos, los frenos, la dirección, los amortiguadores y el sistema eléctrico.
9. Para evitar problemas en el camino, es mejor salir junto con todas las otras familias. Así pueden acompañarse.
10. Entre las cosas personales que tienes que llevar están el pasaporte, el carnet de conducir, el botiquín y la cartilla de la seguridad social.
11. Si estás cansado(a), tus reflejos son muy malos y lentos.
12. Muchas carreteras pasan por el centro de los pueblos en España.
13. Respeta el límite de velocidad que dicen las señales y mantente en el carril derecho si no vas a adelantar otro vehículo.

Después de leer

Analicemos

A **Mis consejos.** Combina estos verbos con todas las expresiones que puedas para formar frases verdaderas sobre los viajes en coche.

Por ejemplo: Revisamos...
el aceite, la gasolina y los frenos.

adelantar	inflar	poner(se)
ajustar	informarse de	reducir
aumentar	llevar	respetar
cambiar	mantenerse	revisar
conducir en	no olvidarse de	vigilar
evitar	planificar	

Critical Thinking Activity

Students should identify cognates among the vocabulary words in the lesson. They can then choose one and trace its etymology back to its roots, showing how the word developed in both Spanish and English. Small charts or posters resulting from this activity could be illustrated and put around the room.

B En otras palabras. Conecta las expresiones idiomáticas de la lista con las frases que explican su significado. Luego, escribe tú mismo(a) una frase con la expresión que aprendiste.

a. cargar hasta los topes
b. empezar la cuenta atrás
c. poner el motor a punto
d. sufrir una avería
e. evitar cualquier percance
f. poner en marcha un plan/el motor

1. Tengo que conducir con mucho cuidado para evitar cualquier complicación o problema en el viaje.
2. Como éramos cuatro personas, el coche, el maletero y el techo del automóvil iban absolutamente llenos de maletas y paquetes.
3. ¡Me muero de ganas de irme de vacaciones! Ya empecé a contar los días que faltan para irnos: 12, 11, 10, 9...
4. Cuando fuimos a la Florida hacía mucho calor y el auto sufrió una avería en el motor porque se recalentó mucho.
5. Mi papá llevó el auto al garaje para que le afinaran el motor.
6. La policía tomó varias medidas para controlar la circulación y disminuir los riesgos de accidentes en carretera en las vacaciones.

Apliquemos

A ¡Ahora me toca a mí! Prepara una prueba (de al menos ocho preguntas) para ver si tus compañeros aprendieron las reglas de seguridad del tráfico.

B Encuesta. Prepara una encuesta acerca de las vacaciones de tus compañeros y de sus familias.

1. Prepara al menos cuatro preguntas para recoger información sobre la temporada de vacaciones.
2. Después de entrevistar a cinco compañeros o más, escribe un resumen de tus datos.

Por ejemplo: 1. ¿Revisas el aceite antes de emprender un viaje largo?
2. ¿Prefieres emprender viaje por la noche?

C Mi propio artículo. Escribe tu propio artículo. Dale recomendaciones a los lectores sobre algo que tú sepas hacer muy bien. Puedes usar las siguientes sugerencias, si quieres.

cómo preparar un examen	cómo no hacer nada
cómo aceptar una invitación	cómo hacer paracaidismo
cómo reparar...	cómo hacer un viaje fenomenal
cómo divertirse en...	cómo hacer el papel de...
cómo tener éxito en...	cómo viajar gratis a...

Lectura **61**

Actividad B Answers
Answers may resemble the following:
1. e: **Para evitar cualquier percance, hay que tener dos cosas: el coche bien preparado y un poco de suerte.**

Apliquemos

This section focuses on summarizing and integrating content and language of the reading through the following strategies: transferring to new contexts, personalizing, cooperating, surveying.

Actividades

A. Ahora me toca a mí. Encourage students to use information from the article.

Note: For complete answers to these activities see the Teacher's Manual, page 32.

Actividad A Answers
Answers may resemble the following:
1. **¿Qué distancia se debe mantener entre un coche y otro en la carretera?**

Actividad B Answers
Answers will vary according to the model:
1. **¿Revisas la presión de los neumáticos antes de emprender el viaje?**

Actividad C Answers
Answers will vary.

Extension of Actividad C
Have students follow the format of the article they read, using subtitles, categories, and command forms.

Extra Activity

Have students survey classmates on driving habits by creating a forced response survey (including 3–4 response ranges for each item). For example:

1. **¿Cuántas veces a la semana conduces un coche?**
   a. menos de dos veces; b. de dos a cuatro veces; c. más de cuatro veces; d. todos los días

You may wish for students to write a summary of responses, using expressions such as: **Un 20 por ciento dice que...; la mayoría dice que...; un tercio prefiere...;** etc.

Cultura viva

Presentation (pages 62–63)

This section examines the lesson theme from a cultural perspective. Students are asked to reflect and comment on their own culture as well as Hispanic cultures, through the stimulus of authentic personal, journalistic, and literary texts. Use of the following cultural discovery strategies is promoted through activities in this section: reflection, examining points of view, drawing conclusions, identifying salient information, personalizing, list making, persuading.

Las vacaciones y los puentes

Presentation (pages 62–63)

A. Use the following questions to ensure comprehension. Have students cite the line that gave them the information.
   ¿El coche es tan popular en España como en los EE.UU.? ¿Por qué? ¿Cómo viajan los españoles dentro de la ciudad? ¿Para qué usan sus coches los españoles? ¿En qué meses están de vacaciones los españoles? ¿Qué pasa durante estos meses? ¿Cuántos días de vacaciones tienen los españoles? ¿Bajo qué condiciones? ¿Qué es un "puente," según esta descripción? Da un ejemplo. ¿Cómo se llaman los días cuando la gente no trabaja? ¿Cómo se llaman los días cuando la gente trabaja? Si piensas visitar España en verano, ¿en qué mes(es) debes ir si quieres disfrutar a tope los buenos restaurantes y tiendas?
   (Explain that in August, especially, many stores, restaurants, and businesses will be closed for vacation.)

B. Give the literal meaning of **puente** ("bridge") and, using the calendar on page 62, ask students to find the **puente**. Explain that there are also **superpuentes;** for example,

---

Las vacaciones y los puentes

Aunque en España el número de coches ha aumentado significativamente últimamente, todavía la gente usa la transportación pública para muchos de sus viajes dentro de la ciudad. En España hay 263 coches por cada 1.000 habitantes, mientras que en Estados Unidos hay 559 autos por cada 1.000 habitantes. Sin embargo, cuando llegan las vacaciones o los feriados, la mayoría de los españoles viaja en coche en vez de autobús, avión o tren. Los meses de vacaciones son julio y agosto y muy poca gente sale fuera de estas fechas. Por eso, muchos negocios y tiendas cierran por dos o tres semanas en estos meses, porque todos salen a vacaciones en la misma fecha. En general, los españoles tienen 22 días de vacaciones pagadas en cuanto llevan un año de servicio en un trabajo. Y si Ud. tiene más años de servicio, sus días de vacaciones aumentan.

También disfrutan de los días feriados y los puentes. Los puentes son los días que juntan o conectan el fin de semana con un día festivo. Para los españoles, las vacaciones, los días feriados y los puentes son tan importantes como los días laborales.

Critical Thinking Activities

A. Cars, like television sets, have become a symbol of U.S. culture. The Spanish journalist, Carmen Rico-Godoy, observed the following about the U.S. automobile during a visit to Los Angeles: **"El coche forma ya parte del cuerpo humano, es una prolongación necesaria."** Ask students if they agree with this statement. Why?

How many have their own cars? Why?

1. Have those students who drive complete the following about how they feel when they drive a car: **Cuando conduzco un coche, me siento...**

2. Aside from transportation, what other "needs" or important "values" are associated with cars in the U.S.? What do cars symbolize to U.S. Americans?

(continued on the next page)

Conversemos y escribamos

A Haz una lista de los puentes de este año, o sea todos los feriados que se prestan para salir en un viaje corto de tres o cuatro días, como, por ejemplo, el día de los Veteranos o el día del Trabajo.

B Prepara un anuncio sobre unas vacaciones estupendas para un puente popular como el día de Memorial o el día del Trabajo. Incluye la fecha, el lugar, el precio, las actividades y el tipo de alojamiento.

Por ejemplo: Sensacional idea para el próximo puente: Preparo vacaciones
cortas en... y...

C Escribe un titular para el periódico de tu colegio que exprese los sentimientos al comienzo de las vacaciones o de un puente.

La Sierra de Alhama,
en el sur de España.

El Alcázar de Segovia,
España.

Cultura viva **63**

if a holiday falls on a Thursday or Tuesday, a larger **puente** is created, because people tend to extend the holidays. Ask students to think about what happens in the workplace when a holiday falls on a Thursday (such as Thanksgiving). Do people tend to go into work on Friday, or do they just take Thursday through Sunday as vacation?

Conversemos y escribamos

Note: For complete answers to these activities see the Teacher's Manual, page 32.

Actividad A Answers
Answers will vary but may resemble the following:
Los puentes de este año son: el cumpleaños de Martin Luther King, Jr.; el cumpleaños de George Washington

Actividad B Answers
Answers will vary according to the model.

Actividad C Answers
Answers may resemble the following:
**¡Finalmente un descanso!
¡A la playa todos!**

Have students try to list some of these ideas with a partner (**libertad, independencia, control, autonomía, velocidad, responsabilidad, rapidez, prestigio, popularidad,** etc.) Because these associations exist in U.S. culture, will they necessarily exist in other cultures?

3. What effects has the role of the car had on U.S. culture? (Suggest the following: 6–10–lane highways, fast food restaurants, drive-in banks, suburban living, traffic jams, etc.) If students visited a culture in which the car was not given the same importance as it is in the U.S., what would they expect to see? What would they expect not to see?

❏ To continue with this activity see the Teacher's Manual, page 94.

This section presents additional aspects of the Spanish language that are often confusing for foreigners. Remind students that **1.** object pronouns **me, te, (os),** and **nos** are the same, regardless of whether a direct or indirect object is being referred to; therefore, students need only keep difference between the object pronouns in mind when referring to third person (**le/les** vs. **lo/la/los/las; 2.** the order of pronoun placement is **ID:** Indirect first, then Direct; **3.** indirect object pronouns are used much more frequently in Spanish than in English.

Estructura: Un poco más

Los pronombres de objeto directo e indirecto

1 Often, you will want to use both direct and indirect pronouns together (for example, I gave *them* to *her*). Remember the following when using both of them together.

a. Indirect object pronouns come before direct object pronouns.

¿Raúl te va a prestar su coche?

Sí, dice que me lo va a prestar.

b. If the indirect object pronouns is **le** or **les**, it will change to **se** when used with a direct object pronoun.

¿Quién le dio ese televisor?

Sus padres se lo dieron.

2 Both pronouns go before the verb form except in the following circumstances.

a. Pronouns must be attached to an infinitive if the infinitive stands alone.

Me dicen que acabas de comprar un Porsche nuevo.

¿Comprarlo? ¡Qué va! Lo alquilé para el fin de semana.

b. Pronouns must be attached to a present participle if the present participle stands alone.

Estoy hablando con Julio. Lo estoy invitando a la fiesta.

¿Invitándolo? ¿Estás loca? Es tan desagradable.

c. Pronouns must be attached to affirmative commands.

Miguelito, ¿todavía no has llamado a tu tía? Llámala ahora mismo y dale las gracias por el regalo tan lindo que te mandó.

Contesta las siguientes preguntas.

1. ¿Quién es tu mejor amigo(a)? ¿Qué favores te hace? Di tres o cuatro.
2. ¿Qué favores le haces tú a él o a ella?
3. ¿Con qué frecuencia lo (la) ves? ¿Qué les gusta hacer juntos(as)?
4. ¿Te acuerdas del cumpleaños de tu amigo(a) todos los años? ¿Qué regalo le diste el año pasado? ¿Qué piensas darle este año?

Extra Activity

Students can be enlisted to make materials for learners in the first and second years. Have students cut various shapes out of poster board approximately twelve inches long and with room for ten sentences. They then devise the sentences, which contain direct or indirect object pronouns, and copy them neatly onto the poster board figure, leaving room for multiple choices of pronouns and punching a hole next to each choice. The correct answer is indicated on the back. New learners then work with partners facing each other. One reads the sentences and puts a pencil through the hole next to the correct choice. His answer is confirmed by his partner, who can see the back of the figure.

Diversiones

A *"C" es de coche.* Comprueba si tu memoria es buena jugando este juego con dos o tres compañeros(as).

1. Una persona escoge una letra.
2. Después cada persona del grupo tiene que decir una palabra que tiene que ver con los coches o con viajes en coches que comience con la letra que se escogió.
3. Cuando a uno(a) de los(as) compañeros(as) le es imposible decir una palabra porque no se acuerda, esa persona tiene que escoger una nueva letra y decir dos palabras que empiecen con esa letra.

B *¿Ahora qué hago?* Con tres compañeros(as) vas a inventar un videojuego para manejar un coche.

1. Dos compañeros(as) se sientan juntos(as) como si estuvieran conduciendo un coche.
2. La persona que está sentada a la izquierda es el conductor y la de la derecha es el pasajero.
3. La tercera persona se sienta detrás de ellos(as) y les dice adónde va el coche, por ejemplo, dónde hay que doblar, si hay un accidente, si el coche tiene una llanta desinflada, etc.
4. Cada vez que le dice al conductor qué tiene que hacer, el conductor le pregunta al pasajero qué le aconseja que haga. El pasajero se lo dice.
5. El juego termina cuando todos hayan tenido la oportunidad de ser conductor.

C *¡Qué lío!* Con otros compañeros mira el dibujo y contesten las siguientes preguntas.

1. ¿Qué pasa?
2. ¿Qué ha causado el embotellamiento?
3. ¿Cómo se resolverá el problema?

Explíquenle el problema y la solución de Uds.a la clase.

Diversiones **65**

Extra Activity

As a variation of **Actividad B**, you may wish to distribute cards with various **percances** to students in the class. While the driver is going along toward his or her destination, these students could stand up and announce the mishaps.

Repaso de vocabulario

Cosas

el accidente
el aceite
el acelerador
los alicates
la autopista
la avería
la batería
la bujía
el camino
el carnet de conducir
el carril
la circulación
el cruce de caminos
el destornillador
el dinero en efectivo
el embotellamiento
el filtro
los frenos
el gato
la herramienta
el límite de velocidad
el limpiaparabrisas
el líquido
la llave inglesa
el maletero
el neumático
el nivel
el parabrisas
el percance
el pinchazo
la placa
los preparativos
la presión
el radiador
el refrigerante
la rueda de repuesto
la señal del tránsito
las señales de dirección
la senda

el taller mecánico
el tanque
el volante

Actividades

adelantar
arrancar el motor
cargar
ceder el paso
conducir (zc)
disminuir (y)
emprender viaje
enfriar
frenar
hacer reparaciones
hacer reservaciones
hacer un presupuesto
identificar
llenar
planificar
poner en marcha

Otras palabras y expresiones

descompuesto(a)
desinflado(a)
en ruta
turístico(a)

66 CAPÍTULO 1 *Lección 3*

Repaso de Vocabulario

Repaso de Vocabulario

Presentation (page 66)

Have students categorize the vocabulary words from the lesson according to a few important verbs: **revisa:** el aceite, la batería, los frenos, el líquido...
cambia: la bujía, el carril, el neumático...
evita: el accidente, el pinchazo, la avería...
lleva: el carnet de conducir, la rueda de repuesto...
busca: la autopista, el taller mecánico...

Extra Activity

In small groups, students can choose a magazine picture of a car that they like particularly well, the larger the picture the better. Working together, they make an ad in Spanish for the car, using commands and as many vocabulary words from **Lección 3** as possible.

Capítulo 1 Un paso más

A **Sólo para jóvenes.** Escribe un folleto para jóvenes turistas como tú que quieren visitar tu ciudad o región. Indícales qué deben hacer, qué deben visitar, qué ropa deben traer, qué deben hacer en la carretera o en ciertas calles, etc. Usa los mandatos que aprendiste en esta leccíon.

Por ejemplo: Si vienes en otoño, trae tu cámara porque las hojas de algunos árboles cambian de color.

B **Ideas para conductores locos.** Escribe cinco reglas para que los conductores locos tengan accidentes o averías en la carretera, o para que les den multas por infracciones del tránsito. Usa órdenes y el futuro.

Por ejemplo: Acelera en un cruce; por seguro te darán una multa.

C **Itinerario.** Planifica dos viajes y escribe dos folletos para publicarlos. Escoge de los viajes de las listas.

Viajes para... gente hogareña gente intrépida gente que se interesa en sus antepasados gente joven a quien le gustan los deportes gente artística	Un viaje... aburrido entretenido con aventuras con sorpresas

D **Un viaje irreal.** Describe un viaje irreal que harás solamente en sueños. Puede ser un viaje a otro planeta, a otro mundo o a otra parte que sólo existe en tu imaginación. Describe el lugar y su gente, las actividades que harás allí, las reglas más comunes y los problemas que puedes tener. Usa el futuro y las órdenes y el vocabulario de esta lección.

E **Un viaje de aventuras.** Describe un viaje de aventuras de un libro o de una película que hayas visto. Describe el tipo de viajeros de que se trata, hacia dónde van, qué cosas prefieren o buscan y qué pasa.

For the Native Speaker

En todas partes, se dice que la conducción en las ciudades grandes es diferente de la que se encuentra en los pueblitos. ¿Cómo describirías los hábitos de los conductores en tu país o en tu pueblo? ¿Son diferentes de las costumbres en el lugar donde vives actualmente? Prepara una charla de entre tres y cinco minutos para la clase sobre este tópico.

Actividades

Note: For complete answers to these activities see the Teacher's Manual, pages 32–33.

Actividad A Answers
Answers will vary.

Actividad B Answers
Answers may resemble the following:
1. Adelanta a los coches por el carril derecho. El policía te dará un regalito.
2. Sigue parado cuando el semáforo cambia a verde. Los conductores de atrás te saludarán con sus bocinas.

Actividad C Answers
Answers will vary.

Extension of Actividad C
cruceros para...ancianos, solteros; viajes para...arquitectos, dentistas, maestros, cocineros, científicos, etc.

Actividad D Answers
Answers may resemble the following:
Un viaje que sólo haré en mis sueños será a la tierra donde la gente vuela con los brazos. Con estas habilidades las personas no necesitarán ni aviones, ni coches, ni motos para ir de un sitio a otro. No habrá que revisar los motores ni preocuparse por el aceite. Las reglas de circulación cambiarán, por supuesto. Y si oyes a alguien decirte, "Enséñame tu carnet de conducir", será un "policiángel".

Actividad E Answers
Answers will vary.

Actividades F and G Answers
Answers will vary.

Actividad H Answers
Answers may resemble the following:
1. El tema es el peligro de tomar bebidas alcohólicas y conducir.
2. El protagonista es un loco del volante, un borracho que conduce rápido.

F **¡Qué experiencia!** Dales a tus compañeros una descripción detallada de una de las siguientes experiencias. Los compañeros te darán un título para tu descripción.

> el accidente de mi vida
> la fiesta de mi vida
> el examen de mi vida
> el desastre de mi vida

G **Paraísos cercanos.** Dirige a un/a compañero(a) a uno de tus lugares preferidos, sin indicar dónde lo(la) diriges. Tu compañero(a) adivinará a qué lugar lo(la) diriges.

Por ejemplo: Toma la autopista 75. Sigue derecho hasta llegar a… Dobla a la izquierda. Sigue dos cuadras hasta…

H **El loco del volante.** Lee este poema de la carretera de un poeta español y busca la siguiente información. Luego, completa las actividades que siguen.

1. El tema es ___ .
2. El protagonista es ___ .
3. Está ambientado en ___ .
4. La trama es ___ .
5. El desenlace se encuentra en los versos ___ .

El loco del volante
por Miguel Castell

Con ojos de idiota perdido
por el vacío, el sonido y las caderas,
salió de la discoteca
imbécil de whisky, de cola y de ginebra.

De un portazo se sentó al bólido*,   auto deportivo
y con ojos ausentes de beodo*   uno que ha bebido demasiado
se agarrotó en el diminuto volante.
Puso la primera* en marcha   *first gear*
saltándose un disco rojo;
con la segunda a toda rabia
sorteó el pitido del guardia*;   *whistle of the policeman*
y con la potente tercera
se encontró en plena carretera.

Con ojos de idiota perdido
por el vacío, el sonido y las caderas,
pisó la cuarta, pisó la quinta:

ciento veinte* ciento ochenta   *120 km/h*
y luego doscientos cuarenta*.   *240 km/h*
Aullaban* los ocho cilindros   *gritaban*
reventando* pistones, sus juntas, válvulas.   *bursting*

....

Ya no daba el pobre bólido
más de lo que el beodo pedía.

...

recto enfiló* el volante   *puso*
yendo a su encuentro maldito
a ciento veinte por hora.
Y en el quebrado* farol   *destruido*
quedó allí, empotrado*,   *wrapped*
entre hierros, humo y chatarra*;   *scrap metal*
abierta la boca...
fijo y quieto el mirar,
preso en la nada, en el olvido,
imbécil de whisky, de cola y de ginebra,
y con ojos de idiota perdido.

I **Yo soy testigo(a).** Haz el papel de testigo (*witness*) del accidente descrito en el poema y dale a la policía todos los detalles que puedas.

1. Describe el coche con detalles. Di de qué tipo, qué color, qué modelo y marca era y cuántas puertas y asientos tenía. ¿Era un coche automático o con cambios? Describe el motor y todas las características técnicas que puedas. Explica por qué occurió el accidente.

2. Describe al conductor en cuanto a su personalidad y características físicas. ¿Cómo era? ¿Lo conocías bien? ¿Frecuentaba este lugar?

3. Describe la escena al salir el conductor de la discoteca.

Por ejemplo: Lo vi salir a las 2 de la madrugada.

4. Anota en forma de horario los puntos importantes.
Por ejemplo: 02.00: salir de la discoteca
                   02.03: abrir la puerta del coche

J **La moraleja.** Escribe la moraleja de este poema.

Actividad I Answers
Answers may resemble the following:
1. **Se trata de un coche deportivo. Es un Corvet rojo de cinco marchas y un motor de ocho cilindros.**
2. **Al conductor, apenas lo conocía. Tenía fama de borracho. En el bar, hablaba en voz alta de su coche. Siempre decía que llegaba a los sitios antes que nadie. Era bajo y delgado. Llevaba barba de dos días. Tenía el pelo castaño muy corto y era un poco calvo. Tenía alrededor de treinta años. Venía a la discoteca con frecuencia, pero siempre solo.**

Actividad J Answers
Answers may resemble the following:
Si tomas bebidas alcohólicas, no conduzcas.

Chapter Overview

This chapter focuses on the broad theme of student life to encourage expression of student opinions on grades, exams, systems of education, and career orientation. Cultural aspects integrate explorations of U.S. and Hispanic cross-cultural perspectives as related to such things as language study, co-education, and protocols of job application. Grammatical emphasis is on the various uses of the present subjunctive and review of the verbs **ser** and **estar.** Authentic texts in the **Lectura** sections include newspaper and magazine articles, as well as brief literary selections of well-known Hispanic authors.

All student activities have been designed with attention to development of effective learning strategies. For your convenience, this Teacher's Wraparound Edition notes the types of learning strategies encouraged in each section of student activities.

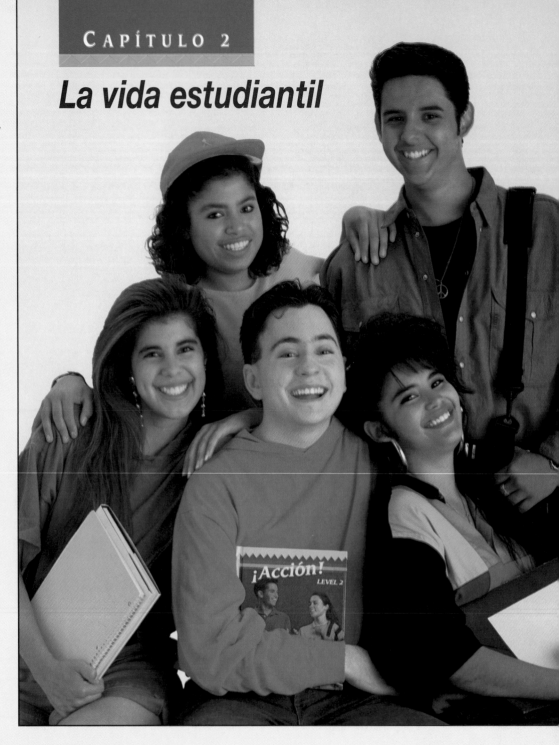

CAPÍTULO 2

La vida estudiantil

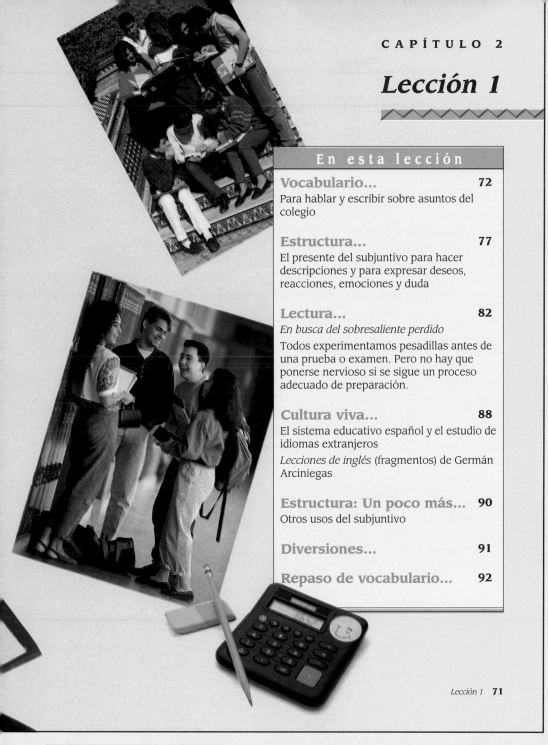

Lección 1

Lección 1

Introducing the Lesson Theme

Through the theme of tests, grades, and high-school life, this lesson focuses on description of desires, doubts, and personal reactions through use of the present subjuntive. To introduce the theme, you may wish to begin the lesson with **Actividades A–C** of the **Pensemos** section of the **Lectura,** page 82. This section of the **Lectura** is designed to pull out students' experience and focus their attention on the lesson topic, without involvement in the reading. The lesson theme, vocabulary, and grammar focus are all drawn from the authentic text in the **Lectura** section.

Objectives

By the end of this lesson, students will be able to:
1. discuss different topics related to school life
2. make descriptions and express desires, emotions and doubt using the subjunctive
3. discuss about foreign language studies in the Hispanic world
4. express indirect commands using the subjective

Lesson 1 Resources
1. Workbook
2. Audio Program (cassette or CD)
3. Student Tape Manual
4. Bell Ringer Review Blackline Masters
5. Art Transparencies
6. Video Cassette
7. Lesson Quizzes
8. Testing Program
9. Situation Cards

Learning from Photos

Students who have been through *¡Acción! 1* and *2* already know a great deal of school vocabulary. Before starting this lesson, help them to recall it by creating a web diagram on the board or the overhead projector. Main categories might include **las cosas necesarias para la escuela, las materias, las partes del edificio,** and **las personas en la escuela.** Have the class brainstorm words that they already know in each category. They may start with some of the items in the photos on page 71.

Vocabulario

Vocabulary Teaching Resources
1. Workbook, pages 25–26
2. Audio Program 2.1
3. Student Tape Manual, page 20
4. Lesson Quizzes, pages 23–27

Bell Ringer Review

Write the following on the board or use BRR Blackline Master 2.1.1: Imagine that a new student has enrolled in your grade. Give the new student five familiar commands in Spanish of things to do in order to be happy and successful in your school.

Presentation (pages 72–73)

To ensure assimilation of meaning and appropriate use, do not rush vocabulary presentation.

A. Have students work with books closed to focus student attention on listening for meaning.

1. **¿Qué asocian Uds. con la vida estudiantil?** As students contribute, list on the board in two columns, as in the example:

Lo bueno
clases
composiciones
amigos/compañeros
reuniones
maestros
computadoras

Lo malo
notas
horarios
pruebas
preguntas/respuestas
estudiar

❐ To continue with this activity see Teacher's Manual, page 94.

Algunas cosas típicas del colegio son...

los diagramas.	las pruebas o los controles (*tests*).
los exámenes (*final exams*).	los apuntes (*notes*).
los repasos (*reviews*).	las adivinanzas (*guesses*).
los teoremas.	los problemas.
las preguntas.	las respuestas (*answers*).
los esquemas (*outlines*).	los resúmenes (*summaries*).
los horarios.	los trucos (*strategies, tricks*).
las aulas (*classrooms*).	las notas.
los temas (*themes, topics*).	las lecturas.
los asientos (*seats*).	
las pistas (*clues*).	

Algunas cosas no muy típicas son...

la sorpresa (*surprise*).	las pesadillas (*nightmares*).
la relajación.	

Antes de una prueba bimestral (*midterm*) es importante que...

repases todo.
dediques tiempo al estudio.
hagas preguntas.
También es conveniente que...
adivines las preguntas.
evites comer mucho.
consultes al maestro (a la maestra).
recuerdes las clases.
Además, es necesario que...
trates de (*try to*) dormir bien.
intentes (*make an effort to*) mantener la calma.
disminuyas la ansiedad (*lower your anxiety level*).

Interdisciplinary Activity

Find a fairly simple section in your science or math book that contains a diagram of a process or procedure. Re-label the diagram in Spanish and write a simple summary of the steps. How difficult would it be for a non-native speaker to understand this section in English?

Para los exámenes semestrales o finales suelo (*I usually*)...

acudir a *(turn to, rely on)* los repasos.
padecer *(suffer)* muchísimo.
cambiar mi rutina.
comprobar *(check)* mis respuestas de las pruebas.
confundir *(confuse)* conceptos difíciles.
familiarizarme con exámenes viejos.
dejar de *(stop)* dormir bien.
cometer errores tontos.
estudiar a última hora *(the last minute)* o calentar *(cram for)* el
  examen.

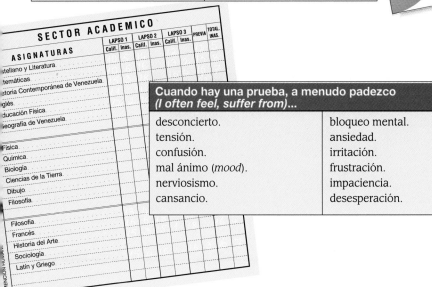

Cuando no sé una respuesta me quedo...

atónito(a) *(aghast)*.	desconcertado(a) *(bewildered)*.
sorprendido(a) *(surprised)*.	nervioso(a).
confundido(a).	enfadado(a) *(angry)*.
	furioso(a) conmigo mismo(a) *(at myself)*.

SECTOR ACADEMICO

ASIGNATURAS

Castellano y Literatura
Matemáticas
Historia Contemporánea de Venezuela
Inglés
Educación Física
Geografía de Venezuela

Física
Química
Biología
Ciencias de la Tierra
Dibujo
Filosofía

Filosofía
Francés
Historia del Arte
Sociología
Latín y Griego

MENCIÓN HUMANI...

LAPSO 1 — Calif. / Inas.
LAPSO 2 — Calif. / Inas.
LAPSO 3 — Calif. / Inas.
PREVIA
TOTAL INAS.

Cuando hay una prueba, a menudo padezco (*I often feel, suffer from*)...

desconcierto.	bloqueo mental.
tensión.	ansiedad.
confusión.	irritación.
mal ánimo *(mood)*.	frustración.
nerviosismo.	impaciencia.
cansancio.	desesperación.

Vocabulario **73**

B. With books open, guide students through new vocabulary, personalizing words and expressions to encourage comprehension and active involvement. The following are some suggested techniques. Expand on examples as desired.

1. Clarify expressions that might cause confusion.
2. Personalize vocabulary with questions like: **¿En qué clase se usan diagramas y teoremas? ¿Cuándo se usa un esquema?** etc.
3. Categorize activities by frequency. For example: **¿Cuáles de estas actividades suelen hacer ustedes antes de una prueba?**
4. Group by positive and negative activities.
5. Expand with original expression. Have students complete statements such as the following:
   Me quedé atónito(a) cuando...
   Me quedé furioso(a) conmigo mismo(a) cuando...
6. Practice by interacting with classmates. Have students prepare a question for a classmate regarding his/her study habits, using the new vocabulary. Each student chooses a classmate and begins with: **Quiero hacerte una pregunta.**
   The classmate must respond: **Házmela entonces.**
   For example:
   ¿Padeces bloqueo mental a menudo?
   Sí suelo padecer bloqueo mental cuando tengo que hablar español.

Independent Practice

Have students integrate as much new vocabulary as possible in one of the following writing assignments:

1. **Trucos para salir bien.** Use familiar commands to give at least ten original suggestions to a classmate on one of the following: **(a)** tricks for passing tests; **(b)** things you can do with old class notes; **(c)** things you can do to change your routine; **(d)** things you can do to get furious with yourself.
2. **Una pesadilla inolvidable.** Describe a nightmare you had in which the school or a test situation was the setting.
3. Workbook, pages 25–26.

Asociaciones

Presentation (pages 74–75)

This section encourages use of the following types of learning strategies for assimilation of new vocabulary: associating, personalizing, transferring to new contexts, recycling, recombining, using derivatives, grouping, expanding, developing and using mnemonic devices.

Warm-up. Have students in pairs provide the following vocabulary. Probable responses are indicated in parenthesis.

❏ To continue with this warm-up activity see the Teacher's Manual, Page 95.

Actividades

Note: For complete answers to these activities see the Teacher's Manual, pages 33–34.

Actividad A Answers
Answers may resemble the following:
1. **Estoy harto de los exámenes. Merezco una semana de descanso.**

Actividades B and C Answers
Answers will vary.

Actividad D Answers
Answers may resemble the following:
1. **Voy a evitar largas conversaciones por teléfono con mis amigos.**

Actividad E Answers
Answers may resemble the following:
L **Lee tus apuntes.**
I **Intenta mantener la calma.**
S **Sigue las pistas del maestro.**
T **Ten confianza.**
O **Olvídate de la ansiedad.**

Asociaciones

A **¡Estoy harto!** Explícales a tus compañeros(as) de qué aspectos de la vida estudiantil estás harto(a) y lo que mereces, en cambio.

Por ejemplo: Estoy harta de todas las pruebas de esta semana. Merezco un día de descanso.

B **Ánimo.** Escoge cinco de las palabras o expresiones que siguen. En cada caso, escribe dos actividades o ideas (no relacionadas con el colegio) que asocies con ellas.

Por ejemplo: de mal ánimo
Estoy en cama enfermo(a). Perdí mi reloj.

ansiedad	enfadado(a)	predecir
atónito(a)	entusiasmo	relajación
cansancio	furioso(a)	sorprendido(a)
de buen ánimo	conmigo	
dedicar tiempo	mismo(a)	
desconcierto	hacer preguntas	

C **Mi horario.** Describe de una manera detallada un horario típico para a) un día de clases y b) un fin de semana. En cada caso, di lo que sueles hacer.

Por ejemplo: Los fines de semana suelo...
Los lunes y viernes suelo... pero los miércoles...

D **Basta de caos.** Escribe tres cosas que vas a evitar (o dejar de hacer) para salir bien en la prueba.

Por ejemplo: 1. Voy a dejar de ver la tele la noche antes de una prueba.
2. También voy a evitar...

E **Trucos.** Dale consejos para antes o después de una prueba a tu compañero(a), formando una palabra clave. Intenta usar el vocabulario nuevo.

Por ejemplo: DEDO = Deja de perder el tiempo en el teléfono.
Evita las comidas copiosas.
Disminuye los dulces y las grasas.
Ordena tus apuntes y tareas.

Extra Activities

A. Conecta las palabras de la derecha con las palabras associadas de la izquierda:

1. prueba   a. apuntar
2. pesadilla   b. recuerdo
3. pista   c. bimestral
4. apuntes   d. consultorio
5. recordar   e. aprobar
6. consultar   f. errar
7. error   g. pesado
8. mes   h. despistado

B. Usa las palabras de la columna izquierda para completar las frases que siguen.

1. Todos los domingos hay una ___ que ofrece una selección de música de compositores norteamericanos.

(continued on the next page)

F **Y más trucos.** Diles a tus compañeros qué trucos usas en los siguientes casos.

Por ejemplo: para evitar errores tontos
Para evitar errores tontos, suelo tratar de mantener la calma y trabajar con cuidado.

1. para repasar el vocabulario en mi clase de español
2. para disminuir la ansiedad antes de una prueba
3. para dormir bien
4. para evitar pesadillas
5. para estudiar para una prueba oral en español
6. para adivinar el significado de una palabra en español
7. para comprobar mis respuestas de las pruebas
8. para evitar errores tontos

Conversemos

A **Pesadilla.** ¿Qué cosas ves en tus pesadillas que están relacionadas con el colegio? Describe un sueño que hayas tenido.

Por ejemplo: En mi pesadilla llego a clase y estoy sorprendido porque tenemos prueba. Entonces, el maestro entra y me da un examen de la universidad, no del colegio. Siento pánico.

B **Calentando...** Di cinco cosas que haces para calentar una prueba.

Por ejemplo: Cada vez que caliento una prueba no duermo en toda la noche, copio los apuntes de un amigo, tomo muchos refrescos...

C **Resoluciones.** ¿Has hecho algunas resoluciones para el nuevo año escolar? Di lo que sueles hacer y cómo piensas cambiar.

Por ejemplo: Suelo calentar las pruebas. Sin embargo, este año voy a dejar de esperar hasta última hora para prepararlas. Voy a tratar de estudiar un poco todas las tardes.

Vocabulario **75**

2. Mi primo es tan ___ que nunca recuerda su propio cumpleaño.
3. Tengo un bonito ___ de mi viaje a Puerto Rico.
4. ___ es humano; perdonar es divino.
5. Espero que no se mi olvide ___ el teléfono de todos mis compañeros en mi libreta.
6. Para ___ debes sacar al menos una "D" en una prueba.
7. Este año tengo un horario ___. No tengo horas libres.
8. Ayer fui al ___ del dentista porque tenía mi examen semestral.
9. En mi cologio tenemos notas ___; es decir, tenemos pesadillas de pruebas cada dos meses.

Actividad D Answers

Answers will vary but should include informal commands, as in the following:

1. **Acuéstate temprano y te levantarás descansado y fresco.**

Escribamos

Presentation (page 76)

This section encourages written integration of vocabulary through use of the following writing strategies: attending to detail, using outlines, personalizing, letter writing, persuading.

Note: For complete answers to these activities see the Teacher's Manual, page 34.

Actividad Answers

Answers will vary but should include the future tense, as in the following:

1. **Los alumnos tomarán los exámenes y las pruebas por computadora.**
2. **El horario de los estudiantes será muy complicado.**

Additional Practice

Have students do the following.

Completa la nota que sigue para que tu maestro(a) te dé una prueba de recuperación.

> *Estimado(a) maestro(a):*
> *Siento mucho no haber podido estudiar ___. Lo que pasa es que ___. Le prometo que___.*
> *Muy agradecido(a), le saluda atentamente su alumno(a)*
> *(tu nombre).*

D **Tentaciones.** Dile a tu compañero(a) lo que debe evitar y tratar de hacer en los siguientes casos.

Por ejemplo: No quiere engordar.

> *Evita la comida rica en grasas, como hamburguesas y papas fritas. Trata de comer más verduras y frutas, como zanahorias, espinacas, manzanas y naranjas.*

1. No quiere estar de mal ánimo.
2. Quiere dormir bien.
3. Quiere dejar de calentar exámenes.
4. Quiere cambiar su rutina.
5. No quiere engordar.
6. Quiere subir las notas.

Escribamos ....

Colegios del futuro. Describe el colegio del futuro en cuanto a lo siguiente.

Por ejemplo: los libros

> *En los colegios del futuro no habrá libros. Todos trabajarán con computadoras.*

1. los exámenes y pruebas
2. el horario de los estudiantes
3. los maestros
4. las aulas y los asientos o pupitres
5. los apuntes
6. el estado de ánimo de los estudiantes, los maestros, los padres
7. las notas
8. los deportes y actividades
9. el transporte

Learning from Realia

Direct students to the magazine cover on page 76 and ask the question **¿Para quiénes es esta revista?** Point out that the words **aprobado** and **suspenso** refer to "pass" and "fail" **(le aprobaron; le suspendieron).**

Estructura

Para hacer descripciones y para expresar deseos, reacciones, emociones y duda: El presente del subjuntivo

In the Vocabulario section you saw the following sentences.

> Antes de una prueba es importante que hagas preguntas.
> Es conveniente que evites comer mucho.
> Es necesario que disminuyas la ansiedad.

In the above examples, the action that is being suggested or advised is expressed in the present subjunctive tense.

A | How to Form the Present Subjunctive

1. The present subjunctive is based on the present tense **yo** form. Verbs ending in **-ar** take endings with **e**. Verbs ending in **-er** and **-ir** take endings with **a**. If the **yo** form has a stem change or is irregular, the irregularity will occur in the subjunctive. For example:

pensar	piense, pienses, piense, pensemos, penséis*, piensen
hacer	haga, hagas, haga, hagamos, hagáis*, hagan
padecer	padezca, padezcas, padezca, padezcamos, padezcáis*, padezcan
pedir	pida, pidas, pida, pidamos, pidáis*, pidan
disminuir	disminuya, disminuyas, disminuya, disminuyamos, disminuyáis*, disminuyan

2. Stem-changing **-ir** verbs also have a change in the **nosotros** form.

dormir	duerma, duermas, duerma, durmamos, durmáis*, duerman
divertirse	me divierta, te diviertas, se divierta, nos divirtamos, os divirtáis*, se diviertan

* This form is rarely used in the Spanish speaking world, except for Spain.

3. Some verbs have spelling changes in the present subjunctive. These changes are necessary to represent the language as it is spoken.
   a. verbs in **-car** will change to **-que**: sacar ⟶ saque
   b. verbs in **-gar** will change to **-gue**: pagar ⟶ pague
   c. verbs in **-ger** or **-gir** will change to **-ja**: corregir ⟶ corrija
   d. verbs in **-zar** will change to **-ce**: analizar ⟶ analice

Estructura **77**

Extra Activity

The game of tic-tac-toe is helpful for practicing verb forms. In the traditional grid, the teacher writes a subject pronoun in each square. On the board, he or she writes a list of verbs. Going down the list in order, teams take turns choosing a square. To get the "x" or "o," they must give the corresponding form of the verb in the present subjunctive.

Estructura

Structure Teaching Resources
1. Workbook, pages 27–30
2. Audio Program 2.1
3. Student Tape Manual, pages 21–23
4. Lesson Quizzes, pages 28–32

Bell Ringer Review

Write the following on the board or use the BRR Blackline Master 2.1.2: Match each numbered word on the left with the most logical word from the column on the right.

1. preguntas   a. asientos
2. aulas   b. lecturas
3. adivinanzas   c. respuestas
4. resúmenes   d. exámenes
5. apuntes   e. pistas

Presentation (pages 77–79)

A. How to Form the Present Subjunctive

1. Remind students that verbs such as these follow the same pattern: **tener (detener, mantener, retener, sostener); poner (posponer, reponer, disponer, suponer); volver (devolver, envolver); traer (atraer, distraer)**, etc.
2. **Stem changing -ir verbs:** Explain that **-ir** verbs with **o->ue** and **e->ie** stem changes will have a different stem change in the **nosotros** form (**o->u; e->i**). This occurs with **ir** verbs only. Examples of this are: **sentir; convertir; morir; sugerir.**
3. Other verbs like **padecer: merecer, parecer, conocer, reducir, conducir, ofrecer**
4. Other verbs like **pedir: despedirse, reír, sonreír, vestirse, servir, seguir, conseguir**
5. Other verbs like **disminuir: destruir, construir, huir**
6. Other verbs like **sacar: buscar, tocar, practicar, dedicar**

7. Other verbs like **pagar**: llegar, entregar, jugar
8. Other verbs like **corregir**: recoger, escoger, exigir
9. Other verbs like **analizar**: empezar, organizar, familiarizar(se) rechazar

B. **When to Use the Present Subjunctive**

2. Stress to students that only the negative use of **creer** triggers the subjunctive: **Creo que lo conoce. No creo que lo conozca.**

Other expressions that trigger the subjunctive are:

reaction, evaluation, or emotion: **me sorprende que; me irrita que; me da risa/pena/rabia que; me encanta/molesta que; es bueno/mal que; siento que** (for regret only); **es increíble que,** etc.

need, desire, recommendation: **insisto en que; sugiero que; espero que;** etc.

doubt or denial: **no hay nadie que; es dudoso que; no es cierto que;** etc.

---

4. Some verbs are completely irregular, notably those ending in **-oy** in the present **yo** form.

ir	vaya, vayas, vaya, vayamos, vayáis*, vayan
ser	sea, seas, sea, seamos, seáis*, sean
dar	dé, des, dé, demos, deis*, den
estar	esté, estés, esté, estemos, estéis*, estén
haber	haya, hayas, haya, hayamos, hayáis*, hayan
saber	sepa, sepas, sepa, sepamos, sepáis*, sepan

* This form is rarely used in the Spanish speaking world, except for Spain.

B **When to Use the Present Subjunctive**

1. To tell a friend or someone you address with **tú** to do something (familiar affirmative commands), you do not use the subjunctive. However, the negative **tú** commands do require the subjunctive.

Mira, niño, si quieres mejorarte, *toma* estas pastillas y *acuéstate*. No *te preocupes* por las pruebas.

Notice in the examples above that pronouns are attached to affirmative commands, but are placed before negative commands. The same applies to the **Ud.** and **Uds.** commands, which also are subjunctive forms.

	tú	Ud.	Uds.
Affirmative	**ponte** **dímelo**	**póngase** **dígamelo**	**pónganse** **díganmelo**
Negative	**no te pongas** **no me lo digas**	**no se ponga** **no me lo diga**	**no se pongan** **no me lo digan**

2. To express wants, needs, expectations, doubts, or hopes about someone else, or to express a reaction or emotion.

querer/esperar que...	**aconsejar/mandar que...**
pedir/exigir que...	**recomendar/preferir que...**
ojalá...	**es importante/mejor/conveniente que...**
es preferible/necesario que...	
dudar que...	**alegrarse de que...**
es (im)posible que...	**lástima que...**
no creer que...	**(no) me gusta que...**

¡venga con nosotros!

Una playa acariciada por el sol
Sofisticada vida nocturna. Tal vez una
tarde paseando por bellos callejones o
descubriendo en un mercado las
maravillas de nuestra artesanía.
Bienvenido a México.
Bienvenido a Aristos.
Aquí encontrará un mundo de diversión y
confort.
En cualquiera de nuestros destinos usted
distinguirá la excelencia en servicio que es
ya una tradición en México.

Reservaciones:
91 800 90 102 Llame sin costo.
USA and Canada: Toll Free 1-800-5-ARISTO
HOTELES ARISTOS
ZACATECAS·SAN MIGUEL DE ALLENDE·IXTAPA
CANCUN·PUEBLA·MEXICO D.F.

Extra Activity

Between parents and children or teachers and students, for example, there are various levels of command. A parent might hint at the action he or she wants, follow it up with an indirect command, and finally give an outright order. The teacher could devise a number of hints and ask the students to extend them into indirect and explicit commands. For example: (hint) ¿No quieres limpiar tu habitación? (indirect command) **Te recomiendo que limpies tu habitación.** (direct command) **Limpia tu habitación.** This activity could be the basis for short conversations or skits.

El maestro quiere que evitemos calentar las pruebas.

Es importante que cuides el aspecto físico antes del examen.

¡Ojalá que tengas suerte mañana en la prueba!

Dudo que estudiemos porque tenemos una fiesta también.

However, you do not use the subjunctive when there is no change of subject as in the first part of the following sentence.

Quiero irme pero no quiero que tú te vayas.

3. When you describe the characteristics of a non-specific person, place, idea, or thing that may or may not exist, you use the subjunctive. However, if you are describing something or someone specific, you do not use the subjunctive. Notice the difference.

Specific   **Conozco a varios alumnos que saben química.**

Non-specific   **Por eso, necesito ubicar un alumno de química que sepa estas fórmulas que no entiendo.**

Specific   **Tengo un maestro que siempre me ayuda.**

Non-specific   **Sin embargo, hoy busco un maestro que dé pistas para las pruebas.**

Conversemos ....

A **Detective.** Averigua quién de tu clase hace las siguientes cosas. Cuando encuentres una persona, anota su nombre en un papel y luego pídele evidencia de que lo que dice es verdad. Si no encuentras a nadie en alguna categoría, dile a la clase *"No hay nadie que..."*.

Por ejemplo: una persona que tenga su carnet de conducir

ESTUDIANTE A: **ESTUDIANTE B:**

(1) ¿Tienes tu carnet de conducir?   (2) Claro que sí.

(3) A ver, enséñamelo.

Buscas una persona que...

1. sepa de memoria un poema en español.
2. preste servicios a la comunidad.
3. ayude a otros a estudiar.
4. tenga un horario pesado.
5. lea al menos un libro al mes.
6. sea miembro de un equipo deportivo.

Extra Activity

A widely-known example of description of a hypothetical person is the children's song, **"Arroz con leche."** (Arroz con leche/se quiere casar/con una viudita de la capital/que sepa coser/que sepa bordar...) The class could learn this song, or students could be guided in writing alternate versions. For example, **"Arroz con leche/se quiere comprar/vender/** **bailar/viajar..."** Since, in Spanish, all that is necessary for rhyme is that the final two vowels be the same, students can easily invent new verses and teach them to the class. Guidelines will be required, naturally.

3. It may be helpful to students to see this clause as serving as an adjective: A common student error is to overuse the subjunctive in statements such as the following, where they are tempted to use **sepa** instead of **sabe: La persona que busco sabe hablar español.**

If this occurs, point out that the clause is not serving as an adjective and the subjunctive is not used. If students ask, the personal **a** is not used when describing a non-specific or hypothetical person.

The subjunctive is also used in this fashion when describing a person, place, or thing that does not exist. For example: **No hay nadie que sepa estas fórmulas/que dé pistas para las pruebas.**

A common student error from English interference is to equate **Siento que...** with "I feel that..." as in "I feel that this class is difficult" followed by the subjunctive. What students want to express is **Pienso que...** or **Creo que...** with the indicative.

Conversemos

Presentation (pages 79–81)

This section focuses on oral integration of the grammatical structures, while encouraging use of conversational strategies, such as: cooperating, surveying, summarizing and reporting, solving problems, offering suggestions, expressing opinions, transferring to new contexts, recombining, recycling, and others.

Actividades

A. **Detective.** Have students report back to class, using indicative forms, e.g. **Susana tiene su carnet de conducir.** In the case of **no hay nadie que...** point out that the subjunctive must be used: **No hay nadie que sepa de memoria..; sea miembro...;** etc.

Note: For complete answers to these activities see the Teacher's Manual, pages 34–35.

Actividad A Answers

Answers may resemble the following:
1. ¿Sabes de memoria un poema en español? Claro que sí/no. Recítamelo./No nay nadie que sepa un poema en español.

Extension of Actividad A

1. pueda dibujar muy bien; 2. tenga trabajo de tiempo parcial; 3. suela calentar exámenes; 4. se ponga nervioso antes de un examen; 5. se dedique mucho a sus estudios; 6. siempre mantenga la calma; 7. padezca bloqueo mental; 8. se familiarice con exámenes viejos; 9. siempre compruebe sus respuestas en las pruebas; 10. sepa disminuir la ansiedad, etc.

Actividad B Answers

Answers will vary but should include the present subjunctive, as in the following:
1. No me gusta que cometas errores tontos. Te aconsejo que repases lo que escribes y que escribas con más cuidado.

Extension of Actividad B

1. padece de insomnio y pesadillas; 2. siempre se duerme cuando trata de estudiar; 3. no entiende las pistas que dan los maestros; 4. ve demasiado la tele y no saca buenas notas.

Actividad C Answers

Answers will vary but should include the present subjunctive, as in the following:
1. Es preciso que busques un trabajo de tiempo parcial. Es conveniente que no gastes todo tu sueldo en ropa.

D. Lo más lejos posible... Point out that **donde** serves the same function here as **que** in the other sentences students have practiced.

Actividad D Answers

Answers will vary but should include the present subjunctive, as in the following:
1. ...haya muchas playas... no haya mucha gente.
2. ...salga por la mañana... sea incómodo.

B **Yo sé cómo te sientes.** Reacciona a cada uno de los siguientes problemas y después ofrece dos soluciones, según tu experiencia.

Por ejemplo: Conoces a un/a compañero(a) que se pone nerviosísimo(a) después de una prueba, hasta que sabe su nota.

Lástima que te pongas nervioso(a) después de las pruebas. Te aconsejo que salgas con tus amigos, que te diviertas y que te olvides de la prueba.

Conoces a un/a compañero(a) que...
1. comete errores tontos.
2. no sabe ningún truco.
3. nunca ha sacado un sobresaliente.
4. siempre anda despistado(a) porque no pone atención.
5. suele calentar pruebas y exámenes.
6. siempre le pide los apuntes a otra gente a última hora.

C **Metas.** ¿Qué recomendaciones das para alcanzar las metas *(goals)* de abajo? Da dos recomendaciones en cada caso y usa las siguientes frases introductorias.

> **Es aconsejable que...**
> **Es bueno/malo/mejor que...**
> **Es preciso/conveniente que...**

Por ejemplo: hablar español perfectamente

Es necesario que pongamos atención y que practiquemos mucho. Es preciso que dejemos de calentar las pruebas de vocabulario.

1. ahorrar dinero
2. conocer gente de otras regiones y otros países
3. llevarse bien con los padres/otros estudiantes
4. sacar buenas notas
5. aprender a estudiar en grupos
6. mantenerse tranquilo(a) durante una prueba

D **Lo más lejos posible del colegio.** Completa las siguientes frases para describir tus vacaciones perfectas.
1. Quiero ir a un lugar donde ___ y donde no ___ .
2. Necesito ir en un coche (autobús, avión, tren) que ___ y que no ___ .
3. Prefiero alojarme en un hotel que ___ y que no ___ .

For the Native Speaker

Have the native speakers participate in the following activity: **Alguien de otro país quiere venir a tu colegio como estudiante de intercambio. Escríbele una carta de consejos sobre cómo debería prepararse para la experiencia.**

4. Me interesa conocer a gente que ___ y que no ___ .

5. Mientras esté allí, quiero que todos ___ y que nadie ___ .

E **Gustos y molestias.** Completa las siguientes frases para dar tu opinión de la vida estudiantil.

1. Me gusta que mis maestros ___ pero no me gusta que ___ .

2. Me irrita que ___ pero me alegra que ___ .

3. Me da risa que ___ pero me da pena que ___ .

4. Me sorprende que ___ pero me encanta que ___ .

Escribamos ....

A **Letreros.** Di qué letreros pondrías en los siguientes lugares para aconsejar a la gente.

Por ejemplo: en la puerta de la clase de español
    ENTREN. NO HABLEN INGLÉS. ESCÁPENSE DE LA
    RUTINA.

1. en la puerta de tu dormitorio
2. en la puerta de tu clase de...
3. en tu parque preferido
4. en el refrigerador
5. en tu cuaderno/tu pupitre
6. en el gimnasio

B **Carta abierta.** Completa las frases que siguen. Luego, úsalas en cualquier orden para escribirle una carta a tus maestros sobre algunos cambios que te gustaría introducir en el colegio.

1. Me alegro de que ___ .
2. Busco maestros que ___ .
3. Es mejor que los maestros ___ .
4. Dudo que los estudiantes ___ .
5. Prefiero aulas que ___ .
6. Les aconsejo que ___ .
7. Necesito un horario que ___ .
8. Siento que ___ .

Interdisciplinary Activity

Starting with the 1996–97 school year, Spanish secondary schools that want to emphasize foreign language will be able to offer a specialization. All of the student's available elective courses would be used to reinforce the teaching of the language, literature, history, and culture of the language the student selects. *¡Acción! 3* students could cooperate to write an "open letter" to the faculty, suggesting ways in which Hispanic culture could be integrated into the curriculum of the school or highlighted in subject areas other than Spanish.

Actividad E Answers
Answers will vary but should include the present subjunctive, as in the following:
1. ...nos den pistas ...nos den tantas pruebas.

Additional Practice

1. Diles a tus compañeros lo que prefieres o buscas en los siguientes casos. Por ejemplo: En cuando a las clases busco una clase donde haya concursos y competición.
    a. en cuanto a las tareas
    b. en cuanto a los maestros
    c. en cuanto a las clases
    d. en cuanto a los exámenes y pruebas
    e. encuanto a la ayuda que den los maestros

Escribamos

Presentation (page 81)

This section focuses on written integration of the grammatical structures while encouraging use of such learner strategies as: personalizing, context transferring, expanding, letter writing, modeling, recombining.

Note: For complete answers to these activities see the Teacher's Manual, page 35.

Actividad A Answers
Answers may resemble the following:
1. No entren.

Actividad B Answers
Answers will vary but should include the present subjunctive.

Extension of Actividad B
Es seguro que los maestros van a poner condiciones para aceptar lo que pediste en tu carta de la Actividad B. Para que estés listo(a) para negociar con los maestros, haz una lista de diez condiciones que tú crees que ellos pondrán.
For example: **Estimados alumnos: Recomendamos que Uds. lleguen a clase puntualmente siempre.**

Queremos alumnos que estén bien preparados...

Lectura

Antes de leer

Pensemos

A **Lo que suelo hacer.** Mira las actividades que siguen y anota las asignaturas con que asocias cada una de ellas.

Por ejemplo: analizar
Suelo analizar en mis clases de inglés y álgebra.

1. adivinar
2. analizar
3. compartir apuntes
4. competir
5. confundirse
6. conversar con amigos
7. dibujar
8. enfadarse
9. estudiar en grupos o equipos
10. hacer diagramas
11. hacer investigaciones
12. pedir ayuda
13. quejarse
14. recitar
15. relajarse
16. repasar o releer
17. saber de memoria
18. sorprenderse
19. tomar apuntes

B **Comparaciones.** ¿Cómo estudian tus compañeros(as)?

1. Usa las siguientes preguntas para entrevistar a cinco personas. Luego, haz un resumen de lo que contestaron.
   a. ¿Cómo te preparas para las pruebas de ___ ?
   b. ¿A qué hora ___ ?
   c. ¿Cuánto tiempo ___ ?
   d. ¿Con quién ___ ?
   e. ¿Dónde ___ ?
   f. ¿Lees (haces, escribes) ___ ?
   g. ¿Haces resúmenes, diagramas, esquemas o ___ ?

2. Dile a la clase qué métodos usan tus compañeros(as) y qué métodos usas tú.

C **Sentimientos.** Di qué sientes antes, durante y después de una prueba o de un examen.

Por ejemplo: Antes de la prueba, siento pánico, pero después estoy relajado. Y durante la prueba, generalmente siento calma si sé las respuestas. Siento terror si no las sé.

82 CAPÍTULO 2 *Lección 1*

Lectura

Teaching Resources
1. Audio Program 1.1
2. Student Tape Manual, page 24

Bell Ringer Review
Write the following on the board or use BRR Blackline Master 2.1.3:
Escribe cinco cosas que haces todas las semanas durante el año escolar, pero que no haces durante los meses de vacaciones.

Presentation (pages 82–83)
This section develops reading skills through a five-stage, integrative process: **pensar, mirar, leer, analizar, aplicar.**

For a complete description of each of these stages, as well as suggestions for teaching, please refer to the Teacher's Manual. You may effectively do this section at any point in the **Lección.** In this particular **Lección,** it is recommended that you use the **Pensemos** section, **Actividades A–C,** to introduce the **Lección,** then return to the other sections at some point after vocabulary has been reviewed and practiced.

Antes de leer

Pensemos

This pre-reading section pulls out existing experience and language knowledge while encouraging use of reading strategies.
❏ (See Teacher's Manual)

Actividades
Note: For complete answers to these activities see the Teacher's Manual, page 35.

Actividades A, B, and C Answers
Answers will vary.

82

Critical Thinking Activity
When students survey their classmates to see how people study, they will learn that successful students study in a variety of situations. For example, some study to music, while others require quiet. Some students sit up at a desk, but others need to recline. Students could make posters of the variety of acceptable study habits with words and pictures under the heading

¿Cuál es tu modo preferido de aprender? This activity will encourage students to think about themselves as individual learners and discover ways to adapt their learning styles to different situations.

Miremos

A **El sobresaliente.** El título de la lectura de las páginas 84 y 85 se refiere al "sobresaliente", que es la nota más alta que puede sacar un alumno.

1. Haz una lista de otras palabras que expresen la misma idea.

Por ejemplo: Fenomenal...

2. Luego, di tres cosas que para ti son sobresalientes.

Por ejemplo: Nuestro equipo de baloncesto, la comida de mi tía Mónica...

3. ¿Qué idea nos da el autor con las palabras "sobresaliente perdido"?
   a. Ya no hay sobresalientes.
   b. Nadie estudia nada.
   c. Los maestros no usan sobresalientes.
   d. Las notas están perdidas.

B **A simple vista.** Mira los primeros párrafos, hasta la sección "El repaso, paso a paso".

1. Mientras lees, haz una lista de las palabras que describen cómo se siente el alumno.

2. Luego, decide si el incidente que se describe en el artículo ocurrió antes, durante o después del examen.

C **El propósito.** Ahora mira el resto del artículo para formarte una idea general del tema. ¿Cuál es el propósito *(purpose)* del artículo?
   a. describir el sistema educativo en España
   b. describir los tipos de exámenes que hay en España
   c. analizar los problemas típicos de los estudiantes
   d. ayudarte a preparar exámenes y pruebas

> **Al lector**
> ● No te preocupes si no entiendes todas las palabras de la lectura. Eso es normal.
> ● No es necesario usar un diccionario. Trata de adivinar las palabras que no conoces.
> ● Confía en tu español; ¡ya sabes muchísimo!

Lectura **83**

Miremos

A. This preliminary reading section provides the first glimpse at the reading and focuses on the reading strategies of brainstorming, anticipating and predicting, skimming for global ideas, focusing attention, scanning for specific information, grouping and classifying, assessing information, determining writer purpose. No intensive reading is necessary at this stage.

B. Point out that lines 1–13 of the reading describe the examination procedure used in Spain. The usual procedure in Spain (and other Spanish-speaking countries) is the following: The teacher dictates essay questions to students; students write them down and then answer. Sometimes, all questions are dictated at once; sometimes, each question may be given every 20 minutes or so, depending on how long the exam time is. Ask students whether they would prefer this exam system. Have they ever had a dream such as the one in the article?

Note: For complete answers to these activities see the Teacher's Manual, pages 35–36.

Actividad A Answers
Answers may resemble the following:
1. **fenomenal, excelente, brillante, genial, estupendo, buenísimo**
2. **como juega Michael Jordan, las galletas de mi amiga Matilde, los vídeos de Michael Jackson.**
3. **d. Las notas están perdidas.**

Actividad B Answers
Answers may resemble the following:
1. **impaciente, desconcierto, confusión, irritación, atónito, nervioso, ansiedad, tensión, nerviosismo**
2. **Ocurrió antes del examen.**

Actividad C Answers
Answers will vary.

Cooperative Learning Activity

Each small group could work together to brainstorm types of tests that American students take, **"lo bueno"** and **"lo malo"** of each type, and some suggestions for study that pertain to each.

Extra Activity

¿Qué opinas de las siguientes clases?
Por ejemplo: química: Me fascina (Me vuelve loco[a], me da bostezos, me interesa, no me gusta nada, etc.)
1. ingles 2. francés 3. español 4. latín 5. historia universal 6. historia de los Estados Unidos 7. geografía 8. geometría 9. álgebra 10. educación física 11. biología 12. química

En busca del sobresaliente perdido

Presentation (pages 84–85)

Reading Strategies

This authentic text encourages use of such reading strategies as: guessing from context, identifying cognates and derivatives, applying knowledge and experience to sense-making process, identifying salient information, searching for clues to meaning. Guide students in how to guess meanings of unfamiliar words, e.g.: **un trozo de papel** (context); **gestos** (cognate); **sueño** (context: contrasts with **en realidad;** followed by **dormido**); **desparramados sobre la colcha** (context; personal experience); **relectura** (Spanish derivation); **predecir** (English cognate; Spanish derivation); **creencia** (Spanish derivation), etc. If reading is done for homework, encourage guessing and use of strategies rather than dictionary use. Follow up in class by having students tell you the **pistas y trucos** they used to guess the meanings of some of these words.

Lines 10–30, page 85 contain many uses of the subjunctive. Have students list the subjunctive forms they find and explain why the subjunctive was used in each case.

Es el día del examen y allí estás tú, sentado en tu pupitre, esperando impaciente las preguntas. El profesor se levanta y comienza a leer de un trozo de papel:

—"1er. tema: !@#$%&*+~"ñ&-¿¡".

5 —"Pero ¿qué dice?, no he entendido nada".

Miras a los lados buscando otros gestos de desconcierto, confusión, irritación y te quedas atónito cuando compruebas que todos, absolutamente todos, tus compañeros están escribiendo.

—"Pero si no se le ha entendido nada. Oye, ¿qué ha preguntado?",
10 comentas nervioso al compañero sentado a tu derecha. Éste te mira con cara entre sorprendido y enfadado, pero te contesta "!@#$%&*+"ñ&-¿¡". Esto es demasiado, te levantas de la silla y gritas:

—"No entiendo la pregunta, no puedo comprender lo que dice, no..."

¡Ah, otro sueño! Otro de esos terribles sueños que han estado
15 acompañándote durante la última semana. En realidad, estás en tu cama con el libro y todos los apuntes desparramados sobre la colcha. Te has vuelto a quedar dormido estudiando y toda tu ansiedad acumulada se ha transformado en una horrible pesadilla.

Y es que la tensión y el nerviosismo son algunos de los problemas
20 más comunes que padecen los estudiantes durante los exámenes. Pero puedes dominar buena parte de ese nerviosismo y presentarte con buen ánimo a los exámenes si sigues un proceso adecuado de preparación.

Todos experimentamos pesadillas antes de una prueba o examen. Pero no hay que ponerse nervioso si se sigue un proceso adecuado de preparación.

84 CAPÍTULO 2 *Lección 1*

Cooperative Learning

Working in pairs, students should create **"el horario de un estudiante típico"** and **"el horario de un estudiante aplicado."** The whole class shares its results and discusses the reasons for the likely difference between them.

El repaso, paso a paso

Al repasar para un examen, debes limitar al mínimo la relectura y dedicar la mayor parte de tu tiempo a la recitación de los temas. Al repasar una lección trata, primero, de recordar las ideas principales sin consultar tus notas. Luego, para comprobar si las recuerdas adecuadamente, acude a los esquemas. Si hay algo que recuerdas con 5 dificultad o que no comprendes del todo, consulta el libro y vuelve a leer esa parte.

Un ejercicio que puedes realizar (hacer) también durante el repaso es la simulación del examen. Esta actividad te ayudará a familiarizarte con la situación (hazlo con el reloj delante, como si fuera el examen 10 de verdad). Otra actividad que puedes realizar en este momento es intentar predecir las preguntas que te pueden hacer en el examen. Piensa un poco, recuerda las clases, pues la mayoría de los profesores suelen dar pistas, directa o indirectamente, de las posibles preguntas de examen. Pero no dejes de estudiar el resto de los temas ya que 15 algunos profesores, conociendo este truco de las adivinanzas, cambian siempre las preguntas.

Además de esta preparación exclusivamente mental, es conveniente que cuides también el aspecto físico. Por lo que respecta a tu alimentación, evita comidas ricas en grasas, azúcares (*sugar*), 20 dulces y alimentos en conserva. No hagas comidas copiosas; es mejor poca cantidad de alimentos. Tampoco es conveniente que estudies inmediatamente después de las comidas porque esto dificultará tu concentración.

El ejercicio físico aumentará tu relajación, disminuirá tu ansiedad y 25 te ayudará a concentrarte mejor en el estudio. No uses anfetaminas ni estimulantes; estas drogas son peligrosas para el cerebro. Una de las facultades más afectadas es la memoria, ya que el uso de estos fármacos hace que se confunda lo real con lo imaginario. Y, en contra de la creencia generalizada, durante estos días no debes cambiar tus 30 hábitos de sueño. El tiempo que se roba al sueño se paga en el examen con nerviosismo, confusión, cansancio e incluso bloqueo mental.

El ejercicio físico aumentará tu relajación, disminuirá tu ansiedad y te ayudará a concentrarte mejor en el estudio.

El tiempo que se roba al sueño se paga en el examen con nerviosismo, confusión, cansancio e incluso bloqueo mental.

Lectura **85**

Leamos

Presentation (pages 86–87)

This section focuses on comprehension and use of information derived from more intensive reading through use of the following strategies: separating salient from non-salient information, listing and note taking, classifying and labeling, summarizing, collaborating.

A. Buenos consejos. If you have presented the grammar at this point, you may wish to have students use the subjunctive forms in commands or other types of expression instead of **se debe/no se debe**. Encourage thorough lists from intensive reading of the text.

Follow up: Which of the things suggested in the article do students already do? Which do they feel are good ideas they want to try to follow?

Note: For complete answers to these activities see the Teacher's Manual, page 36.

Actividad A Answers
Answers may resemble the following:
Se debe:
1. limitar al mínimo la relectura.
No se debe:
1. dejar de estudiar el resto de los temas.

Actividad B Answers
Answers may resemble the following:
Consejos de cómo organizarte y estudiar para un examen.
1. Prepara una lista de las cosas que no sabes bien para repasarlas.

Después de leer

Analicemos

This section focuses on analysis of new vocabulary encountered in the reading through the language expansion strategies of transferring, associating, searching for patterns, noting similarities, identifying derivatives.

Leamos ·····················

A **Buenos consejos.** Lee todo el artículo y ubica los consejos que se ofrecen. Haz listas de lo que se debe y no se debe hacer al prepararse para un examen.

Se debe...	No se debe...

B **A clasificar.** Después de leer el artículo, con otra persona clasifiquen los tipos de consejos que encontraron en la actividad A en dos grupos grandes. Luego, agreguen dos consejos más a cada grupo.

Después de leer ·····················

Analicemos

A **En busca de palabras derivadas.** Lee de nuevo y busca las palabras derivadas de las siguientes. Escríbelas en la columna apropiada para indicar si son adjetivos o sustantivos (*nouns*).

Por ejemplo: cansarse

Adjetivos	**Sustantivos**
cansado	*cansancio*

1. sentarse	6. concentrarse	11. repasar
2. dormirse	7. relajarse	12. adivinar
3. sorprenderse	8. creer	13. perder
4. enfadarse	9. releer	14. soñar
5. confundirse	10. preparar	

B **Palabras y más palabras.** Busca palabras relacionadas a las siguientes.

Por ejemplo: pago
   pagar
   concentración
   concentrarse

1. sorpresa	6. compañía	11. aumento
2. difícil	7. recuerdo	12. disminución
3. predicción	8. relectura	13. cambio
4. búsqueda	9. dedicado	14. uso
5. comentario	10. comprobación	

For the Native Speaker

Have the native speakers participate in the following activity. **Alguna de las diferencias que se suele mencionar entre el sistema educativo norteamericano y el de los países hispanos es nuestro énfasis en la aplicación** (problem-solving) **en comparación con un énfasis en la memorización de información. ¿Has podido observar esta diferencia? En tu opinión,** ¿están los estudiantes norteamericanos mejor o peor preparados que los estudiantes de otros países? ¿Por qué? Escribe un breve ensayo sobre tus ideas.

A **Mi horario.** Escribe un horario de estudio para dos cursos diferentes. Uno de los cursos debe ser español. Decide lo siguiente.

1. cuándo vas a empezar
2. de qué manera vas a estudiar
3. con quién vas a trabajar
4. qué comida vas a evitar
5. qué trucos vas a usar
6. qué pistas suelen dar los maestros

B **Mis propios consejos.** Dale consejos a un/a compañero(a) con respecto a lo siguiente.

Por ejemplo: para adivinar el significado de una palabra de la lectura
Mira las demás palabras de la frase.

1. para sacar un sobresaliente en la clase de...
2. para poner a prueba tu español
3. para reducir la tensión antes de una prueba
4. para adivinar el significado de palabras no conocidas
5. para recordar palabras en español
6. para repasar rápidamente la lección
7. para volverte loco(a) en la clase de...
8. para relajarte durante un examen

Lectura **87**

Cooperative Learning Activity

El aula ideal. The small groups design an ideal classroom on posterboard and write and/or explain to the class the reasons for their choices.

A. En busca de palabras derivadas. Point out that the word **sueño** is used with two different meanings in the article, according to the context. One of these is found on line 14, page 84 *(dream)*; the other is found on line 31, page 85 *(sleep)*. Have students locate these lines and express, in Spanish, the two different meanings.

Note: For complete answers to these activities see the Teacher's Manual, page 36.

Actividad A Answers
Answers may resemble the following:

Adjetivos	Sustantivos
1. sentarse	sentado

Actividad B Answers
Answers may resemble the following:
1. sorpresa sorprendido

Apliquemos

This section focuses on summarizing and integrating content and language of the reading through the following language expansion strategies: transferring words to new contexts, personalizing, describing learning and studying strategies, cooperating.

Note: In connection with **Actividad B**, you may wish to remind students that **deja de** + inf. is a way of avoiding negative commands.

Expansion of Actividad B
Have students prepare a written description of the strategies they can use when they don't know a particular word.
Cuando leo/hablo/escucho..., en vez de acudir..., puedo...

Actividad A Answers
Answers will vary.

Actividad B Answers
Answers will vary but should include the informal commands.

Variation for Actividad B
Have students give the advice without mentioning what it is for so that their classmates may guess. Students may add their own to the list as well.

This section examines the lesson theme from a cultural perspective. Students are asked to reflect and comment on their own culture as well as Hispanic cultures. Use of the following cultural discovery strategies is promoted through activities in this section: self-reflection, examining points of view, language modeling, focusing attention, identifying salient information, comparing and contrasting.

El sistema educativo español

1. **En España, la educación primaria se llama Educación General Básica (EGB). El curso de educación secundaria se llama el BUP o nivel del Bachillerato Unificado Polivalente. El COU o Curso de Orientación Universitaria, es para los que desean postular a la universidad.**

The **examen de selectividad** is not exacly like the SAT in the U.S., but rather tests students on everything they have learned. It is highly competitive and a rather modest percentage of students pass it to qualify for university studies.

2. The following words appear to be cognates, but are different.
   a. **curso** and the verb **(cursar):** refers to a school or academic year of study or a course of study rather than a specific class. Have students look at the **certificado de notas** on page 73. What is the word used for "courses"? **(asignaturas)**
   b. **examen:** final exams
   c. **suspenso:** failing grade

Using the 10 point Spanish system, have students say what grade they would probably get in each of these courses.

El sistema educativo español

A los alumnos de los colegios españoles les da terror cuando alguien dice "junio" o "septiembre". La razón es muy sencilla: en junio son los exámenes anuales de curso y, si el alumno no aprueba en junio o saca un "suspenso", tiene que repetir el examen en septiembre. Si sale mal en septiembre otra vez, a veces hay que repetir el curso.

En España las notas van de 1 a 10. Si sacas entre un 1 y un 4, sacas un suspenso y no apruebas; por el contrario, si sacas entre un 9 y un 10, tu nota es un "sobresaliente". Si tus notas son más bajas, entre 7 y 8, sacas un "notable" y, entre 5 y 6, un "aprobado".

La educación primaria es obligatoria y dura ocho años, como en los Estados Unidos. Luego empieza la educación secundaria, que también es obligatoria y dura cuatro años. Finalmente, los alumnos que desean postular (*apply*) a la universidad estudian dos años más y ese curso se llama el Bachillerato. Terminado el Bachillerato, todos toman un examen de selectividad para poder entrar en la universidad.

Conversemos y escribamos ·······························

A Tus notas de "A", "B", "C", "D" y "F" no tienen nombre en palabras. Con un/a compañero(a), pónganles nombre con palabras.

Por ejemplo: A
                 ¡Genial!

B Completa la tabla que sigue para comparar las etapas del sistema educativo en España con las del sistema estadounidense.

En España   **En Estados Unidos**
1. La educación primaria dura ___ .
2. Luego empieza ___ , que dura ___ .
3. Finalmente hay ___ , que dura ___ .
4. Los que postulan a la universidad toman ___ .

Queremos que hable dos idiomas...

ame la música y las artes... y que los números y las letras sean sus mejores amigos

y sólo tiene 18 meses

Vocabulary Expansion

Have students observe that words may often carry connotations beyond their dictionary definitions. This is why words seldom have exact translations.

1. Words may seem the same, but mean different things to their cultures. The word **familia,** for example, refers not only to one's parents and relatives, but also to close friends, all of whom are an integral part of a person's **identidad.**

2. Words carry with them certain concepts shared by a culture. Read students the following comments by Fernando Díaz Plaja:

   ...**Cuando el español deja de trabajar es porque le jubilan. Jubilar... es "eximir del servicio a un funcionario...", y en otra acepción: "Dar gritos de júbilo".**

   (continued on the next page)

En prácticamente todos los países hispanos se exige estudiar idiomas extranjeros. Los más populares son el inglés y el francés, y un alumno común y corriente estudia ambos idiomas al menos seis años. Si a veces te parece un poco difícil el español, piensa en la confusión que pueden padecer los hispanohablantes que estudian inglés.

Lecciones de inglés (fragmentos)
Germán Arciniegas (colombiano, 1900)

Un inglés que en algo se estima se presenta de esta manera: "Soy Mr. John Nielsen, Ene-i-e-ele-ese-e-ene". Esto es porque en inglés se supone que una palabra se pronuncia de un modo —cosa que no es exacta— pero que en todo caso puede escribirse de mil maneras... Para ofrecer al lector un caso práctico, he aquí lo que ayer me ocurrió. Debía llamar por teléfono al profesor Nielsen, que se pronuncia "nilson", y que se deletrea como dejo escrito. En la guía de teléfonos busco su nombre y leo: *"Nielsen (si usted no encuentra aquí el nombre que busca, vea Nealson, Neilsen, Neilson, Nilsen, o Nilson"*. Éstas son todas las maneras que hay para decir *"nilson"*.

Las confusiones no quedan limitadas a los apellidos. Yo tengo un libro que, en la edición española, se llama *El caballero de El Dorado*. Pero como en inglés "noche" y "caballero" se pronuncian de un mismo modo, cuando estoy hablando de mi libro nadie sabe si he escrito un nocturno o una obra de caballería.

La dificultad del inglés está, de un lado, en la emisión de los sonidos que nosotros no podemos producir como los "místeres". El esfuerzo que uno realiza para producir "eres" o "eses" no sólo causa gran fatiga a quienes estamos acostumbrados al español, sino que deja en el rostro (la cara) una impresión de dolor o de gran torpeza. El único consuelo es ver que los místeres tienen, con nuestra lengua, los mismos problemas que nosotros tenemos con la suya.

C Según el señor Arciniegas, ¿qué problemas padecen los hispanohablantes cuando hablan inglés? ¿Cuál es la mayor dificultad que tienes tú cuando hablas español?

D El autor ha notado que en inglés muchas veces es necesario deletrear *(spell out)* los apellidos. ¿Por qué se hace esto? ¿Puedes deletrear tu apellido en español?

ACADEMIA DE INGLES

LA ACADEMIA DE INGLES

Niveles desde iniciación a Lower-Cambridge y Proficiency
Cursos en empresas
Clases especiales niños
10 ALUMNOS MAXIMO POR CLASE
PROFESORES NATIVOS Y BILINGÜES

28031 MADRID
Av. Moratalaz, 195-Mtro. Viñateros
☎ 420 45 55

Cultura viva **89**

Extra Activity

Usando los titulares (headlines) de periódico como modelo, prepara un titular que se refiera a la época de exámenes de selectividad en los Estados Unidos (cuando los alumnos toman el "PSAT" o el "SAT"). Luego, escribe un párrafo describiendo el estado de ánimo de los alumnos que toman estos exámenes.

A. Have students give names to these grades, for example:

A: **sensacional, estupendo, maravilloso, de primera, fenomenal, increíble, etc.**
B: **bueno, bien, notable**
C: **común y corriente, mediocre**
D: **deprimente, malo, pesadilla**
F: **fracaso, horrible, detestable**

Point out the plural forms of these grades: **Aes, Bes, Ces,** etc.

Actividad A Answers
Answers may resemble the following:

A ¡Fenomenal!   D ¡Deprimente!
B ¡Qué bien!   F ¡Horrible!
C ¡Mediocre!

Actividad B Answers
Answers may resemble the following:
En Estados Unidos
1. ...siete años (incluyendo el kinder).

Lecciones de inglés

1. Arciniegas gives the name Nielsen as an example. What other words have various spellings in English? Have students think of words in English that are:
   a. pronounced the same, but spelled differently: threw/through; marry/merry;
   b. pronounced differently, but spelled the same: read, read
2. While English spelling is often quite unpredictable, the Spanish correspondence is very reliable. Have students give various examples of this, e.g.: **dedique, llegue, exija.**

Actividades A and B Answers
Answers will vary.

Information About the Author

Note: For information about the author see the Teacher's Manual, page 90.

Estructura: Un poco más

Presentation (page 90)

This section presents additional aspects of the Spanish language that are often confusing for foreigners.

Otros usos del subjuntivo

1. Point out that **vamos (vámonos)** are exceptions and are not in the subjunctive.

Additional Practice

Have students make suggestions for things that they want to do as a class that would make the class more interesting and fun, using the **nosotros** forms of the subjunctive ("let's..."), e.g.

Dejemos de tener pruebas, comamos en clase, tengamos una fiesta, invitemos a alumnos de otras clases, etc.

Actividades

Note: For complete answers to these activities see the Teacher's Manual, page 37.

Actividad A Answers

Answers will vary but should incorporate the use of **nosotros** in the present subjunctive.

Actividad B Answers

Answers will vary but should incorporate the **que...** and use of the present subjunctive.

Otros usos del subjuntivo

1 In this book you have seen sections of activities labeled **Conversemos, Escribamos, Pensemos, Miremos, Leamos, Apliquemos,** and **Analicemos.** Notice that in each of these, the present subjunctive form of the verb is used. When the **nosotros** form stands alone in the present subjunctive, the meaning is much like that of the English "Let's..."

Leamos.	Let's read.
Pongamos la mesa.	Let's set the table.

2 Often these verbs will be used with pronouns. When pronouns are used, they will (as with all direct commands) be attached to affirmative forms and placed before negative forms.

Hagámoslo ahora mismo. No lo pospongamos más.

3 The use of the reflexive pronoun **nos** will result in a minor change in the verb form: The **s** of the verb ending -**mos** will be dropped.

Sentémonos aquí. Hablémonos un poco más.

4 The subjunctive is also used to express an indirect command. This type of command implies an expression of desire about the actions of someone else.

No lo hagas tú. Es demasiado difícil.	Don't do it yourself; it's too hard.
Que lo haga Juan.	Let John do it.
Que sepa lo que es trabajar duro.	Let him know what it is to work hard.

Notice in the examples that pronouns are not attached to indirect commands, regardless of whether they are affirmative or negative.

A Invita a tu compañero(a) a pasar el sábado o el domingo contigo. Sugiere tres o cuatro actividades que puedan hacer juntos(as).

Por ejemplo: No nos quedemos en casa. Salgamos a...

B Piensa en tres o cuatro de tus quehaceres y di que quieres que otra persona te los haga.

Por ejemplo: Estoy harto de limpiar mi habitación. Que la limpie mi hermana.

90 CAPÍTULO 2 *Lección 1*

Extra Activity

Advertisements in Spanish-language magazines and newspapers are a wonderful source of all uses of the subjunctive. Bring in some ads and have students find the subjunctive verbs and classify them according to the purpose of the subjunctive. Students could also write some of their own ads, or take those that do not use the subjunctive and insert a phrase or slogan (**un lema**) into the ad.

Diversiones

A Concurso de oraciones.

1. Forma grupos de tres personas o más y escoge a una persona que será el maestro o la maestra de ceremonias.
2. El maestro de ceremonias escoge uno de los temas de abajo y les da a los concursantes la primera parte de una oración que trata ese tema.
3. El primer concursante que complete la oración gana.
4. Si un/a concursante gana tres veces será el campeón o la campeona y compite con los ganadores de los otros grupos.

Temas: **las cosas típicas del colegio**   **las maneras de estudiar**
           las pruebas   **el horario**
           los trucos académicos   **el colegio del futuro**

B Un lugar encantado. Ésta es una habitación en la "Posada Encantada", donde pasan cosas que nunca pasan en otros lugares.

1. Formen grupos de cuatro personas. Una persona del grupo va a ser el/la reportero(a).
2. El/la reportero(a) va a apuntar en un papel lo que el grupo encuentra mal en el dibujo. Los miembros del grupo deben decir lo que está mal usando expresiones como *No creo que...*, *Dudo que...*, *Es imposible que...*, etc.

Por ejemplo: No creo que los perros sepan bucear.

Diversiones **91**

Cosas

el concepto
el control
el diagrama
el error
el esquema
el examen (semestral, final)
la pesadilla
la pista
la prueba (bimestral)
el repaso
la respuesta
el resumen (*pl.* los resúmenes)
el teorema
el truco

Estados de ánimo

el bloqueo mental
la calma
el cansancio
la confusión
el desconcierto
la desesperación
la frustración
la impaciencia
la irritación
el mal ánimo
el nerviosismo
la relajación
la sorpresa
la tensión

Actividades

calentar (ie) el examen
cometer errores
comprobar (ue)
confundir
consultar
dedicar tiempo
dejar de + *inf.*
estudiar a última hora
familiarizarse
intentar

mantener la calma
padecer (zc)
repasar
soler (ue)

Descripciones

confundido(a)
desconcertado(a)
enfadado(a)
furioso(a) conmigo mismo(a)
sorprendido(a)

Expresión

a menudo

Lección 2

Lección 2   **93**

Lección 2

Introducing the Lesson Theme

This lesson focuses on exploring and contrasting the "sides" of an issue and in expressing and supporting opinions and points of view. With this in mind, it is recommended that you begin the **Lección** with pages 104–105, just the sections **Pensemos** and **Miremos**. These sections are designed to pull out students' experience and focus their attention on a particular topic, without intensive involvement in the reading. (In these sections, students read only the first paragraph of the article and glance at the rest of it to familiarize themselves with the author's purpose, which is to present the "sides" of an issue.) The lesson theme, vocabulary, and grammar focus are all drawn from the authentic text in the **Lectura** section.

Objectives

By the end of this lesson, students will be able to:
1. express their point of view and their opinions using the subjunctive
2. discuss different topics related to school life
3. discuss about separate vs. co-ed educational systems
4. use the relative pronouns

Lesson 1 Resources
1. Workbook
2. Audio Program (cassette or CD)
3. Student Tape Manual
4. Bell Ringer Review Blackline Masters
5. Art Transparencies
6. Video Cassette
7. Lesson Quizzes
8. Testing Program
9. Situation Cards

Vocabulario

Bell Ringer Review

Write the following on the board or use BRR Blackline Master 2.2.1:
Your younger sibling is in a panic over his or her first high school exams and plans to study all night. Make up five pieces of advice about a better way to study, using these expressions: **Es mejor que... Dudo que... Te recomiendo que... Es importante que... No es una buena idea que...**

Presentation (pages 94–95)

To ensure assimilation of meaning and appropriate use, do not rush vocabulary presentation.

A. Work with books closed to focus student attention on listening for meaning.

Inform students that in this **Lección** they will learn how to look at an issue from various points of view and to express their own opinions. Divide your board space into two parts for the following introduction:

1. Ask students to name some issues, policies, or rules in their school that students (or students and teachers; students and administrators) don't agree on. Help students express their ideas in Spanish and write a list of these on the board.

A favor

Los exámenes anuales obligatorios
Las reglas de la asistencia
El uso de uniformes
Las asignaturas obligatorias

Antes de una prueba no me queda más remedio que (I have no choice but to)...

(metas [goals])	(realidades)
aprender las partes difíciles.	Sin embargo, nunca tengo tiempo.
enviarle (send) un SOS a mis amigos(as).	No obstante (However), algunos no saben nada.
analizar las opciones que tengo.	En primer lugar, puedo "enfermarme".
usar diversas técnicas.	En cambio (On the other hand), mi amiga siempre lo sabe todo.
apagar el televisor y estudiar... conseguir apuntes y leer.	según (according to) mi mamá. Ambas (Both) cosas no me gustan.
meterme en (put in) la cabeza todo lo que pueda caber (fit) ahí...	aunque no quepa mucho.

Los alumnos tenemos cosas con dos caras (sides) como...	Por eso cuesta (it's difficult)
derechos (rights) y deberes (obligations)	ser responsable.
privilegios y riesgos	decidirse.
ventajas (advantages) e inconvenientes	elegir (choose).
libertades y restricciones	compartir.
opciones y limitaciones	darse cuenta de los detalles (details), esfuerzos (efforts) y resultados.

94 CAPÍTULO 2 *Lección 2*

En cuanto a (*Regarding*)...	opto por...
la educación...	la escuela que sea gratis (*free*) / pagada.
la coeducación...	estar juntos (*together*) / separados.
al ambiente...	el ambiente competitivo / formativo.
puntos de vista...	amigos que tengan diferentes/los mismos.
la universidad...	conseguir una beca de estudios.
mi propia vida...	la libertad de elegir.

Me doy cuenta que vale la pena (*it's worthwhile*)...	No vale la pena...
someterse (*obey*) a algunas reglas (*rules*).	disfrutar (*enjoy*) un poco y después pagar.
compartir opiniones.	enfadarse por todo.
realizar encuestas de opinión (*take, do opinion polls*).	volver a cometer los mismos (*same*) errores.

Estoy de acuerdo con, es decir, a favor de...	Estoy en desacuerdo con, es decir, en contra de...
mejores instalaciones (*facilities*) deportivas.	usar uniforme.
laboratorios mejor equipados.	almorzar con los alumnos principiantes (*freshmen*).
computadoras más modernas.	ir a la despedida de los graduados (*graduation party*) con los padres.
impresoras (*printers*) de rayos láser a colores.	realizar encuestas de opinión entre los alumnos (*students*).

Vocabulario **95**

En contra
(sin embargo)
(en cambio)
(no obstante)
(pero)

For each issue mentioned, survey the class to find out how many are in favor and how many are opposed.

❏ To continue with this activity, see the Teacher's Manual, page 96.

B. With books open, guide students through the new vocabulary, personalizing words and expressions to ensure comprehension and active involvement. The following are some suggested techniques. Expand on examples provided as desired.

1. Personalize with questions using new vocabulary. For example:
   a. Según ustedes, ¿"enfermarse" es una opción antes de una prueba?
   b. ¿Qué opciones tienen Uds. antes de una prueba?
   c. ¿Qué opciones tienen en cuanto a las asignaturas? ¿Es difícil elegir a veces?
   d. ¿Cuáles son algunos de los derechos que tienen como alumnos? ¿Y los deberes?
   e. ¿Cuáles son algunos de los privilegios que tienen en este colegio? ¿Tienen más privilegios los que están en su último año de estudios?
   f. ¿A qué limitaciones tienen que someterse?

2. Classify ideas as to the following:
   derecho   privilegio
   deber   meta
   a. asistir a la universidad
   b. asistir al colegio
   c. ser responsable
   d. conseguir una beca
   e. compartir opiniones
   f. elegir asignaturas
   g. tomar sus propias decisiones
   h. disfrutar

❏ To continue with this activity see the Teacher's Manual, page 96.

Independent Practice

1. Encourage students to integrate as much new vocabulary as possible in the following written assignment. Develop a list of five personal, academic or career goals. Then, for each goal, make a statement about one of the following: **opciones, realidades, deberes, inconvenientes, limitaciones o restricciones.** Conclude with a statement using each of these expressions: **vale la pena, me doy cuenta de (que)**...

2. Workbook, pages 31–33

Asociaciones

Presentation (pages 96–97)

This section encourages use of the following types of learning strategies for assimilation of new vocabulary: associating, personalizing, grouping and sorting, transferring to new contexts, recycling, recombining, expanding, expressing and supporting opinions, problem solving, surveying, summarizing.

Warm-up. Have students in pairs provide the following vocabulary (probable responses are shown in parenthesis).

1. All the words they associate with each of the following:
   a. **una beca**
   b. **apagar**
   c. **caber en la cabeza** (to fit into)
   d. **ambiente competitivo**
   e. **disfrutar**
   f. **una encuesta**
   g. **compartir**
   h. **esfuerzo**
   i. **instalaciones**
   j. **derechos**

❏ To continue with this warm-up activity, see the Teacher's Manual, page 96.

Actividades

Actividades A and B. In connection with these activities, you may have students think of their own situation. Other classmates will give their conclusions.

Note: For complete answers to these activities see the Teacher's Manual, pages 37–38.

Actividad A Answers
Answers may resemble the following:
1. **Una de mis metas es conseguir una beca de estudios en una universidad importante.**
2. **También quisiera ser doctor.**

Asociaciones

A **Mis metas.** Haz una lista de al menos cinco de tus metas personales. Díselas a la clase.

Por ejemplo: Una de mis metas es graduarme del colegio. Otra es que algún día quisiera ser ingeniero. En cambio, también me gustaría ser político.

B **No les queda más remedio.** Dile a la clase qué remedio le queda a esta gente en las siguientes situaciones.

Por ejemplo: Hay prueba mañana y no sé nada de nada.
No te queda más remedio que calentar la prueba.

1. Son las diez de la noche y tu amigo se da cuenta que hay prueba mañana.
2. Una amiga se enferma por fumar tantos cigarrillos.
3. Un amigo quiere matricularse en la universidad pero le falta dinero.
4. Un grupo de cinco personas quiere ir juntos a la fiesta pero en el coche sólo caben cuatro personas.
5. Quieres invitar a un amigo a tu fiesta pero ya lo has llamado muchas veces y no ha contestado el teléfono.

C **Polos opuestos.** Da el opuesto de los siguientes términos y escribe una frase.

Por ejemplo: desacuerdo
acuerdo
Estoy en total desacuerdo con las ideas de algunos políticos de mi ciudad.

1. opciones
2. derechos
3. coeducación
4. restricciones
5. inconvenientes
6. pagado
7. separados
8. riesgos
9. mismos

colegios mixtos vs. colegios unisex

La relación interpersonal entre hombres y mujeres es definitivamente parte del aprendizaje que se extrae de los colegios mixtos, y todo lo ves mucho más natural. No te da pena que te vean sin maquillar, si eres mujer, o caerte estrepitosamente en medio del patio, si eres hombre. Aprendes a identificar cómo es la persona, independientemente de su sexo, y esto hace que se te despierte un instinto que después resulta muy útil para la vida adulta. Y si hablamos del mundo de ... una persona egresada de

sabe cómo competir y cómo relacionarse con toda la gente que le rodea. Claro que los colegios mixtos también tienen sus desventajas, concretamente en el hecho de que si tú te lanzas al noviazgo con alguien de la misma escuela y luego truenas, es espantoso tener que seguirlo (o seguirla) viendo los dos días, además de que hagas corajes olímpicos cuando ves que le echa el perro precisamente a la persona que peor te cae de toda la escuela.

¿MIXTO O UNISEX?
Todo depende, en primera instancia, de

las colegiaturas, tienen voz y voto en el asunto, pero tú puedes influir muchísimo en la decisión.
Ambos tipos de colegios tienen sus ventajas y sus desventajas. Yo me inclino hacia los colegios mixtos porque fui a uno de ellos toda mi vida y me divertí como enana, pero la gente que ha estado en colegios unisex no habla nada mal de ellos.
Lo verdaderamente importante es aprender una lección vital: la relación entre hombres y mujeres debe ser natural, y... es absolutamente posible la amistad genuina entre dos personas del mismo sexo, sin que tengan que clavarse. ¡Ese es todo el chiste!

D **A mí me toca.** Completa las siguientes frases con una descripción para expresar tus ideas.

Por ejemplo: Quiero conseguir... que...
Quiero conseguir una beca que pague mis estudios en la universidad.

1. Un día de estos quisiera volver a ___ .
2. Siempre es difícil elegir ___ .
3. Espero que todos disfruten ___ .
4. ¿No hay nadie que me pueda enseñar a ___ ?
5. Quisiera realizar una encuesta para saber ___ .
6. Quiero conseguir ___ que ___ .
7. Mis padres quieren que decida si ___ .
8. Nunca voy a someterme a ___ .
9. Mi amigo(a) debe darse cuenta que ___ .
10. No creo que valga la pena ___ sin ___ .

E **¿Qué te parece?** Di con cuáles de las siguientes cosas estás de acuerdo. Explica por qué.

Por ejemplo: hacer deportes juntos
Estoy de acuerdo, porque así hay más competencia. Me gusta jugar fútbol con mis compañeros.

1. hacer viajes a otras partes durante las vacaciones
2. organizar una campaña de reciclaje en el colegio
3. aprender a manejar un coche a los quince años
4. usar uniforme para venir al colegio
5. preocuparse de una prueba sólo la noche anterior para no ponerse nervioso(a)

F **A favor y en contra.** Da dos inconvenientes y dos ventajas de lo siguiente. Luego, realiza una encuesta en la clase para ver en qué está de acuerdo la mayoría de tus compañeros(as).

1. asistir a clase o estudiar en casa con computadora
2. almorzar en la cafetería o almorzar en casa o en la calle
3. pagar los libros o recibir los libros gratis
4. compartir o competir
5. recibir notas o no recibir notas

Vocabulario **97**

Conversemos

Presentation (pages 98–99)

This section focuses on integration of vocabulary, while encouraging use of the following conversational strategies: personalizing, transferring to new contexts, recycling, surveying, comparing and contrasting, list making, mapping and organizing thoughts, collaborating, note taking, reporting.

Actividades

Note: For complete answers to these activities see the Teacher's Manual, page 38.

Actividad A Answers
Answers will vary.

Actividad B Answers
Answers may resemble the following:
conseguir un trabajo de tiempo parcial

Derechos	Deberes
1. ganar dinero	1. cumplir bien el horario del trabajo

Conversemos ....

A Mis derechos y deberes.

1. Haz una lista de tres derechos y tres deberes que tienes en casa.
2. Luego, en grupos de tres o cuatro personas, comparen sus listas: ¿Cuáles derechos y deberes tienen en común? ¿Cuáles son diferentes?
3. Finalmente, clasifiquen los derechos y deberes en grupos grandes.

B En mi opinión. Elige uno de los temas que siguen y, con otra persona, haz una lista de derechos y deberes. Díganle a la clase sus ideas.

Por ejemplo: asistir a la universidad

Derechos	Deberes
1. tomar nuestras propias decisiones	1. sacar buenas notas
2. elegir las asignaturas que quiero	2. dormir y comer bien

(A la clase:) En cuanto a la universidad, tenemos el derecho de tomar nuestras propias decisiones y elegir la universidad. En cambio, tenemos que sacar buenas notas. Además...

1. conseguir un trabajo de tiempo parcial
2. conseguir una beca
3. participar en los equipos deportivos del colegio
4. hacerse miembro del club de...
5. asistir a la universidad

RECINTO DE PONCE
UNIVERSIDAD INTERAMERICANA DE PUERTO RICO

98 CAPÍTULO 2 *Lección 2*

Cooperative Learning Activity

If the teacher wishes to be present and give points for every student's participation in a discussion, then the class can be arranged into concentric circles. During the first five minutes, for example, only those on the inside circle are allowed to speak, but everyone must take notes about what is being said. After the time has elapsed, the circles change places and the speakers now become the listeners.

C **Ventajas e inconvenientes.** Di con cuál idea estás de acuerdo. Luego, da dos ventajas y dos inconvenientes en cada caso. Finalmente, compara tus ideas con las de otra persona.

Por ejemplo: almuerzo en casa / almuerzo en la cafetería

> *Opto por el almuerzo en casa porque como lo que me gusta y además puedo... El inconveniente es que no hablo con mis amigos ni...*

1. coche / autobús
2. pruebas escritas / pruebas orales
3. amigos / novios
4. hermanos adolescentes / hermanos menores
5. verano / invierno
6. ciudad / campo o playa
7. uniforme / ropa de calle
8. libertades / restricciones

Escribamos

A **El uniforme de mi colegio.** Describe el tipo de uniforme que te gustaría para tu colegio. El uniforme tiene que expresar las tendencias de los alumnos, además del espíritu y las metas del colegio.

Por ejemplo: Para los muchachos, quiero que el uniforme sea... y que tenga...

Para las muchachas, quiero un uniforme que...

B **Arquitectos municipales.** Con otra persona, imagínense que Uds. son los arquitectos municipales que han venido a inspeccionar el edificio del colegio y sus instalaciones.

1. Hagan una lista de las instalaciones.
2. Describan el estado en que se encuentran las instalaciones.
3. Den recomendaciones para mejorar aquéllas que lo necesiten.
4. Comuniquen sus recomendaciones a la clase.

Por ejemplo: El estadio: Recomendamos que se construya un nuevo estadio porque el estadio actual es muy viejo y muy pequeño. El equipo de fútbol americano de nuestro colegio es el mejor del estado y es necesario que el estadio sea el mejor también.

Vocabulario **99**

Actividad C Answers
Answers may resemble the following:
1. Opto por el coche porque es más rápido y cómodo. El inconveniente es que tengo que ir con mi familia y con mis hermanos que me vuelven loco.

Escribamos

Presentation (page 99)

This section encourages written integration of vocabulary through use of the following writing strategies: personalizing, attending to detail, describing, imaging, list making and outlining, using writing as a planning strategy, peer collaboration, expanding.

Actividad B. In this activity and many others, writing is used purposely as a collaborative planning strategy for oral performance. Use of writing in this way contributes to accuracy, expansion, and connection in oral utterances.

Note: For complete answers to these activities see the Teacher's Manual, page 38.

Actividad A Answers
Answers will vary but may resemble the following and must include the present subjunctive:
Para los chicos, quiero que el uniforme sea elegante pero práctico y que tenga muchos bolsillos.
Para las chicas, quiero un uniforme que esté a la moda y que sea fácil de lavar y planchar.

Actividad B Answers
Answers may resemble the following:
1. El auditorio: buenas condiciones pero la calefacción no funciona. Recomendamos que se arregle la calefacción en el auditorio porque hace mucho frío en el invierno.

Bell Ringer Review

Write the following on the board or use the BRR Blackline Master 2.2.2: Think of how your school life has changed since you were a freshman, as well as the changes that you have to look forward to. Write in Spanish three rights that seniors have and freshmen do not, as well as at least one responsibility.

Presentation (pages 100–101)

5. Point out that how **aunque** is used depends on whether the speaker or writer wishes to convey doubt or uncertainty.

Estructura

Para conectar tus ideas: El presente del subjuntivo con ciertas expresiones

1 In English, you use certain words or expressions to connect your thoughts and to show relationships between one part of a sentence and another. In Spanish you have practiced using many "connectors" as well: **y**, **pero**, **porque**, **por eso**, **además**, **en cambio**, **en cuanto a**, **sin embargo**, and so on.

2 Some of these "connectors" will often or always require the use of the subjunctive. Use of the subjunctive with certain connectors can be divided into three categories:

a. connectors that always require the subjunctive
b. connectors that require the subjunctive only when referring to the future
c. connectors that require the subjunctive when there is doubt

3 The following expressions will always require that the verb that follows be in the subjunctive.

para que	in order that
antes (de) que	before
a menos que	unless
con tal (de) que	provided that

Antes de que saques una "F", tienes que estudiar más para que te admitan en una buena universidad.

No se puede sacar una buena nota en inglés a menos que leas las obras de Shakespeare.

4 Some connectors may or may not be used with the subjunctive. If you wish to express a factual, or routine, or past action, you will not use the subjunctive. If the action has not yet occurred, the subjunctive is required.

cuando	when
hasta que	until
tan pronto como	as soon as

Cuando hay una encuesta sobre los alumnos, todos opinan.

Cuando haya una encuesta sobre los maestros, voy a opinar yo también.

Cuando visite MAZATLAN, disfrute de uno de los mejores restaurantes japoneses del mundo...

Miyiko

RESTAURANT japones

SUSHI
TEPPANYAKI
SUKIYAKI
SHABU-SHABU

Av. del Mar No. 70
Mazatlán, Sinaloa, México
81-65-09   85-35-04

Learning from Realia

Have the students look closely at the advertisement for Miyiko restaurant. Does it seem unusual to find "one of the best Japanese restaurants in the world" in Mexico? Where is Mazatlán? How would the food there be different from the food in northern Mexico, for example?

5 The word **aunque** (*although*) will be used with the subjunctive when you are expressing doubt or want to communicate the idea that something may or may not be true.

Aunque no hay evidencia científica...
Although there is no scientific evidence... (*It is a fact.*)

Aunque no haya evidencia científica...
Although there may not be scientific evidence... (*There is doubt.*)

Aunque el teléfono suena todo el día, yo puedo concentrarme sin problemas.

Aunque no vengan el domingo, podemos estudiar para la prueba el lunes.

Conversemos ....

A **¿Para qué?** Explica para qué quieres o intentas hacer las siguientes cosas.

Por ejemplo: sacar buenas notas
Para que me den una beca intento sacar buenas notas.

1. hablar bien el español
2. realizar una encuesta
3. ahorrar dinero
4. escuchar otro punto de vista
5. hacer ejercicio
6. recorrer tierras lejanas
7. llevarse bien con todos
8. respetar las reglas

B **Me decidí.** Hay ciertas cosas que no te gusta hacer, pero que harías con ciertas condiciones. Completa las frases.

Por ejemplo: Le ayudaré a mi hermano(a) en su proyecto con tal de que...
Le ayudaré a mi hermano(a) en su proyecto con tal de que él (ella) me ayude a mí después.

1. Ayudaré con los quehaceres de la casa con tal de que ___ .
2. Pero no pienso hacer lo que debe hacer (*nombre de una persona*) a menos que ___ .
3. No me queda más remedio que estudiar ___ con tal de que ___ .
4. Pero no pienso hacer el trabajo de (*nombre de una persona*) a menos que ___ .
5. Tengo que ___ con tal de que ___ .
6. Pero no quiero ___ a menos que ___ .

Estructura **101**

Conversemos

Presentation (pages 101–102)
This section focuses on oral integration of the grammatical structures, while encouraging use of conversational strategies, such as: personalizing; transferring contexts; expanding; supporting statements with conditions, contingencies, and purposes; connecting utterances; and others.

Actividades

Note: For complete answers to these activities see the Teacher's Manual, page 39.

Actividad A Answers
Answers will vary but should include **para que** plus the present subjunctive, as in the following:
1. **Para que me entiendan los alumnos hispanos de la escuela quiero hablar bien el español.**

Actividad B Answers
Answers will vary but should include the present subjunctive as in the following:
1. ... **me dejen salir esta noche.**

Cooperative Learning

Make up a sheet with three columns. In the first, write verb phrases for familiar activities (**ir al cine, ayudar a mi familia, hacer la tarea, ir a pie**). In the middle column, write the expressions being practiced (**tan pronto como, para que, a menos que, con tal de que**). In the right-hand column, write infinitives that could be combined with one or more of the

sentence openings (**nevar, enfermarse la maestra, vienen mis abuelos, darme dinero**). Each student creates sentences by drawing a line from one item in column 1 through one in the middle column to one in the last column. After everyone has made the required number of sentences, students pair up and take turns reading their sentences to each other, putting all verbs in the correct form.

C **Ni por nada.** Completa con condiciones imposibles para que no tengas que hacer las siguientes cosas.

Por ejemplo: Voy a estudiar la materia de biología...
Voy a estudiar la materia de biología cuando no sea Navidad en diciembre.

1. Por supuesto que voy a ordenar mis apuntes tan pronto como ___ .
2. No tema Ud., voy a devolver los libros de la biblioteca cuando ___ .
3. No quiero llamar a ___ hasta que ___ .
4. No pienso devolverte los cinco dólares que me prestaste hasta que ___ .
5. Cuando ___ , prometo que no voy a ver televisión por seis horas seguidas nunca más.
6. Cuando mis papás ___ , creo que voy a ___ .
7. Voy a someterme a las reglas del colegio aunque ___ .
8. No voy a realizar mis metas hasta que ___ .

D **Seamos realistas.** A veces es bueno tratar de realizar metas difíciles para saber cuánto podemos hacer.

Por ejemplo: Aunque no me den el dinero suficiente....
Aunque no me den el dinero suficiente, voy a tratar de encontrar pantalones de marca mañana.

1. Aunque no tenga bastante tiempo ___ .
2. Aunque no me guste la idea ___ .
3. Aunque ahora no entienda nada ___ .
4. Pienso terminar mi trabajo de ___ , aunque ___ .
5. Voy a tener que trabajar en ___ , aunque ___ .
6. Creo que voy a comer un poco más ___ , aunque ___ .

E **Tan pronto como...** Di cuándo te va a ocurrir lo siguiente.

Por ejemplo: postular a la universidad
Voy a postular a la universidad tan pronto como me gradúe del colegio.

1. conseguir un trabajo de tiempo completo
2. comprarme un coche
3. tener hijos
4. viajar a un país hispano
5. matricularme en la universidad
6. casarme con el chico (la chica) de mis sueños

Critical Thinking Activity

What if students in the United States had to qualify for high school? Make a list of academic and personal requirements that the person would have to fulfill in order to be admitted as a potentially successful student.

Escribamos ....

A **Mis propias reglas.** Escribe cinco reglas de tu colegio, usando expresiones conectivas y el subjuntivo. Luego, agrégale un comentario personal a cada una.

Por ejemplo: En mi colegio cierran las puertas con llave a las cinco de la tarde para que nadie entre durante la noche.

Es mejor que las cierren a las ocho, cuando termina la reunión del club de debate.

B **Buenas intenciones.** Di cuándo vas a hacer las siguientes cosas. Usa las expresiones conectivas necesarias y el subjuntivo.

Por ejemplo: hablar con la maestra de música
Voy a hablar con la maestra de música después que termine la clase de biología.

1. hacer los problemas de álgebra
2. hablar con...
3. repasar los apuntes de historia
4. escribir el trabajo de inglés
5. hacer ejercicio y correr
6. ayudar a...
7. buscar datos en la biblioteca
8. limpiar mi gaveta
9. limpiar mis zapatos de tenis
10. contestar una pregunta en la clase de...
11. volver a casa

C **Privilegios y responsabilidades.** Por escrito, explica qué condiciones te ponen las siguientes personas antes de darte ciertos privilegios. Usa las expresiones *con tal de que* y *a menos que*.

Por ejemplo: tus padres
Mis padres me dan dinero con tal de que saque la basura todos los días. No me dejan salir a menos que haya hecho las tareas.

1. tus padres
2. el/la entrenador/a de...
3. el/la maestro(a) de...
4. el/la director/a del colegio
5. tus amigos(as)
6. tu vecino(a)

D **Pensando en el futuro.** Se toman ciertos cursos en el colegio para prepararse para el futuro. En grupos de tres, intenten hacer una lista de los objetivos y cursos y su propósito para el futuro.

Por ejemplo: Se ofrecen clases de salud para que los alumnos sepan cuidarse, no se enfermen y siempre disfruten de buena salud.

Hacemos todo perfectamente para que usted haga perfectamente nada.

Extraordinaria arquitectura y cocina francesa. Atención y facilidades legendarias. El arte de vacacionar conlleva hacerlo todo y nada exquisitamente. Para reservaciones para La Belle Creole, St. Martin, F.W.I. llame a su agente de viajes al Servicio de Reservaciones Hilton al 1-800-HILTONS. Ofertas de 4 días y 3 noches empezando en $255.00 por persona, en ocupación doble.

LA BELLE CREOLE
A CONRAD HOTEL

Estructura **103**

Escribamos

Presentation (page 103)

This section focuses on written integration of the grammatical structures while encouraging use of such learner strategies as personalizing, context transferring, list making, expanding, and others.

Actividades

Note: For complete answers to these activities see the Teacher's Manual, pages 39–40.

Actividad A Answers
Answers may resemble the following:
1. **En mi colegio no se puede llevar gorra aunque esté de moda. Pienso que esa restricción es exagerada.**

Actividad B Answers
Answers may resemble the following:
1. **Voy a hacer los problemas de álgebra antes de que vuelvan mis padres.**

Actividad C Answers
Answers may resemble the following:
1. **Mis padres me dejan salir el fin de semana con tal de que yo saque buenas notas en todas mis clases.**

Actividad D Answers
Answers may resemble the following:
Se dan clases de cocina para que los alumnos sepan preparar buenas comidas.

Extension of Actividad D
You may wish to have students design a brochure to announce the courses.

Lectura

Antes de leer

Pensemos

A **Colegios norteamericanos.** Di cuáles de las siguientes características existen en los colegios de Estados Unidos.

1. La educación es gratis, o sea que los padres no tienen que pagarla.
2. Todos los colegios y escuelas tienen instalaciones deportivas como canchas de fútbol, pistas atléticas, gimnasios y piscinas.
3. Los alumnos pueden elegir lo que quieren estudiar.
4. Los alumnos pueden elegir su propio horario de clases.
5. Todos los colegios de los Estados Unidos tienen normas estrictas de cómo vestirse.
6. Todos los alumnos, chicos y chicas, tienen los mismos derechos o privilegios para educarse.
7. La educación es obligatoria hasta la edad de 18 años.
8. Los padres pueden elegir el colegio de sus hijos.

B **Propongamos cambios.** Con dos compañeros(as) elijan una de las frases de la actividad A y cámbienla según sus deseos. Luego, expliquen por qué la cambiaron.

Por ejemplo: **7.** La educación es obligatoria hasta la edad de 18 años.

Creemos que la educación debe ser obligatoria sólo hasta los 17 años, porque así podemos...

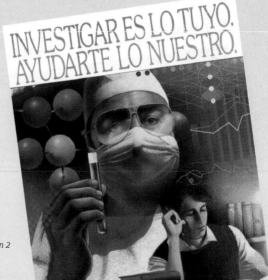

INVESTIGAR ES LO TUYO.
AYUDARTE LO NUESTRO.

104 CAPÍTULO 2 *Lección 2*

Bell Ringer Review

Write the following on the board or use BRR Blackline Master 2.2.3:

Escribe tres cosas te gustaría cambiar en tu escuela o en el sistema educativo del estado en que tú vives.

Presentation (pages 104–105)

This section develops reading skills through a five-stage, integrative process: **pensar, mirar, leer, analizar, aplicar.** For a complete description of each of these stages, as well as suggestions for teaching, please refer to the Teacher's Manual. You may effectively do this section at any point in the **Lección.** In this particular **Lección,** it is recommended that you use the **Pensemos** and **Miremos** sections to introduce the lesson, then return to the **Lectura** at some point after vocabulary has been reviewed and practiced. Lesson theme, vocabulary, and grammar focus have been drawn from the authentic text in this **Lectura.**

Antes de leer

Pensemos

This pre-reading section pulls out existing experience and language knowledge while encouraging use of the following reading preparation strategies: assessing statements, expressing opinions, expanding, collaborating.

Actividades

Note: For complete answers to these activities see the Teacher's Manual, page 40.

Cooperative Learning

Working in pairs, students should brainstorm a list in two columns **Lo nuestro** (activities, rights, and responsibilities to which students are typically entitled) and **La ayuda que nos dan** (ways in which the adults in their lives help them to carry out these things). The class's ideas could be combined into a master list, and students could make some posters on the order of the one on page 104 to display around the room or the halls.

Miremos

A **El tema.** Lee el título y el primer párrafo del artículo de las páginas 106–107. ¿De qué tema trata el artículo? Cita la frase del primer párrafo o las palabras del título que te lo indiquen.

B **¿Sí o no?** ¿Cuáles de las siguientes conclusiones puedes sacar del primer párrafo?

1. En España no existe la coeducación.
2. Ambos sistemas tienen ventajas e inconvenientes.
3. En España, los padres eligen la escuela secundaria de sus hijos.
4. En España, juntos o separados es una opción.
5. Se sabe que la coeducación es un sistema superior.

C **Según mi parecer.** Di si prefieres la coeducación o la educación separada y explica por qué. Clasifica tus preferencias según las siguientes razones.

de estudio	legales	psicológicas
económicas	morales o religiosas	sociales
físicas	personales	tradicionales

Por ejemplo: Prefiero la coeducación. La prefiero por razones sociales.

D **A favor o en contra.** Ahora mira el resto del artículo y ubica las dos partes donde hay opiniones sobre la coeducación y la educación separada. ¿Cómo se llama la persona que está a favor de la coeducación? ¿y la que está en contra de la coeducación?

El examen más selectivo

Los madrileños estudiaron hasta ocho horas diarias para optar a la Universidad

Al lector

• No te preocupes si no entiendes todas las palabras de la lectura. Eso es normal.

• No es necesario usar un diccionario. Es mejor que trates de adivinar las palabras usando pistas.

• Confía en tu español; ¡ya sabes muchísimo!

Lectura **105**

Interesting Facts

As of the opening of school in 1995, Spain has been operating under a new law for educational reorganization and reform, **la Ley de Ordenación General del Sistema Educativo (LOGSE).** During its first year, this new law was implemented with considerable difficulty in the autonomous regions because of budgetary and political concerns. One of its new features is **la Educación Superior Obligatoria (ESO).** What do you know about the movement for educational reform in the U.S.? What ideas would you like to contribute to the debate?

Al colegio, ¿juntos o separados?

Al colegio, ¿juntos o separados?

Reading Strategies

This authentic text encourages use of such strategies as guessing from context, transferring, identifying cognates and derivatives, applying knowledge and experience to sense-making process, identifying salient information, searching for clues to meaning. Guide students in how to guess meaning of unfamiliar words, e.g., **garantizar** (cognate), **cavilar** (context), **enseñanza** (Spanish derivative), **partidario** (context), **de antemano** (English/Spanish transfer), etc. If you assign the reading for homework, encourage students to use and develop their reading strategies, rather than rely on extensive dictionary use. When they return to class, have students share the clues they used to determine the meanings of specific words.

No cabe la menor duda de que la educación es un derecho que se debe garantizar a todos y que, además, se ha de ejercer como una opción en libertad. Pero la pregunta que se les plantea a los padres cuando comienzan a cavilar sobre el colegio al que van a enviar a sus
5 hijos es la siguiente:

¿Qué será mejor, un centro de coeducación donde niñas y niños se instruyan codo a codo (juntos), o un colegio en el que tengan alumnado de un solo sexo, impartiendo educación exclusivamente
10 masculina o femenina?

En primer lugar, antes de empezar a meditar, no existe evidencia científica suficiente para afirmar que la coeducación sea superior a la enseñanza separada o viceversa. Estas mismas preguntas se las hemos planteado (hecho) a dos expertos en educación, directores de
15 colegios, que han realizado un análisis lo más objetivo posible de las ventajas e inconvenientes de ambos tipos de enseñanza. Y que cada uno saque sus propias conclusiones.

Punto de vista Nº 1: Juntos pero no revueltos

Juan García Gómez, pedagogo y educador familiar, ha dirigido
20 durante 27 años centros en donde chicos y chicas estudian en las mismas aulas.

"Sí, yo soy partidario de este tipo de enseñanza porque es la vida misma. Entre padres y hermanos también hay un ambiente de coeducación y el colegio debe ser una prolongación de la familia. Sin
25 embargo, es muy importante diferenciar entre colegios mixtos y centros escolares en donde se imparte coeducación. En estos últimos, aunque niños y niñas compartan las mismas aulas, se plantean de antemano una serie de objetivos diferenciados para unos y otros en el área educativa, especialmente en la segunda etapa de enseñanza, que
30 es la más conflictiva. En la primera adolescencia, entre los 11 y 16 años, niños y niñas plantean (tienen) intereses diferentes y hay una maduración más rápida en el sexo femenino. Uno de nuestros objetivos es que las niñas crezcan en femineidad y los niños en virilidad, evitando machismos y feminismos. En cambio, en la segunda
35 adolescencia —a los 16 y 17 años— chicos y chicas coinciden en muchas cosas y la educación vuelve a ser muy similar".

Entre las ventajas que ven los expertos en los centros de coeducación, podemos señalar varias:

* Un mayor conocimiento chico-chica libre de fantasías erróneas. Se
40 fomenta el respeto y la consideración entre ambos sexos. Las relaciones entre unas y otros resultan más espontáneas y naturales.

* La coeducación favorece un mayor compañerismo y respeto entre niños y niñas a nivel de pandillas (grupos), aunque la amistad íntima (entre los 12 y 15 años) sólo se da entre miembros de un mismo
45 sexo.

Entre padres y hermanos también hay un ambiente de coeducación y el colegio debe ser una prolongación de la familia.

Critical Thinking Activity

According to García Gómez, one of the objectives of his school is that girls should grow in femininity and boys in masculinity, avoiding **machismos y feminismos.** Brainstorm some things that he could be referring to. Do you think that it is the job of the school to teach or to facilitate the learning of these concepts? How do young people learn femininity and masculinity? How do they learn **machismos** and **feminismos?**

- Se genera un ambiente más competitivo y estimulante en el colegio.
- Cuando en las familias sólo hay hermanas o hermanos puede ser recomendable acudir a un centro de coeducación para aprender a tratar al otro sexo.

Para Juan García Gómez es muy importante que un centro de coeducación tenga planteamientos (metas) educativos muy definidos que tengan en cuenta (respeten) la diversidad, con objetivos separados en el área formativa y comunes en el área de la enseñanza. Pero, de todas maneras, no cree que existan diferencias tan esenciales entre uno y otro sistema, mientras los centros sean educativos y no sólo instructivos.

Punto de vista Nº 2: Cuidar la necesaria intimidad

Sara Valdés, ingeniera agrónoma, casada, madre de cinco hijos, es directora de un colegio femenino donde imparte enseñanza desde hace 20 años.

"Entre las razones que se dan en pro de la educación separada, una muy curiosa y desconocida es de tipo económico: en los centros donde hay personas de un solo sexo las instalaciones son más sencillas, especialmente las sanitarias y deportivas. De todas maneras, los argumentos más importantes son el psicológico y el ético, sobre todo el primero. Las niñas necesitan un tiempo para que, como personas, no estén siempre sometidas al ritmo de los varones (hombres), que es lo que suele ocurrir. En el centro escolar, el niño y la niña encuentran su identidad como hombre y mujer y, si nosotros entendemos la enseñanza como una educación integral, tendremos que reforzar las cualidades propiamente femeninas como la ternura, la delicadeza, etc... La mujer tiene una sensibilidad distinta a la del hombre en el área de humanidades, literatura, música, etc., que es necesario estimular para que disfrute con un buen libro o una película. En los colegios mixtos, aunque no se quiera, hay mayores riesgos de promiscuidad, besuqueos y experiencias sexuales precoces. Además, las mujeres se ven obligadas a esforzarse para quedar bien ante los varones, a mostrarse más guapas, lo que perjudica sus estudios y educación. Los hombres y mujeres tienen áreas de interés y modos de enfrentarse a la realidad muy diferentes, lo que sugiere métodos pedagógicos distintos. También son diferentes en cuanto al aprendizaje. No siguen el mismo ritmo".

Como conclusión, se puede estar a favor de la coeducación o de la enseñanza separada, pero, en cualquier caso, hay que optar por la libertad. Imponer uno u otro tipo de educación es atropellar el derecho de los padres a elegir el sistema que les parezca más recomendable.

Los hombres y las mujeres tienen áreas de interés y modos de enfrentarse a la realidad muy diferentes, lo que sugiere métodos pedagógicos distintos.

5
10
15
20
25
30
35
40

Lectura **107**

Leamos

This section focuses on comprehension and use of information derived from more intensive reading through the following reading and research strategies: listing and note taking, locating and citing salient information, evaluating statements as to source, paraphrasing, comparing and contrasting points of view, personalizing, summarizing, and others.

Actividades

Note: For complete answers to these activities see the Teacher's Manual, pages 40–41.

Actividad A Answers
Answers will vary.

Actividad B Answers
Answers may resemble the following:
1. **Debe de ser la verdad, pero ninguno de los autores plantea esta cuestión.**

Actividad C Answers
Answers may resemble the following:
Los dos piensan que a ciertas edades los chicos y las chicas requieren diferentes métodos pedagógicos y hasta diferentes materias que estudiar, porque maduran a diferentes ritmos. Valdés dice que las chicas tienen una sensibilidad diferente a la de los chicos. Yo estoy de acuerdo porque tengo hermanos mayores, y tienen otros intereses y no son muy maduros.

Leamos

A **Puntos de vista.** Lee el artículo y busca qué razones se dan para la coeducación y la educación separada dentro de las siguientes categorías. En cada caso, en un papel copia el fragmento del artículo donde se dan las razones.

	Punto de vista 1	Punto de vista 2

1. económicas
2. de estudios
3. legales
4. morales
5. sociales
6. psicológicas
7. tradicionales

B **Verdad o mentira.** Lee cada afirmación y di si es verdadera o falsa. Luego, escribe una frase de comparación entre lo que piensan el Sr. García y la Sra. Valdés al respecto.

Por ejemplo: Se cree que no hay bastantes diferencias entre chicos y chicas.
No es verdad. El Sr. García dice que... En cambio, la Sra. Valdés piensa que...

1. La educación es un derecho que se debe garantizar a todos.
2. Los hombres y las mujeres aprenden de modos diferentes.
3. La competencia no es un aspecto importante de la educación.
4. Hay que tomar en cuenta las razones económicas al seleccionar un sistema de educación.
5. El sistema educativo puede permitir que los chicos y las chicas se conozcan mejor.
6. Los intereses de niños y niñas no cambian a lo largo de sus años en el colegio.
7. Los expertos han determinado que la educación separada es inferior a la coeducación.

C **De acuerdo.** Di en qué ideas están de acuerdo ambos. Agrega tu propia opinión.

Por ejemplo: El Sr. García piensa que... La Sra. Valdés también dice que... A mí me parece que...

Extra Activity

Have students do the following:
Di quién pudo haber (could have) dicho lo siguiente:
- el partidario de la coeducación
- la partidaria de la educación separada
- ambas personas
- ninguno de ellos
1. Hay tantos científicos que dicen que la coeducación es mejor.
2. Es mejor dejar que los alumnos elijan qué tipo de educación prefieren.
3. El colegio debe ser un reflejo de la vida real.
4. Lo que me gusta es que podemos tener objetivos diferentes según la edad y el sexo.
5. Hay grandes diferencias en la maduración de niños y niñas.

D **En resumen.** Lee el último párrafo y decide cuál de las siguientes ideas resume mejor lo que está tratando de enfatizar el autor.

1. Hay que analizar los dos sistemas para determinar cuál es superior.
2. Los padres, por lo general, toman sus decisiones ignorando las razones científicas.
3. Los partidarios de los dos sistemas nunca van a ponerse de acuerdo.
4. Es importante que haya opciones y que ningún sistema sea obligatorio.

Después de leer ....

Analicemos

Derivaciones En el artículo, ubica palabras derivadas de las que aparecen en la lista. La lista está organizada por secciones del artículo.

1. diverso	7. favor	13. partido
2. sentir	8. compañero	14. escuela
3. optar	9. amigo	15. maduro
4. libre	10. educativos	16. estudiar
5. alumno	11. enseñar	17. aprender
6. conocer	12. deporte	18. elección

Apliquemos

Encuesta de opinión. Con otros(as) dos compañeros(as), encuesten a cinco personas de otros cursos de español para averiguar qué piensan de una de las siguientes normas aprobadas por el Consejo Local de Educación (*school board*) de la ciudad.

Normas aprobadas

- **Habrá deportes juntos o coeducacionales en el distrito.**
- **Los alumnos de colegio usarán uniforme de ahora en adelante.**
- **Se construirán instalaciones y gimnasios separados.**

1. Elijan el tema.
2. Inventen cinco preguntas de la encuesta.
3. Encuesten a cinco alumnos.
4. Escriban un informe en el que comparan las opiniones de los alumnos que están a favor y de los que están en contra.
5. Presenten los resultados en una tabla o gráfico, expresando los resultados en porcentajes.

Lectura **109**

Actividad D Answer
Answers will vary.

Después de leer

Analicemos

This section focuses on analysis of new vocabulary encountered in the reading through the following language expansion strategies: transferring, associating, searching for patterns, noting similarities, identifying derivatives, cognates, using context clues.

Actividad

Note: For complete answers to these activities see the Teacher's Manual, page 41.

Actividad Answers
Answers may resemble the following:
1. diverso — diversidad
2. sentir — sensibilidad
3. optar — opción

Apliquemos

This section focuses on summarizing and integrating content and language of the reading through the following strategies: transferring contexts, expressing opinions, identifying issues, surveying, summarizing, comparing and contrasting, converting verbal to graphic and numeric data.

Actividad

Actividad Answers
Answers may resemble the following:
Norma aprobada: Los alumnos de colegio usarán uniforme.
Encuesta:
1. ¿Sabes por qué razón (o razones) el Consejo Local de Educación ha decidido que se debe usar uniforme?

Presentation (pages 110–111)

This section examines the lesson theme from a cultural perspective. Students are asked to reflect and comment on their own culture as well as Hispanic cultures, through the stimulus of authentic personal, journalistic, and literary texts. Use of the following cultural discovery strategies is promoted through activities in this section: focusing attention, identifying salient information, personalizing, self-reflection, examining points of view, language modeling.

Conversemos y escribamos

Note: For complete answers to these activities see the Teacher's Manual.

Actividad A Answers
1. a
2. b
3. a

Actividad B Answers
Answers may resemble the following:
1. De 0 a 100 años: dedicados a los juegos dirigidos por ayos de 500 años.

Actividad C Answers
Answers may resemble the following:
1. ... dediquemos los primeros 100 años a jugar.

Actividad D Answers
Answers will vary.

La educación y la coeducación: Historia y filosofía

La coeducación o enseñanza mixta, como se suele decir en España, se inicia en Estados Unidos en 1784 por motivos estrictamente económicos: escasez de edificios y maestros. En Europa, su expansión se produce a finales del siglo XIX, coincidiendo con la progresiva universalización de la cultura. A los motivos económicos se unieron, después de la Primera Guerra Mundial, las peticiones del movimiento feminista que exigía para las mujeres idénticos derechos educativos que los que poseía el hombre. En España, la Institución Libre de Enseñanza realizó la primera experiencia en 1918. La Ley de Educación Primaria de 1945 prescribía la separación de sexos "por razones de orden moral y de eficacia pedagógica", lo que se mantiene en la Ley de Enseñanza Media de 1953. La coeducación se admite a partir de una orden de transformación de centros de 1971, y se establece de modo obligatorio en los institutos o colegios públicos en el año 1985–1986.

Conversemos y escribamos ....

A Para ver si comprendiste bien, marca la alternativa que mejor completa cada frase.

1. En los Estados Unidos, se crearon las escuelas coeducacionales porque...
   a. no había edificios ni personal.
   b. había un gran movimiento feminista.
   c. la Constitución del país declaró la libertad de educación para todos.
2. En España, se estableció la coeducación en...
   a. 1918.
   b. ¡1985.
   c. 1953.
3. La historia de la coeducación en España y en los Estados Unidos se diferencia en que...
   a. en España se estableció la coeducación por medio de una ley o reglamento.
   b. en Estados Unidos la coeducación se estableció por una guerra.

Critical Thinking Activity

Ask students the following types of questions to focus on cross-cultural perspectives of "youth" and "old age."
1. From the thoughts Sábato expresses, would you say he wrote this essay in his youth or much later in life? (It was published in 1970). How does age influence one's perspective on life?
2. Ernesto Sábato has used the following words to describe his own childhood: **triste, severidad, soledad, pesadillas, terribles alucinaciones, horrible, espartana.** How would such experiences contribute to the perspective he expresses in this essay?
3. In the last line, Sábato says that only at the age of 800 years can one begin to know **cuáles son las tres o cuatro**

(continued on the next page)

c. en Estados Unidos la coeducación se creó para mejorar la educación.

En el siguiente ensayo, el autor, Ernesto Sábato (argentino,1911), nos da su opinión de lo que debe ser el sistema educativo.

Edad

¿Qué se puede hacer en ochenta años? Probablemente, empezar a darse cuenta de cómo habría que vivir y cuáles son las tres o cuatro cosas que valen la pena.

Un programa honesto requiere ochocientos años. Los primeros cien serían dedicados a los juegos propios de la edad, dirigidos por ayos (tutores o maestros particulares) de quinientos años; a los cuatrocientos años, terminada la educación superior, se podría hacer algo de provecho (algo útil, trabajo); el casamiento no debería hacerse antes de los quinientos; los últimos años de vida podrían dedicarse a la sabiduría (*wisdom*).

Y al cabo de (después de) los ochocientos años quizá se empezase a saber cómo habría que vivir y cuáles son las tres o cuatro cosas que valen la pena.

B Escribe con números las cantidades que se mencionan. Además, di qué sugiere el autor para cada edad.

C Completa las siguientes frases para resumir el mensaje del autor.

1. Según Ernesto Sábato, es mejor que ___ .
2. El autor duda que ___ .
3. Es imposible que ___ .
4. El autor prefiere un sistema educativo que ___ .
5. El autor nos aconseja que ___ .
6. También recomienda que ___ .
7. No debemos ___ hasta que tengamos 400 años.

D Con otra persona, propongan su propio sistema educativo. ¿Qué debe ocurrir en cada época de la vida?

Information About the Author

Ernesto Sábato (1911)

Ernesto Sábato is a distinguished novelist, journalist, and essayist. Sábato published his first novel, *El túnel*, the confession of a painter who murdered his mistress, in 1948. *El túnel* was translated into French, English, Polish, German, Japanese, as well as many other languages.

Sábato was born in Rojas, Argentina. He studied physics at the **Universidad de la Plata**, where he briefly taught after his graduation. He went to Paris in the late 1930s to study under the Joliot-Curies, but there he came into contact with Surrealism and turned his back on his scientific endeavors and became a writer.

His novels reflect the 19th century concept of the novel as a net of suspense in which there are strong characters and long moral speeches. They depict man lost in an incomprehensible and meaningless universe, in which suffering is the only road to salvation.

cosas que valen la pena. What do you consider to be the three or four things in life that have the most importance? Are these the same things Sábato was probably referring to?

4. Explain the difference between the these two words: **conocimientos** and **sabiduría.** (Encourage students to see the difference in terms of one's perspective on life.)

5. What does the word "old" (or **viejo**) mean to you? At what age would you consider a person "old"? What words are used in English to describe people of this age? In U.S. culture, which is respected more, old age or youth?

What U.S. values are associated with youth? old age? How do we in the U.S. view and treat the "elderly"? Would Sábato share this perspective of age?

Estructura: Un poco más

Presentation (page 112)

This section presents additional aspects of the Spanish language that are often confusing for foreigners.

Actividad

Note: For complete answers to these activities see the Teacher's Manual, page 41.

Actividad Answers

Answers will vary but should incorporate the structures presented in the following:

1. Lo que me gustaría hacer es navegar por las islas del Caribe.
2. El tema más interesante de que hablamos es el amor.
3. Las cosas que quisiera comprar si tuviera suficiente dinero son un coche nuevo y un piano.
4. El lugar en que me gustaría vivir algún día es Alemania.
5. La persona cuyo coche me gustaría poder manejar es mi tío que tiene un Corvette.

Additional Practice

Students should look through Spanish-language newspapers and magazines for examples of the use of **que**. The best or clearest examples could be copied onto large sheets of newsprint and displayed in the classroom.

"Lo que pasa es que..." Los usos de la palabra "que"

1 The word **que** is similar to the English "that," "which," "who," and sometimes "whom," although in Spanish **que** is used much more frequently.

> **Mis padres me dicen que si saco buenas notas es posible que me paguen la matrícula de la universidad.**
>
> *My parents tell me (that) if I get good grades it's possible (that) they'll pay my tuition at college.*

Notice in the above example that while in conversational English, the word "that" may not be used, it must be used in Spanish.

2 **Que** is used to begin a clause that describes or in some way refers to persons or things.

> **La encuesta** *que realizamos ayer* **nos dio datos muy interesantes.**
> **Los derechos** *que tienen los estudiantes* **son pocos, en general.**
> **La maestra** *que enseña* **esa clase exige mucho.**

3 If the verb that follows **que** requires a preposition, the preposition will come before **que**. In Spanish, statements cannot end in a preposition.

> **Los estudios** *a que dedico tantas horas* **me darán una beca después.**
> **El tema** *de que hablamos ayer* **me fascina.**
> **La ciudad** *en que vivo* **no les ofrece mucho a los jóvenes.**

4 The word "whose" translates as **cuyo(a), cuyos(as)** in Spanish and must agree with the noun it modifies.

> **Mi amigo José,** *cuyas ideas* **no comparto, es muy decidido.**
> **La educación secundaria,** *cuyos objetivos* **son preparar al estudiante para la universidad, no funciona muy bien para los estudiantes que van a trabajar cuando se gradúen.**

Escribe una o dos frases sobre cada uno de los siguientes temas.

1. las actividades que te gustaría hacer el verano que viene
2. los temas más interesantes de que hablan tú y tus amigos
3. las cosas que quisieras comprar si tuvieras suficiente dinero
4. el lugar en que te gustaría vivir algún día
5. la persona cuyo coche te gustaría poder manejar

Diversiones

A | Juntos y revueltos.

1. En grupos de cinco describan la escuela ideal.
2. Incluyan también cuáles serían las ventajas y los inconvenientes de la escuela.
3. Una persona del grupo escribe las opiniones de todos.
4. Compartan sus opiniones con el resto de la clase.

Por ejemplo: Busco una escuela donde los alumnos estudien lo que quieren.

B | En cambio...   ¡Es hora de perfeccionar tu manera de debatir!

1. En un papel anota una opinión que tengas. Por ejemplo, piensas que los estudiantes tienen derecho a elegir al director de la escuela.
2. Júntate con cinco compañeros(as) de clase y junten sus papeles.
3. En parejas, escojan un papel y léanlo en voz alta.
4. Una persona tiene que decir varias cosas a favor de la opinión y la otra dice varias cosas en contra.
5. Después que las parejas debatan por unos cinco minutos, los demás miembros del grupo tienen que decidir quién ganó el debate o si quedaron empatados.
6. Sigue la próxima pareja.

PRIMER ENCUENTRO NACIONAL DE LA JUVENTUD

LA SONRISA DEL FUTURO

DIF

Diversiones   **113**

Actividades

Note: For complete answers to these activities see the Teacher's Manual, page 41.

Actividades A and B Answers
Answers will vary.

Variation of Actividad B
The whole class notes some opinions and ideas on a certain topic. When everyone has finished, the class stands up. One-by-one students read or say what they think. Students sit down if someone else says the very same thing that they have written, but remain standing as long as they have a new idea to contribute.

Cosas y conceptos

el ambiente
la cara (*side*)
la coeducación
el derecho
el detalle
la educación
la encuesta de opinión
el esfuerzo
la impresora de rayos láser
el inconveniente
la instalación deportiva
la despedida
el laboratorio
la libertad
la limitación
la meta
la opción
la parte
el privilegio
el punto de vista
la realidad
la regla
la restricción
el resultado
el riesgo
la técnica
el uniforme
la universidad
la ventaja

Personas

el/la alumno
el/la graduado(a)

Descripciones

a colores
ambos(as)
competitivo(a)
diversos(as)
equipado(a)

formativo(a)
gratis
juntos(as)
mismo(a)
pagado(a)
principiante
separado(a)

Actividades

almorzar (ue)
caber (quepo, cabes, etc.)
costar (ue) (*to be difficult*)
decidirse
disfrutar
elegir (i)
enfadarse
enfermarse
enviar
optar por
realizar
someterse a
usar (*wear*)

Otras palabras y expresiones

aunque
en cambio
en cuanto a
en primer lugar
es decir
estar a favor (de)
estar de acuerdo (con)
estar en contra (de)
estar en desacuerdo (con)
meterse en la cabeza
no obstante
no quedar más remedio
según
valer la pena

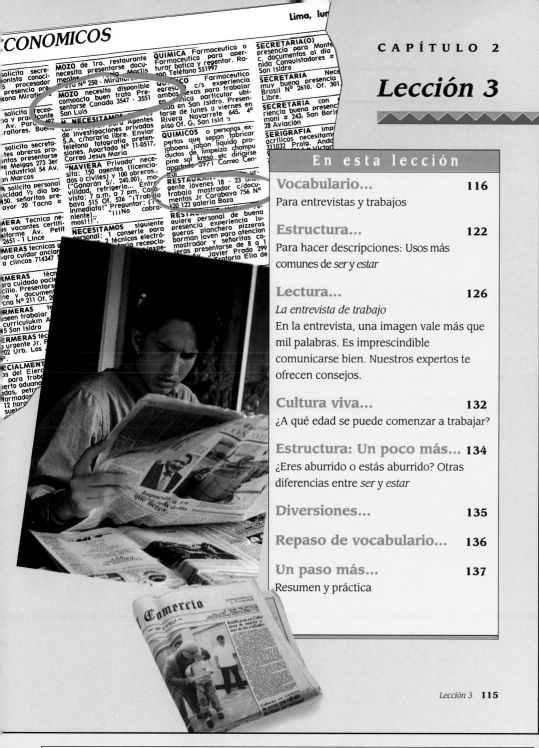

CAPÍTULO 2

Lección 3

Lección 3

Introducing the Lesson Theme

This lesson focuses on self-identification and description through the theme of job application and interview.

Have students turn to page 126 and, as a class, do only **Actividades A–C** of the **Pensemos** section. This section serves as an advance organizer to pull out students' experiential framework for approaching the topic. No reading of the **Lectura** is necessary at this point. The lesson theme, vocabulary, and grammar focus are all drawn from the authentic text in the **Lectura** section.

Objectives

By the end of this lesson, students will be able to:

1. interview for a job and discuss topics related to employment
2. make descriptions using **ser** and **estar**
3. discuss the preparations needed for a job interview
4. make other uses of **ser** and **estar**

Lesson 3 Resources
1. Workbook
2. Audio Program (cassette or CD)
3. Student Tape Manual
4. Bell Ringer Review Blackline Masters
5. Art Transparencies
6. Video Cassette
7. Lesson Quizzes
8. Testing Program
9. Situation Cards

Learning from Realia

1. Have students look at the newspaper section on page 115 to orient them to the lesson theme. Ask: **¿De dónde es este periódico? ¿Qué se ofrece en esta sección del periódico?**
2. Survey students as to their work experience:
   a. **¿Cuántos tienen (o han tenido) un trabajo de tiempo parcial? ¿Qué** tipo de puesto o trabajo tienen **(han tenido)?** Provide, as needed: **niñera; repartidor de periódicos (pizzas); dependiente; cajero(a); oficinista; jardinero(a);** etc.)
   b. **¿Cuántos tuvieron una entre vista (una conversación con el jefe) antes de conseguir el puesto o trabajo?**

115

Vocabulario

Vocabulary Teaching Resources

1. Workbook, pages 37–38
2. Audio Program 2.3
3. Student Tape Manual, pages 30–31
4. Lesson Quizzes, pages 42–46

Bell Ringer Review

Write the following on the board or use BRR Blackline Master 2.3.1: Please supply the correct form of the verb to complete each sentence.

1. **Debes hacer mejor trabajo antes de que te _____ tu jefe. (despedir)**
2. **No iré a la fiesta a menos de que me _____ tú. (invitar)**
3. **No le compraré un coche a mi hijo hasta que _____ mejores notas. (sacar)**
4. **Ahorra tu dinero para que _____ viajar a un país hispano. (poder)**
5. **Voy a casarme con la persona de mis sueños tan pronto como la _____. (conocer)**

Presentation (pages 116–117)

To allow for assimilation of meaning and appropriate use, do not rush vocabulary presentation.

A. Work with books closed to encourage listening for meaning.
1. Label four columns on the board and have students brainstorm. For example:

Los aspirantes quieren...
  un trabajo que pague mucho; un horario flexible

Los jefes buscan aspirantes que... sean intuitivos, imaginativos y cuidadosos; puedan correr riesgos; se atrevan a tomar decisiones

Los aspirantes no quieren... que los jefes sean exigentes; someterse a muchas reglas

---

El aspirante (*applicant*) que quiere conseguir el puesto debe...

conocerse bien.

saber trabajar en equipo.

comunicarse bien con la gente.

presentarse a la entrevista.

tener ganas (*have a desire to, feel like*) de superarse.

disponer del (*have available*) tiempo necesario.

estar dispuesto (*willing*) a aprender.

entregar una solicitud.

Cuando te toca preguntar a ti (*When it's your turn to ask questions*)...

infórmate de tus obligaciones en detalle.

pídele detalles al jefe sobre la empresa (*company*).

averigua (*find out*) qué quieren que hagas.

En la entrevista...

es buena idea...	no es buena idea...
responder a las preguntas con madurez.	perder el hilo (*go off on a tangent*).
estarse tranquilo(a).	perder la calma.
mantener la imagen.	bajar la guardia.
desarrollar una buena conversación.	contestar con monosílabos.
ser tú mismo(a).	mentir.
llegar a tiempo.	atrasarse (*be late*).
demostrar interés en la empresa.	demostrar impaciencia.
enterarse de la empresa.	preguntar por el sueldo.
hacer preguntas inteligentes.	hablar mal del jefe.
asistir a la entrevista.	posponer la entrevista.
cuidar tu imagen.	estropear (*ruin*) tu imagen.
tomarlo en serio.	tomarlo en broma (*as a joke*).

116 CAPÍTULO 2 *Lección 3*

Independent Practice

Have students use the following organizers to write a brief description of something they'd like to do, to assess the resources they have to accomplish it, and state what they're willing to do to achieve it. Encourage use of as many new words and expressions as possible.
Tengo ganas de..., Dispongo de..., Estoy dispuesto(a) a...

Por ejemplo: Tengo ganas de irme en coche a México. Pienso pasar dos o tres semanas allá, hablando a la gente y practicando español. Dispongo de mi propio coche y..., aunque todavía no... Para realizar este plan, estoy dispuesto(a) a... trabajar los fines de semana y ahorrar 300 dólares de mi sueldo. Además...

(continued on the next page)

Los jefes no quieren aspirantes que... sean entremetidos; no comprueben su trabajo; cometan muchos errores

2. Ask students to name the steps necessary for getting a part-time job. (**¿Qué tienen que hacer si quieren conseguir un puesto?**) List on the board and provide vocabulary as students request it. Responses will vary, but may include the following: **Si queremos conseguir un puesto, tenemos que...**
   a. **pedirles permiso a los padres**
   b. **leer el periódico o hablar con amigos**
   c. **hablar con mucha gente**
   d. **pedir una solicitud**
   e. **entregar la solicitud**
   f. **asistir a entrevistas**
   g. **hacer muchas preguntas**
   h. **tomar muchas decisiones**

B. Now, have students look at the realia on page 117. Then ask: **¿Qué puestos se ofrecen en estos avisos?** Guide students through new vocabulary, personalizing words and expressions to ensure comprehension and active involvement. Expand on examples as desired.

❏ To continue with this activity see the Teacher's Manual, page 97.

Note: Students have now been introduced to several expressions in Spanish that are all translated with the English word "ask":
preguntar (to ask)
hacer preguntas (to ask questions)
preguntar por (to ask/inquire about)
pedir (to ask for or request)
If you detect any such confusion, illustrate their differences with sentences on the board.

Asking questions:
General: **Ustedes siempre me hacen muchas preguntas.**
Specific: **Me preguntan si habrá prueba esta semana. Me preguntan ¿cómo se dice?**
Inquiring about: **Me preguntan por las pruebas.**
Making requests: **Le voy a pedir una beca.**

Asociaciones

This section encourages use of the following types of learning strategies for assimilation of new vocabulary: associating, personalizing, sorting and categorizing, recycling, recombining, transferring to new contexts, expanding, and others.

Warm-up. Have students work in pairs to provide the following vocabulary. Probable responses are indicated in parenthesis.

1. Words that have similar meanings to the following:

asistir a	(presentarse a)
tener	(disponer de)
tener éxito o mejorarse	(superarse)
dar	(entregar)
compañía	(empresa)
informarse	(averiguar)
trabajo	(puesto)
confundirse	(perder el hilo)
la impresión	(la imagen)
demorar	(posponer)
agenda	(horario)
lo positivo	(virtud)
lo negativo	(defecto)
puntual	(a tiempo)
enseñar	(demostrar)
mantener	(cuidar)
diploma	(título)
no en serio	(en broma)
destruir	(estropear)
llegar tarde	(atrasarse)
saber	(averiguar)

2. Words that are opposites of the following:

paciencia	(impaciencia)
solitario	(en equipo)
no asistir	(presentarse)
recoger/recibir	(entregar)
infancia	(madurez)
tarde	(a tiempo)
decir la verdad	(mentir)
esconder	(demostrar)
en broma	(en serio)
tardanza	(puntualidad)
en general	(en detalle)
ignorar	(averiguar)
tranquilidad	(calma)
desinterés	(interés)
mejorar	(estropear)
defectos	(virtudes)

Asociaciones

A **Combinaciones.** Haz frases con los siguientes verbos para indicar qué haces en estos tres lugares: en el colegio, en la biblioteca, en la tienda.

Por ejemplo: demostrar interés en...
 En el colegio demuestro interés en...
 En la biblioteca demuestro interés en...
 En la tienda demuestro interés en...

1. entregar...
2. atreverse a...
3. informarse de...
4. preguntar por...
5. tener ganas de...
6. pedir...
7. enterarse de...
8. demostrar interés en...

B **Dime cuándo...** Describe las circunstancias en que sueles hacer lo siguiente.

Por ejemplo: posponer algo
 A menudo pospongo las visitas al dentista.

1. perder el hilo
2. perder la calma
3. mentir
4. atrasarte
5. posponer algo
6. demostrar impaciencia
7. hablar mal de alguien
8. hacer preguntas inteligentes

C **Uno nunca sabe.** Da una idea de cómo solucionar cada uno de estos problemas.

Por ejemplo: El aspirante se atrasa.
 Si el aspirante se atrasa, es preferible que llame al director y pida otra cita.

1. No puede ir a la entrevista.
2. No tiene interés en la empresa.
3. No trabaja bien en equipo.
4. Pierde la calma a menudo.
5. Tiene más defectos que virtudes.
6. No tiene título.
7. No consigue el puesto.
8. No tiene experiencia.
9. No se conoce a sí mismo(a).
10. No se está tranquilo.
11. No es él/ella mismo(a).
12. Pierde el hilo de lo que está diciendo.

D **Lo principal.** Elige las cinco cosas más importantes del Vocabulario y explica por qué te parecen que son lo principal en una entrevista.

Por ejemplo: **1.** conocerse a sí mismo(a)

Es necesario que te conozcas a ti mismo(a) para que otros te conozcan.

E **Aconseja, por favor.** ¿Qué consejos puedes dar en cuanto a lo siguiente a una persona que anda buscando trabajo?

Por ejemplo: en cuanto a la manera de presentarse

En cuanto a la manera de presentarse, aconsejo que se ponga un traje oscuro, corbata elegante y que limpie muy bien sus zapatos.

1. en cuanto a los documentos
2. en cuanto a la puntualidad
3. en cuanto a la madurez
4. en cuanto a la conversación
5. en cuanto a la ropa
6. en cuanto a la paciencia
7. en cuanto a las preguntas
8. en cuanto a la imagen
9. en cuanto al trabajo en equipo
10. en cuanto a sus defectos

F **Buenos consejos.** Usa las siguientes palabras para darles buenos consejos a los aspirantes.

Por ejemplo: vestirse bien / aunque

Es preciso que se vistan bien aunque la ropa no sea nueva.

1. no mentir / cuando
2. decir la verdad / aunque
3. no posponer la entrevista / a menos que
4. expresar sus virtudes / con tal de que
5. desarrollar una buena conversación / para que
6. no pedir una comida copiosa / aunque
7. arreglarse bien / antes de que
8. demostrar interés en la empresa / aunque
9. sentarse y esperar con paciencia / cuando
10. estarse tranquilo / aunque

Vocabulario **119**

Actividades

Note: For complete answers to these Warm-up activities see the Teacher's Manual, page 41–42.

Actividad A Answers
Answers may resemble the following:
1. **En el colegio entrego mi tarea.**
   En la biblioteca entrego los libros prestados.
   En la tienda entrego el dinero a la cajera.

Actividad B Answers
Answers may resemble the following:
1. **A veces pierdo el hilo durante los exámenes orales de español.**

Actividad C Answers
Answers will vary but should include the present subjunctive and may resemble the following:
1. **Si no puede ir a la entrevista, es aconsejable que llame para arreglar otra cita.**

Actividad D Answers
Answers will vary but should include the present subjunctive and may resemble the following:
1. **Es necesario que llegues a tiempo porque a nadie le gusta esperar.**

Actividad E Answers
Answers may resemble the following:
1. **... aconsejo que los tenga todos.**

Actividad F Answers
Answers may resemble the following:
1. **Es importante que no mientan cuando le pregunten qué experiencia tienen.**

Cooperative Learning Activity

In each small group, two students are given "interviewer" cards with the name of the position for which they will be interviewing; they must devise appropriate questions to ask. The other two students are applicants. Each of them is given a card with a trait, such as **contestar con monosílabos, hablar mal del jefe, perder el hilo.** After a few minutes of preparation and practice time, students pair up to do brief interviews in front of the class. The other students in the class must guess which trait, among those contained in the vocabulary, the applicant is demonstrating.

Conversemos

Presentation (page 120)

This section focuses on integration of vocabulary, while encouraging use of the following conversational strategies: transferring to new contexts, recycling, recombining, personalizing, cooperating, speculating, interviewing, note taking, drawing and supporting conclusions.

Actividades

Note: For complete answers to these activities see the Teacher's Manual, pages 42–43.

Actividad A Answers

Answers may resemble the following:
Estudiante A: Me comunico bien con la gente.
Hago preguntas inteligentes y nunca llego tarde a una cita.
Estudiante B: Mientes cuando dices que llegas a tiempo.

Actividad B Answers

Answers may resemble the following:
Tres virtudes:
1. Puedo desarrollar una buena conversación.
Tres defectos:
1. A veces pierdo la calma.

Actividad C Answers

Answers will vary but should include the present subjunctive as in the following:
1. Prefiero un jefe que no lo tome todo en serio.

Actividad D Answers

Answers may resemble the following:
1. Lástima que no nos paguen por trabajar horas extra.

Actividad E Answers

Answers may resemble the following:
Preguntas:
1. ¿Dónde ha trabajado antes?

Conversemos ···

A **¿En broma o en serio?** Dale a la clase una descripción completa de ti mismo(a) que incluya algunas mentiras. Di si tus compañeros pueden identificar las mentiras.

Por ejemplo:

ESTUDIANTE A:	ESTUDIANTE B:
Me comunico bien con la gente, sé desarrollar una buena conversación y nunca pierdo la calma.	Mientes cuando dices que nunca pierdes la calma.

B **"Tres virtudes, tres defectos".** Dile a la clase tres de tus virtudes y tres de tus defectos. Trata de describir los defectos de una manera positiva, como si fueran virtudes.

Por ejemplo: No trabajo muy bien en equipo. Es que soy muy independiente.

C **Lo que busco yo.** Describe lo ideal en los siguientes casos.

Por ejemplo: compañeros
Quiero compañeros que se comuniquen bien, que no mientan y que no hablen mal de nadie.

1. un/a jefe(a)
2. una oficina
3. un horario
4. un sueldo
5. un equipo
6. compañeros
7. deberes
8. un puesto

D **Qué trabajo es trabajar.** Haz una lista de al menos tres quejas que suele hacer la gente que trabaja.

Por ejemplo: Lástima que no paguen un buen sueldo.
Me da pena que nadie tenga ganas de superarse.
Siento que no disponga del tiempo necesario.
Siento que el jefe no demuestre interés en sus empleados.

E **La entrevista.** Entrevista a tu compañero(a) como si tú fueras supervisor/a y tu compañero(a) fuera aspirante. Hazle al menos diez preguntas y toma apuntes sobre lo siguiente.

1. su experiencia
2. sus habilidades
3. sus aficiones
4. sus deseos
5. su horario

A base de esta información, describe el trabajo que le convenga.

For the Native Speaker

Have the native speakers participate in the following activity: **Trabajas en el departamento de recursos humanos de una empresa de tu ciudad. Tienes que entrevistar a un aspirante. Es imprescindible que sea bilingüe y que conozca la cultura del país. Escribe las preguntas que tú le harías para obtener esta información.**

Escribamos ··

A **Para superarse.** Escribe tu propio artículo para darles consejos a tus compañeros sobre cómo llevarse bien con los maestros. Escribe al menos diez frases.

B **Se busca.** Escribe un anuncio como los que siguen para describir lo que buscas. Puede ser un/a compañero(a), un/a novio(a), un/a tutor/a, un/a coleccionista (de casetes, carteles, etc.) o alguien que te pueda ayudar a hacer algo (limpiar tu habitación o tu gaveta, hacer tu tarea, etc.).

CLUB DE AMIGOS

● Tengo 17 años. Busco todo sobre Hammer. Escribid **superfanáticos(as).** Elena Rodríguez. Plaza de Lérida, 2–2.° D. 22913 Gerona.

● Mándame fotos, Pósters, reportajes de A-ha y a cambio **recibirás una amistad.** Olga Jaime Muñoz. Lope de Vega, 41–3.°, 1.° 08205 Santander.

● ¡Hola! Soy una chica de 19 años a la que le gustaría recibir correspondencia. Prometo **contestar pronto.** Vasco Núñez de Balboa, 177. Coc. Industrial, Querétaro México. 78172.

● Quisiera ayudar a personas que tengan el problema de **complejo de delgadez.** Me gusta ayudar. Necesito amistades también. Tengo 18 años. Maribel. Barcelona, 66–2.° 28034 Vitoria.

● Soy un chico de 15 años y me gustaría que alguien me envíase **la dirección de Madonna.** También me gustaría cartearme con chicos(as) de todo el mundo entre 13-16 años. Escribid a: Juan Carlos Monroy. Isabel la Católica, 111–2.° B. 28931 Madrid.

● Compro el primer episodio de la serie **«Twin Peaks».** ¡Es urgente! Raúl Pablo Zúñiga. Toledo, 19. 58013 Sevilla.

● Vendo fotos de vuestros artistas favoritos. Heavy, Pop, Rock, **grandes conciertos,** hasta 60. Infórmate y manda sello. Toni Martínez 15–5.° C. 91553 Benidorm.

● Soy un chico agradable que desea amistad con chicas de 16 a 20 años. **Enviad foto, por favor.** Escribid en catalán o castellano. Apartado de Correos 311. 79400 Huelva.

● Grabo cassettes: conciertos, Madonna, Turín 87-Japón 90. **1.100 pesetas, cada una.** Ramón. Federico Anaya, 302. 73004 Salamanca.

● Intercambio y/o compro LP's, Maxis y singles **de cualquier Jackson.** También material videográfico de ellos. Enviad sello respuesta. A. P. C . Sueca, 790, 2.° 64040 Cádiz.

● Me gustaría mantener correspondencia con chicas(os) de **Latinoamérica.** Vicky L. General Molina 37, 0–2.° A. 51120 Lugo.

C **Referencias.** Tu compañero(a) busca trabajo y te pide que le escribas una carta al jefe (a la jefa) de la empresa. Esta carta debe servir para darle información al jefe (a la jefa) sobre tu amigo(a). Usa las preguntas de abajo como guía y trata de usar las siguientes palabras en tu carta.

en primer lugar	aunque	no obstante
además	en cambio	según

1. ¿Cuánto tiempo hace que conoces a tu amigo(a)?
2. ¿Cómo es, realmente?
3. ¿Qué habilidades y experiencia tiene?
4. ¿Se lleva bien con los demás?

Vocabulario **121**

Escribamos

Presentation (page 121)

This section encourages written integration of vocabulary through use of the following writing strategies: personalizing, modeling, attending to detail, describing, connecting thoughts, using outlines, and others.

B. Guide students to develop detailed descriptions of the "applicant" they are looking for and describe as well the "benefits" they offer this applicant. Use the ads on pages 117 and 126 as models.

Actividades

Actividad A. Topics listed are for guidance only. Encourage students to approach the task naturally, including as much information as they can.

Note: For complete answers to these activities see the Teacher's Manual, page 43.

Actividades A, B and C Answers
Answers will vary.

Extension of Actividad B

Interesting Facts

In some Spanish-speaking countries, the letter of recommendation written for a job applicant is somewhat different than that in the U.S. The person writing the letter tries to mention the applicant's positive qualities in such a way that the reader can infer whether the recommendation is enthusiastic, lukewarm, or generally negative. Personal remarks are strictly avoided.

To protect the writer from liability for negative comments, the letter does not mention the name of the job applicant. Rather, the person's name is printed on a separate sheet, which is attached to the letter of recommendation.

Estructura

Para hacer descripciones: Usos más comunes de ser *y* estar

In the Vocabulario you used the verbs **ser** and **estar** to give advice on job interviewing.

> El aspirante que quiere conseguir el puesto debe *estar* dispuesto a aprender.
>
> En la entrevista *es* buena idea *estarse* tranquilo(a) y *ser* tú mismo(a).

The verb **ser** is most commonly used to do the following:

1 Identify persons and things in terms of name, nationality, profession, origin, or material.

> Mi jefe es el señor Bach; es un arquitecto estupendo. No es americano, es alemán.

2 Indicate ownership.

> ¿De quiénes son estos documentos?
>
> Esta solicitud es de la alumna que quiere ser ayudante de biblioteca.
>
> Esta otra es de un señor que quiere ser bibliotecario.

3 Provide essential or inherent characteristics in terms of personality or physical attributes or properties.

> Es un jefe estupendo, realmente genial. Es divertido, paciente y generoso. A veces, es un poco tímido, pero por lo general, con nosotros es muy bueno. Es ese señor que está allá, ¿ves? Es bajo y moreno; ése que es un poco gordo.

4 Give the time (hour and day).

> ¡Me llamaron para que hable con el jefe! La entrevista es la próxima semana. Es el miércoles a las cinco de la tarde en punto. No creo que sea muy larga.

The verb **estar** is used most commonly to do the following:

5 Indicate physical location.

> Los supervisores están con los aspirantes ahora. Están todos en el salón de reuniones. No los molesten.

122 CAPÍTULO 2 *Lección 3*

Structure Teaching Resources
1. Workbook, pages 39–42
2. Audio Program 2.3
3. Student Tape Manual, page 32
4. Lesson Quizzes, pages 47–49

Bell Ringer Review

Write the following on the board or use BRR Blackline Master 2.2.3: Unscramble the following words having to do with job interviews.
1. nosrepop
2. senatvteri
3. romrdesatr
4. resnterae
5. ratraes

Presentation (pages 122–123)

If you have chosen to do the **Lectura** at this point, call students' attention to the following recommendations from the article, using **ser** and **estar**: La imagen que se presenta en la entrevista es muy importante; por eso es imprescindible que... seas maduro; seas puntual; seas tú mismo; seas preciso en tus respuestas; estés bien arreglado(a); te estés tranquilo(a); estés en la oficina a tiempo; estés informado(a) de la empresa

Extra Activities

Students should search for examples of uses of **ser** and **estar** in stories, articles, poems, and songs, classifying them on a chart according to the usage rule that they illustrate. This same list can be used in a game format in which students from two teams view the sentence and race to the board to write it under the appropriate rule. It can also, of course, be a quiz, in which students are required to classify the examples.

6 Describe emotional or physical states.

Mi prima está muy deprimida porque no consiguió el trabajo que quería en la fábrica. Mi tío dice que está bien, que no importa. La pobre está preocupada porque necesita dinero.

7 Used with the past participle, it describes conditions which result from some action.

Fíjate, mamá, que estoy invitado a una cena con la jefa. Estaba parado en el pasillo cuando me invitó.

8 Express reactions or perceptions of how something looks, feels, or appears.

¡Qué guapo estás para la entrevista! ¡Ay!, pero tus manos están heladas. ¡Anímate!; estás muy pálido.

9 While the verb **estar** is used to indicate physical location, the verb **ser** is used to indicate where an event takes place, such as a party, a meeting, or an interview.

La entrevista *es* en la oficina del jefe de personal que *está* en el séptimo piso del edificio.

La Sección Amarilla es un amigo que siempre está dispuesto a ayudarle.

EL HECHO DE QUE SEA AMARILLO NO QUIERE DECIR QUE SEA LAS PÁGINAS AMARILLAS DE LA SOUTHERN BELL.

Las Verdaderas Páginas Amarillas

Las Páginas Amarillas de la **Southern Bell**

Learning from Realia

Have students look at the realia on page 123 and ask them questions to practice the uses of **ser** and **estar**. Ask: ¿De qué es el anuncio? ¿Cuál es la diferencia entre un limón y las páginas amarillas? ¿En qué se parecen? ¿Cuál es la diferencia entre una lima y un limón? ¿Qué dice el anuncio que son las páginas amarillas? ¿Qué tipo de amigo es?

Conversemos

Presentation (page 124)

This section focuses on oral integration of the grammatical structures, while encouraging use of conversational strategies such as recycling and recombining, cooperating, personalizing, attending to detail, expressing opinion, assessing truth value, reporting.

Additional Practice

En este juego sólo se pueden hacer cinco preguntas. Es obligación hacer al menos una pregunta con *ser* y una con *estar*. El juego consiste en preparar una descripción de un objeto que sea difícil de descubrir. Por ejemplo: Es grande y profundo como un túnel; es de tela o de cuero. A veces, está lleno; otras, está vacío. A veces, está roto; otras, está en perfectas condiciones. ¿Qué es? (Es mi mochila/bolso.)

Actividades

Note: For complete answers to these activities see the Teacher's Manual, page 43.

Actividad A Answers

Answers may resemble the following:
1. Un novio: Es cariñoso, es simpático, es inteligente, es atractivo, tiene sentido de humor, es generoso.

Actividad B Answers

Answers may resemble the following:
A: Estoy cansado.
B: Creo que dices la verdad.
A: Marcos cree que digo la verdad.

Escribamos

Presentation (pages 124–125)

This section focuses on written integration of the grammatical structures while encouraging use of such learner strategies as personalizing, context transferring, using outlines, attending to detail in description.

Conversemos

A **Perfección absoluta.** Describe las características ideales que tú deseas en las siguientes personas y cosas.

Por ejemplo: una bicicleta

> *Es roja, no es pesada, tiene un asiento muy cómodo, es de 18 velocidades y además...*

1. un/a novio(a)
2. mi mejor amigo(a)
3. un/a maestro(a)
4. un curso
5. un examen
6. un coche
7. un trabajo de tiempo parcial
8. una fiesta

B **Verdades y mentiras.** Prepara una lista de cinco frases verdaderas y falsas, utilizando los verbos *ser* y *estar*. Después, dile las frases a un/a compañero(a). Tu compañero(a) tiene que expresar su opinión sobre cada frase. Apunta lo que dice para compartirlo con la clase después.

Por ejemplo:

ESTUDIANTE A: **ESTUDIANTE B:**
(1) Mis abuelos son de   (2) Dudo que tus abuelos sean de Francia.
   Francia.   (Creo que dices la verdad).

ESTUDIANTE A (a la clase):
(3) Marcos duda que mis abuelos sean de Francia.
   (Marcos cree que digo la verdad).

Escribamos

A **Descripciones.** Escribe descripciones de tres amigos(as) o personas de tu familia. Usa las siguientes preguntas como guía.

1. ¿Cómo son?
2. ¿De dónde son?
3. ¿Qué son?
4. ¿Cómo están?
5. ¿Dónde están?

Extra Activities

Hand out pictures of people from magazines. Have students write a description of the person on a half-sheet of paper. Descriptions and pictures are collected and redistributed at random. Students then read the description they have been given. The person holding the pictures raises his or her hand, shows the picture, and explains how it matches.

B **Se busca...** Imagínate que andas buscando a una persona. Elige una de las siguientes y escribe un anuncio para un periódico o una revista. Describe a la persona cuidadosamente con *ser* y *estar*.

• una persona para un puesto específico: cuidar un bebé, enseñar natación, atender las mesas en un restaurante, etc.

• un/a amigo(a) extranjero(a) para mantener correspondencia o intercambiar algo (sellos, carteles, postales, etc.)

• un instructor o profesor particular (*private*) de matemáticas (violín, danza, esquí, tenis, etc.)

C **Futuros trabajos.** Escribe un párrafo de al menos cinco frases sobre lo que deseas en tu futuro trabajo. Describe la empresa, el jefe (la jefa) y los compañeros de trabajo que quieres tener.

Por ejemplo: Quiero que la empresa esté en Nueva York y que esté muy cerca de mi casa porque no tengo coche. Pienso ahorrar dinero para comprar un coche que sea barato. Es importante que algunos compañeros de oficina sean de países hispanos para que a veces podamos hablar un poco de español. No creo que sea difícil aprender con ellos.

D **El siglo XXI.** Escribe una composición sobre el tema de los trabajos del futuro. Usa las siguientes preguntas como guía.

1. ¿Qué trabajos necesitaremos en el futuro?
2. ¿Cómo será el trabajo en cuanto al ambiente, las condiciones, el sueldo y el horario?

Estructura **125**

Actividades

Note: For complete answers to these activities see the Teacher's Manual, page 44.

Actividad A Answers
Answers may resemble the following:
Mi tío: Es bajo y delgado, es simpático, es muy divertido, es de Virginia, es mecánico de aviones, está bien de salud, ahora está en la Florida

Actividad B Answers
Answers may resemble the following:
Se busca chico(a) para acompañar a señora mayor. Debe ser cariñoso, paciente y responsable. Tiene que estar con la señora tres horas por la tarde de lunes a viernes. Llamar de 15:00 a 20:00 a 96–24–591 y preguntar por Ana.

Actividad C and D Answers
Answers will vary.

Learning from Realia

Have students look closely at the stories advertised on the cover of the magazine. Then, ask them questions such as: Why do you think that they are all negative? You may wish to tell students that since the mid 1980's, there has been an enormous increase of women in the workforce in Hispanic countries, because of better educational opportunities for them and because of the activities of feminist groups. In Spain, only about 9.5% of business executives are women, and they earn about 15% less than men in an equal job. How does the presence of women in the workplace affect the rules of conduct, dress codes, and traditional ways of doing business?

Bell Ringer Review

Write the following on the board or use BRR Blackline Master 2.3.3:
Escribe un breve párrafo sobre la carrera que te gustaría seguir y las razones por qué.

Presentation (pages 126–127)

This section develops skills in approaching authentic texts through a strategic five-stage, integrative reading process: **pensar, mirar, leer, analizar, aplicar.** The lesson theme, vocabulary, and grammar focus are all drawn from the authentic text in this section. The **Lectura,** in whole or part, may be effectively done at any point in the **Lección.** In this **Lección,** it is recommended that **Actividades A–C** be used to introduce the lesson, prior to vocabulary presentation. Then, return students at some point after vocabulary has been presented to complete **Actividad D, Consejos,** and the remaining **Lectura** activities.

Antes de leer

Pensemos

This pre-reading section pulls out existing experience and language knowledge while encouraging use of the following reading preparation strategies: anticipating and predicting, recycling and recombining previous knowledge, transferring, personalizing, associating, expanding, assessing statements, expressing opinions.

Actividad A. Provide words as students request them: **niñera; repartidor(a) de periódicos (pizzas), dependiente, cajero(a), oficinista,**

Antes de leer

Pensemos

A **Trabajos de todos tipos.** En el verano o cuando termines tus estudios es posible que busques trabajo. ¿Vas a trabajar tiempo parcial o tiempo completo? Da tres ejemplos de los trabajos que puedes encontrar en cada caso.

Por ejemplo: **de tiempo parcial** **de tiempo completo**
mecánico de bicicletas recepcionista

B **Preguntas de la entrevista.** A menudo, antes de darte el trabajo, el/la supervisor/a te llama para entrevistarte. Con un/a compañero(a) piensen en cinco preguntas que el supervisor puede hacer y cinco que tú puedes hacer durante la entrevista.

Por ejemplo: **Yo quisiera saber...**
¿A qué hora tengo que estar en la oficina?

El/La supervisor/a quisiera saber...
¿Cuántos años tiene?

C **Temas de la entrevista.** Indica si los siguientes temas de conversación deben darse o no en una entrevista.

1. datos biográficos
2. aficiones y pasatiempos
3. derechos y privilegios
4. el trabajo ideal
5. el dinero o sueldo
6. tus aspiraciones o metas
7. las obligaciones del trabajo
8. tu personalidad
9. el horario de trabajo
10. tu familia
11. tus amigos y conocidos
12. tu coche

126 CAPÍTULO 2 *Lección 3*

Learning from Realia

Have students examine the ads on page 126. In what month was the ad from Bimbo probably run? Is experience necessary for either of these jobs? Which job offers a commission and which offers a salary? What do you think **capacitación** means? Would a person have to write an application letter for either of these positions?

D Consejos. Separa las cosas que es conveniente hacer de las que no es conveniente hacer durante una entrevista.

Por ejemplo: llegar a tiempo / llegar tarde
Es conveniente que llegues a tiempo.
No es conveniente que llegues tarde.

1. contestar las preguntas que te hacen / hablar y hablar como loco(a)
2. vestirse cuidadosamente / usar jeans (vaqueros) y camiseta
3. decir mentiras / decir la verdad
4. tener buenos modales / ser descortés
5. mantenerse serio / reírse mucho
6. responder a todas las preguntas / evitar algunas preguntas
7. demostrar tu personalidad / portarse de una manera artificial
8. fumar / no fumar
9. ponerse nervioso / mantener la calma
10. enfadarse / tener paciencia

Al lector

● No te preocupes si no entiendes todas las palabras de la lectura. Eso es normal.

● No es necesario usar un diccionario. Trata de adivinar las palabras que no conoces.

● Confía en tu español; ¡ya sabes muchísimo!

Miremos

¿Acertaste? Ahora, mira el artículo de las páginas 128–129 y ve si contiene los consejos que escribiste en la actividad D. Marca los consejos que sí aparecen.

Lectura **127**

Learning from Photos
Make a list of the things that this job applicant appears to have done correctly in her interview.

jardinero(a), cocinero(a), ayudante de..., secretario, empleado(a) de estación de servicio, mecánico(a), tutor, consejero(a) de un campamento de verano, líder de grupo, etc.

Actividades

Note: For complete answers to these activities see the Teacher's Manual, page 44.

Actividad A Answers
Answers will vary according to example.

Actividad B Answers
Answers may resemble the following:
Yo quisiera saber:
¿Cuántas horas trabajo por semana?
El supervisor quisiera saber:
¿Habla español?

Actividad C Answers
Answers may resemble the following:
1. **datos biográficos: sí**

Actividad A Answers
Answers may resemble the following:
1. **Es conveniente que contestes...**
No es conveniente que hables y hables...

Miremos

This preliminary reading section provides the first glimpse of the reading and focuses on the reading strategies of predicting, skimming for global idea, focusing attention, scanning for specific information. No intensive reading is required at this stage.

Actividad

Actividad Answers
Answers may resemble the following:
1. **vestirse cuidadosamente**

La entrevista de trabajo

Reading Strategies

This authentic text encourages use of such reading strategies as transferring, guessing from context, looking for patterns, identifying cognates and derivatives, applying knowledge and experience to sense-making process, identifying salient information, searching for clues to meaning. Guide students to guess meanings of unfamiliar words. Words underlined are those students should be able to guess, with guidance, e.g.: **primordial y primario** (transference and English cognates); **una cifra en bruto** (context: contrast with **neto**), **sueldo neto** (cognate), etc. If the reading is assigned as homework, encourage students to try to develop their reading strategies rather than use the dictionary for unfamiliar words. Follow up in class by having students share the clues they used to determine the meanings of these words.

La entrevista de trabajo

Es en el caso de la entrevista de trabajo cuando se hace más real que nunca el tópico de que "una imagen vale más que mil palabras". Primero, en tu puntualidad. Si vas a llegar tarde, avisa o pospón la entrevista; no pasa nada. Segundo, en tu vestimenta y arreglo
5 personal. El traje con corbata es imprescindible para los hombres. Mejor oscuro, da seriedad. Nunca vaqueros y chaqueta. Si no dispones de traje, mejor chaqueta azul y pantalón gris. Para las mujeres, falda mejor que pantalón. Y siempre elegante y arreglada.

En la conversación, primordial y primero: demostrar ganas de
10 trabajar. La entrevista busca fundamentalmente sacar una fotografía real de tu personalidad. De las preguntas que te irán formulando surgirán diversas caras de tu persona. Así, pues, ¡sé tú mismo! Demuestra que te conoces. Trata de no mentir nunca, aunque a veces no digas exactamente toda la verdad. ¡Ten cuidado con los
15 estereotipos! Lo que se busca casi siempre son personas que sepan trabajar en equipo.

¿Cuáles son las preguntas típicas? Te pueden preguntar por donde menos te lo esperes: aficiones, familia, relaciones personales, cualquier cosa de tu vida privada. Una pregunta casi obligada es: "Tres
20 virtudes y tres defectos". Lo de menos es la respuesta; lo importante, el modo de responder.

También te pueden preguntar sobre tu trabajo ideal. Da una respuesta realista: entre la verdad de lo que piensas y el contexto real. Otra pregunta: ¿cómo te gustaría que fuera tu jefe? Da una respuesta
25 general, pero nunca hables mal de un superior (tampoco del anterior si ya has trabajado, ni de tus padres). Piensa que tu selección depende de un ejecutivo de la empresa.

En la entrevista, también te tocará el turno de preguntar. Interésate por la empresa. Si la conoces, interésate por su marcha en el mercado;
30 si no tienes datos, pregunta por el puesto de trabajo, las funciones que vas a desarrollar, el plazo para demostrar tus aptitudes, el horario (¡sin parecer un funcionario!), de quién vas a depender, a quién acudirás en caso de duda... Sobre el tema del dinero, mejor no preguntar. Deja la iniciativa a la empresa. Si te interrogan, lleva una idea lógica en la
35 cabeza para responder de tus pretensiones económicas. Si te dan una cifra en bruto, no te importe pedir que te desglosen los conceptos y que te den lo que cobrarás en sueldo neto. Mejor dejarlo claro para que no haya disgustos después.

En general, estáte tranquilo. ¡Muchas entrevistas se definen en los
40 primeros cinco minutos! Sé preciso en tus respuestas. Mantén un tono de seriedad en la conversación. Una broma, aunque te parezca que disminuye la tensión, puede estropear tu imagen. Éste es un primer contacto donde aún no hay confianza. ¡Cuidado con los finales! La entrevista no termina hasta que no estés en la calle. La secretaria
45 puede informar de ti mientras esperas. No demuestres impaciencia.

En la conversación, primordial y primero: demostrar ganas de trabajar.

En la entrevista, también te tocará el turno de preguntar. Interésate por la empresa.

Sobre el tema del dinero, mejor no preguntar. Deja la iniciativa a la empresa.

Cooperative Learning Activity

Working in pairs, students should scan the article for commands. They should use these commands to make a list in their own words of the most important advice contained in the article.

Últimamente está de moda celebrar la entrevista durante una comida o una cena. Se trata de una excusa para conocerte personalmente; no es una comida entre amigos. ¡Mantén el tipo! Pide un menú sencillo y ligero —nada de darte un banquete. ¡Estás invitado, y la pesadez puede hacerte bajar la guardia! En la mesa valorarán desde tu cultura personal a la hora de mantener una conversación, hasta tus modales y forma de comer. Comunica una imagen de madurez.

5

Lectura **129**

Leamos

Presentation (pages 130–131)

This section focuses on comprehension and use of information derived from more intensive reading through the following reading and researching strategies: segmenting, note taking, paraphrasing, reacting authentically as a reader, forming conclusions, assessing statements, citing the source.

Actividades

Note: For complete answers to these activities see the Teacher's Manual, pages 44–45.

Actividad A Answers
Answers may resemble the following:
1er párrafo: Es importante que seas puntual y que te vistas bien.

1er párrafo: Es importante que seas puntual y que te vistas bien.

Actividades B and C Answers
Answers will vary.

Actividad D Answers
Answers may resemble the following:
1. **No está bien decir eso. El artículo dice que no debes hablar mal de un supervisor.**

Leamos

A **En resumen.** Vuelve a leer el artículo. Lee cada párrafo en orden y haz un esquema de la información que se puede encontrar allí. Para cada párrafo, escribe sólo una frase que exprese la idea principal.

Por ejemplo: La idea principal del primer párrafo es que es importante que seas puntual y que te vistas bien cuando tienes una entrevista.

B **¿Cómo es el aspirante perfecto?** Con otra persona, revisa los consejos del texto y escribe una descripción del aspirante perfecto.

Por ejemplo: El aspirante perfecto siempre..., sin embargo nunca... El aspirante perfecto..., aunque...

C **Buenos empleados.** Según lo que leíste, ¿qué tipo de empleado desean encontrar los patrones o empleadores?

Por ejemplo: Buscan empleados que puedan... y que sepan...

D **Preguntas y respuestas.** Según lo leído, indica si las siguientes respuestas son apropiadas o no. Explica por qué citando la frase correspondiente del artículo.

Por ejemplo: Quisiera saber quién va a ser mi jefe. *Es una pregunta apropiada. El artículo dice que debes preguntar de quién vas a depender.*

1. Me desagradaba mi supervisor porque gritaba mucho.
2. He leído en el periódico que las nuevas oficinas de la empresa andan muy bien.
3. Espero que aquí me paguen bastante. Necesito dinero para comprarme ropa.
4. Dejé de trabajar porque no me quedaba bastante tiempo para estudiar.
5. Me fascina todo lo relacionado con negocios y computación.
6. Lo que más me interesa es la experiencia; si Uds. quieren, no me paguen nada.

Mecánico, oficial de primera, para taller de automóviles de todas las marcas. Imprescindible seriedad. Llamar de 12 a 1. Señor Carranza. ☎ 9543371

Se necesita persona joven. Varón, servicio militar cumplido, con carnet conducir para venta productos de artes gráficas. No se precisa experiencia. Formación a cargo de la empresa. Sueldo fijo más comisiones. Interesados, llamar a los **teléfonos 4639345-4638917,** después de las 17:30 horas

Necesítase personal sin experiencia para restaurante MC Donald's en Hiper Continente (Alcobendas). Media jornada. Interesante para estudiante o amas de casa. Llamar, ☎ 226 04 38. De 10-12. Departamento hostelería. **Pizzero** maestro. Pizza Piedra, cocina italiana. Preferencia argentinos, uruguayos. Trabajo en Marbella. Contactar ☎ 333 82 79 79, 82 25 92.

Interdisciplinary Activity

Interview a teacher in your business education department, a counselor, or an adult who works in business about which job fields seem most promising for the future. Is it important that applicants be bilingual? How does knowing another language change a person's possibilities for employment? Report back to class. Students could make up some want ads in Spanish for these jobs.

Después de leer

Analicemos

En otras palabras. Las frases que siguen expresan ideas del artículo, pero en otras palabras. En cada caso ubica la línea del artículo donde se dice algo similar. Luego, intercala (*insert*) la nueva frase en el texto y haz los cambios necesarios.

Por ejemplo: Línea 3: Si sabes que vas a llegar tarde, debes *hacer otra cita.*

Si sabes que vas a llegar tarde, debes avisar.

1. Línea 5: El traje con corbata es *esencial* para los hombres, pero si *no tienes* traje, usa chaqueta oscura y pantalón.
2. Línea 9: Es importante que demuestres *deseos* de trabajar.
3. Línea 11: De las preguntas que te hagan, van a *salir (revelarse) diferentes aspectos* de tu personalidad.
4. Línea 12: Es importante que *no seas artificial (que te portes de una manera natural).*
5. Línea 15: Los jefes buscan personas que sepan trabajar *con otros.*
6. Línea 17: Te pueden hacer preguntas *inesperadas.*
7. Línea 20: *Algo muy* importante es la manera de responder; *menos importante* es la respuesta misma.
8. Línea 28: En la entrevista *tú tambien tendrás la oportunidad* de preguntar.
9. Línea 30: Si no tienes *información* sobre la compañía, pregunta por el puesto que te interesa, *lo que vas a hacer,* y el *período de tiempo* que tendrás para demostrar tus aptitudes.
10. Línea 36: Si te mencionan el dinero, pide que te den *números exactos* de lo que *ganarás* de *salario.*
11. Línea 40: En general, *no te pongas nervioso.* Pero no digas bromas tampoco porque éstas pueden *arruinar* tu imagen.
12. Línea 4: Si te invitan a comer, es mejor pide una comida copiosa porque *la barriga llena* puede hacerte *descuidar tu imagen.*
13. Línea 7: Da una imagen de *adulto.*

Apliquemos

Una entrevista fracasada. Con un/a compañero(a) prepara, ensaya (*rehearse*) y representa una conversación entre un/a aspirante y un/a jefe(a). En esta conversación Uds. tienen que mostrar claramente lo que *no* debe hacerse en una entrevista para un trabajo. ¡Sean originales!

Analicemos

This section focuses on analysis of new vocabulary encountered in the reading and on the language expansion strategy of paraphrasing.

Actividad

Note: For complete answers to these activities see the Teacher's Manual, page 45.

Actividad Answers
Answers may resemble the following:
1. **Línea 5: ... imprescindible... no dispones de traje, usa chaqueta oscura y pantalón.**

Apliquemos

This section focuses on summarizing and integrating content and language of the reading through the following strategies: applying new information and concepts, personalizing, collaborating, creating.

Actividad Answers
Answers will vary.

For the Native Speaker

Ask the Spanish native speakers in the class to do the following activity:
¿Cuál es la profesión o carrera que más te interesa a ti? ¿Qué tipo de formación personal o académica necesitarás para tener éxito en esta profesión? ¿Por qué has escogido este tipo de trabajo? Escribe un breve ensayo sobre el tema o presenta tus ideas a la clase.

Cultura viva

Presentation (pages 132–133)
This section examines the lesson theme from a cultural perspective. Students are asked to reflect and comment on their own culture as well as Hispanic cultures, through the stimulus of authentic personal, journalistic, and literary texts. Use of the following cultural discovery strategies is promoted through activities in this section: self-reflection, examining points of view, focusing attention, identifying salient information, comparing and contrasting, hypothesizing, modeling.

Conversemos y escribamos

Note: For complete answers to these activities see the Teacher's Manual, page 45.

Actividad A Answers
Answers will vary.

Actividad B Answers
Answers may resemble the following:
1. Trabajos peligrosos: policía, bombero, soldado

¿A qué edad se puede comenzar a trabajar?

Lo que sigue explica qué jóvenes pueden trabajar en España.

- Se prohíbe el trabajo a los menores de 16 años. Con una sola excepción, la del trabajo en espectáculos públicos, que debe ser autorizado, en cada caso, por la autoridad laboral y "siempre que no suponga un peligro para la salud física ni para la formación profesional y humana del menor".
- Los menores de 18 años no pueden realizar trabajos nocturnos, insalubres, penosos, nocivos o peligrosos.
- Los menores de 18 años tampoco pueden realizar horas extraordinarias. Y además... Recuerda que hay dos clases de salarios mínimos. Para los mayores de 18, este año está fijado en 53.250 pesetas[1]. Pero, para los menores de 18 años, la cantidad mínima que se debe exigir es de 35.160 pesetas[2].

[1] $450 aproximadamente

[2] $300 aproximadamente

Conversemos y escribamos

A ¿En qué se parecen y se diferencian el sistema español y el estadounidense en cuanto al trabajo de los menores? ¿Estás de acuerdo o no con estas leyes?

B Con un/a compañero(a), da al menos un trabajo de cada tipo.

Por ejemplo:　trabajos peligrosos
　　　　　　　　obrero de fábrica

1. trabajos peligrosos
2. trabajos nocturnos
3. trabajos que exigen horas extraordinarias
4. trabajos en espectáculos públicos

132 CAPÍTULO 2 *Lección 3*

Critical Thinking Activity

1. Students may be aware that in the U.S. there are laws that prohibit employers from advertising for a particular candidate on the basis of the following: **raza, nacionalidad, sexo, estado civil, edad.** However, these laws are designed for U.S. society. Other societies may or may not have the same types of laws. Have students look at the currículum, the **solicitud** on page 136, and the ads on pages 117, 126, and 130. Do these laws exist in Hispanic societies? (Point out frequent mention of age and desired sex in ads; gender preference in ads page 130, **varón** (male) and page 132 (**ambos sexos**); in the CV the inclusion of birth date; in the **solicitud**, various questions: **fecha de nacimiento,**

(continued on the next page)

C U L T U R A   V I V A

Currículum vitae

Datos personales

Nombre: Hortensia Rodríguez Pérez
Nacionalidad: española
Dirección: Avda. Bruselas, 81
          28000 Madrid
Teléfono: 787–84–76
Lugar de nacimiento: San Sebastián
Fecha de nacimiento: 4 de junio de 1977
Nombre del padre: Pedro
Profesión: abogado
Nombre de la madre: María
Profesión: su casa (sus labores)

Ocupación actual

Realizo estudios en el Colegio San Juan. Mi horario de clase es de 9,00 a 14,00. Tengo las tardes libres y puedo trabajar de 16,00 a 20,00 horas.

Preparación académica

1. Actualmente estudio 2° en el colegio.
2. EGB, colegio Arturo Soria.
3. Estudio piano en el Conservatorio Serrano.
    Idiomas: español, inglés, alemán.

Puesto que desea: auxiliar de biblioteca

Experiencia profesional

1. No tengo, pero he sido segundo premio en el concurso de cuentos organizado por la revista "Nueva Ola" de Cáceres, abril de 1992, y colaboro en el periódico de mi colegio.
2. Sé mecanografía (diploma que lo acredita).
3. He ayudado en el trabajo de organización de la biblioteca de mi colegio. Sé llevar un fichero bibliográfico.

C Contesta las siguientes preguntas.

1. ¿Qué cosas no se ponen en los currículums de los Estados Unidos que, sin embargo, aparecen en este currículum de una chica española?

2. ¿Qué cosas faltan en este currículum que, según tu parecer, podrían ayudar a la aspirante?

3. Si fueras consejero vocacional, ¿qué tipo de trabajo le sugerirías a esta chica? ¿Por qué? Explica bien.

D Haz tu propio currículum vitae usando el de Hortensia como modelo.

---

estatura, peso, sexo, estado civil, vive con…, etc.)
2. In the U.S., employers also may not ask that an applicant send a photo with the application. Why? In Hispanic societies, however, it is common practice to request that applicants send a photo with their CV (see, for example, ARE-

NARIA ad on page 117). Why might an employer want a photo of the applicant?

Estructura: Un poco más

¿Eres aburrido(a) o estás aburrido(a)?
Otras diferencias entre ser y estar

Some adjectives convey different meanings, depending on whether they are used with the verb **ser** or **estar**. The following is a list of some of these.

	ser	estar
aburrido(a)	boring	bored
callado(a)	quiet (by nature)	silent
cansado(a)	tiresome	fatigued
divertido(a)	amusing	amused
listo(a)	smart, clever	ready
malo(a)	bad	in poor health
nuevo(a)	newly made	unused
rico(a)	wealthy	delicious
seguro(a)	safe	sure, certain
verde	green	unripe
vivo(a)	lively	alive

Completa las siguientes frases de una manera original.

1. La alumna es lista porque ___ .
2. La alumna está lista porque ___ .
3. El político es aburrido porque ___ .
4. Estamos aburridos porque ___ .
5. David es muy callado porque ___ .
6. Yolanda está callada porque ___ .
7. Mis tíos son muy divertidos porque ___ .
8. Enrique está divertido porque ___ .
9. El niño es malo porque ___ .
10. La niña está mala porque ___ .

Una nueva manera de pensar nunca está fuera de lugar

Para Empezar, una nueva manera de pensar nunca está fuera de lugar con los sucesos más sobresalientes del deporte, en el primer noticiero en vivo de la FM.

Diariamente transmitimos la información más completa y oportuna del mundo deportivo nacional e internacional.

Pedro Ferriz de Con, Alfredo Domínguez Muro y el mejor equipo de reporteros y comentaristas de la FM, cada día listos... Para Empezar.

De lunes a viernes de 7:00 a 9:30, de 13:30 a 15:00 y de 18:30 a 20:00 hrs.* Vía Satélite y en Cobertura Nacional.

Una nueva manera de pensar en el deporte.

para empezar

stereorey 102.5 MHZ

Diversiones

A **Cinco preguntas.** Piensa en un objeto que sea difícil de descubrir. Tus compañeros(as) te hacen preguntas para adivinar cuál es el objeto. Pero sólo te pueden hacer cinco preguntas y es obligatorio hacer al menos una pregunta con *ser* y una con *estar*.

Por ejemplo: ¿Es grande o pequeño? ¿Está en el aula? ¿De qué color es?

B **La entrevista.** ¿Cómo te comportas en una entrevista? Tus compañeros te van a entrevistar, pero no sabes para qué.

1. Júntate con tres compañeros(as).
2. Cada persona escribe en un papel el nombre de una ocupación.
3. Doblen (*Fold*) los papeles y pónganlos todos juntos.
4. Escojan a una persona del grupo para que sea el entrevistador.
5. El entrevistador toma un papel y entrevista a un miembro del grupo según lo que dice el papel. Por ejemplo, si el papel dice "dentista", el entrevistador va a hacer preguntas que tienen que ver con esa ocupación.
6. La persona a la que entrevistan tiene que adivinar la ocupación.

C **¡Esto sí que es divertido!**

1. En grupos de cinco personas, escojan a una persona para que tome apuntes. El que toma apuntes escribe las siguientes categorías en un papel.

es aburrido(a)	está aburrido(a)
es callado(a)	es rico(a)
es divertido(a)	está malo(a)
es listo(a)	está callado(a)
es malo(a)	está divertido(a)

2. Ahora, traten de completar todas las categorías con nombres de personas como amigos o familiares, artistas de cine o atletas que quepan en una u otra categoría.

Actividades

Actividad A Answers
Objeto: el mapa de España
1. ¿Está en el aula? (Sí)
2. ¿De qué forma es? (Rectangular)

Actividad B Answers
Answers may resemble the following:
Preguntas: (abogado)
1. ¿Te gusta discutir?
2. ¿Conoces bien las leyes?

Actividad C Answers
Answers will vary.

Student Portfolio

As they move through the Spanish program, students can keep a portfolio of their work, including audio and videotapes or cds containing multi-media projects. What is important is that the student be involved in selecting works for inclusion in the portfolio and that he or she reflect on the criteria for keeping them. In this chapter, it would be good to discuss with students how having a portfolio could be helpful during the job application process.

Repaso de vocabulario

Cosas y conceptos

la afición
la aspiración
el defecto
la empresa
la imagen
la madurez
el monosílabo
la obligación
el plazo
la puntualidad
la virtud

Actividades

atrasarse
averiguar
bajar la guardia
demostrar (ue)
desarrollar
disponer de
estar dispuesto(a) a
estropear
mentir (ie, i)
perder (ie) el hilo
posponer
preguntar por
presentarse a
tener ganas de
tomar en broma (en serio)
trabajar en equipo

Otras palabras y expresiones

a tiempo
el/la aspirante
el/la jefe(a)
sobre
tocarle a uno

Cooperative Learning

Students can review the lessson vocabulary in game format by competing in their small groups. The teacher says the vocabulary word, and groups have a limited time to create a correct sentence using the word. All groups who do so get the point. Groups may challenge one another's sentence, but they are penalized if the sentence turns out to be correct.

Capítulo 2 Un paso más

A **En pedir no hay engaño.** Escribe cuatro deseos que tienes para tu escuela. Dáselos a un/a compañero(a). Esta persona debe intentar darte la condición necesaria para que tu deseo se realice.

Por ejemplo:

ESTUDIANTE A:	ESTUDIANTE B:
Van a construir un nuevo gimnasio.	Van a construir un nuevo gimnasio con tal de que haya dinero.

B **Hagamos otro papel.** Con otras dos personas imagínense que son padres y no alumnos del colegio. Expresen sus deseos, emociones y dudas en cuanto a los maestros, estudiantes, equipos deportivos y actividades de la escuela. Agreguen (*Add*) un comentario. Di al menos cuatro cosas.

Por ejemplo: Espero que gane el equipo de fútbol de los chicos este viernes. Si pierden, los muchachos van a estar muy enfadados.

C **Declaración de independencia.** A veces la gente nos hace hacer cosas que no nos gustan. Explica qué tienes que hacer aunque no te guste.

Por ejemplo: Aunque a mí no me gusta la música, mi mamá quiere que yo tome lecciones para que algún día sea músico profesional. Yo creo que todos tenemos derecho a hacer lo que nos gusta.

D **Entrevista.** Con otra persona, prepara una conversación entre un consejero (o un jefe) y un aspirante.

E **Se crean imágenes.** Tú trabajas en una oficina donde le hacen el currículum vitae a gente que lo necesite muy rápido. Prepara una lista de preguntas para hacerle al aspirante (tu compañero[a]) y después entrégale el currículum. Usa el currículum vitae de la página 133 como guía.

Un paso más **137**

Actividad A Answers

Answers will vary but may resemble the following:

Estudiante A:
1. Quisiera una piscina.
2. Ojalá que sirvan pizza.

Estudiante B:
1. Construirán una piscina con tal de que haya dinero.
2. Servirán pizza con tal de que 1a mayoría de los alumnos quieran comerla.

Actividad B Answers

Answers will vary but may resemble the following:
1. Dudo que los maestros vengan al partido del sábado porque querrán descansar con sus familias.
2. Ojalá que todos los del último año se gradúen sin que nadie tenga que asistir a clases de verano.

Actividad C Answers

Answers will vary but may resemble the following:

Aunque a mis padres no les guste que yo actúe en obras teatrales en la escuela, pienso presentarme para el papel principal en la comedia que van a poner. Mis padres quieren que yo sea un profesional como médico o abogado. Pero a mí me interesa el cine, y aunque les duela, mi decisión será de estudiar teatro.

Actividades D and E Answers

Answers will vary.
Note: The résumé resembles the one on page 133.

Actividad F Answers

Answers will vary.

Actividad G Answers

Answers will vary but may resemble the following:

Querida Abby,

Le escribo porque tengo un problema y no se lo puedo contar a nadie. Parece que el novio de mi mejor amiga quiere algo conmigo. Muchas veces me invita a salir con ellos, pero si digo que no, mi amiga también insiste. Yo no tengo ningún interés en él, pero no quiero ofender a mi amiga. Y tampoco quiero que su novio crea que estoy interesada en él. Pero si le digo algo a ella (o él), él seguramente lo negara todo.

¡Socorro!

La perpleja

Contestación:

Lo mejor que puedes hacer es buscarte un novio o un amigo especial y así podrás tener una excusa para no acompañar a tu amiga y a su novio.

Actividad H Answers

Answers will vary.

Actividad I Answers

Answers will vary but may resemble the following:

Astronauta: Debe estudiar física, química, matemáticas, y saber usar una computadora. Tiene que entrenarse por mucho tiempo y también tiene que saber cómo volar en una nave espacial.

Actividad J Answers

Answers will vary but may resemble the following:

Mi amigo ideal será diferente de mí. Mientras que yo soy extrovertida, espero que él sea introvertido y muy intelectual. Yo suelo ser muy organizada. En cambio, prefiero que él sea más desordenado, más espontáneo. En cuanto al humor, ojalá que sea chistoso, con buen sentido de humor. Aunque yo no soy seria, no puedo contar chistes bien, y me gustan los chicos con un sentido de humor.

Actividad K Answers

Answers will vary.

138

F **Mi colegio.** Si tuvieras que describirle tu escuela a un/a alumno(a) de un país hispano, ¿qué le dirías? ¿Cuáles son las ventajas y los inconvenientes de tu colegio?

1. Haz una lista de lo malo y otra de lo bueno; ordena las cosas en orden de importancia. Luego, toma las tres o cuatro ideas más importantes de cada lista y escribe tus opiniones acerca de ellas.
2. Compara tus listas y opiniones con las de tus compañeros(as). ¿Qué diferencias hay? Defiende tus puntos de vista.

G **Querida Abby.** A veces le escribimos a "Abby" o a alguien así, cuando tenemos problemas.

1. Escribe una carta en que describes un problema tuyo, fírmala con un nombre falso (por ejemplo, "Estudiante confuso") y ponla en un sobre.
2. Todas las cartas del grupo irán en una bolsa y después cada estudiante sacará una carta de otra persona para responderla como lo hace Abby.
3. Dale recomendaciones apropiadas a la otra persona.
4. Pon tu contestación en un sobre con el nombre falso de la persona y pon la carta en la bolsa otra vez.

H **Cuando termines.** Habla con tres personas y averigua sus planes para el futuro. ¿Qué piensan hacer? Escribe un resumen de lo que dijo cada persona. En cada resumen, incluye una descripción de su personalidad y un párrafo sobre sus planes.

I **Los futuros trabajos.** En grupos de tres, cada persona debe dar dos trabajos que le gustaría conseguir en el futuro. Luego, cada uno debe sugerirles a los demás los cursos que deben tomar y la experiencia que deben tener para que consigan los trabajos.

J **Los polos opuestos se atraen.** Si los polos opuestos se atraen, ¿cómo es tu amigo(a) ideal? Descríbete a ti mismo(a) y a la otra persona usando *en cuanto a*... (personalidad, apariencia física, aficiones, deseos, experiencias, intereses, etc.). Usa el subjuntivo para describir a esta persona y compárate con la persona usando expresiones como *sin embargo*, *en cambio*, *aunque*.

K **Un artículo para la revista.**

1. Todos juntos hagan una lista de problemas o cuestiones importantes que haya en este momento; pueden ser cosas del colegio, de la comunidad, de trabajo, de las pruebas y exámenes, etc.

2. Elijan una cuestión y divídanse en dos grupos: un grupo escribirá sobre un aspecto de la cuestión y el otro sobre otro.

3. Cada grupo debe desarrollar al menos tres ideas para defender su posición.

4. Luego, los dos grupos deben unirse para escribir la introducción y las conclusiones del artículo.

5. Manden el artículo a otra clase de español para que los estudiantes lo lean y expresen sus propias opiniones.

L **Tengo mis razones.** Imagínate que no has podido estudiar para una prueba. Escribe una nota para conseguir que tu maestro(a) te dé una prueba de recuperación. Explica bien por qué no estudiaste y sé amable.

M **¿Cómo será mejor?** Decide según el contexto si las siguientes recomendaciones deben ser para *Ud.*, *tú* o *Uds.*, afirmativas o negativas. Escribe las palabras apropiadas.

Por ejemplo: en la biblioteca: conversar como locos
(Uds., negativa) *No conversen como locos.*

1. en el cine: hablar durante la película
2. en la sala de biología: tener cuidado con el microscopio
3. en la sala de geografía: perder los mapas
4. en el gimnasio: caminar con tacos altos *(high heels)*
5. en la cafetería: tirarse comida como locos
6. en el baño: dejar las llaves abiertas *(the water running)*
7. en la cocina: poner los platos sucios en el lavaplatos

Actividad L Answers
Answers will vary but may resemble the following:
Estimado(a) maestro(a):
        Siento mucho no haber podido estudiar para el examen. Lo que pasa es que mi hermana se enfermó y tuvimos que llevarla a la sala de emergencia. Le ruego que me dé un examen de recuperación. Le prometo que me preparé bien. Muchas gracias por su comprensión.
        Atentamente,
        Kim

Actividad M Answers
Answers will vary but may resemble the following:
1. No hablen durante la película.
2. Ten cuidado...
3. No pierdan...
4. No caminen...
5. No se tiren...
6. No dejes...
7. Pon...

Chapter Overview

This chapter focuses on the broad theme of love and friendship through an emphasis on giving advice, describing and narrating the past, and expressing feelings through imagery. Cultural aspects integrate explorations of U.S. and Hispanic cross-cultural perspectives as related to the notions of friendship and family relationships. Grammatical emphasis is on the various uses of the present perfect and imperfect tenses to summarize and describe the past. Authentic texts in the **Lectura** sections include magazine articles as well as fragments of short stories and poetry from well-known Hispanic authors.

All student activities have been designed with attention to development of effective learning strategies. For your convenience, this Teacher's Wraparound Edition notes the types of learning strategies encouraged in each section of student activities.

CAPÍTULO 3

Amistades y amores

Lección 1

Learning from Photos

Ask students to discuss the following: Do
you think that it is a helpful custom for
boys and girls to go out together with a
group of friends before dating alone?
Brainstorm some possible advantages of
going out in a mixed group.

Lección 1

Introducing the Lesson Theme

Through the theme of relationships,
this lesson focuses on recounting
experiences and giving advice to
others. With this in mind, it is recommended that you begin the **Lección**
with page 152, **Actividades A–C** of
the **Pensemos** section of the **Lectura**.
This section is designed to pull out
students' experience and focus their
attention on the lesson topic, without involvement in the reading. The
lesson theme, vocabulary, and grammar focus are all drawn from the
authentic text of the **Lectura** section.

Objectives

By the end of this lesson, students
will be able to:
1. talk about friendship and love
   relationships
2. express what they have done,
   what they should have done,
   and what others expect them to
   have done
3. discuss about love and friendship
   in the Hispanic world
4. talk about reflexive and reciprocal
   actions

Lesson 1 Resources
1. Workbook
2. Audio Program
   (casssette or CD)
3. Student Tape Manual
4. Bell Ringer Review
   Blackline Masters
5. Fine Art Transparencies
6. Video Cassette
7. Lesson Quizzes
8. Testing Program
9. Situation Cards

Bell Ringer Review

Write the following on the board or use BRR Blackline Master 3.1.1:
What if your friends had to apply for the job of friend? What qualifications would you look for before hiring them? Jot down two or three requirements that you would make. Your teacher will then collect ideas from the whole class to write a brief want-ad for a friend.

Presentation (pages 142–143)

To ensure assimilation of meaning and appropriate use, do not rush vocabulary presentation.

A. Have students work with books closed to focus attention on listening for meaning.

❐ To continue with this activity, see the Teacher's Manual, page 97.

B. Call students' attention to the greeting cards on pages 142–143. For each, have students tell you:
(1) ¿Para qué es? (2) ¿Para quién es? (3) ¿Puién se la manda a quién?
Por ejemplo:
(1) es para el día del amor (de los enamorados) (2) es para los enamorados/los novios (3) un chico se la manda a una chica
Provide students some words they can use to refer to their best friends: **mi amigo(a) del alma; un(a) amigo(a) íntimo(a)**
girl/boyfriends: **mi chico(a); mi enamorado(a); mi amor; mi ligue**

142

Para que las amistades duren *(friendships last)...*

los amigos deben...	*y no deben...*
conocerse bien el uno al otro.	escuchar los rumores de los demás.
llevarse bien el uno con el otro.	pelearse el uno con el otro.
quererse *(love, care for)* con sinceridad.	ignorarse cuando les conviene.
guardar los secretos.	meter la pata *(put one's foot in one's mouth)* y contar un secreto.
deshacerse de *(get rid of)* los egoísmos.	ser egoístas.
juntarse *(get together)* a menudo.	olvidarse el uno del otro.
compartirlo todo.	ocultarle *(conceal)* nada al otro.
apoyarse en todo.	abandonarse por miedo.
ayudarse en el colegio.	competir el uno contra el otro.
pasarlo bien *(have a good time)* juntos.	pasarlo bien solos.
mantenerse en contacto.	dejar de hablarse.

Especialmente para Ti
DE CORAZÓN A CORAZÓN EN EL DÍA DEL AMOR

Para que dure el noviazgo *(courtship)...*

los enamorados deben...	*y no deben...*
amarse *(love)* el uno al otro.	tener celos *(be jealous).*
abrazarse *(hug)* y besarse *(kiss)* mucho.	pelearse.
ser fieles *(faithful).*	ser infieles.
respetarse el uno al otro.	faltarse el respeto el uno al otro.

Antes de casarse los novios...	*Pero también, a veces...*
se enrollan *(get involved).*	se dejan.
se enamoran.	rompen *(break up)* el uno con el otro.
se comprometen.	son infieles.

FELIZ CUMPLEAÑOS

Cooperative Learning Activity

Have students do the following activity. Can you use any forms of the new verbs with **ser** or **estar?** Students work in pairs to match them. For example, **ser: egoísta, fiel, respetuoso, amistoso, amado. estar: enamorado, comprometidos, obsesionado, avergonzado, enrollados.**

A los diez años es normal...	y a los quince...
obsesionarse con... los videojuegos.	los novios.
deshacerse de... los amigos no aventureros.	los novios infieles.
enterarse de... los secretos de un amigo.	los secretos del amor.
contar con... *(rely on)* el perro y el gato.	el/la amigo(a) del alma *(soul mate, best friend).*
tener éxito en... las carreras de bicis.	los concursos deportivos.
confiar en... *(trust)* los padres.	sí mismo(a).
llevarse bien... con todos.	sólo con algunos.
avergonzarse por... *(be embarrassed about)* olvidar la tarea.	olvidar el cumpleaños del amigo.

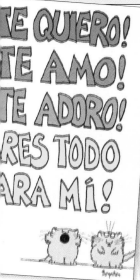

Andrés Durazo
Mercedes Castro de Durazo

Lucía María
Torres Hernández

Tienen el gusto de invitarle (s) a la unión eclesiástica
de sus hijos:

Milagros y Carlos

Acto que se efectuará en la Iglesia San Francisco de Asís,
El Café, Edo. Miranda,
el día 18 de Diciembre de 1993. Hora 7:00 p.m.

Recepción: Calle El Jabillar, lateral a la Iglesia, El Café, Edo. Miranda.

Vocabulario **143**

Guide students through the new vocabulary, personalizing words and expressions to ensure comprehension and active learner involvement. The following are some suggested techniques. Expand on examples provided as desired.

1. Eliciting personal experiences through questions. For example:

   conocerse: ¿Tus amigos y tú se conocen bien? ¿Hace cuánto que se conocen?

   escuchar rumores: ¿Escuchas los rumores de los demás? ¿Por qué (no)?

   llevarse bien: ¿Siempre te llevas bien con tus amigos? ¿Cuándo no te llevas bien con ellos? ¿Con qué tipo de persona te llevas mejor?

   deshacerse de: ¿De qué tipo de gente prefieres deshacerte? (los que siempre se pelean el uno con el otro; los que tienen celos; los que compiten el uno contra el otro; los que son infieles; etc.)

   guardar los secretos: ¿Tus amigos siempre guardan tus secretos?

   juntarse: ¿Con qué frecuencia se juntan ustedes? ¿Dónde?

   apoyarse: ¿En qué se apoyan tus amigos y tú?

   competir: ¿Contra quién sueles competir tú? ¿Compites contra tus amigos?

   pelearse: ¿Te has peleado alguna vez con un amigo? ¿Por qué?

   pasarlo bien: ¿Adónde van tus amigos y tú si quieren pasarlo muy bien?

   contar con: ¿Con quién cuentas tú cuando...te sientes triste/padeces mal ánimo/tienes que calentar un examen/no sabes qué llevar a un baile?

❏ To continue with this activity, see the Teacher's Manual, page 97.

Learning from Realia

Ask students to look at the announcement for Milagros and Carlos. Then ask the following questions: What occasion will take place? What might be culturally important about referring to it as **unión eclesiástica?** Look carefully at the names of the parents. How many parents are named on this announcement?

Independent Practice

Have students integrate as much new vocabulary as possible in one of the following writing assignments:

1. a letter to their best friend thanking him/her for their relationship
2. a fictitious letter to an ex-boyfriend/girlfriend
3. Workbook, pages 43–45

Asociaciones

A **Nos conocemos bien.** Describe tu relación con tu amigo(a) y di con qué frecuencia hacen cada cosa juntos.

(casi) siempre   muchas veces   de vez en cuando
(casi) nunca

Por ejemplo: llevarse bien
Nos llevamos bien casi siempre.

1. pelearse
2. ayudarse
3. compartirlo todo
4. contarse los secretos
5. confiar el uno en el otro
6. comprenderse
7. juntarse
8. pasarlo bien juntos

B **La verdad de las cosas.** Completa las siguientes frases para describir a tus amigos(as).

Por ejemplo: Lo paso bien con mis amigos cuando... pero no cuando...
Lo paso bien con mis amigos cuando salimos por la noche pero no cuando tenemos que hacer tareas.

1. Cuento con amigos que __ pero no con amigos que __ .
2. Me llevo bien con la gente que __ pero no con la gente que __ .
3. Me obsesiono con chicos (chicas) que __ pero no con los (las) que __ .
4. Siempre confío en los (las) amigos(as) que __ pero desconfío de los (las) que __ .
5. Me avergüenza cuando mis amigos(as) __ pero me encanta cuando __ .
6. No me enrollo con __ pero sí me enrollo con __ .
7. Comparto todo con __ pero no con __ .
8. Me enfada mucho cuando mis amigos __ pero no cuando __ .

C **Consejos entre amigos.** Completa las siguientes frases para dar consejos a tus amigos(as). No hay necesidad de que des el nombre si no quieres.

Por ejemplo: A __ le recomiendo que ([no] deshacerse) de __ .
A mi amiga Ann le recomiendo que se deshaga de los egoísmos.

1. A __ le aconsejo que __ ([no] romper) con __ .
2. A __ le recomiendo que __ ([no] obsesionarse) tanto con __ .
3. A __ le digo que __ ([no] casarse) con __ .

Antes que te cases
mira lo que haces.

Asociaciones

Presentation (pages 144–145)

This section encourages use of the following types of learning strategies for assimilation of new vocabulary: associating, personalizing, expanding, grouping and sorting, transferring to new contexts, recycling, recombining, collaborating.

Warm-up. Have students work in pairs to provide the following words.

Probable reponses are indicated in parentheses.

❏ To continue with this warm-up activity, see the Teacher's Manual, page 44.

Actividades

Note: For complete answers to these activities see the Teacher's Manual, page 46.

Actividad A Answers
Answers may resemble the following:
1. **No nos peleamos casi nunca.**
2. **Nos ayudamos casi siempre.**

Actividad B Answers
Answers will vary.

Actividad C Answers
Answers will vary but should include the subjunctive.

Extension of Actividad C
Have students give advice to the characters of a popular soap opera, TV show, or movie. As an alternative, you might bring back a couple of notable characters from *¡Acción! 1* or *¡Acción! 2*— for example, Tony and Miriam from level 2 or Alma and César from the *¡Acción! 1* video and talk about their relationships.

Additional Practice

In connection with **Actividad A,** you may wish to have students complete the following about themselves and best friends.
1. **Nos respetamos...**
2. **Nos hablamos de...**
3. **Nos decimos...**
4. **Nos contamos...**
5. **Nos escribimos...**
6. **Nos damos...**

Critical Thinking Activity
Have students find the etymological roots of these words and ask them to make a chart, showing how they ended up in English, as well as in Spanish:

guardar	respetar
juntar	comprometer
compartir	obsesionar
mantener	abrazar
ignorarse	amar

egoísta	fiel
ocultar	contar
abandonar	confiar
competir	convenir

4. Espero que ___ ([no] enterarse) de que ___ .

5. Me molesta que ___ (perder) tanto tiempo con ___ .

6. Quiero que ___ (enamorarse) de ___ .

7. Siento que ___ (ocultarle) todo a ___ .

8. Me avergüenza que ___ (enrollarse) con ___ .

D **Galletitas de la fortuna.** Con otra persona, completa los siguientes mensajes para poner en una galletita de la fortuna para otras personas de la clase.

1. Conocerás a ___ .
2. Vas a enamorarte de ___ .
3. Te casarás con ___ .
4. Tendrás éxito si ___ .
5. Vas a enterarte de (que) ___ .
6. Puedes contar con ___ .
7. Vas a enrollarte con ___ .
8. No debes pelearte con ___ .
9. Te van a contar ___ .
10. Te desharás de ___ .
11. Te vas a enamorar de ___ .
12. Te vas a avergonzar porque ___ .

Vas a tener éxito en una nueva relación.

E **¿Qué significa "tener éxito"?**

1. Haz una lista de las palabras que asocias con la palabra "éxito".
2. Luego, pregúntales a varios(as) alumnos(as) qué significa "tener éxito" para ellos(as).
3. Anota las respuestas y después identifica lo que tienen en común. Preséntale los resultados a la clase.

Por ejemplo: Desde mi punto de vista, tener éxito significa llevarse bien con los amigos.

Según mis amigos, es tener un buen trabajo y ganar mucho dinero.

Conversemos

A **Los estereotipos.** Como los estereotipos son malos, es mejor analizarlos.

1. Con otra persona, escriban cinco estereotipos que la gente tiene de las mujeres y otros cinco asociados con los hombres.
2. Conversen con otras dos personas para ver si Uds. comparten los estereotipos o no.
3. Si no están de acuerdo, deben explicar por qué.

Por ejemplo: Por lo general, la gente cree que a las chicas sólo les interesa la moda y que a los chicos sólo les interesan los deportes.

ESTUDIANTE A:
Estoy de acuerdo porque...

ESTUDIANTE B:
No estoy de acuerdo porque...

Vocabulario **145**

Actividades D and E Answers
Answers will vary.

Conversemos

Presentation (pages 145–146)
This section focuses on integration of vocabulary while encouraging use of the following conversational strategies: personalizing, transferring to new contexts, recycling, recombining, collaborating, surveying, comparing and contrasting, stating and supporting opinions, list making, note taking and reporting, expanding.

Actividades

Note: For complete answers to these activities see the Teacher's Manual, page 46.

Actividad A Answers
Answers will vary.

146

Actividad B Answers
Answers will vary.

Actividad C Answers
Answers may resemble the following:
1. **Me enrollo sólo con chicos que valen la pena. Para que me enrolle sólo con chicos que valen la pena, saco buenas notas y participo en el club de matemáticas.**

Actividad D Answers
Answers will vary.

Escribamos

Presentation (pages 146–147)
This section encourages written integration of vocabulary through use of the following writing strategies: personalizing, collaborating, surveying, list making and outlining, reporting and summarizing, quantifying information, persuading.

Actividades

Note: For complete answers to these activities see the Teacher's Manual, page 47.

Actividad A Answers
Answers will vary.

B **No somos perfectos.** Cuando uno tiene un/a amigo(a) del alma, uno acepta los puntos negativos que pueda tener. Sin decir los nombres, piensa en dos amigos(as) y da un punto negativo y uno bueno de ellos(as).

Por ejemplo: Siento que mi amigo sea un poco despistado, pero me alegro de que yo pueda confiar en él. Siento que mi amiga siempre meta la pata, pero me alegro de que no preste ninguna atención a los rumores.

C **Éxito.** De las siguientes condiciones para una vida feliz, elige tres que sean importantes para ti. Luego, di al menos dos cosas que puedes hacer para convertirlas en realidad.

Por ejemplo: Mis padres y yo nos llevamos bien.
Para que mis padres y yo nos llevemos bien, ayudo en casa y salgo con mi novio sólo los sábados y los domingos.

1. Me enrollo sólo con chicos(as) que valen la pena.
2. Mis amigos y yo nos llevamos bien.
3. Nunca tengo que estar solo(a).
4. Mis amigos(as) no hablan de mí cuando no estoy con ellos(as).
5. Mis amigos(as) me respetan.
6. No me obsesiono con los novios.

D **Sueños y esperanzas.** Expresa tus sueños y esperanzas en cuanto a lo siguiente.

Por ejemplo: En cuanto al noviazgo,...
En cuanto al noviazgo, quiero que sea largo y que mi novio me dé un anillo de diamantes.

1. En cuanto al noviazgo, ___ .
2. En cuanto al casamiento, ___ .
3. En cuanto a los hijos, ___ .
4. En cuanto a los aniversarios de matrimonio, ___ .

Escribamos ....

A **Consultorio sentimental.** Imagínate que tienes un consultorio sentimental y que has recibido muchas cartas pidiendo consejos. Escríbele una carta a una de las personas de la lista que sigue, dándole consejos y soluciones para su problema. Sé amable y trata de incluir las siguientes expresiones.

Me alegro de que...	¡Qué bueno que...!	Es preciso que...
Siento que...	¡Lástima que...!	No creo que...

- Un chico está saliendo con dos o tres chicas y no puede decidirse por ninguna.
- La novia de un chico pasa más tiempo con sus amigas que con él.
- Una chica no quiere romper con su novio, aunque ya no lo ama, porque no quiere quedarse sola.
- Una chica de 13 años quiere salir con un chico pero sus padres no le dan permiso.
- Un chico acaba de enterarse de que su novia le ha sido infiel. ¿Debe creer los rumores o creer que son mentiras de gente envidiosa?
- Una chica está enojada porque está enamorada de un chico y a la madre de ella no le gusta que él la visite en casa.

B Asuntos amorosos

1. Con otra persona, haz una lista de cinco preguntas interesantes que puedan usar para entrevistar a sus compañeros(as) sobre temas del corazón.
2. Usen las preguntas para entrevistar a cinco personas.
3. Luego, escriban un resumen de lo que averiguaron. Usen porcentajes (%) para expresar las cantidades.

Por ejemplo: Pregunta: ¿Qué debe hacer una chica si descubre que su novio le ha sido infiel?

Resumen: Un diez por ciento de los entrevistados cree que... Según un cincuenta por ciento... Casi todos dicen que...

C No pierdan la confianza. Para mantener buenas relaciones con la gente es necesario reconocer lo que hemos hecho y pedir excusas cuando todo salió mal. Escribe una excusa por cada una de las siguientes cosas.

Por ejemplo: Has llegado tarde a una cita con un amigo.
Siento haber llegado tarde. Es que había mucho tránsito en la carretera.

1. Has metido la pata.
2. Has creído un rumor falso.
3. No has confiado en tu amigo.
4. Has peleado con un/a amigo(a).
5. Has roto con un/a amigo(a) que quieres mucho.
6. Has salido con el novio (la novia) de tu amiga (amigo).
7. Todavía no le has devuelto el dinero que te prestó tu amigo.

Si quieres tener enemigos,
presta dinero a tus amigos.

Actividad B Answers
Answers will vary.

Actividad C Answers
Answers may resemble the following:
1. **Siento haber metido la pata. Es que a veces hablo sin pensar.**

Critical Thinking Activity

Have students work individually on this activity. Imagine that you are the parent of a young teenager. Since every parent has a unique style, either make a list of the rules for dating in command form or write your child a letter giving advice on this topic and using verbs in the subjunctive.

Bell Ringer Review

Write the following on the board or use BRR Blackline Master 3.1.1:
Please fill in the correct verb forms in these sentences.
1. Espero que mi amigo no _____ (contar) mis secretos.
2. Ojalá que mi novia _____ (tener) éxito en su trabajo.
3. Siento que los novios _____ (ser) infieles.
4. Es bueno que los niños _____ (confiar) en sus padres.
5. Es imposible que tu novio te _____ (abandonar).

Presentation (pages 148–149)
Have students practice the present perfect tense by describing the photos on pages 140–141, 152–153, and 154–155, 156, 158–159. For example:

140: Siempre han sido buenos amigos.

141: Han salido a comer juntas y pasarlo bien.

Se han juntado para conversar y tomar algo.

152: Acaban de conocerse. Lo están pasando muy bien.

153: Estos enamorados se apoyan en todo.

159: El chico se ha peleado con un amigo. La mamá le ha dicho que...

Para decir lo que has hecho, lo que debes haber hecho y lo que otros esperan que hayas hecho: Los tiempos perfectos

You have practiced apologizing and expressing gratitude for things that have happened.

> **Siento no haber sido más amable.**
>
> **Gracias por haberme dicho la verdad.**

1 To express both of these, you used the verb **haber** and the past participle of the verb that indicated what was or was not done. To form the past participles of verbs, use the following endings.

-*ar* verbs:　　　 -*ado*　enrollado, enamorado, casado
-*er* and -*ir* verbs:　 -*ido*　compartido, metido, querido, sido, ido

2 Any pronouns used (reflexive, direct, or indirect object), will be attached to the end of the verb **haber**.

> **Siento haberme enrollado con ese chico.**
>
> **Gracias por haberme contado la verdad sobre sus amores.**

3 The perfect tenses are formed by using the forms of the verb **haber** plus the past participle of the verb. The following are forms of **haber** in the present tense and the present subjunctive tense.

Present perfect		Present perfect subjunctive	
he	hemos	haya	hayamos
has	habéis*	hayas	hayáis*
ha	han	haya	hayan

* This form is rarely used in the Spanish-speaking world, except for Spain.

4 Some past participles are irregular. Can you give the infinitives corresponding to each of the following?

abierto
cubierto / descubierto
escrito / suscrito / descrito / inscrito
vuelto / devuelto / revuelto / envuelto
visto / previsto
puesto / dispuesto / repuesto
muerto
roto
dicho / predicho
hecho / deshecho

148 CAPÍTULO 3 *Lección 1*

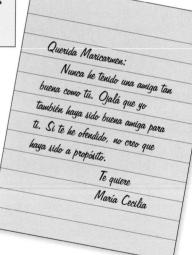

Querida Maricarmen:

Nunca he tenido una amiga tan buena como tú. Ojalá que yo también haya sido buena amiga para ti. Si te he ofendido, no creo que haya sido a propósito.

Te quiere
María Cecilia

Cooperative Learning Activity

Working in pairs, students should look at the following **proverbios** in which the past participle is used as an adjective. What does each expression mean and when might it be used?
1. Dicho y hecho
2. A lo hecho, pecho.
3. En boca cerrada no entran moscas.
4. Hay un gato encerrado.
5. A caballo regalado no hay que mirarle el diente.

Students should expand on these sayings by working together to change them into sentences using the past participle with a helping verb. For example, **Si alguien te ha regalado un caballo, no debes mirarle los dientes. Hay que estar agradecido.**

5 Use the perfect tenses when you wish to do the following.

a. You wish to summarize the past in terms of what has or has not happened. In this case, you will use the present perfect indicative.

Ya he salido con él tres veces.

Ella me ha prometido salir conmigo este viernes.

b. You wish to express a desire, need, doubt, hope, reaction, or emotion about what has (not) been done, or you are describing the characteristics of something non-specific. In this case, you will use the present perfect subjunctive.

Espero que mi novio haya encontrado mi mensaje.

No creo que este chico haya tenido mucha confianza en sí mismo.

¡Me alegro de que finalmente se haya casado!

Necesito hablar con una persona que ya se haya enrollado.

Notice in the last two sentences that when you are using pronouns with a non-infinitive form of **haber (haya)**, these pronouns will be placed before the form of **haber.**

6 The following are some expressions that will often be used with the perfect tenses.

alguna vez   **nunca**   **ya**
por fin   **todavía no**

Papá, desde que he madurado, me doy cuenta de todas las cosas que tú has hecho por mí...

Un regalo en tus 13 Años

Estructura **149**

Conversemos

Presentation (pages 150–151)

This section focuses on oral integration of the grammatical structures, while encouraging use of conversational strategies, such as: personalizing, transferring contexts, surveying, collaborating, reporting.

Warm-up. Tus amigos(as) son fabulosos(a) y te han hecho muchos favores. Ahora te toca darles las gracias.
Por ejemplo: Te han prestado los apuntes de una clase.
Gracias por haberme prestado los apuntes.
1. **te han invitado a una fiesta**
2. **te han dicho la verdad sobre unos rumores**
3. **te han presentado a una persona que te interesa**
4. **te han dado consejos para tu timidez**
5. **te han escuchado con paciencia cuando querías contar algo**
6. **te han ayudado cuando tienes problemas en casa**

Actividades

Actividad A
The title of this activity comes from the Gloria Fuertes poem on page 151.

Note: For complete answers to these activities see the Teacher's Manual, page 47.

Actividad A Answers
Answers may resemble the following:
1. **He visitado a mis parientes en Polonia. No creo que nadie haya hecho eso.**

Actividad B Answers
Answers may resemble the following:
A: **Siento no haber aprendido a tocar el piano. ¿Has tocado el piano alguna vez?**
B: **Sí, por un año.**

Actividad C Answers
Answers will vary but may resemble the following, but students must use the present perfect in their questions:
1. **¿Has hecho muchas amistades? ¿Quién ha sido tu mejor amigo?**

Conversemos

A **Ya he hecho mucho.** Impresiona bien a tus compañeros(as) contándoles tres cosas que has hecho que tú crees que ellos(as) no han hecho nunca.

Por ejemplo: He acampado en Machu Picchu. No creo que nadie haya hecho eso.

B **Me queda un pozo.**
1. Haz una lista de cinco cosas que no has hecho nunca y que quieres hacer algún día.
2. Luego, pregúntale a tus compañeros(as) si ellos(as) las han hecho. Toma apuntes de quién ha hecho qué cosa.
3. Sigue preguntando hasta que encuentres al menos una persona por cada cosa.
4. Finalmente, hazle un resumen a la clase. Si hay algo que nadie ha hecho, di: "Nadie lo ha hecho".

Por ejemplo: esquiar

ESTUDIANTE A:
Siento no haber esquiado todavía. ¿Has esquiado alguna vez?

ESTUDIANTE B:
Sí, claro.

ESTUDIANTE A:
(A la clase:) No he esquiado todavía, pero Raquel lo ha hecho.

C **Nuevas amistades.** Acabas de conocer a alguien. ¿Qué preguntas le puedes hacer para saber qué ha hecho en su vida? Apunta dos preguntas para cada una de las siguientes categorías.

1. sus amistades
2. sus aventuras
3. sus colegios
4. sus obsesiones
5. sus pasatiempos

D **Me he portado bien.** Di cinco cosas que (no) has hecho últimamente que hicieron muy feliz a una persona importante para ti.

Por ejemplo: Mi novio se alegra de que no le haya hecho preguntas sobre sus actividades. Está muy feliz.

E **¡Qué esperanza!** Ahora di qué cosas esperas que tres personas diferentes hayan hecho para hacerte feliz a ti.

Por ejemplo: Espero que Miguel haya roto con su novia porque quiero salir con él.

Amor sin celos
no lo dan los cielos.

Interdisciplinary Activity

A famous poem by the American poet William Carlos Williams, "This is Just to Say," is in the form of an apology note the speaker writes for having eaten the plums that someone else was saving in the refrigerator. The poem begins, "I have eaten/the plums/that were in the icebox." He tries to be sorry for having done it, but the plums were so good that he is really not very repentant. Find this poem and bring it to class. It should be easy for you to put the poem into Spanish. Can you then write your own similar note of apology for something that you should have been sorry for but weren't? Follow Williams's pattern.

F **¿Compatibles?** ¿Qué buscas en un amigo (una amiga) o un novio (una novia) en cuanto a sus experiencias? Diles a tus compañeros si las siguientes experiencias te importan o no. Explica por qué.

Por ejemplo: viajar mucho

Busco una novia que haya viajado mucho. No me importa que no haya vivido en esta ciudad por mucho tiempo. Yo he viajado mucho y quiero que mi novia tenga las mismas experiencias.

1. sacar buenas notas
2. leer muchos libros
3. practicar muchos deportes
4. conseguir su licencia de manejar
5. enrollarse con muchos(as) chicos(as)
6. vivir aquí por mucho tiempo
7. deshacerse de...

Dime con quién andas y te diré quién eres.

G **Planes.** Pregúntale a dos personas cuándo piensan hacer lo siguiente. Luego, anota cuáles son tus propios planes.

Por ejemplo: casarse

Jane piensa casarse cuando haya... Jeff cree que no va a casarse hasta que haya... Yo pienso que no me caso a menos que...

1. tener éxito en la vida
2. enamorarse de alguien
3. casarse
4. decirle "te quiero" a alguien
5. comprometerse
6. tener novio(a) en serio
7. aprender a hacer algo atrevido
8. deshacerse de un/a novio(a)
9. irse a otra ciudad

Escribamos

A **Mi vida es un poema.** Usa el poema que está a la derecha para describir tu propia vida, en términos de lo que ya has hecho y de lo que todavía te queda por hacer. Completa lo siguiente.

1. En la vida ya he hecho un poco. Por ejemplo, ___ .
2. Pero me queda mucho. Por ejemplo, ___ .
3. En el amor, ya he hecho mucho. Por ejemplo, ya ___ .
4. Pero me queda un pozo. Por ejemplo, ___ .

En la vida
Ya he hecho un poco,
pero me queda mucho.
En el amor
Ya he hecho mucho,
pero me queda un pozo.
Gloria Fuertes

B **Amigos de tu propia familia.** A veces nos olvidamos que algunos parientes son nuestros mejores amigos. Escríbele una carta a uno(a) de ellos. Describe las cosas que él o ella ha hecho por ti. Dale las gracias por los favores que te ha hecho y excúsate por lo malo que le hayas hecho.

Actividad D Answers
Answers will vary.

Actividad E Answers
Answers may resemble the following:
1. **Espero que Marta haya recordado traerme los apuntes.**

Actividad F Answers
Answers may resemble the following:
1. **Busco un compañero que saque buenas notas. Así podemos intercambiar opiniones y estudiar juntos.**

Actividad G Answers
Answers will vary.

Additional Practice

Pretend that you are a fictional character, such as the protagonist of a book or movie. Tell your small group the things that you have done and see whether they can guess your identity. Each group should choose one person to present his or her list of deeds to the whole class.

Escribamos

Presentation (page 151)

This section focuses on written integration of the grammatical structures while encouraging use of such learner strategies as: personalizing, expanding creatively on model or stock phrase, guided letter writing.

Actividades

Note: For complete answers to these activities see the Teacher's Manual, page 48.

Actividad A Answers
Answers may resemble the following:
1. ... he viajado a México. He conocido al gobernador de mi estado.

Actividad B Answers
Answers will vary.

Lectura

Teaching Resources
1. Audio Program 3.1
2. Student Tape Manual, page 41

Bell Ringer Review
Write the following on the board or use BRR Blackline Master 3.1.3:
Write three things you have done to prepare for your professional career. Write three things that you need to have done by the time you finish high school.

Presentation (pages 152–153)
This section develops reading skills through a five-stage, integrative process: **pensar, mirar, leer, analizar, aplicar.** For a complete description of each of these stages, as well as suggestions for teaching, please refer to the Teacher's Manual. You may effectively do this section at any point in the **Lección.** In this particular **Lección,** it is recommended that you use the **Pensemos** section to introduce the **Lección,** then return to the other sections of the **Lectura** at some point after vocabulary has been reviewed and practiced. Lesson theme, vocabulary, and grammar focus have all been drawn from the authentic text in this **Lectura** section.

Antes de leer

Pensemos
This pre-reading section serves as an advance organizer to pull out existing experience and language knowledge, while encouraging use of the following reading preparation strategies: anticipating topics, brainstorming and listmaking, transferring and recycling, comparing and contrasting, sorting, ranking.

Actividades
Note: For complete answers to these activities see the Teacher's Manual, page 48.

152

Lectura

Antes de leer

Pensemos

A **¿Por qué me importan tanto?** Haz una lista de las cinco personas más importantes en tu vida. Después, explica por qué te importa tanto cada una de ellas.

Por ejemplo: mi padre
Mi padre me importa mucho porque es la única persona que me comprende (que me da...).

B **No siempre es miel sobre hojuelas.** No siempre nos resulta la amistad con alguien. Con otra persona haz una lista de razones de por qué las cosas salen mal a veces.

Por ejemplo: A veces es difícil hacer amigos porque estudiamos mucho (en casa no nos permiten que hablemos mucho por teléfono, no tenemos dinero, etc.).

C **Lado bueno, lado malo.** Con otra persona, lee la siguiente lista y luego separa las cualidades en dos grupos: **a)** cualidades que ayudan a conocer gente y **b)** cualidades que impiden conocer gente. Luego, numera las cualidades de cada lista según su importancia (el número 1 es lo más importante).

Ayudan a conocer gente...   **Impiden conocer gente...**

la arrogancia	la envidia	la sensibilidad
la avaricia	el esnobismo	el silencio
la competencia	la extroversión	la sinceridad
la confianza	la imaginación	la sociabilidad
la cooperación	la introversión	la timidez
el egoísmo	el miedo	

En el Parque del Retiro, Madrid.

152 CAPÍTULO 3 *Lección 1*

Learning from Photos
Have students look at the photo on page 152. Then, you may wish to give them the following information:
El Parque del Buen Retiro. Madrid's famous park covers an area of 120 hectares. Near the **estanque,** close to the statue of Alfonso XII, grow trees called the **árbol del amor.** These trees are covered with beautiful pink flowers in the spring, making the edge of the pond a very romantic place.

Miremos

A **¿De qué se trata?** Estudia el formato del artículo de las páginas 154 y 155 y lee el título y el párrafo de introducción. ¿Cuál de las siguientes ideas representa mejor qué tipo de artículo es? ¿Por qué piensas así?

1. Es una entrevista entre un psicólogo y una paciente.
2. Es una sección de un capítulo de un texto de psicología.
3. Es una sección de consejos de una revista.

B **La pregunta principal.** Lee el primer párrafo del artículo.

1. Con otra persona, hagan una lista de los problemas que menciona la chica.
2. Intenten identificar su pregunta principal. Escriban la pregunta con sus propias palabras.

C **Los puntos importantes.** Ahora, lee el último párrafo.

1. Con otra persona, ubiquen y hagan una lista de los consejos que el autor le sugiere a la chica.
2. Identifiquen el consejo más importante y escríbanlo con sus propias palabras.

Al lector

- No te preocupes si no entiendes todas las palabras de la lectura. Eso es normal.
- No es necesario usar un diccionario. Trata de adivinar las palabras que no conoces.
- Confía en tu español; ¡ya sabes muchísimo!

Lectura **153**

Interdisciplinary Activity

Interview a psychology or sociology teacher at your school, or one of the counselors, about shyness. What recommendations do they have for activities to help those who are shy to meet new people? Report back to the class in Spanish, or create a poster with the results of your investigation.

Actividades A, B and C Answers
Answers will vary.

Extension of Actividad A
¿Por qué me importan tanto? Después de describir brevemente a cada persona en tu lista, escribe lo que la persona ha hecho para ti o lo que tú sientes haber hecho en tu relación con la persona.

Miremos

This preliminary reading section provides the first glimpse of the reading and focuses on the reading strategies of segmenting, predicting and anticipating, skimming for global idea, focusing attention, scanning for specific information, collaborating with peers, listing and note taking, identifying salient information, weighing and ranking information, expressing opinions. No intensive reading is necessary as this stage.

Actividades

Note: For complete answers to these activities see the Teacher's Manual, page 48.

Actividad A Answers
Answers will vary.

Actividad B Answers
Answers may resemble the following:
1. **Problemas: No se ha enrollado aunque tiene 22 años. Está acomplejada y obsesionada. No sabe por qué no se ha arreglado con un chico. Tiene vergüenza de mostrar sus sentimientos a los chicos.**
2. **¿Por qué no me he enrollado todavía?**

Actividad C Answers
Answers may resemble the following:
1. a. **No te avergüences de sentirte atraído por otro y de amarlo.**
   b. **No te cierres las puertas.**

Additional Practice

As students read the letter to Bernabé Tierno, have them identify the concepts from the vocabulary of this lesson that the letter writer expresses.

153

Consultorio de psicología

Presentation (pages 154–155)

This authentic text encourages use of such strategies as guessing from context, transferring, identifying cognates and derivatives, applying knowledge and experience to sense-making process, identifying salient information, searching for patterns and clues to meaning. Guide students in how to guess meanings of unfamiliar words, e.g.: **acomplejada** (context), **muerto de vergüenza** (derivative **avergonzar**), **se angustian** (cognate), **procura** (context). If you assign reading for homework, encourage students to use and develop their reading strategies, rather than rely on extensive dictionary use. When they return to class, have students share the clues they used to determine the meanings of specific words.

Additional Practice

Working in pairs, students should sort out the verbs in Bernabé Tierno's answer into these categories: future tense, commands, subjunctive.

Consultorio de psicología:
Por timidez todavía no tengo novio

Bernabé Tierno, asesor del consultorio de psicología de *Mía* está a tu disposición cada semana en esta página. En ningún caso *Mía* revelará tu identidad.

Tengo 22 años y, como se dice ahora, no me he "enrollado" nunca y al ver que alguna de mis amigas lo ha conseguido y yo no, estoy un tanto acomplejada y obsesionada. La verdad es que no tengo problemas para relacionarme con la gente y cuento con buenos amigos y amigas, aunque me llevo mejor con los chicos que con las chicas. Tengo dos buenos amigos con novia que me cuentan sus problemas. Ellos se las arreglan muy bien, pero ¿y yo? De todos los chicos que me han gustado, que han sido tres, no he conseguido nada más que hablar con ellos, pero sin que se enterasen de que me gustaban, pues me hubiera muerto de vergüenza.

¡Aconséjame!

5

10

Son bastantes las cartas que recibo como la tuya y en muchas me piden que no la publique, lo cual es un tremendo error. Este problema que nos ocupa es bastante frecuente. Siempre hay chicas que, antes
5 incluso de los veinte años, ya se angustian porque algunas de sus amigas ya se han "enrollado" y ellas no. En el 95 por ciento de los casos todo se debe a la timidez, a los complejos y a la falta de decisión y confianza en sí mismas. Dices que si alguno de esos
10 tres chicos que te gustaban se hubiera enterado del interés que sentías por ellos, "te hubieras muerto de vergüenza". Nadie que se avergüence de sentirse atraído por otro y de amarlo, puede tener éxito en el amor. Tú misma, mi querida amiga, te estás
15 cerrando las puertas. Amar es, sobre todo, dar, salir de uno mismo e ir al encuentro del otro con naturalidad, espontaneidad y confianza. Cultiva estas virtudes, estos valores, y verás que no tardas en encontrarte saliendo como amiga y después como
20 "algo más" con alguno de esos chicos que te gustan o con otros que vendrán. Confía en ti y en tu capacidad de darte, de querer y de necesitar ser feliz haciendo feliz a otra persona. Procura deshacerte de ese complejo de timidez que te impide abrirte a los demás. Descubre lo maravilloso que es amar y ser amado.

En el 95 por ciento de los casos todo se debe a la timidez, a los complejos y a la falta de decisión y confianza en sí mismas.

Nadie que se avergüence de sentirse atraído por otro y de amarlo, puede tener éxito en el amor.

Lectura **155**

Presentation (page 156)

This section focuses on comprehension and use of information derived from more intensive reading through use of the following reading and research strategies: expanding stock phrases, summarizing, evaluating statements, checking and citing the source.

Actividades

Note: For complete answers to these activities see the Teacher's Manual, pages 48–49.

Actividad A Answers
Answers may resemble the following:
1. ...novio.
2. ...cuenta con buenos amigos y amigas.

Actividad B Answers
Answers may resemble the following:
1. ...decisión y de confianza...

Actividad C Answers
Answers may resemble the following:
1. Falso. No ha tenido ninguno.

Leamos

A **En resumen.** Con otra persona, lean otra vez la carta que escribió la chica y completen las siguientes frases para resumir su problema.

1. Su problema es que nunca ha tenido ___ .
2. Pero ha tenido buenos amigos. Por ejemplo, dice que ___ .
3. Sus mejores amigos siempre han sido ___ .
4. Por ejemplo, dice que ___ .
5. A ella, le han gustado mucho ___ , pero tan tímida era que no ha hecho nada más que ___ .
6. A causa de su timidez, ella no quiere que los chicos sepan que ___ porque dice que ___ .

B **Analizando la respuesta.** Con otra persona, lean otra vez la respuesta que le da el psicólogo. Lean el párrafo de consejos y completen las siguientes frases con palabras apropiadas de la lista.

cerrar	confianza	decisión	impedir	salir

1. Para Tierno, la timidez es la falta de ___ y de ___ en sí mismo.
2. La timidez es como ___ las puertas del alma.
3. Es necesario ___ de uno mismo.
4. La timidez le ___ abrirse a los demás.

C **¿Cierto o falso?** Di si las siguientes frases son ciertas o falsas según la información del artículo. Respalda tu decisión en cada caso y, si la frase es falsa, cámbiala para que sea verdadera.

1. La chica ha tenido muchos novios.
2. Esta chica tiene problemas graves, especialmente para hacerse amiga de otras personas.
3. Según Tierno, tener veintidós años y nunca haberse enrollado es normal.
4. Ella habla con los chicos de los problemas con sus novias.
5. Hay que tener confianza en otras personas y en sí mismo para amar de verdad.

Y tú... ¿QUIÉN ERES?

¡Cuates del alma! Ahí les va otra parte de las cartas que nos siguen llegando de todos los que quieren tener amigos por correspondencia.

Learning from Photos

People spend time with their friends in many different ways. This group of friends is playing a board game, **un juego de mesa,** together. Can you investigate to find out some typical games that are popular in Spain or Latin America? How are Spanish playing cards, for example, different from those used in the U.S.?

Después de leer ···

Analicemos

Analicemos

A **Derivaciones.** En las listas que siguen hay palabras asociadas entre sí. Lee el artículo otra vez y busca las palabras apropiadas para completar lo siguiente oralmente.

Sustantivo	Verbo	Adjetivo
1. complejo	acomplejar	_____
2. amor	_____	_____
3. angustia	_____	angustiado
4. atracción	atraer	_____
5. _____	avergonzarse	avergonzado
6. obsesión	obsesionar	_____
7. confianza	_____	confiado
8. _____	valorar	valioso

B **Causa y efecto.** Completa las siguientes frases con tus propias ideas, ejemplos o sentimientos.

Por ejemplo: Por vergüenza (no)...
  Por vergüenza no puedo hablar enfrente de un grupo.

1. Por timidez (no) ___ .
2. Por vergüenza (no) ___ .
3. Por confiar en mis amigos (no) ___ .
4. Por desconfiar de mis amigos (no) ___ .
5. Por ganas de enrollarme (no) ___ .
6. Por atracción a ___ (no) ___ .
7. Por ser querido por ___ (no) ___ .
8. Por no llevarme bien con ___ (no) ___ .

Apliquemos

A **Novios ideales.** Describe las cualidades que buscas en un/a novio(a). Escribe tres frases sobre el/la novio(a) de tus sueños.

Por ejemplo: Busco una novia que pueda comprender a mi familia.

B **Ventajas y desventajas.** En grupos de tres personas, piensen en lo bueno y lo malo de enrollarse. Luego, escojan las cinco mejores razones de cada lista y preséntenselas a la clase.

Razones para enrollarse   **Razones para no enrollarse**

Lectura **157**

Analicemos

This section focuses on analysis of new vocabulary encountered in the reading through the language expansion strategies of identifying derivatives, personalizing, transferring to new contexts.

Actividades

Note: For complete answers to these activities see the Teacher's Manual, page 49.

Actividad A Answers
1. **acomplejada (adj.)**
2. **amar (verbo), amado (adj.)**

Actividad B Answers
Answers may resemble the following:
1. ... **no miro a las persona de frente.**
2. ... **no pido un favor a un compañero.**

Apliquemos

This section focuses on summarizing and integrating content and language of the reading through the following strategies: transferring contexts, expressing opinions, collaborating, comparing and contrasting, ranking, reporting.

Actividades

Actividades A and B Answers
Answers will vary.

Cultura viva

Cultura viva

Presentation (pages 158–159)

This section examines the lesson theme from a cultural perspective. Students are asked to reflect and comment on their own culture as well as Hispanic cultures, through the stimulus of authentic personal, journalistic, and literary texts. Use of the following cultural discovery strategies is promoted through activities in this section: focusing attention, identifying salient information, personalizing, self-reflection, examining points of view, language modeling.

To introduce **Cultura viva,** you may wish to tell students they are going to be doing a word association. They will have no more than 30 seconds, strictly timed, to write in English the words, not names of people, that come to mind when they hear the word "friend." (This word must be given in English, for it is the native language that carries our cultural referents.) Collect lists and group them as a class according to categories of associations. These categories may be compared to those in Hispanic cultures as in **Actividad B** on page 158.

Conversemos y escribamos

Note: For complete answers to these activities see the Teacher's Manual, page 49.

Actividad A Answers
Answers will vary.

Extension of Actividad A
1. Extend the definition of **amistad** by giving a concrete example for each image. For example, **Cuando me siento muy solo y aburrido, mi papá me invita a acompañarlo a la tienda.**

¿Qué es la amistad?

Amistad es...
- una puerta que se abre.
- una mano que se extiende hacia ti.
- una sonrisa que te alienta.
- una mirada que te comprende.
- una lágrima que se une a tu dolor.
- una palabra que te anima.
- una crítica que te mejora.
- un abrazo de perdón.
- un esperar sin cansancio.

Dyna Ponce, México

Conversemos y escribamos

A ¿Cuál de los versos del poema de Dyna describe la amistad de mejor manera, según tu parecer? Explica por qué.

Por ejemplo: **Para mí, la amistad es una crítica que te mejora porque cuando sigo los consejos de mis amigos, me va mejor.**

B La lista que sigue contiene palabras que la gente hispana asocia con la palabra "amistad". Estúdiala y contesta las siguientes preguntas.

comida	hablar	prima	reunión familiar
conversación	hijos	regalos	secretos
escribir cartas	hombres	risa	salir
fiesta	mi cumpleaños	recuerdos del pasado	té

1. ¿En qué categorías puedes clasificar estas palabras?
2. ¿En qué se parecen y en qué se diferencian estas categorías cuando las comparas con tus propias asociaciones?
3. ¿Qué revelan estas categorías en cuanto a las nociones de amistad que tienen los hispanos?

Critical Thinking Activity

Dicen y decimos que más vale un hermano que diez primos.
"A few close friends are worth more than many acquaintances."
The notion of **amistad** is a deep, powerful, and far-reaching one in Hispanic cultures. One's friends (and even friends' families) all join with one's family to form a net-work **(una red familiar).** The principal function of this intricate and ever-expanding unit is to help each other at *every level,* be it personal, social, or work-related.
1. Ask students how they would react to the following from their friends:
   a. **tu amiga te critica tu manera de vestir**

(continued on the next page)

Las que siguen son notitas escritas por dos jóvenes para sus novios.
Léelas y decide cuál de ellas podrías haber escrito tú.

Ramiro:
Jamás me cansaré de repetirte que yo no me fui a pasear con Carlos en su automóvil. ¡Sería incapaz de serte infiel! La chica que se subió era Maritza.
Pero si tú no me crees, ¿qué podemos esperar de nuestra relación? La base del noviazgo es el amor, y del amor, la confianza. Piensa bien esta situación. Tal vez sea mejor que cada uno siga su camino.

Gioconda M., Colombia

Karla:
Por los rumores que llegarán a ti, sabrás lo que nunca me atreví a decirte... ¡que te amo!
Si algún día nos volvemos a encontrar, podré mirarte frente a frente, y te preguntaré si acaso tú también me amaste, o si sólo me viste como a tu mejor amigo.

Mario R., Venezuela

C Di cuáles de los siguientes sentimientos o problemas se encuentran
en las cartas mencionadas abajo.

la amistad	la infidelidad
el amor	el miedo
los celos	los rumores
la confianza	la separación
la desconfianza	la timidez
la desilusión	la vergüenza

1. la carta de Mario a Karla
2. la carta de Gioconda a Ramiro
3. las dos cartas
4. ninguna de las dos cartas

2. **Follow up.** Using the poem as a
model, have students write lines
describing one of the following:
**la amistad, el amor, los celos,
la sinceridad, la confianza,
el respeto, la timidez.**

Actividad B Answers
Answers will vary.

Actividad C Answers
Answers may resemble the following:
1. **La carta de Mario a Karla:**
amor, amistad, el miedo, los
rumores, la separación, la
timidez.

Additional practice

Escríbele una notita a tu amigo(a)
en que describe un problema que
tienes. Él/Ella te va a sugerir por
escrito un buen remedio.
Por ejemplo: Tu problema: Mis
padres no me permiten que
hable mucho por teléfono.
Remedio: Si tus padres no te permiten que hables por teléfono,
¿por qué no escribes notas,
cartas o un diario de vida?

---

b. **tu amigo quiere que tú le hables a
un familiar para que ése le con-
siga un puesto**
c. **tu amiga se siente deprimida y
quiere que tú pierdas clase para
quedarte a hablar con ella**
d. **tienes una prueba mañana y tendrás que calentarla. Estás preocu-
pado(a), pero tu amigo te llama
por teléfono y no te deja colgar**

One's **red familiar** may reach across the
world, through the connections of friends'
friends and friends' families. Explain to
students that in Hispanic culture, there is
always somewhere to turn, no matter
what the problem:

❏ To continue with this activity, see
Teacher's Manual, page 98.

Presentation (page 160)

This section presents additional aspects of the Spanish language that are often confusing for foreigners.

You may wish to present the following additional clarification of expressions presented in this lesson.

Para hablar de sí mismo(a)...

1. To clarify that you are referring to yourself, himself, and so on, use the following formula:

   preposition + mí, ti, sí, nosotros + mismo(a)/mismos(as)

   Por ejemplo: El concepto que yo tenga de mí misma afecta la manera en que amo a mi novio.

   To say:

   "myself" (**mí mismo[a]**)
   "yourself" to a friend (**ti mismo[a]**)
   "yourself" (Ud.) (**sí mismo[a]**)
   "himself/herself" (**sí mismo[a]**)
   "themselves/yourselves" (**sí mismos[as]**)
   "ourselves" (**nosotros[as] mismos[as]**)

2. The following are some prepositions with which you are familiar. Notice that the preposition **con** behaves differently (**conmigo, contigo, consigo**).

   de: No estoy seguro de mí mismo; ella tampoco se siente segura de sí misma. Dependo de mí misma, no de otros.

   en: Creo en mí mismo y en mis decisiones.

   por: Este año voy a estudiar más por mí mismo, no porque mi papá lo quiera.

   para: Me compré el libro para mí mismo.

   a: Escribió un sobre dirigido a sí mismo.

   con: Laura le prohibió salir a su novio pero después se enojó consigo misma. ¿Quieres que le diga que hable contigo? O, si prefiere, puede hablar conmigo.

160

Para hablar de sí mismo y del uno al otro

1 To express the notion of "oneself" or to clarify that you are referring to yourself, himself, and so on, use the following.

To say:	Use:
"myself"	**mí mismo(a)**
"yourself" informally	**ti mismo(a)**
"yourself" respectfully	**sí mismo(a)**
"himself / herself"	**sí mismo(a)**
"themselves" / "yourselves"	**sí mismos(as)**
"ourselves"	**nosotros(as) mismos(as)**

El concepto que yo tenga de mí misma afecta la manera en que amo a mi novio.

2 To express the notion of "each other" ("they love each other," "we depend on each other"), study the following.

a. Some verbs use the reflexive pronouns **se** and **nos**.

Nos saludamos.
Nos besamos.

b. With other verbs you will add the expression **el uno... el otro (la una... la otra)** for clarity.

Los novios se obsesionan el uno con el otro.
Para llevarse bien el uno con el otro, las claves son: comunicarse, amarse y saber respetarse el uno al otro.

3 Some verbs are not made reflexive, but use the construction **el uno + preposition + el otro**.

confiar el uno en el otro
desconfiar el uno del otro
depender el uno del otro
contar el uno con el otro
competir el uno contra el otro

Di tres cosas que tú y un/a amigo(a) siempre hacen el uno por el otro o la una por la otra.

Por ejemplo: Dependemos el uno del otro.

Cooperative Learning Activity

Las personas acomplejadas. Have students form small groups and provide them with a comic strip, either in Spanish or in English that deals with a relationship issue. Cut the words out of the speech bubbles, cut the panels apart. The group works together to arrange the panels in a sequence that they think makes sense and writes new text in Spanish for the speech bubbles. A requirement to use certain of the vocabulary words might be possible. At the end of the activity, the various versions of the comic can be displayed on a poster board along with the original. Students can even summarize the story in a few lines of prose below the comic.

Diversiones

A **(In)fiel hasta la muerte.** Secretos, rumores, fidelidad, infidelidad—¡todo eso se encuentra en las telenovelas! Con tres compañeros(as), inventen una escena muy dramática para el último episodio de *(In)fiel hasta la muerte.* Deben incluir los elementos típicos de las telenovelas: peleas, sorpresas, celos, obsesiones, etc. Luego, preséntenle su escena a la clase.

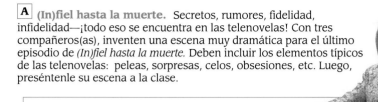

Jeannette Rodríguez
y el mundo
mágico de las
*te**len**o**vel**as*

B **¡Ayúdeme, por favor!** En tres papelitos escribe una pregunta sobre asuntos de amor, los novios, los complejos, problemas con los padres, etc. Pon tus preguntas en una bolsa con las de tres de tus compañeros. Luego, túrnense sacando una pregunta, leyéndola en voz alta y dando una respuesta o solución. Continúen contestándolas hasta que cada persona haya contestado dos preguntas.

© Joaquín Salvador Lavado (QUINO)

Additional Practice

Most of the vocabulary of this lesson involves verbs. Students might review the vocabulary by playing "Pictionary" or charades. As an alternative, the teacher could make up the first line of a story using one of the words. Each small group or pair of students would then be responsible for adding one more line to the story using a vocabulary word.

Conceptos

el alma (f.)
la amistad
el egoísmo
el respeto
el noviazgo
el rumor
la sinceridad

Actividades

abandonar
abrazar
amar
avergonzarse (por) (ue)
besar
confiar en
contar con
convenir (ie)
deshacerse de
durar
enrollarse
faltar el respeto
ignorar
juntarse
mantenerse en contacto
meter la pata
ocultar
pasarlo bien
pelearse
querer (ie) *(to love)*
respetar
romper *(to break up)*
tener celos

Descripciones

aventurero(a)
fiel
infiel
solo(a)

Otras palabras y expresiones

a los... años
a menudo
el/la amigo(a) del alma
por fin
sí mismo(a)
sólo
tener celos
el uno al otro (la una a la otra)

Learning from Realia

Have students read carefully the poster **Policía Amigo.** Then ask: Can you tell from what area of what country this poster comes? Who might be the intended audience? What feelings is the poster trying to create? Can you find any examples of similar public relations efforts by the police in your city? If you can obtain a poster or flyer, try to put it into Spanish.

Lección 2

Lección 2 **163**

Lección 2

Introducing the Lesson Theme

Through the theme of past loves and friendships, this lesson focuses on creative expression in describing routine events and images of childhood. To prepare for the introduction of this theme, the following activities are suggested.

1. Have students bring in photos from their childhood. Later, you may have them come up with a caption for their photos and arrange these as a bulletin board display on **La niñez.**

❑ To continue with this Introduction to the Lesson's Theme, see the Teacher's Manual, page 98.

Objectives

By the end of this lesson, students will be able to:
1. give physical and personality descriptions of others
2. talk about how things used to be and what they used to do
3. discuss about love relationships
4. use diminutives and augmentatives

Lesson 2 Resources
1. Workbook
2. Audio Program (casssette or CD)
3. Student Tape Manual
4. Bell Ringer Review Blackline Masters
5. Fine Art Transparencies
6. Video Cassette
7. Lesson Quizzes
8. Testing Program
9. Situation Cards

Learning from Photos

Have students look at the photos on page 163. You may wish to make the comment that **estos "enamorados" viven en un mundo aparte.** You may also ask the following questions: **¿Qué puedes decir de la pareja en cada foto? Por ejemplo, ¿dónde están? ¿Te acuerdas de los ver-** bos que se usan para las acciones recíprocas (se miran, se hablan...)? ¿Cómo se sienten?

Vocabulario

Mi primer amor era...

un príncipe.
una princesa.
un rey.
una reina.
un tesoro (*treasure*).
una diosa (*goddess*).

En su presencia había...	En su ausencia había...
sol.	sombra (*shadow*).
claridad (*light*).	oscuridad (*darkness*).
risas (*laughter*).	lágrimas (*tears*).
llamas (*flames*).	cenizas (*ashes*).

Pero a veces...	mientras (*while*) yo...
se burlaba de mí (*made fun of me*).	fingía (*pretended*) que no me importaba.
me tomaba el pelo (*teased*).	lo(la) ignoraba.
me asustaba con sus ideas.	disimulaba (*pretended, hid my feelings*).
se fijaba en (*noticed*) otras personas.	no le hacía caso (*paid no attention*).
se alejaba de mí.	me acercaba (*grew closer*) a él (ella).
se reía de mí a carcajadas (*laughed at me uncontrollably*).	lloraba a gritos (*cried my eyes out*).
coqueteaba (*flirted*) con los(as) chicos(as).	le era fiel.
decía chismes (*gossiped*).	me callaba.
sospechaba de mí (*was suspicious of me*).	confiaba en él (ella).

Vocabulario

Vocabulary Teaching Resources

1. Workbook, pages 50–52
2. Audio Program 3.2
3. Student Tape Manual, pages 42–43
4. Bell Ringer Review Blackline Masters
5. Lesson Quizzes, pages 57–59

Bell Ringer Review

Write the following on the board or use BRR Blackline Master 3.2.1: Write five physical and personality traits that you look for in your friends.

Presentation (pages 164–165)

To ensure assimilation of meaning and appropriate use, do not rush vocabulary presentation.

A. Have students work with books closed to focus attention on listening for meaning.

1. **Recuerden lo fácil que era enamorarse cuando eran muy chicos... ¿Cómo se sentían? ¿Cómo se portaban los chicos? ¿las chicas?**

2. **¿Recuerden a su primer amor? Describan cómo era su príncipe azul o Su dulcinea.**
   Por ejemplo:
   Cuando tenía... años, mi príncipe azul era un chico de... (mi escuela/mi vecindario/...que... Era... mayor/menor; Me gustaba porque...

B. Have students open their books to pages 164–165. Guide them through new vocabulary, personalizing words and expressions to ensure comprehension and active learner involvement. The following are some suggested techniques. Expand on examples provided as desired.

1. **Modeling and guiding personalized questions.** Invite as many responses as possible from class and specific individuals.

164

Cooperative Learning Activities

1. Students use the new vocabulary to work together to tell the story illustrated on these two pages. Working in groups of three, students each take responsibility for one of the drawings. Allow three–five minutes for "expert groups"; that is, everyone who is working on a particular picture gets together and practices telling that part of the story. After time is up, each student returns to the original group and tells his or her section of the tale.

2. Working in small groups, students make an adjective booklet with the words on page 165, using pictures and sentences to illustrate each one. These booklets can be displayed in the classroom during this lesson.

Era tan bonita; tenía...	Era tan guapo; tenía...
la piel como de seda (silk).	ojos de gato.
los ojos llenos de luz.	hombros de atleta.
el rostro (face) dulce.	una cara tan varonil (virile).
el cabello (hair) precioso.	manos grandes y bellas.
un corazón de oro.	

El amor es ciego (blind). Para mí, él (ella) era...	Pero entonces me rompió el corazón. Ahora lo (la) considero...
misterioso(a) como una persona distante.	feo(a) como un gusano (worm). ... un cuervo (crow).
travieso(a) (mischievous) como un mono.	lento(a) como una tortuga. ... un caracol (snail).
dulce como un ángel.	cruel como un monstruo.
cómico(a) como un payaso (clown).	tonto(a) como una gallina (hen).
fuerte como un caballo.	engañoso(a) (deceptive) como una culebra (snake).
grande como un gigante.	... un tiburón (shark).
callado(a) como un ratón.	gordo(a) como una ballena.
listo(a) como un zorro (fox).	... un cerdo (pig).
trabajador/a como una hormiga (ant).	flojo(a) (lazy) como un gato.
	chismoso(a) (gossipy) como un loro (parrot).

Vocabulario **165**

a. Cuando alguien se burla de mí o se ríe de mí, yo trato de fingir que no me importa. ¿Y ustedes? ¿Qué recomiendan? ¿Es bueno disimular? ¿Es bueno llorar? ¿Es bueno ignorarlo o no hacerle caso? ¿Es mejor callarse? ¿Qué hacen ustedes?

b. A veces, yo le tomo el pelo a mi marido porque se obsesiona con su computadora. ¿Tú le tomas el pelo a tu amigo(a) o a tu mamá/papá a veces? ¿Cómo? ¿Por qué? A ti, ¿cuándo o por qué te toman el pelo tus amigos? ¿Cómo reaccionas?

c. Yo me acerco a la gente optimista y me alejo de la gente pesimista. ¿A qué tipo de gente se acercan Uds.? ¿De qué tipo de gente se alejan? ¿Cómo te sientes tú si un amigo se aleja de ti?

d. ¿Cómo se siente una chica si su amor coquetea o se fija en otras chicas? ¿Cómo debe reaccionar? ¿Cómo se siente un chico si su enamorada coquetea o se fija en otros chicos? ¿Cómo debe reaccionar? ¿De qué tipo de gente se fijan Uds.? ¿A qué tipo de gente no le hacen caso?

e. Yo siempre me río a carcajadas cuando veo... ¿Cuándo se ríen a carcajadas Uds.?

f. A mí no me gustan los rumores. Me enojo si me entero de que la gente está diciendo chistes de un amigo mío. Siempre trato de defender a mi amigo. ¿Si tú te enteras de que la gente está diciendo chismes de tu amigo(a), qué harás?

g. Yo siempre sospecho de la gente chismosa que se burla de otros ¿De qué tipo de gente sospechan Uds.? ¿Por qué?

h. Lloro a gritos cuando veo... ¿Cuándo lloras a gritos tú?

i. Me asustan las noticias en la tele a veces. ¿Qué te asusta a ti?

❏ To continue with this activity, see Teacher's Manual , page 99.

Independent Practice

Have students integrate as much new vocabulary as possible in one of the following brief writing assignments:

1. Imagine you are now 10 years older. You look back on your high school days and your loves. Describe your boyfriend/girlfriend from your new perspective as a much older adult.

2. Describe a person who, for you:
   a. es un tesoro
   b. tiene un corazón de oro
   c. es distante y misterioso
   d. es un payaso

Asociaciones

Presentation (pages 166–167)

This section encourages use of the following types of learning strategies for assimilation of new vocabulary: associating, personalizing, expanding, grouping and sorting, transferring to new contexts, recycling, recombining, comparing and contrasting, listing.

Warm-up. Have students work in pairs to provide the following new words. Probable responses are indicated in parenthesis.

❑ To continue with this warm-up activity, see Teacher's Manual, page 166.

Actividades

Note: For complete answers to these activities see the Teacher's Manual, page 49.

Actividades A and B Answers
Answers will vary.

Extension of Actividad B
Have students name other characteristics they associate with: **el cerdo, el tiburón, la ballena, el zorro, el caballo, el caracol,** etc.

Actividad C Answers
Answers may resemble the following:
1. **María es simpática, generosa e inteligente, pero a veces es pretenciosa y egoísta y no me quiere ayudar con la tarea.**

Actividad D Answers
Answers may resemble the following:
1. **... intento interrumpir la conversación y despedirme.**

Actividad E Answers
Answers may resemble the following:
   Me peleé con Sara porque... me criticaba mucho.

Extension of Actividad E
Write your friend a note explaining what he or she has done to offend you. Put your verbs in the present perfect tense.

166

Asociaciones ....

A **Los dos polos.** Ordena las palabras del Vocabulario en dos grupos: las positivas y las negativas.

B **Defensor de animales.** Con los siguientes animales muchas veces asociamos características negativas. Piensa en un aspecto positivo que puedes asociar con cuatro de ellos.

el caracol	el gusano
el cerdo	el ratón
el cuervo	la tortuga
la culebra	el zorro

Por ejemplo: el mono
   Aunque es un poco feo y chilla mucho, es muy inteligente y divertido.

C **Así son mis amigos.** Piensa en cinco de tus amigos(as) y di tres cosas buenas y tres no muy buenas que hace cada uno(a) de ellos(as) por ti.

Por ejemplo: Jenny guarda los secretos y también...
   En cambio, Arnie se ríe a carcajadas de mí cuando...

D **¿Qué hago yo por ellos(as)?** Completa las siguientes frases para describir cómo te portas tú con tus amigos.

Por ejemplo: No le hago caso a... cuando...
   No le hago caso a Bill cuando cuenta rumores.

1. Cuando oigo chismes, ___ .
2. Lloro a gritos cuando ___ pero sólo finjo llorar cuando ___ .
3. Me burlo de ___ cuando ___ pero cuando me toman el pelo a mí, yo ___ .
4. Se burlan de mí cuando ___ . Y yo reacciono así: ___ .
5. Me callo cuando ___ pero no me callo cuando ___ .
6. Cuando tengo celos de ___ o sospecho algo, yo ___ .
7. Me río a carcajadas cuando ___ .
8. No le hago caso a ___ cuando ___ .

E **Por eso nos peleamos.** Haz una lista de las razones por las que te peleaste con un/a amigo(a).

Por ejemplo: Me peleé con Dawn porque decía chismes de mí y también...

166 CAPÍTULO 3 *Lección 2*

Extra Activity

The *¡Acción!* song tape contains **"Eres tú,"** a popular love song that is built on similes. Give each student a copy of the lyrics with some important words omitted. After listening once to the entire song, students listen again and try to fill in the missing words. The third time through, they hear and see the whole song with all words.

Learning from Realia

You may wish to give students the following information about **La corrida de toros.** The bullfight is called **la fiesta brava** in Spain. Typically six bulls are killed in a **corrida.** The matador is judged on his control of the bull, posture, restraint, and timing.

F **El príncipe azul.** Nombra las características que te atraen en una persona y también las que te desagradan.

Por ejemplo: Me acerco a los príncipes azules (las princesas) que...
Pero me alejo de los gusanos que...

G **¡Hazme caso!** Nombra cinco cosas que harás para que te haga caso cierto chico o chica que te gusta.

Por ejemplo: Le prestaré mis apuntes en la clase de historia.

Conversemos

A **Consejos sabios.** ¿Qué consejos les puedes dar a los siguientes tipos?

Por ejemplo: el entremetido
Déjame en paz. No me molestes más.

1. el engañoso   3. el travieso   5. el flojo
2. el cómico   4. el chismoso   6. la coqueta

B **Para describir la amistad.** Prepara cinco preguntas para entrevistar a tus compañeros(as) sobre las características de una buena amistad o un buen amor.

Por ejemplo: ¿Cuándo es más importante tener a tu amigo(a) o novio(a) contigo? ¿Por qué?
¿Qué tipo de secretos compartes con él (ella)?

C **Así es una buena amistad.** Dale a la clase un resumen de lo que dijeron tus amigos(as) en la actividad B acerca de una buena amistad.

Por ejemplo: La mayoría dijo que un buen amigo comparte los problemas contigo, te ayuda a... y también...

D **Cada loco con su tema.** Elige dos de los siguientes tipos de animales y describe qué persona representan y por qué.

Por ejemplo: la culebra
Es una persona engañosa. No se puede confiar en este tipo de persona porque dice una cosa y hace otra.

la ballena	el gusano	el ratón
la caracol	la hormiga	el tiburón
la gallina	el loro	la tortuga

Vocabulario **167**

Escribamos

Presentation (page 168)

This section encourages written integration of vocabulary through use of the following writing strategies: personalizing, describing in detail, expressing opinions.

Actividades

Note: For complete answers to these activities see the Teacher's Manual, page 50.

Actividad A Answers

Answers may resemble the following:
1. Tengo una amiga que quiere saber los secretos de los demás y se queja si no se los cuentan, pero le cuesta guardarlos. Ella debe aprender a callarse.

Actividad B Answers

Answers may resemble the following:
1. Quiero que mis padres me vean como una persona responsable y buen hijo.

Additional Practice

Elige una de las características que siguen y desarrolla una frase para exagerarla o expresarla a lo máximo. Por ejemplo: el más feo del mundo: Es tan feo, pero tan feo que... cuando se mira en el espejo, el reflejo se pone a llorar.
1. feo o bello
2. gordo o flaco
3. engañoso o franco
4. trabajador o flojo
5. callado o chismoso
6. cruel o dulce

Escribamos

A **Malas reacciones.** Tienes un/a amigo(a) que siempre reacciona mal. Di lo que hace en cada una de estas situaciones. Luego di lo que (no) debe hacer.

Por ejemplo: en cuanto a los rumores

Tengo una amiga que no reacciona bien cuando le traen rumores. Es muy chismosa y siempre pide que le cuenten más chismes. Ella debe tener más confianza en sus amigos y no permitir que otra gente le hable mal de ellos.

1. en cuanto a los secretos
2. en cuanto a los rumores
3. en cuanto a la fidelidad o lealtad
4. en cuanto a la confianza
5. en cuanto a los celos

B **Imágenes.** ¿Cómo quieres que te vean las siguientes personas? ¿Cómo quieres que no te vean?

Por ejemplo: tus amigos(as)

Quiero que mis amigos(as) me consideren amable.

No quiero que me consideren ni chismoso(a) ni engañoso(a).

1. tus padres
2. tus compañeros(as)
3. tus maestros
4. el/la entrenador/a
5. tu novio(a)
6. un/a chico(a) que quieres conocer porque es muy guapo(a)
7. tu jefe(a)

Tres hermanos en Panamá.

Learning from Photos

Form pairs or groups of three students, including in each at least one person who has siblings. Look closely at the picture on 168. How do you think this brother and his sisters will look back on their youth some day when they are older? The person in your group who has brothers or sisters should try to describe what he or she will remember about growing up with them some day. Group members work together to write a brief list or paragraph, using verbs in the imperfect, as found on the next two pages.

Estructura

Para describir el pasado: El tiempo pasado imperfecto

In the Vocabulario section you used verbs in the imperfect tense to describe a period in the past, to talk about your routine activities.

Mi primer amor era una princesa.
En su presencia había sol.
Era tan bonita; tenía la piel como de seda.
Pero a veces coqueteaba con los chicos.

1 To form the imperfect tense, substitute the **-ar**, **-er**, and **-ir** with the following endings. Notice that **-er** and **-ir** verbs share the same endings.

disimular	
disimulaba	disimulábamos
disimulabas	disimulabais*
disimulaba	disimulaban

romper	
rompía	rompíamos
rompías	rompíais*
rompía	rompían

fingir	
fingía	fingíamos
fingías	fingíais*
fingía	fingían

2 Only three verbs have irregular imperfect forms.

ser	era, eras, era, éramos, erais*, eran
ver	veía, veías, veía, veíamos, veíais*, veían
ir	iba, ibas, iba, íbamos, ibais*, iban

3 You will use the imperfect tense when you want to do the following.

a. describe a scene or picture of the past

Cuando tenía ocho años vivía en una casa que estaba en el campo.

*This form is rarely used in the Spanish-speaking world, except for Spain.

Estructura

> **Structure Teaching Resources**
> 1. Workbook, pages 53–56
> 2. Audio Program 3.2
> 3. Student Tape Manual, pages 44–46
> 4. Lesson Quizzes, pages 60–62

Bell Ringer Review

Write the following on the board or use BRR Blackline Master 3.2.2: Briefly describe a person whom you could compare to an animal. Work with a partner and tell him or her your description of the person, but do not mention the animal. Guess which animal each of you has in mind.

Presentation (pages 169–170)

Warm up. In preparation for past time description, recycle previously learned vocabulary by doing the following:

Semantic mapping. Write on the board the theme **"La niñez."** Surrounding the theme, label categories such as the following. Have students brainstorm words for each category, according to their own experiences.

La niñez
Era...   *Tenía...*
tímido   *un perro*
travieso   *una tortuga*
inquieto   *una culebra*
mi propia habitación
muchos juguetes
Vivía...   *Me gustaba....*
en el campo   *coleccionar sellos*
en un pueblo pequeño
tomarle el pelo a mi hermano
en un apartamento
jugar a las muñecas/a la pelota
treparme a los árboles
andar en bici

❑ To continue with this activity, see Teacher's Manual , page 100.

This section focuses on oral integration of the grammatical structures, while encouraging use of conversational strategies, such as: personalizing, associating, collaborating, note taking, reporting and summarizing, comparing and contrasting, transferring contexts, recycling, recombining, giving examples through expansion.

Actividades

Note: For complete answers to these activities see the Teacher's Manual, page 50.

Actividad A Answers
Answers will vary but will include the imperfect tense.

---

b. describe the past in terms of routine, customary, regular activities that you or somebody else used to do

En el verano íbamos al río y al bosque que estaban a la salida del pueblo. Allí pescábamos y nadábamos.

c. describe qualities or states, using verbs such as **ser**, **estar**, **tener**, **haber**, **conocer**, **poder**, **saber**

Había una niñita morena en mi barrio. Su casa estaba cerca de la mía y éramos buenos amigos. Me gustaba jugar con ella.

Tenía un perro que no sabía hacer nada, excepto dormir.

d. describe the weather

Hacía buen tiempo; no llovía mucho.

e. give the time

Eran las tres de la tarde.

4 The following are some words and phrases commonly used with the imperfect to describe these scenes of the past.

		Siempre	A veces	Nunca
a menudo	en ese tiempo			
a veces	muchas veces	Caminaba a la escuela.	√		
antes	por lo general	Veía las noticias en la televisión.			√
de costumbre	raras veces				
de vez en cuando	siempre	Visitaba a mis abuelos.		√	
en aquel entonces	todos los días (años)				
en aquella época					

5 The following are words used to compare the past to the present.

ya no   **todavía**   **todavía no**

Antes me acostaba a medianoche, pero ya no me acuesto tan tarde. Todavía no me gusta levantarme temprano.

Conversemos

A **Las delicias de mi niñez.** Cuéntale a otra persona dos o tres cosas que hacías cuando eras niño(a) que te gustaban mucho. Luego, comparen sus preferencias y háganle un resumen a la clase.

Por ejemplo:

ESTUDIANTE A:
Siempre me escapaba de casa con una manzana y un sándwich grande y me iba a la playa...

ESTUDIANTE B:
A mí me gustaba jugar béisbol con los chicos del barrio...

(A la clase:) A Toni le gustaba escaparse de casa para ir a la playa pero a mí me gustaba jugar...

Independent Practice

Assign the following:
Activities on pages 170–172.

B **Ya no soy como antes.** Haz una comparación de cómo eres tú ahora y cómo eras antes cuando eras pequeñito(a). Completa lo siguiente.

1. Era ___ pero ahora soy ___ .
2. Tenía ___ . Todavía (Ya no) ___ .
3. Me gustaba ___ . Ahora que soy mayor ___ .
4. Mis amigos ___ .
5. Todos los días ___ .
6. Para ganar dinero ___ .
7. En cuanto a mis estudios ___ .
8. Si buscaba la aventura, ___ . Todavía (Ya no) voy a ___ .

C **Así me sentía.** Di cuándo te sentías de las siguientes maneras de niño(a).

Por ejemplo: cansado(a)

Siempre me sentía cansado cuando esquiábamos todo el día.

1. atrevido(a)
2. sorprendido(a)
3. furioso(a) conmigo mismo(a)
4. sospechoso(a)
5. orgulloso(a)
6. avergonzado(a)
7. flojo(a)
8. confundido(a)

D **Amigos de antes.** Piensa en dos o tres de tus amigos(as) de antes. Descríbelos(las) usando comparaciones. Usa las siguientes preguntas como guía.

1. ¿Cómo eran? Da un ejemplo.
2. ¿Qué hacían ustedes juntos para entretenerse?

Por ejemplo: Mi amiga era lista como un zorro. Siempre tenía una buena excusa cuando su mamá estaba enojada con ella.

Siempre jugábamos a las muñecas, nos maquillábamos y nos vestíamos como mamá.

Estructura **171**

Actividad B Answers
Answers may resemble the following:
1. ... **bajo... muy alto.**

Extension of Actividad B
Have students pick a famous person and describe how the person is and what he or she does today, as well as how the person was and what he or she did in the past.

Actividad C Answers
Answers may resemble the following:
1. **Me sentía atrevida cuando pedía más dinero a mis padres.**

Actividad D Answers
Answers may resemble the following:
Mi amiga era cruel como un monstruo. Rompía todos mis juguetes. Y aunque siempre peleábamos mucho no podíamos estar una sin la otra.

Extension of Actividad D
Students should brainstorm details and memories about their childhood friends and activities. The class can make a book, with each person contributing one page that represents his or her childhood. It might show a map of the places the person used to play or contain drawings of favorite activities or playmates. Once the pages have been put in order, students take turns talking about their pages on a single audio tape. The book and tape are kept in the classroom as a "sponge" activity for anyone to read and listen to during free moments.

Additional Practice

1. Has your family ever lived in another place? Interview a parent or sibling about the place. Tomorrow, report to the class in Spanish about what that place was like. For example, how was the weather? What was there in the area? Did the family like it or not?
2. Each student should tell his or her small group something that he or she used to do. The group then guesses whether the person still does this today.

Actividad E Answers

Answers may resemble the following:
Conocía a un chico muy cómico. Siempre imitaba a las maestras para hacernos reír.

Actividad F Answers

Answers may resemble the following:
1. **En Navidad mi amigo esperaba a Santa Claus hasta muy tarde. Sin embargo yo me dormía temprano para despertarme temprano.**

Additional Practice

Pretend that you are a fictional character, such as the protagonist of a book or movie. Tell your small group the things that you have done and see whether they can guess your identity. Each group should choose one person to present his or her list of deeds to the whole class.

Escribamos

Presentation (pages 172–173)

This section focuses on written integration of the grammatical structures while encouraging use of such learner strategies as: personalizing, expanding creatively on model or stock phrase, attending to detail in description.

Actividades

Note: For complete answers to these activities see the Teacher's Manual, page 50.

Actividad A Answers

Answers may resemble the following:
1. **... alta... frenos en los dientes... corto.**

E **Mis conocidos.** De las siguientes características elige una que describa a alguien que tú conocías cuando eras pequeño(a). Descríbelo(la).

Por ejemplo: engañoso(a)

> *Conocía a un chico engañoso. Siempre copiaba nuestros exámenes. También inventaba chismes de nosotros porque no le gustábamos. Nunca decía la verdad.*

cómico(a)	sospechoso(a)
distante	tonto(a)
flojo(a)	travieso(a)
engañoso(a)	valiente

F **En los días feriados.** Pregúntale a tu compañero(a) qué hacía antes para los siguientes días feriados (u otros que celebraba). Luego haz una comparación con lo que hacías tú.

1. la Navidad o Chanukah
2. el día de las brujas
3. el 4 de julio
4. el día del Trabajo
5. el día de Acción de Gracias

Escribamos

A **Mi niñez.** Piensa cómo eras tú cuando eras un/a niño(a) de diez u once años. Descríbete a ti mismo(a) y también tus actividades completando lo siguiente.

1. Físicamente yo era ___ . Y tenía ___ y el pelo ___ .
2. En cuanto a mi personalidad, era ___ .
3. En cuanto a mis pasatiempos favoritos, siempre me gustaba ___ . Pero no me interesaba nada ___ .

172 CAPÍTULO 3 *Lección 2*

Interdisciplinary Activity

Research an interesting holiday or celebration that belonged to an ancient culture. Report on how they celebrated or commemorated it. For example, the Aztec fire ceremony in Mexico or the "Burial of the Sardine" in Spain would be fun to investigate.

B **Y no estabas tú.** Describe cómo cambiaba tu ambiente cuando tu amigo(a) o tu novio(a) no estaba. Luego contrasta cómo era cuando tu amigo(a) te dejó. Completa las siguientes frases.

1. Cuando mi amigo(a) [novio(a)] estaba conmigo, todo era ___.
2. Me gustaba ___ .
3. En mi habitación ___ .
4. Afuera, en el campo ___ .
5. Pero él (ella) me dejó y me puse ___ .
6. Me sentía ___ .
7. Todo era ___ .

C **Escenas de mi juventud.** Elige de lo siguiente y escribe una descripción detallada de una escena de tu juventud. Incluye el tiempo, el ambiente, la hora, la gente, las actividades y los sentimientos.

> los domingos por la mañana
> los sábados por la noche
> las noches de invierno
> las tardes de verano
> las tardes de otoño

Amigos en
Barcelona, España.

D **Una persona inolvidable.** Describe con detalles una persona que fue muy importante para ti cuando eras pequeño(a). Usa el vocabulario que aprendiste en este capítulo. Explica bien por qué era tan importante para ti y lo que sentías por él o ella.

Estructura **173**

Lectura

Antes de leer

Lectura

Teaching Resources
1. Audio Program 3.2
2. Student Tape Manual, page 47

Bell Ringer Review

Write the following on the board or use BRR Blackline Master 3.2.3:
Look at this list of expressions and circle those that might be used with the imperfect to describe the past.

a menudo	todavía
ayer	por lo general
una vez	de vez en cuando
ya no	siempre
aquel día	por lo general

Presentation (page 174)

This section develops reading skills through a five-stage, integrative process: **pensar, mirar, leer, analizar, aplicar.** For a complete description of each of these stages, as well as suggestions for teaching, please refer to the Teacher's Manual. You may effectively do this section at any point in the **Lección.** Lesson theme, vocabulary, and grammar focus have all been drawn from the authentic literary text in this **Lectura** section.

Antes de leer

Pensemos

This pre-reading section serves as an advance organizer to pull out existing experience and language knowledge, while encouraging use of the following reading preparation strategies: recalling experience to anticipate topic, comparing and contrasting.

Actividades

Note: For complete answers to these activities see the Teacher's Manual, page 51.

Actividad A Answers
Answers will vary.

Pensemos

Los amigos de mi niñez. Explica qué tipo de amigos te atraía cuando tenías 10 u 11 años. Compara con el presente.

Por ejemplo: Siempre me atraían los chicos... y las chicas...
Pero ya me atraen los chicos... y las chicas...

Miremos

A **Datos importantes.** En las páginas 175–177 hay fragmentos de una novela española. Lee los dos primeros párrafos y ubica la siguiente información.

1. Los personajes y sus apodos *(nicknames)* son ___ .
2. El relato está ambientado en (el presente / el pasado / el futuro).
3. Los lugares favoritos de los personajes son ___ .
4. Los pasatiempos de los personajes son ___ .
5. Algunas características de los tres amigos son ___ .
6. Algunas características de la niña son ___ .
7. De la madre de la niña sabemos que ___ .

B **A simple vista.** Con un/a compañero(a), lean la segunda parte ("La Mariuca-uca"), enfocándose en el diálogo de los episodios. Luego, contesten las preguntas que siguen.

1. ¿De quiénes se habla en estos episodios?
2. ¿Qué opina la niña de Daniel?
3. ¿Por qué se ríen los amigos de Daniel?
4. ¿Por qué se ríe Daniel de la niña?
5. ¿Quién(es) está(n) enamorado(s) de quién(es)?

Ahora, lean la tercera parte ("La Mica") y contesten las siguientes preguntas.

6. ¿Quién es la Mica?
7. ¿Cómo es la Mica?
8. ¿Qué sentía Daniel por la Mica?
9. ¿Cuántos años tiene Daniel? ¿Y la Mica?

Ahora, lean la última parte ("Las lágrimas de la Uca-uca").
10. ¿Por qué llora la Mariuca?

Al lector

- No te preocupes si no entiendes todas las palabras de la lectura. Eso es normal.
- No es necesario usar un diccionario. Trata de adivinar las palabras que no conoces.
- Confía en tu español; ¡ya sabes muchísimo!

El camino (fragmentos)
de Miguel Delibes (español, 1920)

En las tardes dominicales y durante las vacaciones veraniegas los tres amigos (Daniel—el Mochuelo, Roque—el Moñigo, y Germán—el Tiñoso) frecuentaban los prados y los montes y la bolera (donde juegan bolos) y el río. Sus entretenimientos eran variados, cambiantes
5 y un poco salvajes y elementales. Es difícil hallar (encontrar) diversión, a esa edad, en cualquier parte.

Había también una niña, huérfana. En el pueblo la llamaban Mariuca-uca o la Uca-uca, para indicar que era una consecuencia de la Mariuca difunta (muerta). La querían todos a excepción de Daniel, el Mochuelo.
10 Era una niña de ojos azules, con los cabellos dorados y la parte superior del rostro tachonado de pecas (freckles).

La Mariuca-uca

—Mochuelo, ¿adónde vas a ir hoy?

—Al demonio. ¿Quieres venir?

15 —Sí—afirmaba la niña, sin pensar lo que decía.

Roque, el Moñigo, y Germán, el Tiñoso, se reían y le mortificaban, diciéndole que la Uca-uca estaba enamorada de él.

Un día, Daniel, el Mochuelo, para zafarse (escaparse) de la niña, le dio una moneda y le dijo:

20 —Uca-uca, toma diez y vete a la botica (farmacia) a pesarme.

Ellos se fueron al monte y, al regresar, ya de noche, la Mariuca-uca les aguardaba (esperaba) pacientemente, sentada a la puerta de la quesería. Se levantó al verles, se acercó a Daniel y le devolvió la moneda.

25 —Mochuelo—dijo—, dice el boticario que para pesarte has de ir tú.

Los tres amigos se reían espasmódicamente y ella les miraba con sus intensos ojos azules, probablemente sin comprenderles.

Uca-uca, en ocasiones, había de echar mano de toda su astucia (necesitaba mucha imaginación) para poder ir donde el Mochuelo.

30 Una tarde, se encontraron los dos solos en la carretera.

—Mochuelo—dijo la niña—. Sé donde hay un nido (nest) de rendajos (pájaros) con pollos (fledgelings) emplumados.

—Dime dónde está—dijo él.

—Ven conmigo y te lo enseño—dijo ella.

35 Y esa vez, se fue con la Uca-uca. La niña no le quitaba ojo en todo el camino. Entonces sólo tenía nueve años. Daniel, el Mochuelo, sintió la impresión de sus pupilas en la carne, como si le escarbasen con un punzón (needle).

Lectura **175**

Interesting Facts

Miguel Delibes (1920–1990) was a Spanish writer of both fiction and non-fiction. His work is full of naturalness, gentle humor, human tenderness, and has moral underpinnings. He excels at capturing a life-like image of adolescent characters. His style is simple and direct, but also poetic.

At the age of 27, he received the prestigious **Premio Nadal,** one of the most important prizes given for literature in Spain, for his first novel, **La sombra del ciprés es alargada.** Delibes also won the **Premio nacional de literatura** and the **Premio Juan March.**

Additional Practice

A veces los niños tratan mal a sus compañeros. Piensa en alguien que recuerdas de tu niñez que siempre se portaba mal contigo. Describe a esta persona a la clase y diles, (si lo sabes), lo que le ha pasado a la persona y si ha cambiado hoy.

Miremos

This preliminary reading section provides the first glimpse of the reading and focuses on the reading strategies of segmenting, focusing attention, scanning for specific information, collaborating with peers. Note that the approach in this **Lección** is somewhat different from that of the others, due to the nature of the text itself.

Actividades

Note: For complete answers to these activities see the Teacher's Manual, page 51.

Actividad A Answers
Answers may resemble the following:
1. ...el Mochuelo, el Moñigo, el Tiñoso y la Uca-uca.

Actividad B Answers
Answers may resemble the following:
1. Se habla de Roque, Germán, Daniel y la Mariuca.

Consultorio de psicología

Presentation (pages 175–177)

This literary text encourages use of such strategies as guessing from context, transferring, identifying cognates and derivatives, applying knowledge and experience to sense-making process, identifying salient information, searching for patterns and clues to meaning. Guide students in how to guess meanings of unfamiliar words, e.g.: **dominicales** (derivative, **domingo;** context), **veraniegas** (context; derivative **verano**), **frecuentaban** (cognate), **huérfana** (cognate–pronounce for students), **quesería** (derivative **queso**), etc. Due to the nature of this particu–

175

lar literary text, it is recommended for the classroom, with peer collaboration. Have students share with each other and with the class the clues they used to determine the meanings of specific words.

—Uca-uca, ¿por qué demonios me miras así?—preguntó. Ella se avergonzó, pero no desvió la mirada.

—Me gusta mirarte—dijo.

—No me mires, ¿oyes?

5 Pero la niña no le oyó o no le hizo caso.

—Te dije que no me mirases, ¿no me oíste?—insistió él.

Entonces ella bajó los ojos.

—Mochuelo—dijo—¿Es verdad que te gusta la Mica?

Daniel, el Mochuelo, se puso encarnado (rojo). Dudó un momento, 10 notando como un extraño burbujeo en la cabeza. Ignoraba (No sabía) si en estos casos procedía enfadarse o si, por el contrario, debía sonreír. Pero la sangre continuaba acumulándose en la cabeza y, para abreviar, se indignó. Disimuló, no obstante, fingiendo dificultades para saltar la cerca *(fence)* de un prado.

15 —A ti no te importa si me gusta la Mica o no—dijo.

Uca-uca insinuó débilmente:

—Es más vieja que tú; te lleva diez años.

Se enfadaron. El Mochuelo la dejó sola en un prado y él se volvió al pueblo...

20 **La Mica**

Una tarde los tres amigos hablaron de la Mica...

—¿Os fijasteis..., os fijasteis (¿vieron Uds?)—preguntó de pronto Germán, el Tiñoso—en la piel de la Mica? Parece como que la tiene de seda.

25 —Eso se llama cutis (piel fina)... tiene cutis—aclaró Roque, el Moñigo, y añadió—De todo el pueblo, es la Mica la única que tiene cutis.

El río Miño en Galicia, España.

El pueblo de Olvera en Andalucía, España.

176 CAPÍTULO 3 *Lección 2*

Daniel, el Mochuelo, experimentó un gran gozo (placer) al saber que la Mica era la única persona del pueblo que tenía cutis.

—Tiene la piel como una manzana con lustre—aventuró tímidamente. [Entonces tenía él diez años].

5   Daniel, el Mochuelo, comprendió que la Mica era muy hermosa, pero además, que la hermosura de la Mica había encendido en su pecho una viva llama desconocida. Una llama que le abrasaba (quemaba) materialmente el rostro cuando alguien mentaba (mencionaba) a la Mica en su presencia... Si la Mica se ausentaba del
10 pueblo, el valle se ensombrecía a los ojos de Daniel, el Mochuelo, y parecía que el cielo y la tierra se tornasen yermos (desiertos), amedrentadores (aterradores) y grises. Pero cuando ella regresaba, todo tomaba otro aspecto y otro color, se hacían más dulces y cadenciosos (rítmicos) los mugidos de las vacas, más incitante el verde
15 de los prados (campos) y hasta el canto de los mirlos (pájaros) adquiría, entre los bardales (plantas silvestres), una sonoridad más matizada (rica) y cristalina. Acontecía, entonces, como un portentoso renacimiento del valle, una acentuación exhaustiva de sus posibilidades, aromas, tonalidades y rumores peculiares. En una
20 palabra, como si para el valle no hubiera ya en el mundo otro sol que los ojos de la Mica y otra brisa que el viento de sus palabras.

Daniel, el Mochuelo, guardaba su ferviente admiración por la Mica como el único secreto no compartido. No obstante, algo en sus ojos, quizá en su voz, revelaba una excitación interior muy difícil de acallar.

25 **Las lágrimas de la Uca-uca**

Era ya de noche. Daniel, el Mochuelo, pensó que era grato (agradable) pensar en la oscuridad. Casi se asustó al sentir la presión de unos dedos en la carne de su brazo. Era la Uca-uca.

Le tembló la voz a la Uca-uca al indagar:

30 —¿Es que te gusta más la Mica que yo?

El Mochuelo soltó una carcajada. Se aproximó mucho a la niña para gritarle:

—¡Óyeme! La Mica es la chica más guapa del valle y tiene cutis y tú eres fea como un cuco de luz (gusano) y tienes la cara llena de pecas.
35 ¿No ves la diferencia?

Reanudó la marcha hacia su casa. La Mariuca-uca ya no le seguía. Se había sentado en la cuneta derecha del camino y, ocultando la pecosa carita entre las manos, lloraba con un hipo atroz.

Additional Practice

Students should pull out of the story details about the valley and the town and write a description of the place in the imperfect.

Leamos

Presentation (pages 178–179)

This section focuses on comprehension and use of information derived from guided, intensive reading through the following reading strategies: collaborating, paraphrasing, summarizing, associating, citing the source.

Actividades

Note: For complete answers to these activities see the Teacher's Manual, page 51.

Actividad A Answers

Answers may resemble the following:
1. **En las tardes dominicales... Sus entretenimientos...**

Leamos

A **En otras palabras.** Con un/a compañero(a) lean otra vez el cuento. Busquen dónde se dice lo siguiente y copien las palabras para expresar estas ideas de otra forma.

Introducción

1. Los domingos y en el verano los amigos iban a menudo al prado o al río... pero no siempre hacían las mismas cosas.
2. Había también una niña sin padres... todo el pueblo la amaba, menos Daniel.

Segunda parte

3. "Quiero que vayas a la farmacia a ver cuánto peso yo".
4. Cuando los niños volvieron del monte, la Mariuca estaba allí esperándolos.
5. La Mariuca le dio la moneda a Daniel... y le dijo "si quieres saber tu peso, tú mismo tienes que ir a la farmacia".
6. La Mariuca, a veces, necesitaba usar toda su imaginación para poder ir adonde estaba Daniel.
7. La niña lo miró todo el camino... y Daniel sintió la mirada sobre sí mismo de una manera muy fuerte.
8. Ella se puso roja pero no dejó de mirarlo.
9. No le oyó o no le puso atención.
10. Daniel se puso rojo... No sabía si era mejor enojarse o sonreír.
11. No demostró lo que sentía, haciendo como que era muy difícil saltar una cerca.
12. Ella es mayor; tiene diez años más que tú.
13. El Mochuelo la abandonó y regresó al pueblo.

Tercera parte

14. La piel de la Mica es tan tersa, tan delicada que es suave y lustrosa como la seda.
15. Cada vez que alguien hablaba de la Mica, Daniel, el Mochuelo, se ponía rojo de vergüenza.
16. Cuando la Mica iba a otra parte, el sol se iba con ella. Todo se ponía gris y feo.
17. Cuando la Mica estaba en el pueblo, sin embargo, todo estaba hermoso y hasta las vacas y los pájaros parecían más contentos.
18. La única cosa de la que Daniel no hablaba con sus amigos era su secreto amor por la Mica; era algo muy personal, muy suyo.

Cuarta parte

19. En la noche, Daniel trataba de pensar en la Mica cuando la Uca-uca le preguntó si le gustaba más la Mica que ella.
20. Cuando él le dijo que sí, la Uca-uca se puso a llorar.

178 CAPÍTULO 3 *Lección 2*

B **Las caras de los personajes.** Cita un ejemplo de cada uno de los siguientes aspectos de los personajes.

1. La Mariuca-uca como una chica...
   - **a.** enamorada
   - **b.** siempre presente
   - **c.** paciente
   - **d.** celosa
   - **e.** triste
   - **f.** solitaria

2. Daniel como un pilluelo *(rascal)*...
   - **a.** gracioso
   - **b.** burlesco *(mocking)*
   - **c.** avergonzado
   - **d.** enamorado
   - **e.** poeta
   - **f.** furioso

3. La Mica como símbolo de...
   - **a.** diosa hermosa
   - **b.** oscuridad y claridad
   - **c.** naturaleza
   - **d.** música o sonido

Después de leer

Analicemos

Palabras. Ubica palabras o frases en el cuento que estén relacionadas con las siguientes. Pueden expresar lo mismo, una variación de lo que dice el cuento o pueden describir cómo se hizo algo.

Por ejemplo: reírse
              a carcajadas

1. mirar
2. no mirar
3. avergonzarse
4. decir
5. amar
6. ver
7. cambiar de apariencia
8. llorar
9. reírse

Apliquemos

A **Así se hablaban.** Elige una de las siguientes parejas y escribe un diálogo típico entre ellos: **1.** Daniel y la Mica; **2.** La Mica y la Mariuca-uca.

B **Un amor imposible.** Cuenta la historia (verdadera o imaginaria) de dos personas como el Mochuelo y la Mariuca-uca. Una estaba muy enamorada, pero la otra quería a otra persona. Puedes escribir un cuento o un diálogo.

C **A esa edad.** Cuando el autor describe las travesuras de Daniel y sus amigos, dice que "es difícil hallar diversión a esa edad en cualquier parte". ¿Estás de acuerdo? Di qué hacías tú para divertirte cuando tenías diez u once años.

Lectura **179**

Actividad B Answers
Answers may resemble the following:
1. **a.** Cuando quería estar a solas con Daniel y le invitó a venir con ella a mostrarle el nido de rendajos.

Después de leer

Analicemos

This section focuses on analysis of new vocabulary encountered in the reading and on the language expansion strategies of associating, paraphrasing, citing sources.

Actividades

Note: For complete answers to these activities see the Teacher's Manual, page 52.

Actividad A Answers
Answers may resemble the following:
1. mirar: no quitar el ojo

Apliquemos

This section focuses on summarizing and integrating content and language of the reading through the following strategies: transferring contexts, personalizing, modeling.

Actividades A, B, and C Answers
Answers will vary.

Additional Practice

1. **Nombres y apodos.** ¿Tenían tú o tus amigos(as) otros nombres o apodos en el grupo? ¿Cómo eran? Da una versión en español, si es posible.
   Yo me llamaba...
   Un amigo mío/Una amiga mía se llamaba...

2. **Flechazo.** Escribe un poema para describir el rostro o la persona de alguien que conozcas bien o que te guste mucho. Usa comparaciones como las que se usan en *El camino* ("ojos como el sol", "brisa como su voz") o cualquier otro tipo de estructura como: el sol de sus ojos, la brisa de su voz.

Cooperative Learning Activity

In their small groups, students can make up a scene that takes place years later for the characters in this story. Characters should talk about their childhood in the town, remember the incidents in the story, and tell what their lives are like today. Each group acts out its scene in a three to five minute presentation to the class.

Presentation (pages 180–181)

This section examines the lesson theme from a cultural perspective. Students are asked to reflect and comment on their own culture as well as Hispanic cultures, through the stimulus of authentic personal, journalistic, and literary texts. Use of the following cultural discovery strategies is promoted through activities in this section: personalizing, reflecting, modeling, expressing point of view, characterizing, playing with language.

Actividad Answers

Answers may resemble the following:

1. **Es una chica que coquetea con los chicos.**

Conversemos y escribamos

Note: For complete answers to these activities see the Teacher's Manual, page 52.

Actividades A, B, and C Answers

Answers will vary.

Extension of Actividad A

Have students write a five to six line dialogue between one of the following pairs of people:

un métetentodo y una quitanovios

un sábelotodo y un cascarrabias
(person who loses his temper easily)

una síguemeguapo y un aguafiestas

una atrapanovios y un rompecorazones

Extension *of* Actividad C

Interview your classmates in other courses and compile a list or make a poster in Spanish of ways that a person can tell whether he or she is loved.

El amor y los novios

Hay muchas palabras relacionadas con el amor y los novios que están formadas por un verbo y sustantivo. Por ejemplo, "una robanovios" es una chica que roba novios, o sea, se roba los novios de otras chicas. Un "métetentodo" es una persona que es muy entremetida, que se mete en los asuntos de los demás. ¿Puedes adivinar los significados de las siguientes palabras compuestas?

1. síguemeguapo
2. espantamujeres
3. quitanovios
4. rompecorazones
5. atrapanovios
6. aguafiestas
7. sábelotodo
8. atraenovios

Conversemos y escribamos ....

A Describe cómo es cada persona de la lista anterior.

B Inventa un nombre compuesto para dos de tus amigos(as).

En la siguiente obra de Pedro de Alarcón, puedes ver el verbo "amar" usado en una gran variedad de tiempos verbales. Lee y ve cuántos tiempos puedes identificar. En seguida, di a qué tiempo se refiere cada uno de los personajes: al presente, al pasado o al futuro.

> **Sinfonía: Conjugación del verbo "amar"**
> *Pedro de Alarcón (español, 1833–1891)*
>
> Coro de adolescentes: Yo amo, tú amas, aquél ama; nosotros amamos vosotros amáis, ¡todos aman!
>
> Coro de niñas: (a media voz) Yo amaré, tú amarás, aquélla amará; ¡nosotras amaremos!, ¡vosotras amaréis!, ¡todas amarán!
>
> Una coqueta: ¡Ama tú! ¡Ame usted! ¡Amen ustedes!
>
> Un romántico: (desaliñándose el cabello) ¡Yo amaba!
>
> Un anciano: (indiferentemente) Yo amé.

Critical Thinking Activity

Creating with proverbs and sayings.
Love and relationships are the themes of many traditional sayings. Review the following sayings with students to be certain they understand each, allowing students to give English counterparts when available. Then, have students choose one of the activities below.

Dime con quién andas y te diré quién eres.

Amor sin celos no lo dan los cielos.

Antes que te cases mira lo que haces.

Más vale tarde que nunca.

El lunes doce o el martes trece, si nos casamos, ¿qué te parece?

Cuando paso por tu casa y te veo en la ventana, se me alegra el corazón para toda la semana.

Una bailarina: (trenzando delante de un banquero) Yo amara, amaría... y amase.

Dos esposos: (en la menguante de la luna de miel) Nosotros habíamos amado.

Una mujer hermosísima: (al tiempo de morir) ¿Habré yo amado?

Un pollo (un joven): Es imposible que yo ame, aunque me amen.

El mismo pollo: Mujer amada, sea usted amable, y permítame ser su amante.

Un necio (tonto): ¡Yo soy amado!

Un rico: ¡Yo seré amado!

Un pobre: ¡Yo sería amado!

Un solterón: (al hacer testamento) ¿Habré yo sido amado?

Una lectora de novelas: ¡Si yo fuese amada de este modo!

Una pecadora: (en el hospital) ¡Yo hubiera sido amada!

El autor: (pensativo) ¡AMAR! ¡SER AMADO!

C Da la conjugación del verbo "amar" que darían los siguientes personajes.

1. un aguafiestas
2. una quitanovios
3. un síguemeguapo
4. un rompecorazones
5. una atrapanovios
6. un espantamujeres

Information About the Author

Pedro Antonio de Alarcón (1833–1891)

Pedro Antonio de Alarcón is best known for his short novel *El sombrero de tres picos,* one of the most popular works in Spanish literature. In 1919, Manuel de Falla, the Spanish composer adapted *El sombrero de tres picos* into a famous ballet of the same name.

Alarcón was born in Guadix, near Granada. He served with distinction in a Spanish military operation in Morocco in 1859. After the war Alarcón traveled to Italy. He wrote about his battle experiences and his travels in his first two books, *Diario de un testigo de la guerra de África and De Madrid a Nápoles.* In his third book, *La Alpujarra,* a historical novel of a Moorish rebellion, Alarcón started moving away from the chronicle technique used in his first two books, toward that of the narrative of a novel. Alarcón also wrote many short stories and essays. He is known as a master storyteller and colorist. Humor and verve stand out in his work.

Manos frías, corazón caliente, amor de siempre. Manos calientes, corazón frío, amor para un día.

Ojos que no ven, corazón que no siente.

Matrimonio y mortaja del cielo baja.

El hombre es como el oso, cuanto más feo más hermoso.

Sin una mujer al lado, el hombre es un desdichado.

El que escoge el amor, siempre escoge lo peor.

Una mujer hermosa es un peligro; una mujer fea es un peligro y una desgracia.

Eres guapa y eres rica, ¿qué más quieres, Federica?

Estructura: *Un poco más*

Presentation (page 182)

1. **-ito/cito:** These suffixes are often used to smooth out problems or release tension in a difficult situation. In some cases, two suffixes may be used. For example:

poco	poquito, poquitito, poquitico
chico(a)	chiquito(a), chiquitito(a)
viejo	viejito(a), viejecito(a)
momento	momentito, momentico

Some words other than nouns and adjectives can also be made diminutive.

ahora	ahorita, ahoritita (right now)
lo mismo	lo mismito (exact)

Poquito a poco, pasito a paso: (Little by little, step by step)

2. **-ón/-ona or -azo, -aza:** Other examples are:

silla	sillón
mano	manotón
pobre	pobretón
empujar	empujón (a shove)
puerta	portón
noticia	notición (big news)
mano	manaza (clumsy)
puño	puñetazo (golpe)

3. **-ote/-ota:** Other examples are:

cabeza	cabezota
gordo(a)	gordote/gordota

Other suffixes:

-acho(a), -ucho(a): Imply poor quality or contempt, disdain.

casa	casucha (shanty)
blanco(a)	blancucho(a) (pale, dirty white)
animal	animalucho (ugly animal)

Two endings can be combined in some cases to create still more meanings.

grandillón, grandulón (huge)
guapetona (very good)
bonachón (good-humored looking)

Estructura: *Un poco más*

Sufijos aumentativos y diminutivos

As you have seen, one of the characters in *El camino* is called la Mariuca. Endings attached to nouns and adjectives commonly indicate intensity ("very") or size (large or small). They can also communicate certain traits or attitudes such as ugliness, coarseness, or affection.

Simply attach the suffixes to words ending in consonants. For words ending in a vowel, remove the vowel before attaching the suffix. Make any spelling changes necessary, such as **poco (poquito)**.

Diminutives. The following endings convey the idea of smallness, as well as other notions.

1 **-ito(a), -cito(a), -ecito(a)** [or **-ico(a)** in Caribbean Spanish] can indicate pet names or phrases of affection.

> Ven acá, **Miguelito**.

2 **-illo(a), -cillo(a)/-ecillo(a)** indicate small or weaker, without affection or malice.

mesa	mesilla de noche
bolso	bolsillo
chico(a)	chiquillo(a)
ventana	ventanilla del banco
pan	panecillo

Augmentatives. Augmentatives generally convey largeness, but sometimes other meanings are attached as well.

1 **-ón, -ona,** or **-azo(a):** Indicate large, sometimes clumsy, grotesque or viewed as negative. It is also used to create new meanings.

hombre	hombrón
zapatos	zapatones
soltero(a)	solterón(-ona) (old bachelor/old maid)
perro	perrazo

2 **-ote/-ota:** This ending has a negative connotation.

palabra	palabrota (dirty word)
feo(a)	feote(a) (a fright)
gordo(a)	gordote(a) (heavy, but not goodlooking, since heavy is not negative)

Con otra persona, ve cuántas palabras puedes formar en base a las siguientes: **libro, viejo(a), hombre, gordo(a), rico(a), casa, chico(a), grande, guapo(a).**

182 CAPÍTULO 3 *Lección 2*

Diversiones

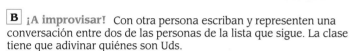

A **Juguemos al teléfono.** Divídanse en grupos de seis.

1. Escojan a una persona para que en un papelito escriba un secreto.
2. Luego esa misma persona le susurra (le dice el chisme o secreto en voz muy baja) a la persona que está sentada a su derecha.
3. Esta persona le hace lo mismo a la persona que está sentada a su derecha, etc., etc.
4. La última persona dice el secreto en voz alta y lo compara con lo que está escrito en el papelito.

B **¡A improvisar!** Con otra persona escriban y representen una conversación entre dos de las personas de la lista que sigue. La clase tiene que adivinar quiénes son Uds.

aguafiestas	espantamujeres	sábelotodo
atraenovios	quitanovios	síguemeguapo
atrapanovios	rompecorazones	

C **Flechazo.** Escribe un poema para describir el rostro o la persona de alguien que conozcas bien o que te guste mucho. Usa comparaciones como las que se usan en *El camino* ("ojos como el sol", "brisa como su voz") o cualquier otro tipo de estructura como: el sol de sus ojos, la brisa de su voz.

Por ejemplo: Piel como un durazno
Voz de miel
Ojos brillantes como las esmeraldas
Dulces labios y una sonrisa que viene del alma.

CUANDO EL TE DICE "QUIERO SALIR CON OTRAS..." **¿QUE HACER?**

Diversiones **183**

Cooperative Learning Activity

Since you began this lesson by thinking of fairy tales and fairy tale characters, try to imagine that one day the Prince says "**Quiero salir con otras**" to Cinderella. Work in pairs or small groups to write possible endings to the story. What are the options open to **la Cenicienta?** Would she accept the situation gracefully? Was she growing bored anyway with life in the palace?

Additional Practice

The teacher should make index cards with some words from each category of the **repaso** and distribute them to the students. Students then get up and find a specific number of others who have cards that might go along with theirs in a story. Once students are grouped, they have about ten minutes to create a brief story or description incorporating all of the words on their cards. This activity could be repeated using different vocabulary words until the entire list has been reviewed.

Repaso de vocabulario

Cosas y conceptos

la ausencia
el cabello
el caracol
la ceniza
el chisme
la claridad
la lágrima
la llama
la oscuridad
la presencia
la risa
el rostro
la seda
la sombra
el tesoro

Personas y animales

el ángel
el/la atleta
el cerdo
la culebra
la diosa
la gallina
el gigante
el gusano
la hormiga
el loro
el monstruo
el payaso
la princesa
el príncipe
el ratón
el tiburón
el zorro

Actividades

asustar
burlarse de
callarse
considerar
coquetear
disimular
fijarse
fingir (j)
hacer caso
reírse a carcajadas
sospechar
tomar el pelo

Descripciones

bello(a)
chismoso(a)
ciego(a)
cruel
distante
engañoso(a)
flojo(a)
lento(a)
precioso(a)
travieso(a)
varonil

Otras palabras y expresiones

a gritos
de costumbre
de vez en cuando
en aquel entonces
en ese tiempo
mientras
por lo general
raras veces
todavía no
ya no

Lección 3

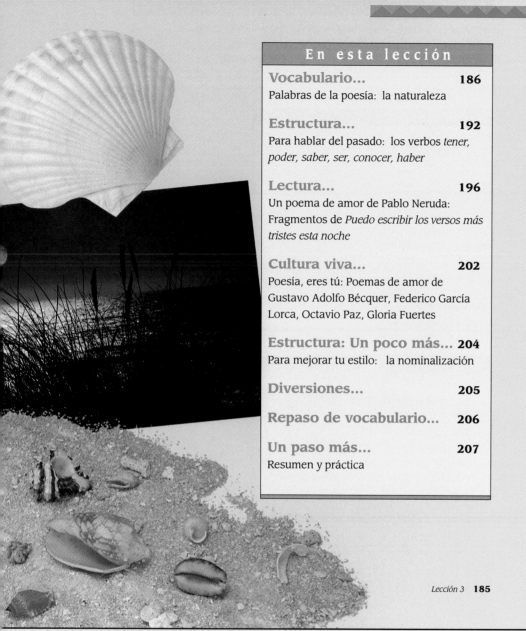

Lección 3 **185**

Learning from Photos

Have students brainstorm phrases about the beach and what people can do there. Those who have used *¡Acción! 2* should recall many reflexive verbs (**broncearse, caerse, ponerse el chaleco salvavidas,** and **enamorarse de una muchacha**). Ask them to look closely at the picture and think of adjectives that describe this particular scene, for example, **tranquilo, silencioso, misterioso.**

Lección 3

Introducing the Lesson Theme

In this lesson, the theme of love and relationships joins with images of nature to elicit imaginative description and narration of the past. The emphasis is on creative thought and expression as students are guided to experience the power of words to evoke feelings and touch the senses. With this in mind, it is recommended that you begin the lesson with page 196, **Actividades A and B** of the **Pensemos** section of the **Lectura**. This section is designed to pull out students' images and networks of associations while focusing their attention on the lesson topic (without involvement in the reading). You may return to the reading at any point in the lesson. The theme, the vocabulary, and the grammar focus of the lesson are all drawn from the authentic text in the **Lectura** section.

Objectives

By the end of this lesson, students will be able to:
1. talk about nature and poetry
2. talk about events and situations in the past
3. anlayze and discuss poetry from the Hispanic world
4. refer to things already mentioned

Lesson 3 Resources
1. Workbook
2. Audio Program (casssette or CD)
3. Student Tape Manual
4. Bell Ringer Review Blackline Masters
5. Fine Art Transparencies
6. Video Cassette
7. Lesson Quizzes
8. Testing Program
9. Situation Cards

Vocabulario

Vocabulario

Bell Ringer Review

Write the following on the board or use BRR Blackline Master 3.3.1: Match up each of these creatures with a descriptive word.

1. un mono   a. lento(a)
2. un ángel   b. chismoso(a)
3. un zorro   c. travieso(a)
4. una tortuga   d. engañoso(a)
5. una culebra   e. listo(a)
6. un loro   f. dulce

Presentation (pages 186–187)

A. Have students work with books closed to focus attention on listening for meaning. To sensitize students to the poet's world:

1. Tell students that in this lesson they are going to be experiencing the world through the senses of a poet. Write on the board the following words:

oído	tacto	visión
sabor	olfato	

B. Have students tell which of these senses they associate most with each of the following. Help them describe what they perceive.

el silencio	la lluvia
el viento	la flor
el río	el helado
el sol	a oscuridad
el chisme	el espejo
la risa	las llamas de un fuego

Por ejemplo: el río → visión: es como una culebra

❏ To continue with this vocabulary presentation, see Teacher's Manual, page 100.

El poeta dice...

el aire está lleno de voces, pero vacío *(empty, void)* de palabras.
el mundo *(world)* está sordo *(deaf)* y ciego; no ve su destrucción.
tu mirada es como un beso de aquella nube *(cloud)* que pasa.
el mes más corto es el de tu visita; el más largo, el de tu olvido.

No creo que haya...

cuerpo sin alma.
sonrisa *(smile)* sin boca.
cabeza sin corazón.
brazos sin amor.
labios *(lips)* sin tentación.
voz sin canción *(song)*.
cielo sin paz.
silencio sin dolor *(pain)*.
muerte sin sueños.
oído sin palabras.
tacto *(touch)* sin piel.
amor sin celos.
recuerdo sin olvido.

Tú me recuerdas *(remind)*...

a una mariposa en suave *(soft, gentle)* vuelo.
a una estrella, distante y fría.
a la brisa, fresca y olorosa.
al arroyo *(brook)* que canta.
al rocío *(dew)* de una mañana de octubre.
a la risa de los niños en la escuela.
a los árboles que me abrazan por la noche.
a las hojas doradas *(golden)* del otoño.
a la luna llena, generosa de luz.
al sol después de una tormenta.
al arco iris *(rainbow)* que aparece hacia *(toward)* el sur.

186 CAPÍTULO 3 *Lección 3*

Learning from Photos

Since the world is such a big and varied place, the natural features that we take for granted call up different images for people who live elsewhere. A tree, for example, might cause one person to think of the picture on page 186, while someone who lives in a tropical climate might imagine the palms on page 187. For the Arabs who lived in Spain, for example, water and palm trees were very important. The dense and elaborate columns that they built in their mosques and palaces reminded them of palm trees, and the beautiful pools of water beneath them completed the illusion of a desert oasis. Ask students where in the United States people might live who picture the scenes on these two pages.

Cuando me callo un largo rato *(time, while)*...

pienso en ti.
me acerco a Dios.
alcanzo *(reach)* tus propios pensamientos *(thoughts)*.
le envío mensajes *(messages)* al mundo.
contemplo mi vida desde la ventana.

Vocabulario **187**

Asociaciones

Presentation (pages 188–189)

This section encourages use of the following types of learning strategies for assimilation of new vocabulary: associating, personalizing, categorizing, transferring to new contexts, recycling, recombining, evoking images through symbolic language, creating similes and metaphors, comparing and contrasting in description.

Warm-up. Have students work in pairs to provide the following new vocabulary words. Probable responses are indicated in parentheses.

❏ To continue with this Warm-up activity, see the Teacher's Manual, pages 100.

Actividades

Note: For complete answers to these activities see the Teacher's Manual, pages 52–53.

Actividad A Answers

Answers may resemble the following:
1. **La naturaleza:** nube, cielo, aire, estrella, brisa, arroyo, rocío, árboles, noche, hojas, otoño, luna, sol, arco iris, vida, mundo.

Actividades B and C Answers

Answers will vary.

Actividad D Answers

Answers may resemble the following:
Describe la oficina durante el día como algo no humano. Pero dice que por la noche las máquinas de escribir son como humanas porque se escriben cartas de amor.

Asociaciones ....

A Categorías. Con un/a compañero(a), clasifica las palabras del Vocabulario en las siguientes categorías.

1. la naturaleza
2. partes del cuerpo
3. aromas
4. ruidos o sonidos
5. animales o insectos
6. colores
7. ideas o conceptos

B Me recuerda a... ¿Cuál de las frases o palabras del Vocabulario te recuerda a tres de las siguientes personas? Explica por qué.

Por ejemplo: un/a compañero(a) de clase

El arco iris me recuerda a mi compañera Nora porque siempre se viste de colores bonitos y es una persona muy alegre.

1. tu novio(a)
2. tu amigo(a) del alma
3. un pariente muy querido
4. una persona que respetas o admiras mucho
5. un/a compañero(a) de clase

C Poético. Usa símbolos e imágenes para describir al menos tres de las siguientes cosas.

el alma	el cielo	la paz
el árbol	la estrella	el río
el arco iris	las hojas	el sol
la boca de...	la mariposa	el viento de la noche
la brisa	los ojos de...	

Por ejemplo: la mariposa

Negra y anaranjada, nadie te la agarra.
Va y viene pero no sabes cuando está aquí de verdad.

D Cualidades. En la poesía, a menudo se usan características humanas para los animales y cosas y, viceversa. ¿Qué hizo la poeta en el poema que está a la derecha?

... La siniestra oficina se humanizaba por las noches
se oía un leve teclado *.
Las máquinas se escribían —unas a otras— cartas de amor.

(Gloria Fuertes)

*clicking of the keyboards

Cooperative Learning Activity

Beginning now and continuing throughout this lesson, students work in small groups to search books of poetry in Spanish for two or three (or more) poems about nature that they like and that contain some of the new vocabulary words. They type or print the poems, illustrate them, and put them together in a booklet. Each student should memorize a short poem or section of a longer one to recite for the class by the end of the lesson.

E **Soy poeta improvisado.** ¿Qué cualidades humanas puedes darle a los siguientes?

Por ejemplo: el arco iris
Es alegre; sonríe y canta.

1. un perro
2. un gato
3. una serpiente
4. una silla
5. la luna
6. el sol

F **Gente de mi vida.** ¿Con qué cosas de la naturaleza asocias a las siguientes personas? Escoge al menos tres de ellas y escribe una frase.

Por ejemplo: tu abuela
Un suave arroyo representa a mi abuela porque es una persona muy dulce.

tu novio(a)	tu amigo(a) del alma	tu hermano(a)
tu padre	tu primo(a)	tu tío(a)
tu madre	tu abuelo(a)	¿ ?

G **¿Qué haces allí?** Las cosas también nos recuerdan qué cosas hacemos. Di qué haces en tres de los siguientes casos.

Por ejemplo: el mar
El mar me recuerda las ocasiones cuando salgo a navegar con mi amiga.

el arroyo	la luna de invierno o verano
el mar	una mariposa
una estrella distante	el rocío
las hojas de un árbol	el sol

El Morrro de San Juan, Puerto Rico.

Vocabulario **189**

Actividad E Answers
Answers may resemble the following:
1. **Un perro: Es fiel amigo, te consuela en los momentos tristes.**

Actividad F Answers
Answers may resemble the following:
1. **Mi novia: Las flores representan a mi novia porque siempre huele bien.**

Actividad G Answers
Answers may resemble the following:
1. **El arroyo me recuerda cuando iba con mi familia al bosque y llevábamos comida para un picnic.**

Did You Know?

El Morro de San Juan. San Juan is on the northern coast of Puerto Rico, facing out to the Atlantic. The first settlement was built by Ponce de Leon. El Morro is a fort erected by the Spanish in the 16th century to guard Old San Juan from frequent attacks by the French, English, and Dutch. Puerto Rico came under U.S. control in 1898. It is appropriate that this girl has been reading a book. Education is very important in Puerto Rico, which has a 90% literacy rate.

Critical Thinking Activity

Direct students to choose one of the words from the bottom box on this page and imagine what two or three people with very different points of view might say about it. For example, how would a scientist, a small child, and a gardener each regard the butterfly? Try to write some phrases or sentences in Spanish to represent these different viewpoints.

Independent practice

Assign the following:
1. Activities on pages 188–190
2. Workbook, pages 57–58

Actividad H Answers

Answers may resemble the following:
1. **No estoy de acuerdo. A veces hay sonrisa en los ojos.**

Conversemos

Presentation (page 190)

This section focuses on integration of vocabulary, while encouraging use of the following conversational strategies: personalizing, transferring to new contexts, recycling, recombining, collaborating, interviewing, surveying, note taking, and reporting.

Actividades

Note: For complete answers to these activities see the Teacher's Manual, page 53.

Actividad A Answers

Answers may resemble the following:
No creemos que haya paz sin comprensión. Es necesario conocer otras culturas y tratar de comprender las opiniones de los demás aunque no estemos de acuerdo con ellas. Es la única manera que podemos prevenir las guerras. El odio es el resultado de la ignorancia.

Extension of Actividad A

If you have computer technology such as Hyperstudio available, pairs or groups of students should create a multimedia presentation of their message. If this technology is not available, student presentations could be videotaped.

Actividad B Answers

Answers may resemble the following:
1. **las playas de Hawaii**

Extension of Actividad B

After interviewing one another, students compile a list of **Cien cosas que nos hacen felices** on long paper to hang in the classroom, trying whenever possible to write a phrase or image instead of only one word. People can add to this list as the lesson progresses.

Actividad C Answers

Answers will vary.

H **No creo que haya...** Da ejemplos positivos o negativos de las siguientes afirmaciones.

Por ejemplo: No creo que haya cielo sin paz.

Desgraciadamente, hay cielo sin paz: aunque la gente del mundo comparte el mismo cielo, no se comunica bien.

No creo que haya...

1. sonrisa sin boca.
2. silencio sin dolor.
3. oído sin palabras.
4. cuerpo sin alma.
5. cabeza sin corazón.
6. brazos sin amor.

Conversemos

A **Mensaje para el mundo.** Con un/a compañero(a), prepara un mensaje de dos o tres frases para el mundo. Si quieren, traigan música, fotos o cualquier otra cosa que necesiten para que su mensaje tenga el impacto deseado.

Por ejemplo: No creemos que haya amor sin niños. Nuestro mensaje es que debemos darle más oportunidades a los niños del mundo. Por ejemplo, podemos...

B **Una entrevista.** Entrevista a un/a compañero(a) para que te dé un ejemplo o una opinión de cada una de las siguientes categorías.

1. cosas maravillosas
2. cosas desagradables
3. personas buenísimas
4. personas antipáticas
5. actividades espléndidas
6. actividades que no le gustan nada
7. cosas de la naturaleza
8. miradas hermosas
9. sonrisas estupendas
10. gente generosa
11. amigos del alma

C **Telepatía.** Prepara entre tres y cinco preguntas para hacerle a un/a compañero(a) para averiguar en qué piensa en las siguientes ocasiones.

Por ejemplo: cuando está solo(a)

Cuando estás solo(a), ¿piensas en otra gente o principalmente en tus propias cosas?

1. cuando está feliz
2. cuando está triste
3. cuando está aburrido(a)
4. cuando tiene un problema enorme
5. cuando está de vacaciones

Interdisciplinary Activity

Based on what they have learned in some of their other classes, students should identify a famous person who spent time alone in nature. They can prepare a poster or brief oral presentation about the person in Spanish, describing the place where the person stayed, what the person's life was like there, and the influence he or she has had on others. For example, Henry David Thoreau spent twenty-six months by Walden Pond, Diane Fossey went to Rwanda to study mountain gorillas, and Jane Goodall investigated the ways of chimpanzees in Tanzania.

Escribamos ....

A **Retrato.** Describe a una persona que conozcas bien dando tantos detalles como puedas.

Por ejemplo: Jim tiene más cabeza que corazón porque... Su sonrisa me recuerda a... y sus brazos son como... Me gusta cuando... porque entonces está como un planeta, distante y...

B **Paz, no guerra.** Escribe un párrafo largo con tres buenas razones para que haya paz y no guerra en el mundo.

Por ejemplo: Quiero que haya paz, no guerra, para que la sonrisa de los niños dure más y...

C **Sonrisas.** Piensa en cinco personas que conozcas y después describe su sonrisa de manera original.

Por ejemplo: Mi hermanito tiene una sonrisa llena de dientes pequeñitos, llenos de caramelo.

D **El cielo.** Escoge un elemento de la naturaleza (el cielo, el mar, la montaña, el bosque, el lago, etc.) y descríbelo con originalidad.

Por ejemplo: Anoche miré el cielo y vi un satélite que iba muy apurado a una transmisión de televisión. Las estrellas lo miraban con pánico porque ellas nunca corren; siempre están distantes y quietas.

La playa de Zihuatenejo, México.

Vocabulario **191**

Escribamos

Presentation (page 191)

This section encourages written integration of vocabulary through use of the following writing strategies: personalizing, describing in detail, evoking images, expressing and supporting opinions, using simile, metaphor, and endowing inanimate objects with human characteristics.

Actividades

Note: For complete answers to these activities see the Teacher's Manual, page 53.

Actividades A and B Answers
Answers will vary.

Actividad C Answers
Answers may resemble the following:
1. **El bebé de mi vecina sonríe con boca de viejo.**

Actividad D Answers
Answers will vary.

Learning from Photos

Direct students to look closely at the picture on this page. One man has just walked onto the beach. Using the imperfect, they should describe how the scene was when he arrived.

Independent Practice

Assign the following:
1. Activities on pages 190–191
2. Workbook, pages 58–59

Structure Teaching Resources

1. Workbook, pages 60–63
2. Audio Program 3.3
3. Student Tape Manual, pages 50–51
4. Lesson Quizzes, pages 67–70

Bell Ringer Review

Write the following on the board or use BRR Blackline Master 3.2.2:
Sort the following words into the categories of **luz** and **agua** and number the words in each category from smallest to largest or weakest to strongest:

el arco iris	la estrella
el rocío	el sol
la luna	el río
el mar	el arroyo

Presentation (pages 192–194)

Note: The topic of the imperfect and the preterit was chosen because of high incidence of these tenses in the poem found in the **Lectura.**

Note: Notice that focus for production in this chapter is only on the preterit and imperfect in terms of certain verbs of state. Students will have more opportunity to use these in the next chapter. The regular forms of the preterit will be presented in the following chapter. At this point, students should be able to recognize verbs in the preterit tense. However, they will not be asked to use them (separately or in combinations with the imperfect tense) until the next chapter.

Para hablar de cosas del pasado: Cómo usar los verbos **poder, tener, querer, ser, saber** *y* **conocer**

When you describe and narrate actions in the past, you make decisions to use verbs in the preterit or imperfect tense. The following are some general guidelines.

1 You generally use the *preterit* tense to convey the events or occurrences of a story such as specific points in time (actions, events, moments) and reactions to events.

> **Lo conocí una tarde y lo invité a ver mi colección de mariposas. Después, salimos juntos varias veces y luego me pidió que fuera su enamorada. Y ésa es la historia de nuestro amor.**

2 You generally use the *imperfect* tense to describe the background or scene of a story; for example, routine or customary actions or states throughout a period of time and general descriptions of emotional, physical, and mental background.

> **Cuando recién nos conocimos, veíamos la tele en mi casa y también mirábamos mi colección de mariposas. Pero, a veces, no podíamos ver la tele porque mi papá trabajaba en la misma habitación. Entonces, yo estaba furiosa porque él estaba en la sala trabajando.**

3 Some verbs like **tener** and **querer** typically express states or conditions, rather than actions. Other verbs that express states or conditions are **poder, saber, conocer, ser, estar,** and **haber (hay).** They may be used in either preterit or imperfect tenses with some differences in meaning. Use in the preterit will give focus to the moment or *point* in time. Use in the imperfect will give focus to the background or *period* of time.

Una pareja en el Parque Güell de Barcelona, España.

192 CAPÍTULO 3 *Lección 3*

Learning from Photos

The Parque Güell was designed by Antonio Gaudí as a garden city for sixty houses. Begun in 1900, the park was completed after Gaudí's death. It features a pavilion supported by eighty-four columns and serpentine benches decorated in multi-colored ceramic mosaics.

4 Sometimes this focus will convey very different meanings with these verbs of state.

Verb	To express point in time	To express period of time
conocer	**conocí** *I met*	**conocía** *I knew*
saber	**supe** *I found out*	**sabía** *I knew*
tener	**tuve** *I got, took, received* **tuve que** *I had to*	**tenía** *I had* **tenía que** *I had an obligation to*
poder	**pude** *I managed* **no pude** *I did not succeed; I couldn't*	**podía** *I was able*
querer	**quise** *I tried; I loved* **no quise** *I refused to*	**quería** *I wanted; I used to love*
haber	**hubo*** *there happened, occurred, appeared*	**había** *there was/were*

* This is the only form you will use in the preterit.

> **Tuve que repetir la clase de geometría porque no tenía una preparación adecuada.**
> **No pude ir de vacaciones porque no podía dejar sola a mi madre.**
> **Cuando yo era joven quería ser millonario, pero, como nunca quise trabajar, ahora no tengo dinero.**
> **Supe que Rosa estaba enferma, pero no sabía que estaba en el hospital.**
> **Aunque había un embotellamiento en la carretera, no hubo ningún accidente.**
> **No querían mucho a Elvira, pero yo la quise.**

5 The following are all the personal endings in the preterit tense for common irregular verbs that express states or conditions.

querer	tener	estar	poder	saber
quise	tuve	estuve	pude	supe
quisiste	tuviste	estuviste	pudiste	supiste
quiso	tuvo	estuvo	pudo	supo
quisimos	tuvimos	estuvimos	pudimos	supimos
quisisteis*	tuvisteis*	estuvisteis*	pudisteis*	supisteis*
quisieron	tuvieron	estuvieron	pudieron	supieron

*This form is rarely used in the Spanish-speaking world, except for Spain.

Estructura **193**

Note: You may wish to remind students of the following:
1. Remember to use one of the two forms of **haber (había, hubo)** to express the idea "there was" or "there were," not the verbs **ser** or **estar: Había mucha gente en la plaza. De repente hubo una explosión.**
2. Use **estar** in the preterit to say where someone or something was for a specific period of time: **Estuvimos en México tres semanas.**
3. Use **ser** in the preterit to provide a reaction to something. **¡La fiesta fue fenomenal!**

Additional Practice

Brings to class magazine pictures that might be used with the preterit of these verbs. For example, **conocí** would work with a picture of a famous person and **no quise** would be appropriate for a picture of someone doing an unpleasant task. Hand these pictures to various people in class. Students read sentence beginnings using the verbs in the imperfect. When a student who has a picture thinks that his or her picture could finish the sentence, the student stands up and ends the sentence with the preterit form of the verb. For example, one sentence beginning might be, **"Había muchas personas famosas en la fiesta, pero..."** The student who is holding a picture of a person would stand and say, **"Yo conocí al presidente de los Estados Unidos."**

Independent Practice

Students can make their own "manipulative" learning aids to help them with irregular verb forms. Start with heavy, corrugated cardboard. The student makes six evenly-spaced triangular notches along each long edge. Next to each notch on the left, write a subject pronoun, not in the usual order. Next to each notch on the right, write a conjugated form of the verb, also in scrambled order. Tie a string through a small hole at the top of the card and wrap it from side to side, connecting the correct subjects and verb forms. On the back, draw in the correct pattern of wrapped string so that students can check their own work each time they practice.

Conversemos

Presentation (page 192)

This section focuses on oral integration of the grammatical structures, while encouraging use of conversational strategies such as personalizing, transferring contexts, giving reasons, listmaking and mapping, interviewing, reporting and summarizing, expanding on model or stock phrases.

Actividades

Note: For complete answers to these activities see the Teacher's Manual, page 53.

Actividad A Answers
Answers may resemble the following:
1. Quería ir a la peluquería pero no fui porque no tuve tiempo.

Extension of Actividad A
This activity may be done in small groups, with students interviewing one another and a spokesperson reporting back to the class about him/herself, other individuals, and pairs of individuals, in order to practice various forms of the verbs. Or, students can be asked to make up three things that they wanted to do but were unable to do last week, giving two true excuses and one lie. The group or class then tries to guess which excuse is untrue.

Actividades B and C Answers
Answers will vary.

Ser is irregular in both the preterit and the imperfect.

ser	
Pretérito	Imperfecto
fui	era
fuiste	eras
fue	era
fuimos	éramos
fuisteis*	erais*
fueron	eran

*This form is rarely used in the Spanish-speaking world, except for Spain.

You will learn more about these two tenses in the next chapter.

Conversemos ···

A Pretextos. Di tres cosas que querías hacer pero que no hiciste la semana pasada y explica por qué.

Por ejemplo: Quería asistir a la reunión del club de español pero no pude porque tuve que trabajar.

B Novedades. Haz una lista de tres novedades o noticias que hayan ocurrido recientemente. Luego pregúntale a un/a compañero(a) si él o ella ya se enteró. Puedes usar las ideas que siguen o pensar en tus propias novedades.

Por ejemplo: Un equipo tiene una jugadora nueva.

ESTUDIANTE A:
¿Sabes que el equipo de fútbol tiene una jugadora nueva?

ESTUDIANTE B:
Sí, lo sé. Lo supe el lunes en el partido. (No, no lo sé. ¿Cómo lo supiste tú?)

1. Llegó un/a alumno(a) nuevo(a).
2. Un/a amigo(a) tiene algo nuevo.
3. Un/a estudiante se peleó con otro(a).
4. Un/a estudiante tuvo una discusión con el/la maestro(a) de...

C Momentos dorados. Completa las siguientes frases con tus propios recuerdos.

1. Un día tuve carta de ___ . Me dijo que quería ___ .
2. Estuve en ___ ___ días. ¡Me gustó muchísimo! ¡Fue ___ !
3. Estábamos en ___ . Era un día ___ . Todos ___ . De repente hubo ___ .

Independent Practice

Assign the following:
Activities on pages 194–195

Escribamos ....

A **Puras excusas.** Haz una lista de cinco cosas que querías hacer pero que no has hecho todavía. Luego explica por qué.

Por ejemplo: mandarle una tarjeta postal a mi amigo(a)

Todavía no le he mandado una tarjeta postal a mi amiga porque no pude encontrar su dirección.

B **Contraste.** Compara lo que pasó el año pasado con lo que pasa ahora en cuanto a las siguientes categorías.

Por ejemplo: clases

Este año tengo dos clases de matemáticas pero el año pasado no tuve ninguna.

1. chicos conocidos   **3.** responsabilidades   **5.** ser líder de un grupo
2. buenos amigos   **4.** habilidades   **6.** clases

C **Recuerdos.** Completa las siguientes frases para dar ejemplos de días que hayan sido muy importantes para ti.

Por ejemplo: El día que supe que..

El día que supe que Santa Claus no existía fue muy triste para mí.

1. El día que supe que ___ .
2. El día que pude por fin ___ .
3. El día que tuve una discusión con ___ sobre ___ .
4. El día que tuve ___ .
5. El día que (no) quise ___ .

D **Ya lo sabes.** Completa la siguiente carta con una forma del pretérito o del imperfecto de los verbos en paréntesis.

Querido amor mío: Cuando ___ (saber) ayer que te ibas a mudar a otra ciudad casi me muero de la impresión. Tú nunca ___ (saber) cuánto te ___ (querer) en silencio, pero ahora que te vas tengo que decírtelo. Desde el día que te ___ (conocer) en esa reunión del club de ciencias, yo ___ (saber) que tú ___ (ser) la mujer de mi vida. Te miré por largo rato y no ___ (poder) prestar atención a la famosa reunión, porque ___ (estar) totalmente loco por ti y no ___ (poder) pensar en ninguna otra cosa. Y así ___ (ser) tan feliz por una semana hasta que alguien me dijo que ___ (tener) novio. Casi me morí de pena y ___ (querer) olvidar tu carita pecosa, pero no ___ (poder). Ahora, mi única alegría es que no serás ni mía ni del otro, porque ese pueblo está lejos de aquí y no creo que puedan verse más.

Estructura **195**

For the Native Speaker

Have native speakers participate in the following activity: **Escoge uno de los tópicos de la Actividad C y cuenta lo que te pasó aquel día en una carta a un amigo real o imaginario. No te olvides de darle los detalles y explicarle tus reacciones y sentimientos.**

Independent Practice

Assign the following:
1. Activities on pages 172–173
2. Workbook, pages 53–56

Escribamos

Presentation (page 195)

This section focuses on written integration of the grammatical structures while encouraging use of such learner strategies as: personalizing, listmaking, comparing past to present, giving reasons, expanding creatively on model or stock phrases.

Actividades

Note: For complete answers to these activities see the Teacher's Manual, pages 53–54.

Actividad A Answers
Answers will vary but may resemble the following:
1. Todavía no le he escrito una nota dándole las gracias a mi tía porque no pude encontrar mi libreta de direcciones.

Actividad B Answers
Answers will vary but may resemble the following:
1. Este año no puedo tomar clases con chicos conocidos pero el año pasado sí pude.

Actividad C Answers
Answers may resemble the following:
1. El día que supe que mi amiga Loretta se mudaba al lado de mi casa fue muy feliz.

Actividad D Answers
supe
supiste
quise
conocí
sabía
eras
pude
estaba
podía
fui
tenías
quise
pude

195

Lectura

Lectura

Antes de leer

Pensemos

A **Verde que te quiero verde.** ¿Cuáles de las siguientes ideas asocias con los colores de la lista?

el abandono	la esperanza	el odio
el amor	el espíritu	el olvido
los celos	la humillación	el orgullo
la cobardía	la inocencia	la pasión
la confianza	la locura	la pureza
la depresión	el mal	el respeto
la desconfianza	la melancolía	el silencio
el dolor	la mentira	la soledad
el enojo	el miedo	la ternura
el engaño	el misterio	la tristeza
la envidia	la muerte	la vergüenza

1. verde
2. rojo
3. negro
4. blanco
5. amarillo
6. azul

7. color café
8. gris
9. violeta
10. rosa
11. dorado

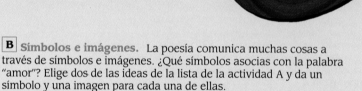

B **Símbolos e imágenes.** La poesía comunica muchas cosas a través de símbolos e imágenes. ¿Qué símbolos asocias con la palabra "amor"? Elige dos de las ideas de la lista de la actividad A y da un símbolo y una imagen para cada una de ellas.

Por ejemplo: el odio
                 Es el olor de cenizas.
                 Se parece a un fuego que destruye todo.

                 la esperanza
                 Es una canción.
                 Se parece a una mañana dorada de primavera.

196 CAPÍTULO 3 *Lección 3*

Teaching Resources
1. Audio Program 3.2
2. Student Tape Manual, page 52

Bell Ringer Review

Write the following on the board or use BRR Blackline Master 3.2.3:
Use the imperfect to describe what everyone was doing at your house last night at a given time. Trade papers with a partner and ask each other one questions about these activities.

Presentation (page 196)

This section develops reading skills through a five-stage, integrative process: **pensar, mirar, leer, analizar, aplicar.** For a complete description of each of these stages, as well as suggestions for teaching, please refer to the Teacher's Manual. You may effectively do this section at any point in the lesson. In this particular lesson, it is recommended that you use the **Pensemos** section to introduce the **Lección**, then return to the other sections of the **Lectura** at some point after vocabulary has been reviewed and practiced. Lesson theme, vocabulary, and grammar focus have all been drawn from the authentic literary text in this **Lectura** section.

Antes de leer

Pensemos

This pre-reading section serves as an advance organizer to pull out existing experience and language knowledge, while encouraging use of the following reading preparation strategies: anticipating topics, brainstorming and list-making, transferring and recycling, associating, imaging, using metaphor and simile.

196

Extra Activity

1. Before beginning this section, you can pass around a box of different colored paper strips, instructing students to choose a color that best represents how they spent last weekend (or a recent vacation). For example, students who worked and earned a lot of money might choose green. After everyone has chosen, students explain in Spanish to their group or the class what color they have selected and why. This activity lets students begin associating colors with experiences and feelings.

2. You may wish to ask individual students the following question: **¿Qué ideas de la Actividad A asocias con el tema del amor en esta época de tu vida?**

Miremos

A **Los poemas.** Los poemas tienen su propia estructura. Cada línea se llama "verso" y un grupo de versos se llama "estrofa". En el poema de la página 198, ¿cuántos versos y estrofas hay?

B **Las ideas del poeta.** En grupos de tres personas, lean el poema, estrofa por estrofa. Luego escriban una frase que resuma la idea principal de cada estrofa.

C **Verso por verso.** Copien los versos del poema que dicen más o menos lo siguiente.

1. ¡Qué noche más preciosa, llena de estrellas!
2. Nos quisimos mucho hace tiempo.
3. Fuimos felices y nos besamos mucho.
4. Amé tanto sus grandes ojos.
5. Ya no es mía; estoy solo.
6. Aunque la quise mucho, hoy ya no la quiero.
7. Antes, yo quería estar en contacto con ella todo el tiempo.
8. Me muero de celos porque ahora ella debe ser de otro.
9. Ahora no estoy seguro si la quiero o no, porque es difícil olvidar.
10. Me da mucha pena no tenerla entre mis brazos ahora.
11. No me acostumbro a la idea de haberla perdido.
12. El último dolor que ella me da es no estar conmigo en una noche como ésta.

Al lector
• No te preocupes si no entiendes todas las palabras de la lectura. Eso es normal.
• No es necesario usar un diccionario. Trata de adivinar las palabras que no conoces.
• Confía en tu español; ¡ya sabes muchísimo!

Lectura **197**

Learning from Photos

Have students pretend to be one of the people in this snapshot. They should write about their relationship, including where they were, what they were like, what things they did together, and how they felt.

Actividades

Note: For complete answers to these activities see the Teacher's Manual, page 54.

Actividades A and B Answers
Answers will vary.

Miremos

This preliminary reading section provides the first glimpse of the reading and focuses on the reading strategies of segmenting, analyzing text structure, skimming for global idea, summarizing, focusing attention, scanning for specific information, collaborating with peers, paraphrasing, citing from sources.

Actividades

Actividad A Answers
Versos = 32; Estrofas = 17

Actividad B Answers
Answers may resemble the following:
1. **Esta noche voy a escribir un poema muy triste.**

Actividad C Answers
Answers may resemble the following:
1. #2 y #3 "La noche está estrellada… a lo lejos".

Additional Practice

El amor es un tema central de muchos poemas. En dos minutos exactos escribe todas las palabras en español que puedas asociar con la palabra *amor*. Pueden referirse a personas, lugares, cosas, cualidades, emociones o actividades. Después, compara tu lista con la de otras personas y vean quién escribió el mayor número de palabras y en qué se parecen estas palabras.

Information about the Author

Pablo Neruda (1904–1973)

❑ For this biography see the Teacher's Manual, page 100.

Presentation (pages 198–199)

This literary piece encourages use of such strategies as guessing from context, transferring, identifying cognates and derivatives, applying knowledge and experience to sense-making process, identifying salient information, searching for patterns and clues to meaning, interpreting symbols and images, attending to text structure. Guide students in how to guess the meaning of unfamiliar words. Due to the poetic nature of this literary text, it is recommended that the reading be done in class to afford students instructor support and peer collaboration opportunities.

Note: This poem presents a striking example of the concepts of the imperfect and preterit in Spanish. Call students' attention to how the poet expresses what happened in the past when his lover was still with him:

> ...Yo la quise, y a veces ella también me quiso.

The poet also tells us how he would long for her all the time:

> Ella me quiso, a veces yo también la quería.

The speaker, writer, or poet has the choice to make certain actions part of the story or part of the stage. Neruda's alternate use of **quise** and **quería** to refer to his love for the same woman during the same period of time is an expression of this choice.

Quise is part of a series that most probably looks like:
la conocí en..., nos juntamos muchas veces con amigos, no pude ocultarle mis sentimientos, salimos solos, nos hicimos amantes y estuve tan feliz ese día, la quise mucho, la tuve entre mis brazos, la besé tantas veces..., a veces ella me quiso, pero un día nos peleamos porque..., nunca supe por qué ella dejó de amarme, la dejé, nunca la volví a ver, pero todavía la recuerdo en noches como ésta.

Poema 20
de Pablo Neruda (chileno, 1904–1973)

Puedo escribir los versos más tristes esta noche.

Escribir, por ejemplo: "La noche está estrellada,
y tiritan*, azules, los astros*, a lo lejos".

El viento de la noche gira* en el cielo y canta.

5 Puedo escribir los versos más tristes esta noche.
Yo la quise, y a veces ella también me quiso.

En las noches como ésta la tuve entre mis brazos.
La besé tantas veces bajo el cielo infinito.

Ella me quiso, a veces yo también la quería.
10 Cómo no haber amado sus grandes ojos fijos.

Puedo escribir los versos más tristes esta noche.
Pensar que no la tengo. Sentir que la he perdido.

Oír la noche inmensa, más inmensa sin ella.
Y el verso cae al alma como al pasto el rocío.

15 Qué importa que mi amor no pudiera guardarla.
La noche está estrellada y ella no está conmigo.

Eso es todo. A lo lejos alguien canta. A lo lejos.
Mi alma no se contenta con haberla perdido.

Como para acercarla mi mirada la busca.
20 Mi corazón la busca, y ella no está conmigo.

La misma noche que hace blanquear los mismos árboles.
Nosotros, los de entonces, ya no somos los mismos.

Ya no la quiero, es cierto, pero cuánto la quise.
Mi voz buscaba el viento para tocar su oído.

25 De otro. Será de otro. Como antes de mis besos.
Su voz, su cuerpo claro. Sus ojos infinitos.

Ya no la quiero, es cierto, pero tal vez la quiero.
Es tan corto el amor, y es tan largo el olvido.

Porque en noches como ésta la tuve entre mis brazos,
30 mi alma no se contenta con haberla perdido.

Aunque éste sea el último dolor que ella me causa,
y éstos sean los últimos versos que yo le escribo.

quiver / estrellas

spins

Critical Thinking Activity

¿De dónde procede la inspiración del poeta para este poema? Cuando pensamos en los poemas de amor, por lo general vemos que el poeta se ha inspirado en la persona de la amada, o sea, en su belleza o en su personalidad, o que tal vez se haya inspirado en la relación entre los dos, en cómo se siente cuando está con ella. Pero, en este caso, ¿qué sabemos de la amada? ¿Nos dice el poeta algo específico sobre el tiempo que solía pasar con ella? ¿En qué emoción se basa el poema entonces?

Quería is part of a diffuse background that can contain infinite ways of describing feelings and physical background:

En aquel tiempo, yo era muy joven y la quería tanto. La buscaba, la extrañaba, la escuchaba cuando no estaba, mi voz buscaba el viento para tocarla, la sentía cuando venía por la calle, la adoraba, no podía vivir sin ella, no conocía a nadie como ella, estaba totalmente loco por ella.

Notice how this collection of descriptions does not tell the story of their love or even affect it, but instead complements what the preterit can narrate.

Additional Practice

❑ See Teacher's Manual, page 109.

Leamos

Presentation (page 200)

This section focuses on comprehension and use of information derived from more intensive reading through use of the following reading strategies: categorizing and grouping, sensitizing to images, identifying salient information, evaluating, associating, citing from source.

Actividades

Note: For complete answers to these activities see the Teacher's Manual, pages 54–55.

Actividad A Answers
Answers will vary but may resemble the following:
1. **La naturaleza: noche, cielo, el pasto, el rocío, árboles, viento**

Actividad B Answers
Answers may resemble the following:
1. **el tacto: sí**

Actividad C Answers
Answers may resemble the following:
1. **noches como ésta: "estrellada, y tiritan, azules, los astros, a lo lejos"**

Después de leer

Analicemos

This section focuses on analysis of new vocabulary and use of grammatical structures encountered in the reading through the language expansion strategies of paraphrasing, drawing conclusions, summarizing, contrasing, citing from sources, analyzing author technique, collaborating, grouping, and associating.

Actividades

Actividad A Answers

1. d	4. a
2. e	5. b
3. f	6. c

Leamos

A **Imágenes para la amada.** El poeta usa muchas imágenes. Copia todas las palabras que encuentres de las siguientes categorías.

1. la naturaleza   3. el espacio   5. lo físico o espiritual
2. el tiempo   4. el ruido o sonido

B **Sensual.** Di si los siguientes sentidos son importantes al leer el poema.

1. el tacto   3. el sabor   5. el olfato
2. el oído   4. la visión   6. el equilibrio

C **Noches como ésta.** ¿Qué asocia el poeta con las siguientes ideas? Ubica y cita las palabras que describan lo siguiente.

1. noches como ésta   3. ojos como ésos
2. dolor como éste   4. olvido como éste

Después de leer

Analicemos

A **Yo amaba; yo amé.** El poeta usa el verbo *querer* en presente y en pasado. Para hablar del pasado, usa el imperfecto (*quería*) y el pretérito (*quise, quiso*). Busca las frases del poema en la columna de la izquierda y luego conéctalas con un significado apropiado de la columna de la derecha.

1. Yo la quise.   a. Ahora no la amo.
2. A veces me quiso.   b. La amé muchísimo.
3. Yo también la quería.   c. Es posible que la ame todavía.
4. Ya no la quiero.   d. Yo la amé.
5. Cuánto la quise.   e. Me amó de vez en cuando.
6. Tal vez la quiero.   f. Y yo la amaba a ella.

B **¿Qué siente el poeta?** Según tú, ¿cuál(es) de las siguientes frases describe(n) mejor los sentimientos de Neruda?

1. Está seguro de que ahora no quiere a la muchacha.
2. Está seguro de que ahora quiere a la muchacha.
3. Está seguro de que ella lo quiere a él.
4. No está seguro de lo que siente ahora.

Interdisciplinary Activity

As an extra project for this lesson and as preparation for Chapter 5, students could learn what the constellations and important stars are called in Spanish and how to explain a few basic astronomical facts or phenomena in the language. You might want to have them work together to decorate a wall or bulletin board with this information.

C Blanco y negro. Neruda usa varios contrastes para expresar su ambivalencia, o sea, el conflicto de dos sentimientos. Lee las palabras que siguen y luego ubica palabras contrastantes en el poema mismo.

Por ejemplo: querer

         La quiero... pero no la quiero.

1. pensar
2. guardar
3. corto

4. como antes
5. es cierto

6. acercar
7. otro

D Impresión y esencia. Neruda también usa la repetición para enfatizar lo que expresa y repite ciertas palabras una y otra vez.

1. Con otra persona, copia las palabras que se usan más de una vez.
2. Cuenten cuántas veces se usa cada una.
3. ¿Qué palabras de cada grupo se usan más en el poema? Describan la relación que hay entre estas palabras.

Apliquemos

A Mis propias imágenes. Elige dos de las siguientes categorías y escribe cinco imágenes que asocies con ella.

Por ejemplo: la naturaleza (el clima, la geografía, la tierra)

         La playa, pájaros, el mar, pescar, caminar, conversar.

1. los sentidos (tacto, oído, sabor, olfato, visión)
2. la naturaleza (el clima, la geografía, la tierra)
3. animales (la personalidad y el físico)
4. el universo (las estrellas, las constelaciones, el cielo)

B Mis propios pensamientos. Elige uno de los primeros versos del poema de Neruda para usarlo como idea principal. Luego completa lo siguiente para escribir tu propio poema o reflexiones en prosa.

1. El día (La noche) está ___ cuando estoy contigo porque ___ .
2. Ya no la (lo) quiero pero ___ .
3. Nosotros, los de entonces, ya no somos los mismos porque ___ .
4. Cómo no haber amado sus ___ .
5. Puedo escribir los versos más ___ .
6. El (Ella) me quiso, a veces yo también ___ .
7. Es tan corto(a) el ___ . Es tan largo(a) el/la ___ .

C Mis dudas. Escribe tu propio poema. Usa imágenes, contrastes y repetición de palabras para darle fuerza a tu propia ambivalencia sobre un tema como un amor, un/a amigo(a), tu familia, etc.

Lectura **201**

Actividad B Answers
1. No está seguro de lo que siente ahora.

Actividad C Answers
Answers may resemble the following:
1. "Pensar que no la tengo".

Actividad D Answers
Answers may resemble the following:

versos	5 veces
más tristes	3 veces

Apliquemos

This section focuses on summarizing and integrating content and language of the reading through the following strategies: transferring contexts, personalizing, associating, creating with language, expanding creatively, using imagery and symbolic language, employing poetic techniques.

Actividades

Note: For complete answers to these activities see the Teacher's Manual, page 55.

Actividad A Answers
Answers may resemble the following:
1. Los sentidos: los dulces, la seda, el limón, el humo, el paisaje

Actividad B Answers
Answers may resemble the following:
1. El día está alegre cuando estoy contigo porque eres muy divertido(a).

Actividad C Answers
Answers may resemble the following:
Puedo contar un cuento frío lleno de olvidos.

Extra Activity

Have the students write their own poem.

Direct them to brainstorm sensory images associated with the topic, such as the family. Then, they should go back and insert their feelings about these images. After adding details and eliminating imprecise images, they will have something to arrange on the page. This is one way for people who are not poets to build a poem.

Independent Practice

Assign the following:
1. Activities on pages 200–201
2. Student Tape Manual, page 52

Cultura viva

Presentation (pages 202–203)

This section examines the lesson theme from a cultural perspective. Students are asked to reflect and comment on their own culture as well as Hispanic cultures, through the stimulus of authentic personal, journalistic, and literary texts. Use of the following cultural discovery strategies is promoted through activities in this section: personalizing, self-reflection, identifying themes, interpreting images, analyzing poetic style.

Extension of "Rima XXX"

This brief poem could be called, for example, **un momento que cambió nuestras vidas.** Have students suggest a title for it and create a dialogue that illustrates this encounter.

Did You Know?

Ronda, a city whose white-washed walls and closely-set buildings give it a typical Andalusian look, is famous as the place where Francisco Romero set forth the rules of bullfighting in the 1700s.

Poesía, eres tú: Poemas de amor

La literatura contiene miles de obras dedicadas al amor en todas sus facetas de cariño, pasión, locura, celos, rechazo, odio y olvido. Como son tantos los tipos de amor y tan variadas sus expresiones, hemos escogido una selección para tratar de representar las más importantes.

Rimas
de Gustavo Adolfo Bécquer (español, 1836–1870)

XXIII

Por una mirada un mundo;
  por una sonrisa, un cielo,
  por un beso…, ¡yo no sé
  qué te diera por un beso!

XXXVIII

Los suspiros son aire y van al aire.
Las lágrimas son agua, y van al
  mar.

Dime, mujer: cuando el amor se
olvida, ¿sabes tú dónde va?

XXX

Asomaba a sus ojos una lágrima y
  a mi labio una frase de perdón;
  habló el orgullo y enjugó su
  llanto y la frase en mis labios
  expiró.

Yo voy por un camino, ella por
  otro; pero al pensar en nuestro
  mutuo amor
yo digo aún: "¿por qué callé aquel
  día?" y ella dirá: "¿por qué no
  lloré yo?"

Es verdad
de Federico García Lorca (español, 1898–1936)

¡Ay, qué trabajo me cuesta
quererte como te quiero!
Por tu amor me duele el aire,
el corazón
y el sombrero.

Un campo de amapolas
cerca de Ronda, España.

Critical Thinking Activity

The title of this **Cultura viva** section comes from the **Rimas** of Gustavo Adolfo Bécquer: **¿Qué es la poesía? ¿Y tú me lo preguntas? Poesía… eres tú.**
What technique does Bécquer use effectively here?

Poetry uses many techniques to play with our thoughts and emotions and twist our senses for the opportunity of novel, unique experiences. Have students cite lines from the poems on pages 202–203 that employ the following techniques (try to avoid technical, stylistic terms students may not be familiar with):

a. repetition
b. simile
c. metaphor

(continued on the next page)

Solo
de Octavio Paz (mexicano, 1914)

Poco
    a
       poco
          me
            fui
               quedando
                  solo.
Imperceptiblemente:
Poco
    a
       poco
Triste es la situación
Del que gozó de buena compañía
Y la perdió por un motivo u otro.

No me quejo de nada: tuve todo
Pero
    sin
       darme
          cuenta
Como un árbol que pierde una a una sus hojas
Fuime
    quedando
       solo
          poco
            a
              poco.

Te quiero
de Gloria Fuertes (española, 1918)

Pienso mesa y digo silla,
compro pan y me lo dejo,
lo que aprendo se me olvida,
lo que pasa es que te quiero.

Ya ves qué tontería,
Me gusta escribir tu nombre,
llenar papeles con tu nombre;

Me creo que siempre que
    lo digo me oyes.
Me creo que da buena suerte;
Voy por las calles tan contenta
y no llevo encima nada más que
tu nombre.

Conversemos y escribamos

A Elige el poema que, en tu opinión, mejor refleja los siguientes temas.

El/La amante como...
obsesionado(a)
confuso(a)
despistado(a)
herido(a)
vanidoso(a)
solitario(a)

El amor como...
doloroso
ilusorio
perdón
comunicación
soledad
dificultad

tristeza
olvido
locura
pasión
cariño

B ¿Cuál de estos poemas refleja mejor tus sentimientos y lo que para ti es el amor?

d. endowing inanimate objects with human qualities
e. employing images from nature
f. exclamations to convey strong emotion
g. use of visual structure to convey emotions or images
h. mixing of senses (e.g., evoking the sense of taste or sight in an emotion evoking sense of touch in a sound)
i. endowing objects with characteristics of other objects
j. use of contrast
k. endowing abstract notions with concrete qualities

Extension of "Solo"
Have students note the visual structure of the poem, which simulates the falling of leaves. What effect does this produce on the reader?

Additional Practice
"Solo" is an example of a concrete poem, in which the shape of the words on the page echoes the imagery and theme of the poem. Students will identify this one as leaves falling from a tree one by one. They will enjoy writing their own concrete poems.

Extension of "Te quiero"
This poem is a wonderful illustration of "un despiste." The teacher should explain that la pista is the track or trail of something. Thus, despistar is to throw someone off track. All of us commit despistes when we are preoccupied with something else. Have students think of a time when they or someone they know has done this and write down what happened and turn it into a poem, or tell the class.

Conversemos y escribamos
Note: For complete answers to these activities see the Teacher's Manual, pages 55–56.

Actividad A Answers
Answers will vary but may resemble the following:
El amante como:
    obsesionado   "Te quiero"
    confuso   "Rimas" XXX

Actividad B Answers
Answers may resemble the following:
"Te quiero" expresa lo que para mí es el amor, ese amor de obsesión, cuando sólo se puede pensar en esa persona que se ama.

Information About the Author
❏ For information about the authors see the Teacher's Manual, page 101.

Point 3: Have students practice nominalizing adjectives with the following:

el color verde de los prados →
   el verde de los prados
una mujer coqueta
un muchacho romántico
un chico tonto
el hombre rico
la gente pobre
las mujeres viejas
los mejores alumnos
el viajero aventurero

Actividad

Actividad Answers

Answers may resemble the following:

1. Me gusta esa película que vimos ayer pero no la que vimos la semana pasada.

Estructura: *Un poco más*

Para mejorar tu estilo: la nominalización

To avoid unnecessary repetition, you have used pronouns that replace things or people already mentioned.

1 Similarly, demonstrative adjectives **este(a)**, **ese(a)**, **estos(as)**, **esos(as)**, **aquel/aquella**, **aquellos(as)** can also be used as pronouns. Notice that, when used as pronouns, these words must have a written accent.

   ¿Cuál camiseta te gusta más, ésta o aquélla?

2 You may also show possession by using pronouns to indicate "mine," "yours," "his," "hers," and so on. These pronouns are used with the definite article (**el**, **la**, **los**, **las**).

Adjective	Pronoun	Adjective	Pronoun
mi(s)	mío/a(s)	nuestro/a(s)	nuestro/a(s)
tu(s)	tuyo/a(s)	vuestro/a(s)	vuestro/a(s)
su(s)	suyo/a(s)	su(s)	suyo/a(s)

   Ésta es mi mochila. ¿Dónde está la tuya?
   La mía está detrás de la tuya. ¿No la ves?
   ¿Entonces, ésa es la de Miguel?
   No, la suya está allí.

3 Another way of avoiding repetition is using the articles **el/la**, **los(as)**, **un(a)**, **unos(as)** + adjective.

¿Cuál es tu maleta?	¿Quieres ver un vídeo?
Es la roja, la grande.	Sí, pero uno cómico.

Describe tres de las siguientes cosas o personas usando la nominalización.

Por ejemplo: un coche
   Me gusta aquél que está al lado del Ford, el pequeño deportivo. Ya no me gusta el mío.

1. una película o un programa
2. una fiesta
3. un/a pariente(a)
4. un/a amigo(a)
5. un coche
6. un poema

Diversiones

A **Mini-drama.** Trabajen en parejas. Una persona es el padre o la madre de un/a chico(a) que sale en su primera cita. La otra persona será el/la chico(a) con quien sale. ¿Qué tipo de conversación tendrán? Escriban la conversación y luego actúenla para la clase.

© Joaquín Salvador Lavado (QUINO)

B **Poemas personales.** Con dos compañeros, escojan un poema de la Cultura viva y vuelvan a escribirlo de una manera personal. Sustituyan algunos de los sustantivos por otros sustantivos hasta crear un nuevo poema. Luego léanle su poema a la clase.

Por ejemplo: Por una canción, un mundo;
                    por un casete, un cielo;
                    por un concierto…, ¡yo no sé
                    qué te diera por un concierto!

Diversiones **205**

Actividades

Note: For complete answers to these activities see the Teacher's Manual, page 56.

Actividades A, B, and C Answers
Answers will vary.

Diversiones

Learning from Realia

This article is about the growing popularity of flamenco music and the ways in which it is combining with rock, jazz, and pop throughout the world. Students who are interested in music might investigate and report to the class about some of the new groups, such as **Pata Negra, Rumba Tres,** or **Azúcar Moreno.** Students could write a brief report, make a poster, or present to the class their findings about the origins and current state of flamenco.

Additional Practice

Students can work together to make word chains to review this vocabulary. The object is to link as many words as possible in a credible way, explaining how they are alike. For example, **"el arco iris" (alegre y de muchos colores)** = **la canción (vuela)** = **la mariposa (una forma que pasa por el aire)** = **la nube (se presenta de repente en el cielo)** = **un recuerdo.**

Cosas y conceptos

el arco iris
el arroyo
el beso
la canción
el labio
la mariposa
el mensaje
la mirada
la muerte
la nube
el olvido
la paz
el pensamiento
el rato
el recuerdo
el rocío
el silencio
la sonrisa
el sueño
el tacto
la tentación

Actividades

alcanzar
aparecer (zc)
contemplar
pasar *(to pass)*
recordar (a) (ue) *(to remind [of])*

Descripciones

distante
dorado(a)
oloroso(a)
sordo(a)
suave
vacío(a)

Otras palabras y expresiones

desde *(from)*
el/la poeta

Capítulo 3 Un paso más

A **Amigos y novios.** Si tuvieras que decirle a tu amigo(a) del alma o a tu novio(a) la verdad sobre él o ella, ¿qué le dirías? Completa las frases que siguen con detalles.

Por ejemplo: Me gustas porque eres muy inteligente y también porque...

1. Me gustas cuando ___ .
2. Me fascinas porque ___ .
3. Me interesas porque ___ .
4. A mi familia le gustas porque ___ .
5. Pero me molestas mucho cuando ___ porque ___ .
6. Espero que yo te agrade porque ___ .
7. Me pareces como ___ .

B **Si yo fuera poeta.** Si fueras poeta, ¿qué tipo de poema romántico podrías escribir? Imagina que acabas de romper con tu novio(a). Quieres recordar el amor que tuvieron, pero también quieres expresar tu tristeza. En unos diez versos, ¿qué puedes decir?

C **La imagen propia.** La segunda lección de este capítulo dice que una persona con una imagen propia negativa puede perder la autoestima. ¿Qué imagen tienes de ti mismo(a)? Sé crítico(a) y presenta los puntos flacos y fuertes de tu imagen en dos o tres párrafos.

D **Encuesta de opinión.** En un papel, contesta la siguiente encuesta de opinión sobre las relaciones interpersonales. Luego, compara tus respuestas con las de otros dos compañeros(as) de clase y escriban un resumen de los resultados.

Estoy de acuerdo   **Estoy en desacuerdo**

1. Los matrimonios buenos son los de dos personas totalmente diferentes.
2. A los hombres les es muy difícil expresar sus emociones.
3. Las mujeres ven todo desde el punto de vista emotivo.

Actividades

Note: For complete answers to these activities see the Teacher's Manual, page 56.

Actividad A Answers
Answers may resemble the following:
1. ... **te ríes porque tu risa me pone feliz.**

Actividad B and C Answers
Answers will vary.

Actividad D Answers
Answers may resemble the following:
Estoy de acuerdo: 1, 2, 4, 5, 10, 12, 15, 18
Estoy en desacuerdo: 3, 6, 7, 8, 9, 11, 13, 14, 16, 17
Resumen
Por lo general, uno debe casarse después de los estudios y cuando ya tenga una carrera. Casi nadie está de acuerdo con las viejas ideas como "el hombre es el rey de la casa". Pero casi todos dicen que el divorcio se ha hecho demasiado fácil.

Answers may resemble the following:
1. ... personas comprensivas, generosas y simpáticas.
2. ... bien educados y honestos.
3. ... escuelas públicas.
4. ... arreglen sus vidas y vivan felices.

Actividad F Answers

Answers may resemble the following:
1. Palabras que me gustan:
2. Sentimientos importantes:
   mirada nostalgia
   beso
   amor
   recuerdo
   sonrisa
   olvido
   suave
3. Poema
   El recuerdo de tu mirada,
   Luego tu sonrisa,
   Entonces tus besos,
   Me da una nostalgia suave
   de tu amor, que,
   ¡Ojalá no se quede
   en el olvido!

4. No es buena idea casarse muy joven.
5. En general, las mujeres son menos egoístas que los hombres.
6. Cuando uno está enamorado, trabaja más y saca mejores notas que cuando uno no está enamorado.
7. Los hombres se enamoran de las mujeres que se parecen a su madre.
8. Las mujeres se enamoran de los hombres que se parecen a su padre.
9. Si uno está enamorado de veras, nunca tiene celos.
10. En general, los hombres tienen miedo de las mujeres.
11. En general, las mujeres son más románticas y sentimentales que los hombres.
12. El hombre debe ser más alto que la mujer.
13. Las mujeres no deben trabajar después de casarse.
14. La novia debe ser más joven que el novio.
15. Los novios deben ser del mismo nivel socio-económico y de la misma cultura.
16. Si una chica quiere salir con un chico, debe esperar hasta que el chico la llame.
17. El hombre es el rey de la casa.
18. Aunque hoy día muchos se divorcian, creo que el divorcio se ha hecho demasiado fácil.

E **Para mis niños.** ¿Qué deseas para tus hijos cuando los tengas? Completa las siguientes frases.

1. Quiero que se casen con ___ .
2. Es importante que tengan amigos que sean ___ .
3. Prefiero que estudien en ___ .
4. Quiero que ellos ___ .

F **El amor, siempre el amor.** En este capítulo has analizado varias facetas del amor, de la amistad y de muchos otros sentimientos importantes para los seres humanos.

1. Repasa el vocabulario que has aprendido; elige las palabras que más te gustaron y ponlas en una lista.
2. Luego, haz otra lista de los sentimientos que sean más importantes para ti.

3. Con estos elementos, escribe un poema sobre una idea, un sentimiento o una persona. Este poema debe ser una culminación de todas las ideas y opiniones que has expresado hasta ahora.

G **Nombres especiales.** Escribe un poema dedicado a tu novio(a) o amigo(a) del alma en el cual cada frase empieza con una letra del nombre de esta persona querida.

Por ejemplo: **A** mada
                  M ía
                  Y o te amo.

H **De un reino al otro.** Dale características humanas a los objetos o animales, y características de objetos o de animales a los humanos. Escoge al menos tres de los siguientes.

Por ejemplo: Mi primo es como un gato. Sentado en la sala, duerme con un ojo y con el otro mira.

el reloj despertador
tu novio(a)
tu primo(a)...
un/a maestro(a)

tu gato (perro, canario, conejo, etc.)
una lámpara (bicicleta, coche, etc.)
tu radio (televisor, videocasetera, etc.)
¿ ?

Un paso más **209**

Chapter Overview

Chapter 4 focuses on the broad theme of generations and the passing of time through an emphasis on memories, childhood dreams and fantasies, and the pleasures and pains of growing up. Cultural aspects integrate explorations of U.S. and Hispanic cross-cultural perspectives as related to the notions of time and aging, rites of passage, the role of clothing and language in issues of identity, and the fragility of self image. Grammatical emphasis is on the correspondence of tenses in past time narration, including narration of dialogue. Uses of imperfect and preterit are accompanied by those of pluperfect (both indicative and subjunctive). Authentic literary texts in the **Lectura** sections include short stories as well as fragments of poetry and essays from well-known Hispanic writers.

All student activities have been designed with attention to development of effective learning strategies. For your convenience, this Teacher's Wraparound Edition notes the types of learning strategies encouraged in each section of student activities.

CAPÍTULO 4

Todo pasa y todo queda

Learning from Photos

Ask students how many generations of this family are represented in the picture. Students should pretend that they are the small child at the top of the photo and identify in Spanish the other family members.

Lección 1

Learning from Photos

These photographs show people in different stages of life having fun with their friends. Students should brainstorm other activities that people of these different ages might like to do with their companions.

Learning from Realia

Ask students to look carefully at the document on this page. Where was it issued? What type of document might it be? Can we tell what it is from the text that is visible?

Lección 1

Introducing the Lesson Theme

Through the theme of life stages and change, this lesson focuses on narrating and describing the past using the imperfect and preterit tenses. To introduce the theme, use the following activities:

1. Write on the board the following organizers:
   Antes...
   Ahora... todavía.../ya no...
   Soy más.../ menos...
   No... tanto...
   Ask students to list how they have changed, from childhood to this point in their lives. Elicit descriptions in terms of (1) **el físico;** (2) **la personalidad;** (3) **gustos y actividades.**
2. Then, have students speculate on what they will be like fifty years from now. Provide new vocabulary as students request it (e.g. **arrugado, canoso,** etc.)

Objectives

By the end of this lesson, students will be able to:
1. talk about the stages of life
2. describe and narrate past events
3. the passing of time and the differences between generations
4. make descriptions

Lesson 1 Resources
1. Workbook
2. Audio Program (cassette or CD)
3. Student Tape Manual
4. Bell Ringer Review Blackline Masters
5. Fine Art Transparencies
6. Video Cassette
7. Lesson Quizzes
8. Testing Program
9. Situation Cards

Vocabulario

La infancia es la edad (*age*) de la inocencia.
La niñez es la edad del juego.
La adolescencia es la edad del desequilibrio.
La juventud es un divino tesoro y una locura (*craziness*).
La madurez es la edad de la calma.
La vejez es la edad de la sabiduría (*wisdom*).

Ahora que soy viejo(a), tengo...	Pero antes, cuando era niño(a), tenía...
la cara arrugada (*wrinkled*).	la cara estirada (*smooth*).
el pelo canoso (*gray*).	el pelo de miel (*honey-colored*).
la mirada de un ciego.	la mirada de un lince (*lynx*).
las mejillas (*cheeks*) pálidas.	las mejillas sonrosadas (*rosy*).
la voz de un cuervo.	la voz de un ángel.
la espalda encorvada (*hunched*).	la espalda derecha.

Tengo muchos recuerdos de mi niñez.

Donde yo vivía había...
una finca.
un bosque.
una cueva (*cave*).
una isla.
un jardín.
un/a viejo(a).

Decían que yo era...

un diablo (*devil*).	pecador/a (*rascal, sinner*).
atrevido(a).	pensativo(a) (*pensive*).
pícaro(a) (*rascal*).	comediante.
travieso(a).	precoz (*precocious*).
genial (*bright, gifted*).	callado(a).
malvado(a) (*bad*).	rebelde.

212 CAPÍTULO 4 *Lección 1*

Vocabulary Teaching Resources
1. Workbook, pages 64–65
2. Audio Program, 4.1
3. Student Tape Manual, pages 57–58
4. Bell Ringer Review Black line Masters
5. Lesson Quizzes, pages 71–74

Bell Ringer Review

Write the following on the board or use BRR Blackline Master 3.1.1:
Fill in each blank with the first person preterit or imperfect form of the verb:

(Tener) ____ que llamar a mis padres porque no ____ dinero.

(querer) Siempre ____ ser maestra pero nunca ____ estudiar.

(saber) Ayer ____ que mi abuela había llegado pero no ____ que pensaba venir.

Presentation (pages 212–213)

To ensure assimilation of meaning and appropriate use, do not rush vocabulary presentation.

A. Have students work with books closed to focus attention on listening for meaning.

Recycle previous vocabulary by having students compare the objects they associate with their childhood with those they associate with their life today. Make two lists on the board. For example:
La niñez
las muñecas
los insectos
los juguetes
las pelotas
las tiras cómicas
los dibujos animados

La adolescencia
el teléfono

Learning from Photos

All of the photographs on this page show parents teaching something to their children. Direct students to think of and share one or two important things that they remember being taught by their parents. What types of things do parents and grandparents teach indirectly to their children?

En mis bolsillos llevaba...	De mis bolsillos sacaba...
mensajes en clave (*code*).	notitas de amor.
migajas (*crumbs*) de pan.	pedazos (*pieces*) de chocolate.
papelitos arrugados (*wrinkled*).	chicle masticado (*chewed gum*).
peines quebrados.	lápices mordidos (*bitten*).
pañuelos de papel (*tissues*) usados.	monedas pintadas.
	patitas (*legs*) de insectos.

Me llenaban de placer (*pleasure*)...

los globos (*balloons*) de colores porque podían volar por el cielo.

las hazañas (*accomplishments*) de los astronautas porque me hablaban de aventuras.

mis amigos secretos porque les tenía cariño (*affection*).

los cascabeles (*jinglebells*) porque parecían campanitas (*bells*).

los baúles del ático porque podíamos disfrazarnos (*disguise, dress up*) de vaqueros (*cowboys*).

los carruseles porque me daban vértigo (*made me dizzy*).

los columpios (*swings*) porque era como volar.

el apoyo de mis amigos(as) porque contaba con ellos(as).

Me (Nos) gustaba...

curiosear en el ático y el garaje.

guardar papelitos de chicle y tarjetas de béisbol.

coleccionar...

   sellos, calcomanías (*decals*).

   muñequitos, autitos, estrellitas.

   discos, cintas (*tapes*), títeres (*puppets*).

esconder dulces, chocolates, chupa-chups (*lollipops*).

robar galletas, dulces, monedas, flores.

dejarle cartas o mensajes secretos a la maestra.

disfrazarme(nos) de monstruo.

Las mejillas me ardían (*would burn*) cuando...

la maestra me llamaba adelante.

tenía fiebre y escalofríos (*chills*).

sentía los latidos del corazón (*my heart would pound*).

veía a mi amigo(a).

mis padres o maestros me castigaban (*punish*).

Vocabulario **213**

los libros de texto
el maquillaje
los discos compactos
las calculadoras y computadoras
las revistas

B. Have students open their books to pages 212–213 and ask them to describe the photos on these pages:

1. **¿Cuáles de los siguientes grupos etarios** (age groups) **se encuentran?**
la infancia
la niñez (hasta 10 u 11 años)
la adolescencia (hasta 17 o 18 años)
la juventud (hasta 31 años)
la madurez (hasta 60 años)
la vejez (más de 60 años)

2. **¿Qué está haciendo la gente?**
Refer students to these photos as you illustrate meanings of new vocabulary, such as: **la cara arrugada (¿Quién la tiene?); el pelo canoso (¿Quiénes lo tienen?); el pelo de miel (¿Quién lo tiene?); las mejillas sonrosadas (¿Quiénes las tienen?); la espalda encorvada (¿Quién la tiene?); etc.**

C. Guide students through the new vocabulary on pages 212–213, personalizing new words and expressions to encourage active student involvement. The following are models of suggested student activities for introducing vocabulary. Choose those you like and expand as desired.

Did You Know?

"Ir al parque" in hispanic cultures can be a much different experience than it usually is in the United States. In a park, a child might see balloon vendors, fire eaters, people organizing games of skill and luck, musicians, or artists drawing on the ground.

Independent Practice

Have students integrate as much new vocabulary as possible in one of the following writing assignments:

1. **Recuerdos de mi niñez** [Una descripción general de algunas cosas que recuerdas bien]

2. **Lo que voy a recordar de mi adolescencia** [Imagínate que ya eres adulto(a)]

3. **Mi propio escondite** [Describe tu lugar secreto, donde ponías todos tus tesoros o donde jugabas]

4. **La persona más admirada** [¿A quién le tenías mucho cariño? ¿Por qué?]

Presentation (pages 214–215)

This section encourages use of the following types of learning strategies for assimilation of new vocabulary: recycling, recombining, transferring contexts, personalizing, grouping, associating, expanding from stock phrase, comparing and contrasting past and present, imaging, comparing and contrasting characteristics.

Did You Know?

The coatí that the little girl is holding in the photograph on this page gets its name from a Tupi Indian word that means "belt" (**cua**) "nose" (**tim**). This small animal has a long, flexible snout.

Actividades

Note: For complete answers to these activities see the Teacher's Manual, page 57.

Actividad A Answers
Answers may resemble the following:
Cuando era niño...
1. **muchas veces me disfrazaba de monstruo.**

Actividad B Answers
Answers will vary.

Actividad C Answers
Answers may resemble the following:
1. **Durante la niñez... la cara estirada.**
   Durante la vejez... la cara arrugada.

Asociaciones

A **A veces.** ¿Cuáles de las actividades del Vocabulario pondrías en las siguientes categorías?

Por ejemplo: nunca
Cuando era niño(a) nunca rompía vidrios en casa.

1. muchas veces
2. a veces
3. rara vez
4. nunca
5. ahora
6. ya no
7. todavía

Una muchacha panameña con su coatí.

B **Autorretrato.** Completa las siguientes frases con palabras del Vocabulario para describir tu niñez.

1. Cuando era niño(a), me llamaban ___ .
2. Decían que era ___ .
3. Donde yo vivía, había ___ .
4. En mis bolsillos siempre llevaba ___ .
5. Mis juguetes favoritos eran ___ porque me gustaba jugar a ___ .
6. Me llenaba(n) de placer ___ .
7. También me gustaba(n) ___ porque ___ .
8. Me gustaba curiosear en ___ donde había ___ .
9. Me ardían las mejillas cuando ___ .
10. A veces me castigaban cuando ___ .
11. Coleccionaba ___ . Y en un lugar secreto guardaba ___ .

C **Etapas de la vida.** Completa las frases de abajo para comparar al menos dos de las siguientes etapas de la vida.

| la niñez | la adolescencia | la juventud |
| la madurez | la vejez | |

Por ejemplo: ... contamos con el apoyo de...
Durante la niñez contamos con el apoyo de nuestros padres.
Durante la adolescencia contamos con el apoyo de nuestros amigos.

1. ___ en cuanto a lo físico, tenemos ___ .
2. ___ contamos con el apoyo de ___ .
3. ___ en los bolsillos llevamos ___ .
4. ___ las mejillas nos arden cuando ___ .
5. ___ nos llena(n) de placer ___ .
6. ___ escondemos ___ .
7. ___ coleccionamos ___ .
8. ___ nos disfrazamos de ___ .

Una señora colombiana.

214 CAPÍTULO 4 *Lección 1*

Critical Thinking Activity

Students find the etymological roots of these words and make a chart, showing how they ended up in English, as well as in Spanish:

guardar	ocultar	respetar
juntar	abandonar	comprometer
compartir	competir	obsesionar
mantener	abrazar	contar

Extra Activity

Have students give advice to the characters of a popular soap opera, TV show, or movie. As an alternative, you might bring back a couple of notable characters from *¡Acción! 1* or *2*—for example, Tony and Miriam from *¡Acción! 2* or Alma and César from the *¡Acción! 1* video and talk about their relationships.

D **Muchachitos y sus hazañas.** Di qué hacía cada uno de los siguientes niños.

Por ejemplo: el niño malvado

> *Rompía los juguetes de los demás. Coleccionaba tarjetas de béisbol robadas. Peleaba con los hijos de los vecinos. No le tenía cariño a nadie.*

1. la comediante
2. el diablo o pícaro
3. la muchacha precoz
4. el niño pensativo

5. un niño extraordinario
6. la niña traviesa
7. el muchacho pecador
8. la niña rebelde

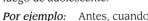

Dos amigos argentinos.

E **Diablitos y angelitos.** Todos tenemos un lado bueno y un lado malo. Describe los dos lados de tu personalidad, primero de niño(a) y luego de adolescente.

Por ejemplo: Antes, cuando era niño(a), mi diablito rara vez le hacía caso a mis padres. En cambio, mi angelito siempre les tenía cariño.

Ahora que soy adolescente, mi angelito siempre le hace caso a mis padres porque... Ya no los ignoro. En cambio, mi diablito todavía quiere hacer lo que le da la gana.

Conversemos

A **Tú y yo.** Haz una lista de al menos diez preguntas para entrevistar a tu compañero(a) sobre su niñez. ¿En qué se parecían y en que se diferenciaban esas etapas de sus vidas?

Por ejemplo:

ESTUDIANTE A:

(1) ¿Te gustaba ser pícaro(a)?

(3) A mí también porque...
(A la clase:) A nosotros(as) dos nos encantaba ser pícaros(as) porque siempre...

ESTUDIANTE B:

(2) Sí, mucho, por ejemplo...

B **Le tenía mucho cariño.** ¿A quién admirabas cuando eras niño(a)? Diles a tus compañeros(as) cómo era esa persona y por qué le tenías mucho cariño.

Por ejemplo: Le tenía mucho cariño a mi maestra de tercer grado porque me daba buenos consejos cuando yo tenía problemas.

Vocabulario **215**

For the Native Speaker

Have the native speakers participate in the following activity as an extension of **Actividad B**: Piensa en alguien que admirabas mucho cuando eras niño(a) o que hizo mucho para ayudarte. Imagina que esa persona va a recibir un premio muy importante y escríbele una carta de apoyo y agradecimiento, describiendo a la persona y mencionando lo que la persona ha hecho para ti.

Actividad D Answers
Answers may resemble the following:
1. ... se disfrazaba con la ropa de sus padres y los imitaba tan bien que todos se reían a carcajadas.

Extension of Actividad D
Students should look up the origins of the adjectives in this activity in both Spanish and English. Do they all have Latin roots? Are they all true cognates?

Actividad E Answers
Answers will vary.

Extension of Actividad E
Ask students whether, as children, they might have had an imaginary friend who served as a **diablito,** or at least an alter ego. If you can locate some Calvin and Hobbes comic strips, for example, in Spanish, you will find that they illustrate this concept very well.

Conversemos

Presentation (pages 215–216)

This section focuses on integration of vocabulary while encouraging use of the following conversational strategies: recycling, recombining, transferring contexts, interviewing, cooperating, comparing and contrasting, summarizing, describing characteristics, giving reasons to support statements.

Actividades

Note: For complete answers to these activities see the Teacher's Manual, page 57.

Actividad A Answers
Preguntas:
1. ¿Te gustaban los columpios?

Actividad B Answers
Answers will vary.

Answers may resemble the following:
1. ...la fiesta del día de las brujas.

Escribamos

Presentation (page 216)

This section encourages written integration of vocabulary through use of the following writing strategies: personalizing, recycling, recombining, transferring contexts, comparing and contrasting, imaging and providing detail, letter writing, speculating.

Actividades

Note: For complete answers to these activities see the Teacher's Manual, page 57.

Actividades A, B, C, and D Answers
Answers will vary.

C Encuesta. Con cuatro personas, completen las frases para determinar las preferencias de los niños.

Por ejemplo: Nos gustaba jugar con (al)...
Nos gustaba jugar con videojuegos y al escondite.

1. Íbamos a ___ .
2. Nos disfrazábamos de ___ .
3. Nos castigaban porque ___ .
4. Nos gustaba coleccionar ___ .
5. Nos daba mucho placer ___ .
6. Jugábamos con (al) ___ .
7. A veces hicimos grandes hazañas.
   Por ejemplo, conseguimos ir a ___ .

Escribamos

A Ser niño no es fácil. Apunta dos ventajas que tienen los adultos que no tienen los niños.

Por ejemplo: Cuando yo era niño(a), no podía salir sin avisar ni ir a acampar con amigos ni comprar lo que quería. En cambio, mis padres y tíos podían...

B En la máquina del tiempo. ¿Qué preferirías, hacer un viaje al pasado o al futuro? Escribe en qué año estás, por qué elegiste ese año y cómo son las cosas en esa fecha.

Por ejemplo: Estoy en el año 2020. Elegí este año porque la gente ya puede ir de vacaciones a la Luna. La Luna es increíble. Allá se puede saltar cinco metros...

C Las experiencias de este año. Imagínate que en este momento les escribes una carta a tus futuros hijos. Descríbeles en detalle cómo es tu mundo y explícales dos problemas y dos planes que tienes.

Por ejemplo: Queridos hijos:
Uds. van a leer esta carta más o menos en el año 2022 pero quiero describirles mi vida y cómo es el mundo de ahora. Estoy en el último año de la escuela superior y lo más importante de la vida es...

D ¿Qué dirán mis hijos? Ahora, imagínate que tus futuros hijos han leído la carta que les escribiste en la actividad C. ¿Qué van a decir sobre la vida de "antes"? Escribe dos cosas.

Por ejemplo: Lo más importante de la vida cuando mi mamá (papá) tenía 17 años era...

Cooperative Learning Activity

Using as a topic any of the writing activities on this page, group members can make a brief presentation for the class using "slides" that they have made. The teacher should draw a pattern of squares the appropriate size to fill slide frames on a blank transparency. Students draw simple illustrations for their slides using an indelible transparency marker. Students then write a script and narrate their presentation to the class. If it is not possible to mount the slides, students enjoy drawing a picture story to accompany what they have written on a transparency and showing it in segments as they talk. Within the group, cooperative roles include art director, editor, narrator, and creativity supervisor.

Estructura

Para contar historias del pasado: El tiempo pasado pretérito

In the Vocabulario you used the imperfect tense to describe what routinely used to happen in the past.

Decían que yo era comediante.
En mis bolsillos llevaba patitas de insectos.
Me gustaba disfrazarme de monstruo.

The imperfect tense is used with the preterit tense to narrate stories in the past. You will practice both these tenses in this chapter. You learned some forms of the preterit tense in Chapter 3. Here you will review how the preterit tense is formed.

1 To form the preterit of regular verbs, drop the -**ar**, -**er**, or -**ir** ending from the infinitive and add the following endings to the verb stem. Notice that -**er** and -**ir** verbs share the same endings.

To say...	mirar	correr	subir
what I did, add	-é	-í	-í
	miré	corrí	subí
what you (**tú**) did, add	-aste	-iste	-iste
	miraste	corriste	subiste
what somebody else did, add	-ó	-ió	-ió
	miró	corrió	subió
what you and others did, add	-amos	-imos	-imos
	miramos	corrimos	subimos
what others (**vosotros**)* did, add	-asteis	-isteis	-isteis
	mirasteis	corristeis	subisteis
what others did, add	-aron	-ieron	-ieron
	miraron	corrieron	subieron

* This form is rarely used in the Spanish-speaking world, except for Spain.

Estructura **217**

Learning from Realia

Have students discuss what type of newspaper article this is. Why are sports reports good places to look for verbs in the preterit? The teacher should bring in Spanish newspapers and have students examine sports and crime stories for preterit verbs.

Structure Teaching Resources
1. Workbook, pages 66–69
2. Audio Program 4.1
3. Student Tape Manual, pages 59–60
4. Lesson Quizzes, pages 75–77

Bell Ringer Review

Write the following on the board or use BRR Blackline Master 4.1.2: Match each of these verbs with an appropriate place or object.

1. curiosear	a. calcomanías
2. guardar	b. pañuelos de papel usados
3. dejar	c. en el garaje
4. coleccionar	d. tarjetas de béisbol
5. llevar	e. mensajes secretos

Presentation (pages 217–220)

You may wish to have students do the **Lectura** at this point. If so, call students' attention to the use of the imperfect tense to describe (1) the background or setting of the story, (2) description of persons, places, and things, and (3) what routinely *used to* happen in the past:

Lucas de la Pedrería vivía solo, y él mismo cocinaba sus guisos de carne, cebollas y patatas, y él se lavaba su ropa, en el río... Siempre que podíamos nos escapábamos a la casita de Lucas de la Pedrería...

El cabello, muy blanco, le caía sobre la frente. Era menudo, encorvado y hablaba casi siempre en verso. Unos extraños versos que a veces no rimaban mucho, pero que nos fascinaban.

In the final scene of the story, the background is described in the imperfect tense. But the action that occurred to interrupt the scene is expressed in the preterit tense.

Find the preterit tense forms in the following:

"La barraca estaba vacía. Lucas no nos contestaba. Al fin, mi hermano... empujó la puertecilla. Yo... miré también hacia adentro... Nunca antes estuvimos allí."

"Al fin, como no nos hacía caso, le dejamos. Empezamos a curiosear y encontramos un baúl negro... Lo abrimos.... Mi hermano y yo nos quedamos callados. De pronto, rompimos a llorar... y salimos corriendo al campo. Llorando,... subimos la cuesta."

Extension of Points 2 and 3.
The teacher should point out to students that all of these are "shoe-shaped" stem-changing "ir" verbs in the present tense. Those who have used *¡Acción! 2* will recall studying them as a group.

Additional Practice

Working together, students make up a story incorporating as many of these irregular verbs as possible. One way to start the story might be: **El sábado pasado mi padre leyó una novela policíaca que se trataba de ladrones, espías, y otra gente malvada. Despúes se durmió...**

2 Some -**ir** verbs have changes in their stems in the third person singular and plural (**él, ella, Ud. / ellos, ellas, Uds.**). Changes may be from **o** to **u**, or from **e** to **i**. The following are examples.

dormir	(o>u)	dormí, dormiste, *durmió*, dormimos, dormisteis*, *durmieron*
morirse	(o>u)	me morí, te moriste, *se murió*, nos morimos, os moristeis*, *se murieron*
pedir	(e>i)	pedí, pediste, *pidió*, pedimos, pedisteis*, *pidieron*
seguir	(e>i)	seguí, seguiste, *siguió*, seguimos, seguisteis*, *siguieron*
reírse	(e>i)	me reí, te reíste, *se rió*, nos reímos, os reísteis*, *se rieron*
divertirse	(e>i)	me divertí, te divertiste, *se divirtió*, nos divertimos, os divertisteis*, *se divirtieron*
vestirse	(e>i)	me vestí, te vestiste, *se vistió*, nos vestimos, os vestisteis*, *se vistieron*

* This form is rarely used in the Spanish-speaking world, except for Spain.

3 One group of verbs has spelling changes when you are talking about other people (**él, ella, Ud. / ellos, ellas, Uds.**). In verbs like **leer, oír, creer**, the singular form ends in -**yó** and the plural form ends in -**yeron** to reflect the actual pronunciation of these forms.

leer	leyó, leyeron
oír	oyó, oyeron
creer	creyó, creyeron
huir	huyó, huyeron
caerse	se cayó, se cayeron
destruir	destruyó, destruyeron

4 Another group of verbs has spelling changes in the **yo** forms to reflect the actual pronunciation of this preterit form.

a. For infinitives ending in -**car**, the **yo** form ends in **qué**. Here, the **c** changes to **qu**, but remains a **c** in all other forms. For example:

buscar	busqué	pescar	pesqué
tocar	toqué	sacar	saqué

b. For infinitives ending in -**gar**, the **yo** form ends in -**gué**. Here, the **g** changes to **gu** but remains a **g** in all other forms. For example:

llegar	llegué	navegar	navegué
jugar	jugué	castigar	castigué
pagar	pagué		

c. For infinitives ending in -**zar**, the **yo** form ends in -**cé**. Here, the **z** changes to **c** but remains a **z** in all other forms. For example:

almorzar	almorcé	comenzar	comencé
empezar	empecé	disfrazarse	me disfracé
organizar	organicé		

5 Many verbs are irregular in the preterit tense. Sometimes, they may be studied in groups for ease of retention. In Chapter 3 you practiced some of these: **tener, estar, poder, querer, saber, ser**.

traer	traje, trajiste, trajo, trajimos, trajisteis*, trajeron
conducir	conduje, condujiste, condujo, condujimos, condujisteis*, condujeron
decir	dije, dijiste, dijo, dijimos, dijisteis*, dijeron
estar	estuve, estuviste, estuvo, estuvimos, estuvisteis*, estuvieron
tener	tuve, tuviste, tuvo, tuvimos, tuvisteis*, tuvieron
andar	anduve, anduviste, anduvo, anduvimos, anduvisteis*, anduvieron
caber	cupe, cupiste, cupo, cupimos, cupisteis*, cupieron
saber	supe, supiste, supo, supimos, supisteis*, supieron
poder	pude, pudiste, pudo, pudimos, pudisteis*, pudieron
poner	puse, pusiste, puso, pusimos, pusisteis*, pusieron
ir/ser	fui, fuiste, fue, fuimos, fuisteis*, fueron
dar	di, diste, dio, dimos, disteis*, dieron
venir	vine, viniste, vino, vinimos, vinisteis*, vinieron
hacer	hice, hiciste, hizo, hicimos, hicisteis*, hicieron
querer	quise, quisiste, quiso, quisimos, quisisteis*, quisieron

* This form is rarely used in the Spanish-speaking world, except for Spain.

This section focuses on oral integration of the grammatical structures, while encouraging use of conversational strategies, such as: personalizing, transferring contexts, narrating the past, sequencing events, comparing and contrasting, recounting and describing events, expanding on stock phrases, imaging.

Actividades

Note: For complete answers to these activities see the Teacher's Manual, page 58.

Actividad A Answers

Answers may resemble the following:
1. **El día que fui con mi clase de español a Cancún, me levanté a las 4:30 de la mañana.**

Extension of Actividad A

Once the student has outlined his or her experience, he can then create a story box—a shoe box decorated according to the theme of the tale. The box should contain a few props or pictures that the storyteller can hold up as he relates his adventure to his small group or the class. The listeners should learn a few supportive expressions to say as the story progresses (such as, **No me digas, Qué chistoso,** etc.)

---

6 Note how you will combine the preterit tense with the imperfect tense to narrate and describe the past.

a. Describe routine events in the past with the imperfect; describe variations from routine with the preterit.

Cuando era niña pasábamos las vacaciones en casa de mis abuelos. Íbamos en coche y siempre nos divertíamos. Pero un año fuimos a California donde asistimos a la boda de mi prima.

b. Describe the stage or scene of ongoing action with the imperfect; contrast the action that occurred or interrupted the scene with the preterit.

El bosque estaba oscuro y frío. Pero nosotros corrimos con un poco de miedo y seguimos a mi hermana mayor hasta el lago.

Acababa de acostarme cuando de repente sonó el teléfono.

c. State your intentions at a past point in time with the imperfect; explain what interrupted what you were about to do in the preterit.

Iba a salir para el colegio cuando llegó mi amigo y empezamos a conversar. Por eso, llegué tarde a clase.

d. To state what you used to like (or dislike), use (**no**) **me gustaba**. On the contrary, to react to something you liked (or disliked), use (**no**) **me gustó**.

Cuando era niño, me gustaba mucho ir al parque de diversiones. Pero lo que más me gustó en el parque de Virginia fue la enorme montaña rusa que tenían.

7 The following are time expressions that you can use with the preterit.

de repente	ayer
anteayer	anoche
de pronto	el año (mes, fin de semana) pasado
entonces	la semana pasada
en ese momento	hace... años (meses, semanas, días, horas)

Conversemos ....

A **Yo también tengo aventuras.** Cuenta qué hiciste la última vez que tuviste una aventura. Ordena las acciones paso por paso, de 1 a 5.

Por ejemplo: 1. El día que mi amigo y yo fuimos a acampar al bosque, compré una carpa nueva.
2. Cuando regresé, puse todo el equipo en el coche.
3. Entonces, fui a buscar a mi amigo...

B **Pero una vez...** Completa las siguientes frases para describir lo que siempre hacías antes. Luego describe una vez que fue diferente.

Por ejemplo: Cuando era niño, siempre me ardían las mejillas cuando... pero una vez...

Cuando era niño, siempre me ardían las mejillas cuando los maestros me llamaban adelante. Pero una vez me puse tan nervioso que rompí a llorar.

1. Sacaba notas ___ , pero una vez ___ .
2. Pasaba los fines de semana ___ , pero una vez ___ .
3. Iba de vacaciones a ___ , pero una vez ___ .
4. Les hacía caso a mis padres ___ , pero una vez ___ .
5. Me ardían las mejillas cuando ___ , pero una vez ___ .

C **No hace tanto.** ¿Cuánto tiempo hace que te pasó lo siguiente? Explica qué pasó.

Por ejemplo: ¿Cuánto tiempo hace que conociste a tu mejor amigo(a)?

Conocí a mi mejor amiga hace tres años. Fue el primer día de clases. Acababa de bajar del autobús cuando me caí. Ella me vio y vino a ayudarme.

¿Cuánto tiempo hace que...

1. te pusiste un disfraz?
2. rompiste algo que valía mucho?
3. viste un payaso?
4. almorzaste con tu familia?
5. se te cayó un diente?
6. montaste en la montaña rusa?
7. te castigaron tus padres?
8. le trajiste un recuerdo de tus vacaciones a un/a amigo(a) o familiar?
9. dijiste una mentira?
10. condujiste un coche de lujo?
11. tuviste muchísimo miedo?
12. peleaste con un/a amigo(a)?

© Joaquín Salvador Lavado (QUINO)

Estructura **221**

Actividad B Answers
Answers may resemble the following:
Cuando era niño, siempre...
1. **...buenas en matemáticas... recibí una D.**

Actividad C Answers
Answers will vary but may resemble the following:
La última vez que me puse un disfrás fue el día de las brujas el año pasado. Iba a una fiesta y no sabía cómo vestirme. Por fin decidí ir de payaso.

Additional Practice
The following is a continuation of **Actividad C.**
13. **viste una película?**
14. **viajaste a otro estado?**
15. **dormiste en casa de tu amigo(a)?**
16. **fuiste a una fiesta de cumpleaños?**
17. **viste tu equipo/deportista favorito?**

Extension Mafalda cartoon
Ask students to look carefully at the first panel of the cartoon and mention in spanish five signs of Spring that appear there.

Actividad D Answers

Answers may resemble the following:
1. ...cinco años... conocí a Dora, mi mejor amiga.

Actividad E Answers

Answers may resemble the following:
Algo que me dio pena: Recuerdo el día que llegamos a Nueva York. Fue una excursión del colegio. El autobús paró en la calle Broadway. De pronto vi a un hombre corriendo por el tráfico. Un coche por poco choca con él. Me dio escalofríos. Y después me dio risa porque me di cuenta que era una película.

Actividad F Answers

Answers may resemble the following:
1. ...sonó el teléfono. Era mi novia que quería decirme "buenas noches".

Extension of Actividades E and F

The teacher brings to class a children's book such as *Alexander and the Terrible, Horrible, No Good, Very Bad Day,* which has been translated into Spanish. After reading the book to the class, the teacher starts a fan-folded piece of paper around the room with the first line of a "bad day" story written on the first visible strip of paper. Each student adds to the story, reading only the line that has been written immediately before his, not the whole story. At the end, the teacher unfolds the fan and reads the class its creation.

D **Diario.** ¿Qué hiciste en cada uno de los siguientes años de la escuela primaria? Completa las frases.

Por ejemplo: Cuando estaba en primer año...
Cuando estaba en primer año conocí a mi primer novio.

1. Cuando tenía ___ años y estaba en primer año ___ .
2. Luego, cuando estaba en segundo año ___ .
3. Cuando estaba en tercer año ___ .
4. Cuando empecé el cuarto año ___ .
5. Cuando ya estaba en quinto ___ .
6. Acababa de cumplir ___ años cuando ___ .

Dos hermanos de Cartagena, Colombia.

E **Recuerdos.** Elige un recuerdo de la siguiente lista y cuéntale a la clase qué pasó.

Por ejemplo: algo que me pareció bastante raro
Recuerdo que era el Día de las Brujas. Estaba en una calle de mi barrio. Andaba con mi amiga Rita. Hacía frío y mucho viento. De repente vimos una luz verde en el cielo y oímos un ruido...

1. algo que me dio risa
2. algo que me dio pena
3. algo que me dio rabia
4. algo que me dio vergüenza
5. algo que me dio pánico
6. algo que me hizo latir el corazón
7. algo que me dio escalofríos
8. una vez que puse a prueba mi coraje
9. algo que me dio asco
10. algo que me pareció bastante raro

F **Y ¿qué pasó?** Termina las siguientes frases de una manera imaginativa.

Por ejemplo: Estaba solo(a) en casa cuando...
Estaba solo en casa cuando oí un ruido extraño en el sótano.

1. Acababa de acostarme cuando, de repente, ___ .
2. Iba a salir para el colegio, pero ___ .
3. Abrí la puerta y ___ .
4. No cupimos todos en el coche; por eso ___ .
5. No le hice caso al maestro; por eso ___ .
6. En mi clase de ___ soñaba con el fin de semana, cuando, de pronto, ___ .

Escribamos ···

A Primeros recuerdos. Describe un recuerdo de cuando eras muy pequeño(a). Di cuántos años tenías. Describe el escenario (en imperfecto) y la acción (en pretérito).

Por ejemplo: Tenía unos tres o cuatro años y vivíamos en Texas. La casa tenía un jardín grande. Yo estaba en la casa cuando mi mamá salió a cuidar el jardín. Fue entonces cuando la puerta se cerró con el viento y mi mamá gritó. No pude abrir la puerta y lloré muchísimo hasta que llegó mi tía...

B Mi autobiografía. Describe tres de los siguientes eventos importantes de tu vida, como si los recordaras vívidamente. En cada caso escribe al menos seis frases.

Por ejemplo: tu nacimiento
Nací a las... Recuerdo que era... y que yo estaba... Mi papá me miró y me dijo.... y mi mamá... Ella estaba muy... A las tres vino mi tío Vincent a visitarme.

1. tu primer viaje largo
2. cuando cumpliste un año
3. tu fiesta de cumpleaños de los dos años
4. tus primeras vacaciones
5. tu nacimiento
6. cuando te compraron tu primer par de zapatos

"¿Cómo estuvo el viaje?"

"¿Para mí, abuelita?"

"Te extrañábamos, mamá."

"La niña es la misma cara tuya."

Estos son momentos que nunca se olvidan, momentos que queremos compartir con usted. American Airlines le invita a visitar y a disfrutar de la compañía de sus seres queridos ya sea en los Estados Unidos, México, el Caribe o donde ellos se encuentren. Permítanos hacer de su próximo viaje, uno muy especial con American Airlines.

Llame a su agente de viajes o llame al 1-800-633-3711 para obtener información en español sobre reservaciones e itinerarios de vuelos.

AmericanAirlines®
Todo es especial.

Estructura **223**

Learning from Realia

Direct students to look carefully at the ad and read the dialogue. It is clear that this advertising is directed toward a Hispanic audience. How is the theme of the ad appropriate for that audience? Students could take a simple ad from a magazine and redesign it with Spanish-speaking people in mind, explaining the reasons for their creative choices.

Escribamos

Presentation (page 223)
This section focuses on written integration of the grammatical structures while encouraging use of such learning strategies as: personalizing, transferring contexts, describing the scene, narrating the action, sequencing, providing details.

Actividades

Note: For complete answers to these activities see the Teacher's Manual, page 58.

Actividad A Answers
Answers may resemble the following: **Tenía cuatro años y vivíamos en Virginia. Mamá me acompañó a Nueva York. Allí nos encontramos con doña Inés, la amiga de mi abuela con quien iba a ir a Chile a visitar a mis abuelos. Inés era vieja, pero muy simpática. Me dio unos juguetes para jugar en el avión. Entonces fuimos a una cafetería en el aeropuerto y comimos helado. Cuando llegó el momento de subir al avión, yo estaba alegre. Le di un beso a mamá, pero entonces ella comenzó a llorar. Me dio un abrazo y me dijo: "Pórtate bien, hijo".**

Actividad B Answers
Answers may resemble the following:
1. **Tenía siete años. Fui con mis padres a Nueva York. En el avión vimos una película y nos dieron mucha comida. El vuelo duró muchas horas. Cuando llegamos, mis abuelos nos esperaban en el aeropuerto.**

Additional Practice

Describe el primer negocio que hiciste. Por ejemplo: El día que instalé mi primer puesto de limonada, saqué una mesa del sótano. Luego, puse la mesa en la calle e hice un letrero grande. La gente sonreía cuando me veía y muchos compraron limonada.

Lectura

Teaching Resources
1. Audio Program 4.1
2. Student Tape Manual, page 61

Bell Ringer Review

Write the following on the board or use BRR Blackline Master 4.1.3:
Escribe tres cosas que te gustaban y tres cosas que no te gustaban cuando estabas en la escuela primaria.

Presentation (page 224)

This section develops reading skills through a five-stage, integrative process: **pensar, mirar, leer, analizar, aplicar.** For a complete description of each of these stages, as well as suggestions for teaching, please refer to the Teacher's Manual. You may effectively do this section at any point in the **Lección.** In this particular **Lección,** it is recommended that you do the **Lectura** section after the vocabulary has been presented, but before reviewing the **Estructura** section. The story in this section models use of the imperfect and present tenses for telling a story. Lesson theme, vocabulary, and grammar focus have all been drawn from the authentic text in this **Lectura** section.

Antes de leer

Pensemos

This prereading section serves as an advance organizer to pull out existing experience and language knowledge while encouraging use of the following reading preparation strategies: personalizing, anticipating topic, activating experience, transferring and recycling, sorting and ranking.

Antes de leer

Pensemos

Lo que me fascinaba. ¿Cuáles de las siguientes cosas te fascinaban más cuando eras niño(a)? En un papel, escríbelas en orden.

> los baúles del ático llenos de tesoros
> las cajas con cosas viejas
> las casas abandonadas
> las cosas viejas (monedas, fotos)
> los cuentos de hadas
> los cuentos de otros niños
> las historias de tus abuelos(as)
> las historias de un/a señor/a viejo(a)
> las leyendas tradicionales
> los libros de cuentos de misterio
> los payasos del circo

Miremos

A **El título.** Mira el título del cuento de las páginas 225–227. ¿Qué asocias con un payaso? Completa lo siguiente.

1. En cuanto a la personalidad ___ .
2. En cuanto a la apariencia ___ .
3. En cuanto a la manera de vestirse ___ .

B **Los personajes.** Lee el cuento rápidamente para contestar las siguientes preguntas.

1. ¿Cuántos personajes hay en este cuento?
2. ¿Quiénes son?
3. ¿Cuántos años tienen?

Al lector

● No te preocupes si no entiendes todas las palabras de la lectura. Eso es normal.

● No es necesario usar un diccionario. Trata de adivinar las palabras que no conoces.

● Confía en tu español; ¡ya sabes muchísimo!

Critical Thinking Activity

After students have decided which of these things used to fascinate them most, ask them to think about what the items on the list have in common. Why are all of them so interesting to children? One idea that should come out is that many of these things are open-ended and require the imagination of the child. Later, after reading the story, students should talk about how much the imaginations of the boys had to do with their experience of Don Payasito. Did there seem to be other things in their environment that would allow them to imagine and pretend to an equal degree?

Don Payasito
Ana María Matute (española, 1926)

En la finca del abuelo, entre los jornaleros (trabajadores) había uno muy
viejo llamado Lucas de la Pedrería. Este Lucas de la Pedrería decían
todos que era un pícaro, pero mi abuelo le tenía gran cariño. Las cosas de
Lucas de la Pedrería hacían reír a las personas mayores. No a nosotros,
los niños. Porque Lucas era el ser más extraordinario de la tierra. Mi   5
hermano y yo sentíamos hacia él una especie de amor, admiración y
temor, que nunca hemos vuelto a sentir.

Lucas de la Pedrería vivía solo, y él mismo cocinaba sus guisos de
carne, cebollas y patatas, y él se lavaba su ropa, en el río. Era tan viejo
que decía perdió el último año y no lo podía encontrar. Siempre que   10
podíamos nos escapábamos a la casita de Lucas de la Pedrería, porque
nadie, hasta entonces, nos habló nunca de las cosas que él nos hablaba.

—¡Lucas, Lucas!—le llamábamos, y él nos miraba frotándose los ojos.
El cabello, muy blanco, le caía sobre la frente. Era menudo (pequeño),
encorvado, y hablaba casi siempre en verso. Unos extraños versos que a   15
veces no rimaban mucho, pero que nos fascinaban:

—Ojitos de farolito—decía—¿Qué me venís a buscar...?

Nosotros nos acercábamos despacio, llenos de aquel dulce temor
cosquilleante (miedo excitante) que nos invadía a su lado.

—Queremos ver a Don Payasito...—decíamos en voz baja, para que   20
nadie nos oyera.

Él se ponía el dedo, retorcido y oscuro como un cigarro, a través de
(sobre) los labios: —¡A callar, a bajar la voz, muchachitos malvados de la
isla del mal!

Siempre nos llamaba "muchachitos malvados de la isla del mal". Y esto   25
nos llenaba de placer. Y decía "Malos, pecadores, cuervecillos," para
referirse a nosotros. Y algo se nos hinchaba (crecía) en el pecho, como un
globo de colores, oyéndole.

—Por favor, por favor, Lucas, queremos ver a Don Payasito...

Lucas se quedaba pensativo, y, al fin, decía: 30

—¡Saltad y corred*, diablos, que allá va Don Payasito, camino de la   *Salten y corran
gruta (cueva)...! ¡Ay de vosotros, ay de vosotros, si no le alcanzáis a
tiempo!

Corríamos mi hermano y yo hacia el bosque. Allá arriba, estaba la
cuevecilla de Don Payasito, el amigo secreto. Llegábamos a la boca de la   35
cueva. Nos sentábamos, con todo el latido de la sangre en la garganta, y
esperábamos. Las mejillas nos ardían.

Lectura **225**

Actividades

Note: For complete answers to these
activities see the Teacher's Manual,
page 59.

Actividad Answers
Answers will depend on each student's experiences.

Miremos

This preliminary reading section provides the first glimpse of the reading
and focuses on the reading strategies of personalizing, associating,
expanding, skimming for global idea,
scanning for specific information,
focusing attention, note taking. No
intensive reading is necessary as
this stage.

Actividades

Actividad A Answers
Answers may resemble the following:
1. ...que sea alegre, tonto,
   exagerado.

Actividades A, B, and C Answers
Answers will vary.
1. Hay cuatro personajes.

Don Payasito

Presentation (pages 225–227)
This authentic literary text encourages
use of such strategies as guessing
from context, transferring, identifying cognates and derivatives, applying knowledge and experience to
sense-making process, identifying
salient information, searching for
patterns and clues to meaning.
Guide students in how to guess
meanings of unfamiliar words, e.g.:
el ser (derivative); **una especie
de...** (cognate); **hemos vuelto a**
(derivative: **volver a**); **guisos** (context); **casita** (derivative); etc.

If you assign the reading for homework, encourage students to use and develop their reading strategies, rather than rely on extensive dictionary use. When they return to class, have students share the clues they used to determine the meanings of specific words.

Information About the Author

Ana María Matute (1926)

Ana María Matute is one of Spain's most accomplished writers. She has gained international recognition for her stark and poetic portrayals of life in post Civil War Spain. She finished her first novel, *Pequeño teatro,* when she was 17 years old and at the age of 22 gained public recognition for her novel *Los Abel.*

One of the most important features of Matute's work is her skill at capturing the world of childhood with great sensitivity. In most of her work the world is seen through the eyes of young children or adolescents. Her characters are often estranged and alienated from the society, usually victims of war, poverty, or the cruelty of others. Her characters can be viewed as symbols of the political and intellectual isolation Spain suffered after the Civil War. Matute's work has received many literary prizes.

Al poco rato, aparecía por la cuestecilla (la subida) Don Payasito. Venía envuelto en su capa encarnada, con soles amarillos. Llevaba un alto sombrero puntiagudo de color azul, y una hermosa, una maravillosa cara blanca, como la luna. Con la diestra (mano derecha) se apoyaba en un
5 largo bastón (*walking stick*), y en la mano libre llevaba unos cascabeles dorados que hacía sonar. Don Payasito entraba majestuosamente en la gruta y nosotros le seguíamos.

—¿Qué traéis hoy?—nos decía.

Y de los bolsillos sacábamos las pecadoras monedas que hurtábamos
10 (robábamos) para él. Las examinaba cuidadosamente, y se las guardaba en lo profundo de la capa. Extraía (sacaba) un pequeño acordeón y bailaba. Bailaba de un modo increíble. Saltaba y gritaba, al son de su música. Luego, nos pedía más dinero. Y volvía a danzar, a danzar, "el baile del diablo perdido". Sus músicas eran hermosas y extrañas.
15 Mientras había dinero había bailes y canciones. Cuando el dinero se acababa, Don Payasito se echaba en el suelo y fingía dormir.

—¡Fuera, fuera, fuera!—nos gritaba. Y nosotros, llenos de pánico, echábamos a correr bosque abajo; pálidos, con un escalofrío pegado a la espalda como una culebra.

226 CAPÍTULO 4 *Lección 1*

Un día —acababa yo de cumplir ocho años— fuimos escapados a la cabaña de Lucas, deseosos de ver a Don Payasito.

La barraca estaba vacía. Lucas no nos contestaba. Al fin, mi hermano, que era el más atrevido, empujó la puertecilla. Un débil resplandor entraba en la cabaña. Olía muy mal. Nunca antes estuvimos allí. Sobre su   5
camastro estaba Lucas, quieto, mirando al techo.

—¡Lucas, Lucas, cuervo malo de la isla del mal!...

Nos daba mucha risa que no nos respondiera. Estaba rígido, frío y tocarlo nos dio un miedo vago pero irresistible. Al fin, como no nos hacía caso, le dejamos. Empezamos a curiosear y encontramos un baúl negro,   10
muy viejo. Lo abrimos. Dentro estaba la capa, el gorro y la cara blanca, de cartón triste, de Don Payasito.

Mi hermano y yo nos quedamos callados, mirándonos. De pronto, rompimos a llorar. Llorando, llorando con todo nuestro corazón, subimos la cuesta. Y gritando entre hipos: —¡Que se ha muerto Don Payasito, ay,   15
que se ha muerto Don Payasito...!

Y todos nos miraban y nos oían, pero nadie sabía qué decíamos ni por quién llorábamos.

Leamos

Presentation (page 228)

This section focuses on comprehending and using information derived from more intensive reading through use of the following reading and researching strategies: summarizing, paraphrasing, converting verbal to non-verbal information, citing the sources, speculating, personalizing.

Actividades

Note: For complete answers to these activities see the Teacher's Manual, page 59.

Actividad A Answers
Answers may resemble the following:
1. **Era un pícaro, pero divertido y extraordinario. Fascinaba a los niños. Era menudo, encorvado, con cabellos muy blancos.**

Actividad B Answers
Answers may resemble the following:
1. **Una especie de amor.**

Actividad C Answers
Answers may resemble the following:
1. **la cuevecilla**

Actividad D Answers
Answers may resemble the following:
En ese momento se dieron cuenta de que don Lucas era Don Payasito.

Additional Practice

1. Students should go back to the story and pick out the main events, listing them in chronological order and using verbs in the preterit to make good, original sentences.
2. Have students draw a picture of Don Payasito. Ask them to draw all the details they can remember and color it. They must not forget the musical instrument. Then, ask them to describe Don Payasito when he played his musical instrument.

Leamos

A **Don Lucas.** Describe a don Lucas contestando las siguientes preguntas.

1. ¿Cómo era?
2. ¿Cuántos años tenía?
3. ¿Qué comía?
4. ¿Qué hacía?
5. ¿Cómo pasaba el día?
6. ¿Cómo hablaba?

B **Para leer bien.** Ubica la línea del cuento que te dice lo siguiente.

1. Nosotros dos sentíamos una indescriptible atracción hacia don Lucas.
2. Lucas nos fascinaba por los cuentos que contaba y las cosas que decía.
3. Don Lucas era muy bajo, delgado y tenía la espalda arqueada.
4. Ojitos de farolito, ¿por qué me vienen a buscar?
5. Nos decía malos, pecadores, pajaritos negros.
6. El mago tenía su bastón y unas flores en la mano derecha y unas cosas que sonaban en la mano izquierda.
7. Antes de actuar, les pedía el dinero que los niños robaban para él.
8. Cuando se acababa la actuación, nos íbamos corriendo con mucho miedo.
9. Como don Lucas no respondía, empezamos a mirar las cosas de la casa.

C **Detectives.** Busca palabras de la lectura que describen lo siguiente.

1. la gruta
2. la música
3. la ropa de Don Payasito
4. cosas negras
5. el miedo
6. la casa de don Lucas
7. el baúl
8. el cuerpo de don Lucas
9. las emociones de los niños

D **La realidad y la fantasía.** Los niños no lloraron cuando descubrieron el cuerpo de Lucas, sino cuando abrieron el baúl. ¿Por qué? Explica qué simboliza Don Payasito para ti.

For the Native Speaker

Have native speakers participate in the following activity: **El final de este cuento ha sido un desengaño para los niños. ¿Crees tú que, por lo general, la fantasía juega un papel importante en las vidas de los niños? ¿Qué es lo que la imaginación les permite hacer? ¿Es triste el hecho de que termine la fantasía, o es esto un paso imprescindible en el proceso de madurarse? Escribe un párrafo sobre tus opiniones, ofreciendo algunos ejemplos.**

Después de leer ....

Analicemos

A **Conexiones.** Ubica las expresiones que están relacionadas.

1. bajar la voz   **a.** derecha
2. diestra   **b.** casita
3. pícaro   **c.** callar
4. ser   **d.** afecto
5. cabello   **e.** pelo
6. placer   **f.** sinvergüenza
7. gruta   **g.** persona
8. cariño   **h.** cueva
9. son   **i.** alegría
10. barraca   **j.** música

B **Saltad y corred.** En este cuento se usan formas de *vosotros* que se usan en gran parte de España. Da las formas de *ustedes* que equivalen a las siguientes formas de *vosotros*.

Por ejemplo: Saltad y corred.
                   Salten y corran.

1. Venid y escuchad.   4. Bailad conmigo.
2. Decid la verdad.   5. Dejad de curiosear.
3. Dadme mis monedas de plata.   6. Id a llamar a Don Payasito.

Apliquemos

A **A ver tu imaginación.** Don Payasito les decía a los niños "muchachitos malvados de la isla del mal" para divertirlos y también como demostración de afecto. Con otra persona inventa otras dos frases similares.

Por ejemplo: Pequeños animalitos del bosque oscuro.

B **Contrastes.** Di tres cosas en las que se diferenciaban Lucas y los niños.

Por ejemplo: Lucas era... En cambio los chicos eran...

Después de leer

Analicemos

This section focuses on analysing of new vocabulary encountered in the reading through the language expansion strategies of identifying synonyms and derivatives.

Actividades

Note: For complete answers to these activities see the Teacher's Manual, page 59.

Actividad A Answers
1. c
2. a
3. f
4. g
5. e
6. i
7. h
8. d
9. j
10. b

Actividad B Answers
1. Vengan y escuchen.
2. Digan la verdad.
3. Denme mis monedas de plata.
4. Bailen conmigo.
5. Dejen de curiosear.
6. Vayan a llamar a Don Payasito.

Apliquemos

This section focuses on summarizing and integrating content and language of the reading through the following strategies: personalizing and creating, language modeling, comparing and contrasting.

Actividades

Actividades A and B Answers
Answers will vary.

Interdisciplinary Activity

The impermanence of life is a fundamental theme of the visual, as well as the literary arts. Students might want to talk with an art or art history teacher and investigate some of the more famous paintings of the passage of time. Salvador Dalí's melting clock, for example, would be a good image to consider. Students who are interested in art could either do a brief presentation for the class, or combine their efforts with students who have researched other poems in Spanish on this theme to make a display or bulletin board for the classroom.

Cultura viva

Presentation (pages 230–231)

This section examines the lesson theme from a cultural perspective. Students are asked to reflect and comment on their own culture as well as Hispanic cultures, through the stimulus of authentic personal, journalistic, and literary texts. Cultural discovery is promoted through the following activities in this section: focusing attention, identifying salient information, personalizing, self-reflection, examining points of view, language modeling.

You may wish to review with students the various ways Spanish expresses the word "time".

Tiempo   Hora   Vez(veces)

El tiempo es oro.
¿Qué hora es?
Algunas veces dormí.

El tiempo pasa volando.
¿A qué hora vienes?
Muchas veces soñé.

Nunca tengo tiempo.
Es hora de comer.
Otra vez conversamos.

Siempre llego a tiempo.
El reloj da la hora.
Una vez tuve miedo.

Llamé tres veces.

The word **tiempo** is also used to refer to the weather: **Hace buen tiempo, mal tiempo,** etc.
Remind students that "to have a good time" is **divertirse,** or **pasarlo bien.**

Information About the Authors

❏ For information about the authors, see Teacher's Manual, page 104.

Recorrido por el tiempo: El tiempo en los poemas

El tiempo es un concepto de gran importancia para todos nosotros, pero es también una gran preocupación de los poetas y escritores, porque el tiempo pasa y las cosas cambian y así crecemos y nos ponemos viejos y después nos empieza a preocupar la muerte. En el siguiente poema de Antonio Machado de donde viene el título de este capítulo, observa cómo para el poeta las cosas no cambian, sólo el tiempo pasa.

Todo pasa y todo queda
de Antonio Machado (español, 1875–1939)

Todo pasa y todo queda
pero lo nuestro es pasar.
Pasar haciendo caminos
Caminos sobre la mar.

Al andar se hace camino
y al volver la vista atrás
se ve la senda que nunca
se ha de volver a pisar*.   *tread*

Aquí hay otros poemas que hablan del paso del tiempo y de cómo se va la juventud.

Canción de otoño en primavera
de Rubén Darío (nicaragüense, 1867–1916)

Juventud, divino tesoro,
¡ya te vas para no volver!
Cuando quiero llorar, no lloro,
y a veces lloro sin querer...

230   CAPÍTULO 4   *Lección 1*

Critical Thinking Activity

El tiempo

1. Perceptions of the passing of time are often expressed through the paradox of sameness and change, as in the line from the Spanish poet, Antonio Machado: **"todo pasa y todo queda."** How does Juan Ramón Jiménez express this notion in his poem? (**"...es lo mismo y no es lo mismo"**)

2. What perceptions of time are expressed in the following verses by Antonio Machado (**CLXI Proverbios y cantares**)? Divide students into groups of three to four and assign each group one of the following for discussion and interpretation. As a class, compare group interpretations.
VIII. Hoy es siempre todavía.

¿Soy yo quien anda...?
de Juan Ramón Jiménez (español, 1881–1958)

¿Soy yo quien anda, esta noche,
por mi cuarto...

    Miro

en torno* y hallo* que todo   alrededor / encuentro
es lo mismo y no es lo mismo...
¿El jardín no estaba verde
de luna?... ... El cielo era limpio
y azul... Y hay nubes y viento
y el jardín está sombrío...
Creo que mi barba era
negra... Yo estaba vestido
de gris... Y mi barba es blanca
y estoy enlutado*... ¿Es mío   *in mourning*
este andar? ¿Tiene esta voz,
que ahora suena en mí, los ritmos
de la voz que yo tenía?

    Mi barba está blanca... Y todo
es lo mismo y no es lo mismo.

Conversemos y escribamos ....

A Explica qué cosas cambian y qué cosas no cambian en tu vida. Escribe un poema si quieres.

B Haz una lista de los símbolos de la niñez, la adolescencia, la juventud, la madurez y la vejez que vemos en estos poemas en las siguientes categorías.

1. los colores
2. los objetos
3. las actividades
4. la naturaleza
5. la apariencia
6. la ropa
7. la música

Conversemos y escribamos

B. What symbols (colors, objects, nature, music, appearance) do you associate with each of these stages of life?

Additional Practice

Usen las siguientes expresiones para resumir las ideas de estos poetas sobre el tiempo.
1. Según...
2. Ya no...
3. Qué pena que...
4. Lástima que no...

Actividades

Note: For complete answers to these activities see the Teacher's Manual, page 60.

Actividad A Answers
Answers may resemble the following:
Cambian:
mi talla de zapatos
mis juguetes
mis amigos
mi pelo
mi idea de lo que quiero ser

No cambian:
mis padres
mis amigos
mi sonrisa

Actividad B Answers
Answers may resemble the following:
1. colores: dorada (juventud); azul, verde (madurez).

Additional Practice

Usen las siguientes expresiones para resumir las ideas de estos poetas sobre el tiempo.
1. Según...
2. Ya no...
3. En cambio...
4. Lástima que no...
5. No obstante...
6. Qué pena que...
7. Por el contrario,...

1. Demos tiempo al tiempo; para que el vaso rebose hay que llenarlo primero.
LII. Hora de mi corazón: la hora de una esperanza y una desesperación.
3. We often look at the passage of time in terms of "landmarks" (**hitos de la vida**) that signal the individual's passage into another era of his or her life. Societies vary in terms of these "landmarks" and in perceptions of how one's life is divided into stages. Contrast cultural perceptions through discussion of the following points.

Presentation (page 232)

This section presents additional aspects of the Spanish language that are often confusing for foreigners. You may wish to review the following associated concepts at this point.

1. When two adjectives are used to describe the same noun, (a) they are joined by the conjunction **y** or (b) they are placed before and after the adjective.

   Había una pequeña y oscura cueva en la sierra.

   Nos acercábamos llenos de aquel dulce temor cosquilleante que nos invadía a su lado.

   Llevaba un alto sombrero puntiagudo de color azul y una hermosa, una maravillosa cara blanca, como la luna.

2. Remember that **buen/o/a/os/as** is an adjective and that **bien** is an adverb and is therefore invariable.

   Cuando necesito un buen amigo que me escuche y me comprenda, voy a ver a mi amigo del alma. Después de hablar con él, me siento bien. **Buen/o/a/os/as** can modify nouns only. On the contrary, **bien** can modify verbs or adjectives.

   Siempre entiendo bien cuando me hablan bien.

   Mi amigo del alma siempre tiene un buen consejo para mí. Él es bien bueno conmigo.

Actividad

Note: For complete answers to this activity see the Teacher's Manual, page 60.

Actividad Answers

Answers may resemble the following:

1. **Elena tiene un coche nuevo, el último modelo del Escort.**

Para hacer descripciones: El uso de los adjetivos

In general, adjectives are placed after the noun in Spanish.

> **Sentíamos un amor extraño por Lucas.**
>
> **Ese joven tiene un corazón egoísta.**

1 However, for emphasis, in writing as well as in ordinary and poetic expression, adjectives may be placed before the noun.

> **Pasé un tremendo susto cuando me di cuenta que Lucas estaba muerto.**
>
> **Conozco a un famoso deportista de mi estado.**

2 Adjectives that always go before the noun include adjectives that indicate quantity and size.

> **Tengo muchísimos amigos en este barrio.**
>
> **Hay un pequeño río detrás del bosque de mi abuelo.**
>
> **Teníamos varios amigos en esa parte de la ciudad.**

3 Notice the different meanings conveyed by the placement of the following adjectives.

buen profesor (good)	**un profesor bueno** (kind)
distintos disfraces (different)	**un disfraz distinto** (unique)
nuevos sentimientos (still others)	**sentimientos nuevos** (new)
grandes amigos (great)	**amigos grandes** (older than I)
una pobre mujer (unfortunate)	**una mujer pobre** (penniless)
única oportunidad (only)	**oportunidad única** (unique)
viejo amigo (long standing)	**amigo viejo** (old)
antiguo disfraz (former)	**disfraz antiguo** (ancient)

Da un ejemplo de las siguientes personas o cosas. Luego, describe cada una en una frase.

1. un coche nuevo
2. un nuevo coche
3. un/a pobre amigo(a)
4. un país pobre
5. una gran noticia
6. un/a estudiante grande
7. un/a viejo(a) amigo
8. un/a pariente viejo(a)
9. una persona única

Extra Activity

Have students play a game to reinforce this information about the use of adjectives. Everyone sits in a circle. The teacher begins a sentence by saying one word, and each student in turn has to add one word to the sentence. The object is not to be the person who ends the sentence. Make a rule that every noun must be modified by one or two adjectives, and adjectives cannot be repeated. Students who are thinking ahead will learn to say an occasional adjective before the noun.

Diversiones

A **Las edades del ser humano.** Con tres compañeros, inventen cinco maneras de describir las varias edades del ser humano: la infancia, la niñez, la adolescencia, la madurez, la vejez o segunda infancia. Describan las varias edades de una manera cómica o exagerada.

Por ejemplo: La infancia es la edad sin dientes y de la leche.

La niñez es la edad del chicle y de los zapatos tenis.

La adolescencia es la edad de la hamburguesa, de la pizza y de la música a todo volumen.

La madurez es la edad del bistec, de la langosta y del vivir bien.

La vejez es la edad para ser excéntrico y extravagante.

B **Cuento loco.**

1. Con un/a compañero(a), escriban con lápiz un cuento imaginario y corto que tenga lugar en el pasado. Léanselo a la clase.

2. Después borren o todos los verbos o todos los sustantivos.

3. Júntense con otra pareja y díganles que les sugieran verbos o sustantivos para llenar los espacios que han borrado en el cuento.

4. Cuando hayan completado el cuento, ayúdenle a la otra pareja a completar de la misma manera el cuento que ellos han escrito.

5. Léanle el cuento nuevo a la clase.

C **El baúl mágico.** Tú y tres compañeros estaban en una isla desierta en busca de aventuras cuando encontraron un gran baúl negro y viejo. Cuando lo abrieron pasaron cosas extrañas.

1. Júntense en grupos de cuatro personas para escribir la historia del baúl negro.

2. Aquí hay algunas preguntas para ayudarles con el cuento: ¿Dónde estaban Uds.? ¿Qué hacían? ¿Qué pasó cuando abrieron el baúl? ¿Qué había adentro?

3. Cuéntenle su cuento a la clase.

Diversiones **233**

Diversiones

Actividades

Note: For complete answers to these activities see the Teacher's Manual, page 60.

Actividad A, B, and C Answers
Answers will vary.

Extension of Actividad C
Si tú pudieras empacar un baúl mágico para un grupo de niños para que jugaran con mucha imaginación, ¿qué incluirías? Describe los objetos y explica cómo los niños podrían utilizarlos.

Cooperative Learning Activity

Las personas acomplejadas. The teacher should look for a comic strip, either in Spanish or in English, that deals with a relationship issue. Cut the words out of the speech bubbles, cut the panels apart, and give each small group a copy. The group works together to arrange the panels in a sequence that they think makes sense and writes new text in Spanish for the speech bubbles. A requirement to use certain of the vocabulary words might be possible. At the end of the activity, the various versions of the comic can be displayed on a poster board along with the original. Students can even summarize the story in a few lines of prose below the comic.

Additional Practice

With a little advance effort and cooperation from other teachers and school personnel, the teacher can organize a scavenger hunt for the items in the **Cosas** column. Rules can be made about how the students must ask for the objects (politely, in Spanish) and what they must do to be understood if the other person speaks only English.

Place magazine pictures or student drawings around the room during the lesson to illustrate the words in **Descripciones.** You may want to have a stack of index cards with the words on them that students could practice matching up with the correct picture.

For the words in **Conceptos and Actividades,** students can work in pairs and make up cards with five or six words each in Spanish on one side and English on the other, so that students can quiz each other back and forth and check their answers.

Cosas

el ático
el auto
el baúl
la calcomanía
la campanita
el carrusel
el cascabel
el chicle
el chupa-chup
la cinta
el columpio
la cueva
el escalofrío
la figurita
el garaje
el globo
la hazaña
el juego
el latido
la mejilla
la miel
la migaja
la nota
el pañuelo de papel
la patita
el pedazo
el tesoro
el títere

Conceptos

la adolescencia
el apoyo
la calma
el desequilibrio
la edad
la infancia
la juventud
la locura
la niñez
el placer
la sabiduría
la vejez

Descripciones

arrugado(a)
canoso(a)
derecho(a)
divino(a)
encorvado(a)
estirado(a)
genial
malvado(a)
pecador/a
pensativo(a)
pícaro(a)
pintado(a)
precoz
rebelde
sonrosado(a)

Actividades

arder
castigar
curiosear
disfrazar(se)
masticar
morder (ue)
robar
dar vértigo
volar (ue)

Otras palabas y expresiones

en clave
el cuervo
el diablo
el lince
el vaquero

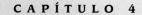

CAPÍTULO 4

Lección 2

En esta lección

Learning from Photos

Have students look closely at the photographs on this page. They deal with three very important issues to adolescents—independence, relationships, and fashion. Brainstorm possible conflicts between teenagers and parents that might arise from these topics.

Lección 2

Introducing the Lesson Theme

Through a thematic focus on the rocky road in childhood and adolescence, this lesson stresses past time narration and description in storytelling, with particular attention to the correspondence of tenses in the narration of dialogue. It is recommended that you begin the **Lección** with **Actividades A–C**, of the **Pensemos** section of the **Lectura** on page 246. This section is designed to pull out students' experience and focus their attention on the lesson topic, without involvement in the reading. The lesson theme, vocabulary, and grammar focus are all drawn from the authentic text of this **Lectura** section, which can be done at any point in the **Lección**.

Objectives

By the end of this lesson, students will be able to:
1. talk about youth and adolescence
2. describe and narrate past events
3. discuss the conflicts between parents and their children in relation to fashions
4. use the infinitive in Spanish to express the *-ing* form in English

---

Lesson 1 Resources
1. Workbook
2. Audio Program (cassette or CD)
3. Student Tape Manual
4. Bell Ringer Review Blackline Masters
5. Fine Art Transparencies
6. Video Cassette
7. Lesson Quizzes
8. Testing Program
9. Situation Cards

Vocabulario

Vocabulary Teaching Resources

1. Workbook, pages 70–73
2. Audio Program, 4.2
3. Student Tape Manual, pages 62–63
4. Bell Ringer Review Blackline Masters
5. Lesson Quizzes, pages 78–80

Bell Ringer Review

Write the following on the board or use BRR Blackline Master 4.2.1:
Fill in the preterit form of these verbs:

1. (Yo) ____ una carta de mi mejor amigo ayer. (tener)
2. Mi hermanita no ____ comer las verduras anoche. (querer)
3. Mis padres se enojaron cuando ____ la verdad. (saber)
4. ¿ ____ tú en la clase de matemáticas esta mañana? (estar)
5. Todos los buenos alumnos ____ sus cuadernos hoy. (traer)

Presentation (pages 236–237)

To ensure assimilation of meaning and appropriate use, do not rush vocabulary presentation.

A. Have students work with books closed to focus attention on listening for meaning. Write on the board **portarse bien.** Have students brainstorm what it means to behave well (1) **en clase,** (2) **en casa.** For example:
Portarse bien en clase significa.../en casa significa...
no quejarse de la tarea
no pelearse con los hermanos
no dormirse
no gritar
Expand as desired with different contexts: **en el restaurante, en una reunión,** etc.

Cuando yo era menor, mis padres me castigaban por...

mis rabietas *(temper tantrums).*
no hacerles caso.
no portarme bien.
ser insolente y contestar mal.
sacar malas notas.
insistir en tirar todo al suelo.
no ser respetuoso(a) con mis abuelos.
escaparme sin permiso.
quejarme de la comida o de los quehaceres.
gruñirle *(grumble)* a mi abuelita.
no obedecer las reglas de la casa.
tomarle el pelo a mi hermanito(a).
hacerle daño *(hurt)* a mi hermanito(a).
no hacerme cargo de *(be in charge of)* mis hermanos menores.

Y yo, para vengarme *(get even)*, solía...
gritar.
chillar *(scream).*
amurrarme *(sulk).*
lloriquear *(whine).*
discutir *(argue)* sin parar.
encerrarme *(lock myself)* en...
el baño.
el ático.
el sótano.
mi dormitorio.

236 CAPÍTULO 4

Learning from Photos

Direct students to look carefully at the photographs on these pages. In each case, what emotion is the facial expression conveying. What might the person be saying?

Independent Practice

Have students integrate new vocabulary in the development of one of the following dialogues. Dialogues should be a minimum of ten lines, and students should strive to make dialogue "come to life" by means of words (other than **dijo**) that convey timing, emotion, or tone of voice of each speaker. Review with students some of the verbs

(continued on the next page)

Mis padres y yo discutíamos de vez en cuando.

Una vez...

se negaron (*refused*) a darme mi mesada (*monthly allowance*).

me dejaron sin televisión.

me presionaron (*pressured*).

me mandaron a mi habitación de castigo.

me prohibieron salir por un mes.

me amonestaron (*warned*).

Pero nunca...

me golpearon.

me hicieron daño.

me echaron a la calle (*threw me out*).

me empujaron (*pushed*).

me maldijeron (*cursed*).

me amenazaron (*threatened*).

Y después siempre...

nos arrepentíamos (*were sorry*).

nos disculpábamos (*forgave*) el uno con el otro.

hacíamos las paces (*made up*).

Hubo una discusión fenomenal en mi casa.

¡Basta! (*I've had enough!*), gritó mi amigo.

¡Estoy harto(a)!, grité yo.

¡Es el colmo! (*That's the final straw!*), agregó.

¡Yo me voy!, agregué.

¡Estoy hasta la corona! (*I've had all I can take!*), chilló.

¡Es totalmente injusto!, alegué.

¡Y además perezoso!, dijo.

¡Lo único que faltaba! (*That tops it all!*), dije yo.

¡Cállate de una vez! (*for once and for all!*), exigió.

¡Pero déjame explicarte!, interrumpí.

¡Colmo de colmos!, gruñó.

¡Déjame en paz, por favor!, dije.

Vocabulario **237**

B. Have students open their text to pages 236–237 and guide them through the new vocabulary, personalizing new words and expressions to encourage active student involvement. The following are models for suggested student activities using new vocabulary. Select those you like and expand as desired.

1. Classify activities by frequency, using the following continuum: **Muy a menudo... De vez en cuando... Casi nunca... Nunca... Cuando era menor,...**
   a. ...tenía rabietas.
   b. ...me escapaba sin permiso.
   c. ...me hacía cargo de mis hermanos menores/de nuestro perro/de...
   d. ...lloriqueaba de mis quehaceres.
   e. ...era respetuoso(a) con mis mayores.
   f. ...le tomaba el pelo a mi hermanito(a).
   g. ...les hacía caso a mis padres.
   h. ...mis padres me mandaban a mi habitación.
   i. ...mis padres me amonestaban.

2. Compare and contrast past and present actions. For example:
   a. **tener rabietas:** Antes tenía rabietas pero ya no las tengo.
   b. **obedecer las reglas de la casa:** Antes no obedecía las reglas pero ahora siempre las obedezco.
   c. **discutir sin parar**
   d. **quejarse de la comida**
   e. **vengarse**

❏ To continue with this activity, see Teacher's Manual, page 101.

---

to convey these aspects: **reirse, llorar, agregar, interrumpir, gruñir, amenazar, gritar, chillar, lloriquear, insistir, quejarse, maldecir, amonestar, amenazar, agregar, mandar, exigir, interrumpir, contestar, responder, arrepentirse, rugir. Dijo** can be accompanied by other words that convey tone of voice, such as **...con impaciencia; en broma; tomándole el pelo; con una sonrisa,** etc.

1. **Una discusión entre un niño desobediente y sus padres**
2. **Una conversación entre un alumno y su maestro(a)**
3. **Una discusión entre dos enamorados**

Correct and save these dialogues for practice in dialogue narration (See **Estructura** section).

Asociaciones

Presentation (pages 238–239)

This section encourages use of the following types of learning strategies for assimilation of new vocabulary: associating, organizing, personalizing, recycling, ranking, linking by cause and effect, comparing and contrasting, expanding on stock phrases.

Warm-up: Have students work in pairs to produce the following new words and expressions from the **Vocabulario**. Probable responses are indicated in parentheses. Expand as desired.

❏ To continue with this Warm-up activity, see Teacher's Manual, page 102.

Actividades

Note: For complete answers to these activities see the Teacher's Manual, pages 60–61.

Actividad A Answers
Answers may resemble the following:
Castigos:
1. mandarme castigado a mi habitación
Faltas:
1. no obedecer

Actividad B Answers
Answers may resemble the following:
1. Sugiero que lo mande a disculparse con ellos.

Extension of Actividad B
Have each small group in the class pick one of the situations in Activity B and act out the parts of parents and children. The class then votes on how the situation should be dealt with.

Actividad C Answers
Answers may resemble the following:
1. Yo grité, "Yo me voy".

Actividad D Answers
Answers may resemble the following:
A mis padres no les gusta que yo sea insolente y conteste mal.
En cambio, a mí no me gusta que me presionen.

238

Asociaciones ....

A **Faltas juveniles.** En un grupo de tres personas, hagan dos listas. En la primera, ordenen los castigos del Vocabulario del más típico y común al menos común. En la segunda lista, ordenen las faltas del Vocabulario de la más grave a la menos grave.

Por ejemplo: **Castigos**
mandarme castigado(a) a mi habitación...

Faltas
no obedecer las reglas de la casa...

B **Castigos merecidos.** Recomiéndale a los padres el castigo más apropiado en los siguientes casos.

Por ejemplo: El niño tenía una rabieta.
Sugiero que lo manden a su habitación.

1. Fue insolente e irrespetuoso con los abuelos.
2. Sacó una "F" por ser perezoso.
3. Se escapó por la noche sin permiso.
4. Lloriqueó porque no quiso limpiar su dormitorio.
5. Se quejó de la cena y se negó a comerla.
6. Empujó a otro muchacho y le hizo daño.
7. Se amurró porque no le compraron lo que pidió.
8. Lo maldijo al maestro.

No seré perezoso.
No seré perezoso.
No seré perezoso.
No seré perezoso.
No seré perezoso.

C **No lo pude evitar.** Di qué dijiste tú después que pasó lo siguiente.

Por ejemplo: Mi papá gritó: "No pienso darte la mesada".
Yo chillé: "¡Es el colmo! ¡Otra vez!"

1. Tu mamá gritó: "¡Cállate de una vez!"
2. El maestro exigió: "¡Basta de mentiras!"
3. Tu novio(a) chilló: "¡Estoy hasta la corona!"
4. Tu amigo(a) del alma gruñó: "¡Colmo de colmos!"
5. Tu papá se quedó mirándote y agregó: "¡Lo único que faltaba!"

D **Los dos lados.** Dile a la clase qué no les gusta a tus padres y, en cambio, qué no te gusta a ti.

Por ejemplo: A mis padres no les gusta que yo me escape sin permiso.
En cambio, a mí no me gusta que nunca me dejen salir.

238 CAPÍTULO 4 *Lección 2*

Critical Thinking Activity

As an on-going class project for this lesson, students can come up with a list of ten common offenses of teenagers and vote in each case on how parents should respond. They should survey their parents and those of their friends about their own reactions to these offenses. The class can then make a chart that compares the different points of view and display it in the room during **Lección 2**.

E **Maldiciones y rabietas.** Di a quién quisieras decirle lo siguiente y por qué.

Por ejemplo: ¡Déjame explicarte!

Se lo quisiera decir a mi novia, porque ella está enojada y se niega a hablar conmigo. Piensa que la abandoné anoche, pero es que no pude ir a verla porque...

1. ¡Esto es el colmo!
2. ¡Déjame en paz!
3. ¡Cállate de una vez!
4. ¡Basta! ¡Estoy harto(a)!
5. ¡Es totalmente injusto!

F **Me duele el alma.** Completa las frases para decir qué cosas pueden causar las siguientes emociones.

Por ejemplo: Me duele el alma cuando tengo que presenciar una discusión entre...

Me duele el alma cuando tengo que presenciar una discusión entre mi papá y mi hermana mayor.

1. Me siento mal cuando no me hacen caso ___ .
2. Me preocupa cuando me empujan a ___ .
3. De veras me molesta que me gruñan cuando ___ .
4. Sufro mucho cuando me presionan para que ___ .
5. Me duele cuando me exigen que ___ .
6. Es el colmo cuando me piden que ___ .

© Joaquín Salvador Lavado (QUINO)

Vocabulario **239**

Additional Practice

In connection with **Actividad A**, you may wish to have students complete the following about themselves and best friends.
1. **Nos respetamos...**
2. **Nos hablamos de...**
3. **Nos decimos...**
4. **Nos contamos...**
5. **Nos escribimos...**
6. **Nos damos...**

Actividad E Answers
Answers may resemble the following:
1. **Se lo quisiera decir a mi amigo cuando usa mi coche y nunca le echa gasolina.**

Actividad F Answers
Answers may resemble the following:
1. **...mis padres.**

Extension Mafalda cartoon
As a class, have students list ways in which parents show respect for their children on a day-to-day basis.

Conversemos

Conversemos

Presentation (pages 240–241)

This section focuses on integration of vocabulary while encouraging use of the following conversational strategies: personalizing, describing and narrating, interviewing, comparing and contrasting, summarizing, collaborating, giving advice.

Actividades

Actividad A

Divide students in pairs. Have each pair describe one of the illustrations and say how parents would react to the situation.

Note: For complete answers to these activities see the Teacher's Manual, page 61.

Actividad A Answers

Answers may resemble the following:
1. ¡Colmo de colmos!

Actividad B Answers

Answers will vary.

Conversemos

A **Nunca falla.** Tú conoces bien a tus padres. Di qué dicen cuando haces lo siguiente.

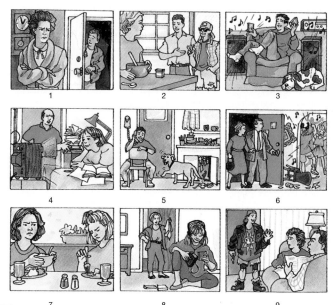

B **Curiosos.** Prepara tres preguntas para averiguar cómo andan las cosas con tres de tus compañeros(as). Luego, haz un resumen.

Por ejemplo:

ESTUDIANTE A:
¿Quién fue la última persona que te gritó "¡Es el colmo!", y por qué lo hizo?

ESTUDIANTE B:
Me lo gritó mi papá la semana pasada cuando choqué el coche.

ESTUDIANTE C:
Me lo gritó mi novio anoche cuando le dije que pensaba salir con otros chicos.

ESTUDIANTE A:
(A la clase:) Parece que las cosas no andan muy bien en mi grupo porque...

Cooperative Learning Activity

Assign each small group one of the drawings from **Actividad A** and have students help one another practice telling it in the past as though it had happened yesterday. They must include some of the new vocabulary and must use imperfect and preterit forms. Allow the groups to practice for a specific length of time and then call on one student at random from each group to tell the incident. If he or she does it correctly, the whole group gets the point or points.

Consejos a los padres.

1. En un grupo de cuatro personas, comparen los quehaceres y responsabilidades de que se hacían cargo ustedes antes (cuando tenían 10 a 12 años) y los de que se hacen cargo hoy día.

2. Luego, usen esta información para darles consejos a los padres en cuanto a lo siguiente:
   a. lo que deben hacer los hijos menores/mayores;
   b. la mesada que deben recibir los hijos menores/mayores.

Escribamos ....

A **Para hacer las paces.** No todo es discusión y pelea en este mundo. Di cuáles de las siguientes expresiones sirven para hacer las paces y escribe una frase con ella.

Por ejemplo: mejor conversar y arreglar este problema
                    Esta expresión sirve para hacer las paces. Yo diría: Es mejor que conversemos y arreglemos este problema.

1. dejarme en paz y no molestarme más
2. ir a caminar y conversar sobre esto
3. no pensar hacer nada para solucionar esto
4. estar hasta la corona y no querer saber de nada
5. querer resolver el lío lo antes posible
6. hacer las paces ahora

B **Una tremenda discusión.** Narra una discusión que hayas tenido o hayas presenciado. Da detalles del diálogo y de lo que haya dicho cada persona.

C **Para andar bien arreglado.** Compara las ideas de tus padres y las tuyas en cuanto a arreglarse para ir a una cita *(appointment)* importante. Describe la ropa, los zapatos, los colores y el arreglo de pelo que quieres llevar tú y el que esperan tus mayores.

D **Conflictos.** Describe un conflicto común entre los chicos como tú y los mayores. Explica las dos posiciones y describe más o menos qué cosas se dicen en las discusiones entre jóvenes y mayores.

Vocabulario **241**

For the Native Speaker

Have native speakers participate in the following activity: **Escribe un párrafo o ensayo sobre este tema: ¿Qué es lo que se puede aprender de los conflictos? Es decir, ¿sirven los conflictos familiares una función en el desarrollo de las personas? En tu opinión, ¿sería posible o aconsejable vivir una vida sin conflicto? Menciona ejemplos para ilustrar tu opinión.**

Critical Thinking Activity

Find a few copies of a Spanish-language magazine targeted to teenagers and read the letters asking for advice. Pick out conflicts that seem important to Hispanic teenagers. Which seem universal and which are culturally specific?

Estructura

Bell Ringer Review

Write the following on the board or use BRR Blackline Master 4.2.2:
Finish each sentence with an appropriate phrase:

1. Estoy...	a. injusto
2. Es totalmente...	b. en paz, por favor
3. Lo único que...	c. harto
4. Cállate...	d. faltaba
5. Déjame...	e. de una vez

Presentation (pages 242–243)

Redistribute the dialogues students prepared for homework following the vocabulary presentation so that each student receives the dialogue written by another student. Students should read the dialogue they have received and summarize it by narrating who said what to whom. Writers will identify their dialogues on the basis of the summaries given. Notice that this activity also provides practice in use of indirect object pronouns. For example:

Dialogue: —**Voy a decirle a tu papá que todavía no has limpiado tu habitación**— **gritó Mamá.**

Summary: —**Mamá le gritó al hijo que iba a decirle a su papá que el hijo todavía no había limpiado su habitación.**

Estructura

Para hacer descripción y narración en el pasado: La correspondencia de los tiempos

The following is a review of the past tenses and past time expressions in Spanish.

1 The present perfect tense, indicative and subjunctive, does not refer to a specific time in the past. It is used to summarize what has happened in relation to the events narrated. In a sense, the present perfect tense links the past to the present. Notice, in the example below, how the present perfect tense summarizes the past for a certain point in the present.

> No le *he hablado* en seis meses, desde que me gritó y me hizo daño. Sin embargo, no creo que le *haya afectado* mucho.

In Chapter 2 you saw that certain circumstances govern the choice of indicative or subjunctive, and that this tense is formed by **haber** + past participle.

Notice how a question asked with the present perfect might be answered with the preterit or imperfect tenses.

> ¿Has visto alguna vez la Estatua de la Libertad en Nueva York?
> Sí, la vi hace seis años.
> Sí, la veía todos los días porque vivía en Nueva York.

To say that you have just done something, use **Acabo de** + infinitive.

> Acabo de entrevistar a mis compañeros.

2 The preterit is used to narrate past occurrences in terms of a specific point in time or a series of points in time. It answers the question "what happened?"

> Miguel me llamó por teléfono, vino a mi casa y salimos a jugar fútbol.

3 The pluperfect tense summarizes the past in terms of a past point in time. It indicates precisely what had happened when another action occurred in the past.

> Yo *había dormido* como media hora cuando mi papá volvió. A él se le *había olvidado* que yo no tenía que trabajar ese día.

Cooperative Learning Activity

Have students work in their small groups to make a time line and locate these tenses on it: present, present perfect, preterit, imperfect and pluperfect, as well as **acabo de** and **acababa de**. If you wish to make a large version (or even one for the classroom wall), have students leave room for boxes containing the endings. Make the line three-tiered, with a solid line in the middle for the indicative mode, a parallel dotted line above for the subjunctive, and a dotted parallel line below for the imperative. Students can search through old comics and cartoons for examples of the various tenses, cut them out, and use them to decorate the time line. Naturally, you can also include the future and future perfect forms.

The pluperfect tense is formed by using the imperfect tense of **haber** with the past participle. Study the following example of **ver**.

había visto	habíamos visto
habías visto	habíais* visto
había visto	habían visto

*This form is rarely used in the Spanish-speaking world, except for Spain

To say what you had just done when something else happened, use **acababa de** + infinitive.

Acababa de cerrar la puerta cuando me llamó mi mamá.

4 The imperfect is used to describe the past in terms of a period of time during which an action was ongoing or routine, that is, what was happening or what used to happen.

Cada vez que *chillábamos* mucho, nos *encerraban* en la habitación sin postre. Ahí nos *dormíamos* de aburrimiento. Es que a mi mamá no le *gustaba* el ruido en la casa.

5 A very important part of a narration is reporting what people said in a conversation which is part of a narration.

The person actually said to you: **"Te voy a llevar a la playa."**
So you relate it this way: **Dijo que me iba a llevar a la playa.**

Notice in the example that the verb of saying is put in the past tense (**dijo que...**) and that the verb quoted is also put in the past (**... me iba a...**).

Use the following tenses to transfer from actual speech to reported speech.

present	imperfect
Quiero ir al cine.	**Dijo que quería ir al cine.**
present perfect	pluperfect
Todavía no he visto esa película.	**Dijo que todavía no había visto esa película.**
present of **ir a** + infinitive	imperfect of **ir a** + infinitive
Te voy a prestar el dinero.	**Dijo que me iba a prestar dinero.**

You will review this again in the next chapter with past subjunctive and conditional forms.

Conversemos

Presentation (pages 244–245)

This section focuses on oral integration of the grammatical structures, while encouraging use of conversational strategies, such as: interviewing, summarizing, describing, narrating dialogue, sequencing events, expanding on stock phrases.

Actividades

Note: For complete answers to these activities see the Teacher's Manual, pages 61–62.

Actividad A Answers
Answers may resemble the following:
1. **¿Qué nota intentas sacar en esta clase?**
   Intento sacar una "A".
   Dijo que intentaría sacar una "A".

Extension of Actividad A.
Los malentendidos intencionales.
Have students work in groups to make skits of interviews with famous people, as reported live by tabloid TV. For example, a movie star could say, **Voy a mi casa después de la entrevista,** and the reporter could turn to the audience and repeat, **Dijo que iba a casarse después de la entrevista.** Once they perfect their technique, students enjoy having these interviews videotaped.

Actividad B Answers
Answers may resemble the following:
1. **¿Qué vas a decirles a tus padres por haberte quejado de tus quehaceres?**
   Voy a pedirles que me disculpen.
   Dijo que iba a pedirles que lo disculparan.

Additional Practice

Have students work in pairs using the situations from **Actividad B.** Switch them into the preterit. For example, student A asks: **¿Qué le dijiste a tu maestro por haberle gruñido?** Student B replies: **Le dije que me había levantado tarde y tenía mucho sueño.**

244

Conversemos ....

A **Dijo que...** Hazle una pregunta con respecto a los siguientes temas a tu compañero(a). Luego, cuéntale a la clase qué dijo.

Por ejemplo: sus planes para el fin de semana

ESTUDIANTE A:	ESTUDIANTE B:
(1) ¿Cómo vas a pasar el fin de semana?	(2) Voy a quedarme en casa.
(3) (A la clase:) Bret dijo que iba a quedarse en casa todo el fin de semana.	

1. la nota que intenta sacar en esta clase
2. lo que quiere hacer después de clase
3. un favor que piensa hacerle al maestro o a la maestra
4. algo de que se queja
5. sus planes para el fin de semana

B **¡Disculpe!** Habla con otra persona para enterarte de lo que diría él o ella en las siguientes situaciones. Luego cuéntale a la clase qué dijo tu compañero(a).

Por ejemplo: a tu maestro(a), por no haberle entregado la tarea

ESTUDIANTE A:	ESTUDIANTE B:
(1) ¿Qué vas a decirle al maestro por no haberle entregado la tarea?	(2) Voy a decirle que el perro se la comió.
(3) (A la clase:) Dijo que iba a decirle que el perro se la había comido.	

1. a tus padres, por haberte quejado de tus quehaceres
2. a tus padres, por haber vuelto a casa muy tarde
3. a tu amigo(a), por no haberle devuelto algo que te había prestado
4. a tu amigo(a), por haberte negado a prestarle los apuntes que te había pedido
5. a tus padres, por haber sacado una mala nota
6. a tus padres, por haber sido insolente
7. a tu maestro(a), por haberle gruñido
8. a tu maestro(a), por no haberle entregado la tarea

C Amenazas. Describe al menos una vez que las siguientes personas te amenazaron por algo que hiciste o que te negaste a hacer.

Por ejemplo: tus padres

La última vez que mis padres me amenazaron fue hace dos semanas. Todavía no había limpiado mi habitación, por eso me dijeron que si no limpiaba mi habitación, no me iban a dejar ver la tele.

1. tus padres
2. uno(a) de tus maestros(as)
3. un/a amigo(a)
4. los vecinos

D Preparativos. Completa las siguientes frases dando al menos tres cosas que habías hecho antes. Luego da una cosa que ocurrió para interrumpir tus planes.

Por ejemplo: Ya..., ... y... Iba a acostarme cuando...

Ya me había duchado, me había puesto el pijama y me había cepillado los dientes. Iba a acostarme cuando, de repente, oí un extraño ruido en el garaje.

1. Ya ___ , ___ y ___ . Iba a sentarme a la mesa a tomar el desayuno cuando ___ .
2. Ya ___ , ___ y ___ . Iba a subir al autobús ___ .
3. Ya ___ , ___ y ___ . Iba a salir de la cafetería ___ .
4. Ya ___ , ___ y ___ . Iba a entregar la tarea ___ .
5. Ya ___ , ___ y ___ . Iba a pagar la cuenta ___ .

Escribamos ....

Un cuento. Completa las siguientes frases para armar un cuento.

1. Cuando era niño(a), siempre ___ .
2. Me gustaba ___ y tenía ___ .
3. Un día ___ y yo fuimos a ___ .
4. Estábamos en ___ . Allí ___ .
5. Eran las ___ y hacía ___ .
6. Por todas partes había ___ .
7. Nos preguntó si ___ .
8. Pero le dijimos que ___ .
9. Todavía no habíamos ___ .
10. Sin embargo ___ .
11. Apenas había ___ cuando, de repente, ___ .
12. Aunque ___ iba a ___ .
13. A causa de ___ tuvimos que ___ .

Estructura **245**

Actividad C Answers
Answers may resemble the following:
1. **Mis padres me amenazaron con cortarme la mesada si no estudiaba más.**

Actividad D Answers
Answers may resemble the following:
1. **... me había lavado, afeitado y vestido... me di cuenta que era sábado.**

Extension of Actividad D
Working in small groups, students are given a stack of magazine pictures from which to choose in creating their sentences. Once they have made as many combinations as possible with their own group of pictures, the group should trade pictures with another group and create new sentences. The best sentences can be shared with the class.

Escribamos

Presentation (page 245)
This section focuses on written integration of the grammatical structures while encouraging use of such learner strategies as: expanding creatively on stock phrases, organizing and mapping, connecting and sequencing events, combining description and narration to tell a story.

Actividad

Note: For complete answers to these activities see the Teacher's Manual, page 62.

Actividad Answers
Answers may resemble the following:
1. **...estaba dispuesto a jugar.**

Extension of Actividad
Make up manila file folders with pictures glued on one of the inside surfaces. You can include specifications for vocabulary and structures to be used or ask leading questions that will help students to think of a story. Students then write their stories directly on the inside of the folder. These projects are kept out in the classroom as a sponge activity for students to read any time they have a few moments of free time.

Teaching Resources
1. Audio Program 4.2
2. Student Tape Manual, page 67

Bell Ringer Review

Write the following on the board or use BRR Blackline Master 4.2.3:
Say that these people had just finished doing something when another event occurred.

1. **Yo hablé con Luis. Marisol llegó a mi casa.**
2. **Mi abuelita fue a su habitación. Mi tío llamó por teléfono.**
3. **Nosotros encontramos nuestros asientos. La película comenzó.**
4. **Tú limpiaste la sala. El perro entró con las patas sucias.**

Presentation (pages 246–247)

This section develops reading skills through a five-stage, integrative process: **pensar, mirar, leer, analizar, aplicar.** You may effectively do this section at any point in the lesson. In this particular lesson, it is recommended that you use the **Pensemos** section to **introduce** the **Lección**, then return to the other sections of the **Lectura** at some point after vocabulary has been reviewed and practiced.

Antes de leer

Pensemos

This prereading section serves as an advance organizer to pull out existing experience and language knowledge while encouraging use of the following reading preparation strategies: anticipating topics, sorting, personalizing, expanding creatively on stock phrases, comparing and contrasting.

Lectura

Antes de leer

Pensemos

A **En mi familia.** Di cuáles de las siguientes condiciones se refieren a tu familia.

1. Nos llevamos bien casi siempre.
2. De vez en cuando, tenemos algún problema grande.
3. No está mal, pero me molesta cuando me hacen muchas preguntas.
4. Nunca están de acuerdo. Cuando mi mamá me dice que sí, papá dice no.
5. Discutimos mucho porque no les gusta nada de lo que yo hago.
6. No andamos mal. Pero no les gustan ni mis amigos ni mis intereses.

B **Hablando en serio.** Completa lo siguiente según tus relaciones con tus papás.

1. Lo que no me gusta es que no me comprenden cuando ___ .
2. Lo que me gusta es que me comprenden cuando ___ .
3. Lo malo es que a veces me parece que a ellos ___ .
4. Lo mejor es que ___ .

C **No hay remedio.** A veces los padres y los hijos no se ponen de acuerdo. Completa las siguientes frases para expresar qué desean ellos.

Por ejemplo: En cuanto a mis estudios, mis padres quieren que saque mejores notas…

En cuanto a mis estudios, mis padres quieren que saque mejores notas mientras que yo prefiero trabajar después de las clases y no estudiar tanto.

1. En cuanto a la ropa, mis padres quieren que lleve ropa más ___ .
2. En cuanto a la música, por supuesto que quieren que escuche ___ .
3. En cuanto a mis actividades, quieren que cuando esté en casa ___ .
4. En cuanto a mis amistades, quieren que mis amigos ___ .
5. En cuanto a mis cosas, quieren que mi habitación ___ .
6. En cuanto a mi futuro, quieren que ___ .

TU MUSICA

UNIVISION SABADOS 5:30 PM Y 10:30 PM ESTE

Extra Activity

As an introduction to the theme of the reading, you may wish to ask students the following questions:
¿Quién toma las siguientes decisiones en tu casa? ¿Quién debe tomarlas, en tu opinión?
1. zona del país o de la ciudad donde va a vivir la familia
2. colegio al que van a asistir los hijos
3. ropa que pueden comprar los hijos mayores
4. elección de amigos para los niños
5. cómo se va a celebrar el cumpleaños de uno de los niños
6. elección de habitación para uno de los niños
7. elección de instrumento musical que debe aprender uno de los niños

Miremos

A Detective. Ahora, mira el cuento y completa las siguientes frases.

1. Los personajes son ___ .
2. El/La protagonista es ___ .
3. Tiene lugar en ___ .
4. Todos están allí porque ___ .
5. El conflicto es que ___ .

B ¿Quién es? ¿A quién se refiere cada una de las siguientes líneas?

1. ¿Fue su primer impulso salir del vehículo...?
2. ... tenía que revisar numerosos informes...
3. ... permaneció en su sitio, frente al volante...
4. ... lo tomó bruscamente del brazo...
5. ... quiso explicar que todos los niños vestían así...
6. ... impondría su voluntad a la fuerza...
7. ... era preferible el "sí, mamá"... que bastaba con sus faldas negras de viuda...
8. ... seré ingeniero, mamá...
9. ... sí, mamá,... es buena, mamá... ya sé que no es como las otras, mamá...
10. ... salió del automóvil...

C Cronología. Ordena esta secuencia de sucesos de acuerdo al orden en que ocurrieron.

El muchacho se niega a ponerse ropa oscura.
El padre va a sacar al muchacho del baño.
La madre va a sacar al muchacho del baño.
El padre espera en el auto y hace oscilar las llaves.
La abuela le pide al padre que vaya a buscar al muchacho al baño.
El padre vuelve con el muchacho de la mano.
La madre se sienta en el asiento de atrás del auto con los niños.
Padre e hijo hablan en la casa y nadie sabe de qué hablaron.

Al lector

• No te preocupes si no entiendes todas las palabras de la lectura. Eso es normal.

• No es necesario usar un diccionario. Trata de adivinar las palabras que no conoces.

• Confía en tu español; ¡ya sabes muchísimo!

Lectura **247**

Independent Practice

Assign any of the following:
1. Activities on pages 246–247
2. Student Tape Manual, page 67

Actividades

Note: For complete answers to these activities see the Teacher's Manual, page 62.

Actividad A Answers
Answers may resemble the following:
1, 2, 3.

Actividad B Answers
Answers may resemble the following:
1. ...intento explicarles por qué necesito ropa o zapatos.

Actividad C Answers
Answers may resemble the following:
1. ...barata, mientras yo prefiero la ropa cara.

Miremos

This preliminary reading section provides the first glimpse of the reading and focuses on the reading strategies of predicting and anticipating, skimming for global ideas, scanning for specific information, focusing attention, paraphrasing, sequencing events. No intensive reading is necessary at this stage.

Actividades

Actividad A Answers
Answers may resemble the following:
1. ...la madre, el padre, la abuela, el joven y sus dos hermanos.

Actividad B Answers

1. el padre	6. la madre
2. el padre	7. el padre
3. el padre	8. el padre
4. la madre	9. el padre
5. el hijo	10. el padre

Actividad C Answers
El muchacho se niega...
La madre va a sacar...
El padre espera en el auto...
La madre se sienta en...
La abuela le pide al padre...
El padre va a sacar...
Padre e hijo hablan en la casa...
El padre vuelve con...

Blue-jean (adaptado)

Presentation (pages 248–249)

This authentic literary text encourages use of such strategies as guessing from context, transferring, identifying cognates and derivatives, applying knowledge and experience to sense-making process, identifying salient information, searching for patterns and clues to meaning. Guide students in how to guess meanings of unfamiliar words; for example: **llavero** (context and derivative—**llave**), **dedo índice** (cognate), **reprendido** (context), etc. If you assign the reading for homework, encourage students to use and develop their reading strategies, rather than rely on extensive dictionary use. When they return to class, have students share the clues they used to determine the meanings of specific words.

Blue-jean (adaptado)
de David Valjalo (chileno)

¿Fue su primer impulso salir del vehículo y, junto con castigar a su hijo, introducirlo violentamente en el automóvil?

Aparte de llevar a los miembros de su familia a la escuela superior, tenía que revisar numerosos informes... El tiempo, en esa mañana, lo 5 tenía contado (todo reservado ya).

Sin embargo, permaneció (se quedó) en su sitio, frente al volante. Dio, con precisión, un golpe *(tap)* al llavero. Se iniciaron así oscilaciones a voluntad de su dedo índice.

El muchacho se había encerrado en el cuarto de baño y se negaba a 10 salir. Al momento de concurrir a la escuela, su madre lo había reprendido por no haberse cambiado su "blue-jean".

—Miren qué ocurrencia, ir a matricularse con esa facha. ¿Qué va a decir la gente?

Y lo tomó bruscamente del brazo, haciéndole daño. Quiso explicar 15 que todos los niños vestían así, por muy importante que fuera el lugar a donde iban; que era la moda...

Pero la madre, arreglada como para ir a una fiesta, no pensaba así, silenciando su alegato (defensa) al agregar nuevas frases que ya conocía de memoria. Cuando agregaba "es el colmo", seguido de "y 20 además flojo", quería decir que impondría su voluntad a la fuerza.

En el automóvil permanecía el padre, moviendo su llavero que oscilaba; la abuela que quería presenciar su ingreso a (inscripción en) la escuela superior, sus dos hermanos menores que, por mandato, deberían aprovechar la oportunidad de conocer el edificio en el que se 25 educarían en el futuro; mientras la madre, alternaba gritos y golpes en la puerta del refugio con caminatas hasta el automóvil...

Por fin, tomando asiento en la parte posterior del vehículo, había dicho a su marido (esposo):

—A ti te lo dejo. Hazte cargo de él.

30 Era su frase definitiva para casos como éste.

El marido seguía presionando las llaves. Los menores permanecían mudos y quietos. Sabían perfectamente que en estas circunstancias el precio de abrir la boca, o moverse medio centímetro, significaba un castigo. La mujer joven, dando tiempo para que su ira (enojo) 35 impotente la abandone. La mujer vieja, demostrando impaciencia con gruñidos guturales, maldecía en silencio: "Ah, si yo..." Pero era inútil; en el mejor de los casos escucharía un "sí, mamá" o "está bien, mamá," repetido desde la infancia.

Ya era un hábito. Hacerlo de otra manera significaba mayores 40 molestias. Muchos años de matrimonio y casi el triple de matriarcado así lo determinaban. Era preferible el "sí, mamá" o el "bueno, mamá", que bastaba.

Primeramente, con sus faldas negras de viuda *(widow)*, "sí, mamá", para elegir el colegio privado en vez del internado fiscal *(boarding school)*, donde se educaban sus amigos. Luego, la elección de su carrera, "sí, mamá", "seré ingeniero, mamá". En seguida, la zona de residencia, "sí, mamá", "desde luego el sur, es mejor, mamá". También hay que contar el matrimonio, "sí, mamá", "es buena, mamá", "ya sé que no es como las otras, mamá", "es una muchacha seria, mamá". Y ahora, también, después de los gruñidos, "sí, mamá".   5

Salió del automóvil. Pasos lentos pero firmes. Sólo pasaron dos minutos exactos. Ni un segundo de más. Tampoco, ninguno de menos.   10 Y allí estaba con el muchacho de la mano, acercándose al automóvil. El muchacho, de impecable ropa oscura, como lo deseaba su madre.

¿Qué había hecho? Extraño misterio para ambas mujeres.

¿Golpeó la puerta del encierro del muchacho, diciendo al mismo tiempo, con tono neutro: —Abra la puerta, que necesito ocupar el   15 baño? Cuando quiso salir el hijo, ¿se interpuso en su camino, cerrándole el paso?

¿Al encontrarse en la puerta, no lo miró y al mismo tiempo, despeinándolo, *(ruffling his hair)* le dijo:

—Si quieres vas con tu "blue-jean"—, no dando importancia a lo que   20 decía? ¿Qué pasó en verdad?

Las dos mujeres no lo supieron ese día. Tampoco en los siguientes.

Lectura **249**

Additional Practice

Have students explain why the imperfect, preterit, or pluperfect tenses were used in the following lines of the story:

line 1: **¿Fue su primer impulso salir del vehículo…?**

line 7: **Dio, con precisión, un golpe al llavero…**

line 9: **El muchacho se había encerrado en el cuarto de baño…**

line 14: **Quiso explicar que todos los niños vestían así…**

line 19: **Cuando agregaba "es el colmo"…quería decir que impondría…**

line 21: **En el automóvil permanecía el padre…**

line 31: **El marido/seguía presionando las llaves…**

line 39: **Ya era un hábito**

Page 249, line 9: **Sólo pasaron dos minutos exactos.**

line 13: **¿Qué había hecho?**

line 14: **¿Golpeó la puerta del encierro del muchacho…?**

line 16: **Cuando quiso salir el hijo…**

line 22: **Las dos mujeres no lo supieron ese día.**

Presentation (page 250)

This section focuses on comprehension and use of information derived from more intensive reading through use of the following reading strategies: paraphrasing, summarizing, focusing on specific information, drawing conclusions, speculating.

Actividades

Actividad A

After students have completed the statements, have them convert each to the past:

> El padre juega con el llavero mientras espera en el coche. →
> El padre jugaba con el llavero mientras esperaba en el coche.

Note: For complete answers to these activities see the Teacher's Manual, page 62–63.

Actividad A Answers

Answers may resemble the following:
1. ...se niega a salir del baño...

Actividad B Answers

Answers may resemble the following:
1. ¿Fue su primer impulso... automóvil? Presenta el problema.

Actividad C Answers

Answers may resemble the following:
1. Entiendo cómo te sientes, pero para que no haya problemas con tu mamá y con tu abuela, por favor ponte los pantalones oscuros.

Actividad D Answers

Answers may resemble the following:
Quiero que vayas a un colegio privado.

Additional Practice

As an extra project, have students investigate the origin of the blue jean. Is it ironic that today they are so fashionable and expensive? Students should look at advertisements in Spanish and draw a conclusion about what jeans represent to people in other parts of the world.

250

Leamos

A **Papeles.** Completa las siguientes frases para decir qué hacen estas personas.

1. El hijo ___ mientras el papá espera en el coche.
2. El padre ___ después de llevarlos a la escuela.
3. El padre ___ mientras espera en el coche.
4. La madre ___ porque el hijo no quiere cambiarse la ropa.
5. El hijo ___ cuando la mamá lo toma del brazo.
6. La mamá ___ cuando está harta de gritar al hijo.
7. Los hijos menores ___ por miedo del castigo.
8. La abuela ___ para demostrar su impaciencia.
9. El padre ___ por estar harto de escuchar los gruñidos.
10. El padre ___ después de dos minutos exactos.

B **Preguntas sin respuestas.** Al comienzo y al final del cuento se encuentran cinco preguntas. Ubícalas y contesta lo siguiente.

1. ¿Para qué sirve cada pregunta?
2. ¿Quién(es) sabe(n) sus respuestas?
3. ¿Quién(es) no sabe(n) las respuestas?
4. ¿Cómo contestarías tu estas preguntas?

C **Estrategias.** Haz una lista de tres estrategias que pudo haber usado el padre para hacerle cambiar la ropa al muchacho.

Por ejemplo: Cámbiate de ropa para que las mujeres no nos vuelvan locos.

D **El poder de la matriarca.** Haz una lista de las decisiones que la abuela tomó por su hijo.

Por ejemplo: Quiero que vayas a un colegio privado.

Independent Practice

Assign the following:
1. Activities on pages 250–251

Después de leer ....

Después de leer

Analicemos

Analicemos

This section focuses on analysis
of new vocabulary encountered in
the reading through the language
expansion strategies of identifying
derivatives, transferring words to
new contexts.

A **Derivaciones.** Busca en el cuento expresiones derivadas de las siguientes.

1. castigar
2. oscilar
3. encierro
4. negación
5. ocurrírsele a uno
6. impuesto
7. oportuno
8. presenciarado
9. elección
10. peinar

B **¿Cómo se dice?** Completa las siguientes frases, usando palabras o expresiones del cuento.

1. Cuando no tienes tiempo que perder, tienes el tiempo ___ .
2. Si te prohiben algo o te hacen daño, entonces te dan un ___ .
3. Para hacer que el llavero oscile dale un ___ con el índice.
4. Ya sé que mi madre va a imponer su voluntad cuando dice ___ .
5. Cuando hay una discusión muy grande, es mejor no abrir la boca. Yo me quedo ___ .
6. Cuando uno de mis padres tiene mucha ira, no habla, sólo emite ___ guturales.
7. Cuando hay mucha tensión es mejor quedarse callado y no moverse ni ___ centímetro porque te pueden ___ .

Apliquemos

Actividades

Actividad A

Others: **gruñir, llave, alegar, mandar, gritar, caminar, molestar,
elegir, encerrar.**

Note: For complete answers to these
activities see the Teacher's Manual,
page 63.

Actividad A Answers
Answers may resemble the following:
  1. castigar: castigo

Actividad B Answers
Answers may resemble the following:
  1. ...contado.

A **Monólogo interior.** Imagínate que tú eres el hijo de este cuento. Describe tus propios pensamientos mientras estás encerrado(a) en el baño. Di dos o tres cosas.

B **Desde otro punto de vista.** Imagínate que tu eres uno de estos personajes que esperan en el coche: la mamá, la abuela, los hijos menores. Escribe una descripción de lo que está pasando desde tu propio punto de vista.

Apliquemos

This section focuses on summarizing
and integrating content and language
of the reading through the following
strategies: imaging and imagining,
speculating, expressing points of
view, developing dialogue.

C **Soy dramaturgo.** Elige uno de los siguientes temas y prepara una pequeña obra de teatro.

1. la conversación entre el papá y su hijo en el baño
2. la conversación que ocurrió después, cuando el hijo ya estaba en el coche
3. la continuación de esta obra

Actividades

Actividades A and B Answers
Answers will vary.

Lectura **251**

Critical Thinking Activity

Ask students exactly what precipitated this conflict. Have them look ahead to **Capitulo 6, Lección 3** and read about **El qué dirán.** Is it possible that the mother and the son both had the same motive for their behavior? What agreement could this family make to assure that such an incident does not occur again in the future?

Would such an arrangement be possible for them? Students might devise a contract to be signed by all the family members based on their role in the conflict.

Cultura viva

Presentation (pages 252–253)

This section examines the lesson theme from a cultural perspective. Students are asked to reflect and comment on their own culture as well as Hispanic cultures, through the stimulus of authentic personal, journalistic, and literary texts. Use of the following cultural discovery strategies is promoted through activities in this section: focusing attention, identifying salient information, personalizing, self-reflection, examining points of view, language modeling.

Additional Practice

1. Contrasta la moda de hoy con la de ayer, usando las siguientes palabras. Da por lo menos dos ejemplos con cada adjetivo.
   Por ejemplo: grande/pequeño:
   Antes la gente llevaba aretes pequeños, pero ahora llevamos aretes grandes.
   Antes las chicas usaban bolsos grandes, pero ahora preferimos los bolsos pequeños.
   corto/largo
   ajustado/amplio
   alto/bajo
   grande/pequeño
2. Con otra persona, escojan una palabra o un símbolo y diseñen una camiseta que, según ustedes, represente la cultura de los jóvenes norteamericanos.

Conversemos y escribamos

B. What symbols (colors, objects, nature, music, appearance) do you associate with each of these stages of life?

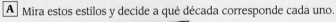

Andar a la moda: La ropa de los jóvenes

"La moda no incomoda" dice el proverbio popular y refleja los sacrificios que la gente hace por andar vestida según la moda del momento. Andar a la moda te hace sentir bien porque te sientes parte del grupo o de la comunidad. Por supuesto, hay modas para los adultos y otras para los jóvenes, y la mayor parte de los conflictos surgen de esta diferencia.

Para ir a una fiesta de jóvenes, los chicos hispanos tienden a vestirse más elegantes que los chicos de aquí. Los chicos norteamericanos buscan siempre de estar cómodos, pero a los hispanos no les importa estar incómodos con zapatos de tacones altos o pantalones ajustados.

Conversemos y escribamos

A Mira estos estilos y decide a qué década corresponde cada uno.

pantalones de pata de elefante	corbatas para mujeres
pantalón cintura baja	aretes para hombres
traje-pantalón de poliéster	corbatas anchas/angostas
minifalda	ponchos y sandalias
hombreras grandes	tirantes de pantalones
zapatos de tacones muy altos para hombre	gafas tipo John Lennon
	símbolo pacifista

1. Años sesenta: En aquel tiempo, la gente usaba ___ .
2. Los setenta: En ese tiempo, se llevaban mucho los/las ___ .
3. Los ochenta: En esa década, la moda era ___ .

Vocabulary Expansion

El lenguaje y la comunicación. Explain that the words **lengua** or **idioma** refer to language, but that the word **lenguaje** refers to a particular style of language use. There is, for example, **el lenguaje publicitario** which has particular characteristics in its desire to appeal to consumers, such as abundant use of command forms, exaggeration, superlatives, etc. **El lenguaje** **periodístico** or **el lenguaje comercial** also have distinct characteristics because of their fields. The language of a group of people is the mode of speech used to perpetuate the group's image or to create a sense of communion among themselves. Ask students, in their opinion, if there is such a thing as **el lenguaje de los jóvenes?** If so, what are its characteristics?

(continued on the next page)

B Piensa en la moda de hoy día.

1. Haz dos listas: lo que está de moda hoy día y lo que ha pasado de moda.

2. Elige un aspecto de la moda o un artículo de ropa que es el último grito y con otra persona, prepara una descripción. Tus compañeros(as) adivinarán qué describen ustedes.

Por ejemplo:

Antes estaba(n) de moda...	Pero ahora el último grito es (son)...
la ropa ajustada.	la ropa amplia.
las corbatas anchas.	las corbatas angostas.
el pelo corto y bien peinado.	el pelo largo y despeinado.

El siguiente artículo describe un artículo de ropa que está muy de moda hoy día en España.

La eñe, a sudar la camiseta

Camisetas con la letra eñe han causado expectación en el salón Liber 91, hasta el punto de que entre las delegaciones latinoamericanas corría el incesante chiste de hacerse llamar "los países de la eñe".

Eva Sanza, de 26 años, propietaria de una tienda de ropa había tenido la idea de fabricar estas camisetas. "... yo soy muy española, y quise con mis compañeros hacer lo que hacen los americanos, pero con un diseño de eñe clásica y no supermoderna."

C Contesta lo siguiente.

1. ¿Qué es "la eñe"? ¿Quiénes la usan? ¿Por qué están orgullosos los que la usan?

2. Con otra persona, haz una lista de todas las palabras que usan la letra eñe que puedan recordar. A ver quién puede desarrollar la lista más larga.

3. Si tuvieras que elegir algo específico para representar y defender tu idioma, el inglés, ¿qué sería?

Additional Practice

Usen las siguientes expresiones para resumir las ideas de estos poetas sobre el tiempo.
   a. Según...
   b. Ya no...
   c. Qué pena que...
   d. Lástima que no...

Actividades

Note: For complete answers to these activities see the Teacher's Manual, page 64.

Actividad A Answers
Answers may resemble the following:
1. Años sesenta: pantalón cintura baja, pantalones de pata de elefante, símbolo pacifista, corbatas angostas

Actividad B Answers
Answers will vary.

Actividad C Answers
Answers may resemble the following:
1. "La eñe" es una letra del alfabeto español. La usa toda la gente que habla español. Están orgullosos porque sólo existe en su idioma.

Did You Know?

As the nations of Europe become increasingly homogenized (standard currency and standarization of the alphabet, for example), Spain is fighting the **guerra de la eñe** to protect against the elimination of that letter which is unique to Spanish.

1. Un escritor ha hecho las siguientes observaciones de cómo hablan los jóvenes. Léelo con otra persona y entonces decidan si están de acuerdo o no con su opinión. Según esta descripción, ¿tienen ustedes algo en común con los jóvenes españoles? ¿Pueden dar ejemplos, en inglés, del lenguaje de ustedes... ¿palabras que se repiten o que se usan a menudo? ¿clichés que se usan? ¿exclamaciones que se emplean? *El lenguaje de los jóvenes* por Miguel Rivilla San Martín. De: Diario 16, 2 de julio 1991, pág. 6.]

This section presents additional aspects of the Spanish language that are often confusing for foreigners.

Actividad

Note: For complete answers to this activity see the Teacher's Manual, page 64.

Actividad Answers
Answers may resemble the following:
1. **... ser insolente, no debes contestar así.**

Estructura: *Un poco más*

El uso del infinitivo

The following are constructions in which Spanish uses the infinitive of a verb instead of the *-ing* form, which is so common in English. Use the infinitive to do the following.

1 to name any activities that would require the *-ing* form in English

Algunos de mis pasatiempos preferidos son patinar, bucear y jugar ajedrez. *(Some of my favorite pastimes are skating, diving, and playing chess.)*

2 after verb constructions such as the following

ir a	pensar	tener que	querer
saber	empezar a	aprender a	deber
poder	decidir	gustar	tratar de

3 after prepositions such as the following

en vez de	además de	al	al momento de
después de	antes de	junto con	para
sin			

Cuando mi tía *empezó a insultarme, quise gritarle* que no *tenía derecho a hacer* eso. Pero yo *sé callarme* y pensé que era mejor esperar a que se le pasara la furia. *Pienso hablarle* mañana, *después de hacer* mis tareas, así *puedo calmarme* un poco, *antes de charlar* con ella.

Al comenzar la pelea, mi hermano me dijo que no *pensaba recogerme después de ir* a clase. Yo le contesté que ya *había aprendido a no confiar* en él. *Después de discutir* un rato, le dije que no *me gustaba llegar* tarde a casa y me fui. *Al irme*, me gritó algo, pero no le entendí. *Para resumir*, no fue una tarde muy agradable.

Completa las siguientes frases para decirle a un/a amigo(a) cómo llevarse bien con su familia.

1. Si no quieres que te castiguen por ___, no debes ___ .
2. Si quieres ___, debes tratar de ___ .
3. Para poder ___, te recomiendo que ___ .
4. En vez de ___, te aconsejo que ___ .
5. Si necesitas ___, antes de ___ debes ___ .

Extra Activity

Have students play a game to reinforce this information about the use of adjectives. Everyone sits in a circle. The teacher begins a sentence by saying one word, and each student in turn has to add one word to the sentence. The object is not to be the person who ends the sentence. Make a rule that every noun must be modified by one or two adjectives, and adjectives cannot be repeated. Students who are thinking ahead will learn to say an occasional adjective before the noun.

Diversiones

A ¡Es para ti!

1. Júntense en grupos de varias personas para jugar al "Teléfono". Siéntense en un círculo.
2. Una persona empieza, diciendo una frase completa en voz baja a la persona que está a su izquierda.
3. Sigan diciendo la frase en voz baja de persona a persona hasta que llegue a la última.
4. La última persona le cuenta al grupo lo que dijo la primera persona.

B ¡Qué desastre!

1. Con dos compañeros examinen esta escena.
2. En un papel escriban lo que creen que ha pasado.
3. Cambien su papel con otro grupo y comparen lo que ellos escribieron con lo que ustedes han escrito.

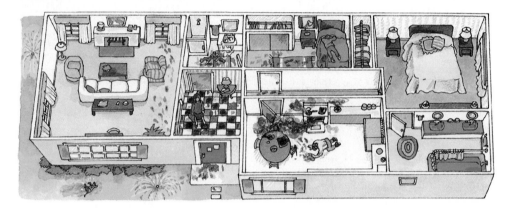

Actividades

Note: For complete answers to these activities se the Teacher's Manual, page 64.

Actividad A Answers
Answers will vary.

Actividad B Answers
Answers may resemble the following: **La comida se quemó. El padre que acaba de llegar del trabajo está limpiando el piso de la cocina porque está lleno de lodo. El hijo descansa en su cuarto con la puerta cerrada. La habitación está muy desordenada. En el baño hay ropa sucia en el suelo. El baño está lleno de agua. El perro juega en el agua en el jardín. La madre acaba de entrar en la casa. Ella está mojada. Hay lodo por toda la casa.**

Extension of Actividad B
Have students work in their groups to write down what has happened in this house and make up some additional information about the family members and their relationships. They should try to convince the rest of the class to vote for their explanation as the most plausible.

Diversiones **255**

Cooperative Learning Activity

Las personas acomplejadas. The teacher should look for a comic strip, either in Spanish or in English, that deals with a relationship issue. Cut the words out of the speech bubbles, cut the panels apart, and give each small group a copy. The group works together to arrange the panels in a sequence that they think makes sense and writes new text in Spanish for the speech bubbles. A requirement to use certain of the vocabulary words might be possible. At the end of the activity, the various versions of the comic can be displayed on a poster board along with the original. Students can even summarize the story in a few lines of prose below the comic.

Additional Practice

To review this vocabulary, have students group the words according to things that should or should not be done and make a brief example to illustrate each term.

Repaso de vocabulario

Cosas y conceptos

el colmo
la discusión
la mesada

Descripciones

injusto(a)
respetuoso(a)

Actividades

agregar
alegar
amenazar
amonestar
amurrarse
arrepentirse (ie, i)
chillar
dejar en paz
disculpar
discutir
echar a la calle
empujar
encerrar(se) (ie)
exigir
gruñir
hacer daño
hacer las paces
hacerse cargo de
insistir (en)
interrumpir
lloriquear
maldecir
negarse (a) (ie)
presionar
prohibir
tener rabieta
vengarse

Otras palabras y expresiones

¡Basta!
de una vez
estar hasta la corona
lo único que faltaba

—¿Salir ahora con el viento que hace? ¿Estás loco? ¡Acabo de arreglarme el pelo!

Lección 3

Lección 3 **257**

Lección 3

Introducing the Lesson Theme

Through the theme of childhood dreams and fantasies, this lesson focuses on the use of the pluperfect subjunctive to express comparisons and contrary-to-fact situations. With this in mind, it is recommended that you begin the lesson with **Actividades A–C** of the **Pensemos** section of the **Lectura,** page 266. This section is designed to pull out students' experience and focus their attention on the lesson topic, without involvement in the reading. The lesson theme, vocabulary, and grammar focus are all drawn from the authentic text of this **Lectura** section, which may be introduced at any point in the lesson.

Objectives

By the end of this lesson, students will be able to:
1. talk about imagination and the fantasies of childhood
2. speculate about past events
3. talk about how the past always seems better
4. use negative expressions

Lesson 1 Resources
1. Workbook
2. Audio Program (cassette or CD)
3. Student Tape Manual
4. Bell Ringer Review Blackline Masters
5. Fine Art Transparencies
6. Video Cassette
7. Lesson Quizzes
8. Testing Program
9. Situation Cards

Learning from Photos

Have students look closely at the photographs on this page. These children are learning and experiencing the traditions of their cultural past. Why do parents find it important to teach their children about the customs of their ancestors? How will these children feel about their childhood experiences when they are older?

Vocabulario

Vocabulary Teaching Resources

1. Workbook, pages 79–82
2. Audio Program, 4.3
3. Student Tape Manual, pages 68–70
4. Bell Ringer Review Blackline Masters
5. Lesson Quizzes, pages 86–88

Bell Ringer Review

Write the following on the board or use BRR Blackline Master 4.3.1:
Transfer these sentences from actual to reported speech:

1. **Quiero estudiar medicina.**
2. **Todavía no he abierto la carta.**
3. **Te voy a invitar a la fiesta.**
4. **Pienso comprar un coche nuevo.**
5. **Ya he hablado con la maestra.**
6. **Le voy a contar las noticias a Gloria.**

Presentation (pages 258–259)

To ensure assimilation of meaning and appropriate use, do not rush the vocabulary presentation.

A. Have students work with books closed to focus attention on listening for meaning.

1. List the following on the board and have students complete each with statements about their childhood.
   Me gustaba... maquillarme, disfrazarme, pintarme, etc.
   Soñaba con...
   Creía en...
   Jugaba con...
   Me fingía ser...
   Me disfrazaba de...
   El mundo era...

❏ To continue with this activity, see the Teacher's Manual, page 102.

Recuerdo mi niñez como si hubiera sido ayer. Añoro (miss)...

el regazo *(lap)* de mamá.
los abrazos de mis padres.
los besos en la mejilla.
los juegos de pelota.
el armario de mis padres.
el mundo de fantasía.

Recuerdo que a veces me creía...

pirata. Llevaba una espada *(sword)*, atacaba naves *(ships)* y tomaba presos *(take prisoners)*.

bruja *(witch)*. Llevaba unas pociones venenosas *(poisonous)* y volaba en mi escoba *(broom)*.

bombero. Llevaba un hacha y rescataba *(rescue)* a la gente de los incendios.

soldado. Disparaba *(shoot)* con mi pistola y luchaba *(fight)* y defendía el fuerte *(fort)* que tenía en el bosque.

princesa. Llevaba una corona *(crown)* y un abanico *(fan)* y era muy hermosa y rica *(rich)*.

cazador *(hunter)*. Llevaba arco y flechas *(bow and arrows)* y andaba por el bosque.

jefe de cocina. Llevaba delantal *(apron)* blanco y preparaba platos exóticos.

químico. Mezclaba elementos y a veces mi laboratorio estallaba *(blow up)*.

médico. Llevaba delantal blanco y curaba y operaba a la gente.

fantasma. Me envolvía *(wrap myself)* en una sábana blanca y espantaba *(scare)* a la gente.

mago. Con mi capa *(cape)* negra y mi varita *(wand)* mágica hacía desaparecer las cosas.

modelo. Me vestía elegantemente, me maquillaba y me miraba en el espejo.

¡Bú!

Cuando era niño(a), creía en...

los enanitos *(dwarfs)* mágicos.
los animalitos que hablan.
los muebles que bailan.
los espíritus.
la magia.

Pero pasaron los años. Me di cuenta de que...

el mundo es...	pero que también es...
ancho *(vast)* y ajeno *(foreign, hostile)*.	hospitalario y amable.
oscuro *(dark)* y feroz.	dulce y perdonador *(forgiving)*.

En el mundo hay...

verdad y mentira.
realidad y fantasía.
sol y sombra *(shadow)*.
risa y llanto *(tears)*.
placer *(pleasure)* y dolor.
piedad *(compassion)* y dureza *(insensitivity)*.

Vocabulario **259**

B. Have students open their book to pages 258–259 and guide them through the new vocabulary, personalizing new words and expressions to encourage active student involvement. The following are models for suggested student activities using vocabulary. Choose those you like and expand examples as desired.

1. Personalize with questions:
   ¿Cuáles de estas cosas añoran Uds.?
   ¿Qué se creían ustedes cuando eran menores?
   ¿En cuáles de estas cosas creían Uds.?
2. Provide completions accompanied by personal and experiential associations for the following:
   el regazo de mi...
   (mamá/papá/abuelo(a): [cómodo(a), seguro(a), contento(a), feliz, tranquilo(a)];
   los cuentos de hadas de mi papá, las historias de mi abuelo, los caramelos de mi abuela; placer, risa, etc.]
   los besos y abrazos de...
   los juegos de... (naipes, pelota, etc.) con... (mi abuelo, mi papá, etc.)
   la risa de... /el llanto de.../el dolor de.../el placer de...

❐ To continue with this activity, see the Teacher's Manual, page 103.

Independent Practice

Have students integrate as much new vocabulary as possible in one of the following writing assignments:

1. **Mi historieta.** Develop a comic strip that would have appealed to you in your childhood. Include at least four frames.
2. **Un superhéroe.** Write a detailed description of your perfect "superhero."
3. **Una historia de fantasmas.** In no more than two paragraphs, relate a ghost story you heard as a child.
4. **Animalitos que hablan.** Compose a dialogue between two animals about their observations of humans.

Asociaciones

Presentation (page 260)

This section encourages use of the following types of learning strategies for assimilation of new vocabulary: personalizing, associating, listing, recyling and linking new to known, transferring to new contexts, giving examples and illustrations, contrasting.

Warm-up. Have students work in pairs to provide the following new vocabulary. Probable responses are indicated in parentheses. Expand as desired.

❑ To continue with this warm-up activity, see the Teacher's Manual, page 104.

Actividades

Note: For complete answers to these activities see the Teacher's Manual, page 64.

Actividad A Answers
Answers may resemble the following:
1. **Añoro las flores. Ya no vivimos en una casa con jardín.**

Actividad B Answers
Answers may resemble the following:
1. **el soldado: pistolas, fuertes, uniformes, guerras**

Actividad C Answers
Answers may resemble the following:
1. **Quiero que el cuaderno de notas de mi maestra de historia desaparezca para que se olvide de mis malas notas.**

Extension of Actividad C
Have students draw or bring in before and after pictures to illustrate their sentences. You might also want them to investigate or invent possible "magic words" in Spanish. In addition to "**zas**," what might a magician say as something is transformed?

Actividad D Answers
Answers may resemble the following:
1. **Recuerdo el castigo que me dieron mis padres cuando tiré la sopa al suelo.**

Asociaciones ....

A **Añoranzas.** ¿Qué añoras de tu niñez? Haz una lista de al menos seis cosas o actividades y explica por qué las añoras.

Por ejemplo: Añoro el regazo de mi abuela. Ahora soy grande y ya no quepo en él.

B **Imágenes.** ¿Con qué asocias lo siguiente? Con otra persona hagan una lista de las asociaciones en cada caso.

Por ejemplo: la bruja
Escoba, vestido negro, fea, voz de cuervo, gato negro, magia negra, poción venenosa...

1. el soldado
2. el pirata
3. la escoba
4. la magia
5. la espada
6. arco y flechas
7. la corona
8. el bosque
9. hacer desaparecer
10. espantar
11. rescatar
12. disparar
13. maquillarse
14. tomar presos

C **¡Abracadabra!** Imagínate que eres mago con el poder de hacer desaparecer o cambiar a cualquier cosa. Dile a la clase tres cosas que quieres cambiar y explica por qué.

Por ejemplo: Quiero que toda la tiza del mundo desaparezca para que los maestros no escriban más en la pizarra.
Quiero que mi hermanita se convierta en rana para que no me pueda molestar más.

D **Recuerdos de sol y sombra.** Todos tenemos recuerdos dolorosos y placenteros de la niñez. Da un ejemplo de los siguientes.

Por ejemplo: la risa y el llanto
Recuerdo la risa cuando mi papá y yo montábamos en la montaña rusa.
Recuerdo el llanto cuando se murió mi perrito.

1. el castigo y la aprobación
2. el placer y el dolor
3. la piedad y la dureza
4. la risa y el llanto
5. la realidad y la fantasía
6. la verdad y la mentira

Extra Activity

Have students do the following:
Describe un caso extremo usando los siguientes adjetivos. Por ejemplo: Es tan fea que parece una bruja montada en su escoba.
1. perezoso
2. perfecto
3. guapo
6. rico
7. injusto
8. pícaro

Cooperative Learning Activity

Have students work in groups to translate a simple children's book containing fantasy creatures into Spanish. They can then present their book to the class or, after practicing, to a group of younger children.

Conversemos

A ¡**Viva la diferencia!** En un grupo de chicos y chicas, comparen las actividades de la niñez. ¿Qué tenían en común las chicas y los chicos? ¿Cómo eran diferentes?

Por ejemplo: Generalmente a las chicas de nuestro grupo les gustaba... pero a los chicos les gustaba... Sin embargo, algunas de las chicas solían... y algunos de los chicos generalmente preferían...

B **Cuentistas.** En un grupo de cuatro personas, desarrollen un cuento fantástico en el que cada persona agrega una frase. Tomen apuntes y luego cuéntenselo a la clase.

Por ejemplo:

ESTUDIANTE A:	Había una vez una escoba mágica.
ESTUDIANTE B:	Vivía en el armario de una bruja fea y mala.
ESTUDIANTE C:	Era un poco traviesa. Le gustaba esconderse debajo de la cama de la bruja.
ESTUDIANTE D:	Pero un día empezó a...

Escribamos

A **Cosas de mi niñez.** ¿En qué creías cuando eras niño(a)? Apunta dos ejemplos.

Por ejemplo: Creía en los enanitos malvados. Creía que había un enanito con cara de perro que vivía en mi armario y que todas las noches mientras yo dormía, salía del armario para mirarme y para conversar con mis juguetes.

B **Desilusión.** Elige una de las cosas en que creías en tu niñez y descríbela de una manera detallada. Luego, cuenta cuándo te diste cuenta de la verdad contestando las siguientes preguntas.

1. ¿Dónde estabas?   3. ¿Qué pasó?
2. ¿Qué hacías?   4. ¿Cómo te sentías después?

Por ejemplo: Siempre había creído en "Santa Claus". Recuerdo el momento en que me di cuenta de que no existía. Estaba en la escalera de mi casa a las cinco de la mañana...

Vocabulario **261**

Estructura

Structure Teaching Resources

1. Workbook, pages 83–86
2. Audio Program 4.3
3. Student Tape Manual, pages 71–72
4. Lesson Quizzes, page 89–93

Bell Ringer Review

Write the following on the board or use BRR Blackline Master 4.3.2: Match these characters with an appropriate object.

1. soldado	a. arco y flechas
2. mago	b. la varita mágica
3. bombero	c. las pociones venenosas
4. fantasma	d. el fuerte
5. cazador	e. una sábana blanca
6. bruja	f. un hacha

Presentation (page 262)

Begin the grammar presentation by reminding students of the expression **...como si hubiera sido ayer** in the **Vocabulario.** Have students name things they remember as if it had been yesterday: **Recuerdo mi primer beso/mi quinceañera/la muerte de mi perro/mi viaje a... como si hubiera sido ayer.**

El tiempo pluscuamperfecto del subjuntivo

You have used the expression **como si** to make an exaggerated or impossible comparison. **Como si** is often followed by verbs in the imperfect subjunctive form because it expresses something that is not true, that does not exist, or that is contrary to what one knows to be true.

> Esa chica se maquilla *como si fuera* modelo.
> Además, habla *como si tuviera* mucho dinero.

1 You may also use **como si** to express a situation that is contrary to what has actually happened by using a form of the pluperfect subjunctive.

hubiera	hubiéramos	
hubieras	hubierais*	+ past participle
hubiera	hubieran	

*This form is rarely used in the Spanish speaking world, except for Spain.

> Ese chico come **como si no hubiera comido** desde hace dos días.
> Durante la comida todo fue normal, **como si no hubiera pasado** nada.

2 Similarly, to express regret or yearning that things had happened differently, use **Ojalá que hubiera** + past participle.

> Ojalá que no me hubiera maquillado esa mañana.
> Ojalá que mi mamá no me hubiera visto.
> Ojalá que le hubiera dicho la verdad a la maestra.

3 In the following examples, when a statement requiring the subjunctive is expressed in the past time, you use a past tense of the subjunctive.

Present time	**No creo que hayan aceptado el plan. Espero que lo hayan estudiado con cuidado.**
Past time	**No creía que hubieran aceptado el plan. Esperaba que lo hubieran estudiado con cuidado.**

You will practice the forms and uses of the past subjunctive in the next chapter.

Extra Activity

1. Have students practice exaggerating the following impressions using the expression "...como si hubiera..."
Por ejemplo: gordo como si hubiera comido una casa/un elefante/...

cansado	perezoso
rico	feo
dulce	espantoso
tonto	feroz

2. Have students practice displaying the tone and intensity of the following actions using the expression **...como si hubiera...**
me miró como si...
me habló como si...
me atacó como si...
luchó como si...
desapareció como si...

(continued on the next page)

Conversemos

A **Ojalá que hubiera...** Con otra persona completen las siguientes frases para expresar sus sentimientos.

1. Ojalá que hubiera más ___ y menos ___ en el mundo.
2. Ojalá que hubiera más ___ y menos ___ en mi colegio.
3. Ojalá que hubiera más ___ y menos ___ en mi ciudad (pueblo).
4. Ojalá que hubiera más ___ y menos ___ en los recuerdos de mi niñez.

B **Arrepentimiento.** Pensando en cosas que han pasado, haz tres frases para expresar lo que realmente hubieras deseado que pasara (pero no fue así).

Por ejemplo: Ojalá que hubiera estudiado para el examen de cálculo.
Ojalá que no le hubiera dicho eso a mamá.

C **Como si hubiera...** Describe cómo pasó lo siguiente.

1. El niño se asustó como si hubiera visto ___ .
2. Las dos amigas hicieron las paces como si no hubiera ___ .
3. A la niña le quemaron las lágrimas como si ___ .
4. El niño se portó como un ángel, como si ___ .
5. Me castigaron con dureza, como si ___ .

D **No vas a creer lo que dijo.** Imagínate que hiciste lo siguiente. Díselo a un/a compañero(a). Luego, cuéntale a la clase lo que dijo tu compañero(a).

Por ejemplo: Dejaste el equipo de baloncesto.

ESTUDIANTE A:
¿Sabes que dejé el equipo de baloncesto?

ESTUDIANTE B:
No creo que (No es posible que, etc.) hayas dejado el equipo de baloncesto.

ESTUDIANTE A:
Kim dijo que no creía que (que no era posible que) hubiera dejado el equipo de baloncesto.

1. Llegaste a casa a las dos de la mañana.
2. Le gritaste a tu abuelo.
3. Sacaste la nota más alta de la clase de inglés.
4. Tuviste una pelea con tu mamá.
5. El/La director/a del colegio te llamó a su oficina.

DEPORTES

El doble triunfo de Ramón Ramos

La saga de un deportista que ha sabido superar dificultades imprevisibles

por C.L. Smith Muñiz

263

chilló como si...
lloriqueó como si...
discutió como si...
me empujaron como si...
me amenazaron como si...

Learning from Realia

Have students who are interested in sports investigate Ramón Ramos and report to the class about what happened to him, using the pluperfect subjunctive at least twice in their presentation.

Conversemos

Presentation (pages 263–264)

This section focuses on oral integration of the grammatical structure, while encouraging use of conversational strategies, such as: personalizing, expanding on stock phrases, recycling, transferring to new contexts, cooperating, assessing information as listener, summarizing, recounting what was said.

Actividades

Actividad A
Remind students that the word hubiera also stands alone (like hay, había, hubo, habrá, haya, etc.). In this context it means "if only there were."

Note: For complete answers to these activities see the Teacher's Manual, page 65.

Actividad A Answers
Answers may resemble the following:
1. ... amor... odio...

Actividad B Answers
Answers may resemble the following:
1. **Ojalá que hubiera aprendido a nadar mejor.**

Extension of Actividad B
Have students think of two things that the characters in a fairy tale might regret having done or not done and tell the class about them in Spanish. For example, in "Little Red Riding Hood" (**Caperucita Roja**) the **abuelita** might say, **Ojalá que nunca le hubiera abierto la puerta al lobo feroz.**

Actividad C Answers
Answers may resemble the following:
1. ... un fantasma.

Actividad D Answers
Answers may resemble the following:
1. A: ¿Sabes que llegué a las dos de la mañana?
   B: No creo que hayas llegado...
   A: (Kim) dijo que no creía que yo hubiera llegado...

264

Actividad E Answers

Answers may resemble the following:

A: **Yo he cruzado el Atlántico doce veces.**

B: **No creo que hayas cruzado el Atlántico tantas veces.**

A: **(a la clase:) Ed me dijo que había cruzado el Atlántico doce veces.**

B: **Marta me dijo que no creía que yo hubiera cruzado el Atlántico tantas veces.**

Extension of Actividad E

Have each student make up two true statements and one lie about him/herself. The student says each statement to a partner, who then reports it to the class. Someone from the class volunteers an opinion about whether he or she believes the statement, and the partner tells the first student whether the statement is believed or not.

E **¿Verdad o mentira?** Cuéntale a un/a compañero(a) un episodio verdadero o ficticio de tu niñez. Tu compañero(a) te dirá si te lo cree o no. Luego tu compañero(a) le contará a la clase qué has dicho y tú le contarás a la clase cómo reaccionó tu compañero(a).

Por ejemplo:

ESTUDIANTE A:

(1) Yo he vivido en tres países y en cuatro estados de los Estados Unidos.

ESTUDIANTE B:

(2) No creo que hayas vivido en tantos lugares.
(A la clase): Ann me dijo que había vivido en tres países y en cuatro estados de los Estados Unidos.

ESTUDIANTE A (A la clase)**:**

(3) Tod me dijo que no creía que yo hubiera vivido en tantos lugares.

264 CAPÍTULO 4 *Lección 3*

Learning from Realia

Students should brainstorm modern devices or inventions that a person who had been asleep for the last fifty years would never believe. In small groups, two students work together to describe what the device does, and the other students express their disbelief. For example: **El fax es un teléfono que transmite documentos enteros através de las líneas teléfonicas dentro de unos segundos sin la necesidad de que las personas se hablen.** The "sleepers" can then say: **No creo que sea posible que la gente haya inventado una manera de comunicarse por teléfono sin hablar.**

Escribamos ....

A **Aquella vez.** Describe una locura que hiciste en casa o en el colegio. Usa el pretérito, el imperfecto, otros tiempos del pasado y la expresión *como si* para incluir tus comentarios.

Por ejemplo: Cuando tenía trece años, un día decidí ir a visitar a mi amigo... Hacía mucho calor ese día así que... Cuando llegué, él me miró como si yo hubiera...

B **Lo sentía mucho.** Piensa en tres cosas negativas que ocurrieron hace poco tiempo. Luego, explica qué pensabas en cada caso, completando las frases que siguen.

Por ejemplo: Suspendieron de clase a uno(a) de tus amigos(as).
Esperaba que le hubieran amonestado primero.

1. Esperaba que le hubieran ___ .
2. Sentí que le hubieran ___ .
3. Dudé que le hubieran ___ .

C **Siempre lo saben todo.** Los mayores siempre les dicen a los jóvenes lo que tienen que hacer. Imagínate que te pasaron las siguientes cosas desagradables. Describe qué te dijo una persona mayor en cada caso.

Por ejemplo: Te peleaste con tu amiga del alma por unas mentiras de otras chicas.
Tu mamá: Si hubieras hablado con ella inmediatamente, no habrías creído las mentiras.

1. Te peleaste con alguien.
2. Viste fantasmas en el camino porque ya estaba muy oscuro.
3. Te arreglaste de una manera ridícula para ir a una fiesta.
4. Le escribiste algo totalmente inapropiado a tu novio(a).
5. Tu maestro(a) te vio mirando tu cuaderno en una prueba.

Estructura **265**

Escribamos

Presentation (page 265)
This section focuses on written integration of the grammatical structures while encouraging use of such learning strategies as personalizing, describing and narrating past events, expressing cause and effect.

Additional Practice
Como si hubiera sido ayer. Elige una de las cosas que añoras de tu niñez y descríbesela a la clase de una manera detallada. Por ejemplo: Recuerdo como si hubiera sido ayer cuando mis hermanos y yo jugábamos a los piratas con... Yo me envolvía en... que había encontrado en...

Llevaba... Tenía una caja que era mi baúl de pirata y ahí ponía... Navegaba en... Todos nos robábamos los unos a los otros y nos gustaba tomar preso a...

Actividades
Note: For complete answers to these activities see the Teacher's Manual, page 65.

Actividad A Answers
Answers will vary.

Actividad B Answers
Answers may resemble the following:
1. La Universidad de Boston no aceptó a uno de mis amigos.
1. Esperaba que le hubieran aceptado.

Actividad C Answers
Answers may resemble the following:
1. Mi padre: Si hubieras hablado con un consejero, podrías haber evitado la pelea con el maestro.

Teaching Resources
1. Audio Program, 4.3
2. Student Tape Manual, page 73

Bell Ringer Review

Write the following on the board or use BRR Blackline Master 4.3.3: **De cinco cosas que hiciste la semana pasada, di lo que habría pasado si no las hubieras hecho. Por ejemplo: Si no hubiera estudiado, no habría pasado las pruebas.**

Presentation (pages 266–267)

This section develops reading skills through a five-stage, integrative process: **pensar, mirar, leer, analizar, aplicar.** For a complete description of each of these stages, as well as suggestions for teaching, please refer to the Teacher's Manual. You may effectively do this section at any point in the lesson. It is recommended that you use the **Pensemos** section to introduce the **Lección**, then return to the other sections of the **Lectura** at some point after vocabulary has been reviewed and practiced. Lesson theme, vocabulary, and grammar focus have all been drawn from the authentic text in this **Lectura** section.

Antes de leer

Pensemos

This prereading section serves as an advance organizer to pull out existing experience and language knowledge, while encouraging use of the following reading preparation strategies: anticipating topics, brainstorming and listmaking, transferring and recycling, comparing and contrasting, sorting, ranking.

Lectura

Antes de leer

Pensemos

A **La imaginación de los niños.** Con otra persona hagan dos listas: una de lo que típicamente los niñitos quieren ser y otra de lo que las niñitas quieren ser.

Por ejemplo:

Los niños quieren ser:
populares, guapos...

Las niñas quieren ser:
populares, bellas...

B **Juegos de niños.** De los siguientes juegos, ¿cuáles jugaban ustedes cuando eran niños? Agreguen más a la lista si pueden.

1. al almacén (clientes, dependientes, cajeros)
2. a los bomberos
3. al papá y a la mamá
4. a la escuela
5. a ser señores y señoritas
6. a las muñecas
7. a los piratas
8. a los vaqueros
9. a las modelos
10. a la guerra
11. a los policías y ladrones
12. a las carreras de autos
13. a los monstruos y superhéroes

C **¿Cómo se juega?** Elige uno de los juegos de la lista en la actividad B y descríbele a la clase cómo se juega.

Por ejemplo: para jugar al papá
Le hablo al bebé. Lo tomo en brazos si empieza a llorar. Le doy de comer...

Critical Thinking Activity
Ask students to imagine that they are children with no toys. What types of games would they play? What objects from the adult world would make good play equipment?

A Lo esencial. Ahora mira el cuento de las páginas 268–269 y completa la siguiente información.

1. La protagonista se llama ___ y tiene ___ años.
2. Los otros tres personajes son ___ .
3. Este cuento tiene lugar en ___ y en ___ .

B Resumen. Completa las siguientes frases para dar un breve resumen de lo que pasa en este cuento.

1. Un día ___ .
2. Entonces ___ .
3. Allí ___ .
4. Luego, en casa ___ .
5. La mamá quiere que ella ___ .
6. La pobre muchacha se siente ___ .

Al lector

● No te preocupes si no entiendes todas las palabras de la lectura. Eso es normal.

● No es necesario usar un diccionario. Trata de adivinar las palabras que no conoces.

● Confía en tu español; ¡ya sabes muchísimo!

Lectura **267**

Actividades

Note: For complete answers to these activities see the Teacher's Manual, page 65.

Actividades A, B, and C Answers
Answers will vary.

Miremos

This preliminary reading section provides the first glimpse of the reading and focuses on the reading strategies of predicting and anticipating, skimming for global ideas, focusing attention, scanning for specific information, summarizing. Check student responses to **Actividades A** and **B** to ensure comprehension of main ideas. No intensive reading is necessary at this stage.

Actividades

Actividad A Answers
Answers may resemble the following:
1. ... Juanita... 11 or 12 años.
2. ... su madre, su ama y su maestra.

Actividad B Answers
Answers may resemble the following:
1. ... Juanita se pinta la cara y se pone los tacones de su madre.
2. ... va a la escuela.

Additional Practice

As prelude to reading, describe a **una niñita cuando se viste de señorita. Di qué se pone y cómo se maquilla. Por ejemplo: Se pone el collar de perlas de mamá.**

Critical Thinking Activity

When children are young, they imitate their parents and, often, their teachers. As we become teenagers, do we stop imitating or do we change our focus to other types of people? Ask students to think about something in their life that they do a certain way, perhaps unconsciously, because they have always seen a parent do it that way.

Independent Practice

Assign any the following:
1. Activities on pages 266–267
2. Student Tape Manual, page 75

Ángeles pintados

Presentation (pages 268–269)

This authentic literary text encourages use of such strategies as guessing from context, transferring, identifying cognates and derivatives, applying knowledge and experience to sense-making process, identifying salient information, searching for patterns and clues to meaning. Guide students in how to guess the meanings of unfamiliar words. For example, **vigilancia** (cognate), **enloquecida** (derivative), **un cielo por mi par de zapatos** (context: remind students of the expression "my kingdom for a horse"), **desabróchale** (derivative **abrochar**), **chiquilla** (derivative of **chica**). If you assign the reading for homework, encourage students to use and develop their reading strategies, rather than rely on extensive dictionary use. When they return to class, have students share the clues they used to determine the meaning of specific words.

Ángeles pintados
de Juana de Ibarbourou (uruguaya, 1895–1979)

Yo debía tener entonces entre once y doce años. Un día aparecí en la escuela pintada con el carmín (rojo) con que mamá decoraba las flores de merengue de sus postres caseros. Me puse los zapatos de tacos altos de mi hermana, y, bajo los ojos, me pinté anchas y oscuras
5 ojeras *(rings)*.

No sé cómo burlé (me escapé de) la buena vigilancia doméstica, ni cómo pude cruzar el pueblo tranquilamente con tal estampa (aspecto). Recuerdo, sí, el espantoso silencio que se hizo a mi paso por el salón de clase, y la mirada entre enloquecida y desesperada con que me
10 recibió la maestra. Recuerdo también, como si hubiera sido ayer, su voz enronquecida *(hoarse)*, al decirme:

—Ven acá, Juanita.

Entre desconfiada y orgullosa, avancé hacia su mesa de directora. Y otra vez su voz, ronca siempre:

15 —¿Te has mirado al espejo?

Hice que sí con la cabeza.

Y ella:

—¿Te encuentras muy bonita así?

¡Pobres cándidos ojos oscuros elevándose hacia el rostro ya no
20 terso *(smooth)* de la implacable interrogadora! Y la debilitada voz infantil:

—Yo... sí...

—¿Y te duelen los pies?

¡Ay, cómo ella lo adivinaba todo! No un reino por un caballo, sino
25 un cielo por mi par de zapatos más viejos, yo hubiera dado en aquel momento. Pero era un ángel altivo (orgulloso) y contesté con entereza (coraje):

—Ni un poquito.

—Está bien. Vete a tu sitio. A la salida, iré contigo a tu casa, pues
30 tengo que hablar con Misia (mi señora) Valentina.

Fue una tarde durante la cual, en el salón de estudio, hubo un sordo ambiente de revolución. Oí de mis pequeñas compañeras toda clase de juicios, advertencias y consejos, en general leales. Sólo estuvieron en contra de mí las dos niñas modelo de la clase. Empecé entonces a
35 conocer la dureza feroz de los perfectos.

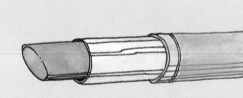

Critical Thinking Activity

La narradora nos relata este cuento como un recuerdo de su niñez. Al pensar en los eventos y en su propia apariencia, ¿cuál es su tono? ¿Cuál es la imagen que nos presenta de sí misma? ¿Cómo ha sido su vida desde entonces? ¿Por qué dice que no le importa nada?

No sé qué hablaron mi maestra y mi dulce madre. En mi casa no estalló ningún polvorín (no explotó ninguna bomba), no se me privó de mi plato de dulce, nadie me hizo un reproche siquiera.

Sólo me dijo mamá, después de la comida:

—Juanita, no vayas a lavarte la cara. 5

Con un asombro que llegaba al pasmo (la incredulidad), pregunté apenas:

—¿No?

—No, ni mañana tampoco.

—¿Mañana tampoco, mamita? 10

—Tampoco, hija. Ahora, anda ya a dormir. Desabróchale el vestido, Feliciana.

Y fue mi madre quien me despertó al otro día, quien vigiló mis aprontes (preparativos) para la escuela y quien, al salir, me llevó ante su gran armario de luna (con espejo ovalado), y me dijo con un tono 15 de voz absolutamente desconocido hasta entonces para mí:

—Vea, m'hija, la cara de una niña que se atreve a pintarse a su edad, como si fuera una mujer mala.

¡Dios de todos los universos! Aquella cara parecía un mapamundi (mapa del mundo), y aquella chiquilla encaramada (subida) sobre un 20 par de tacos torturantes, era la verdadera estampa de la herejía (sacrilegio).

Me eché a llorar silenciosa, heroicamente. Vi llenos de lágrimas los ojos tiernos de mi madre, pero aún no sabía de arrepentimientos oportunos (a tiempo) y me dirigí a la calle, con mis libros y cuadernos 25 en tal desorden, que se me iban cayendo al camino. Fue mi santa Feli (Feliciana) quien me alcanzó corriendo, casi a la media cuadra, y allí mismo me pasó por la cara, sollozando, su delantal de cuadros blancos y azules. Yo casi no le cabía ya en el regazo, pero volvió a casa conmigo a cuestas (en brazos), y las dos, abrazadas, lloramos 30 desoladamente el desastre de mi primera coquetería.

Después, andando los años, me he pintado rabiosamente, y he llorado lágrimas de fuego sobre los afeites (cosméticos) de Elizabeth Arden, y quizás más de una vez he quedado hecha un mascarón de proa (hecha un desastre). Pero ahora no está mi madre para sufrir por 35 mi pena, ni mi negra ama para hacer de su delantal mi lienzo de Verónica*, y ya no me importa nada, nada, nada... ¡nada!

---

*lienzo de Verónica: Se refiere a la leyenda de Santa Verónica, la que le limpió la cara a Jesús camino al Calvario. Se dice que en la tela blanca que usó, quedó impresa la imagen de Jesús.

Information About the Author

Juana de Ibarbourou (1895–1979)

Juana de Ibarbourou is considered a master in writing beautiful verse, simple in structure but with rich imagery. Born in Melo, Uruguay, she married at 18 and moved to Montevideo, where she lived as a contented wife and mother. In 1919, she published her first book of poems, *Las lenguas del diamante.* This volume is representative of the themes of her poetry: love of nature, the senses, and life. Ibarbourou wrote several volumes of verse, books of poetic prose with religious themes, children's stories, and textbooks. In 1929, in recognition of her role as the most beloved of America's living women poets at the time, she was christened **"Juana de América"** in a ceremony at the **Palacio Legislativo** of Montevideo, presided over by Alfonso Reyes, the Mexican poet. In 1947, she was elected to the prestigious Academia Nacional de Letras.

Leamos

Presentation (page 250)

This section focuses on comprehension and use of information derived from more intensive reading through use of the following reading strategies: identifying salient information, reacting as a reader, speculating, analyzing characters, evaluating actions, expressing and supporting opinions, comparing and contrasting.

Actividades

Note: For complete answers to these activities see the Teacher's Manual, page 66.

Actividad A Answers
Answers may resemble the following:
1. p. 268 línea 1
2. p. 268 línea 2

Actividad B Answers
Answers may resemble the following:
1. p. 268 línea 14
2. p. 268 línea 20

Actividad C Answers
Answers may resemble the following:
Las niñas modelo criticaron a Juanita y no le ofrecieron ni consejos ni apoyo. Se pusieron del lado de la maestra y se burlaron de la niña.

Actividad D Answers
Answers may resemble the following:
1. **Su mamá no le permitió quitarse el maquillaje de la cara y al día siguiente la hizo mirarse en el espejo para que viera qué fea se veía.**

Actividad E Answers
Answers will vary.

Leamos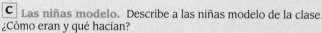

A Detalles. Ubica y cita las líneas del cuento que describan lo siguiente.
1. la edad de la niña
2. el color del maquillaje
3. el maquillaje
4. el ama
5. cuando pasó por el salón de clase
6. la mirada de la maestra
7. la claridad del recuerdo
8. la reacción cuando la maestra la llamó adelante

B Y más detalles. Ubica y cita las líneas del cuento que describan lo siguiente.

1. la voz de la maestra
2. la voz de la muchacha
3. la maestra
4. la muchacha, Juanita
5. el ambiente de la escuela esa tarde
6. las compañeras
7. las niñas modelo de la clase
8. la mamá
9. las lágrimas de la escritora ya adulta
10. su primera coquetería

C Las niñas modelo. Describe a las niñas modelo de la clase. ¿Cómo eran y qué hacían?

D El castigo. Contesta lo siguiente.
1. ¿Cómo la castigó su mamá? ¿Fue cruel o muy justo ese castigo?
2. ¿Quién la comprende mejor?
3. ¿Que habrías hecho tú si fueras la mamá?

E Contraste. Contrasta los papeles de la mamá y del ama Feliciana. ¿En qué se parecen y en qué se diferencian? ¿Cual de las dos la comprende mejor? ¿Quién es responsable por la conducta de Juanita?

Extra Activity

Call students' attention to the author's use of the following words (page 269) to describe her mother: **mi dulce madre** (line l); **vi llenos de lágrimas los ojos tiernos de mi madre** (line 23). Why does she describe her mother this way? How does the author view her mother and the way her mother handled this situation?

Después de leer

Después de leer

Analicemos

A Modismos interesantes. La autora usa muchas expresiones muy interesantes. Une las expresiones con sus descripciones.

1. hacerse el silencio
2. recuerdo como si hubiera sido ayer
3. un reino por un caballo
4. las niñas modelo
5. estallar un polvorín
6. pintarse
7. quedar hecho(a) un...

a. lo daría todo por lo que quiero
b. maquillarse, ponerse cosméticos
c. alumnas que son perfectas
d. todos se quedan muy silenciosos
e. verse/sentirse muy mal
f. haber una gran explosión/pelea
g. me acuerdo claramente

B Formas semejantes. Has visto muchos verbos que empiezan con el prefijo en-. Adivina de qué palabras se derivan los siguientes verbos y sus posibles significados.

1. enloquecer
2. enriquecer
3. envejecer
4. engordar
5. enamorar
6. encarcelar
7. encerrar
8. endurecer
9. enlatar
10. enmudecer
11. empobrecer
12. ensuciar

Apliquemos

A Juguemos con las palabras. Inventa tus propias expresiones completando lo siguiente.

Por ejemplo: Yo no le cabía en el regazo, es decir,...

Yo no le cabía en el regazo, es decir, yo ya no podía andar en brazos de mi mamá.

1. Daría un reino por un caballo, es decir, mi ___ por ___ .
2. El corazón no me cabía en el pecho, es decir, tenía ___ .
3. Yo no quería ser un/a niño(a) modelo, es decir, ___ .
4. Quedó hecha un mascarón de proa, es decir, ___ .
5. En casa no estalló ningún polvorín, es decir, ___ .
6. Cuando entré se hizo un gran silencio, es decir, ___ .
7. Hizo que sí con la cabeza, es decir, ___ .

B Imagínate. Si tú hubieras sido la mamá de Juanita, ¿qué le habrías dicho? ¿Qué habrías hecho? Imagínate que tu eres la mamá y explícale a la clase que harás.

Lectura **271**

Después de leer

Analicemos

This section focuses on analysis of new vocabulary encountered in the reading through the language expansion strategies of using clues to determine meaning, paraphrasing, identifying and analyzing derivations.

❏ For additional practice see the Teacher's Manual, page 103.

Actividades

Note: For complete answers to these activities see the Teacher's Manual, page 66.

Actividad A Answers

1. d
2. g
3. a
4. c

5. f
6. b
7. e

Extension of Actividad A
Others: **gruñir, llave, alegar, mandar, gritar, caminar, molestar, elegir, encerrar.**

Actividad B Answers
Answers may resemble the following:
1. de "loco": ponerse loco

Apliquemos

This section focuses on summarizing and integrating content and language of the reading through the following strategies: paraphrasing, speculating, describing.

Actividades

B. **Imagínate.** Have students work in pairs to develop a dialogue between Juanita and her mother that reflects what they think the mother should have said and done.

Actividad A Answers
Answers may resemble the following:
1. ...castillo por un coche.

Actividad B Answers
Answers will vary.

Independent Practice

Assign the following:
Activities on pages 270–271

Extra Activity

Have students do the following: **Relata un episodio de tu niñez que te causó dolor o que te dio mucha vergüenza.**

Cultura viva

Presentation (pages 272–273)

This section examines the lesson theme from a cultural perspective. Students are asked to reflect and comment on their own culture as well as Hispanic cultures, through the stimulus of authentic personal, journalistic, and literary texts. Use of the following cultural discovery strategies is promoted through activities in this section: focusing attention, identifying salient information, personalizing, self-reflection, examining points of view, language modeling.

Additional Activities

1. Have students list the words Sábato uses to describe his childhood. Which two words best summarize his life? For example: **la soledad, la angustia, la tristeza, la belleza, el dolor, desorientado, terrible, espartana, severa, desordenadamente, clásica...**

2. Have students work with partners to list in columns the following in Sábato's account of his childhood. In each case, decide which of the two was probably the more dominant force in his life.
   a. **los recuerdos placenteros y los recuerdos dolorosos**
   b. **¿cómo era su mamá? y ¿cómo era su papá?**
   c. **su mundo interior y su mundo exterior**

3. Ask students which of the following were part of Sábato's world as a child? Explain.
   a. **la piedad y la dureza**
   b. **el placer y el dolor**
   c. **la verdad y la mentira**
   d. **la realidad y la fantasía**
   e. **el sol y la sombra**
   f. **la risa y el llanto**

4. Sábato alludes to his life as an adult as well. What impression does he give us? What **sombras** exist in his life as an adult? You may wish to have students return briefly to Sábato's essay

CULTURA VIVA

¿Todo tiempo pasado fue mejor? Los sueños y dolores de la niñez

En una obra muchas veces se puede ver reflejada la niñez de su creador, un pasado que no siempre ha sido bueno. Aquí tenemos el fragmento de una entrevista con el escritor argentino, Ernesto Sábato. Vemos que su niñez fue bastante triste. ¿Por qué?

Una entrevista con Ernesto Sábato

Mi niñez fue triste. Fui un chico tímido y desorientado. Desde chico me fui metiendo en mi soledad; aprendí dolorosamente lo que es dormir en una habitación llena de sombras que se mueven. Éramos muchos hermanos, y a los dos últimos, Arturo y yo, mamá nos encerró, literalmente hablando. Puedo decir que en mi niñez vi la vida desde una ventana. Había tanta diferencia de edad con los hermanos mayores que casi podían ser nuestros padres. En mi niñez aparecen las sombras, mi soledad. Echar esa angustia acumulada para afuera fue la base de mi vocación de escritor.

¿Cómo eran sus padres?

—Mamá era una mujer excepcional, más inteligente que papá. Él era más artista, una familia clásica.

¿Leía mucho?

Sí, y desordenadamente, porque tampoco nadie se ocupó de eso. Sufrí de sonambulismo hasta que me fui de casa. Eso es muy significativo. Tuvimos una educación terrible, espartana, severa.

¿No recuerda nada que le gusta de su infancia?

Sí, recuerdo, y la añoro, quizás porque la vida me parece cada vez más dura y los chicos, a pesar de todo, están protegidos por un mundo interior y mágico que luego se pierde. Lo que recuerdo, lo que me vuelve en momentos de tristeza, ¿qué es...? Caminar alguna vez sin zapatos por el barro de las calles sin asfalto... La lluvia, el olor a tierra mojada... Los colores en los días de otoño, esos colores delicados que tiene la pampa, con los cielos grises...

Usted de chico pintaba; ¿qué colores le gustan más?

Depende de mi estado de ánimo. En general, me gustan todos. Depende de la combinación. Por ejemplo, a mí me gustan mucho el marrón, el violeta, el azul violeta y el negro, pero si se unen..., entonces el color asume su máxima potencia. Pasa con las palabras. Es como si me preguntaran qué palabra me gusta más. Hay palabras muy

272 CAPÍTULO 4 *Lección 3*

Critical Thinking Activity

La fragilidad del ser humano.

1. According to Sábato, **"los chicos, a pesar de todo, están protegidos por un mundo interior y mágico..."** Ask students if they think children are more vulnerable than adults to the insensitivities of others.

2. Introduce the poem **"La higuera"** (The Fig Tree) on page 279 and pose the questions that accompany it.

En el cuento *Ángeles pintados* la escritora, Juana de Ibarbourou, nos relata un recuerdo doloroso de su niñez. Nos hace sentir mucha piedad por la pobre niña que sólo quería verse bella y que, por fingirse señorita, aguantó la humillación y el dolor de los zapatos de tacones

(continued on the next page)

272

humildes, como *árbol, caballo, cielo* y *lluvia*, pero si con ellas se puede componer un poema, entonces alcanzan la belleza. Con palabras tan simples como las que he mencionado, poetas como Antonio Machado han compuesto fragmentos de una gran belleza.

Y por saber usar las palabras se reconoce a un gran escritor.

—Para mí, un gran escritor es aquél que con palabras muy chiquitas puede llegar a hacer cosas muy grandes.

Conversemos y escribamos

Con un/a compañero(a), hagan una lista de palabras que, en su opinión, reflejen lo siguiente.

1. la humildad
2. la belleza
3. la soledad
4. la sombra
5. la angustia
6. la severidad
7. la tristeza
8. el dolor
9. la risa

Cultura viva **273**

altos. Así vemos lo frágil que es la imagen que tenemos de nosotros mismos. En el poema "La higuera", de la misma escritora, vemos otra vez el tema de la belleza deseada y de la importancia de sentirse hermosa y amada.

3. Throughout life, people strive and, at times, struggle to feel good about themselves. Ask students: What things do you do to make you feel good about yourself? What do you do to help others feel good about themselves?

in **Capítulo 2, Lección 2** (page 111). How may Sábato's childhood have influenced him in the writing of this essay? How did the incident related from Ibarbourou's childhood influence her life as an adult (**ya no me importa nada, nada, nada... ¡nada!**)?

5. Have students cite the lines Sábato uses to express the following feelings that his memories of childhood evoke in him: **el aislamiento (mamá nos encerró, vi la vida desde una ventana, diferencia de edad con los hermanos mayores...), el desconcierto (sufrí de sonambulismo, leía desordenadamente, un chico desorientado, el desequilibrio el vacío)**

6. Sábato compares the painter to the writer. Ask students: According to him, how does each achieve beauty?

7. To what does Sábato attribute his motivation to become a writer?

8. Tábato's memories of childhood are not confined to actions or events, but to senses as well (e.g. **caminar sin zapatos por el barro de las calles**). Have a list some memories they have of their childhood in the following groups: **olores/voces y ruidos colores/sensaciones/sabores**

Conversemos y escribamos

Note: For complete answers to this activity see the Teacher's Manual, page 66.

Actividad Answers
Answers may resemble the following:
1. **la humildad: la modestia**

This section presents additional aspects of the Spanish language that are often confusing for foreigners.

1. Illustrate the differences.
   Nadie lo sabe. No lo sabe nadie.
   Tampoco lo sabe Arturo. No lo sabe Arturo tampoco.*
   Nunca sería desobediente. No sería desobediente nunca.
   Ninguna de estas ideas vale la pena. No vale la pena ninguna de estas ideas.
   Nada me interesa. No me interesa nada.
   *Students often have difficulty using the word **tampoco** and tend to use **también** instead. Explain that in negative contexts, **tampoco** (which can translate as *either* or *neither*) should be used:
   —**No me gusta bailar.**
   —**(Ni) a mí tampoco.**
   Remind students of the use of **sino** (not **pero**) or **sino que** when a sentence begins in the negative. **Sino** is used in the contexts such as: "not only...but also...," "not... but rather...".
   No un reino por un caballo sino un cielo por mi par de zapatos más viejos.
   Demonstrate that once you say **no**, other negatives will repeat and reinforce this **no.**
   No quiero saber nada de nadie. *I don't want to know anything about anyone.*
   No sé nada de nada. *I don't know anything at all (anything about anything).*

(continued on the next page)

Estructura: Un poco más

No me importa nada: La negación

1 When **no** comes before the verb, all other negative words go after the verb. However, when **no** is not used, another negative word like **nada** or **nadie** is placed before the verb and the others follow after the verb. The following are some words and their negative equivalent.

algo	no... nada or Nada...
alguien	no... nadie or Nadie...
...y...	no... ni ... ni or Ni... ni
siempre	no... nunca or Nunca...
algún / alguno(a)	no... ningún / ninguno(a) or Ningún / Ninguno(a)...
también	no/ni... tampoco or Tampoco...
una vez	no... ninguna vez

¡Qué fiesta tan aburrida! No me gusta nada de esto.
No he visto a nadie que conozca.
No quiero ni bailar ni ver un vídeo.
No veo a Jeff ni a Brian tampoco.
Ninguno de estos casetes vale la pena.

2 The following expressions are used to intensify negatives.

a. **ya no** *(any more)*
   Ya no me importa nada, nada, ¡nada!
b. **jamás** *(never again)*
   No volveré a maquillarme jamás.
c. **en absoluto** *(at all)*
   No he estudiado este mes en absoluto.
d. **alguno(a)** *(at all* [following the word described]*)*
   No conocí alumna modelo alguna.
   No me hicieron reproche alguno.

Usa cada una de las siguientes palabras o expresiones en una frase original.

1. nada
2. nadie
3. no... jamás
4. ya no

5. en absoluto
6. tampoco
7. ni... ni
8. ningún (ninguno[a])

Diversiones

A **Pantomima en español.**

1. En grupos de tres personas, escojan a un personaje del Vocabulario de la página 258 que van a representar.
2. Júntense con otro grupo.
3. Preséntenles a ese grupo una pequeña escena en pantomima (sin palabras) con el personaje. Por ejemplo: un bombero rescatando a alguien de un incendio.
4. Sigan representando la escena hasta que ellos adivinen qué personaje es.
5. Luego, traten de adivinar lo que ellos representan.
6. Escojan otro personaje y preséntenselo a otro grupo.

B **Como si tuviera orejas de elefante.** Con un/a compañero(a), traten de encontrar el significado de estas representaciones de frases que empiezan con *como si...* . Luego, inventen cinco más y enséñenselas a otras parejas para ver si pueden adivinar el significado de cada una.

Diversiones **275**

---

2. Intensifiers. The word **jamás** is frequently combined with **nunca** (**nunca jamás**) to convey the idea "never, ever":
No volveré a pintarme nunca jamás. *I'll never, ever wear makeup again.*
Another useful intensifier is **ni siquiera** (*not even*):
No vino a verme anoche. Ni siquiera me llamó. *He didn't come to see me last night. He didn't even call me.*

Actividad

Note: For complete answers to this activity see the Teacher's Manual, page 67.

Actividad Answers
Answers will vary.

Diversiones

Actividades

Actividad A Answers
Answers will vary.

Actividad B Answers
Siempre quiere saber todo lo que hablan los demás. Escucha como si tuviera orejas de elefante.
Se viste como si fuera bruja porque se cree que es muy fea.
Habla tanto que parece como si fuera un loro.
Gastan tanto como si estuvieran hechos de dinero.
Se cree que es una persona tan importante que camina como si fuera rey.
Siempre come como si tuviera dos estómagos.

Cosas

el abanico
el arco
la capa
la corona
el delantal
el elemento
la escoba
la espada
el fantasma
la flecha
el fuerte
el laboratorio
el llanto
la magia
la nave
la poción
el regazo
la varita

Conceptos

la dureza
el espíritu
la fantasía
el juicio
la piedad
la realidad

Personas

el/la cazador/a
el/la enano(a)
el/la médico(a)
el/la pirata
el/la químico(a)
el soldado

Descripciones

ajeno(a)
ancho(a)
dulce
feroz
hospitalario(a)
oscuro(a)
perdonador/a
rico(a) (*rich*)
venenoso(a)

Actividades

atacar
creerse
curar
defender (ie)
desaparecer(zc)
disparar
envolver(se)(ue)
espantar
estallar
imaginarse
luchar
mezclar
operar
rescatar
tomar preso(a)

Capítulo 4 Un paso más

A **El uniforme de la juventud.** Con otra persona, decidan cómo es el "uniforme" de la juventud actual. Por ejemplo, ¿qué tipo de ropa es más común? ¿Qué pantalones, qué zapatos, marcas y colores predominan? Luego, háganle un resumen a la clase y también presenten un dibujo del "uniforme" típico.

B **¿Permitido o prohibido?** Explica qué cosas están permitidas entre los jóvenes y qué cosas están prohibidas.

Por ejemplo: No se puede hablar como si uno fuera un adulto.

Hay que hablar a la manera de los jóvenes; si no, te van a decir que eres un "*nerd*".

C **Como mascarón de proa.** Describe con detalles cómo te veías (*looked*) tú u otra persona cuando te vestiste de una manera exagerada. Explica cuál es tu reacción ahora con una frase con *ojalá*.

Por ejemplo: Una vez me puse... para ir a... Me veía horrible. Ojalá alguien me hubiera visto antes de que yo saliera para esa fiesta.

D **Consejos.** Haz una lista de diez consejos basados en tu experiencia de joven. Usa expresiones con *ojalá* y *como si*.

Por ejemplo: Para hacer las paces con un/a amigo(a) debes... Ojalá yo hubiera hecho esto cuando... Nunca hables como si fueras...

E **Nunca jamás.** Di qué cosas no vas a hacer nunca más porque ya te han salido mal en el pasado.

Por ejemplo: Nunca más voy a prestar mi... Ojalá que no se lo hubiera prestado a... porque...

Un paso más **277**

Actividades

Note: For complete answers to these activities see the Teacher's Manual, page 67.

Actividad A Answers
Answers will vary.

Actividad B Answers
Answers may resemble the following: **Hay que llevar los libros en una bolsa o en la mochila. No se pueden llevar en los brazos. Hay que vestirse con ropa de marca.**

Actividad C Answers
Answers may resemble the following: **Una vez decidí cambiarme el color del pelo de negro a rubio. Compré los productos para cambiarme el color y me los puse. En vez de pelo rubio tenía pelo anaranjado. Esa noche me vestí muy a la moda pero muy exagerada. Cuando mi amiga me vio, ella no sabía si gritar o reírse.**

Actividad D Answers
Answers may resemble the following:
1. **Para llevarte bien con tus amigos debes ser sincero con ellos.**

Actividad E Answers
Answers may resemble the following: **Nunca más voy a montar a caballo; me caí y me rompí el brazo.**

Actividad F Answers

Answers may resemble the following:

Mamá: Ven aquí, hijo, tienes que hacer tu tarea de matemáticas.

Hijo: Pero mamá, déjame ver un poco más de tele. Ahora empieza mi programa favorito.

Mamá: Pero tú sabes que tienes que hacer la tarea antes de ver la tele.

Hijo: Pero estoy cansado.

Mamá: Y yo estoy perdiendo la paciencia.

Hijo: Cinco minutos más, mamá.

Mamá: Ya han pasado diez minutos. ¡Haz la tarea ahora mismo!

Hijo: ¡No es justo que me trates así sólo porque soy menor!

Actividad G Answers

Answers will vary.

Actividad H Answers

Answers may resemble the following:

Recuerdo que mi primo venía todos los sábados a jugar. Traía sus espadas y pistolas y sus figuritas de soldados. Hacíamos un fuerte con almohadas y mantas y jugábamos.

Actividad I Answers

Answers may resemble the following:

El mundo es oscuro y feroz así como también es dulce y perdonador. En los bosques encontramos animales salvajes como el oso y animales que no son salvajes como los conejos. En ciertas partes del mundo siempre hay tormentas que destruyen todo pero en otras partes hay brisas suaves y sol. Hay gente buena que ayuda a la gente y gente mala que no les importa nada. Por cada cosa que es oscura y feroz hay algo que es dulce y perdonador.

F **Diálogo imposible.** Piensa por un momento en esas situaciones imposibles que ocurren en todas las casas, en que nadie quiere ser razonable y ceder un poquito. Escribe el diálogo entre las personas correspondientes. Sé original y divertido(a).

Por ejemplo: Tu abuela: Cómete todas las verduras, Ricardito.

Tu hermanito: No quiero comer nada.

Tu abuela: Si no te comes ese plato va a venir la bruja...

Tu hermanito: Si hubiera brujas, vivirían aquí en la casa porque...

Tu abuela: No me hables como si fueras...

Tu hermanito: ¡Déjame en paz, abuela!...

G **En mi propia casa.** Imagínate que tú has hecho algo que no le gusta a tu mamá (papá) y ella (él) te dice sus "famosas" frases en orden predecible —de menos enojada a más enojada. Incluye también tus propias contestaciones clásicas de menos desagradable a más desagradable.

Por ejemplo: Mamá: Quiero que limpies tu habitación hoy.

Tú: No tengo ganas.

Mamá: Así te voy a decir yo cuando me pidas algo.

H **Como si hubiera sido ayer.** Elige una de las cosas que añoras de tu niñez y descríbesela a la clase de una manera detallada.

Por ejemplo: Recuerdo cuando mis hermanos y yo jugábamos a los piratas con los chicos del barrio. Me envolvía en una capa negra que había encontrado en el ático. Tenía una caja que era mi baúl de pirata y ahí ponía...

I **Agridulce realidad.** Ahora que eres más grande, ya no ves todo de color de rosa. Elige uno de los siguientes temas y escribe una composición que describe los dos lados de la vida. Cuando compares dos cosas, usa las palabras *en cambio, aunque, a pesar de que, pero, sin embargo* y *no obstante.*

1. El mundo es ancho y ajeno a la vez que es hospitalario y amable.
2. El mundo es oscuro y feroz así como también es dulce y perdonador.

J **La higuera.** En el poema que sigue, "La higuera" *("The Fig Tree")*, por Juana de Ibarbourou, vemos otra vez el tema de la belleza deseada y de la importancia de sentirse hermosa y amada.

La higuera

Porque es áspera y fea,	
porque todas sus ramas* son grises,	*branches*
yo le tengo piedad* a la higuera.	*pity*
En mi quinta* hay cien árboles bellos:	*casa del campo*
ciruelos* redondos	*plum trees*
limoneros rectos,	
y naranjos de brotes* lustrosos.	*buds*
En la primavera,	
todos ellos se cubren de flores	
en torno a* la higuera.	*alrededor de*
Y la pobre parece tan triste	
con sus gajos torcidos* que nunca	*twisted branches*
de apretados capullos* se visten	*buds*
Por eso,	
cada vez que yo paso a su lado	
digo, procurando	
hacer dulce y alegre mi acento:	
—Es la higuera el más bello	
de los árboles todos del huerto*.	*orchard*
Si ella escucha,	
si comprende el idioma en que hablo,	
¡qué dulzura tan honda* hará nido*	*profunda / nest*
en su alma sensible de árbol:	
Y tal vez, a la noche,	
cuando el viento abanique* su copa*,	*fans / treetop*
embriagada de gozo le cuente:	
—Hoy a mí me dijeron hermosa.	

Contesta las siguientes preguntas.

1. ¿Por qué se considera fea la higuera, según este poema?
2. ¿A qué se compara la higuera?
3. ¿Qué le dice la escritora a la higuera para que se sienta hermosa?
4. Según este poema, la belleza y la hermosura son un estado mental, o sea, para ser hermosa hay que sentirse hermosa. ¿Estás de acuerdo o no? Explica.

Chapter Overview

Chapter 5 focuses on the broad theme of the future—its possibilities and challenges, as well as our hopes and visions. The chapter emphasizes technology, the current condition and future of the Earth as a planet, and human and social problems created by humankind. Cultural themes involve the effects of modern technology on society, efforts to conserve and improve the Earth and its resources, and the desire of people to cooperate in solving human problems. Grammatical emphasis is on use of the imperfect subjunctive and the conditional, and both tenses together. Authentic literary texts in the **Lectura** section include nonfiction, short stories, and poems by well–known Hispanic writers.

CAPÍTULO 5

La fantasía de hoy: ¿La realidad del futuro?

Learning from Photos

As a preamble to the chapter, you may wish to introduce the theme of high tech by asking students who is interested in that field. You may find who are well–versed in the field of computers and others who enjoy reading about astronomy and space travel, advanced medical and genetical research. You may also use the conversation to review some of the vocabulary related to technology that they already know in Spanish.

Lección 1

Lección 1

Introducing the Lesson Theme

Through the theme of technology, this lesson focuses on expressing wishes and dreams for the future. Since these wishes and dreams may be rather distant from reality, they are expressed in the imperfect subjunctive. To introduce this theme, you may wish to begin with **Actividades B** and **C** of the **Pensemos** section of the **Lectura.** After students have had a limited time to brainstorm in pairs, collect their ideas on the board or the overhead. As they are working, remind them that machines can be simple and hand–operated. Students who have used *¡Acción! 2* should remember several common devices with compound names, including **abrelatas, sacapuntas,** and **tocadiscos.**

Objectives

By the end of this lesson, students will be able to:
1. express a wish or desire about something removed from reality using the imperfect subjunctive
2. describe the physical appearance of a simple robot or other device and mention various functions that it might perform
3. name a variety of common machines in use today
4. use adverbs and prepositions to describe time, location, and direction

---

Lesson 1 Resources
1. Workbook
2. Audio Program (cassette or CD)
3. Student Tape Manual
4. Bell Ringer Review Blackline Masters
5. Fine Art Transparencies
6. Situation Cards
7. Lesson Quizzes
8. Testing Program
9. Situation Cards

Learning from Photos

Biosphere 2, pictured here, was an attempt to test the feasibility of life in a space colony, with recycling of air, water, and other resources on an eight–acre site in Arizona. The project cost $200,000,000 and contained a greenhouse, farm, rain forest, mini ocean, mangrove swamp, desert, and savannah. The first effort at Biosphere 2 was a failure because of dropping oxygen levels, crop failures, and animal deaths. It was sabotaged in 1993, when one of the air lock doors was left open.

Vocabulario

Vocabulary Teaching Resources
1. Workbook, pages 64–65
2. Audio Program, 5.1
3. Student Tape Manual, pages 57–58
4. Bell Ringer Review Blackline Masters
5. Lesson Quizzes, pages 94–98

Bell Ringer Review

Write the following on the board or use BRR Blackline Master 5.1.1:
Put these sentences in the past tense:
1. **No creo que hayas comprado un coche deportivo.**
2. **Espero que los niños hayan comido ya.**
3. **Dudo que Elena haya ido a Puerto Rico.**
4. **Es imposible que hayamos terminado todo el trabajo.**

Presentation (pages 282–283)

To ensure assimilation of meaning and appropriate use, do not rush vocabulary presentation.

A. Have students work with books closed to focus attention on listening for meaning.

Ask students to think of modern household devices that they might take for granted. Working in pairs or small groups, they should try to describe the devices to each other by means of circumlocution. For example: **Debes usar esta máquina si tienes mucha hambre y no tienes tiempo para preparar la comida. Abres la puerta, pones la comida dentro de la máquina y dentro de dos o tres minutos puedes comer. La comida está muy caliente.**

A veces, los lunes...

ando como autómata.

no puedo enfrentarme *(face)* al mundo.

tropiezo con *(trip over, bump into)* todo lo que me rodea.

me comporto *(act, behave)* como si fuera robot.

me muevo *(move)* como sonámbulo *(sleepwalker)*.

no coordino mis ideas ni entiendo nada de nada.

mi cerebro *(brain)* no funciona.

Ojalá que tuviera un robot que...

pudiera engañar *(fool, deceive)* a mis maestros.

fuera capaz *(capable)* de resolver problemas de álgebra.

fuera del tamaño *(size)* de un insecto.

supiera de antemano *(beforehand)* las preguntas de las pruebas.

me hiciera las tareas al apretar *(push, press)* un botón.

me sirviera de esclavo *(slave)*.

me siguiera por todas partes *(everywhere)*.

limpiara el polvo de mi habitación.

pudiera gatear *(crawl)* por mi habitación.

me lo hiciera todo.

Ojalá que tuviera un ordenador *(computer)* que pudiera...

funcionar en varios idiomas.

corregir los trabajos escritos *(compositions)*.

enchufarse *(be plugged in)* en cualquier parte *(anywhere)*.

funcionar con pilas.

imitar voces humanas.

archivar *(file)* mucha información.

282 CAPÍTULO 5 *Lección 1*

Learning from Photos

You may wish to start a conversation based on the photos on pages 282–283. Students who are interested in technology may like to find out about some of the Spanish terms used in the field of space exploration. Have students ask you what words they would like to know and write them on the board. You may also have them write sentences with the new vocabulary.

Si tan sólo tuviera un aparato que pudiera...

grabar *(record)* lo que pienso mediante *(by means of)* sensores especiales.

enseñarme química mediante un programa especial.

almacenar datos *(store data)* y direcciones mediante un lápiz electrónico.

razonar *(reason)* con la cabeza en vez del *(instead of)* corazón.

recoger mis cosas del suelo en vez de hacerlo yo.

Mientras tanto *(In the meantime)*, me basta con las máquinas *(machines)* comunes y corrientes *(common, ordinary)* como...

los walkmán.

los sacapuntas *(pencil sharpeners)* eléctricos.

las contestadoras de teléfono.

los abrelatas *(can openers)* eléctricos.

las grabadoras.

los tocadiscos compactos.

los detectarradares *(radar detectors)*.

las calculadoras solares.

los hornos de microondas *(microwave ovens)*.

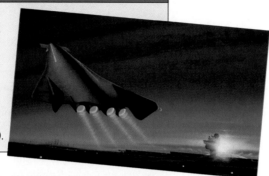

Mi robot...

es de un tamaño gigantesco (minúsculo).	**Tiene...**
es el doble (el triple) de mi estatura *(height)*.	antenas.
	tubos.
gasta *(uses, expends)* la mitad *(half)* [un tercio *(a third)*, un cuarto] de la electricidad.	mandíbulas poderosas *(powerful jaws)*.
	alambres *(wires)* y circuitos.
Es...	palanca de mando *(joystick)*.
rectangular.	una infinidad de botones.
triangular.	muchísimos tornillos y tuercas *(screws and nuts)*.
cuadrado.	
cónico.	las patas *(feet)* redondas como ruedas.
alargado.	
metálico.	alas *(wings)* de pájaro.
plástico.	

Vocabulario **283**

B. Have students open their books to pages 282–283 and guide them through the new vocabulary, personalizing words and expressions to ensure comprehension and active learner involvement. Expand on these suggested techniques as appropriate for your class.

1. Have students identify the verbs in the new vocabulary phrases and write them in a list. As a class, mark those that are already familiar in another context and brainstorm strategies for remembering the new ones. For example, **gatear** is related to **gato** and **archivar** resembles "archives" in English.

2. Using the descriptive words on page 283, have students try to draw a robot with one of everything mentioned in the box and label the parts.

3. After students have had a chance to study the words a little, put together a game using drawings of the items on page 283 or, preferably, real wires, tubes, screws, etc. Place eight of each item in a box. Students take turns drawing cards with the names of the objects on them from a stack. They may take from the box the thing named on the card. The first player to collect a specified amount, for example, two antennas, one tube, four wires, three buttons, and four nuts and screws is the winner. The game is fun if the assorted parts can be put together to build a mini–creature or robot as play progresses.

Independent Practice

Have students choose one of the following writing assignments and integrate as much new vocabulary as they can:

1. **Ojalá que tuviera un robot.** Write a paragraph explaining exactly why you need and deserve a robot that could do some of the functions represented by the new vocabulary. Give examples of exactly what you need the robot to do and how your life will be different when you have it.

2. Pick any two of the common machines listed on page 283 and write about the advantages and disadvantages that they offer.

Asociaciones

Presentation (pages 284–286)

This section encourages use of the following types of strategies for assimilation of new vocabulary: personalizing, transferring to new contexts, recycling, recombining, associating, categorizing, expanding, cooperating, interviewing, and summarizing.

Warm–up. Have students work in pairs to practice the lesson vocabulary. Give one student in each pair the words and phrases, and ask the other to respond with a word or phrase that is similar in meaning. Probable responses are shown in parentheses.

1. Words that are similar in meaning:
   enfrentarme (hacer frente a)
   tropezar (caerse)
   comportarse (portarse)
   cerebro (mente)
   resolver (solucionar)
   apretar (oprimir)
   corregir (hacer correcto)
   pilas (baterías)
   estatura (talla)
   engañar (decepcionar)
   razonar (calcular)

❏ To continue with this warm–up activity, see the Teacher's Manual, page 103.

Actividades

Note: For complete answers to these activities see the Teacher's Manual, page 67.

Actividad A Answers
Answers may resemble the following:
Quisiera tener un robot que pudiera: saber de antemano las preguntas de las pruebas.

Actividad B Answers
1. **las montañas, los volcanes, las botellas**

Actividad C Answers
Answers may resemble the following:
A Toño: **Haz mi cama.**
Al conjunto de robots: **Recojan y cuelguen mi ropa.**

284

Asociaciones

A **El robot de mis sueños.** Di qué cosas del Vocabulario quisieras que pudiera hacer tu robot.

Por ejemplo: Quisiera tener un robot que pudiera... y...

B **De todas formas.** Con otra persona, hagan listas lo más completas posible de todas las cosas que sean de las siguientes formas.

Por ejemplo: cosas rectangulares
los libros, los cuadernos, las pizarras, las puertas...

1. cosas cónicas
2. cosas cuadradas
3. cosas triangulares
4. cosas redondas
5. cosas rectangulares
6. cosas con alambres
7. cosas con botones
8. cosas con alas

C **Me sirven de esclavos.** Imagínate que tienes varios robots pequeños y que uno de ellos, Toño, es el más listo. Dales órdenes a Toño y al conjunto de robots para que te hagan algo en los siguientes lugares.

Por ejemplo: en el gimnasio
A Toño: Tráeme (tú) mi bolsa con el equipo.
Al conjunto de robots: Recojan (Uds.) todas las pelotas y guárdenlas en el armario del maestro.

1. en tu habitación
2. en la sala de clase
3. en la casa de un/a amigo(a)
4. en la fiesta
5. en un lago
6. en el gimnasio
7. en la cafetería o la cocina
8. en el coche

Poner el Macintosh™ LC color a este precio es casi un soborno.

286.000 pts. Financiación Inmediata 36 meses.

- 2 Mb de memoria RAM, expandible a 10 Mb.
- 40 Mb en disco duro interno.
- 512 kb ROM.
- Red local integrada.
- 2 puertos serie, 1 puerto SCSI para conexión de periféricos (CD ROM, impresoras láser, scanners, etc.)
- Monitor color RGB de alta resolución de 256 colores, con paleta de selección de hasta 32.000 colores.
- Teclado profesional con teclado numérico y ratón.
- Diskette interno de 1.44 Mb. Acceso a información MAC OS, MS DOS, OS/2, Pro DOS.
- Micrófono para entrada y reproducción de sonido.
- Incluye Hypercard y sistema operativo MAC/OS.

284 CAPÍTULO 5 *Lección 1*

Sólo Apple® podía permitirse el lujo de ponértelo tan fácil. Sólo Apple podía ofrecerte un sistema tan... el Macintosh™ LC...

Informe de prestaciones

D **¿Cómo será?** ¿Qué características tendrá un robot que puede hacer las siguientes cosas?

Por ejemplo: Puede masticar la carne dura que sirven en la cafetería.
                 Tendrá mandíbulas poderosas.

1. No cabe en tu dormitorio.
2. Puede hacer tres cosas a la vez.
3. Se lleva muy bien con los otros robots.
4. Puede escribir música.
5. Puede predecir el futuro.
6. Piensa en ruso.

E **Consecuencia lógica.** Si un robot puede hacer una cosa, probablemente puede hacer otras cosas parecidas. Di qué más puede hacer en cada caso.

Por ejemplo: Comprende un poco de español.
                 Si puede comprender un poco de español, es probable que también pueda comprender un poco de italiano.

1. Engaña a mis maestros.
2. Tiene el tamaño de un insecto.
3. Imita voces humanas.
4. Recoge cosas del suelo.
5. Trabaja el doble que yo.
6. Me sigue por todas partes.
7. Archiva mucha información.
8. Ensambla coches.

F **Ojalá.** Completa las siguientes frases para explicar tus deseos.

Por ejemplo: Sería conveniente que imitara...
                 Sería conveniente que imitara a mi compañera Nora si quiero tener éxito en la clase de química.

Sería conveniente que...

1. supiera de antemano ___ .
2. imitara a ___ .
3. me comportara como ___ .
4. fuera capaz de ___ .
5. coordinara mejor mis ___ .
6. mi cerebro funcionara ___ .
7. me bastara con ___ .
8. almacenara ___ .

Extension of *Actividad C*
Tell students: **Imagínate que los robots funcionan mal de vez en cuando, e incluye por lo menos un mandato negativo en tus órdenes a los robots.**

Actividad D Answers
Answers may resemble the following:
1. **Será muy grande.**

Actividad E Answers
Answers may resemble the following:
1. **Si engaña a mis maestros, es probable que también pueda engañar a mis padres.**

Actividad F Answers
Answers may resemble the following:
1. **...supiera de antemano la contestaciones de las preguntas del examen.**

For the Native Speaker

Have native speakers participate in the following activity: **Escoge una o dos de las características mencionadas en la Actividad E y escribe un pequeño cuento en el pasado, narrando una aventura de un robot tuyo que tenía esas características.**

G **No soy exigente.** Es cierto que la tecnología es fantástica, pero a veces nada funciona. Entonces tenemos que contentarnos con otra cosa. Di qué puedes hacer en cada caso.

Por ejemplo: Si no tengo tocadiscos...
Si no tengo tocadiscos me basta con la grabadora.

1. Si no hay enchufe ___ .
2. Si no hay electricidad ___ .
3. Si no tengo ordenador personal ___ .
4. Si no hay buenos vídeos ___ .
5. Si no tengo televisor ___ .
6. Si no tengo un robot ___ .

Conversemos

A **Mira mi diseño.** Diseña y dibuja tu propio robot, pero no le muestres el dibujo a nadie. En seguida, descríbele tu robot a un/a compañero(a) para que pueda dibujarlo. Luego, compara tu dibujo con el de tu compañero(a).

B **La oportunidad de tu vida está aquí.** Imagínate que tu compañero(a) es tu robot. Haz una lista de cinco cosas que debe hacerte y luego dile que las haga. ¡Sé original pero no exagerado(a)!

Por ejemplo: Tráeme mi mochila y sácame el cuaderno de español.

C **Hecho a la medida.** Prepara una descripción del tipo de robot que tú necesitas. Luego, dale la descripción a tu compañero(a) para que él o ella diseñe un robot que corresponda a tus deseos.

Por ejemplo:

ESTUDIANTE A:
Necesito un robot que sepa hablar español.

ESTUDIANTE B:
El robot podrá almacener y archivar palabras en español. Tendrá grabadoras para grabar las voces y...

Escribamos ....

A **Amanecí como robot.** Describe un día en que te despertaste y te comportaste como robot. Escribe al menos cinco frases.

Por ejemplo: Al levantarme, tropecé con mis zapatos que estaban en el suelo...

B **La otra cara de la moneda.** Describe el tipo de humano que te gustaría tener si fueras robot. Explica qué querrías que hiciera el humano por ti y da ejemplos de las órdenes que le darías. Explica los problemas que podrían presentarse.

C **Apocalipsis.** Describe el día en que los robots invadieron tu colegio o tu ciudad. Da muchos detalles y explica qué hizo la gente. También explica qué hiciste tú.

D **Lo bueno y lo malo.** En grupos de tres o cuatro personas piensen en las ventajas y desventajas de la automatización y de los robots.

Ventajas   **Desventajas**

Estructura **287**

Estructura

Bell Ringer Review

Write the following on the board or use BRR Blackline Master 5.1.2:
Unscramble the following verbs:

1. celmaraan
2. rageat
3. zartpeor
4. vchriaar
5. naengra
6. ocgrere
7. chrnefau
8. rgbaar

Presentation (page 288)

Have students review irregular verbs in the preterit by playing "tic-tac-toe" in teams. Draw a grid with subject pronouns in the squares and list verbs on the board. In order to capture a square, the team must give the correct form of the next verb on the list. This is a helpful warm-up activity to do before introducing formation of the imperfect subjunctive.

Para expresar tus esperanzas y deseos: El imperfecto del subjuntivo

In the Vocabulario you used the imperfect subjunctive with **ojalá** to tell what you wish you had.

Ojalá que tuviera un robot.

1 The imperfect subjunctive is used to express hopes and desires that are a bit distant from reality. You already expressed more possible or feasible hopes and desires by using the present subjunctive.

Ojalá que tenga sensores.
If only (I hope) it has sensors.

Ojalá que tuviera sensores.
If only it had (it were to have) sensors (but I know that is asking too much).

Quiero un robot que tenga cerebro.
I want a robot with a brain.

Quisiera un robot que tuviera cerebro.
If only I could have a robot with a brain.

2 To form the imperfect subjunctive, take the third person plural of the preterit tense (**hablaron**, **escribieron**, **fueron**, etc.), drop the **-on**, and add the endings below. If the preterit is irregular, the imperfect subjunctive will be irregular, too. Notice that the **nosotros** form will require an accent mark. For example:

funcionaron	funcionara, funcionaras, funcionara, funcionáramos, funcionarais*, funcionaran
comieron	comiera, comieras, comiera, comiéramos, comierais*, comieran
decidieron	decidiera, decidieras, decidiera, decidiéramos, decidierais*, decidieran
siguieron	siguiera, siguieras, siguiera, siguiéramos, siguierais*, siguieran
hicieron	hiciera, hicieras, hiciera, hiciéramos, hicierais*, hicieran
durmieron	durmiera, durmieras, durmiera, durmiéramos, durmierais*, durmieran
pudieron	pudiera, pudieras, pudiera, pudiéramos, pudierais*, pudieran

* This form is rarely used in the Spanish-speaking world, except for Spain.

288 CAPÍTULO 5 *Lección 1*

Conversemos ....

A **Si tan sólo...** Di qué podría ayudarte a resolver los siguientes problemas. Completa las frases.

Por ejemplo: No puedo abrir la puerta de mi coche.
Si tan sólo supiera dónde puse las llaves.

1. No puedo resolver estos problemas de matemáticas. Si tan sólo supiera ___ .
2. ¡Cómo quisiera ayudar en la campaña de ___! Si tan sólo tuviera ___ .
3. Echo de menos a ___ . Si tan sólo pudiera ___ .
4. Quisiera comer cosas más nutritivas. Si tan sólo dejara de ___ .
5. Me encantaría conocer un país hispano. Si tan sólo tuviera ___ .
6. Tengo que terminar mi tarea. Si tan sólo pudiera ___ .

B **Ojalá.** ¿Di si quisieras que un/a amigo(a) hiciera las siguientes actividades?

Por ejemplo: prestarte su tocadiscos compacto nuevo
(No) Quisiera que me prestara su tocadiscos compacto nuevo.

1. llamarte por teléfono
2. llevarte de paseo en su coche
3. poder ayudarte con tu tarea de...
4. deshacerse de egoísmos
5. dejarte en paz de vez en cuando
6. tener más confianza en sí mismo(a)
7. bajar la guardia
8. decirte chismes
9. correr riesgos
10. ser menos entremetido(a)
11. siempre estar de acuerdo con tus ideas

ESPAÑA DIRECTO
...¿DIGAME?

El servicio que permite comunicarse con España sin problemas de idioma. Con "España Directo" su llamada será atendida directamente en castellano. Sin problemas de dinero, ni de cambio... ya que su llamada se abonará a cobro revertido. Solamente marcando el número indicado desde:

ALEMANIA	0130 80 0034	ARGENTINA	0034 800 44 4111
BELGICA	11 0034	CANADA	1800 463 8255
DINAMARCA	800 1 0034	CHILE	00* 0334
FINLANDIA	9800 1 0340	COLOMBIA	980 34 0057
FRANCIA	19* 0034	EE.UU. (ATT)	1800 245PAIN
HOLANDA	060 22 0034	EE.UU. (MCI)	1800 9 ESPANA
IRLANDA	1800 55 0034	GUATEMALA	191
ITALIA	172 0034	MEXICO	0234
NORUEGA	05 01 9934	REP. DOMINCANA	1800 333 0234
PORTUGAL	05 05 0034	URUGUAY	000 434
REINO UNIDO	0800 89 0034		
SUECIA	020 79 9034	AUSTRALIA	001 488 1340
		FILIPINAS**	1 0534
		INDONESIA	008 0134
		JAPON	003 9341

* Espere segundo tono.
** Sólo ciudades importantes.

¡Póngase al habla con España!

🌐 **Telefónica**

C **Suena imposible.** Di al menos cinco cosas que las siguientes personas quisieran de ti.

Por ejemplo: tus padres
Mis padres quisieran que yo siempre sacara buenas notas, que no durmiera hasta las once los fines de semana...

1. tu dentista
2. tus maestros
3. tus vecinos
4. tus amigos(as)
5. tus padres
6. tu/s...

Estructura **289**

Actividad D Answers

Answers may resemble the following:

1. Quisiera un coche que tuviera alas para poder volar por encima del tráfico.

Actividad E Answers

Answers will vary but may resemble the following:

1. Si se comportara como si fuera bilingüe, tal vez pudiera corregirme la tarea de español.

Actividad F Answers

Answers may resemble the following:

1. A veces los maestros se comportan como si los alumnos no tuvieran sentimientos.

Actividad G Answers

Answers will vary but may resemble the following:

1. ... ojalá que fuera más moderno.

Additional Practice

Have students do the following:
A veces lo que hacemos no corresponde a lo que pensamos o queremos. Da tres ejemplos personales. Por ejemplo: A veces me comporto como si no me importara nadie pero, en realidad, lo que piensan mis amigos me importa muchísimo.

D **En pedir no hay engaño.** Di qué te gustaría que tuvieran las siguientes cosas o personas.

Por ejemplo: un teléfono

Quisiera un teléfono que tuviera televisor para poder ver a mis amigos cuando hablo con ellos.

1. un coche	4. un televisor	7. un maestro
2. un aparato	5. una bicicleta	8. amigos
3. un teléfono	6. un/a hermano/a	9. un colegio

E **Me viene bien una ayudita.** Si un robot tuyo se comportara como si fuera lo siguiente, ¿qué cosas tal vez pudiera hacer por ti?

Por ejemplo: como si fuera maestro(a)

Si se comportara como si fuera maestro(a), tal vez pudiera corregirme las tareas.

1. como si fuera bilingüe	6. como si fuera insecto
2. como si fuera matemático	7. como si fuera maestro(a) de...
3. como si fuera inteligente	8. como si fuera íntimo(a) amigo(a)
4. como si fuera sirviente	mío(a)
5. como si fuera ser humano	

F **¡A quién le importa!** A veces perdemos la perspectiva y nos comportamos como si la otra gente del mundo no importara. Completa las siguientes frases y critica un poco a los siguientes grupos.

Por ejemplo: los médicos

A veces los médicos se comportan como si el dolor del enfermo no existiera.

1. los maestros	4. los músicos	7. los políticos
2. los vecinos	5. los jóvenes	8. los conductores
3. los padres	6. los policías	9. los mayores

G **Ya lo tengo, pero...** A veces no estamos contentos con lo que tenemos. Di qué características quisieras que tuvieran las siguientes cosas.

Por ejemplo Mi walkmán es bueno, pero ojalá que tuviera mejor sonido.

1. Mi tocadiscos no está mal pero ___ .
2. Me gustan mis discos pero ___ .
3. Tengo una bicicleta pero ___ .
4. Mi despertador no está mal pero ___ .
5. El equipo del colegio es bueno pero ___ .

Independent Practice

Assign any of the following:
1. Activities on pages 289–290
2. Writing Activities Workbook, 90–92

Escribamos

A **Por si acaso.** Elige un problema de tu comunidad o colegio y escríbeles una carta a las autoridades proponiendo una solución. Usa el imperfecto del subjuntivo para escribir una carta persuasiva pero no muy dura. Usa el siguiente esquema.

Estimado(a) señor(a)(ita) ___ :

Le escribo para proponerle una solución al problema de ___ . He notado que ___ y también que ___ . Mucha gente también dice que ___ .

A mí me parece que sería mejor si ___ (trabajáramos, juntáramos, evitáramos...) y también si ___ . Si tan sólo ___ . Ojalá que yo ___ . Por eso es que me gustaría ___ .

Con la esperanza de que mi carta tenga una buena acogida, me despido de Ud.

Atentamente,

___

B **Hagamos las paces.** Imagínate que has tenido una pelea con una persona que te importa mucho. Completa la siguiente carta en que tratas de persuadirla para hacer las paces.

Querido(a) ___ :

Quisiera ___ . Si tan sólo me pudieras ___ . Ojalá que tuviera ___ . Si me hicieras el favor ___ . Si fueras capaz de ___ . Quisiera que ___ . Debieras ___ .

© Joaquín Salvador Lavado (QUINO)

Escribamos

Presentation (page 291)

This section focuses on written integration of the grammatical structures while encouraging use of such learner strategies as personalizing, context transferring, and expanding.

Actividades

Note: For complete answers to these activities see the Teacher's Manual, page 69.

Actividades A and B Answers
Answers will vary.

Extension of Actividad A
After students have written their letters, have them exchange with one another and write answers agreeing or disagreeing with the proposed solutions.

Learning from Realia

Have students imagine that they have been taken away by an alien spaceship. What things would they miss most about Earth? Direct them to write a journal entry or letter of homesickness for the Earth. Some possible structures might include: **Cómo quisiera..., Ojalá que..., Si tan sólo....**

Bell Ringer Review

Write the following on the board or use BRR Blackline Master 5.1.3:
Write three wishes that you have about the behavior of people in general. For example: **Quisiera que toda la gente se llevara bien.**

Presentation (pages 292–293)

This section develops reading skills through a five-stage, integrative process: **pensar, mirar, leer, analizar,** and **aplicar.** In this particular lesson, it is recommended that you use **Actividades B** and **C** of the **Pensemos** section as introduction, then return to the other sections at some point after the vocabulary has been reviewed and practiced.

Antes de leer

Pensemos

This prereading section pulls out existing experience and language knowledge while encouraging use of the following reading preparation strategies: associating, expanding, determining meaning through context, anticipating and predicting, recycling and recombining previous knowledge, and context transferring.

Actividades

Note: For complete answers to these activities see the Teacher's Manual, page 69.

Actividad A Answers
Answers may resemble the following:
Habrá más: paz, sol, tranquilidad, etc.

Actividad B Answers
Answers may resemble the following:
teléfonos, radios, televisores, etc.

292

Lectura

Antes de leer

Pensemos

A **El futuro.** ¿En qué consiste tu visión del futuro? Completa las tres frases de abajo con palabras que las siguen.

Por ejemplo: Habrá más (menos)...

paz/guerra	amor/odio	riesgo/confianza
sol/sombra	luz/oscuridad	diversión/aburrimiento
tensión/tranquilidad	defectos/virtudes	confusión/ claridad
derechos/deberes	enfermedad/remedio	libertades/restricciones
risas/lágrimas	celos/piedad	castigo/ternura
amenaza/sorpresa	amigos/enemigos	rutina/aventura

Por ejemplo: La gente del mundo (no) sabrá...

respetarse	confiar en otros	conocerse
pelearse	deshacerse de...	burlarse el uno del otro
comunicarse	tener cariño	vengarse
hacerse daño	amenazarse	disculparse
arrepentirse	divertirse	padecer enfermedades
relajarse	competir	cooperar
apoyar...	desarrollarse...	

Por ejemplo: El mundo será más (menos)...

peligroso	lujoso	placentero	aislado	tranquilo	doloroso
seguro	cómodo	hospitalario	engañoso	ajeno	aburrido
perdonador	ancho	competitivo	desastroso	difícil	complejo

B **Las máquinas.** Una de las características de este siglo es la importancia de las máquinas. Con otra persona, hagan una lista de todos los tipos de máquinas que puedas nombrar en español.

Por ejemplo: teléfonos, televisores,...

Cooperative Learning Activity
Each small group makes a poster illustrating its vision of the future, based on the concepts in **Actividad A.** Group members present their ideas to the class as a skit, panel discussion, or dialogue.

C Categorías. Clasifiquen las palabras de la lista de la actividad B en categorías.

Por ejemplo: máquinas y aparatos para comunicarse...
                para cocinar...
                para transportar cosas...

Miremos

A Los robots. El artículo de las páginas 294 y 295 trata de la automatización y los robots. ¿Para qué sirven los robots actualmente?

Por ejemplo: Hoy día usamos los robots para fabricar y ensamblar coches. A mí me gustaría tener un robot para...

B ¿Sí o no? Lee el artículo y determina si lo que sigue es cierto. Si es cierto, explica por qué. Si es falso, usa las palabras que siguen para refutarlo: *en realidad, porque, además, por ejemplo, en cambio, al contrario.*

Por ejemplo: (Este robot) es común y corriente.
                No es común y corriente. Al contrario, es una clase de robot que uno no está acostumbrado a ver.

Este robot:

1. imita a un ser humano.
2. es peligroso.
3. su apariencia engaña.
4. pesa mucho.
5. es complicado.
6. es flexible.
7. es como un ser humano.
8. planifica, razona, toma decisiones.
9. sigue las rutinas según lo que detectan sus sensores.
10. está programado para responder a sus propios reflejos.
11. su capacidad puede aumentar.
12. se diferencia de los robots tradicionales.
13. es preferible que trabaje solo.
14. es como un insecto.
15. su futuro uso no se puede imaginar.
16. su creador adopta los modelos tradicionales.

Los robots del futuro:

1. serán grandes... e inteligentes.
2. será económico producirlos.
3. se harán cargo de los quehaceres de la casa.
4. explorarán otros planetas.

> **Al lector**
>
> ● No te preocupes si no entiendes todas las palabras de la lectura. Eso es normal.
>
> ● No es necesario usar un diccionario. Trata de adivinar las palabras que no conoces.
>
> ● Confía en tu español; ¡ya sabes muchísimo!

Lectura **293**

Miremos

This preliminary reading section provides the first glimpse of the reading and focuses on the reading strategies of personalizing, associating, expanding, skimming for global idea, scanning for specific information, focusing attention, note taking. No intensive reading is necessary at this stage.

Actividades

Note: For complete answers to these activities see the Teacher's Manual, page 69.

Actividad A Answers
Answers will vary but may resemble the following:
Los robots sirven para trabajar en las fábricas. También trabajan en las oficinas para llevar cosas de una oficina a otra. Algunos trabajan de policías protegiendo edificios.

Actividad B Answers
Answers will vary, but may resemble the following:
1. **No imita a un ser humano. Al contrario, se comporta como un insecto.**

Additional Practice

Have students to the following:
Explica qué tendrías que hacer si no hubiera las siguientes cosas.
Por ejemplo: calculadoras
Si no hubiera calculadoras, tendría que sumar con la mente.
1. teléfonos
2. televisores
3. coches
4. máquinas de escribir
5. estufas
6. lavaplatos
7. videocasetera
8. relojes
9. contestadoras de teléfonos
10. hornos microondas
Agrega dos cosas a la lista.

Robots con cerebros de insecto

Presentation (pages 294–295)

This authentic literary text encourages use of such strategies as guessing from context, transferring, identifying cognates and derivatives, applying knowledge and experience to sense–making process, identifying salient information, searching for patterns and clues to meaning. Guide students in how to guess the meaning of unfamiliar words which students should be able to guess, with guidance.

If you assign the reading for homework, encourage students to use and develop their reading strategies, rather than rely on extensive dictionary use. When they return to class, have students share the clues they used to determine the meanings of specific words.

Robots con cerebros de insecto

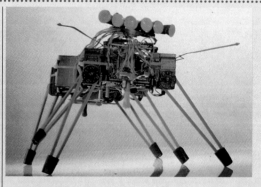

ATTILA no es esa clase de robot que uno está acostumbrado a ver. Parece un insecto de patas largas, que a
5 veces persigue a (va detrás de) los visitantes curiosos por toda la habitación. Pero no es capaz de agarrar a nadie. En realidad, todo lo que puede hacer es dar unos
10 cuantos pasos y tratar de no tropezarse con ningún obstáculo.

El creador de este insecto-robot de seis patas es Rodney Brooks, un investigador que trabaja en el
15 Instituto de Tecnología de Massachusetts (ITM). Brooks piensa que los descendientes de Attila cambiarán el mundo. Las futuras generaciones de estos micro-robots,
20 que ahora se encuentran en las primeras fases de investigación en el laboratorio de inteligencia artificial del ITM, tendrán el tamaño de un mosquito. Estos insectos de
25 minúsculos cerebros y motores que tienen un costo bajísimo, vivirán en las alfombras y se activarán por la noche para limpiar todo el polvo de la alfombra. O, como mantienen muchos entusiastas, explorarán
30 otros planetas, dejándose llevar por el viento, como moscas.

Frente a estos planes tan refinados para el futuro, Attila se nos presenta como un robot tosco
35 *(crude)* y poco atractivo. Pero las apariencias engañan. "Se trata del robot más complejo del mundo", explica su creador. Con una armazón (esqueleto) de algo más de
40 kilo y medio, lleva 23 motores, 10 microprocesadores y 150 sensores, incluyendo una cámara de vídeo en miniatura. Cada pata se mueve independientemente de tres modos
45 diferentes, permitiéndole a Attila escalar estructuras, gatear en planos inclinados o sortear pequeños obstáculos. Attila se comporta y piensa igual que un insecto.

El enfoque clásico en inteligencia artificial siempre ha sido construir robots que imiten a la gente. Los seres humanos razonamos y resolvemos los problemas mediante símbolos como números y palabras. Cuando pensamos, usamos conceptos, mapas y fórmulas para construir modelos de lo que nos rodea y de las cosas que queremos manipular o cambiar.

La gran inspiración de Brooks ha sido alejarse de estos modelos simbólicos convencionales de inteligencia artificial y acercarse al comportamiento animal más simple, el de los insectos. Attila nunca consulta un mapa ni hace planes de antemano. No tiene capacidad alguna para distinguir lo familiar de lo extraño. No reflexiona (piensa), no razona. En vez de todo esto, su arquitectura mental consiste en una serie de actos reflejos *(reflexes)*, instintos primarios y reacciones súbitas como "Attila, persigue a tu presa *(prey)*; Attila, avanza, retrocede". No existe un cerebro central que decida qué es lo que hay que hacer. Lo que sí existe es una

Critical Thinking Activity

Have students think about simple tools or devices that resemble shapes found in nature or even animals. For example, the hammer could be said to resemble the head of a woodpecker **(el pájaro carpintero).** Students might want to illustrate their ideas with drawings or pictures.

jerarquía de comportamientos en que la conducta dominante depende de lo que los sensores del robot detecten en cada momento.

Y, ¿cuál es el resultado? Veamos lo que sucede en la práctica. Attila se enfrenta en este momento a un problema grave para todo robot: hay un ladrillo *(brick)* en su camino. Cuando sus antenas lo detectan, se dispara una orden: alzar (levantar) las patas. Si esto no es suficiente, y las patas tropiezan de nuevo, un sensor situado en la rodilla acusa *(registers, acknowledges)* el golpe y se apodera (toma control) del robot, enviando la orden de levantar las patas aún más alto. Si Attila tiene éxito, entonces viene la orden de moverse hacia delante, que empuja hacia adelante al robot. El comportamiento de Attila es parecido al de un escarabajo *(beetle)* que va sorteando obstáculos entre la hierba y las piedras.

La estructura mental que posee el robot ofrece una gran ventaja: no requiere un enorme poder de procesamiento para que funcione. Cada uno de los actos está programado como si fuera una especie de reflejo —Attila responde directa y exclusivamente a lo que sucede. El económico enfoque de la respuesta refleja (corresponde a) lo que la mayoría de la gente hace. Menos de la mitad de nuestro cerebro se dedica a tareas de pensamiento superiores. Después de todo, cuando caminamos por una habitación no hacemos un plano mental de nuestra ruta; no pensamos cómo manejar las articulaciones *(joints)* de nuestras rodillas; ni analizamos el resultado de nuestros movimientos.

"Pero, ¿de qué sirve un robot que va sin problemas de aquí para allá, si una vez que llega no puede distinguir una taza de una mesa?" Brooks admite que sus insectos-robot no hacen nada que no sepan ya hacer otros robots. Pero también señala que es más fácil aumentar su capacidad o añadir más circuitos de conductas diferentes, debido a la especial arquitectura de comportamientos jerárquicos que tiene este robot. En cambio, los robots tradicionales, programados de antemano, tienden a fallar (no tener éxito) cuando se enfrentan a un desafío (problema) que no ha sido anticipado por sus diseñadores. [15]

La intención de Brooks es usar sus robots en tareas cooperativas, en las que un conjunto de 20 robots capaces de manipular distintas [20] partes trabajen en una tarea de ensamblaje para construir estructuras sencillas. Hay muchos precedentes en la naturaleza: Una abeja no tiene ningún conocimiento [25] global de lo que está haciendo ni de lo que está sucediendo (pasando). Lo único que hace es seguir ciertas reglas individuales y del trabajo en conjunto emerge la colmena *(hive)*. [30]

Si estas investigaciones siguen progresando, quizás nos encontremos pronto con enjambres *(swarms)* de muchos robots del tamaño de un moscardón (mosca [35] grande), que son capaces de reparar vasos sanguíneos *(blood vessels)*, buscar una moneda en un pajar *(haystack)*, cortar el césped brizna a brizna, o, quién sabe, posarse en la [40] superficie de un planeta como exploradores enviados por los colonizadores humanos del futuro.

Nota: *Atila fue el poderoso líder de los hunos que invadió y dominó gran parte de Asia y Europa en el siglo V.*

[5] [10]

Interdisciplinary Activity

Have students interview a science or industrial technology teacher to find out about the role that robots have played in space exploration. Has this experience been applied to modern industrial production? How will it continue to change our lives?

Leamos

Presentation (pages 296–297)

This section focuses on comprehension and use of information derived from more intensive reading through use of the following reading and researching strategies: summarizing, paraphrasing, converting verbal to nonverbal information, citing the source, speculating, personalizing.

Actividades

Note: For complete answers to these activities see the Teacher's Manual, page 70.

Actividad A Answers

Answers may resemble the following:

1. ...perseguir a personas u objetos.

Actividad B Answers

Answers may resemble the following:

1. Attila y el hombre se parecen porque los dos caminan sin tener que pensar en sus movimientos. Los dos tienen reflejos.

Después de leer

Analicemos

This section focuses on analysis of new vocabulary encountered in the reading through the language expansion strategies of identifying synonyms and derivatives.

Actividades

Actividad A Answers

1. h	6. g
2. i	7. b
3. c	8. f
4. e	9. a
5. d	

Leamos

A **¿Para qué pueden servir?** Después de leer el artículo, haz una lista de las cosas que serán capaces de hacer los robots de este tipo.

Por ejemplo: Los robots de este tipo podrán...

B **Semejanzas.** Da dos semejanzas entre Attila y el hombre y entre Attila y un insecto.

Por ejemplo: Attila y el hombre se parecen porque los dos...
Attila y un insecto son casi iguales porque...

Después de leer

Analicemos

A **Conexiones.** Conecta las expresiones asociadas de las dos columnas.

En la lectura se ve...	que querrá decir...
1. igual que	a. énfasis
2. debido a	b. muchas cosas iguales
3. a veces	c. de vez en cuando
4. frente a	d. con anterioridad
5. de antemano	e. dado, tomado en cuenta
6. en vez de	f. una clase de
7. una serie de	g. como alternativa a
8. una especie de	h. como
9. el enfoque	i. a causa de

B **Derivaciones.** Busca en el artículo las palabras de las cuales se derivan las siguientes.

Por ejemplo: superficial
superficie

1. seguir	7. crear	13. razón
2. moverse	8. diseño	14. conocer
3. visitar	9. costar	15. comportarse
4. capaz	10. armar	16. mano
5. suceso	11. junto	17. mosca
6. gato	12. poder	18. sangre

C Categorías. Busca en el artículo palabras que pertenecen a las siguientes categorías.

1. cuerpo o apariencia física
2. movimiento
3. laboratorio
4. máquinas
5. inteligencia
6. tamaño
7. sensor
8. orden
9. insectos

A ¡Bienvenido! Di qué tipo de robot quisieras tener y qué quisieras que te hiciera.

Por ejemplo: Quisiera un robot que pueda... y que tenga... Quiero que me escriba (haga, etc.)...

B Diseño robótico. Diseña tu propio robot y descríbeselo a tus compañeros(as). Describe lo siguiente.

1. la forma
2. el tamaño
3. su armazón
4. cómo se mueve
5. qué hace
6. cómo es su cerebro
7. para qué sirve
8. qué características especiales tiene

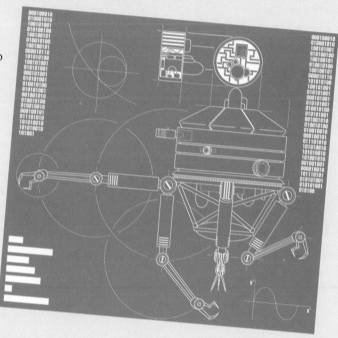

Lectura **297**

Actividad B Answers

1. perseguir	10. armazón
2. movimientos	11. conjunto
3. visitantes	12. apoderarse
4. capacidad	13. razonar
5. suceder	14. conocimiento
6. gatear	15. comportamiento
7. creador	16. manipular
8. diseñadores	17. mosquito
9. coste	18. sanguíneos

Actividad C Answers
Answers may resemble the following:
1. patas, cerebro, armazón, rodilla, articulaciones

This section focuses on summarizing and integrating content and language of the reading through the following strategies: personalizing and creating, language modeling, comparing and contrasting.

Actividades

Note: For complete answers to these activities see the Teacher's Manual, page 70.

Actividades A and B Answers
Answers will vary.

For the Native Speaker

Have native speakers participate in the following activity: **¿Cuáles han sido los efectos de la tecnología en la cultura hispana tradicional? Piensa, por ejemplo, en el consumerismo, la competición, el papel de las mujeres en el mundo de los negocios y en la familia y la formación profesional de los jóvenes.**

¿Puedes mencionar lo bueno y lo malo del desarrollo tecnológico? Escribe un breve ensayo o prepara una presentación a la clase sobre este tópico.

Máquinas de hoy y de mañana

Hoy en día, prácticamente todo depende de la tecnología o el uso práctico de principios científicos. La tecnología que nos es más evidente todos los días, sin embargo, es la informática y todo nuestro mundo parece estar dominado por ella. Por eso, sería interesante que aprendieras términos comunes de la informática en español.

archivo en disco fijo	hardware
byte	impresora calidad carta
conectores	menú
diskette	módem
fácil para el usuario	software

Conversemos y escribamos ....

A Lee las definiciones que siguen y di a qué palabras de la lista de arriba se refieren.

1. Los enchufes del ordenador que sirven para conectar otros equipos como monitores e impresoras.
2. Disco de plástico magnético capaz de almacenar una enorme cantidad de información.
3. La mejor alternativa para las tareas de guardar e insertar diskettes; éste permanece en su máquina y puede almacenar más información.
4. Equipo físico como impresoras, monitores, unidades centrales y teclados.
5. Unidad de medida que describe la capacidad de memoria o almacenamiento. Equivale aproximadamente a una letra.
6. Los programas del ordenador (equipo lógico).
7. Una máquina capaz de producir caracteres idénticos a los de una máquina de escribir.
8. Un sistema que permite conectar el ordenador a líneas telefónicas, a bancos de datos exteriores, o a otros microordenadores.
9. Lista de información que aparece en la pantalla y que permite escoger la función que va a realizar el ordenador.
10. Máquinas o programas que tienen características para facilitar su uso como pantallas de ayuda y manuales para orientar.

CULTURA VIVA

El cuento que sigue pinta una visión del futuro en la que las máquinas han alcanzado gran desarrollo. La palabra "apocalipsis" viene de las revelaciones de la Biblia y se refiere a los últimos días del mundo.

Apocalipsis
de Marco Denevi (argentino, 1922)

La extinción de la raza de los hombres se sitúa aproximadamente a fines del siglo XXXII. La cosa ocurrió así: las máquinas habían alcanzado tal perfección que los hombres ya no necesitaban comer, ni dormir, ni leer, ni hablar, ni escribir, ni siquiera pensar. Les bastaba apretar botones y las máquinas lo hacían todo por ellos. Gradualmente fueron desapareciendo las biblias, los (cuadros de) Leonardo da Vinci, las mesas y los sillones, las rosas, los discos con las nueve sinfonías de Beethoven, las tiendas de antigüedades, el vino de Burdeos, las oropéndolas (*golden orioles*), los tapices flamencos (*Flemish tapestries*), todo Verdi, las azaleas, el palacio de Versalles. Sólo había máquinas. Después los hombres empezaron a notar que ellos mismos iban desapareciendo gradualmente, y que en cambio las máquinas se multiplicaban. Bastó poco tiempo para que el número de los hombres quedara reducido a la mitad y el de las máquinas aumentara al doble. Las máquinas terminaron por ocupar todo el espacio disponible. Nadie podía moverse sin tropezar con una de ellas.

Finalmente los hombres desaparecieron. Como el último se olvidó de desconectar las máquinas, desde entonces seguimos funcionando.

B En este cuento se hacen varias comparaciones. Completa las siguientes frases para ponerlas por escrito.

1. Los hombres ___ . Sin embargo, las máquinas ___ .
2. Los humanos ya no podían moverse ___ . En cambio, las máquinas ___ .
3. Desaparecieron la mitad ___ . Por el contrario, las máquinas ___ .
4. Los hombres perdieron el control de ___ . Pero las máquinas ___ .

C Haz una lista de las cosas que nombra Denevi para representar la civilización de esa época. Luego haz tu propia lista de cosas que para ti representan la civilización actual.

Por ejemplo: **Denevi nombra...**   **Yo nombro...**
                              las azaleas

Actividad B Answers
Answers may resemble the following:
1. hacían menos y menos...
   hacían más y más.

Actividad C Answers
Answers may resemble the following:
Denevi nombra: Yo nombro:
las azaleas   las computadoras

Information About the Author

Marco Denevi (1922)

Marco Denevi is one of Argentina's most prolific writers. He was born in Saenz Peña, a suburb of Buenos Aires. His first book **Rosaura a las diez**, won first prize in a contest held by the **Editorial Kraft** in Buenos Aires. *Rosaura a la diez* is considered one of the best detective novels written in Spanish. It has been translated into many languages and was made into a movie. In 1960, Denevi won the **Life en español** prize given by Life magazine for best Latin American short story for his story, "**Ceremonia secreta**". In much of his work one finds fantasy and social satire.

Estructura: *Un poco más*

This section presents additional aspects of the Spanish language that are often confusing for foreigners.

Actividad

Note: For complete answers to this activity see the Teacher's Manual, page 70.

Actividad Answers

Answers will vary.

Resumen de palabras útiles para describir duración, ubicación y dirección

1 The following is a summary of common adverbs and prepositions to express length of time, location, and direction.

a. To express movement: **a, hacia, desde, hasta**

b. To express direction: **a la derecha, a la izquierda, para adelante, para atrás, por**

c. To express location: **alrededor de, enfrente de, junto a, sobre, encima de, arriba, cerca de, lejos de, entre, al lado de, detrás de, abajo, debajo de, delante de, dentro (de), fuera (de), al fondo de, en**

d. To express duration: **durante, mientras, mientras tanto, entretanto, a medida que**

e. To express means: **mediante**

f. To express cause: **a causa de, debido a**

g. To express sequence: **en primer lugar, antes de, de antemano, después de, por fin**

2 When you use some of these words with a conjugated verb form, you must use que to connect them to the verb.

¿Por qué no le das las órdenes al robot *mientras que* **yo lo observo?**

Desde que **empecé a estudiar informática tengo menos tiempo libre.**

3 When you use some of these words with the name of an activity or action, you must use the infinitive.

Antes de **apagar la computadora, pon el archivo en el disco duro.**

Después de **guardar tu archivo, debes salirte del programa.**

Piensa en un lugar cerca de donde tú vives que a tu compañero(a) le gustaría visitar. Dale instrucciones detalladas de cómo llegar allí sin problema.

Diversiones

A **Inventos únicos.** Inventa un aparato o máquina que pueda hacer lo siguiente. Dibuja el aparato y explica con detalles cómo funciona.

1. hacer los problemas de álgebra
2. diseñar ropa
3. llamar automáticamente a tus amigos(as)
4. encontrar algo que perdiste
5. leer y hacer resúmenes por ti
6. fabricar algo

B **Ojalá...**

1. Júntate con dos o tres compañeros(as).
2. Una persona empieza con *Ojalá* o *Quisiera* para contar un deseo que tiene pero sin revelar qué es lo que quiere. Por ejemplo, *Ojalá que mis padres me dieran...* Las otras personas tienen que adivinar lo que está pensando.
3. La persona que adivina correctamente sigue, contando su deseo.
4. Continúen hasta que cada persona haya presentado dos deseos al grupo.

C **Un robot a la medida.** Júntate con un/a compañero(a). Una persona va a hacer el papel del inventor de un robot y la otra será el robot. El inventor le dirá al robot qué tiene que hacer. El robot tiene que obedecer al inventor y hacer todo lo que éste diga igual que lo haría un robot.

Diversiones **301**

Actividades

Note: For complete answers to these activities see the Teacher's Manual, page 70.

Actividad A Answers
Answers may resemble the following:
1. Sus ojos rojos brillan mientras piensa y las soluciones aparecen en su pantalla que está en el estómago.

Actividades B and C Answers
Answers will vary.

Cooperative Learning Activity

Las personas acomplejadas. Look for a comic strip, either in Spanish or in English, that deals with a relationship issue. Cut the words out of the speech bubbles, cut the panels apart, and give each small group a copy. The group works together to arrange the panels in a sequence that they think makes sense and writes new text in Spanish for the speech bubbles. You may ask them to use certain of the vocabulary words. At the end of the activity, the various versions of the comic can be displayed on a poster board along with the original. Students can even summarize the story in a few lines of prose below the comic.

Repaso de vocabulario

Cosas y conceptos

el abrelatas
el ala (f.)
el alambre
la antena
el autómata
el botón
el cerebro
el circuito
la contestadora de teléfono
los datos
el detectarradar
la electricidad
la estatura
el horno de microondas
la infinidad
la información
la mandíbula
la máquina
el ordenador
la palanca de mando
la pata
el robot
el sacapuntas
el sensor
el tamaño
el tocadiscos compacto
el tornillo
el trabajo escrito
el tubo
la tuerca
el walkmán

Cantidades

el cuarto
el doble
la mitad
el tercio
el triple

Descripciones

alargado(a)
capaz
común y corriente
cónico(a)
electrónico(a)
especial
metálico(a)
minúsculo(a)
poderoso(a)

Actividades

almacenar
apretar (ie)
archivar
comportarse
coordinar
corregir (i)
enchufar(se)
enfrentar(se)
engañar

gastar (*use*)
gatear
grabar
imitar
mover(se) (ue)
razonar
resolver (ue)
tropezar (ie)

Otras palabras y expresiones

de antemano
en cualquier parte
en vez de
el/la esclavo(a)
mediante
mientras tanto
por todas partes
si tan sólo
el/la sonámbulo(a)

Lección 2

ezuela reduce consumo
sustancias agotadoras del ozono

Lección 2

Introducing the Lesson Theme

Through the theme of the environment, this lesson focuses on speculation about the future using the conditional tense. To introduce this theme, you may wish to begin with **Actividad D** of the **Pensemos** section of the **Lectura**. After discussing students' responses, ask them why we are interested in space. Do they believe that it will ever be necessary for us to leave the Earth and try to live on other planets or in space stations?

Objectives

By the end of this lesson, students will be able to:
1. name many of the undesirable things that people do to the Earth, as well as some of the serious problems from which humankind suffers
2. tell what they would do under certain conditions or what they would have done in the past if things had been different
3. speculate about the past using the conditional
4. indicate the person or thing to which they are referring by using indefinite and demonstrative pronouns

Lesson 2 Resources
1. Workbook
2. Audio Program (cassette or CD)
3. Student Tape Manual
4. Bell Ringer Review Blackline Masters
5. Fine Art Transparencies
6. Video Cassette
7. Lesson Quizzes
8. Testing Program
9. Situation Cards

Learning from Realia

1. Some scientists predict that the phenomenon of ozone holes will peak then gradually disappear in the next century, largely because of the phasing out of harmful substances that have been damaging this layer of the atmosphere.
2. Have students look carefully at the article about Venezuela on this page. What has been banned? Ask them to brainstorm other things besides aerosols that have proven to be harmful to the environment.

Bell Ringer Review

Write the following on the board or use BRR Blackline Master 5.2.1: Imagine that you are about to design a robot. List three parts or components that it might have, two shapes and one material that it might contain, and three actions that it might perform.

Presentation (pages 304–305)

To ensure assimilation of meaning and appropriate use, do not rush vocabulary presentation.

A. Have students work with books closed to focus attention on listening for meaning.
1. Have students brainstorm words that they associate with the following elements: **el agua (mar, río, lago); la tierra (bosque, cesped, árboles, plantas y flores); el aire(el humo de las fábricas, el viento, respirar)**
2. Direct students to list as many as they can in one minute of the following: **recipientes y envases** (e.g., **cajas, botellas, latas, bolsas, sobres**); **materiales (plástico, madera, vidrio, piedras)**.

Vocabulario

No somos los dueños de la tierra.

No la hemos heredado (*inherit*) de nuestros padres; se la hemos pedido prestada a (*borrowed from*) nuestros hijos.

Para que sobreviva (*survive*) nuestro planeta,	
en vez de...	**debiéramos tomar medidas** (*measures*) **para...**
ensuciar el paisaje	cuidar y embellecer (*beautify*) nuestros alrededores (*surroundings*).
derrochar (*waste*) los recursos naturales	reciclar la basura.
arrojar desperdicios (*throw garbage*) a las aguas	recoger la basura.
tirar fósforos en el bosque	prevenir los incendios (*fires*).
contaminar el suelo (*soil*) con cenizas radioactivas	lograr (*achieve*) un equilibrio entre la necesidad y el consumo.
agotar (*use up*) los combustibles fósiles	descubrir más fuentes (*sources*) de energía.
cubrir la hierba (*pastures, grass*) de productos químicos	plantar más árboles.
enterrar (*bury*) los desperdicios nucleares	fomentar los cultivos en el mar.
envenenar (*poison*) la atmósfera	proteger la capa de ozono.
destruir el medio ambiente	aprender a respetar la naturaleza.

No queremos que las arenas de nuestras playas estén cubiertas de...	
pedazos de vidrio.	bolsas de plástico.
astillas (*splinters*) de madera.	pedazos de ladrillo (*brick*).
trozos (*pieces*) de metal como acero y hierro (*steel, iron*).	fragmentos de objetos de barro (*earthenware*).
botellas de plástico.	montones de paja (*piles of straw*).
pedazos de goma.	montones de piedras.
latas de aluminio.	cajas de cartón.
envolturas (*wrappings*) de dulces.	manchas (*stains*) de petróleo.
señales de peligro.	desechos radioactivos.
cáscaras (*peels*) de plátanos.	desechos de hospital.

PLAYA CONTAMINADA

SE PROHIBE PISAR LA HIERBA

Los graves problemas del mundo ocurren...

dado *(given, considering)* **que hay...**	**debido a una escasez** *(due to a lack)* **de...**
sequía *(drought)*	agua.
hambre	alimentación *(food)*.
aislamiento	interés en los problemas.
enfermedades graves	medicamentos nuevos.
epidemias regionales	médicos y sanidad.
analfabetismo *(illiteracy)*	enseñanza *(education)* básica.
desempleados *(people out of work)*	trabajos.

El hecho *(fact)* es que dada la magnitud...

de la contaminación	a los jóvenes nos toca actuar.
de los errores cometidos	a los mayores les toca planificar.
de las necesidades	a los gobiernos les toca responder.
del desinterés	a todos nos toca mostrar *(offer, show)* soluciones.

Nuestro porvenir *(future)* depende de la cooperación de...

los gobiernos.	los militares.
los jóvenes.	los civiles.
los mayores.	la prensa *(press)*.
las culturas.	los países.
las sociedades.	las cortes de justicia.
los ricos.	las poblaciones.
los pobres.	los voluntarios.
las superpotencias *(superpowers)*.	

Por eso, no debiéramos levantar murallas entre los países del mundo.

Vocabulario **305**

B. Have students open their book to pages 304–305 and guide them through the new vocabulary, personalizing new words and expressions to encourage active student involvement.

1. Have students find the new vocabulary words that have these prefixes: **co, com, pro, a/an, super, des, re.**
   They should list the words in each group and look up the pre-fixes to find out what they mean.
2. Have students bring in objects or pictures to illustrate the words in the bottom box on page 304 and the top box on page 305. Make a display in the classroom throughout the lesson.

Independent Practice

Have students choose one of the following writing assignments and integrate as much new vocabulary as they can:

1. Take a walk through your neighborhood. Write a paragraph about any problems you see and what people should do to improve the situation. Include a map of your route with important spots labeled.

2. Write a paragraph about the problem of **el desinterés.** What could be done to inspire people to take better care of the environment?

3. Workbook, pages 94–96

Asociaciones

Presentation (pages 306–307)

This section encourages use of the following types of learning strategies for assimilation of new vocabulary: associating, organizing, personalizing, recycling, ranking, linking by cause and effect, comparing and contrasting, expanding on stock phrases.

Warm-up. Have students work in pairs to practice the lesson vocabulary. Give one student in each pair the words and phrases, and ask the other to respond with a word or phrase that is similar in meaning, approximately the opposite, a derivative, or associated with the word or phrase. Probable responses are shown in parentheses.

❏ To continue with this warm-up activity, see the Teacher's Manual, page 103.

Actividades

Note: For complete answers to these activities see the Teacher's Manual, page 71.

Actividad A Answers
Answers may resemble the following:
Verbos
 1. sobrevivir
Sustantivos
 1. escasez

Extension of Actividad A
You may wish to have students do the same with synonyms: **fragmento: pedazo, astilla, bosque: árboles, comsumo, alimentación,** etc.

Actividad B Answers
Answers may resemble the following:
 1. **ensuciar, contaminar, destruir, envenenar**

Extension of Actividad B
Have students put the words from *Actividad B* and the vocabulary words associated with them on index cards. They can then practice sorting and categorizing the words.

Actividad C Answers
Answers may resemble the following:
 1. **plátanos, naranjas, limones**

Asociaciones

A **Todo lo contrario.** Busca en el Vocabulario y da los opuestos de los siguientes términos.

Verbos

1. morir	7. recoger	13. agotar
2. destruir	8. desenterrar	14. sobrevivir
3. cosechar	9. causar	15. mejorar
4. tirar	10. dañar	16. embellecer
5. limpiar	11. esconder	17. descuidar
6. ahorrar	12. arrojar	18. fomentar

Sustantivos

1. abundancia	6. soluciones	11. militares
2. trabajador	7. seguridad	12. pobres
3. sanidad	8. inundación	13. hambre
4. salud	9. educación	
5. interés	10. jóvenes	

B **Archivo de palabras.** Con otra persona copien todas las palabras del Vocabulario que pueden asociarse con las siguientes categorías.

1. dañar	8. desechos	15. partes
2. mejorar	9. fuego	16. contaminar
3. basura	10. tirar	17. separar
4. recursos naturales	11. sobrevivir	18. comunicación
5. recipientes	12. reciclar	19. hacer
6. escasez	13. desastres naturales	
7. peligro	14. población	

C **Mil cosas.** Con otra persona hagan la lista más completa posible de todas las cosas que pertenezcan a estos grupos.

1. cosas que tienen cáscara
2. cosas que se venden con envolturas
3. cosas que se construyen con ladrillos
4. cosas que se venden en botella
5. cosas que se venden en lata
6. cosas que son de acero o hierro
7. cosas hechas de paja
8. cosas hechas de madera
9. letreros que se ven en la ciudad
10. cosas que se venden en bolsa
11. cosas que contaminan la atmósfera
12. cosas que contaminan el mar

Critical Thinking Activity

The distribution of water is a critical problem in Spain, causing tension among the regions in the center of the country and along the coast. Forest fires are common and quite serious in the summer around Valencia, for example. Where in our own country does a similar situation exist? Propose some solutions for this problem. Is there an obligation to share natural resources?

D **Eres lo que desechas.** Con otra persona, hagan una lista de los tipos de basura que se encuentran en el suelo de los siguientes lugares. Expliquen por qué hay ese tipo de basura allí.

Por ejemplo: en el patio de juegos de la escuela

> *En el patio de juegos de la escuela se ven muchas envolturas de comida y latas de gaseosas porque ahí almuerzan algunos alumnos.*

1. dentro del cine
2. en el estadio o gimnasio
3. en la terminal de autobuses
4. en la playa (el lago o el río)
5. en el supermercado
6. en los estacionamientos

E **Reciclaje.** Ayúdanos a separar la basura para que la reciclen. Pon las siguientes cosas en el recipiente apropiado según el material de qué estén hechas.

1. botellas de refrescos
2. una caja de cartón
3. unos frascos de mermelada
4. una ampolletas de inyecciones
5. unos tornillos
6. un pedazo de llanta de auto
7. una calculadora estropeada
8. una bolsa de compras
9. unos libros viejos
10. unas latas de refrescos
11. botellas de aceite
12. varios utensilios de plástico de la cocina
13. unos cuchillos viejos
14. unas herramientas viejas

F **¿Qué nos corresponde a cada uno?** Di qué crees que le toca hacer a cada uno de estos grupos para ayudar a resolver los problemas del mundo.

Por ejemplo: los mayores

> *A los mayores les toca enseñar a los jóvenes. Si tan sólo hicieran lo que aconsejan.*

1. las superpotencias
2. los jóvenes
3. el gobierno
4. los voluntarios
5. los ricos
6. los mayores
7. la prensa
8. los profesionales

G **En un futuro no lejano.** Di cuáles son tus predicciones para el futuro.

Por ejemplo: En un futuro no lejano predigo que habrá escasez de... porque... y que tendremos que...

Actividad D Answers
Answers may resemble the following:
1. ... se ven bolsas de papel, envolturas de dulces, servilletas y vasos de papel que el público ha dejado.

Actividad E Answers
1. vidrio

Extension of Actividad E
Direct students to investigate the recycling situation in their area. They should describe the efforts of their own family and mention any problems involved in recycling.

Actividad F Answers
Answers may resemble the following:
1. A las superpotencias les toca organizar una campaña global.

Actividad G Answers
Answers will vary.

For the Native Speaker

Have native speakers participate in the following activity: **Investiga la situación de las maquiladoras en la frontera con México. El problema de la contaminación es una las causas principales de controversia entre los dos países. Prepara una breve presentación para la clase sobre este tema.**

Conversemos

Presentation (page 308)

This section focuses on integration of the vocabulary, while encouraging use of the following conversational strategies: mapping and organizing thoughts, cooperating, expressing and supporting opinion, expanding, personalizing, context transferring and recycling, recombining.

Actividades

Note: For complete answers to these activities see the Teacher's Manual, page 72.

Actividad A Answers

Answers may resemble the following:
1. **Sería preciso que dejáramos de cortar los árboles y que plantáramos un árbol por cada uno que cortan.**

Extension of Actividad A

Ask students to do the following:
Con la impaciencia propia de los jóvenes, da tres ideas de lo que hay que hacer para ayudar a resolver estos problemas. Por ejemplo: ¡Basta ya! Debiéramos tomar medidas para dejar de... para que (no)... ¡Y se acabó!

Actividad B Answers

Answers will vary.

Extension of Actividad B

You may wish to ask students to conduct a class survey to compile results for a written composition in which they summarize, evaluate, and comment on the responses.

A **Lo que proponemos.** Con otra persona, elijan tres de los siguientes temas y propongan sus propias soluciones.

Por ejemplo: para proteger la capa de ozono
Sería mejor (aconsejable, preferible, preciso) que dejáramos de usar latas de aerosol.

1. para conservar los bosques
2. para eliminar el analfabetismo
3. para lograr un equilibrio entre la necesidad y el consumo
4. para mantener limpio nuestro ambiente
5. para prevenir los incendios forestales
6. para reducir el aislamiento de la gente
7. para fomentar el interés en el medio ambiente o en los problemas del mundo
8. para eliminar las murallas entre las gentes del mundo
9. para embellecer el paisaje
10. para cuidar los recursos naturales

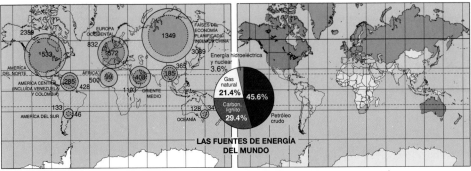

LAS FUENTES DE ENERGÍA DEL MUNDO

PRODUCCIÓN DE ENERGÍA

Producción total anual de energía primaria (petróleo crudo, gas natural, carbón, lignito, turba, energía hidroeléctrica y nuclear)

1962
1981
ÁFRICA

energía primaria expresada en millones de un de carbón   500   99

CONSUMO DE ENERGÍA

Consumo total anual de energía primaria por persona y por país (expresada en kg de carbón)

100   1000   3000   6000   kg por persona

B **Una encuesta.** Con tres personas, preparen una encuesta de al menos cinco preguntas sobre las medidas que toman los alumnos y sus padres para proteger el medio ambiente. Por ejemplo, averigüen qué hacen con la basura, los repuestos y desechos del auto, y qué hacen para conservar electricidad. Luego, hagan la encuesta entre sus compañeros y escriban un informe con los resultados.

Interdisciplinary Activity

The discovery and sale of crude petroleum has been very important in both Mexico and Venezuela. Have students interview a history teacher about the political implications for these countries and their relationships with the United States, one of the world's largest consumers of energy. Students can make a display for the classroom showing what they learn about this topic.

Escribamos ....

A **Señales.** ¿Qué señales pondrías en los siguientes lugares para informar, aconsejar o amonestar a la gente?

Por ejemplo: en el bosque

PREVENGA LOS INCENDIOS FORESTALES
NO TIREN FÓSFOROS ENCENDIDOS
APAGUEN LAS CENIZAS ANTES DE IRSE
NO ESCRIBAN EN LOS ÁRBOLES

1. en la ciudad
2. en la playa
3. en el parque
4. en el lago
5. en la escuela
6. en la casa

B **Periodista.** Escribe un artículo para el periódico según el título que te parezca más interesante. Incluye al menos siete u ocho frases.

C **De los dos males, el menor.** Escribe una composición sobre uno de los temas que siguen. Explica cuál prefieres y por qué.

1. el aislamiento vs. la cooperación mundial
2. el reciclaje vs. más basurales (*garbage dumps*)
3. la energía nuclear vs. la energía solar
4. actuar vs. olvidar
5. prevenir vs. curar

¡SALUD AMENAZADA!

RADIACIONES MATAN A UN BEBÉ

¿SOBREVIVIREMOS?

¿TENEMOS PLAYA TODAVÍA?

NECESITAMOS MÁS VOLUNTARIOS

CAMPAÑA LOCAL DE RECICLAJE

DERRAME DE PETRÓLEO EN EE. UU.

LOS JÓVENES SE ORGANIZAN

D **Alternativa.** Escribe un problema ambiental producido por la negligencia o la indiferencia de la gente. Luego descríbeselo a tus compañeros, que te sugerirán medidas para corregirlo.

Por ejemplo:

ESTUDIANTE A:
Parece que los productos químicos que usamos en la hierba envenenan a algunos animales y matan a los insectos beneficiosos.

OTROS ESTUDIANTES:
En vez de usar productos químicos, sería mejor que tuviéramos un jardín de piedras y cactus.

E **Hechos, no palabras.** Escribe qué sugerirías que hiciera la gente para arreglar dos o tres de los problemas del mundo.

Por ejemplo: la contaminación

Quisiera que los jefes de industria usaran materiales...,
que trataran de controlar el ruido y el humo que
envenena la atmósfera, que dejaran de arrojar... y que
contribuyeran a una campaña para... el medio ambiente.

Vocabulario **309**

Estructura

Structure Teaching Resources

1. Workbook, pages 97–100
2. Audio Program 5.2
3. Student Tape Manual, pages 83–84
4. Lesson Quizzes, pages 106–111

Bell Ringer Review

Write the following on the board or use BRR Blackline Master 5.2.2:
Match up the following verbs with an appropriate object.

1. agotar	a. desperdicios a las aguas
2. destruir	b. los cultivos en el mar
3. recoger	c. el medio ambiente
4. arrojar	d. los combustibles fósiles
5. fomentar	e. la basura

Presentation (pages 310–311)

As an introduction to this section, have students review the forms of the future and the conditional of regular and irregular verbs.

Have students make two columns, one for the future and one for the conditional. They should then write what they will do in the first column and what they would do under different circumstances in the second. For example: **Future: Esta tarde haré mis tareas. Conditional: Si no tuviera tareas, haría otra cosa con mis amigos.** Assign the students a certain number of sentences to write or specific verbs to use.

Para especular sobre el futuro: El condicional usado para las cosas hipotéticas

The conditional tense is used with the imperfect subjunctive in contrary-to-fact statements to tell what would happen if something else were to occur.

Si estuviera de vacaciones ahora, estaría en la playa.

Notice in the example above that the imperfect subjunctive (**estuviera**) is used to hypothesize a situation. The conditional tense (**estaría**) is used to state the probable result, what would likely happen.

1 To form the conditional tense, add the following endings to the infinitive of most verbs.

agotar	agotaría, agotarías, agotaría, agotaríamos, agotaríais*, agotarían
proteger	protegería, protegerías, protegería, protegeríamos, protegeríais*, protegerían
descubrir	descubriría, descubrirías, descubriría, descubriríamos, descubriríais*, descubrirían

2 Verbs that have an irregular future tense formation (see page 31) are also irregular in the conditional. These verbs use the same endings but they are added to irregular stems.

Infinitive	Stem	Conditional
hacer	har-	haría, harías, haría, haríamos, haríais*, harían
decir	dir-	diría, dirías, diría, diríamos, diríais*, dirían
querer	querr-	querría, querrías, querría, querríamos, querríais*, querrían
haber	habr-	habría, habrías, habría, habríamos, habríais*, habrían

Critical Thinking Activity

Direct students to express how actual environmental problems would not exist if people had done things differently. For example, **Si no hubiéramos cortado tantos árboles, muchos animales del bosque no habrían desaparecido.**

Cooperative Learning Activity

Working in pairs, have students play the parts of detective and witness to a crime. The detective should ask the witness five questions about what he or she saw. The witness answers in the conditional, to indicate uncertainty about what happened in the past.

Infinitive	Stem	Conditional
saber	sabr-	sabría, sabrías, sabría, sabríamos, sabríais*, sabrían
caber	cabr-	cabría, cabrías, cabría, cabríamos, cabríais*, cabrían
poder	podr-	podría, podrías, podría, podríamos, podríais*, podrían
salir	saldr-	saldría, saldrías, saldría, saldríamos, saldríais*, saldrían
poner	pondr-	pondría, pondrías, pondría, pondríamos, pondríais*, pondrían
tener	tendr-	tendría, tendrías, tendría, tendríamos, tendríais*, tendrían

* This form is rarely used in the Spanish-speaking world, except for Spain.

3 Use the conditional to tell a friend what you would do in his or her place.

Si yo fuera tú, no envenenaría la atmósfera con los gases del auto.

Si estuviera en tu lugar, no gastaría tanta agua porque hay sequía.

4 To speculate about what cannot take place any longer or to express what you would have done if things had been different, use the perfect forms: the pluperfect subjunctive and the conditional perfect tenses.

Si hubiera sabido del viaje a España, me habría inscrito. (Pero no supe).

To form the perfect conditional, use conditional forms of **haber** and a past participle.

No habría tomado esa agua, si hubiera sabido que estaba contaminada.

¿Habrías reciclado la basura si te hubieran dado varios contenedores?

5 You also use the conditional tense to indicate uncertainty about what happened in the past. This usage is called the conditional of probability. Note the various ways of expressing the conditional of probability in English.

¿Qué le pasaría a Juan Manuel?

I wonder what happened (What do you think happened) to Juan Manuel.

Conversemos

Presentation (pages 312–313)

This section focuses on integration of the grammatical structures, while encouraging use of such conversational strategies as personalizing, associating, sorting and categorizing, expressing opinion, transferring to new contexts, recycling and recombining.

Actividades

Note: For complete answers to these activities see the Teacher's Manual, page 72.

Actividad A Answers
Answers will vary.

Actividad B Answers
Answers may resemble the following:
1. ...vería películas en la tele toda la noche.

Actividad C Answers
Answers will vary.

Sería invierno cuando por fin empezaron a separar la basura.
I think it was (It must have been) winter when they finally began to separate garbage.

Serían las dos cuando finalmente logré limpiar los desperdicios.
It was probably two o'clock when I finally managed to clean the refuse.

Conversemos

A **Si tan sólo pudiera...** Dile a la clase al menos seis cosas que harías si pudieras.

Por ejemplo: Si pudiera, dormiría todo el día, saldría con mis amigos todas las noches y...

B **Planes.** Completa las siguientes frases para expresar tus ideas originales.

Por ejemplo: Si fuera astronauta del siglo XXI, *exploraría un nuevo planeta, navegaría en... y...*

1. Si no tuviera que dormir, ___ .
2. Si fuera capaz de cambiar el mundo, ___ .
3. Si pudiera almacenar toda la información que me importaba, ___ .
4. Si fuera del tamaño de un insecto, ___ .
5. Si fuera rey (reina) del universo, ___ .
6. Si tuviera un robot, ___ .
7. Si supiera ___ , ___ .
8. Si alguien me dijera "___", yo ___ .
9. Si estuviera en ___ , ___ .
10. Si tuviera un montón de ___ , ___ .

C **¿Qué pasaría entonces?** Di qué pasaría contigo cuando ocurrieron las siguientes cosas.

Por ejemplo: cuando George Bush fue elegido presidente
Cuando George Bush fue elegido presidente, yo tendría ocho o nueve años.

1. cuando se desintegró la Unión Soviética
2. cuando ocurrió la guerra del Golfo Pérsico
3. cuando se unificaron la Alemania Occidental y la Alemania Oriental
4. cuando se desintegró la nave espacial Challenger
5. cuando se derrumbó la muralla de Berlín

OCIO

Ya se construye en España el primer parque de atracciones espaciales

Juegue a ser astronauta

Sentarse a los mandos del Discovery, poner un pie en la Luna, vivir las mismas experiencias de un astronauta, son algunas actividades que se podrán llevar a cabo en el primer parque de atracciones espaciales que se construye en España. Denominado Space Camp, este centro no sólo será un sugerente lugar de diversión, sino que además permitirá introducir a los más jóvenes en el apasionante mundo del Espacio.

Learning from Realia
Have students look carefully at this poster for the space theme park in Spain. If students could construct a park for children, how would it be and what would they be able to do? Have them write about it using these verbs in the conditional: **sería, tendría, podrían, estaría en.**

D **¿Qué habrías hecho?** Prepara preguntas para entrevistar a un/a compañero(a). Luego, entrevístalo(la) y cuéntale a la clase lo que te contestó. Usa las siguientes ideas, si quieres.

Por ejemplo: Si hubieras sabido que era peligroso, ¿habrías...?

ESTUDIANTE A:

(1) Si hubieras sabido que era peligroso, ¿habrías fumado cigarrillos?

(3) (A la clase): Alex dijo que si hubiera sabido que fumar era peligroso, no lo habría hecho.

ESTUDIANTE B:

(2) No, no lo habría hecho.

1. Si te hubieran pedido prestado(a) ___ , ¿habrías ___ ?
2. Si te hubieran ofrecido dinero para ___ , ¿habrías ___ ?
3. Si hubieran pedido voluntarios para ir a ___ , ¿habrías ___ ?
4. Si te hubieran ofrecido ir a Rusia gratis, ¿habrías ___ ?
5. Si hubieras tenido la oportunidad de conocer a ___ , ¿habrías ___ ?

Escribamos

A **Si estuviera en tu lugar.** Los mayores también tienen problemas. Escríbele una carta a uno(a) de ellos en que le propones soluciones para los problemas que tiene ahora.

Por ejemplo: Querido tío: Ya sé que estás muy preocupado por tu hijo mayor. Pero, mira, si yo estuviera en tu lugar, hablaría con él y le diría...

B **Me mata el remordimiento.** Escribe una nota en tu diario en que expresas lo que sientes por haber hecho algo incorrecto. Explica qué cosas te habrían hecho cambiar de opinión o no te habrían dejado hacer lo que hiciste.

Por ejemplo: La semana pasada... Estoy tan arrepentido(a) de lo que hice. Si yo hubiera sabido que... no (le) habría hablado con (contado a)...

Sí, quiero tender la mano y mejorar la vida de un niño.

☐ Señor ☐ Señora ☐ Señorita

Registreme como patrocinador:
☐ El niño que necesita más de mi ayuda.
☐ Niña ☐ Niño ☐ Cualquiera
☐ AMÉRICA DEL SUR
☐ CENTRO AMÉRICA/EL CARIBE
☐ ASIA
☐ AFRICA

☐ Por favor, envíenme el paquete de patrocinador con la fotografía y la historia del niño a quien yo pueda ayudar.
☐ Incluyo mi cheque por $22 por el primer mes.
☐ Envíeme la cuenta
☐ Estoy interesado, pero no estoy seguro si quiero ser patrocinador. Por favor, envíenme la información de un niño a quien probablemente yo ayudaría.
☐ No puedo ser patrocinador por ahora, pero me gustaría ayudar. Incluyo una contribución para el Fondo de Emergencia del PLAN Internacional USA.
$ _____

NOMBRE:
DOMICILIO:
CIUDAD:
ESTADO: _____ ZONA POSTAL _____

Haga favor de mandar a **Plan International USA**
P.O. Box 877, Dept. **A45**
Providence, Rhode Island 02901

L468

PLAN International USA (antes Foster Parents Plan) es una de las más antiguas y respetadas organizaciones de patronización en el mundo. Tiene más de 53 años como líder en programas para niños necesitados y sus familias en el extranjero. Es una organización que no es utilitaria, ni política, ni sectaria. Por lo tanto, la contribución suya es deducible para los impuestos. Se puede pedir una copia de nuestro reporte financiero a: N.Y. Dept of State, Office of Charities Registration, Albany, NY ó directamente pídalo a PLAN International USA.

Estructura **313**

Lectura

Lectura

Bell Ringer Review

Write the following on the board or use BRR Blackline Master 5.2.3: Write five sentences in the conditional saying what you would do if you were on vacation right now. For example, **Si estuviera de vacaciones ahora...**

Presentation (pages 314–315)

This section develops reading skills through a five-stage, integrative process: **pensar, mirar, leer, analizar, aplicar.** For a complete description of each of these stages, as well as suggestions for teaching, please refer to the Teacher's Manual. You may effectively do this section at any point in the lesson. In this particular lesson, it is recommended that you use the **Pensemos** section to introduce the **Leccion,** then return to the other sections of the **Lectura** at some point after vocabulary has been reviewed and practiced. Lesson theme, vocabulary, and grammar focus have all been drawn from the authentic text in this **Lectura** section.

Antes de leer

Pensemos

This prereading section serves as an advance organizer to pull out existing experience and language knowledge while encouraging use of the following reading preparation strategies: anticipating topics, sorting, personalizing, expanding creatively on stock phrase, comparing and contrasting.

Actividades

Note: For complete answers to these activities see the Teacher's Manual, page 73.

314

Antes de leer

Pensemos

A **El sistema solar.** Identifica los planetas del sistema solar.

el Sol
Planetas interiores: Mercurio, Venus, la Tierra y su Luna (satélite)
Planetas exteriores: Marte (2 lunas), Júpiter (16 lunas), Saturno (21–23 lunas), Urano (15 lunas), Neptuno (2 lunas), Plutón (1 luna)

B **Los planetas.** ¿Qué planetas o sus satélites asocias con las siguientes palabras?

1. frío
2. calor
3. vida
4. lejano
5. cercano
6. grande
7. pequeño
8. rojo
9. anillos
10. oxígeno
11. cráteres
12. volcanes
13. atmósfera
14. gris
15. verde
16. vegetación
17. fuego
18. gases
19. tormentas
20. manchas

C **Los astronautas.** Ser astronauta no es una profesión común y corriente. ¿Qué características debe tener la persona?

Por ejemplo: Un/a astronauta debe ser curioso(a) y organizado(a).

D **La conquista del espacio exterior.** ¿Qué opinas sobre los viajes espaciales? Completa las frases que siguen.

1. Lo que me da miedo es ___ .
2. Me emociona cuando ___ .
3. Me da bostezos cuando ___ .
4. Lo que me parece innecesario es ___ .
5. Sería fantástico ir; si tan sólo ___ .
6. A los jóvenes nos debieran dejar ___ .

E | **Del almanaque mundial.** Une el año y la tripulación *(crew)* con el suceso.

Año y tripulación

1. 1961 Alan Shepard
2. 1969 Neil Armstrong
   Edwin Aldrin
3. 1969 Armstrong y Aldrin
4. 1963 Valentina Tereshkova
   (rusa)
5. 1983 Sally Ride
6. 1985 Franklin Chang Díaz
7. 1986 Christa McAuliffe
8. 1985 Rodolfo Neri Vela

Suceso

a. Primera mujer no-astronauta en una nave
b. Primera mujer en el espacio
c. Primera mujer norteamericana en el espacio
d. Primeros hombres en la Luna
e. Primer norteamericano en el espacio
f. Primer astronauta hispano (costarricense); voló en el Columbia.
g. Primer mexicano en el espacio (doctor en ingeniería electrónica); viajó en el Atlantis.
h. Recogieron las primeras muestras *(samples)* del suelo lunar.

Miremos

A | **Para orientarse.** Mira el primer párrafo del cuento de la página 316 para completar lo siguiente.

1. El cuento en ___ comienza / y termina en ___ .
2. El propósito del viaje fue ___ .
3. Lo que hizo el aparato explorador fue ___ .
4. El acontecimiento a que se refiere el primer párrafo ocurrió hace ___ años.

B | **¿Cuento o relato?** Ahora, sigue leyendo el cuento pensando en esta pregunta: ¿Es éste un verdadero cuento o un relato de algo que realmente ocurrió?

> ### Al lector
> - No te preocupes si no entiendes todas las palabras de la lectura. Eso es normal.
> - No es necesario usar un diccionario. Trata de adivinar las palabras que no conoces.
> - Confía en tu español; ¡ya sabes muchísimo.

Lectura **315**

Actividad A Answers
Consult a map of the solar system to give answers.

Actividad B Answers
Answers may resemble the following:
1. **Plutón, Neptuno, Urano, Saturno, Júpiter, Marte**

Actividad C Answers
Answers may resemble the following:
Un astronauta debe ser curioso, organizado, inteligente, fuerte, energético, disciplinado y valiente.

Actividad D Answers
Answers may resemble the following:
1. **...el regreso a la Tierra.**

Actividad E Answers
1. e	5. c
2. d	6. f
3. h	7. a
4. b	8. g

Miremos

This preliminary reading section provides the first glimpse of the reading and focuses on the reading strategies of predicting and anticipating, skimming for global idea, scanning for specific information, focusing attention, paraphrasing, sequencing events. No intensive reading is necessary at this stage.

Actividades

Note: For complete answers to these activities see the Teacher's Manual, page 73.

Actividad A Answers
Answers may resemble the following:
1. **la Luna y...la Tierra**

Actividad B Answers
Es un verdadero cuento.

La otra luna
(1964, adaptado)

Presentation (pages 316–317)

This authentic literary text encourages use of such strategies as guessing from context, transferring, identifying cognates and derivatives, applying knowledge and experience to sense-making process, identifying salient information, searching for patterns and clues to meaning. Guide students in how to guess the meaning of unfamiliar words. If you assign the reading for homework, encourage students to use and develop their reading strategies, rather than rely on extensive dictionary use. When they return to class, have students share the clues they used to determine the meanings of specific words.

La otra luna (1964, adaptado)
de Jorge Campos (español)

El brillante aparato metálico se balanceó sobre un punto de la superficie lunar, antes de dejarse caer. Luego hizo salir unas aceradas *(steel)* mandíbulas que se abrieron y cerraron, arrancando *(pulling out)* un pedazo del suelo. Se elevó otra vez y emprendió el viaje de regreso. Los
5 técnicos y periodistas que habían presenciado el lanzamiento *(launching)* desde nuestro planeta pudieron ya revelar el nuevo triunfo en la conquista del espacio: la extracción de un fragmento de la corteza *(crust)* lunar, para poder estudiar su composición.

Todo el mundo vivió la sacudida *(jolt)* de la noticia. La prensa, la radio,
10 las cadenas de televisión, las conversaciones en la calle o los lugares de trabajo no tuvieron otro eje (centro) durante una temporada (período de tiempo) que parecía no acabar. Mientras los científicos sometían a toda clase de análisis unos fragmentos separados de la gran muestra *(specimen)*, se colocó el trozo de luna en un parque público. Junto al
15 maravilloso pedrusco (piedra) se dieron conferencias y se exaltó el porvenir del hombre en el Universo. A cualquier hora del día la muchedumbre (mucha gente) cubría el espacio que se había abierto en los jardines. Llegaban turistas de países lejanos. El trozo de luna era la noticia más noticia de la historia del mundo para los periódicos. Todos
20 los problemas pequeños, de atmósfera para abajo, quedaron olvidados ante el acontecimiento (evento, suceso).

Los jardineros del parque fueron los primeros en observar que la tierra que rodeaba el pedestal se había agrisado y que la sucia mancha que se extendía cada vez era mayor, como una ceniza que los pasos de los
25 visitantes mezclaban con la arena de los senderos.

Los hombres de ciencia no tardaron en apreciar un efecto destructor que emanaba de los fragmentos hacia cuanto (todo lo que) los rodeaba. Primero fueron las paredes de los laboratorios que se cubrían de verrugas *(wart-like growths)* y descascarillaban *(peeled, flaked)* como sometidas a
30 una inundación y luego a un fuerte calor. Después la madera de los muebles que se corroía, resecaba y astillaba *(corroded, dried up, and splintered)* como si atacada por termitas. El metal se oxidaba y pulverizaba. Todo, los vidrios, la goma, los materiales plásticos, se iba convirtiendo en polvo, en un proceso cada vez más rápido. También
35 advirtieron que los líquidos de los tubos de ensayo se desecaban y apenas dejaban un precipitado (sedimento) grisáceo *(grayish)* en su fondo.

La alarma, aguda y conturbadora *(acute and disturbing)*, no salió de los medios científicos y se guardó como un secreto de Estado. Se tomaron
40 medidas tajantes e inmediatas. El fragmento de luna se retiró del parque para continuar realizando importantes estudios, según se dijo; los jardineros fueron trasladados a otra ciudad; y un crucero realizó una secreta operación: la de arrojar al centro del océano el trozo de luna

316 CAPÍTULO 5 *Lección 2*

mientras los laboratorios iniciaban investigaciones en un nuevo sentido: localizar y dominar las radiaciones que emanaban de los minúsculos fragmentos conservados.

La epidemia convirtió en secundaria la noticia del fragmento lunar y hasta hizo que se olvidara. En una ciudad; en otra, alejada miles de kilómetros, en otra más próxima... morían individuos aislados, de un mal que la medicina no podía emparentar (asociar) con ninguno de los conocidos anteriormente. De hecho, la muerte se producía en muchos casos por la solidificación de la escasa sangre que iba quedando en las venas y arterias del enfermo. Como un terreno asolado (destruido) por la sequía concluía la vida cuando desaparecía la última sombra de humedad.

El terror comenzó a envolver el mundo, sobre todo en las capas altas de la sociedad, en los medios científicos, diplomáticos o de gobierno a que pertenecían muchos de los primeros afectados. El abisal (profundo) terror brotaba de la convicción del contagio. Un contagio inexorable para cuantos (todos los que) se habían aproximado al enfermo.

Alguien logró un éxito al bautizar la epidemia de "mal de la luna" por el aspecto entre agrisado y azulenco y la rugosa (arrugada) piel llena de cráteres de pequeñas viruelas *(pock marks)* que mostraban los cadáveres. En las playas de algunas islas del Pacífico las limpias arenas se ensuciaron hasta convertirse en algo parecido a polvo de lava. Si se dibujara en un mapa el contorno de las costas afectadas por el cambio, se vería que rodeaban el punto en que había sido arrojado el pedazo de luna. Pero no con ello cesaba la extraña modificación del suelo. Las arenas negruzcas avanzaban hacia el interior, retrocedía la vegetación y desaparecía toda señal de vida. Fue lástima que no se pudiera estudiar este nuevo fenómeno. También fue lástima que tampoco pudieran estudiarse los sucesivos mapas que fue dibujando el descenso del nivel del mar. Comenzaron a surgir (aparecer) islas... a descubrirse un maravilloso paisaje de corales... a unirse los continentes... y a quedar reducidos los océanos a mares interiores que se desecaban humeantes por la velocidad de la evaporación. En pocos días la Tierra era una esfera gris y arrugada como la piel de cualquiera de los cadáveres que se convertían en polvo tendidos sobre ella. Había desaparecido toda vida de la arrugada y cenicienta superficie.

Y así fue como dos lunas, satélite la una de la otra, siguieron girando en torno al Sol.

5

10

15

20

25

30

35

Additional Practice

1. Have students think about what would have happened in the story if the scientists had not brought back the piece of the moon's surface. Ask them to use the imperfect subjunctive and the conditional. For example, **Si los científicos no hubieran traído a la Tierra un pedazo de la luna los laboratorios no se habrían convertido en polvo.**
2. Tell students: **Lee otra vez el relato y ubica palabras asociadas a las siguientes.**
   Por ejemplo:

tiempo	temporada
luna	lunar

   1. superficial
   2. ceniza
   3. negro
   4. sucio
   5. seco
   6. gris
   7. azul
   8. cáscara
   9. piedra
   10. acero
   11. mostrar
   12. acontecer
   13. presencia
   14. jardín

Critical Thinking Activity

Ask students the following: Before the first exploration of the Moon, what might have been the fears or the superstitions that people had about it? Use the subjunctive where appropriate to talk about them.

Leamos

Presentation (page 318)

This section focuses on comprehension and use of information derived from more intensive reading through use of the following reading strategies: paraphrasing, summarizing, focusing on specific information, drawing conclusions, speculating.

Actividades

Note: For complete answers to these activities see the Teacher's Manual, page 73.

Actividad A Answers
Answers may resemble the following:
1. Falso. Lo escribió antes.

Actividad B Answers
Answers may resemble the following:
1. brillante aparato metálico, aceradas mandíbulas

Leamos ....

A **¿Cierto o falso?** Si la frase es falsa, corrígela.

1. Jorge Campos escribió este cuento después que Neil Armstrong trajo un pedazo de luna a la Tierra.
2. Los técnicos y periodistas habían presenciado el lanzamiento del cohete.
3. La noticia más noticia de ese momento era el trozo de luna.
4. Sólo los científicos tuvieron los pedruscos de luna en sus manos.
5. En comparación con la atracción que ejercía el trozo de luna del parque, los problemas del mundo parecían no tener ninguna importancia.
6. Los jardineros del parque fueron los primeros que llevaron las cenizas por los senderos.
7. Luego, los científicos se dieron cuenta que todo se convertía en polvo en los laboratorios, incluso los metales y los plásticos.
8. Pero no pasó nada porque las autoridades no hicieron pública la noticia.
9. Un barco de la armada lanzó la secreta operación al mar.
10. Luego murió toda la gente del parque y también los jardineros.
11. La epidemia atacó a la mitad de la gente de la sociedad alta.
12. Lo más característico del mal de la luna era que la gente se secaba como las plantas que se secan por falta de agua.
13. El océano avanzó hacia el interior de los continentes y destruyó las negruzcas arenas.
14. Cuando todo terminó, sólo quedaron dos lunas con idéntica vegetación y arenas.

B **¿Dónde dice...?** Ubica y copia todas las palabras o expresiones que describen lo siguiente.

1. el aparato explorador
2. el pedazo de luna
3. la reacción de la gente al acontecimiento
4. la tierra alrededor del pedrusco lunar
5. la reacción a la muestra del laboratorio
6. la reacción del Estado (el gobierno)
7. la operación secreta
8. los síntomas de la enfermedad que le daba a la gente
9. los efectos que se produjeron en el medio ambiente
10. el cambio que ocurrió en la Tierra

Learning from Photos

The eight original inhabitants of Biosphere 2 must have entered the project with great optimism. Write at least two sentences reflecting their thoughts. For example:
Si tan sólo pudiéramos controlar la cultivación de las plantas, podríamos alimentar a toda la gente del mundo.

Después de leer ....

Después de leer

Analicemos

Categorías. Copia todas las palabras que pertenecen a las siguientes categorías.

Por ejemplo: sequía
desecar, resecar, arena, solidificación, evaporación

1. medios de comunicación
2. tierra
3. luna
4. océano
5. parte
6. materiales
7. modos de destrucción
8. estudio científico
9. mal de la luna
10. sangre
11. colores

Apliquemos

A **Males reales.** Con otra persona describan con detalles dos males comunes entre Uds. Piensen en qué epidemias los atacan de vez en cuando y cuáles son los síntomas de las enfermedades.

Por ejemplo: El mal de las pruebas semestrales: el enfermo se pone blanco y arrugado como el papel. A veces,... y también... Para que se sienta mejor, su madre le da sopa.

B **Mal de la tierra.** Imagínate que un/a explorador/a de otro planeta viene a la Tierra y se lleva una piedra terrestre con él o ella para estudiarla y ponerla en un parque de su mundo.

1. Escribe un relato sobre los efectos que la muestra de Tierra tuvo en el otro planeta. ¿Qué pasó? ¿Se produjo un mal o una transformación buena?
2. Explica con detalles los sucesos y los cambios.

C **Reproducción exacta.** En *La otra luna* leíste sobre una enfermedad que hacía que la gente se pusiera exactamente como el agente de la enfermedad. ¿Cómo serían otras enfermedades en que los síntomas del enfermo son iguales al agente que causó la enfermedad? Describe cómo sería la enfermedad si los agentes son los siguientes.

1. desechos de una fábrica
2. manchas de petróleo
3. la sequía
4. desechos radioactivos
5. el aislamiento
6. el analfabetismo

Lectura **319**

Analicemos

This section focuses on analysis of new vocabulary encountered in the reading through the language expansion strategies of identifying derivatives, transferring words to new contexts.

Actividades

Note: For complete answers to this activity see the Teacher's Manual, page 74.

Actividad Answers
1. medios de comunicación: la prensa, la radio, las cadenas de televisión, las conversaciones, las conferencias.

Apliquemos

This section focuses on summarizing and integrating content and language of the reading through the following strategies: imaging and imagining, speculating, expressing points of view, developing dialogue.

Actividades

Actividades A and B Answers
Answers will vary.

Actividad C Answers
Answers may resemble the following:
1. La gente tendría manchas en la piel y olería mal.

Cooperative Learning Activity

Have students do this activity: **Estudia los siguientes pares de palabras con otra persona. En seguida, escriban frases originales para demostrar la diferencia en significado.**
Por ejemplo: espacial/especial
Algún día me gustaría hacer un viaje en una nave espacial. Quiero hacerlo con un amigo especial.

1. sociedad/suciedad
2. desierto/desastre
3. prensa/presa
4. humanidad/humedad
5. vez/voz
6. porvenir/prevenir
7. seguía/sequía
8. ahorrar/arrojar
9. enterar/enterrar
10. fijarse/fingirse

Presentation (pages 320–321)

This section examines the lesson theme from a cultural perspective. Students are asked to reflect and comment on their own culture as well as Hispanic cultures, through the stimulus of authentic personal, journalistic, and literary texts. Use of the following cultural discovery strategies is promoted through activities in this section: focusing attention, identifying salient information, personalizing, self-reflection, examining points of view, language modeling.

Information About the Author

Please refer to **Capítulo 5, Lección 1,** page 299 of this Teacher's Wraparound Edition for information about Marco Denevi.

Conversemos y escribamos

Additional Practice

Have students describe what had happened before the events of this brief story occurred.

Actividades

Note: For complete answers to these activities see the Teacher's Manual, page 74.

Actividad A Answers

Answers may resemble the following:
Se parece al Génesis
1. El primer hombre se llamaba Adán.
No se parece al Génesis
1. Hubo una guerra atómica.

El nuevo mundo

El cuento que sigue relata la creación de la raza humana. Sin embargo, no se trata de la historia clásica del Génesis, sino de un relato de la recreación o capacidad de regeneración de la naturaleza.

Génesis
de Marco Denevi (argentino, 1922)

Con la última guerra atómica, la humanidad y la civilización desaparecieron. Toda la tierra fue como un desierto calcinado. En cierta región de Oriente sobrevivió un niño, hijo del piloto de una nave espacial. El niño se alimentaba de hierbas y dormía en una caverna. Durante mucho tiempo, aturdido (paralizado) por el horror del desastre, sólo sabía llorar y clamar por su padre. Después, sus recuerdos se oscurecieron, se disgregaron, se volvieron arbitrarios y cambiantes como un sueño; su horror se transformó en un vago miedo. A ratos recordaba la figura de su padre, que le sonreía o lo amonestaba o ascendía a su nave espacial, envuelta en fuego y en ruido, y se perdía entre las nubes. Entonces, loco de soledad, caía de rodillas y le rogaba que volviese*. Entretanto, la tierra se cubrió nuevamente de vegetación; las plantas se cargaron de flores; los árboles, de frutos. El niño, convertido en un muchacho, comenzó a explorar el país. Un día vio un ave (pájaro). Otro día vio un lobo. Otro día inesperadamente se halló (se encontró) frente a una joven de su edad que, lo mismo que él, había sobrevivido a los estragos (ravages) de la guerra atómica.

—¿Cómo te llamas?—le preguntó.

—Eva—contestó la joven. —¿Y tú?

—Adán.

volviese = volviera

Conversemos y escribamos ....

A Haz una lista de todos los sucesos o detalles que se parecen al Génesis original. Luego, haz una lista de las diferencias con el Génesis original.

Interdisciplinary Activity

Students who are interested in art should work with an art or art history teacher to identify those visual artists who express a vision of the future or of the most modern post-technological experience. Students could write briefly about these artists, make a presentation to the class, or create a display for the classroom.

El siguiente poema fue escrito hace casi cien años. Lee la primera estrofa y decide: ¿A quién representa Cristóbal Colón? ¿a los conquistadores? ¿viajeros? ¿descubridores? ¿marinos? ¿españoles? ¿astronautas? ¿extraterrestres? ¿habitantes de otros planetas?

El gran viaje
de Amado Nervo (mexicano, 1870–1919)

¿Quién será, en un futuro no lejano,
el Cristóbal Colón de algún planeta?
¿Quién logrará, con máquina potente,
sondar* el océano   explorar
del éter y llevarnos de la mano
allí donde llegaran solamente
los osados* ensueños del poeta?   atrevidos

    ¿Quién será, en un futuro no lejano,
el Cristóbal Colón de algún planeta?

    ¿Y qué sabremos tras* el viaje augusto*?   después del / importante

¿Qué nos enseñaréis, humanidades
de otros orbes, que giran
en la divina noche silenciosa,
y que acaso*, hace siglos que nos miran?   tal vez
¿Con qué luz nueva escrutará* el arcano*?   verá / el secreto
¡Oh, la esencial revelación completa
que fije nuevo molde al barro humano*!   dé nuevas ideas al hombre
¿Quién será, en un futuro no lejano,
el Cristóbal Colón de algún planeta?

B Copia las palabras que usa el poeta para decir lo siguiente.

1. el espacio
2. un día de éstos
3. extraterrestres
4. el descubridor
5. la astronave
6. el sistema solar o el universo

C **Mi héroe.** Piensa en tu héroe, alguien famoso que ha logrado cambiar o mejorar el mundo. Entonces, completa la siguiente estrofa de tu propio poema.

¿Quién será, en un futuro no lejano,

el/la ___ *(nombre de una persona)* de algún planeta?

¿Quién logrará, con ___ , ___ y ___ ?

Cooperative Learning Activity

As an ongoing project throughout the lesson, students can work in their small groups to create a "future" corner for the classroom. In this corner they can display items that they have created or found relating to visions of life on Earth in the future.

Actividad B Answers
Answers may resemble the following:
1. océano de éter

Actividad C Answers
Answers may resemble the following:
...el Neil Armstrong

Information About the Authors

1. Please refer to **Capítulo 5, Lección 1** page 299 of this Teacher's Wraparound Edition for information about Marco Denevi.
2. Amado Nervo (1870–1919) One of Mexico's best known poets, Nervo studied for the priesthood but had to leave the seminary because of family financial difficulties. He then became a journalist in Mazatlán.

   Nervo's poetry is characterized by pantheism, Buddhistic feeling, touches of mystic serenity, and deep religious sentiment. He is considered to be the greatest mystic poet since Sor Juana Inés de la Cruz. An influential figure in modernism, his poetry also exhibits a strong French influence.

Additional Practice

Direct students to do this activity: **Según este poema, ¿cuáles de estas creencias tendría el poeta? Cita las palabras que te dan esta información.**
1. **Hay vida en otros planetas.**
2. **Los habitantes de otros planetas son inteligentes.**
3. **El universo es vasto y oscuro como el mar.**
4. **Los habitantes de otros planetas saben mucho de nosotros.**
5. **Un día de éstos seremos capaces de colonizar otros planetas.**
6. **Es posible que sea erróneo el concepto que tenemos del mundo actualmente.**
7. **Todavía queda mucho por aprender.**

Estructura: Un poco más

Presentation (page 322)

This section presents additional aspects of the Spanish language that are often confusing for foreigners.

Actividad

Actividad Answers
1. tales como
2. cuáles
3. Cualquiera
4. cualquier
5. Cuál
6. tal como

Estructura: *Un poco más*

Para indicar de qué o de quién estás hablando: Cómo se usan las palabras cualquier/a, cuál, tal como

In the stories you have read there are many examples of the use of a variety of indefinite and demonstrative pronouns.

1 **Cualquiera**, when used as a pronoun, corresponds to "anyone."

Cualquiera diría que la gente le tiene terror a la tecnología.

Cualquiera que toque el pedazo de luna morirá.

Cualquiera de Uds. puede hacer un estudio científico.

2 **Cualquier** ("any" or "all") is used as adjective before nouns. It does not agree with the noun. Note that it is usually followed by the subjunctive.

Cualquier científico que haya tocado la piedra morirá.

Cualquier persona que hubiera sido contagiada por los jardineros habría tenido que ser vacunada.

3 **Cuál/es**, in questions, is used when a choice among specific things or people is possible or implied. It corresponds to "which one(s) [of several]?" It agrees in number (singular, plural) with the noun.

¿Cuál fue el resultado de arrojar la muestra lunar al océano?

¿Cuál (ciudad) es la capital del estado de Florida?

¿Cuáles de los científicos descubrieron la vacuna?

4 **Tal/es como** is used to introduce examples. It corresponds to "such as."

Se planearon otros sistemas de reciclaje, tales como quemar basura para producir energía.

La ciudad debiera dejar de derrochar energía, tal como lo hacemos en mi pueblo.

Completa las frases que siguen con *cualquier, cualquiera, cuál/es* o *tal/es como*.

1. La playa estaba cubierta de todo tipo de desperdicios ____ botellas, pedazos de goma, cajas de cartón y latas de aluminio.

2. En tu opinión, ¿ ____ son los problemas más graves del mundo?

3. ____ que estudie con cuidado la situación sabe que nuestro porvenir depende de la cooperación de todos.

4. En esta época ____ país que permita el uso de gasolina con plomo debe ser sancionado.

5. ¿ ____ sería el resultado de la destrucción de la capa de ozono?

6. Para proteger al medio ambiente cada persona podría hacer algo ____ reciclar el vidrio, el papel y el aluminio.

Diversiones

A **Arte conservacionista.** El escultor Reci Klista se especializa en las esculturas hechas de materiales de desecho. Aquí está su dibujo de una escultura que se va a llamar: "La cara de nuestro futuro". Con dos compañeros(as), hagan una lista de todos los materiales que Reci Klista va a usar. Comparen su lista con la de otro grupo.

B **Si yo fuera tú...**

1. Júntate con cinco compañeros(as).
2. En un papel, escribe y numera seis frases usando el imperfecto del subjuntivo y el condicional. Escribe la frase con el subjuntivo a la izquierda del papel y la frase con el condicional a la derecha. Por ejemplo:
   1. **Si pudiera volar   iría a la Luna.**
3. Corta el papel a la mitad y dale la mitad con el condicional a la persona que está a tu derecha.
4. Ahora, escribe las nuevas frases, combinando tu primera frase con la primera frase de la media hoja que recibiste, tu segunda frase con la segunda del otro papel, etc.

C **Una sola luna.** Con dos compañeros(as), inventen otro fin lleno de suspenso para el cuento *La otra luna* de la página 316 y cuéntenselo a la clase.

Diversiones

Actividades

Note: For complete answers to these activities see the Teacher's Manual, page 74.

Actividad A Answers
Answers may resemble the following: **bolsas de plástico, envolturas, cáscaras de frutas, trozos de metal, cajas de cartón, pedazos de vidrio, desechos radioactivos, desechos de hospital, pedazos de ladrillo, latas, pedazos de goma.**

Actividad B Answers
Answers will vary.

Actividad C Answers
Answers may resemble the following: **Al final, la roca original de la Luna se abre y dos personas salen de ella. Se miran uno al otro y empiezan a reírse como locos. "Ahora todo es nuestro, Eva," dice uno. "Para siempre, Adán," dice la otra.**

Additional Practice

Have students sort the vocabulary words into two categories: **sobrevivir** and **estar en peligro.**

Learning from Realia

Investigate to find out the names of some people who have worked for justice in the Spanish-speaking world. Make a small poster of some of the most important of them, showing who they were, what they did, and how the world is better for their efforts.

Cosas

el acero
los alrededores
el aluminio
la astilla
la atmósfera
el barro
la capa de ozono
la cáscara
el combustible
la corte de justicia
el cultivo
el desecho
el desperdicio
la envoltura
la epidemia
el fragmento
la fuente
la hierba
el hierro
el incendio
el ladrillo
la mancha
el montón
la muralla
la naturaleza
la paja
la prensa
el recurso natural
la sequía
el suelo
la superpotencia
el trozo

Conceptos

el aislamiento
la alimentación
el analfabetismo
el consumo
la cooperación
el desinterés
el equilibrio
la escasez
la enseñanza
el hecho
el interés
la magnitud
la necesidad
el peligro
el porvenir
la sanidad
la solución

Personas

el/la civil
el/la desempleado(a)
el/la mayor
el/la militar
el/la voluntario(a)

Descripciones

básico(a)
fósil
nuclear
radioactivo(a)
regional

Actividades

actuar
agotar
arrojar
bañarse (*swim*)
botar
contaminar
derrochar
embellecer (zc)
ensuciar
enterrar (ie)
envenenar
heredar
lograr
mostrar (ue)
pedir prestado(a)
pisar
plantar
prevenir
responder
sobrevivir
tomar medidas

Otras palabras y expresiones

cualquier/a
cuál/es
dado que
debido a
ocurrir
tal/es como

Lección 3

Learning from Photos

Have students make up brief possible dialogues between the babies in the top photo. What might they be wishing, hoping, or envisioning as they think about their future? What are the scientists doing in the bottom photo? What problem are they trying to solve?

Lección 3

Introducing the Lesson Theme

Exploring the theme of dreams and hopes for the future of society, this chapter focuses on reporting what others are saying in the present and have said in the past. Grammatical emphasis is on the use of the conditional along with the imperfect subjunctive. To introduce this theme, you may wish to begin with the **Pensemos** section of the **Lectura**. These activities will help students to think of life, in good times and bad, as the process of change.

Objectives

By the end of this lesson, students will be able to:
1. name many of the social problems of our time and talk about the ideal conditions that might replace them in the future
2. use the conditional tense to report a statement originally made in the future
3. use the imperfect subjunctive to relate a command that was given in the past
4. express actions in the passive voice

Lesson 3 Resources
1. Workbook
2. Audio Program (cassette or CD)
3. Student Tape Manual
4. Bell Ringer Review Blackline Masters
5. Fine Art Transparencies
6. Video Cassette
7. Lesson Quizzes
8. Testing Program
9. Situation Cards

Vocabulario

En mi visión del futuro, se destacan *(stand out)* imágenes...

de la Tierra.
del espacio.
de la calidad de mi vida.
de cohetes *(rockets)*.
del bienestar *(well-being)* de la gente.
de naves espaciales.
de mi jubilación *(retirement)*.
de viajes tripulados *(manned)* a Marte.

Rezo *(I pray)* por un nuevo amanecer *(dawn)*...

sin temor *(fear)*.	sin drogas.
sin impuestos *(taxes)*.	sin pobreza.
sin injusticia.	sin ladrones *(thieves)*.
sin cárceles *(jails)*.	sin deudas *(debt)*.
sin delito *(crime)*.	sin huelgas *(strikes)*.
sin desempleo *(unemployment)*.	sin robo.
sin contaminación.	sin asesinos *(murderers)*.
sin armas.	sin miseria.
sin prejuicio.	sin desamparo *(helplessness, homelessness)*.

326 CAPÍTULO 5 *Lección 3*

Vocabulary Teaching Resources
1. Workbook, pages 101–103
2. Audio Program, 5.3
3. Student Tape Manual, pages 86–87
4. Bell Ringer Review Blackline Masters
5. Lesson Quizzes, pages 112–114

Bell Ringer Review

Write the following on the board or use BRR Blackline Master 5.3.1: Imagine that you are given the power to change one thing about the world for the future. Write a sentence using the imperfect subjunctive and the conditional to say what you would change.

Presentation (pages 326–327)

To ensure assimilation of meaning and appropriate use, do not rush vocabulary presentation.

A. Have students work with books closed to focus attention on listening for meaning.

1. Ask students to brainstorm words that they associate with these two categories: **la paz** and **el conflicto.** Discuss what people should do to reduce conflict and achieve peace.

2. Have students find "before and after" pictures of people to illustrate the difference between youth and old age. They should mention characteristics that they associate with each, then try to name some things that come in between and contribute to the difference. You might start them out with **energía** for youth and **cansancio** for old age, with **tensión** and **trabajo** in between.

Learning from Photos

Ask students to describe where the people are in each of the photos on pages 326–327. How are they helping to make a better future? Are they learning lessons that they will remember in their lives?

Sería un milagro (*miracle*) si un día de estos pudiéramos...

hacer durar la paz.

despedirnos de las batallas.

aceptarnos el uno al otro.

dejar de juzgarnos (*judge one another*).

convivir los unos con los otros.

dejar de sospechar (*be suspicious*) de todo.

borrar (*erase*) las diferencias entre los pueblos (*countries, peoples*).

dejar de preocuparnos.

proponer soluciones sabias (*wise*).

dejar de herirnos (*hurt each other*).

repartir amor y no dolor (*pain*).

derramar (*spread*) un poco de risa por el mundo.

En el futuro acaso (*perhaps*) habrá vacunas contra...

el fracaso (*failure*).

las pesadillas.

la muerte.

la vejez y la ancianidad (*old age and senility*).

la tensión.

la pereza (*laziness*).

las fobias.

la calvicie (*baldness*).

la gordura.

el cansancio.

enfermedades como...

el cáncer.

el SIDA (*AIDS*).

... así como (*as well as*) **inyecciones de**

energía.

sentido común.

éxito.

esperanza.

inmortalidad.

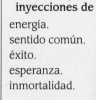

Vocabulario **327**

Asociaciones ....

A **De eso estoy seguro.** Di qué tipo de vida esperas llevar. Da al menos diez condiciones.

Por ejemplo: Quiero tener una vida sin celos, envidia, inseguridad...

B **Antónimos.** Da los opuestos de los siguientes términos.

1. la jubilación
2. la batalla
3. el bienestar
4. la justicia
5. la riqueza
6. el éxito
7. los dulces sueños
8. la vida
9. la delgadez
10. la juventud
11. la salud
12. el cansancio

C **Mis propias imágenes.** Usa el Vocabulario y otros términos que hayas aprendido para describir lo que se destaca en tu propia visión del futuro.

Por ejemplo: En mi visión del futuro, se destacan imágenes de un planeta limpio, viajes a otros planetas, colonias en la Luna, calles sin tránsito...

D **Una cosa imprescindible.** A tu modo de ver, ¿qué vacunas es absolutamente necesario inventar?

Por ejemplo: Me gustaría que inventaran una vacuna contra...

Espíritu de descubrimiento

Un espíritu que siempre ha movido a Alcatel Standard Eléctrica. Que la ha convertido en la empresa española líder en soluciones globales a los problemas de comunicación. En la empresa que aporta continuamente innovaciones tecnológicas en productos y sistemas en cualquier campo de las telecomunicaciones. Con calidad.

Y, por eso, porque el espíritu de descubrimiento ahora tiene una cita en la Exposición Universal de Sevilla, allí estará también Alcatel.

Patrocinando un espectáculo innova-

dor sobre los descubrimientos y un planetario de la más moderna tecnología digital en los pabellones de los Descubrimientos y el Futuro.

Porque como siempre, Alcatel sigue hacia adelante. Por delante.

328

Asociaciones

Presentation (pages 328–329)

This section encourages use of the following types of strategies for assimilation of new vocabulary: personalizing, transferring to new contexts, recycling, recombining, associating, categorizing, expanding, cooperating, interviewing, and summarizing.

Warm-up. Have students work in pairs to practice the lesson vocabulary. Give one student in each pair the words and phrases, and ask the other to respond with a word or phrase that is similar in meaning. Probable responses are shown in parentheses.

❑ To continue with this warm-up activity, see the Teacher's Manual, page 103.

Actividades

Note: For complete answers to these activities see the Teacher's Manual, page 75.

Actividad A Answers
Answers will vary.

Actividad B Answers
Answers may resemble the following:
1. **el empleo**
2. **la paz**

Actividad C Answers
Answers may resemble the following:
En mi visión del futuro, se destacan imágenes de un planeta limpio, viajes a otros planetas, colonias en la Luna y en Marte, calles sin tránsito, personas sin hambre, niños sin enfermedades, una civilización universal sin guerra.

Extension of Actividad C
Once students have described their vision of the future, have them specify what would happen if these things were true. For example, **Si el planeta estuviera limpio, entonces los animales y las plantas no sufrirían daño por los derrames de petróleo y la contaminación del aire.**

Learning from Realia

Have students look carefully at the ad on page 328. The artist has created a visual metaphor by blending the photo of the astronaut and the ships of Columbus. According to the ad, what do these two ventures have in common? How is this idea appropriate for a telecommunications company today?

Cooperative Learning Activity

Working in their small groups, have students write a brief newspaper article, complete with headline and map, drawing or photo, about a wonderful thing that happens in the future to solve a social problem that we have now. These articles can be compiled into a class newsletter/ newspaper set in the future.

E **¡Quién las quiere!** Haz una lista de al menos cinco cosas que quisieras eliminar del mundo.

Por ejemplo: Ojalá que tuviéramos un mundo sin ladrones y cárceles...

F **La misión de los jóvenes.** ¿Qué cosas deben hacer los jóvenes en el futuro para mejorar su mundo? Completa lo siguiente.

Por ejemplo: En vez de herirnos el uno al otro...
En vez de herirnos el uno al otro debemos aprender a vivir en paz.

En vez de...

1. apoyar las guerras ___ .
2. juzgar a la gente del mundo ___ .
3. quejarnos de los problemas ___ .
4. derramar lágrimas ___ .
5. maldecir a los demás ___ .
6. sospechar de nuestros vecinos ___ .
7. repartir dolor ___ .
8. tener la costumbre de pelear ___ .

G **Cosas importantes para el futuro.** Haz una lista de todas las cosas que asocias con lo siguiente. Luego, compara tu lista con la de un/a compañero(a).

1. la jubilación
2. la calidad de la vida
3. la injusticia
4. el delito
5. la batalla
6. la vejez
7. la esperanza
8. la tensión
9. el espacio
10. la pereza

Analizará Interpol nuevas técnicas para combatir la delincuencia internacional

MONTEVIDEO, 3 de noviembre (UPI).— Más de 650 jefes policiales de 124 países se reúnen desde mañana en Ur... evaluar en U...

países y ... ministros del ...rancia, Phillipe de Irán, Reza ...emás del ...Williams ...tor del FBI, ...e la ...tánica y ...

...al del ...nar ...a

del tráfico de drogas, delito en aumento desde la década pasada y que desplazó del centro de la atención al terrorismo internacional.

"El contrabando de estupefacientes es la actividad criminal que más preocupa hoy en Europa", dijo el director de la policía federal de Alemania, Rei-...r Schmidt-Nathan Pu...

Ascendió a 24.5% la inflación en Venezuela, entre enero y octubre

CARACAS, 3 de noviembre (AFP).— La inflación acumulada en Venezuela entre enero y octubre se situó oficia... ...dente del emiso... Central de Ve... (BCV), José R... Aznar confió en ... rebase el 30% al ... año. ...Sin...

sábado que en los últimos dos meses tradicionalmente se produce un incremento inflacionario por im... portaciones navideñas

tos del hogar (27.1%) y alimentos, bebidas y tabacos (26.5%). Por otra parte, Rodríguez Aznar juzgó como "...razonable" la tasa de 63

Se reanudarán las conversaciones de paz
Las FARC y FAL aceptan una propuesta gubernamental

Bogotá

Dos días después de la disolución de una pequeña guerrilla socialista y su transformación en partido político legal, los dos mayores grupos rebeldes de Colombia aceptaron una oferta gubernamental para reanudar las negociaiones de paz, informó una comisión mediadora del

congreso en un comunicado. Las negociaciones, bajo supervisión internacional, involucran a las Fuerzas Armadas Revolucionarias de Colombia (FARC) y el Ejército de Liberación Nacional (ELN), integrantes de la Coordinadora Guerrillera Simón Bolívar.

Vocabulario **329**

Actividad D Answers
Answers may resemble the following:
Me gustaría que inventaran vacunas contra el SIDA, el cáncer y la artritis.

Actividad E Answers
Answers may resemble the following:
Ojalá que tuviéramos un mundo sin pobreza, miseria, prejuicio e injusticia.

Actividad F Answers
Answers may resemble the following:
1. ...debemos prohibirlas.

Actividad G Answers
Answers may resemble the following:
1. ancianidad, vejez, descanso, paz

For the Native Speaker

Have native speakers participate in the following activity: **Investiga una de las guerras civiles de los últimos años en Latinoamérica—¿qué provocó la guerra? ¿Cuál fue la actitud de los Estados Unidos hacia el conflicto? ¿Cómo por fin se consiguió la paz? Escribe un informe sobre** lo que has aprendido del conflicto. **Haz unas sugerencias para evitar que vuelva a ocurrir tal evento en el futuro.**

Conversemos ....

Presentation (page 330)

This section focuses on integration of the vocabulary, while encouraging the use of the following conversational strategies: mapping and organizing thoughts, cooperating, expressing and supporting opinion, expanding, personalizing, context transferring and recycling, recombining.

Actividades

Note: For complete answers to these activities see the Teacher's Manual, page 75.

Actividad A Answers

Answers may resemble the following:
Sería un milagro si un día de estos se prohibiera la guerra en todo el mundo.
1. No habría miseria.

Actividad B Answers

Answers will vary but may resemble the following:
1. **Aumentáramos el reciclaje.**

Actividad C Answers

Answers may resemble the following:
1. **Sería aconsejable que descubriéramos la cura para el cáncer para que no se murieran tantas personas de esa enfermedad.**

Actividad D Answers

Answers may resemble the following:
El sentido común nos dicta que...
1. **...conservemos agua.**

Did You Know?

Ozone is actually an unstable form of oxygen. The ozone layer protects us and makes life possible by absorbing ultraviolet radiation. In 1989, 93 nations of the world agreed to phase out production of chlorofluorocarbons, which damage the ozone layer, and to assist poorer nations in revising their technologies as well.

A **Mi esperanza.** Con un/a compañero(a), decide cómo terminar esta frase: *Sería un milagro si un día de éstos...* Luego, escriban cinco frases más que describan el mundo si fuera verdad lo que dijeron.

Por ejemplo: Sería un milagro si un día de éstos conviviéramos todos sin conflictos. Entonces...
No habría guerras ni prejuicios.
Nuestra preocupación sería el bienestar de todos.
Nos aceptaríamos el uno al otro.

B **Si surtiera efecto.** ¿Cuáles son tus deseos para el futuro? Con otra persona, usen los siguientes verbos para completar esta frase: *Sería aconsejable que...*

Por ejemplo: preocuparnos por...
Sería aconsejable que nos preocupáramos por la capa de ozono.

1. aumentar
2. reducir
3. dejar de...
4. descubrir
5. desarrollar
6. darnos cuenta de...
7. poner a prueba
8. emprender
9. respetar
10. disponer de...
11. deshacernos de...
12. enterarnos de...
13. quejarnos de...
14. rodearnos de...

8 EL UNIVERSAL PRIMERA SECCIÓN   Lunes 4 de noviembre de

Avanza la disminución de la capa de oz

SANTIAGO, 3 de noviembre (UPI).— La disminución de la capa de ozono continúa en todas las latitudes del planeta, excepto en el cinturón tropical, según indicó un informe de la Dirección Meteorológica de Chile.

El informe se basa en un estudio realizado por 200 científicos para la Organización de Meteorología Mundial y el Programa de las Naciones Unidas para el Medio Ambiente.

El adelgazamiento de la capa de ozono, que filtra la leta del sol, puede provocarse en enfermedades a la piel en los seres humanos y en drásticos cambios en la vida animal y vegetal en la superficie del planeta, ya sea en continentes o mares, según dijo el informe.

El adelgazamiento de la capa de ozono, según los imágenes captadas por los satélites meteorológicos, se traduce en un grande profundo óvalo centrado sobre el polo sur.

El valor mínimo del ozono equivalió este año al 55 por ciento de la capa de este gas. Sin embargo, el llamado "agujero" de ozono" aparece establizado en los mismos valores de destrucción observados en la primavera antártica de los años 1987, 1989 y 1990. El "agujero" aumenta sus dimensiones en los meses de septiembre a noviembre.

Las conclusiones del informe indican que el

adelgazamiento de la tierra y el recalentamiento llamados "sprays" constante en la primera vez, estadísticos muy ficativos" en verano.

C **¿Para qué?** Usa dos de las frases que dijeron o escribieron en la actividad B y da una razón o resultado para cada una usando *para que*.

Por ejemplo: Sería aconsejable que nos preocupáramos por la capa de ozono para que nuestros hijos no sufran enfermedades nuevas en el futuro.

D **Es de sentido común.** Di qué dicta el sentido común en estas situaciones. Luego, compara tus respuestas con las de un/a compañero(a) y cuéntale lo que dijeron a la clase.

Por ejemplo: Mañana hay prueba de inglés.
El sentido común nos dicta que estudiemos.

1. Hay sequía en el área.
2. Hay envidia en la clase.
3. Hay unos chicos que consumen drogas.
4. Hubo un robo en el colegio.
5. Los gases envenenan la atmósfera.
6. Parece que habrá huelga de...

Critical Thinking Activity

¿Por qué es tan descomún el sentido común? Ask the class to consider why, when solutions to problems seem obvious and logical, so many people fail to follow common sense. What are some possible motives? Make up a hypothetical person who does the wrong thing in two or three of the cases in **Actividad D.** Describe his/her actions and give advice to the person, pointing out how things would be better if he or she were to change.

Escribamos ··

A **Las soluciones no son tan difíciles.** Elige uno de los problemas del Vocabulario y propón tu propia solución.

Por ejemplo: El problema de la pobreza es grave porque afecta a toda la sociedad, no sólo a los pobres. Para solucionar esto yo propongo que se creen trabajos para proteger el medio ambiente. Por ejemplo,....

B **Mi futuro.** Describe tu futuro. Incluye los siguientes detalles.

1. Por cada cosa positiva que preveas, da varios ejemplos o explica cómo la llevarás a cabo.
2. Por cada cosa negativa que te preocupe, da al menos dos soluciones, una a corto plazo y otra a largo plazo.
3. Explica en qué se parecen tus imágenes y conflictos del futuro con los de otros(as) jóvenes como tú.

C **Queja joven.** ¿Cuáles son las quejas que tienes en contra de los mayores por todos los problemas que han creado en el mundo? Para que tu visión no sea solamente negativa, propón algunas soluciones en la segunda parte de tu ensayo.

1. Presenta un buen análisis para que tu crítica sea constructiva y no destructiva.
2. Da ejemplos en cada caso que puedas. Usa el vocabulario que aprendiste en este capítulo.

Vocabulario **331**

Escribamos

Presentation (page 331)

This section encourages integration of the lesson vocabulary through use of the following strategies: associating, personalizing, expanding, giving details, organizing and summarizing, and supporting opinions.

Actividades

Note: For complete answers to these activities see the Teacher's Manual, page 76.

Actividad A Answers
Answers may resemble the following:
El problema del desempleo es grave porque afecta a un gran número de personas. Cuando no se tiene trabajo es posible perder la casa, enfermarse, tener problemas con el/la esposo(a). El desempleo también hace que la gente pierda la esperanza. Para resolver el problema del desempleo, tenemos que construir nuevas fábricas. Tenemos que educar a los jóvenes y darles esperanza para el futuro.

Actividad B Answers
Answers will vary.

Extension of Actividad B
Collect one line about the future, containing a thought about the future and an image, from each student. These lines can be arranged into a "catalog" poem about the class's hopes and dreams for the future and displayed in the room.

Actividad C Answers
Answers will vary.

Learning from Realia

The Costa de la Luz in southern Spain offers hope to the Doñana National Park, a 173,000 acre wildlife preserve that contains one of Europe's last remaining wetlands. More than 250 species of birds, as well as such diverse animals as otters, red deer, and the Spanish lynx inhabit Doñana. The area is now carefully protected by Spain, having been declared a National Park in 1965.

Estructura

Para narrar y contar lo que dijeron otros: El condicional y el imperfecto del subjuntivo

In the Vocabulario you made statements using verb forms in the imperfect subjunctive.

> **Sería un milagro si un día *pudiéramos* hacer durar la paz.**

The above statement contains a condition that triggers the use of the subjunctive. Can you identify the condition?

1 When conditions require the use of the subjunctive, you will use:

a. the present subjunctive or present perfect subjunctive when the introduction contains verbs in the present or future tense.

> **Te ruego que vengas para que me ayudes.**
> **Te pediré que me expliques esta lección.**
> **No creo que la hayas leído todavía.**

b. the imperfect or pluperfect subjunctive when the statement contains verbs in the past or conditional tenses.

> **Me rogabas que vinieras para que te ayudara.**
> **¿Me pedirías que te explicara la lección?**
> **No creías que la hubiera leído todavía.**

Notice the use of imperfect subjunctive forms in the following. Can you identify the reason for the use of the subjunctive?

> **Me alegré de que los desempleados encontraran trabajo.**
> **Quería que todos pudieran trabajar.**
> **No creía que nadie pasara hambre.**
> **Era una lástima que los sueldos no fueran más altos.**
> **Se tomaron medidas para que las deudas fueran perdonadas.**

2 In the following examples, notice the changes from future tense to conditional tense to narrate in the past rather than in the present.

Present: **El presidente nos asegura que *propondrá* soluciones sabias.**

Past: **El presidente nos aseguraba que *propondría* soluciones sabias.**

Present: **Afirma que ahora todo *tendrá* que ir bien.**

Past: **Afirmaba que ahora todo *tendría* que ir bien.**

332 CAPÍTULO 5 *Lección 3*

Structure Teaching Resources
1. Workbook, pages 104–106
2. Audio Program, 5.3
3. Student Tape Manual, page 88–89
4. Lesson Quizzes, pages 115–117

Bell Ringer Review

Write the following on the board or use BRR Blackline Master 5.3.2:
Match each of the following terms with a related word from the vocabulary:

1. el delito	a. los asesinos
2. el desempleo	b. la injusticia
3. la pobreza	c. las huelgas
4. los ladrones	d. los cárceles
5. el prejuicio	e. el desamparo

Presentation (pages 332–333)

Have students think of a time in the past when someone gave them advice. For example, perhaps someone told them what high school would be like, or what it would be like to drive. They should write sentences reporting what the person told them. **Mi hermano mayor me dijo que podría manejar el coche de mis padres a menudo.**

Cooperative Learning Activity

Have students create telephone conversations with reported speech. These conversations can take a variety of forms. Working in their small groups, students play the roles of parent and teenager and have an argument. Then, the teenager "phones" a friend and reports what happened in the argument. As a different situation, one student "phones" home from a vacation abroad. The person who is listening to the call turns around and reports to the rest of the group what the traveler is saying.

332

3 An important part of narrating is reporting what someone said. Notice how the conditional tense can be used to report a statement originally made in the future tense.

The announcement actually said:

Se borrarán las diferencias entre los pueblos.

You report what the announcement said:

Se dijo que se borrarían las diferencias entre los pueblos.

Notice how the imperfect subjunctive is used to relate a command that was given in the past.

The command actually given was:

Preséntense todos los jóvenes. Preséntate tú también.

You report the command given:

Dijeron que se presentaran todos los jóvenes de 15 años y que te presentaras tú también.

4 When you are reading a report of what someone said, you will be able to determine whether the person expressed a command or an intention by looking at the verb form.

Dijo que *fuéramos* a visitar a los ancianos del asilo. (command)
Dijo que *iría* a visitarlos si podía. (intention)

5 We can now expand on the formula presented in Chapter 4 to report what was expressed in the past. Use the following tenses to transfer from actual speech to reported speech.

present	imperfect
Quiero ir al cine.	**Dijo que quería ir al cine.**
present perfect	pluperfect
Todavía no he visto esa película.	**Dijo que todavía no había visto esa película.**
present subjunctive or commands	imperfect subjunctive
Quiero que vayas conmigo.	**Dijo que quería que fuera con él.**
present perfect subjunctive	pluperfect subjunctive
Siento que no te haya llamado antes.	**Dijo que sentía que no me hubiera llamado antes.**
present of **ir a** + infinitive	imperfect of **ir a** + infinitive
Te voy a prestar el dinero.	**Dijo que me iba a prestar dinero.**
future	conditional
Algún día me invitarás a mí.	**Dijo que algún día lo invitaría a él.**

Conversemos

Presentation (pages 334–335)

This section focuses on integration of the grammatical structures, while encouraging use of such conversational strategies as personalizing, associating, sorting and categorizing, expressing opinion, transferring to new contexts, recycling and recombining.

Actividades

Note: For complete answers to these activities see the Teacher's Manual, page 76.

Actividad A Answers
Answers may resemble the following:
1. ...buscaba una amiga que la **comprendiera.**

Actividad B Answers
Answers may resemble the following:
1. **Mi papá me dijo que sacara la basura y que no tardara.**

Extension of Actividad B
Imagine that you have been using the robot that you designed in **Lección 1** for some time now. It has begun to malfunction. Working with a partner, explain what you asked it to do and what it did instead. Your partner should give you advice concerning how it would be working better if you had treated it differently.

Actividad C Answers
1. ...habría hambre en Rusia.

Extension of Actividad C
Have groups of two or three students prepare a report of local news in the same fashion.

Conversemos ....

A **Reportero.** Cuéntale a la clase lo que dijeron estos chicos la semana pasada.

Por ejemplo: Isabel le dijo a Jim: "No quiero que te vayas".
Isabel le dijo que no quería que se fuera.

Isabel le dijo a Jim:
1. "Busco una amiga que me comprenda".
2. "Ven temprano para que estudiemos juntos".
3. "No pienso contarle nada a Robbie a menos que él me hable primero".
4. "Es una lástima que tus padres no nos entiendan".
5. "Me pondré un traje oscuro para ir a esa entrevista".
6. "Tráeme mis novelas del futuro mañana porque quiero leerlas de nuevo".
7. "Aburriré a mi mamá hasta que me dé permiso para ir al concierto".

B **No me dejan en paz.** Piensa en la semana pasada y en todo lo que distintas personas querían que hicieras. Completa las frases para que se lo cuentes a la clase.

Por ejemplo: ... me dijeron que...
Mis padres me dijeron que limpiara mi habitación, hiciera los quehaceres y que no viera tanto la tele.

1. ___ me dijo (dijeron) que ___ y que no ___ .
2. ___ me aconsejó (aconsejaron) que ___ y que no ___ .
3. ___ quería/n que ___ y que no ___ .
4. ___ me recomendó (recomendaron) que ___ .
5. ___ me exigió (exigieron) que ___ y que no ___ .

C **Las últimas noticias.** Cuéntale a la clase qué dijeron en el noticiario de la televisión.

Por ejemplo: Habrá una inundación en Texas.
Dijeron que habría una inundación en Texas.

1. Habrá hambre en Rusia.
2. Celebrarán un festival en San Antonio.
3. Habrá sequía en California.
4. La gente padecerá de muchas alergias.
5. Tendremos buen tiempo hoy.
6. No derrocharemos los metales.
7. No lograremos reducir el déficit.

TODOS CONTRA EL FUEGO

Learning From Realia

This slogan is seen throughout Spain, in **castellano** and in **catalán,** during the summers when devastating forest fires sweep through, especially, the area around Valencia. Why might it be important for all the people to be united against the fires? People in Spain, in general, do not yet have the attitude toward conservation found in the United States and other places. Thus, an ongoing campaign urging **solidaridad** is underway.

D **Me toca a mí.** Explica qué les dijiste o pediste a otras personas.

Por ejemplo: a tu hermano mayor

Le dije que era una lástima que no trabajara.

1. a un/a hermano(a) o primo(a)
2. a un/a amigo(a) o compañero(a)
3. a un/a maestro(a) o entrenador/a
4. a una persona mayor

E **Nunca me creen.** Cuando hacemos algo malo, nos critican, pero cuando hacemos algo bueno, nadie nos cree. Quéjate un poco.

Por ejemplo: Mi instructor de ___ me felicitó, pero ___ .

Mi instructor de piano me felicitó, pero mi mamá, por supuesto, no creyó que me hubiera felicitado.

1. Mi entrenador/a de ___ me hizo una crítica buena, pero ___ .
2. Mi maestro(a) de ___ me puso una buena nota en ___ , pero ___ .
3. Mi compañero(a) me dijo que yo era simpático(a), pero ___ .
4. Mi instructor/a de ___ me felicitó, pero ___ .

F **Por arte de magia.** Hay cosas que nos hacen olvidarnos de los malos ratos y sentirnos bien. Completa lo siguiente.

Por ejemplo: El sol de esta mañana...

El sol de esta mañana hizo que me olvidara de la mala nota que saqué ayer y que desapareciera mi mal humor.

1. El buen tiempo de hoy ___ .
2. La llamada de mi amigo(a) ___ .
3. Una notita de ___ .
4. Las buenas noticias de ___ .
5. Una mirada de ___ .
6. La risa de ___ .

Escribamos

A **De amigo a amigo.** Escríbele una carta con tus consejos a uno(a) de tus amigos(as) más queridos(as) y recuérdale las cosas que le has dicho tantas veces.

Por ejemplo: Te dije que no llamaras a... y que evitaras...

B **Cambié de opinión.** Explica qué efecto han tenido en ti los cuentos, poemas y artículos de este libro. Da detalles de cómo has cambiado de opinión y describe por qué.

Por ejemplo: El cuento (poema...) hizo que me olvidara (perdonara, pensara...) Y cuando conversé con... sobre los robots (los viajes espaciales, la tecnología...) pensé que sería mejor que estudiáramos...

Estructura **335**

Bell Ringer Review

Write the following on the board or use BRR Blackline Master 5.3.3: Write three commands that your teacher might give to students in the class. Beside each one, write the reported version in the past tense. For example, **Siéntate./Le dijo a Ramiro que se sentara.**

Presentation (pages 336–337)

This section develops reading skills through a five–stage, integrative process: **pensar, mirar, leer, analizar, aplicar.** For a complete description of each of these stages, as well as suggestions for teaching, please refer to the Teacher's Manual. You may effectively do this section at any point in the lesson. In this partic-ular lesson, it is recommended that you use the **Pensemos** section to introduce the **Lección**, then return to the other sections of the **Lectura** at some point after vocabulary has been reviewed and practiced. Lesson theme, vocabulary, and grammar focus have all been drawn from the authentic text in this **Lectura** section.

Antes de leer

Pensemos

This prereading section serves as an advance organizer to pull out existing experience and language knowledge while encouraging use of the following reading preparation strategies: anticipating topics, sort-ing, personalizing, expanding cre-atively on stock phrase, comparing and contrasting.

❑ For additional activities, see Teacher's Manual, page 77.

Lectura

Antes de leer

Pensemos

A **Hace dos siglos.** Imagínate los cambios qué ocurren en un siglo (cien años) o en dos siglos. Luego, piensa en el mundo de hace 200 años y completa lo siguiente.

Hace doscientos años...
1. no había ___ .
2. había menos ___ .
3. había más ___ .

B **Dentro de dos siglos.** Según tú, ¿qué problemas se resolverán en el próximo siglo? Completa las frases con tu opinión.

1. La contaminación de ___ .
2. La escasez de ___ .
3. La reducción de ___ .
4. La destrucción de ___ .
5. El aumento de ___ .
6. Una cura para ___ .

C **No me cabe la menor duda.** ¿Cuáles de estas cosas existirán en los próximos doscientos años?

1. inyecciones contra...
2. vacunas para todas las enfermedades contagiosas
3. excursiones a...
4. un mundo unido, sin fronteras nacionales
5. un solo idioma para toda la gente del mundo
6. comunicación interplanetaria con...
7. naves espaciales para cada familia
8. robots que...

INFORMACION SOBRE EL SIDA
(En inglés y español)

US Public Health Service
1 800 342-AIDS
Línea Nacional sobre el SIDA
1 800 344-7432
NYC Hispanic Aids Forum
1 212 966-6336
Centro Para el Control de Enfermedades 1 404 639-3286
Gente Con SIDA 1 212 627-1810
ADAPT 1 212 289-1957

Solamente en inglés

Critical Thinking Activity

Direct students back to the title of **Capítulo 4, "Todo pasa y todo queda."** Brainstorm things that are constant (**ríos, arroyos, la luna, las estrellas, el amor, la risa**) and things that change and fade (**las guerras, las enfermedades, la tec-nología más moderna**).

Learning from Realia

Have students look at the pamphlet on page 336. AIDS in Spanish is called **el sín-drome de inmunodeficiencia adquirida (el SIDA).** This is a publication of the U.S. government. Why is it helpful to have this information available in Spanish as well as in English?

D Ya serán anticuadas... Es posible que las siguientes cosas se consideren anticuadas dentro de 200 años. Di qué tendremos en su lugar.

Por ejemplo: comida
> *En vez de comida, tomaremos pastillas nutritivas.*

1. billetes de dólares
2. monedas de un centavo (*pennies*)
3. teléfonos
4. cartas y tarjetas
5. aspirinas
6. computadoras
7. discos compactos
8. coches a gasolina

Miremos

A Punto por punto. Mira el primer párrafo del cuento de las páginas 338 y 339, que narra lo que pasó en un año del futuro. Apunta la siguiente información.

1. el año
2. el acontecimiento (lo que pasó)
3. la comunicación
4. la reacción

B A favor y en contra. Ahora, sigue leyendo el artículo para ubicar más información sobre lo que pasó. En un papel, copia las líneas que te den las ventajas y las desventajas del descubrimiento.

Lo bueno era que...   **Lo malo era que...**

C ¿Quién narra? ¿A qué grupo pertenece el narrador, a los jóvenes inmortales o a los mayores mortales?

> **Al lector**
> ● No te preocupes si no entiendes todas las palabras de la lectura. Eso es normal.
> ● No es necesario usar el diccionario. Trata de adivinar las palabras que no conoces.
> ● Confía en tu español; ya sabes muchísimo.

Lectura **337**

Note: For complete answers to these activities see the Teacher's Manual, page 77.

Actividades

Actividad A Answers
Answers may resemble the following:
1. ...electricidad

Actividad B Answers
Answers may resemble the following:
1. ...los mares.

Actividad C Answers
Answers will vary.

Actividad D Answers
Answers may resemble the following:
1. ...usaremos monedas de plástico.

Miremos

This preliminary reading section provides the first glimpse of the reading and focuses on the reading strategies of predicting and anticipating, skimming for global ideas, scanning for specific information, focusing attention, paraphrasing, sequencing events. No intensive reading is necessary at this stage.

Actividades

Actividad A Answers
Answers may resemble the following:
1. el año 2168

Actividad B Answers
Answers may resemble the following:
Lo bueno era que:
1. Sólo necesitaba una inyección cada cien años.
   (p. 338, linea 13)
Lo malo era que:
1. La inyección sólo tenía efecto en los menores de veinte años.
   (p. 338, linea 19)

Actividad C Answers
El narrador pertenece al grupo de los mayores mortales.

Learning from Realia

Have students look closely at the ad on page 337. What might be another way to say **a más tardar?**

Critical Thinking Activity

Have students look up the word **mortal** in a good dictionary. How is this word related to the definition of a human being?

Nosotros, no

Presentation (pages 338–339)

This authentic literary text encourages use of such strategies as guessing from context, transferring, identifying cognates and derivatives, applying knowledge and experience to sense-making process, identifying salient information, searching for patterns and clues to meaning. Guide students in how to guess meanings of unfamiliar words. If you assign the reading for homework, encourage students to use and develop their reading strategies, rather than rely on extensive dictionary use. When they return to class, have students share the clues they used to determine the meanings of specific words.

Nosotros, no
de José Bernardo Adolph (peruano)

Aquella tarde, cuando tintinearon las campanillas de los teletipos y fue repartida la noticia como un milagro, los hombres de todas las latitudes (de todas partes) se confundieron en un solo grito de triunfo. Tal como había sido predicho doscientos años antes,
5 finalmente el hombre había conquistado la inmortalidad en 2168.

Todos los altavoces del mundo, todos los transmisores de imágenes, todos los boletines destacaron esta gran revolución biológica. También yo me alegré, naturalmente, en un primer instante.

10 ¡Cuánto habíamos esperado este día!

Una sola inyección, de cien centímetros cúbicos, era todo lo que hacía falta para no morir jamás. Una sola inyección, aplicada cada cien años, garantizaba que ningún cuerpo humano se descompondría nunca. Desde ese día, sólo un accidente podría
15 acabar con una vida humana. Adiós a la enfermedad, a la senectud, a la muerte por desfallecimiento orgánico. Una sola inyección, cada cien años.

Hasta que vino la segunda noticia, complementaria de la primera. La inyección sólo surtiría efecto entre los menores de
20 veinte años. Ningún ser humano que hubiera traspasado la edad del crecimiento podría detener su descomposición interna a tiempo. Sólo los jóvenes serían inmortales. El gobierno federal mundial se aprestaba ya a organizar el envío, reparto y aplicación de las dosis a todos los niños y adolescentes de la tierra. Los
25 compartimentos de medicina de los cohetes llevarían las ampolletas *(vials)* a las más lejanas colonias terrestres del espacio.

Todos serían inmortales.

Menos nosotros, los mayores, los adultos, los formados, en cuyo organismo la semilla *(seed)* de la muerte estaba ya definitivamente
30 implantada.

Todos los muchachos sobrevivirían para siempre. Serían inmortales y de hecho animales de otra especie. Ya no seres humanos: su psicología, su visión, su perspectiva, eran radicalmente diferentes a las nuestras. Todos serían inmortales.
35 Dueños del universo para siempre. Libres. Fecundos. Dioses.

Nosotros, no. Nosotros, los hombres y mujeres de más de veinte años éramos la última generación mortal. Éramos la despedida, el adiós, el pañuelo de huesos *(bones)* y sangre que ondeaba

EL DIARIO
Inyección de inmortalidad

338 CAPÍTULO 5 *Lección 3*

Cooperative Learning Activity

The narrator of the story goes through three different stages of reaction to the news of the vaccine. Identify and list them. Describe the narrator's final vision of the future and his emotion as the story ends.

(waved)*, por última vez sobre la faz *(face)* de la tierra.

Nosotros, no. Marginados de pronto, como los últimos abuelos, de pronto nos habíamos convertido en habitantes de un asilo para ancianos, confusos conejos asustados entre una raza de titanes. Estos jóvenes, súbitamente, comenzaban a ser nuestros verdugos *(executioners)* sin proponérselo. Ya no éramos sus padres. Desde ese día, éramos otra cosa; una cosa repulsiva y enferma, ilógica y monstruosa. Éramos Los Que Morirán. Aquellos Que Esperaban la Muerte. Ellos derramarían lágrimas, ocultando su desprecio, mezclándolo con su alegría. Con esa alegría ingenua con la cual expresaban su certeza de que ahora, ahora sí, todo tendría que ir bien.

Nosotros sólo esperábamos. Los veríamos crecer, hacerse hermosos, continuar jóvenes y prepararse para la segunda inyección, una ceremonia —que nosotros ya no veíamos— cuyo carácter religioso se haría evidente. Ellos no se encontrarían jamás con Dios. El último cargamento de almas rumbo al Más Allá, era el nuestro.

¡Ahora cuánto nos costaría dejar la tierra! ¡Cómo nos iría carcomiendo *(consumiendo)* una dolorosa envidia! ¡Cuántas ganas de asesinar nos llenarían el alma, desde hoy y hasta el día de nuestra muerte!

Hasta ayer. Cuando el primer chico de quince años, con su inyección en el organismo, decidió suicidarse. Cuando llegó esa noticia, nosotros, los mortales, recién comenzamos a amar y a comprender a los inmortales. Porque ellos son unos pobres renacuajos *(tadpoles)* condenados a prisión perpetua en la vida. Perpetua. Eterna. Y empezamos a sospechar que dentro de 99 años, el día de la segunda inyección, la policía saldrá a buscar a miles de inmortales para imponérsela. Y la tercera inyección, y la cuarta, y el quinto siglo, y el sexto; cada vez menos voluntarios, cada vez más niños eternos que imploran la evasión, el final, el rescate. Será horrenda la cacería *(hunt)*. Serán perpetuos miserables.

Nosotros, no.

5

10

15

20

25

30

35

* *el pañuelo... que ondeaba por última vez*: se refiere al difunto o muerto que, agitándose como un pañuelo blanco del adiós, se despide de la vida.

Leamos

Presentation (page 340)

This section focuses on comprehension and use of information derived from more intensive reading through use of the following reading strategies: paraphrasing, summarizing, focusing on specific information, drawing conclusions, speculating.

Actividades

Note: For complete answers to these activities see the Teacher's Manual, page 77.

Actividad A Answers

Answers may resemble the following:
1. **Se confundieron en un solo giro de triunfo.**

Actividad B Answers

Answers may resemble the following:
1. **La comunicación consistirá de teletipos, altavoces, transmisores de imágenes y boletines.**

Actividad C Answers

Answers will vary.

Actividad D Answers

Answers may resemble the following:
"Ellos derramarían lágrimas, ocultando su desprecio, mezclándolo con su alegría".

Actividad E Answers

Answers may resemble the following:
Los mayores se alegraron al saber que los menores no querían ser inmortales.

Actividad F Answers

Answers may resemble the following:
Moraleja: No todos los avances de la ciencia mejorarán nuestra vida.

Leamos

A **Citas.** Ubica la palabra o frase donde dice lo siguiente.

1. Todos se alegraron.
2. La muerte iba convirtiéndose en un concepto anticuado.
3. Siglo a siglo los cuerpos se mantendrían jóvenes por medio de una dosis de medicina.
4. Los mayores envejecerían como siempre.
5. El gobierno repartiría la medicina por medio de cohetes.
6. Los mayores sentirían envidia de los menores.
7. Los menores sentirían tristeza y alegría a la vez.
8. Sólo los adultos conocerían el Más Allá.
9. No todos los inmortales estaban contentos.
10. Resulta que los inmortales querían descansar también.

B **El futuro.** Di cómo será la vida en el futuro según este cuento. Ubica las frases que te den información sobre lo siguiente.

Por ejemplo: el gobierno
Habrá un gobierno federal mundial.

1. la comunicación
2. viajes por el espacio
3. las diferencias entre jóvenes y mayores
4. la medicina
5. los deseos de la gente
6. la policía

C **Descripciones.** Copia todas las expresiones que describan o se refieran a lo siguiente.

Por ejemplo: los jóvenes inmortales   los mayores mortales
raza de titanes   confusos conejos

D **Agridulce.** ¿Cómo reaccionarían los jóvenes cuando los mayores empezaran a morir? Copia las palabras que describen la reacción.

E **En resumen.** Usa las palabras que siguen para resumir el final del cuento y las actitudes de tanto los jóvenes como los mayores.

Los mayores (menores) se alegraron (se entristecieron) al saber (pensar) que...

F **Moraleja.** Con otra persona escriban una o dos frases que sirvan de moraleja de este cuento.

Después de leer ....

Analicemos

A **Derivaciones.** Da la palabra de la cual se derivan las siguientes palabras del cuento.

Por ejemplo: la cacería
                 cazar

Sustantivos

1. la aplicación	7. el asilo	13. la evasión
2. la colonia	8. el desfallecimiento	14. la generación
3. el envío	9. la envidia	15. el rescate
4. el reparto	10. la revolución	16. el desprecio
5. la certeza	11. el final	
6. la inyección	12. el cargamento	

Adjetivos

1. inmortal	5. ilógico	9. monstruoso
2. orgánico	6. perpetuo	10. religioso
3. marginado	7. eterno	
4. repulsivo	8. evidente	

B **¿Qué se te ocurre?** Ubica y haz una lista de las palabras que se asocien con los siguientes.

1. la inmortalidad	4. la muerte	7. el poder
2. la vejez	5. lágrimas	8. la comunicación
3. el Más Allá	6. la debilidad	

C **¿Poner qué?** Ya sabes muchos usos del verbo *poner* y en este cuento también puedes encontrar otros verbos que tienen la misma raíz. Haz una lista de ellos con un/a compañero(a).

Apliquemos

A **La vida sin fin.** ¿Cómo cambiarías tu vida si supieras que ibas a vivir para siempre? Apunta al menos tres o cuatro ideas.

Por ejemplo: Si pudiera (tuviera que) vivir para siempre,...

B **¿Bendición o maldición?** Escribe un párrafo en el que expresas tu opinión sobre la inmortalidad. ¿La considerarías una bendición o una maldición? Explica por qué.

Lectura **341**

Analicemos

This section focuses on analysis of new vocabulary encountered in the reading through the language expansion strategies of identifying derivatives, transferring words to new contexts.

Actividades

Note: For complete answers to these activities see the Teacher's Manual, page 78.

Actividad A Answers
Sustantivos
 1. aplicar
Adjetivos
 1. inmortalidad

Actividad B Answers
Answers may resemble the following:
 1. la inmortalidad: **no morir jamás, dueños del universo, dioses, titanes, perpetuos, eterno**

Actividad C Answers
Answers may resemble the following:
descomponer, imponerse

Apliquemos

This section focuses on summarizing and integrating content and language of the reading through the following strategies: imaging and imagining, speculating, expressing point of view, developing dialogue.

Actividades

Actividad A Answers
Answers may resemble the following:
Si pudiera vivir para siempre...

Actividad B Answers
Answers will vary.

Independent Practice

Assign the following:
 1. Activities on pages 340–341

Mi más sentido pésame

Cuando una persona de la familia fallece (se muere) todos los familiares, parientes y amigos se apresuran a visitar a los hijos y esposo(a) de la persona fallecida para darles el pésame o expresar su dolor por su muerte. En muchos casos, familiares y amigos se quedan en la casa hasta la madrugada para acompañar a los deudos (familiares) más inmediatos. Si la persona fallecida está en la casa en vez de la iglesia, esta costumbre se llama "velorio", porque se encienden luces o velas alrededor del ataúd (*casket*). Al día siguiente, todos los grupos afectados por el deceso de la persona, directamente o indirectamente, publican anuncios en el periódico local y también invitan a otros amigos y compañeros de trabajo a asistir a la misa que se ofrece antes de llevar los restos al cementerio. Después del entierro, los familiares son saludados por sus amigos a la salida del cementerio. En esta ocasión, se abraza a los deudos y se dice: "Mi más sentido pésame". Esta frase quiere decir que Ud. siente muchísimo dolor por la muerte de la persona.

Conversemos y escribamos ....

A Lee la tarjeta y ubica palabras que expresan lo siguiente.

1. la persona fallecida
2. algo para consolar al familiar
3. los sentimientos

Un Mensaje de Consuelo y de Pésame

No se ha ido para siempre el ser amado ahora ausente... Por el poder del amor seguirá siempre presente en los recuerdos y en el corazón.

Que en estos momentos de pena y de duelo sirva de consuelo saber que en los recuerdos siempre vivirá este ser querido.

Muy Sentido Pésame

Cultura viva

Presentation (pages 320–321)

A. This section examines the lesson theme from a cultural perspective. Students are asked to reflect and comment on their own culture as well as Hispanic cultures, through the stimulus of authentic personal, journalistic, and literary texts. Use of the following types of cultural discovery strategies is promoted: focusing attention, identifying salient information, associating, personalizing, self-reflection, examining point of view, considering alternatives, language modeling.

B. Introduce students to the topic of this section by asking them whether there are certain **fórmulas** that people are expected to say on particular occasions in English. Why does a culture have these types of expressions? How do we learn them?

Additional Practice

1. Give students a few less formulaic expressions for sympathy, including, **Cuánto lo siento. Te acompaño en tu dolor. Le acompaño en el sentimiento.**
2. Use Spanish language newspapers to allow students to read the death announcements section. Discuss how their purposes are different from the purely informative nature of the obituaries in English newspapers.

Conversemos y escribamos

Note: For complete answers to these activities see the Teacher's Manual, page 78.

Actividad A Answers
1. el ser amado, el ser querido

Critical Thinking Activity

Las actitudes hacia la muerte. Explain to students that Hispanic cultures generally have an attitude toward death that is different from the non-Hispanic North-american point-of-view. In our culture, sometimes we try to ignore death or erase grief before its time is over. For example, we might hear someone consoling a friend whose family member has died by implying that it is for the best, since the person was suffering. This concept would be an inappropriate consolation in Hispanic cultures. The best we can do there is to be with the person who is mourning and let him or her know that we too are sad.

1. Help students to recall what they know about **El Día de Los Muertos.** You might want to list on the board or on

(continued on the next page)

En el siguiente poema, Jorge Luis Borges, el famoso escritor argentino, habla de la muerte como parte de la vida. Borges escribió el poema poco antes de su propia muerte. ¿Para quién crees que escribió el poema realmente, para Manuel Flores o para Borges mismo?

Milonga de Manuel Flores
Jorge Luis Borges (argentino, 1899 –1986)

Manuel Flores va a morir.
Eso es moneda corriente*;   lo que todos sabemos
morir es una costumbre
que sabe tener la gente.

Y sin embargo me duele
decirle adiós a la vida,
esa cosa tan de siempre
tan dulce y tan conocida.
Miro en el alba* mi mano,   amanecer
miro en la mano las venas;
con extrañeza las miro
como si fueran ajenas.

¡Cuánta cosa en su camino
estos ojos habrán visto!
Quién sabe lo que verán
después que me juzgue Cristo.

B Borges tenía una enfermedad que lo dejó ciego cuando era más o menos joven. ¿Qué quiere decir entonces cuando habla de lo mucho que han visto sus ojos? ¿Qué cosas podemos saber y sentir sin verlas? Haz una lista.

Por ejemplo: el aroma de... y...

---

†
BORGES, Jorge Luis, q.e.p.d., falleció en Ginebra (Suiza), el 14-6-86. Su primo doctor Miguel A. Melián Lafinur y familia participan con hondo sentimiento su deceso y que sus exequias habrán de celebrarse el 16 de Junio próximo en aquella ciudad.

---

†
BORGES, Jorge Luis, Prof., q.e.p.d., falleció en Ginebra (Suiza) el 14-6-86. El Movimiento Afirmación Moral Democrático Argentino participa el fallecimiento de su dignísimo socio honorario.

---

†
BORGES, Jorge Luis, q.e.p.d., falleció en Suiza el 14-6-86. - El Directorio de la Sociedad Argentina de Autores y Compositores de Música - SADAIC, en nombre de todos sus asociados participa el fallecimiento de su calificado consocio e invita a

Cultura viva **343**

---

an overhead the types of information that they remember.

2. What features of **El Día de los Muertos** might be surprising or displeasing to someone from outside the culture? What sort of comfort does this ritual offer to family members and friends?

Additional Practice

Usen las siguientes expresiones para resumir las ideas de estos poetas sobre el tiempo.

   a. Según...
   b. Ya no...
   c. Qué pena que...
   d. Lástima que no...

Actividad B Answers
Answers will vary.

Information About the Author

Jorge Luis Borges (1899–1986)

Jorge Luis Borges, one of the major figures of world literature, was a poet, essayist, and short–story writer. He was born in Argentina and educated in Switzerland, where he became fluent in French and German. Since one of his grandmothers was English, he spoke that language from childhood. He also mastered classical Greek and Latin.

Borges wrote more than 30 volumes of short stories, essays, and poetry. He continued writing even when he began to lose his eyesight in the 1950s. By the 1970s he was almost totally blind. His works have been translated into more than 20 languages. He believed that the short story was the basic unit of literature. Among his favorite themes are a cyclical vision of time, the vision of the world as a labyrinth, and the reversal of the roles of author and reader.

From 1955 to 1973, Borges served as Director of the **Biblioteca Nacional** in Buenos Aires, a position comparable to our Librarian of Congress. He was also a professor at the University of Buenos Aires, and a visiting lecturer at many universities around the world. In 1961, he and Samuel Becket shared the International Publisher's Prize. In 1979 he was awarded the Cervantes Prize, the most coveted literary award among Spanish-speaking nations.

This section presents additional aspects of the Spanish language that are often confusing for foreigners.

Actividad

Note: For complete answers to this activity see the Teacher's Manual, page 78.

Actividad Answers
Answers may resemble the following:
1. **Las drogas serán prohibidas.**

Estructura: Un poco más

Para enfatizar lo que se hizo, no quién lo hizo: La voz pasiva

The passive voice is a way of expressing an action by saying that something was done (by someone). The active voice draws attention to the person(s) who did the action.

La voz activa	*La voz pasiva*
La radio transmitió la noticia.	**La noticia fue transmitida por la radio.**
Despidieron a los jardineros.	**Los jardineros fueron despedidos.**

1 A more common way of expressing the passive voice is by use of the pronoun **se** + verb in the corresponding tense.

Se *colocó* **el trozo de luna en un parque público.**
Se *dieron* **conferencias.**

As you can see in these examples, the verb will agree (singular or plural) with the noun to which it refers.

2 When people are involved, you may represent them by using the indirect object pronoun (**me, te, le[s], nos**). This is often done to convey acts that are accidents or unplanned occurrences.

a. simple reporting of what happened with **se**

Se rompieron los vasos.	The glasses broke (were broken).
Se perdió la llave.	The key was lost (left somewhere).

b. to imply accident or unplanned occurrence

Se me rompieron los vasos.	I (accidentally) broke the glasses.
Se le olvidó la llave.	He (accidentally) forgot the key.

¿Cuáles de los siguientes sucesos se realizarán en el futuro, en tu opinión? Usa la voz pasiva.

1. prohibir las drogas
2. borrar las diferencias entre los países
3. desarrollar una inyección de inmortalidad

Di que hiciste lo siguiente sin querer.

1. romper un casete
2. perder todos tus libros
3. olvidar la tarea

Cooperative Learning Activity

Pablo Neruda's poem, **"Oda a las cosas rotas"** works well to illustrate the use of the passive voice for accidental happenings. Students can work in pairs or small groups on sections of the poem, combining their interpretations at the end.

Diversiones

A Vacunas e inyecciones.

1. Con dos compañeros(as), inventen cinco vacunas y cinco inyecciones que Uds. crean que son necesarias para mejorar la vida de los jóvenes. Por ejemplo: una vacuna contra las tareas que dan los maestros.
2. Júntense con otros dos grupos y compartan sus invenciones.
3. De todas las vacunas y las inyecciones, escojan cuatro que Uds. crean son las más necesarias y preséntenselas a la clase.

B El club de los secretos. Aquí ves un retrato del club de los *secretofílicos*, o sea, gente que ama los secretos.

1. Júntate con dos compañeros(as) para adivinar los secretos que acaba de contar y escuchar la gente del dibujo.
2. Para empezar, una persona escoge (en su mente) a una pareja del dibujo.
3. Sin decirle al grupo a qué pareja ha escogido, cuenta el secreto de la pareja del dibujo. Por ejemplo: si ha escogido a una pareja en la que la persona que escucha el secreto tiene la cara feliz, podría decir: "Dijo que ganaría la lotería".
4. Los otros miembros del grupo tienen que adivinar cuál es la pareja correcta.
5. La persona que adivina la pareja escoge a otra pareja del dibujo y cuenta su secreto.

Actividades

Note: For complete answers to these activities see the Teacher's Manual, page 78.

Actividad A Answers
Answers may resemble the following:
1. **Vacuna contra la envidia de los hermanos.**

Extension Actividad A
Have students select two of the vaccines invented by their group and think of what their long-term effects would be. The group should write a brief news bulletin about the possible ill effect in the future. For example, **Hoy se anunció que el rendimiento escolar típico de los estudiantes norteamericanos ha bajado hasta tal punto que muchos de nuestros estudiantes ya no pueden competir con los de otros países donde el uso de la vacuna contra las tareas ha sido prohibido.**

Actividad B Answers
Answers may resemble the following:
Dijo que sacaría notas excelentes en todas sus clases.

Interdisciplinary Activity

Interview the teacher and students of contemporary issues or other social studies course about the most common themes they are studying today. Make up questions to ask them about whether they are optimistic about the future, what they think should be done to solve our problems, and which problems they think might still be with us twenty-five years from now. Chart the results of your interviews in Spanish using the main concept vocabulary from **Lección 3**. A few questions might be included in your school newspaper so that other students and teachers could also participate, and the results could be published there in English.

Additional Practice

To review this vocabulary, have students group the words according to things that should or should not be done and make a brief example to illustrate each term.

Repaso de vocabulario

Cosas y conceptos

el amanecer
la ancianidad
el arma (f.)
la batalla
el bienestar
la calvicie
el cáncer
la cárcel
el cohete
el delito
el desamparo
el desempleo
la deuda
la diferencia
el dolor
la droga
la esperanza
la fobia
el fracaso
la gordura
la huelga
el impuesto
la injusticia
la inmortalidad
la jubilación
el milagro
la miseria
la pereza
la pobreza
el sentido común
el SIDA
el temor
la visión

Gente

el/la asesino(a)
el/la ladrón(-ona)
el pueblo (*people, nation*)

Descripciones

sabio(a)
tripulado(a)

Actividades

aceptar
borrar
convivir
derramar
destacar(se)
herir (ie, i)
juzgar
proponer
rezar

Otras palabras y expresiones

acaso
así como

Capítulo 5 Un paso más

A **Fobias.** Di a qué le tienes fobia. Da al menos diez ejemplos.

Por ejemplo: Le tengo fobia al éxito social y a...

B **Dos visiones contrastantes.** Con otra persona, hagan una lista de los elementos de una visión optimista del futuro y otra de una visión pesimista. Luego, escriban una composición en que comparan estas dos visiones. Usen el vocabulario que han aprendido y expresiones de comparación como *por un lado... por el otro, en vez de..., en cambio, por el contrario, sin embargo, aunque.*

C **Los rivales dijeron que...** Imagínate que has asistido a una reunión de un grupo rival de Uds. (grupo de amigos, equipo deportivo, alumnos de otro colegio, los mayores). Primero, haz una lista de lo que escuchaste. Luego, prepara un informe de lo que escuchaste para que le cuentes todas las novedades a tu propio grupo.

Por ejemplo: Dijo una alumna del colegio Jefferson: "Espero que ganemos el campeonato de baloncesto".

Ella dijo que esperaba que ganaran el campeonato de baloncesto.

D **Cultura joven.** A la cultura estadounidense siempre se le llama "cultura joven". ¿Qué características de los jóvenes tiene nuestra cultura? Da al menos cinco características.

Por ejemplo: En esta cultura la música más popular es la de "rock".

E **Las mil y una noches de la tecnología.** Eduardo Quiles en su obra *El frigorífico* hace la siguiente descripción del futuro. Léela y después completa su descripción del paisaje urbano.

"Qué época... Ni Julio Verne la hubiera intuido... ¡Es una fantasía urbana! Los ciudadanos vuelan bajo las nubes en dirección a sus trabajos. ¡Qué maravilla!... Y no se ven semáforos, ni policías, ni ruidos, ni gases... ¡Hum! ¡Qué delicia de atmósfera! Cómo se respira... Los automóviles circulan con energía solar... ¡Caramba! Las aceras

Actividad A Answers
Answers may resemble the following:
Le tengo fobia a los gatos.

Actividad B Answers
Answers may resemble the following:
En nuestra visión optimista del futuro, vemos un mundo unido, sin guerra, sin pobreza, sin miseria. En cambio, en la visión pesimista por un lado todas las naciones están en guerra y por el otro hay mucha hambre y enfermedades. No hay bienestar en el mundo. Finalmente, la visión optimista presenta un mundo que aunque no es rico tampoco es pobre.

Actividad C Answers
Answers may resemble the following:
Dijo el entrenador: Vamos a ganar el partido contra el colegio Marsh.

El entrenador dijo que iban a ganar el partido contra nosotros.

Actividad D Answers
Answers may resemble the following:
Los mayores se visten como los jóvenes.

Actividad E Answers
Answers may resemble the following:
La gente no padece de tensión, siempre sonríen y se ayudan en todo. Hay curas para todas las enfermedades. En las escuelas todas las aulas tienen computadoras, televisores, videocaseteras. Las clases sólo tienen diez alumnos y los maestros tienen ayudantes y ganan tanto dinero como los médicos y los abogados.

Actividad F Answers
Answers may resemble the following:
Hoy "En el futuro": Empleo o desempleo. ¿Para cuál te preparas tú?

Nuestros invitados son: el Sr. Armando Ribera, profesor de la Universidad de California y la Srta. Blanca Ramírez,

representante del Departamento de Trabajo.

Según el Sr. Ribera los jóvenes que están en el colegio hoy en día van a tener que prepararse mucho mejor que sus padres para poder conseguir un buen trabajo que pague bien y que sea interesante. El Sr. Ribera también dijo que era muy importante que los jóvenes estudiaran en la universidad después que se graduaran del colegio. La Srta. Ramírez dijo que los trabajos del futuro necesitarán personas que sean inteligentes y que sepan mucho de la tecnología.

Actividad G Answers
Answers may resemble the following:
El robot de mis amores no sólo me ayuda a resolver mis problemas en el trabajo, también anticipa los problemas y me ayuda a evitarlos. Y ¿sabes qué? También me aconseja sobre mis problemas personales. ¿Quizás lo cambio por mi novia?

Actividad H Answers
Answers may resemble the following:
Ojalá que hubiéramos reciclado todos el vidrio, el papel, el plástico y los metales.

Si tan sólo recogiéramos la basura de la playa.

Actividad I Answers
Answers may resemble the following:
Algunos de los cambios que han ocurrido en la familia en este país me dan miedo. Por ejemplo, el divorcio. He tenido suerte que mis padres no se han divorciado. Muchos de mis amigos han sufrido mucho por el divorcio de sus padres. A todos les ha afectado de una manera negativa. Pero lo que sería más terrible sería la muerte de uno de mis padres o de mi hermano. No sé si podría aguantar la tristeza si uno de ellos muriera. No pienso siempre en eso pero cuando lo pienso, me dan ganas de llorar.

están cubiertas de césped y se ven oleadas de nudistas por las calzadas. Esa gente parece instalada en *Las mil y una noches de la tecnología*... Parece que ya no es necesario crear la infelicidad ajena para conquistar la realización personal... Van por la vida silbando, se besan, intercambian flores..."

Por ejemplo: También se escucha música en vez del ruido de los motores. La gente no trabaja en oficinas oscuras y pequeñas sino en jardines llenos de flores...

F **El mal de la Tierra.** Con otra persona, piensen en un problema referente al futuro de nuestro planeta que los preocupa mucho. Preparen un programa de televisión en que analizan este problema entre los jóvenes. Incluyan entrevistas e informes de lo que dijeron los entrevistados (sin olvidarse de cambiar los tiempos de los verbos). Den muchos ejemplos de todas las ideas y también usen algunos dibujos o gráficos para que el programa sea más interesante para el público.

G **Robot de mis amores.** Los escritores que leíste en este capítulo tienden a tener una visión más bien negativa de la tecnología, los robots y las máquinas. Pero es muy posible que tú tengas que trabajar con esta tecnología en el futuro. Haz una defensa del robot de tus amores o de una tecnología que te parezca particularmente prometedora.

H **Si fuéramos más disciplinados.** Expresa las cosas que te duelen de todo este problema del medio ambiente. Usa *ojalá que* y *si tan sólo...*

Por ejemplo: Ojalá que no hubiéramos arrojado desperdicios a...
Si tan sólo separáramos...

I **Desde mi punto de vista.** Escribe una composición en la que explicas tus ideas sobre el cambio y la estabilidad. ¿Hasta dónde es preferible la estabilidad en vez del cambio? ¿Por qué le tenemos miedo al cambio? Comenta sobre uno o dos de los temas que siguen o piensa en tus propios temas.

1. moda
2. educación
3. amistades
4. familia
5. trabajo
6. gobierno

Extra Activities

A. Ya sabes qué cosas son importantes o muy queridas para el escritor argentino, Marco Denevi. Compara preferencias con las tuyas. ¿En qué se parecen? ¿En qué se diferencian? Escribe una composición o hazle una presentación a la clase. Da ejemplos en cada caso. Si quieres, puedes escribir un poema en vez de una composición.

B. Ya sabes muchas palabras derivadas del verbo poner. Con un/a compañero(a), haz una lista la más larga posible. Luego, escriban una serie de frases largas para usarlas todas.

Por ejemplo: poner a prueba, un puesto, propone, ponerse

(continued on the next page)

J **Así no más sería.** Da los resultados de lo siguiente.

1. Si yo no leyera, ___ .
2. Si no cuidáramos los recursos naturales, ___ .
3. Si agotáramos los combustibles fósiles, ___ .
4. Si entendiéramos los peligros que causa la destrucción de la selva, ___ .
5. Si supiéramos cuánto ozono queda todavía, ___ .

K **Cosas de gente grande.** Cuéntale a la clase tres o cuatro cosas que te dicen siempre los mayores.

Por ejemplo: Si yo fuera tú, estudiaría mucho para ser profesional.

L **¿Qué dijo?** Se puede usar varios verbos para expresar no sólo lo que dijo alguien, sino también algo de la manera en que lo dijo.

1. Por ejemplo, en vez de usar *dijo* se puede usar...

lloriqueó	lloró	respondió	alegó
gritó	indicó	agregó	amenazó
corrigió	se quejó	gruñó	exclamó
insistió	propuso	aconsejó	amonestó
disimuló	fingió	mintió	explicó
se amurró	observó	notó	interrumpió
aclaró	interrogó	preguntó	

2. Entonces, con un/a compañero(a) elijan verbos de la lista y escriban un diálogo entre uno de los siguientes pares de gente:

   a. Juan y Juana, dos enamorados
   b. un/a joven y sus padres
   c. dos amigos del alma
   d. un/a estudiante y su maestro(a)
   e. tú y otra persona

Por ejemplo: —¡Te amo tanto!— exclamó Juan.
   —Y yo te amo a ti— fingió Juana —Pero quiero que te vayas.
   —¿Cómo? interrogó Juan.

Actividad J Answers
Answers may resemble the following:
1. ...no aprendería nada de lo que pasa en el mundo.

Actividad K Answers
Answers may resemble the following:
Si yo fuera tú, no vería tanto la tele.

Actividad L Answers
Answers may resemble the following:
   Un joven y sus padres:
   "Ustedes nunca me dejan ir al cine con mis amigos", se quejó Juan Carlos.
   "Tus notas este semestre han sido horrible", lo amonestó su madre.
   "No es culpa mía", explicó Juan Carlos.
   "Entonces, ¿de quién es la culpa?", interrogó su padre.
   "Está bien, mamá. Si no quieres que vaya al cine, no voy", disimuló Juan Carlos.

Mi amiga me propuso no poner nuestros nombres en las tareas.

C. Describo de un objeto incluyendo la siguiente información.
   1. color y tamaño
   2. forma
   3. material
   4. valor
   5. categoría (mueble, ropa, etc.)
   6. para qué sirve

Preséntale tu descripción a la clase, frase por frase, sin nombrar el artículo. Tus compañeros adivinarán qué es.

Note: Divide class into two teams for the above activity. Team A will read one sentence of the description and Team B will guess. If they guess on the first sentence, award five points; second sentence, four points, and so forth.

Chapter Overview

Chapter 6 focuses on the broad theme of identity—how we know who we are, how we communicate with others, and how others perceive us. The chapter emphasizes nationality and traditions, physical gestures as a means of expression, and the interaction of individuals in society. Cultural themes include symbols and traditions that define cultural identity, attitudes toward physical disability, and the possibilities of women in society. Grammatical emphasis is on formation of the progressive tenses; differentiation between English and Spanish usage of the progressive tenses; and use of **por** and **para**. Authentic literary texts in the **Lectura** section include essays, poems, and short stories by well-known Hispanic writers.

Note: The book of photographs, *Material World: A Global Family Portrait* by Peter Menzel makes a wonderful classroom resource for this lesson. It is also available in CD-ROM format, published by Star Press, for those who have access to a multi-media computer.

CAPÍTULO 6

¿Quién soy yo?

Learning from Photos

1. Direct students to look closely at the photo on page 350. Each person has chosen to hold an object that represents his or her particular interests. What can you say about the individuals based on the items they have selected? If you were to choose one possession to symbolize your activities in a photo, what would you carry and why?

2. What can you say about the lives of the people pictured on page 351? Where are they and what are they doing? What setting would you select for a photo of yourself that tells something about who you are? The **jalapeño** pepper at the bottom of this page has taken on a symbolic meaning. What cultural information does it represent? Can you think of a symbol for your own culture?

CAPÍTULO 6

Lección 1

Lección 1   **351**

Lección 1

Introducing the Lesson Theme

Through the theme of identity, this lesson focuses on describing oneself in detail. Once the learners are able to paint a verbal picture of their appearance, they will use the present participle to describe actions characteristic of each individual. To introduce this theme, you may want to begin with **Actividades A-F** of the **Pensemos** section of the **Lectura.** By the end of these activities, the students will have identified that factors that make them similar to and different from others. They will have reflected on their own self-images, as well as on the ways that others perceive them.

Objectives

By the end of this lesson, students will be able to:
1. describe their physical appearance and personality in detail
2. use the present participle to describe actions in progress
3. identify some of their typical emotional reactions
4. use adverbs to describe how people do things

Lesson 1 Resources
1. Workbook
2. Audio Program (cassette or CD)
3. Student Tape Manual
4. Bell Ringer Review Blackline Masters
5. Fine Art Transparencies
6. Situation Cards
7. Lesson Quizzes
8. Testing Program
9. Situation Cards

Vocabulary Teaching Resources

1. Workbook, pages 107–109
2. Audio Program 6.1
3. Student Tape Manual, pages 94–95
4. Bell Ringer Review Blackline Masters
5. Lesson Quizzes, pages 94–98
6. Testing Program, pages 118–122

Bell Ringer Review

Write the following on the board or use BRR Blackline Master 6.1.1: Write three predictions that your family members might have made for your future. For example, **Mi papá dijo que algún día yo descubriría la cura para el insomnio.**

Presentation (pages 352–353)

To ensure assimilation of meaning and appropriate use, do not rush vocabulary presentation.

A. Have students work with books closed to focus attention on listening for meaning.

1. Ask students to think of any physical or personality characteristics that run in their families. Do they share in these characteristics or are they different? Students should name (by title) family members who are alike or different.

2. Give students the outline of a face and have them draw in only the features that they can name in Spanish. You might want to allow about thirty seconds after everyone has drawn for them to collaborate with a partner and add any features that the other person has and they do not have. At the end, ask people to come up and draw and label one feature at a time on an outline on the overhead or the chalkboard.

3. Direct students to list three infinitives that they would associate with themselves. On an overhead

352

Me pregunto: ¿Quién soy yo?

Vamos a ver... soy...

madrugador/a *(early riser)*, cuando nada me desvela *(keep awake)*.
ciego(a), cuando se trata de ver el desorden de mi habitación.
sordo(a), cuando se trata de escuchar consejos de los mayores.
mudo(a), cuando me piden mi opinión en clase.
tartamudo(a) *(stutterer)*, cuando he dicho una mentira grande.
manco(a) *(one-armed)*, cuando se trata de pasar la aspiradora en casa.
cojo(a) *(lame)*, cuando se trata de hacer mandados *(run errands)*.

Soy...

el vivo retrato *(spitting image)* de mi padre (madre).
parecido(a) a mi gemelo(a) *(I resemble, look like my twin)*.
trabajador/a.
perezoso(a).
impulsivo(a).
reflexivo(a).
egoísta.

de mente (mind)...
acalorada *(argumentative)*.
común y corriente.
aguda *(sharp)*.

de carácter...
reservado.
afable *(pleasant)*.
alegre *(cheerful)*.
comunicativo.
altivo *(arrogant)*.

de mirada...
risueña *(smiling)*.
triste.
lánguida.
agresiva.

de sonrisa...
fácil.
inquieta.
amplia *(broad)*.
apenas *(scarcely)* dibujada.

Soy de...

frente (forehead)...
ancha.
angosta *(narrow)*.

cara...
redonda.
alargada.
triangular.
rectangular.

boca...
chica.
grande.
de labios finos *(thin)*.
carnosos *(full)*.

nariz...
respingada *(turned up)*.
chata *(flat)*.
aguileña *(curved)*.

ojos...
grandes.
pequeños.
almendrados *(almond-shaped)*.
rasgados *(slanted)*.

352 CAPÍTULO 6 *Lección 1*

Cooperative Learning Activity

Starting at the beginning of this lesson, each small group should compile a scrapbook of magazines, photos, and drawings that illustrate the vocabulary words. Students add to this scrapbook as the lesson progresses, use it to study and review, and turn it in for a grade at the end of **Lección 1.**

Soy de...		
pestañas *(eyelashes)...*	rizado.	**estatura...**
cortas.	crespo *(tightly curled).*	mediana.
largas.	lacio	alta.
cejas *(eyebrows)...*	oxigenado *(bleached).*	baja.
oscuras.	teñido *(dyed).*	ni alta ni baja.
claras *(light).*	negro.	**rasgos** *(features)...*
abundantes.	castaño *(brown).*	asiáticos.
escasas *(thin).*	rubio.	africanos.
pelo...	con flequillo *(bangs).*	indígenas.
largo.	**piel...**	europeos.
corto.	clara.	hispanos.
ondulado *(wavy).*	morena *(dark).*	
	olivácea.	

Cuando más feliz estoy es cuando ando por ahí...

corriendo.	descalzo(a) *(barefoot).*
haciendo ejercicio.	liado(a) con *(hanging out with)* amigos(as).
silbando *(whistling).*	
conduciendo un coche.	montado(a) en bicicleta.

A veces...

me enrojezco *(blush)* hasta el pelo cuando me miran.

me enfurezco *(become furious)* cuando se meten en mi vida.

enmudezco *(become dumbfounded)* cuando la gente es cruel.

les agradezco mucho *(am very grateful)* a los que me ayudan a superarme.

me echo a *(burst out)* reír cuando me reprenden *(reprimand, scold).*

Vocabulario **353**

Asociaciones

This section encourages use of the following types of strategies for assimilation of new vocabulary: personalizing, transferring to new contexts, recycling, recombining, associating, categorizing, expanding, cooperating, interviewing, and summarizing.

Warm up. Have students work in pairs to practice the lesson vocabulary. Give one student in each pair the words and phrases, and ask the other to respond with a word or phrase that is similar in meaning. Probable responses are shown in parentheses.

❑ To continue with this warm-up activity, see the Teacher's Manual, page 103.

Actividades

Note: For complete answers to these activities see the Teacher's Manual, page 80.

Actividad A Answers
Answers may resemble the following:
1. **triste, lánguido, inquieto, rechazado**

Actividad B Answers
Answers may resemble the following:
Palabras positivas
1. **madrugador**

Palabras negativas
1. **perezoso**
Las palabras positivas reflejan hábitos y gestos positivos.
Las palabras negativas reflejan actitudes negativas.

Actividad C Answers
Answers may resemble the following:
1. **Tengo la cara redonda y lisa.**

Note: You may wish to provide students with the following additional vocabulary: **pestañas crespas/ tiesas, de pelo liso, de piel pálida/ fina, de mejillas prominentes/ hundidas/pálidas/sonrosadas, de rasgos finos/toscos/delicados.**

Asociaciones

A **Buena memoria.** Da todas las palabras que puedas que estén relacionadas a las siguientes circunstancias.

Por ejemplo: Me siento estupendo(a).
> *Me divierto; estoy contenta, alegre, feliz; saco buenas notas; estoy enamorada...*

1. Me siento deprimido(a).
2. Me siento enfurecido(a)
3. Me vuelvo ciego(a).
4. Me vuelvo sordo(a).
5. Me siento feliz.
6. Enmudezco.
7. Me vuelvo cojo(a).
8. Me siento orgulloso(a).
9. Me vuelvo manco(a).

B **Los dos polos.** Con un/a compañero(a), elige veinte palabras del Vocabulario y clasifícalas en dos grupos, positivas y negativas. Expliquen por qué.

C **Así soy yo.** Descríbete a ti mismo(a) con respecto a los siguientes rasgos distintivos.

Por ejemplo: piernas
> *Tengo piernas largas y delgadas, con rodillas fuertes.*

1. cara
2. cabello
3. ojos
4. piernas
5. estatura

6. frente
7. nariz
8. piel
9. cejas

D **Van una con la otra.** Algunas personas creen saber cómo debe ser el físico de una persona que tiene cierto tipo de personalidad. Completa lo siguiente con tus propias ideas.

Por ejemplo: de mirada risueña
> *Si eres de mirada risueña y abierta, entonces tienes pelo fino y lacio, eres de frente ancha y de sonrisa...*

1. reflexivo(a)
2. perezoso(a)
3. madrugador/a
4. de carácter altivo

5. de mirada agresiva
6. de sonrisa fácil
7. de mente acalorada

Learning from Photos

Have students describe the girl in the photo on page 355. What would she say about how she is feeling? Where is she and what is she doing?

Independent Practice

Cuando sea mayor. Have students write a description of what they will be like when they are older. How will their hair be? Will they be tall or short? What will their character be like? How will they spend their time?

E **Retrato.** Describe a una persona que conoces bien. Completa lo siguiente.

1. Físicamente, es ___ .
2. En cuanto a su carácter, es ___ .
3. Cuando está deprimido(a) anda ___ , pero cuando está feliz ___ .

F **Cualquiera sabe.** Con otra persona, piensa en tres o cuatro personas conocidas y di qué rasgos las distinguen. Incluye los siguientes detalles: la mirada, la sonrisa, los ojos, las pestañas, las cejas, los ojos, la estatura, la musculatura, la frente, la boca, la nariz, el pelo.

Por ejemplo: Kevin Costner

Es de mirada lánguida y una sonrisa apenas dibujada. Tiene los ojos almendrados y la frente amplia; su pelo es fino y lacio y las cejas, delgadas.

KEVIN COSTNER
ES
ROBIN HOOD
PRÍNCIPE DE LOS LADRONES

G **Retratos clásicos.** Describe las siguientes personas clásicas. Sé imaginativo(a) y da detalles.

Por ejemplo: un señor tacaño

Es de mente aguda, de carácter altivo, de mirada triste. Es egoísta. Es de frente angosta, de cara alargada, de boca chica y labios finos...

1. una abuelita cariñosa
2. una mamá joven
3. un señor gordo
4. una chica bellísima
5. un niño lleno de salud
6. una bruja
7. un muchacho estupendo
8. un delincuente callejero

H **Pintores.** Dibuja una cara famosa o desconocida, usando los nombres de los rasgos de la cara en vez de líneas. Observa el ejemplo.

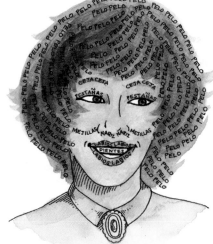

Vocabulario **355**

Actividad D Answers
Answers may resemble the following:
1. **Si eres reflexivo, entonces tienes los labios finos, las pestañas cortas y tiesas y la cara alargada.**

Actividad E Answers
Answers will vary.

Actividad F Answers
Answers may resemble the following:
Madonna: Es de mirada agresiva y altiva, y de sonrisa inquieta. Tiene los ojos almendrados y la frente amplia. Su pelo es rubio oxigenado, los labios carnosos y la piel lisa.

Extension of Actividad F
Have students think of and describe actors or other famous persons who are not especially handsome, but whose personality or character has made them popular.

Actividad G Answers
Answers may resemble the following:
1. **Abuelita cariñosa: Es de estatura baja, de carácter alegre, de semblante tranquilo, pero tiene una sonrisa amplia. Tiene el pelo corto y canoso.**

Actividad H Answers
Drawings will vary.

Extension of Actividad H
Have students bring in a copy of a portrait or other work by a famous artist such as Goya, Velásquez, Rivera, Murillo, etc. They should show and describe the person in the painting to their small group, which then asks questions or speculates about the subject of the portrait.

Additional Practice

Students might enjoy playing the guessing game in which one person leaves the room while the others choose someone to be "it." When the guesser returns to the room, he or she may ask **sí o no** questions to try to discover the identity of the student who is "it." Set a limit, such as six or seven, on the number of questions that can be asked before guessing.

Conversemos

Presentation (pages 356)

This section focuses on integration of the vocabulary, while encouraging the use of the following conversational strategies: mapping and organizing thoughts, cooperating, expressing and supporting opinion, expanding, personalizing, context transferring and recycling, recombining.

Actividades

Note: For complete answers to these activities see the Teacher's Manual, page 80.

Actividad A Answers
Answers may resemble the following: **Mi nariz es chata. Quisiera tenerla más fina. Tengo el pelo lacio. Lo quisiera muy rizado.**

Actividad B Answers
Answers will vary.

Actividad C Answers
Answers may resemble the following: **Es fuerte como un toro: es grande, musculoso, tiene las cejas abundantes, es impulsivo pero muy trabajador. Levanta mucho peso en su trabajo. Puede trabajar mucho sin cansarse.**

Escribamos

Presentation (page 356)

This section encourages integration of the lesson vocabulary through use of the following strategies: associating, personalizing, expanding, giving details, organizing and summarizing, and supporting opinions.

Actividad

Actividad Answers
Answers will resemble the model.

356

Conversemos

A **Si no es mucho pedir...** Si pudieras cambiar algunos de tus rasgos, ¿qué cambiarías?

Por ejemplo: Mi pelo es demasiado fino. Me encantaría que fuera más grueso, más largo y un poco rizado.

B **De incógnito.** Tu compañero(a) te va a describir a una persona. Dibújala según sus instrucciones. ¿Puedes adivinar quién es?

C **Fauna humana.** Muchas veces describimos a la gente usando características de animales. Escoge dos o tres de los siguientes y da al menos tres conclusiones en cada caso.

Por ejemplo: Ese niño es como un loro.
> *Entonces, será muy hablador. Se vestirá de todos colores. Le gustará imitar a otra gente.*

1. Es grande como un oso.
2. Es trabajadora como una hormiga.
3. Canta como un canario.
4. Come como un león.
5. Es fiel como un perro.
6. Es fuerte como un toro.
7. Tiene memoria de elefante.
8. Salta como una cabra.
9. Se ríe como una hiena.
10. Es venenoso como una serpiente.
11. Nada como un pez.
12. Es astuto como un zorro.
13. Es obstinado como una mula.

Escribamos

Así soy yo. Escribe una descripción completa de tu persona, agregando un comentario a la descripción básica que ya hiciste en la actividad C de la página 354. Usa también todas las asociaciones que puedas hacer para cada parte del cuerpo. Describe al menos tu cara, frente, cabello, ojos, nariz, cejas, pestañas, piel, estatura, musculatura.

Por ejemplo: piernas
> *Tengo buenas piernas de bailarina. Son largas y flexibles. Me gustan las medias de colores. Cuando me siento perezosa, me echo a andar por... para soñar y pensar un poco.*

356 CAPÍTULO 6 *Lección 1*

Learning from Realia

El oso y el madroño is the symbol of the city of Madrid. A huge statue of the bear and the tree, weighing about twenty tons, is located in the Puerta del Sol, near the very center of the city. Some people say that the bear represents prosperity and abundance. The **madroño** produces round, edible, red berries. The fair advertised in this poster will be held in the **Casa de** **Campo,** a large green space in Madrid containing a zoo, a lake, and an extensive woodland. Ask students to look carefully at the ad and figure out what the green and white stripes might represent.

Estructura

Para describir cómo pasas el tiempo: Los usos del gerundio

In the Vocabulario you have used the present participle to say what you spend your time doing.

> Cuando más feliz estoy es cuando ando *corriendo, haciendo* ejercicio, *montando* en bicicleta, *silbando, conduciendo* un coche.

1 To form present participles, drop the -**ar**, -**er**, or -**ir** endings of infinitives and add -**ando** or -**iendo** as shown below.

aprovechar	Aprovechando la oportunidad, te mando un beso.
correr	Me vine corriendo del colegio porque hace sol.
conducir	Conduciendo con cuidado, estamos tranquilos.

2 Stem-changing verbs (**e** to **i**, **o** to **u**) of the -**ir** group have irregular present participles. For example:

pedir	pidiendo
vestirse	vistiéndose
divertirse	divirtiéndose
dormir	durmiéndose

3 Some present participles are written with a **y** so that there will not be three vowels together.

atraer	atrayendo
caerse	cayéndose
creer	creyendo
leer	leyendo
oír	oyendo
destruir	destruyendo
huir	huyendo

4 Note that any necessary pronouns are attached to the present participle and an accent mark is placed on the stressed syllable, as indicated below.

> Papá ya está *preparándonos* el desayuno.
> Voy *durmiéndome* poco a poco cuando apago la televisión.

Estructura

Structure Teaching Resources
1. Workbook, pages 110–112
2. Audio Program 6.1
3. Student Tape Manual, pages 96–97
4. Lesson Quizzes, pages 123–125

Bell Ringer Review

Write the following on the board or use BRR Blackline Master 6.1.2: Sketch a face and label the parts, including at least one adjective for each.

Presentation (pages 357–358)

Before introducing the **Estructura**, have students brainstorm action verbs that they know. These can be grouped according to things done inside and outside of the house.

Additional Practice

Working in pairs, have students make flash cards with the irregular present participles. They can use them to quiz each other right before the bell at the beginning or end of class, or any time they have a few spare moments during this lesson.

Extension of *México visto por sus niños*

Have students read this poem carefully and think of natural features associated with the area where they live. Do they feel any identity with a particular river, mountain peak, lake, etc.? Have them write present participles to express what the people and this part of nature have in common.

5 Use the present participle with the verbs **seguir** and **continuar** to say what someone continues to do or keeps doing.

> **Ella siguió insultándome. No voy a continuar contándoles lo que pasó porque es muy vergonzoso.**

6 When you are describing an action or activity that is *in progress*, use the present participle with the following verbs: **estar**, **ir**, **venir**, **andar**, **salir**, **pasar**, and **terminar**.

> **Estaba planeando la fiesta en mi cabeza y me fui cantando a la escuela.**
>
> **Esta tarde estaba contento y me vine silbando porque hoy cumplo 16 años.**
>
> **Ando pensando en los regalos que voy a recibir.**
>
> **Salí corriendo del trabajo.**
>
> **Paso la tarde limpiando la sala. ¡No es vida!**
>
> **Terminé pidiéndole a mi mamá que me dejara invitar a cinco personas más a la fiesta.**

7 You can also use the present participle to name an action in progress, without using the above verbs.

> **Durante un rato me quedé inmóvil, escuchando.**

8 As you have seen in Chapter 4 (page 254), the present participle is not used to name activities, as in English. Use an infinitive instead. Compare the following.

> **Me encanta patinar.**
> I love skating.

> **Viajar es lo que más me interesa.**
> Traveling is what interests me the most.

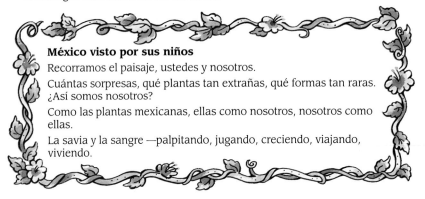

México visto por sus niños

Recorramos el paisaje, ustedes y nosotros.

Cuántas sorpresas, qué plantas tan extrañas, qué formas tan raras. ¿Así somos nosotros?

Como las plantas mexicanas, ellas como nosotros, nosotros como ellas.

La savia y la sangre —palpitando, jugando, creciendo, viajando, viviendo.

Conversemos

A **Siempre ando pensando...** Di qué andas haciendo en las siguientes ocasiones.

Por ejemplo: cuando estás contento(a)
> *Cuando estoy contento ando saltando y pensando en...*

1. cuando estás agradecido(a)
2. cuando estás furioso(a)
3. cuando estás descalzo(a)
4. cuando estás acalorado(a)
5. cuando estás perezoso(a)

B **Soy como soy por buena razón.** Di cómo eres por ser quien eres. Refiérete a tu estado o ciudad, tu colegio o equipo y tu familia o barrio.

Por ejemplo: Siendo californiano, me encanta la playa pero detesto la contaminación.
Siendo un "Lakeville Tiger", juego mejor que nadie.

C **Distintos estilos.** Piensa en dos personas que conoces bien y di cómo hacen las siguientes acciones cada uno de ellos.

Por ejemplo: salir de casa
> *Mi hermano siempre sale de casa gritando y peleando con...*
> *En cambio mi hermana siempre sale cantando una canción de moda.*

1. despertarse
2. cocinar
3. vestirse
4. desayunarse
5. salir de casa
6. volver a casa
7. irse de compras
8. irse al cine
9. andar por la calle
10. trabajar

D **¿Y tú?** Completa las frases que siguen de una manera personal usando el gerundio *(present participle).*

Por ejemplo: Pasé la noche...
> *Pasé la noche mirando las fotos que había sacado en la fiesta.*

1. En la fiesta del otro día, me divertí mucho ___ .
2. Allí mi amigo(a) ___ se me acercó ___ .
3. Había unos sándwiches muy ricos; mi amigo(a) ___ se los comió ___ .
4. Mi amigo(a) ___ me saludó ___ .
5. Y así pasé el sábado ___ .

Estructura **359**

359

Actividad E Answers

Answers may resemble the following:
El lunes lo paso bostezando.
El martes lo paso hablando por teléfono.

Escribamos

Presentation (page 360)

This section encourages integration of the lesson vocabulary through use of the following strategies: associating, personalizing, expanding, giving details, organizing and summarizing, and supporting opinions.

Actividades

Note: For complete answers to these activities see the Teacher's Manual, pages 81–82.

Actividad A Answers
Answers will vary.

Actividad B Answers
Answers may resemble the following:
Hablando se entiende la gente.

Extension of Actividad B
Students may make their original advice into posters, illustrate them, and post them in the room during this lesson.

Actividad C Answers
Answers may resemble the following:
Nosotros, los chicos de aquí, vivimos vidas complicadas y ocupadas. Nos pasamos la semana estudiando y trabajando y los meses de verano estamos trabajando más que nunca. Nadie se da cuenta que andamos cargando libros y corriendo de un lugar a otro todo el día. ¡Es para morirse de la risa! Lo malo es que a veces nos escapamos de tener que trabajar y estudiar y vamos a divertirnos. Así somos los chicos de este colegio.

Actividad D Answers
Answers will vary.

E **Mi semana.** Di cómo pasas cada día de la semana.

Por ejemplo: El lunes lo paso quejándome y... El martes...

Escribamos

A **Poema original.** Escribe un poema acerca de ti mismo(a). Sigue el siguiente esquema.

1. Nombra acciones que te gustan mucho.
2. Nombra acciones relacionadas con el colegio.
3. Nombra acciones relacionadas con tus amigos.
4. Nombra acciones que te describen bien.

Por ejemplo: Soy yo, Silvia
Silbando, tocando la guitarra, bailando, cantando
Sacando buenas notas, durmiéndome en la clase de historia
Sonriendo, ayudando, apoyando, chismeando
Muriéndome de amor por Carlos, corriendo.

B **Buenos consejos.** Escribe cinco buenos consejos para tus compañeros(as).

Por ejemplo: Cometiendo errores, se crece.
Cayéndose, se aprende a esquiar.
Comunicándose, los amigos se conocen.

C **El alumnado de mi colegio.** Describe a los estudiantes de tu colegio en líneas generales. Destaca los aspectos positivos y luego compáralos con los negativos. Usa el siguiente ejemplo para guiarte.

Por ejemplo: Nosotros, los chicos de mi colegio, vivimos... y... Nos pasamos la semana... y los meses... Nadie se da cuenta que andamos... y... todo el día. ¡Es para morirse de la risa! Lo malo es que a veces nos escapamos... y... Y así somos los chicos de este colegio.

D **Tu "yo" interno.** Describe cinco cosas que piensas en tu interior.

Por ejemplo: Vivo deseando que el año termine pronto para... Paso el día esperando que venga... Por la noche, ...

Independent Practice

Assign any of the following:
1. Actividades on pages 289–290
2. Writing Activities Workbook, 110–112

E Dime más. Con otra persona, piensen en por lo menos tres gerundios que puedan completar las siguientes frases de una manera más interesante. Usen los verbos como *venir, andar, pasar, ir, seguir* y *estar*.

Por ejemplo: Mi perro viene cuando lo llamo.
        Cuando lo llamo, mi perro viene corriendo, saltando.

1. Los viernes mi maestro(a) está contento(a).
2. Los viernes por la noche mis amigos y yo nos divertimos.
3. Los sábados tengo mucho que hacer.
4. El/La director/a del colegio está muy ocupado(a).
5. Mis padres me lo dicen cuando están enojados.
6. Pero también sé cuando están contentos.
7. Cada vez que practico, mejoro un poco.
8. Mis amigos hacen las mismas cosas como antes.

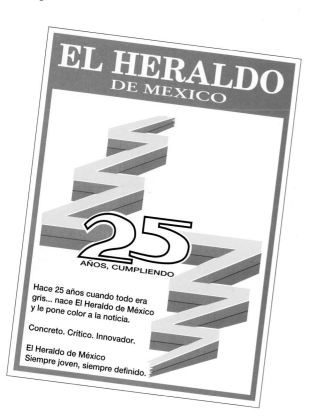

EL HERALDO DE MEXICO

25
AÑOS, CUMPLIENDO

Hace 25 años cuando todo era gris... nace El Heraldo de México y le pone color a la noticia.

Concreto. Crítico. Innovador.

El Heraldo de México
Siempre joven, siempre definido.

Estructura **361**

Actividad E Answers
Answers may resemble the following:
1. Los viernes mi maestro anda contento, riéndose, hablando y hasta cantando.

Additional Practice

1. You may wish to have students work in pairs to generate a list of types of people and tell how they spend the day. For example: **Soy muy trabajador. Paso el día analizando, archivando datos, averiguando...**
2. Students use a present participle to explain how the following were done.
   a. **Mi papá entró ___ y supe que me iba a reprender.**
   b. **Hago mi tarea ___.**
   c. **Mis amigos lo pasan bien ___.**
   d. **Este chico es muy loco; conduce ___.**

Teaching Resources
1. Audio Program 6.1
2. Student Tape Manual, page 98

Bell Ringer Review

Write the following on the board or use BRR Blackline Master 6.1.3: Use the verbs **pedir, creer, divertirse,** and **vestirse** to describe what teenagers today are doing and believing. Write your sentences using the present participle.

Presentation (pages 362–363)

This section develops reading skills through a five-stage, integrative process: **pensar, mirar, leer, analizar,** and **aplicar.** For a complete description of each of these stages, as well as suggestions for teaching, please refer to the Teacher's Manual. You may effectively do this section at any point in the lesson, including lesson introduction. In this particular lesson, it is recommended that you use **Actividades A-F** of the **Pensemos** section as introduction.

Antes de leer

Pensemos

This prereading section pulls out existing experience and language knowledge while encouraging use of the following reading preparation strategies: associating, expanding, determining meaning through context, anticipating and predicting, recycling and recombining previous knowledge, and context transferring.

Actividades

Note: For complete answers to these activities see the Teacher's Manual, page 82.

Lectura

Antes de leer

Pensemos

A **Yo.** Indica todos los factores que, según tú, determinan tu identidad.

mi nacionalidad	mi estado o ciudad	mi familia
mi historia	la religión	mi apariencia
mi personalidad	mi sexo	los deportes que hago
mi edad	mis amigos	mis pasatiempos
mis habilidades	mi ropa	mis gustos y preferencias
mis posesiones	la música que me gusta	la comida que como
mis colecciones	el idioma que hablo	mi grupo académico
mi casa	los planes que tengo	los clubes de la escuela

B **Así soy.** Explica un poco los factores que elegiste en la actividad A.

Por ejemplo: mi nacionalidad, mi estado y ciudad, mi familia, mi personalidad

Soy un italoamericano de Ohio, de la ciudad de Columbus.

Soy uno de los Santini. Soy inteligente, cariñoso, sincero.

C **Soy único.** Nombra las características de cada categoría que te hacen único(a), diferente de los demás.

Por ejemplo: Soy único porque soy vietnamita, o sea que no nací en los Estados Unidos. Me gusta la música clásica, aunque a mis amigos les gusta la música rock. Tengo una colección de gorros de béisbol.

D **Y soy como tú.** Nombra características de cada categoría que te hacen similar a los demás.

Por ejemplo: Como a todos los mexicanos, me encanta comer bien.

Como a mis compañeros, me gusta bailar y coleccionar camisetas.

E **Autoestima.** De las características que pusiste en las actividades C y D, ¿de cuáles estás más orgulloso(a)?

362 CAPÍTULO 6 *Lección 1*

Learning from Photos

Direct students' attention to the facial expression and body language of the people pictured on this and the next page. What do their stance and gestures add to their message? How might a person use body language to convey that he or she is reserved, impulsive, arrogant, or lazy?

Interdisciplinary Activity

Work with an art teacher or librarian to investigate famous artists who have done self-portraits. Describe how their portraits compare to their real-life appearance, if you can. What image of themselves have they presented in these portraits? Make a display for the bulletin board or classroom walls during this unit, or create a bilingual display for the library or other public area.

Por ejemplo: Estoy orgullosa de mi idioma, de ser puertorriqueña y
ciudadana de los Estados Unidos.
Estoy orgullosa de mi habilidad para las matemáticas.
También estoy orgullosa de mi sexo, de ser una mujer.

F **Mi espejo.** ¿Hay diferencias entre la imagen que tienes de ti
mismo(a) y la imagen que tienen los demás de ti? Di por lo menos una
diferencia, en tu opinión.

Por ejemplo: Creo que soy muy aplicado(a), pero hay otros, como
mis hermanos, que creen que soy despistado(a).

Miremos

A **Encuentro.** En el cuento de la página 364, el narrador cree que se
ha encontrado a sí mismo. Lee el primer párrafo y cita las palabras que
te den esta información.

B **Me veo.** Si lo del cuento te hubiera pasado a ti, quizás habrías
buscado una explicación. Si miras el primer párrafo, ¿cuál de las
siguientes frases explica de mejor manera lo que le pasó al narrador?
También puedes agregar tus propias explicaciones.

1. Encontró a su gemelo.
2. Acaba de ver a su hijo.
3. Nos está describiendo a su sombra.
4. Está soñando.
5. Vio a alguien que podría ser su doble.
6. Se está mirando al espejo.
7. Va a conocerse a sí mismo por primera vez.
8. Se ha vuelto loco.
9. Hay otra explicación.

C **Sigue leyendo.** Ahora, sigue leyendo para ver lo siguiente.

1. ¿Adónde va?
2. ¿Cómo reacciona al verse a sí mismo?
3. ¿Cómo reacciona "el otro"?

Al lector

● No te preocupes si
no entiendes todas las
palabras de la lectura.
Eso es normal.

● No es necesario usar
un diccionario. Trata
de adivinar las
palabras que no
conoces.

● Confía en tu español;
¡ya sabes muchísimo!

Lectura **363**

Independent Practice

Assign the following:
Activities on pages 362–363

Miremos

This preliminary reading section provides the first glimpse of the reading,
and focuses on the reading strategy
of scanning for specific information.
Point out to students the note, **Al
lector**, and tell them that no intensive reading is necessary at this
stage. Before doing this activity, have
students brainstorm how their lives
might be different if they had a twin.
Would they get along? Would they
want to dress alike? Would they play
tricks with their identities? What
might be the advantages or disadvantages of having a twin?

Actividades

Note: For complete answers to these
activities see the Teacher's Manual,
page 82.

363

Encuentro (adaptado)

Presentation (pages 364–365)

Reading Strategies

A. This authentic text encourages use of such reading strategies as:

1. guessing from context
2. identifying cognates
3. using derivatives
4. looking for patterns
5. applying knowledge and experience to sense-making process
6. identifying salient information
7. searching for clues to meaning. Guide students in how to guess meanings of unfamiliar words.

B. Have students work in pairs or individually to give meaning to these words using the following:

1. cues from context
2. their own experience
3. knowledge of English and knowledge of Spanish. Help them find and choose the correct clues to the meanings of: **intrigado** (cognate), **decidí** (derivative), **desconocido** (derivative), **al rato de andar** (context), certeza (derivative), **la máscara** (cognate), **a puñetazos** (context), **sucedió** (context).

C. If you assign this reading for homework, follow up by having students give you the clues they used to discover the meanings of these words.

Encuentro (adaptado)
de Octavio Paz (mexicano, 1914)

Al llegar a mi casa, y precisamente en el momento de abrir la puerta, me vi (a mí mismo) salir. Intrigado, decidí seguirle. El desconocido —escribo con reflexión esta palabra— descendió las escaleras del edificio, cruzó la puerta y salió a la calle. Quise
5 alcanzarlo, pero él apresuraba su marcha exactamente con el mismo ritmo con que yo aceleraba la mía, de modo que la distancia que nos separaba permanecía inalterable. Al rato de andar se detuvo ante un pequeño café y atravesó su puerta roja.

Unos segundos después yo estaba en la barra del mostrador, a su
10 lado. Pedí una bebida cualquiera mientras examinaba de reojo las hileras de botellas en el aparador, el espejo, la alfombra raída, las mesitas amarillas, una pareja que conversaba en voz baja. De pronto me volví y lo miré larga, fijamente. El enrojeció, turbado (confuso). Mientras lo veía, pensaba (con la certeza de que él oía mis
15 pensamientos): "No, no tiene derecho. Ha llegado un poco tarde. Yo estaba antes que usted. Y no hay la excusa del parecido, pues no se trata de semejanza, sino de sustitución. Pero prefiero que usted mismo se explique..."

Él sonreía débilmente. Parecía no comprender. Se puso a conversar
20 con su vecino. Dominé mi cólera (furia) y, tocando levemente su hombro, lo interpelé (enfrenté).

—No pretenda (intente) ningunearme. No se haga el tonto.

—Le ruego que me perdone, señor, pero no creo conocerlo.

Quise aprovechar su desconcierto y arrancarle (quitarle) de una vez
25 la máscara:

—Sea hombre, amigo. Sea responsable de sus actos. Le voy a enseñar a no meterse donde nadie lo llama...

Con un gesto brusco me interrumpió:

—Usted se equivoca. No sé qué quiere decirme.

30 Terció un parroquiano (cliente):

—Ha de ser un error. Y además, ésas no son maneras de tratar a la gente. Conozco al señor y es incapaz...

Él sonreía, satisfecho. Se atrevió a darme una palmada (golpecito con la mano):

35 —Es curioso, pero me parece haberlo visto antes. Y sin embargo no podría decir dónde.

Empezó a preguntarme por mi infancia, por mi estado natal y otros detalles de mi vida. No, nada de lo que le contaba parecía recordarle quién era yo. Tuve que sonreír. Todos lo encontraban simpático... Él
40 me miraba con benevolencia.

Critical Thinking Activity

Los espejos distorsionados. Ask students to think about why distorted mirrors are fun for us at fairs and amusement parks. Is it because we feel certain of how we actually look? How might a person who lacks this confidence feel upon looking into one of these mirrors? Would he really begin to doubt his self-image? Have students investigate words related to **locura.** They will find **demencia,** which connotes chaos, or the breakdown of order. Notice how in the story order is represented by politeness, which quickly degenerates into the chaos of violence as the narrator loses his temper.

—Usted es forastero (de otra parte), señor, no lo niegue. Pero yo voy a tomarlo bajo mi protección. ¡Ya le enseñaré lo que es México, Distrito Federal!

Su calma me exasperaba. Casi con lágrimas en los ojos, sacudiéndolo por la solapa (*lapel*), le grité: 5

—¿De veras no me conoces? ¿No sabes quién soy?

Me empujó con violencia:

—No me venga con cuentos estúpidos.

Todos me miraban con disgusto. Me levanté y les dije:

—Voy a explicarles la situación. Este señor los engaña, este señor es 10 un impostor...

—Y usted es un imbécil y un desequilibrado—gritó.

Me lancé (salté) contra él. Desgraciadamente, resbalé (*slipped*). Mientras procuraba apoyarme en el mostrador, él me destrozó la cara a puñetazos. Me pegaba con saña (rabia) reconcentrada, sin hablar. 15 Intervino el mesero:

—Ya déjalo... Está loco.

Nos separaron. Me cogieron en vilo (en brazos) y me arrojaron al arroyo (la calle):

—Si se le ocurre volver, llamaremos a la policía. 20

Tenía el traje roto, la boca hinchada, la lengua seca. Escupí (*spit*) con trabajo. El cuerpo me dolía. Durante un rato me quedé inmóvil, acechando (esperando). Busqué una piedra, algún arma. No encontré nada. Adentro reían y cantaban. Salió la pareja; la mujer me vio con descaro (insolencia) y se echó a reír. Me sentí solo, expulsado del 25 mundo de los hombres. A la rabia sucedió la vergüenza. No, lo mejor era volver a casa y esperar otra ocasión. Eché a andar lentamente. En el camino, tuve esta duda que todavía me desvela: ¿y si no fuera él, sino yo...?

Students who have used *¡Acción! 1* and *2* will be able to recall quite a bit of information about Mexico City, the setting of this story. Have them brainstorm what they remember. Given that the city is so large, point out to them how in the story the small **café** quickly comes to represent **el mundo de los hombres** for the narrator.

Presentation (pages 366–367)

This section focuses on comprehension and use of information derived from more intensive reading, through use of the following strategies: context transferring, associating, personalizing, supporting opinion, scanning, listing and note taking.

Actividades

Note: For complete answers to these activities see the Teacher's Manual, page 82.

Actividad Answers

Answers may resemble the following:

I

Línea	Página
1. #2	364

"Intrigado, decidí seguirme".

II

Línea	Página
1. #29	364

"Usted se equivoca".

Leamos ....

En otras palabras. Ubica la línea del cuento en que se dice más o menos lo siguiente.

I

1. Tenía mucha curiosidad y decidí seguir a mi otro yo.
2. Traté de caminar junto a él.
3. No pude caminar con él porque si yo caminaba rápido, él caminaba rápido también.
4. Después de caminar unos minutos, se paró.
5. Yo miraba de lado las botellas que estaban en el mueble.
6. La cara se le puso muy roja porque tenía vergüenza.
7. Estaba seguro de que él podía escuchar lo que yo estaba pensando.
8. Él no puede hacer esto.
9. Yo llegué primero; Ud. llegó después.
10. Ud. no puede decir que somos similares, porque en realidad no somos similares.
11. No trate de ignorarme.
12. No trate de hacer como si no hubiera pasado nada.
13. Creo que nunca nos presentaron.
14. Yo le voy a dar una lección para que aprenda a no molestar a otra gente.

II

1. Creo que Ud. está cometiendo un error.
2. Yo creo que todo esto es un gran error.
3. Ud. debe tener más respeto por la gente.
4. Tuvo la insolencia de tocarme con la mano.
5. A todos les gustaba este hombre.
6. Señor, Ud. no es de esta ciudad; no trate de ocultarlo.
7. Deje de decir tonterías.
8. Este hombre no es quien dice ser; es otra persona y dice que soy yo.
9. Ud. está demente.
10. Lo ataqué pero me caí.
11. Me golpeaba muy fuerte y con mucha rabia.
12. En la pelea se rompió mi ropa y me destrozó la cara.
13. La mujer que salió me miró y empezó a reírse.
14. De pronto, tuve una duda que todavía me preocupa mucho.

Independent Practice

The **Leamos** activities on pages 366 and 367 can be assigned as written homework and then shared orally in the classroom.

Después de leer ....

Después de leer

Analicemos

A Sinónimos. Une la/s palabra/s de una columna con la/s palabra/s de similar significado de la otra columna.

1. acelerar   **a.** cruzar
2. atravesar   **b.** ignorar
3. parecido   **c.** semejanza
4. desafortunadamente   **d.** procurar, pretender
5. intentar   **e.** apresurar
6. mesón del café   **f.** desgraciadamente
7. ningunear   **g.** mostrador

B Derivaciones. Para las palabras de la columna de la izquierda, ubica en el relato palabras derivadas de ellas. Para las palabras del relato que aparecen en la columna de la derecha, da la palabra de la cual se derivan.

1. conocer   inmóvil
2. presión   reflexión
3. hilo   desequilibrado
4. ojo   pareja
5. fijo   parecido
6. rojo   desconcierto
7. cierto   disgusto
8. pensar   infancia
9. ninguno   terciar
10. capaz   palmada
11. satisfacción   benevolencia
12. puño   violencia

Apliquemos

Mi doble. Explica en qué se parecería tu doble a ti. Completa las frases que siguen.

1. Sería ___ .   4. Estaría ___ .
2. Tendría ___ .   5. Iría ___ .
3. Le gustaría ___ .

Analicemos

A. This section focuses on analysis of new vocabulary encountered in the reading through use of the following language expansion strategies: transferring, associating, searching for patterns, noting similarities.

B. Have students guess the meanings of the cognates in **Actividades A** and **B.**

Actividades

Note: For complete answers to these activities see the Teacher's Manual, page 83.

Actividad A Answers
1. e   5. d
2. a   6. g
3. c   7. b
4. f

Actividad B Answers
1. conocer: desconocido

Apliquemos

This section focuses on summarizing and integrating content and language of the reading through the following strategies: transferring to new contexts, summarizing, personalizing, imagining, describing.

Actividad

Actividad Answers
Answers will vary.

Extra Activities

Have students do the following activities:
1. Tomando en cuenta lo que sabes de ti mismo(a), explica adónde fue tu doble y qué hizo allí.
2. Di dos o tres cosas que tú y tu doble hacían juntos. Por ejemplo: Antes, mi doble y yo íbamos a... y hablábamos de... Ahora, nos gusta salir a dar un paseo con... trabajar en....

Cultura viva

C U L T U R A   V I V A

¿Quién soy? ¿De dónde vengo?

Presentation (pages 368–369)

The theme of this section is nationality and personal identity. To introduce students to this concept, give pairs of students a blank world map and see how many countries they can identify. Do they know the names in Spanish of non-Hispanic countries?

Extension. Ask students the following: How many different ethnic groups are represented in the place where you live? Can you find their presence in the names of streets, parks, and neighborhoods? What services or organizations in your area help the newly arrived?

Todos sabemos quiénes somos; de eso no cabe duda. Lo raro es que nunca nos hacemos esta pregunta, a menos que, por un viaje, estudios o un conflicto, entremos en contacto con otra cultura y otra gente. Entonces sí que nuestra identidad se convierte en un tema muy importante para nosotros. Por supuesto, en los Estados Unidos, donde hay gente de tan variadas extracciones culturales, la pregunta "¿Quién soy yo?" siempre tiene importancia.

Conversemos y escribamos ....

Conversemos y escribamos

Note: For complete answers to these activities see the Teacher's Manual, page 83.

A Contesta lo siguiente.

Soy estadounidense, pero la verdad es que además soy...

vietnamita	africano(a)	italiano(a)	hispano(a)
camboyano(a)	egipcio(a)	laosiano(a)	marroquí
chino(a)	japonés(esa)	filipino(a)	sirio(a)
libanés(esa)	palestino(a)	polaco(a)	alemán(ana)
irlandés(esa)	escocés(esa)	holandés(esa)	jordano(a)
danés(esa)	cubano(a)	mexicano(a)	texano(a)
californiano(a)	floridense	puertorriqueño(a)	neoyorquino(a)
colombiano(a)	angelino(a)	guatemalteco(a)	
salvadoreño(a)	bostoniano(a)	coreano(a)	

Actividad A Answers

Answers will vary.

Actividad B Answers

1. ...Cuba.
2. ...Panamá y luego en Puerto Rico.
3. ...Puerto Rico... los Estados Unidos.
4. ...estadounidense... cubano... su identidad nacional se centra en su cultura.

B Lee el ensayo que sigue y luego completa lo siguiente.

1. Jorge Duany nació en ___ .
2. De niño vivió en ___ .
3. Fue al colegio en ___ y fue a la universidad en ___ .
4. Su nacionalidad es ___ , pero él se siente ___ porque ___ .

Critical Thinking Activity

When Duany says, **mi yo es inseparable de mi medio ambiente,** he is echoing the words of the famous Spanish philosopher, José Ortega y Gasset: **Yo soy yo y mis circunstancias.** This concept implies that people must do more than simply exist; they must be aware of themselves inside of their particular cultures.

A. Duany's definition of culture is fairly broad. What elements does he include? Can you think of others that are also important?

B. Do you think that it is important for people to maintain the language of their ancestors along with English? Brainstorm some advantages and disadvantages of trying to keep another language alive in the family.

La identidad y el exilio
de Jorge Duany (adaptado)

Yo no tengo un solo recuerdo de Cuba, y, sin embargo, me siento tan cubano como Jose Martí... Nací en Cuba en 1957, pero me fui con mis padres a los tres años; viví mi primera infancia en Panamá y después me crié en Puerto Rico. Adolescente aún, partí hacia los Estados Unidos para iniciar mis estudios universitarios. En estos últimos años de múltiples exilios, me he estado haciendo obsesivamente la misma pregunta: ¿Qué es esto de ser cubano?... ¿quién soy?... ¿de dónde vengo?

... Mi yo es inseparable de mi medio ambiente, de las fuerzas sociales que han condicionado mi desarrollo. Por eso, la única manera de definir mi identidad es mediante la experiencia de los cubanos en los Estados Unidos y Puerto Rico. Soy cubano porque hablo muy rápido, me como las "eses", desprecio las "eres" y las "des", y me gusta una cierta melodía en la entonación. Soy cubano porque los pies me saltan cuando oigo la voz de Beny Moré, el mambo de Pérez Prado o las flautas de la Orquesta Aragón. Soy cubano porque me encanta un buen plato de arroz con frijoles negros, un bistec empanizado y plátanos maduros. Soy cubano porque cuando veo en una foto o una película el Malecón de La Habana, las murallas del Morro, las palmeras de Varadero, las calles estrechas de Santiago, siento una indefinible nostalgia, una presión en el pecho y una absurda pesadez en la garganta.

Cubano, pues, aunque no haya vivido en Cuba, aunque todas mis imágenes de la patria —palabra nueva— sean prestadas, aunque mi futuro no me devuelva a la tierra en que nací. Es que la geografía poco tiene que ver con la nacionalidad más entrañable. Más bien, la identidad nacional se centra en el idioma, en las costumbres, en la música, en fin, en la cultura.

C Usa el ensayo de Duany como modelo para explicar quién eres tú y por qué.

Por ejemplo: Soy norteamericano(a) porque... Soy sureño (del medio oeste, norteño) porque... Soy neoyorquino (californiano, virginiano, floridense, etc.)... y por eso... Soy de la ciudad de... Soy del área de... Soy del colegio... Soy uno de los (*apellido*)... y por eso...

Cultura viva **369**

Actividad C Answers
Answers will vary.

Cultural Notes

Regarding Martí, you may wish to refer to the **Cultura viva** section on page 479 of the student text of *¡Acción! 2*. Beny Moré was a singer and orchestra leader during the 50s and 60s, known as **el bárbaro del ritmo.** Pérez Prado was known as king of the mambo. **Orquesta Aragón** was famous for its renditions of the cha-cha in the 50s. The Malecón is the seaside boardwalk in Havana. Varadero is considered Cuba's most attractive beach.

Did You Know?

Jorge Duany mentions that he was born in Cuba in 1957, but left with his family in 1960 and has never returned to live there. Fidel Castro came to power in 1959; a major immigration of Cubans to the United States followed in the 1960s. Many Cubans who left during those years refer to themselves as "exiles"—a word Duany uses to describe his moving about.

Learning from Realia

Más is one of the best-known and most readily available magazines for Spanish-speaking readers in the U.S. Have students investigate other publications directed toward Hispanic audiences.

Estructura: Un poco más

Presentation (page 370)
This section presents additional aspects of the Spanish language that are often confusing for foreigners.

Actividad

Note: For complete answers to this activity see the Teacher's Manual, page 83.

Actividad Answers
Answers may resemble the following:
exitosamente   sensacionalmente
artísticamente   cuidadosamente

Cuando era niño corría lentamente porque era muy perezoso...

Estructura: Un poco más

Para describir nuestras acciones: Cómo formar los adverbios

1 You can form adverbs in Spanish by taking the feminine form of an adjective (for those that have one) and adding the ending **-mente**.

exactamente	débilmente
rápidamente	frecuentemente
violentamente	suavemente
desgraciadamente	realmente
últimamente	felizmente

Elisa corrió a casa rápidamente; afortunadamente, llegó antes de que saliera mamá.

2 When you want to use more than one adverb, only the last one will take the ending **-mente**, as you can see in the examples that follow.

El artista pintaba delicada y cuidadosamente.

Cuando los vi, hablaban rápida y alegremente.

Forma adverbios de los siguientes adjetivos. Luego elige seis o siete de los adverbios y cuenta una vez que hiciste algo de esa manera.

exitoso	sensacional	artístico
cuidadoso	impulsivo	independiente
intuitivo	malhumorado	orgulloso
valiente	desconcertado	furioso
lento	suave	sabio

Cooperative Learning Activity
You may wish to have students work in groups to devise sentences containing present participles and adverbs. Encourage originality. For example, **El director de la escuela se nos acercó (gritando) y nos miró (fijamente). Nos dijo (enrojeciéndose)....**

Or one student starts a sentence and passes it to the next, who inserts the participle, who passes it to another, who inserts the adverb, and so forth.

Diversiones

A **¡Una pantomima!**

1. Júntense en grupos de ocho personas; cada grupo se divide en dos equipos de cuatro personas.
2. Cada persona escribe en un papel una actividad (cuánto más complicada mejor).
3. Una persona escoge un papel y representa la actividad mediante la pantomima.
4. Su equipo tiene que adivinar qué está haciendo y decirlo usando el gerundio (por ejemplo: *Está trabajando en el correo*, *Está jugando tenis pero está cojo*, etc.)
5. Cuando lo adivinan, alguien del otro equipo escoge un papel y lo representa.
6. Sigan alternando entre un equipo y el otro haciendo las representaciones hasta que todos los papeles hayan sido presentados.

B **Mapas de un nuevo mundo.** Si tus padres son de México y de Italia, tal vez te parezca que estos países están muy cerca el uno del otro, aunque en realidad no lo están en el mapa del mundo. Con cuatro compañeros, usando un mapa del mundo, dibujen otro mapa del mundo como Uds. lo ven. Este mapa debe estar basado en sus experiencias personales, sus cuentos familiares, etc. Anoten en su mapa nuevo los nombres de todos los países que han incluído. Luego, enséñenle su mapa a la clase y explíquenselo.

EL CIELO NUNCA SE HA VISTO MEJOR

En 45 ciudades de México y el extranjero

Diversiones **371**

Diversiones

Actividades

Note: For complete answers to these activities see the Teacher's Manual, page 83.

Actividades A and B Answers
Answers will vary.

Learning from Realia

Direct students to look carefully at the ad on this page. What are the meanings of **nunca se ha visto mejor** in the headline?

Cosas y conceptos

el carácter
la ceja
el desorden
la estatura
el flequillo
la frente
la mente
la mirada
la musculatura
la pestaña
el rasgo
el retrato

Personas

el/la gemelo(a)
los mayores

Descripciones

abundante
acalorado(a)
afable
africano(a)
agresivo(a)
agudo(a)
aguileño(a)
alegre
almendrado(a)
altivo(a)
amplio(a)
angosto(a)
asiático(a)
azulado(a)
carnoso(a)
castaño(a)
chato(a)

claro(a)
cojo(a)
comunicativo(a)
crespo(a)
definido(a)
descalzo(a)
dibujado(a)
escaso(a)
europeo(a)
feliz
fino(a)
indígena
ingenioso(a)
inquieto(a)
lánguido(a)
liado(a)
madrugador/a
manco(a)
mediano(a)
moreno(a)
mudo(a)
oliváceo(a)
ondulado(a)
oxigenado(a)
parecido(a)
rasgado(a)
reflexivo(a)
reservado(a)
respingado(a)
risueño(a)
tartamudo(a)
teñido(a)
tieso(a)
triangular
vivo(a)

Actividades

agradecer (zc)
desvelar
echarse a + *inf.*
enfurecerse (zc)
enmudecer (zc)
enrojecerse (zc)
hacer mandados
reprender
silbar

Otras palabras y expresiones

ahí
apenas
ni... ni

Lección 2

Learning from Photos

Have students look carefully at the photos on page 373. What types of obstacles have these people probably had to overcome in order to arrive where they are in the pictures? What might be the most difficult parts of the day for them? How are they showing their independence?

Lección 2

Introducing the Lesson Theme

Through the theme of physical movement, this lesson focuses on identifying gestures that people use to communicate their feelings and intentions. Use of the progressive tenses in Spanish is contrasted with usage of these tenses in English. The consideration of motions and gestures leads to an examination of physical disabilities or challenges. To introduce the overall theme, you might want to begin with **Actividades A, B,** and **C** of the **Pensemos** section of the **Lectura.** These activities will help students to tie the theme of **Lección 2** in with what they have learned in **Lección 1** and will allow them to see the larger issue of similarity and uniqueness that runs through both lessons.

Objectives

By the end of this lesson, students will be able to:
1. describe a wide variety of gestures and identify their meaning
2. identify and use the suffix -**azo** to signify a blow or strike given by the thing being named
3. use the progressive tenses to describe actions or processes happening at the moment
4. use definite articles where they are required

Lesson 2 Resources
1. Workbook
2. Audio Program (casssette or CD)
3. Student Tape Manual
4. Bell Ringer Review Blackline Masters
5. Fine Art Transparencies
6. Video Cassette
7. Lesson Quizzes
8. Testing Program
9. Situation Cards

Vocabulario

A veces, sobran *(aren't necessary)* las palabras porque puedo...

encogerme *(shrug)* de hombros para indicar...
que no me importa.
que me da igual.
que no sé nada.

echarle una mirada de furia *(give a look of anger)* a alguien...
para averiguar *(find out)* si se da cuenta del problema.
para mostrarle mi mal genio *(bad mood)*.

clavarle la mirada con saña *(look daggers at)* para que sepa que algo me parece mal.

andar con los párpados caídos *(eyes cast downward)* para que sepa que estoy ofendido(a).

bajar los ojos para indicar que estoy arrepentido(a).

volver la espalda para demostrarle que no quiero nada con él o ella.

contestarle en un abrir y cerrar de ojos *(in a flash)* para mostrar que estoy listo(a).

alzar *(raise)* la cabeza y retirarme *(leave)* para indicar que no voy a aguantar *(tolerate, put up with)* nada.

taparme los oídos para mostrar que no quiero chismes de los demás.

quedarme boquiabierto(a) para demostrar mi asombro.

sonreír con confianza para mostrar que estoy satisfecho(a).

darme la media vuelta para indicar que no dejaré *(let, allow)* que me manipulen.

interrogar con los ojos para pedir una explicación.

hacerme lenguas de *(rave about)* algo para darles envidia *(envy)* de lo que vi.

fruncir las cejas *(frown)* para indicar mi desagrado.

guiñarle el ojo *(wink)* a alguien para indicarle...
que todo fue en broma, que le estaba tomando el pelo.

mirar fijamente *(gaze, stare)* al otro para indicar que lo estoy escuchando.

inclinar *(move up and down)* la cabeza para expresar que estoy de acuerdo.

menear *(shake, move from side to side)* la cabeza para decirle que "no", que no estoy de acuerdo.

dar un suspiro *(sigh)* para indicar mi alivio *(relief)*.

morderme la lengua *(bite my tongue)* para evitar decir nada.

sacarle *(stick out)* la lengua a alguien para burlarme de él o ella.

apuntarle *(point)* a alguien con el dedo para reprenderlo(la).

apuntar con el dedo para indicar dónde está un lugar.

374 CAPÍTULO 6 *Lección 2*

Si quieres ser tú mismo(a) debes / no debes...

trabajar codo a codo con tus amigos para superarte.

pestañear *(blink)*, para no perder las oportunidades.

perder los estribos *(lose your temper)* si no te comprenden.

hacerle caso a los envidiosos.

juzgar a los demás por sus debilidades.

quitarle los ojos de encima *(take your eyes off)* a tu enamorado(a).

Vocabulario **375**

B. Have students open their book to pages 374–375 and guide them through the new vocabulary, personalizing new words and expressions to encourage active student involvement.

Expand on these suggested techniques as appropriate for your class.

1. Have students separate the verbs on page 374 into two categories: those they already know from some other context and those that are brand new.

2. Have students investigate other uses for these verbs: **encoger, echar, clavar, alzar, taparme, fruncir, inclinar, menear, apuntar.** For example: **Además de los hombros, ¿qué otra cosa puede encogerse? (la ropa) Además de la mirada, ¿qué otra cosa se puede clavar? (un clavo, un cuchillo)**

Independent Practice

Have students use the new vocabulary to complete this writing assignment. Imagine that you are at a party with your boy/girlfriend. You have had a terrible argument and are not speaking, but you do not want to make a scene. Write a paragraph about what happens at the party. For example, you could write: **Saliendo de la cocina con mi plato de comida, le echo una mirada de furia a Ramón.**

Asociaciones

Presentation (pages 376–377)

This section encourages use of the following types of strategies for assimilation of new vocabulary: personalizing, transferring to new contexts, recycling, recombining, associating, categorizing, expanding on stock phrases, cooperating, interviewing, summarizing.

Warm-up. Have students work in pairs to practice the lesson vocabulary. Give one student in each pair the words and phrases, and ask the other to respond with a word or phrase that is similar, opposite, derived from, or associated with it. Probable responses are shown in parentheses.

❏ To continue with this warm-up activity, see the Teacher's Manual, page 103.

Actividades

Note: For complete answers to these activities see the Teacher's Manual, pages 83–84.

Actividad A Answers
Answers may resemble the following:
1. **Guiñar el ojo a alguien para indicarle a alguien que le estaba tomando el pelo.**

Extension of Actividad A
Have the class play **Simón dice** using the new vocabulary expressions. For example: **Simón dice, tápense los oídos. Dense la media vuelta.** Everyone stands to play and sits down as they miss.

Actividad B Answers
Answers may resemble the following:
1. **Cuando llego a casa de mi amigo, doy un golpazo en la puerta.**

Extension of Actividad B
Have students put the words from **Actividad B** and the vocabulary words associated with them on index cards. They can then practice sorting and categorizing the words.

A **Más allá de las palabras.** Haz una lista de todas las cosas que puedes expresar con las siguientes partes del cuerpo.

Por ejemplo: los hombros
Encogerse de hombros cuando uno no sabe la respuesta, prestarle el hombro a alguien para que llore un poco...

1. los ojos
2. la lengua
3. las pestañas
4. los codos
5. los oídos
6. las manos
7. las caderas
8. las piernas
9. la boca
10. los párpados
11. los dedos
12. la espalda

B **Situaciones** Di en qué situaciones puedes reaccionar de la siguiente manera. Da dos situaciones en cada caso.

Por ejemplo: dar un portazo
Cuando estoy furioso(a) o frustrado(a), doy un portazo.

1. dar un golpazo
2. dar un puñetazo
3. dar un caderazo
4. dar un mordiscazo
5. dar un codazo
6. guiñar el ojo

C **Positivo y negativo.** Con otra persona, escoge 20 de las acciones del Vocabulario y ordénalas en dos categorías: positivas y negativas. Luego, expliquen por qué.

Por ejemplo: Negativas:
Darse la media vuelta, porque significa abandonar.
Positivas:
Sonreír con confianza, porque significa saber la respuesta.

D **Amistades.** Haz una lista de cuatro cosas y reacciones que pueden ayudar a una amistad. Luego haz una lista de otras cuatro que pueden afectarla negativamente.

Por ejemplo:

Es conveniente trabajar con los amigos codo a codo para...

No es conveniente aguantar mucho y después quejarse por haber aguantado.

For the Native Speaker
Have native speakers do the following:
Busca una obra de teatro en castellano que te interese. Imagínate que eres el director de la obra. Escoge una escena breve y escribe instrucciones para los actores para ayudarlos a expresar las emociones apropiadas através de sus gestos y movimientos.

E **El lenguaje de los gestos.** Describe una vez en que hiciste lo siguiente y por qué.

Por ejemplo: Te encogiste de hombros.

La maestra de historia me hizo una pregunta sobre la revolución francesa y yo me encogí de hombros porque no sabía la respuesta.

Diste un codazo.

Le di un codazo a mi hermanito en la iglesia porque parecía que iba a dormirse.

1. Le clavaste la mirada con saña a alguien.
2. Andabas con los párpados caídos.
3. Le apuntaste a alguien con el dedo.
4. Volviste la espalda.
5. Bajaste los ojos.
6. Te tapaste los oídos.
7. Meneaste la cabeza.
8. Hiciste algo en un abrir y cerrar de ojos.
9. Te quedaste boquiabierto(a).
10. Guiñaste un ojo.

F **No hay que decir nada.** Di qué gesto o combinación de gestos o acciones puedes hacer para expresar las siguientes ideas.

Por ejemplo: Estás furioso(a) porque tu hermano(a) no quiere hacerte un favor.

Puedo clavarle la mirada con saña.

1. No quieres meterte en un problema que no te importa.
2. Tu madre te reprende por largo rato pero después deja de hablar.
3. Estás de mal genio y muy enojado(a) porque nadie te entiende.
4. Te sientes avergonzado(a) porque se te olvidó hacer algo para tu papá.
5. Tienes las manos ocupadas con muchas cosas y no puedes cerrar la puerta.
6. No estás de acuerdo con los planes que tiene un/a amigo(a) tuyo(a).
7. Tu hermano(a) se burla de ti porque tus padres te reprendieron.
8. Estás extremadamente ofendido(a) por algo que hizo otra persona.

Vocabulario **377**

Independent Practice
Assign the following:
1. Activities on pages 376–377
2. Workbook, pages 113–116

Conversemos

Conversemos

Presentation (page 308)

A. This section focuses on integration of the vocabulary, while encouraging the use of the following conversational strategies: mapping and organizing thoughts, cooperating, expressing and supporting opinions, expanding, personalizing, context transferring and recycling, recombining.

Actividades

Note: For complete answers to these activities see the Teacher's Manual, page 85.

Actividad A Answers
Answers may resemble the following:
1. **Lo demuestro andando con los párpados caídos.**

Variation of Actividad A
You may wish to have students from one group mime certain reactions while the other group tries to guess the meaning in Spanish.

Actividad B Answers
Answers may resemble the following:
1. **Es mejor que vuelva la espalda.**

Actividad C Answers
Answers may resemble the following:
1. **Llamar a tus padres. Llamar a tus amigos. No esperar.**

Actividad D Answers
Answers will vary.

A **¿Cómo lo comunicas?** Di cómo comunicas sin palabras las siguientes acciones.

Por ejemplo: Tienes vergüenza.
Lo demuestro bajando los ojos y retirándome.

1. Estás ofendido(a).
2. Te sientes insultado(a).
3. Estás furioso(a).
4. Estás arrepentido(a).
5. Estás aburrido(a).
6. Estás satisfecho(a).
7. Estás asombrado(a).
8. No quieres aguantar nada.
9. No vas a perder los estribos.
10. No vas a perder la oportunidad.
11. No tienes idea de qué se trata.
12. Quieres irte.
13. Quieres darle miedo a alguien.
14. Quieres terminar con una pelea.
15. Quieres que pongan atención.

B **¿Cómo lo evitas?** Di qué puedes hacer para evitar las siguientes cosas desagradables.

Por ejemplo: contestar una pregunta personal
Es mejor que me encoja de hombros y me marche.

1. conversar con alguien antipático
2. preguntar algo en voz alta
3. no pelear con un/a amigo(a)
4. no perder a tu novio(a)
5. hablar con un/a envidioso(a)
6. descuidar a un bebé
7. quedarte dormido(a) en clase
8. meterte en líos con tus amigos(as)

C **El que pestañea, pierde.** En este mundo hay que ser muy rápido para reaccionar. Dale tres consejos a otra persona sobre qué hacer o no hacer en ciertas situaciones.

Por ejemplo: cuando tienes un accidente
No moverse mucho. Llamar a la ambulancia.

1. cuando necesitas ayuda
2. cuando hay problemas entre amigos
3. cuando tu novio(a) quiere dejarte
4. cuando hay una minusválido(a)
5. cuando eres diferente
6. cuando hay una pelea

D **¿De qué se hacen lenguas?** A la gente le encanta hacerse lenguas de las cosas que pasan. Cuenta una cosa de la que hablan en estos días.

Por ejemplo: Ayer, los chicos venían haciéndose lenguas de lo que habían hecho el fin de semana. Dijeron que...

378 CAPÍTULO 6 *Lección 2*

Escribamos ....

A **Después de la tormenta.** Imagínate que has tenido una gran discusión con una persona que te importa mucho. Escríbele una carta para explicarle lo mal que te sientes y ponerte en la buena con ella otra vez. Sigue el siguiente ejemplo pero agrega más ideas tuyas.

Perdóname por haber... No sé qué me pasó, pero ahora estoy... Desde que peleamos, paso el día... y deseando que... Nunca más voy a perder... y prometo que no voy a prestar... No vale la pena discutir con una persona como tú... Debieras darme un buen... por ser tan... contigo. Espero que comprendas y me... Nunca más voy a juzgar... Estoy tan... y tan... Por favor, contéstame pronto.

B **Él y Ella.** Termina la siguiente conversación, siguiendo el ejemplo. Cada línea debe contener lo que dijeron los personajes y la descripción de un gesto que hicieron.

Ella: ¿Por qué me has traído a este restaurante tan elegante? (*echando un vistazo a los precios del menú*)

Él: Porque es mi lugar preferido. Te recomiendo el pescado. (*apuntando el menú con el dedo índice*)

Ella: Ah, no... no puedo. ¿No es muy caro? (*interrogándole con los ojos*)

Él: No importa. (*encogiéndose de hombros*)

Ella: ___

Él: ___

Ella: ___

Él: ___

Escribamos

Presentation (page 379)

This section encourages integration of the lesson vocabulary through use of the following strategies: associating, personalizing, expanding, giving details, organizing and summarizing, supporting opinions.

Actividades

Note: For complete answers to these activities see the Teacher's Manual, page 84.

Actividad A Answers
Answers may resemble the following:
**Querida Nancy,
Perdóname por haber discutido contigo ayer. No sé qué me pasó pero ahora estoy muy arrepentida. Desde que peleamos, paso el día con los ojos bajados y deseando que podamos hacer las paces. Nunca más voy a perder los estribos contigo y prometo que no voy a prestar atención a lo que digan los demás. No vale la pena discutir con una persona tan amable y buena como tú. Debieras darme un buen puñetazo en la nariz por ser tan mala contigo. Espero que comprendas y me perdones. Nunca más voy a juzgar cómo te vistes. Estoy tan deprimida y tan triste. Por favor, contéstame pronto.**

Actividad B Answers
Answers may resemble the following:
Ella: **¿Qué te parece la langosta?** (*sonríe con confianza*)
Él: **¿La langosta?** (*frunce las cejas*)
Ella: **Oh, no, ¡mira el precio!** (*le mira fijamente*)
Él: **Me da igual.** (*se encoge de hombros*)
Ella: **Estaba bromeando.** (*le guiña el ojo*)

Bell Ringer Review

Write the following on the board or use BRR Blackline Master 6.2.2:
Match the following verbs with appropriate objects:

1. encogerme	a. los estribos		
2. taparme	b. el ojo		
3. hacerme	c. la cabeza		
4. fruncir	d. los oídos		
5. guiñarle	e. la espalda		
6. menear	f. la lengua		
7. morderme	g. un codazo		
8. dar	h. las cejas		
9. perder	i. lenguas		
10. volver	j. los hombros		

Presentation (pages 380–381)

1. Have students practice adding reflexive pronouns to the end of the present participle by pantomiming daily routines (washing hair, looking at oneself in the mirror, getting dressed). Those who guess what the person is doing must phrase their guess in the progressive tense. For example: **Ahora estás poniéndote los zapatos.**

2. Have students bring in magazines pictures of people doing things and talk about the pictures in small groups, using the progressive tenses. Each group should select one or two pictures and make up a more extensive story about what is going on. For example: **Este señor iba manejando por la carretera cuando de repente....**

380

¿Qué estás haciendo? Los tiempos progresivos

In Lesson 1 you used the present participle with the following verbs to describe actions that are developing or in progress at the moment of speaking.

Verbs of movement	
irse venir(se) andar salir acercarse	+ -ando/-iendo

Verbs of state	
estar vivir pasar terminar continuar seguir	+ -ando/-iendo

Salí de la casa corriendo porque no quería llegar tarde.
Seguí corriendo hasta que llegué a la parada de autobuses.

1 To refer to something as being in progress, use any present, past, future, or subjunctive form of one of the above verbs and a present participle. These are called the progressive tenses.

> *Las chicas venían haciéndose* lenguas de lo guapo que es el maestro nuevo.
>
> Dudo que Marisa *esté pensando* en su novio en este momento.
>
> ¿Qué *andarán haciendo* los chicos de la otra clase?

2 The progressive tenses are used to describe actions or processes *as they are developing at the moment of speaking*. However, if the action is customary or habitual, rather than in progress, the progressive tense is *not* used. Study the contrast between Spanish and English in the examples that follow.

> **Hablo con mis maestros.**
> I (always) talk to my teachers.
> **Estoy hablando con mis maestros para conseguir las recomendaciones.**
> I am talking with my teachers (but I haven't finished yet) to get letters of recommendation.

380 CAPÍTULO 6 *Lección 2*

Cooperative Learning Activity

Make a set of small poster boards, each containing four to six magazine pictures of people doing things. Label each poster with a day and a time. Working in small groups, students practice saying what each person is or was doing at the time. Explain ahead of time that everyone in the group must be able to talk about the pictures; group members should help one another during the activity. When the group is satisfied that everyone is able to talk about the poster, they send someone to trade it for another poster. After every group has worked with every poster, choose one student from each group and ask him or her to describe one of the posters to you. The group members get points depending on whether the student selected is able to use the progressive tense verbs correctly.

Todos los años estudiamos inglés.
We study English every year.

Este año estamos estudiando redacción.
This year we are studying composition.

Lo esperaba a la salida de clases.
I used to wait for him after class.

Lo estaba esperando y su novia me pilló.
I was waiting for him and his girlfriend caught me.

3 In Spanish, the present progressive tense is not used to express future intention, as in English; the simple present tense is used instead. Compare below.

Me voy el próximo lunes.
I am leaving next Monday.

Ella llega el 15 de abril.
She's arriving April 15.

4 In Spanish, **estar** + present participle is not often used to express movement. Instead, a verb of movement (**ir**, **venir**, **andar**, **salir**) is preferred. Study the following.

Cuando *iba caminando* por esa calle vi a José Luis.	When *I was walking* down that street, I saw José Luis.
***Andaba caminando* con Sergio y pensando que me había portado mal.**	*I was walking* with Sergio and thinking I had acted poorly.
***Venía volando* al colegio cuando me resbalé y me caí.**	*I was rushing* to school when I slipped and fell.

Conversemos ···

A **¿Qué están haciendo?** Piensa en tres personas (amigos, maestros, padres, hermanos, etc.). Imagínate qué está haciendo cada uno a varias horas del día. Di lo que tú estás haciendo también.

Por ejemplo: mi mamá, papá y mi hermano
Son las seis de la tarde: Mientras yo estoy haciendo la tarea, mi papá está preparando la cena, mi mamá está llegando del trabajo y mi hermanito está practicando la guitarra.

Conversemos

Presentation (pages 381–383)
This section focuses on integration of the grammatical structures, while encouraging use of such conversational strategies as personalizing, associating, sorting and categorizing, expressing opinion, transferring to new contexts, recycling and recombining.

Actividades

Note: For complete answers to these activities see the Teacher's Manual, page 85.

Actividad A Answers
Answers will vary.

Additional Practice

Make up a "bingo" sheet with verbs that describe what people in the class might have been doing lately, for example, **jugar baloncesto.** Students must go around interviewing one another to see whether they can find people who fit the categories. For example: **¿Has estado jugando baloncesto últimamente?** When someone is able to answer **sí,** he or she initials the square. You can require the interviewer to find out one more thing about the topic from the person and note it in the square also. The object is either to fill a row of squares or to fill the greatest number of squares within a time limit. Circulate during this activity and take the cards of anyone who speaks English or who simply signs squares without the necessary conversation.

B **¿Qué estaban haciendo?** Imagínate qué estaban haciendo tú o tus compañeros(as) cuando pasó lo siguiente.

Por ejemplo: Cuando entró el maestro de matemáticas a la sala mi amiga Jan estaba buscando su tarea.

1. Cuando entró el/la maestro(a) de ___ .
2. Cuando mis padres vinieron al colegio a recogerme ___ .
3. Cuando mi amigo(a) ___ me llamó para hablar de ___ .
4. Cuando empezó la pelea con comida en la cafetería ___ .
5. Cuando mi equipo preferido marcó un tanto ___ .
6. Cuando el/la director/a del colegio entró a nuestra sala ___ .

C **¿Me quieres conocer?** Completa las siguientes frases sobre ti mismo(a) para que la gente te conozca mejor.

Por ejemplo: Vivo pensando en...
Vivo pensando en aventuras y planeando viajes.

1. Vivo pensando en ___ .
2. Voy aprendiendo a ___ .
3. Sigo siendo igual, sigo ___ .
4. Paso los días ___ .

D **Somos tan activos.** Di cómo hacen las siguientes cosas tú y tus amigos(as). Da dos detalles en cada caso.

Por ejemplo: hacer gimnasia
Siempre hacemos gimnasia haciendo un gran esfuerzo y quejándonos.

1. fiestear
2. comer en la cafetería
3. ir en el coche
4. trabajar
5. estar en clase
6. chismear
7. estudiar

E **¿En qué andabas?** Elige tres o cuatro de los siguientes sucesos y di en qué andabas cuando ocurrieron.

Por ejemplo: cuando empezó la última tormenta
Andaba comprando con mis padres.

1. cuando empezó a llover
2. cuando el/la maestro(a) se enojó
3. cuando conociste a alguien importante
4. cuando te llamó tu amigo(a)
5. cuando viste un accidente
6. cuando empezó el programa de la tele

Learning from Realia

Direct students to look closely at the ad for chartered vacations. What country is it from? Ask students to tell what they would be doing right now if they were in some of the places listed in the ad: **Si estuviera en Cancún ahora, estaría nadando.** You might want to have them write postcards to you from one of the places as though they were there: **En este moment, estoy descansando en la playa....**

F **¿Y tú?** Prepara cinco preguntas para entrevistar a otra persona. Averigua qué ha estado haciendo últimamente.

Por ejemplo: en cuanto a fiestas

ESTUDIANTE A:

En cuanto a fiestas, ¿qué has estado planeando?

ESTUDIANTE B:

He estado pensando en hacerle una fiesta a mi novia. Cumple 17 años el lunes que viene.

1. en cuanto a diversiones
2. en cuanto a sus planes
3. en cuanto a trabajos
4. en cuanto a chicos(as)

5. en cuanto a mejorar su comunicación
6. en cuanto al colegio
7. en cuanto a fiestas

Escribamos ....

A **Pintura verbal.** Imagina algo que pasa en un lugar conocido. Describe lo que pasa a la clase, especialmente las acciones. Tus compañeros van a adivinar dónde estás.

Por ejemplo: Estoy rodeado(a) de gente. Todos están fijando la vista en las paredes de nuestro compartimiento atestado. Nadie está diciendo nada. El hombre que está a mi lado está silbando...

Clase: Estás en el ascensor.

B **Desastre.** Explica por qué te han ocurrido las siguientes cosas.

Por ejemplo: Te olvidaste de la tarea.
Eso me pasó porque pasé la semana apurándome.

1. Te caíste y estás cojo(a).
2. Te quedaste boquiabierto(a).
3. Diste un portazo.
4. Te costó ponerte la venda.
5. Te reprendieron en el trabajo.

6. Te pusieron yeso en la mano.
7. Te olvidaste que tenías que trabajar.
8. Te quedaste sordo(a) y no escuchaste nada.

C **La actualidad estudiantil.** Escribe un artículo para el periódico de tu ciudad o de tu colegio sobre las cosas que están ocurriendo en tu colegio en la actualidad. Describe los proyectos que están desarrollando los maestros, los alumnos, los administradores, los padres, los clubes deportivos, etc.

D **Allende los mares.** Escríbele una carta a un/a amigo(a) verdadero(a) o imaginario(a) que vive muy lejos. Descríbele qué estás haciendo, qué proyectos estás realizando y cómo. Si quieres, cuéntale también cómo desarrollas tu rutina diaria.

Estructura **383**

For the Native Speaker

Have native speakers participate in the following activity: **Escríbele una carta a un amigo (verdadero o imaginario) cuya impresión de la vida en los Estados Unidos viene exclusivamente de la tele y las películas. Cuéntale unas mentiras sobre lo que tú has estado haciendo últimamente y cómo es tu rutina diaria.**

Extra Activity

Have students write a nightmare, a good dream, or a funny dream as though it were happening now.

Actividad F Answers
Answers may resemble the following:
1. ... ¿qué has estado jugando?

Additional Practice
Have students invent telephone conversations in which they ask each other what they are doing and relate something that happened by saying what people were doing at the time of the event. These conversations can be performed for the class.

Escribamos

Presentation (page 383)
This section focuses on written integration of the grammatical structures while encouraging use of such learner strategies as modeling, mapping, expanding, personalizing, and creating.

Actividades

Note: For complete answers to these activities see the Teacher's Manual, page 86.

Actividad A Answers
Answers will vary.

Actividad B Answers
Answers may resemble the following:
1. **Eso me pasó porque andaba corriendo en un parque lleno de piedras.**

Extension of Actividad B
Direct students to add two of their own recent experiences and explain why they happened in the same fashion.

Actividades C and D Answers
Answers will vary.

Extension of Actividad C
Have students write up their imaginary interview with a famous person about what the person is doing lately. They can make up headlines and include pictures for the final draft.

Extension of Actividad D
If you have more than one section of students using *¡Acción! 3,* have students write pen-pal letters to one another following the instructions for this activity.

Lectura

Teaching Resources
1. Audio Program 6.2
2. Student Tape Manual, page 104

Bell Ringer Review

Write the following on the board or use BRR Blackline Master 6.2.3: Think about what you are doing this year in any three of your classes and write a sentence about each one using the progressive tense.

Presentation (pages 384–385)

This section develops reading skills through a five-stage, integrative process: **pensar, mirar, leer, analizar, aplicar**. In this particular lesson, it is recommended that you use the **Pensemos** section, **Actividades A-C,** to introduce the lesson.

Antes de leer

Pensemos

This prereading section pulls out existing experience and language knowledge while encouraging use of the following reading strategies: anticipating, categorizing, comparing and contrasting, personalizing, expressing and supporting opinions.

Actividades

Note: For complete answers to these activities see the Teacher's Manual, page 86.

Actividades A, B, and C Answers
Answers will vary.

Antes de leer

Pensemos

A **¿Qué es la belleza?** Explica qué es la belleza física para ti. Luego compara tu descripción a la de otros estudiantes. En nuestra cultura, ¿existe una descripción común de lo que es la belleza? ¿Estamos todos de acuerdo?

B **Afuera y adentro.** También hay belleza interior: la belleza espiritual o intelectual. Da una descripción de lo que es la belleza interior para ti.

C **¿Igual o diferente?** En cada uno de los siguientes casos, explica qué es preferible, ¿ser como los demás o ser diferente de los demás? Usa los verbos en paréntesis y da ejemplos.

Por ejemplo: la ropa (vestirse)
> *En cuanto a la ropa es mejor que nos vistamos como los demás (diferente de los demás). Por ejemplo, es bueno que... pero no es bueno que...*

1. el maquillaje (arreglarse)
2. los lugares (ir)
3. las notas (sacar)
4. los deportes (jugar, practicar)
5. los clubes (inscribirse en)
6. las habilidades o talentos especiales (saber, hacer)
7. la apariencia física (ser, parecerse a)

Learning from Photos

A. In Spain, it is estimated that about a million and a half people have physical handicaps that keep them from participating normally in daily life. They face obstacles in public transportation, public buildings, and even their own residences. A Royal Decree, issued in 1980 and updated in 1989, provides that the promoters of **Viviendas de Protección Oficial (VPO)** design at least 3% of their dwellings to facilitate life for the physically handicapped.

B. Have students describe what the people are doing at the moment in these photos. In what ways have the people pictured here adapted to their circumstances? Have students brainstorm ways in which they might compensate for things in their lives.

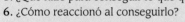

Miremos

A **Primeras líneas.** El cuento de la página 386 trata del tema de las diferencias físicas. Lee las primeras dos o tres frases para contestar las preguntas *¿quién?* y *¿qué?*

B **Servandín.** Sigue leyendo el cuento y contesta lo siguiente.

1. ¿Quién es Servandín?
2. A Servandín, ¿qué lo hace diferente de los demás?
3. ¿Quién es el narrador?
4. ¿Qué quería el narrador? ¿Por qué?
5. ¿Qué hizo para conseguir lo que quería?
6. ¿Cómo reaccionó al conseguirlo?

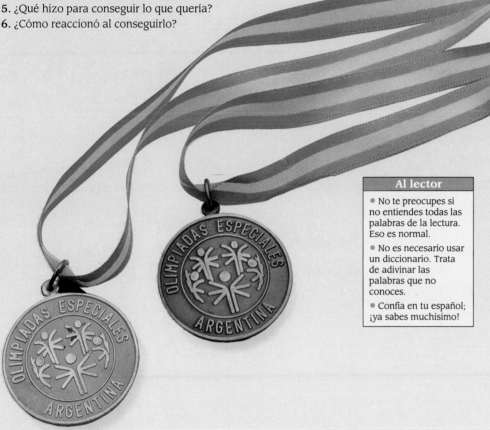

Al lector

- No te preocupes si no entiendes todas las palabras de la lectura. Eso es normal.

- No es necesario usar un diccionario. Trata de adivinar las palabras que no conoces.

- Confía en tu español; ¡ya sabes muchísimo!

Lectura **385**

Miremos

This preliminary reading section provides the first glimpse of the reading, and focuses on the reading strategy of scanning for specific information. Point out to students the note, **Al lector,** and tell them that no intensive reading is necessary at this stage. Before doing the activity, have students discuss whether school-age children value most being unique or being like others. Ask them for examples of things that seem important or embarrasing to children because they set them apart.

Extension. In preparation for the reading, you may wish to summarize students' responses to the activities in order to come to some class conclusions regarding the following: In which areas is it preferable, even necessary, to be the same as everyone else? Guide students to see that concepts of beauty imply sameness and regularity rather than the exceptional. In other areas, however, difference is tolerated or even encouraged (skills, talents).

Actividades

Note: For complete answers to these activities see the Teacher's Manual, page 86.

Actividad A Answers
Answers may resemble the following:
1. **¿Quién? Servandín**

Actividad B Answers
Answers may resemble the following:
1. **Es un niño del colegio.**

Independent Practice

Assign any of the following:
1. Activities on pages 384–385
2. Student Tape Manual, page 104

Interesting Fact

Las Olimpiadas Especiales. The Special Olympics were created in 1968. Over one million people in the U.S. participate, in addition to people in more than 100 foreign countries. The Special Olympics include a wide variety of both summer and winter sports, as well as wheelchair events.

Servandín

Presentation (pages 386–387)

A. This authentic text encourages use of such reading strategies as:
1. guessing from context
2. identifying cognates
3. using derivatives
4. looking for patterns
5. applying knowledge and experience to sense-making process
6. identifying salient information
7. searching for clues to meaning
   Guide students in how to guess meanings of unfamiliar words.

B. Have students work in pairs or individually to give meaning to these words using the following:
1. cues from context
2. their own experience
3. knowledge of English and knowledge of Spanish.
   Help them find and choose the correct clues to the meanings of: **el colegio de segunda enseñanza** (context), **les costó mucho trabajo** (context), **me contentaba** (derivative), **me resultaban** (cognate), **chiquitín** (derivative), **trastienda** (derivative), **las facciones a un lado** (context), **reparó en nosotros** (context).

C. If you assign this reading for homework, follow up by having students give you the clues they used to discover the meaning of these words.

Cultural Connection

One of the elements that makes this story especially touching is an underlying notion of respect. Ask students to look carefully at the text for signs of respect between the boys and between Servandín and his father. How would the story have been different had it been set in a culture that lacked this value?

Servandín
de Francisco García Pavón (español, 1919)

Cuando me pusieron en el colegio de segunda enseñanza, alguien me dijo señalándome a Servandín:

—El papá de este niño tiene un bulto (*growth*) muy gordo en el cuello.

5　Y Servandín bajó los ojos, como si a él mismo le pesase (pesara) aquel bulto.

En el primer curso no se hablaba del papá de ningún niño. Sólo del de Servandín.

Después de conocer a Servandín, a uno le entraban ganas de 10　conocer a su papá.

A algunos niños les costó mucho trabajo ver al señor que tenía el bulto gordo en el cuello. Y cuando lo conseguían, venían haciéndose lenguas de lo gordo que era aquello.

A mí también me dieron ganas muy grandes de verle el bulto al 15　papá de Servandín, pero no me atrevía a decírselo a su hijo, no fuera a enfadarse.

Me contentaba con imaginarlo y preguntaba a otros. Pero por más que me decían, no acertaba a formarme una imagen cabal.

Le dije a papá que me dibujase hombres con bultos en el cuello. Y 20　me pintó muchos en el margen de un periódico, pero ninguno me acababa de convencer... Me resultaban unos bultos muy poco naturales.

Un día Servandín me dijo:

—¿Por qué no me invitas a jugar con tu balón (*soccer ball*) 25　nuevo en el patio de tu fábrica?

—¿Y tú qué me das?

—No sé. Como no te dé una caja vacía de Laxen Busto.

Le dije que no.

—¿Por qué no me das tu cinturón de lona con la bandera 30　republicana?

Me respondió que no tenía otro para sujetarse los pantalones.

Fue entonces cuando se me ocurrió la gran idea. Le di muchas vueltas antes de decidirme, pero por fin se lo dije 35　cuando hacíamos "pis" juntos en la tapia del Pósito Viejo, donde casi no hay luz.

—Si me llevas a que vea el bulto que tiene tu papá en el cuello, juegas con mi balón.

Los pueblos y Arcos de Mijas, España.

386 CAPÍTULO 6 *Lección 2*

Learning from Photos

Mijas is a little town in Andalucía. Have students find it on a map. Ask: Why might the Arab influence be so strong in the architecture of this town? What can we guess about the lives of youngsters in a town such as this one? What details about Servandín's life are made more vivid by these photos?

Servandín me miró con ojos de mucha lástima y se calló.

Estaba tan molesto por lo dicho, que decidí marcharme a casa sin añadir palabra. Pero él, de pronto, me tomó del brazo y me dijo mirando al suelo:

—Anda, vente. 5

—¿Dónde?

—A que te enseñe... eso.

Y fuimos andando y en silencio por una calle, por otra y por otra, hasta llegar al final de la calle del Conejo, donde el papá de Servandín tenía un comercio de ultramarinos (alimentación) muy chiquitín. 10

—Anda, pues.

Entré con mucho respeto. Menos mal (gracias a Dios) que había bastante gente. Vi a un hombre que estaba despachando velas (*candles*), pero no tenía ningún bulto en el cuello. Interrogué a Servandín con los ojos. 15

—Ahora saldrá.

—¿Por dónde?

—Por aquella puerta de la trastienda.

Miré hacia ella sin pestañear.

Y al cabo de un ratito salió un hombre que parecía muy gordo, con 20 guardapolvos (*work coat*) amarillo y gorra de visera gris... Tenía la cara como descentrada, con todas las facciones a un lado, porque todo el otro lado era un gran bulto rosáceo, un pedazo de 25 cara nuevo, sin nada de facciones.

No sabía quitar los ojos de aquel sitio... Servandín me miraba a mí. 30

Cuando el padre reparó en nosotros, me miró fijo, luego a su hijo, que estaba con los párpados caídos, y en seguida (inmediatamente) comprendió. 35

Servandín me dio un codazo y me dijo:

—¿Ya?

—Sí, ya.

—Adiós, papá—dijo Servandín. 40

Pero el papá no contestó.

—Lo van a operar, ¿sabes?

Lectura **387**

Note: Laxen Busto was a commonly used laxative in Spain through the 1960s. It was wold in red boxes. The belt mentioned was red, yellow, and purple, colors of the Spanish Republicans. **Pósito Viejo** was a grain storehouse.

Information About the Author

Francisco García Pavón (1919)
Francisco García Pavón wrote his first novel, *Cerca de Oviedo,* in 1946. In this first work he revealed his talents as a writer with a humoristic view of life, great power of observation, and an ability to write exquisite prose.

García Pavón is better known for his short stories and short novels in which he draws on his recollections of his childhood and adolescence. Most of his work is set in the countryside, an environment which he captures with great detail and precise language.

Presentation (page 388)

This section focuses on comprehension and use of information derived from more intensive reading, through use of the following strategies: context transferring, associating, personalizing, supporting opinions, scanning, listing and note taking, and personalizing.

Actividades

Note: For complete answers to these activities see the Teacher's Manual, pages 86–87.

Actividad A Answers
Answers may resemble the following:
1. **Los sentimientos de Servandín: bajó los ojos, me miró con ojos de mucha lástima, estaba molesto, estaba con los párpados caídos.**

Actividad B Answers
Answers may resemble the following:
1. **quería**

Actividad C Answers
Answers may resemble the following:
En mi opinión, los adjetivos que mejor describen el final son:
trágico: porque probablemente no había remedio para la aflicción de su papá.
triste: porque el niño se veía obligado a enseñar a su papá a sus compañeros, pero le causaba dolor y vergüenza.

Leamos

A **La curiosidad.** Analiza cuidadosamente el cuento para ubicar las palabras y expresiones que describan lo siguiente.

1. los sentimientos de Servandín
2. los sentimientos del narrador
3. los sentimientos y acciones de los demás
4. los sentimientos del papá

B **La voz del silencio.** Por lo general, nuestras actividades y actitudes expresan mejor nuestros sentimientos que lo que decimos. Ubica las siguientes líneas del cuento y di qué sentía en realidad la persona a quien se refieren las frases.

Por ejemplo: Bajó los ojos, o sea,...
sintió mucha vergüenza.

1. Le entraban ganas de..., o sea, ___ .
2. Les costó mucho trabajo ver al señor..., o sea, ___ .
3. Venían haciéndose lenguas de..., o sea, ___ .
4. Me miró con ojos de mucha lástima ... o sea, ___ .
5. Estaba tan molesto por lo dicho..., o sea, ___ .
6. Me dijo mirando al suelo..., o sea, ___ .
7. Entré con mucho respeto..., o sea, ___ .
8. Interrogué a Servandín con los ojos..., o sea, ___ .
9. Miré hacia ella sin pestañear..., o sea, ___ .
10. No sabía quitar los ojos de aquel sitio..., o sea, ___ .
11. Me miró fijo..., o sea, ___ .
12. Con los párpados caídos..., o sea, ___ .
13. Me dio un codazo..., o sea, ___ .
14. El papá no contestó..., o sea, ___ .

C **El final.** Lee las últimas tres líneas del cuento. En tu opinión, ¿cuáles de los siguientes adjetivos describen mejor el final del cuento? Explica por qué.

aburrido	falso	perfecto	superficial
alegre	injusto	profundo	trágico
desilusionante	justo	sorprendente	triste

For the Native Speaker

Have native speakers participate in the following activity: **¿Crees tú que la relación entre estos dos niños cambiará debido a lo ocurrido en el cuento? ¿Cómo y por qué? Escribe un párrafo para defender tu punto de vista.**

Independent Practice

The **Leamos** activities can be assigned as written homework and then shared orally in the classroom.

Después de leer ....

Analicemos

A Cambalache. Ubica el diálogo entre los niños en que se arregla el intercambio de favores. Entonces, con un/a compañero(a) practiquen un intercambio parecido.

Por ejemplo:

ESTUDIANTE A:
¿Por qué no me prestas tu coche?

ESTUDIANTE B:
Y tú, ¿qué me das?

B A mi modo. Ubica y termina las siguientes frases del cuento. Luego, escribe tu propia frase usando estas palabras y el modelo de la frase original, pero refiriéndote a tu propia niñez.

Por ejemplo: Alguien me dijo...

Del cuento: *Alguien me dijo, señalándome a Servandín: El papá de ese niño tiene un bulto muy grande en el cuello.*

Tu frase: *Alguien me dijo, dándome la mano: Mucho gusto en conocerte.*

1. Bajó los ojos como si ___ .
2. No me atrevía ___ , no fuera a enfadarse.
3. A uno le entraban ganas de ___ .
4. A algunos niños les costó mucho trabajo ___ .
5. Venían haciéndose lenguas de lo ___ que era ___ .
6. Menos mal que ___ .
7. Me contentaba con ___ .
8. Le dije a papá que me ___ .

Apliquemos

A Juegos editoriales. Elige uno o más de los siguientes proyectos.

1. Escribe otro título y otro final para el cuento.
2. Selecciona tres partes del cuento para ilustrar.
3. Escribe el cuento desde el punto de vista de Servandín.
4. Escribe el cuento desde el punto de vista del papá.

B Algo personal. Relata un episodio de tu vida en el cual una diferencia fue objeto de curiosidad. La diferencia no tiene que ser física.

Lectura **389**

Después de leer

Analicemos

A. This section focuses on analysis of new vocabulary encountered in the reading through use of the following language expansion strategies: transferring, associating, searching for patterns, noting similarities.

B. Have students think about these physical gestures that take the place of dialogue in the story. What might the characters have said in each instance instead of or in addition to making the gesture? **(line 5) Servandín bajó los ojos; (p. 387, line 1) Servandín me miró con ojos de mucha lástima; (line 14) Interrogué a Servandín con los ojos; (line 33) que estaba con los párpados caídos; (line 36) Servandín me dio un codazo.**

Actividades

Note: For complete answers to these activities see the Teacher's Manual, page 87.

Actividad A Answers
Answers will vary.

Actividad B Answers
Answers may resemble the following:
1. **Bajó los ojos como si a él mismo le pasase aquel bulto. Bajé los ojos como si sintiera el enfado de mi padre.**

Apliquemos

This section focuses on summarizing and integrating content and language of the reading by transferring to new contexts, summarizing, personalizing, imagining, describing.

Actividades A and B Answers
Answers will vary.

Extension of Actividad A
Select students to make an audio tape of the story, reading the parts with proper expression.

A. This section examines the lesson theme from a cultural perspective. Students are asked to reflect and comment on their own culture as well as Hispanic cultures, through the stimulus of authentic personal, journalistic, and literary texts. Use of the following types of cultural discovery strategies is promoted: focusing attention, identifying salient information, associating, personalizing, self-reflection, examining points of view, considering alternatives, language modeling.

B. Introduce students to the topic of the first poem by asking them to brainstorm the characteristics that they associate with spring—images that come to mind, things they like to do in the spring, the time of life that it represents.

C. Before reading **"Cuadrados y ángulos,"** ask students at what point being like everyone else becomes a problem. How can we tell if we have gone too far to conform to what is going on around us?

Information About the Authors

Juan Ramón Jimenez

❑ For information about Juan Ramón Jimenez, see Teacher's Manual, page 104.

Alfonsina Storni (1892–1938)

Alfonsina Storni is one of Argentina's outstanding poets. She was considered a rebel and might be called Latin America's first feminist poet.

Born in Switzerland but raised in Argentina, at the age of 11 she began earning her own living. At the age of 20, she went to Buenos Aires where she worked as a journalist, taught literature, and wrote and directed a young people's theater. In the same year she had an illegitimate son by a married man. It was difficult for her to be a young unmarried

390

CULTURA VIVA

De todo hay en la viña del Señor

El mundo está lleno de todos tipos de gente, con todas sus debilidades y sus habilidades. En el primer poema, puedes ver qué se dice de una niña que trata de jugar, aunque es minusválida y tiene muletas. En el segundo poema, la poeta trata de comunicar su terror de que ella ya no es ella misma, sino una copia de lo que todo el mundo es.

La cojita
de Juan Ramón Jiménez (español, 1888–1958)

La niña sonríe: "¡Espera,
voy a coger la muleta!"

Sol y rosas. La arboleda
movida y fresca, dardea*   *shoots out*
limpias luces verdes. Gresca*   *ruido*
de pájaros, brisas nuevas.
La niña sonríe: "¡Espera,
voy a coger la muleta!"

Un cielo de ensueño y seda,
hasta el corazón se entra.
Los niños, de blanco, juegan,
chillan, sudan, llegan...
La niña sonríe: "¡Espeeera,
voy a coger la muleta!"

Saltan los ojos. Le cuelga,
girando, falsa, la pierna.
Le duele el hombro. Jadea*   *respira con dificultad*
contra los chopos*. Se sienta.   *árboles*
Ríe y llora y ríe: "¡Espera,
voy a coger la muleta!"

¡Mas los pájaros no esperan;
los niños no esperan! Yerra*   *comete un error*
la primavera. Es la fiesta
del que corre y del que vuela...
La niña sonríe: "¡Espera,
voy a coger la muleta!"

Critical Thinking Activity

Give students the following information and have them do the activities that follow. Sometimes in U.S. culture, the words "equal" and "same" are thought to be synonymous. Are these words interchangeable when they are applied to people? Think about the messages that advertising, for example, sends us about how we should be. How are we encouraged to be like "everyone else"?

1. Work with a history or social studies teacher to name some important ways in which the laws of our country protect our equality, even though we might be different. What important moments in our history occurred because "same" and "equal" were confused?

(continued on the next page)

Cuadrados y ángulos
de Alfonsina Storni (argentina, 1892–1938)

Casas enfiladas, casas enfiladas,
casas enfiladas.
Cuadrados, cuadrados, cuadrados.
Casas enfiladas.
Las gentes ya tienen el alma cuadrada,
ideas en fila
y ángulo en la espalda.
Yo misma he vertido ayer una lágrima,
Dios mío, cuadrada.

Conversemos y escribamos

A Lee el primer poema y di si las siguientes frases son verdaderas o falsas.

1. A la niña no le importa tener muletas.
2. El día está tan bonito para jugar y quiere que la esperen.
3. Todos los niños juegan menos la cojita.
4. Es fácil andar con la muleta porque la niña ya está acostumbrada.
5. La primavera es la mejor época para los niños lisiados (con problemas).
6. La pierna de la niña puede curarse algún día.
7. La pobre niña siempre está aislada y con pena.

B En el segundo poema, anota lo siguiente.

1. signos de cosas uniformes
2. signo de que toda la gente se conforma con lo mismo
3. signo de que la gente no se rebela contra la uniformidad
4. signo de que la poeta tiene la misma enfermedad de los demás

C Escribe tus propios versos para describir y opinar sobre la conformidad en tu colegio, en tu grupo de amigos, en los de tu edad en general, o en los adultos y mayores.

Por ejemplo: Gente gris, gente gris, sin color
Si uno grita, todos gritan, no saben de ideas...

mother in the Buenos Aires society of the time. But in spite of her hard life, she was a respected and relatively prolific writer.

Storni's first book of poetry, *La inquietud del rosal,* was published in 1916. She wrote five other collections of poems within a decade. Some of the themes found in her poetry are love and the difficulties confronting women in a male-dominated world. Opening the way for many other women poets in Latin America, she was a true pioneer in presenting feminine emotion in a direct and honest way. She took her own life when she discovered she was dying of cancer.

Conversemos y escribamos

Additional Practice

Have students describe what had happened before the events of this brief story occurred.

Actividades

Note: For complete answers to these activities see the Teacher's Manual, page 87.

Actividad A Answers
1. falso
2. verdad
3. verdad
4. falso
5. falso
6. falso
7. verdad

Actividad B Answers
Answers may resemble the following:
1. repetición de "casas enfiladas"

Actividad C Answers
Answers may resemble the following:
    Pelos rizados, pelos rizados.
    Todos iguales.
    Vestidas con la misma ropa,
    Los mismos colores,
    Las mismas joyas.
    Modelos unas de otras.

2. If you were a visitor or exchange student from another country, how might your impression of the United States and its people depend on the exact place where you had visited or stayed?
3. Brainstorm the ways in which you are happy to be like others and the ways in which you are glad to be unique.

Independent Practice

Assign the following:
Activities on page 391

Estructura: *Un poco más*

Presentation (page 392)

1. This section presents additional aspects of the Spanish language that are often confusing for foreigners.
2. Students will also find it useful to translate some passages of Spanish (from a newspaper or magazine) back into good English. They will have to decide whether to translate the definite articles or not in each case. Talk to them about why they decided as they did.

Actividad

Actividad Answers

Las Fallas es la fiesta... Se celebra todos los años en el mes... La gente pasa... ...el año pasado, pasé todas las mañanas escuchando las bandas de música típica en las calles. Pasé las tardes visitando las fallas... La última noche de la fiesta...

Los usos del artículo

1 Feminine nouns that begin with a stressed **a** or **ha** will use **el** instead of **la** in their singular forms so that they will not be confused in pronunciation. However, they are still feminine and will require feminine adjectives. Their plural forms are not affected.

el agua/las aguas	**el ala/las alas**
el arma/las armas	**el aula/las aulas**
el arte/las artes	**el ama de casa/las amas de casa**
el área/las áreas	**el hacha/las hachas**
el águila/las águilas	**el hambre/mucha hambre**

2 Always use a definite article when you are referring to a specific idea or abstract thing. Note that English drops the article in these cases.

> *La* felicidad no siempre es fácil; a veces, *la* desilusión es más común.
>
> Happiness isn't always easy; at times, disillusionment is more common.

3 Definite articles are used before the titles **señora**, **señor**, **señorita** when the individual is spoken of, but not when the individual is addressed.

> Ya llegó el señor Garza.
> —Señor Garza, adelante.

4 Spanish also requires the definite article whenever a noun is used in the plural form and does not have another modifier.

> Los alumnos de mi colegio están haciendo una campaña para ayudar a los minusválidos de las comunidades suburbanas.

Completa la siguiente descripción de un festival español con artículos definidos donde sean necesarios.

Las Fallas es ___ fiesta de San José. Se celebra todos ___ años en ___ mes de marzo en Valencia, España. Es una fiesta única. ___ gente pasa toda una semana divirtiéndose.

Cuando estuve en Valencia para las Fallas ___ año pasado, pasé todas ___ mañanas escuchando ___ bandas de música típica en ___ calles. Pasé ___ tardes visitando ___ fallas, que son enormes figuras cómicas o satíricas. ___ última noche de ___ fiesta las queman en medio de una gran celebración.

Diversiones

A **¡Qué expresivo!** Júntate con cuatro compañeros(as) para hacer gestos.

1. Escribe en un papel seis gestos (por ejemplo, dar un suspiro, volver la espalda, etc.) y pásale esa lista a la persona que está a tu derecha.
2. Esa persona tiene que demostrar los gestos en el orden que los escribiste.
3. Los demás tienen que decir qué gestos se describen.
4. Sigan hasta que todos hayan presentado todas las listas de gestos.

B **Iba caminando un día cuando...**

1. Júntense en grupos de cinco personas.
2. Una persona empieza, completando la siguiente frase: "Iba caminando un día cuando...". Por ejemplo: Iba caminado un día cuando vi una pelea.
3. La persona que está a la izquierda repite la frase, sustituyendo por la palabra final otra palabra que empieza con la misma letra. Por ejemplo: Iba caminando un día cuando vi un pez (a un payaso, etc.).
4. Continúen hasta que alguien no pueda decir una palabra adecuada. Esa persona empieza de nuevo, completando la frase con una palabra que empieza con otra letra.

Diversiones

Actividades

Actividades A and B Answers
Answers will vary.

Additional Practice

Have students look carefully at the photos on this page. Ask: What kind of a situation are these men in? Are they arguing? About what? How do their gestures help you to understand what is going on? Make up some dialogue that they might be saying to each other.

Repaso de vocabulario

Cosas y conceptos

el alivio
el asombro
la broma
la confianza
la debilidad
el desagrado
la envidia
la explicación
la furia
el mal genio
el párpado
el sabor
la saña

Descripciones

arrepentido(a)
caído(a)
envidioso(a)
ofendido(a)
satisfecho(a)

Actividades

aguantar
alzar
apuntar
averiguar
bajar (*lower*)
chismear
clavar la mirada
dar un caderazo
dar un codazo
dar un golpazo
dar un mordiscazo
dar un portazo
dar un puñetazo
dar un suspiro
dar un vistazo
darse la media vuelta
dejar (*to let*)
echar una mirada
encogerse de hombros (j)
fruncir las cejas

guiñar el ojo
hacerse lenguas (de)
inclinar la cabeza
indicar
interrogar
manipular
menear la cabeza
morderse la lengua (ue)
perder los estribos (ie)
pestañear
quitar de encima
retirarse
sacar la lengua
sobrar
sonreír (i)
volver la espalda (ue)

Otras palabras y expresiones

codo a codo
en un abrir y cerrar de ojos
fijamente

Lección 3

Learning from Photos

Have students describe the women in
these photos. What can they say about the
life of each person? What things have
changed in society since the woman in the
top photo was fifteen years old?

Lección 3

Introducing the Lesson Theme

Considering the theme of other people's opinions and their effects on
the individual, this chapter focuses
on describing the difference between
the way we appear to be and the
way we are. Grammatical emphasis
is on **por** and **para**. To introduce this
theme, you might begin with the
Pensemos section of the **Lectura**.
This will focus students' attention on
how they feel about themselves, as
opposed to how others see them.
This section of the **Lectura** is
designed to elicit students' experience and focus their attention on the
lesson topic without direct involvement in the reading itself. The lesson
theme, vocabulary, and grammar
focus are all drawn from the authentic text in the **Lectura** section.

Objectives

By the end of this lesson, students
will be able to:
1. describe unexpected activities
   that they might do
2. use unflattering adjectives to say
   how they may look to others
3. mention things that are important
   to them
4. use appropriate prepositions to
   indicate "for"
5. write with cohesion, using
   phrases to connect their ideas

Lesson 3 Resources
1. Workbook
2. Audio Program
   (cassette or CD)
3. Student Tape Manual
4. Bell Ringer Review
   Blackline Masters
5. Fine Art Transparencies
6. Video Cassette
7. Lesson Quizzes
8. Testing Program
9. Situation Cards

Vocabulario

Vocabulario

Bell Ringer Review

Write the following on the board or use BRR Blackline Master 6.3.1: Think of at least three things that your teachers might do and say what gesture you would make in response. For example, **Ayer el profesor de historia dijo que teníamos el examen y yo me quedé boquiabierto.**

Presentation (pages 396–397)

To ensure assimilation of meaning and appropriate use, do not rush the vocabulary presentation.

A. Have students work with books closed to focus attention on listening for meaning.

1. Ask students to brainstorm things that they might do at home or at school that might make people raise their eyebrows at them.

2. Have students describe how they sometimes look to others, as opposed to how they feel inside.

3. Ask students to list things that they do, not because they want to, but because of what others might say.

Lo único que me ata *(ties, binds)...*

a las reuniones del club es el qué dirán *(what people will say about me).*

al colegio son los deseos de tener una carrera *(career).*

a este lugar son mis amigos(as).

a mi trabajo es la necesidad.

a mi club es la lealtad a mi grupo.

¿Qué dirá la gente si...

me visto todo(a) estrafalario(a) *(eccentric, bizarre)* en vez de como un/a chico(a) común?

me siento en el respaldo *(arm)* del sillón en vez del asiento?

aborrezco *(detest)* el colegio en vez de entusiasmarme con él?

me marcho *(go)* al cine después del almuerzo en vez de volver a mi deber?

me detengo en la cafetería en vez de irme al trabajo?

me echo una siesta *(take a nap)* en vez de estudiar álgebra?

no noto cuando estoy diciendo estupideces en vez de ser más juicioso(a) *(sensible)?*

ando rodeado(a) de haraganes(as) *(lazy people)* en vez de juntarme con chicos(as) buenos(as)?

cuelgo el teléfono abruptamente en vez de despedirme cortésmente?

Learning from Photos

Have students tell as much as they can about each picture. In what class are the women in the first photo? Are they studying to be doctors? What is the woman in the wheelchair doing? She might be relating family history or recalling the people in an old photo. On page 397, all of these people are in situations where the rules of normal behavior are suspended. They are having fun and not paying attention to what anyone thinks.

B. Have students open their book to pages 396–397 and guide them through the new vocabulary, personalizing new words and expressions to encourage active student involvement. Expand on these suggested techniques as appropriate for your class.
1. Have students categorize the new vocabulary according to **deberes** and **gustos**.
2. Pick out the reflexive verbs from the new vocabulary and list them, with their meanings.

Si pones atención, me puedes ver tal como soy. Quizás *(Maybe)* veas...

una mirada de altivez. Pero, en el fondo, soy muy tímido(a).

un rostro de mimado(a) *(pampered, spoiled)*. Pero, la verdad, mi vida es difícil.

un/a muchacho(a) acurrucado(a) en un rincón *(curled up in a corner)*. Pero, de hecho *(as a matter of fact)*, tengo planes gloriosos.

un semblante *(appearance)* de descarado(a) *(insolent)*. Pero, no cabe duda *(no doubt about it)*, me importan los demás.

un cuerpo desgarbado *(awkward, uncoordinated)*. Pero, al fin y al cabo *(after all)*, todavía estoy creciendo.

una pinta *(look, appearance)* de mendigo(a) *("moocher," beggar)*. Pero, a pesar de *(in spite of)* eso, soy rico(a) por dentro.

¡No me importa el qué dirán!

No me gusta mirar hacia atrás *(backwards)*, sino *(but rather)* hacia adelante *(forward)*.

No me gustan las noches como túneles, sino los amaneceres como puentes.

No aguanto los chismes de la gente, sino que prefiero la franqueza.

No me asombran los mendigos, sino la indiferencia de la gente.

No me ahoga *(overwhelm)* la contaminación, sino la falta de previsión *(lack of foresight)*.

No me sorprende el cansancio de los ancianos, sino la altivez de los jóvenes.

Vocabulario **397**

Independent Practice

Have students choose one of the following writing assignments and integrate as much new vocabulary as they can:

1. Imagine that you are the parent of a young teenager who does not seem bothered at all by the opinions of others. Write a letter to your favorite advice columnist explaining the problem in detail and expressing your feelings.

2. Think of a rock star or group who embodies the concept **estrafalario** for you. Write a detailed description of them. How do they look and behave? Are they really the way they seem? What do older people think of them?

Asociaciones

This section encourages use of the following types of strategies for assimilation of new vocabulary: personalizing, transferring to new contexts, recycling, recombining, associating, categorizing, expanding on stock phrases, cooperating, interviewing, summarizing.

Warm-up. Have students work in pairs to practice the lesson vocabulary. Give one student in each pair the words and phrases, and ask the other to respond with a word or phrase that is similar in meaning, approximately opposite, or a derivative. Probable responses are shown in parentheses.

❑ To continue with this warm-up activity, see the Teacher's Manual, page 104.

Actividades

Note: For complete answers to these activities see the Teacher's Manual, page 88.

Actividad A Answers
Answers may resemble the following:

Agradables	Desagradables
Acciones:	
echar una siesta	aborrecer
entusiasmarse	ahogar
juntarse con chicos	marcharse

Actividad B Answers
Answers may resemble the following:
1. **Cuelgo la ropa, las toallas y los cuadros.**

Actividad C Answers
Answers may resemble the following:
1. **Una persona ambiciosa no se asocia con los haraganes.**

Actividad D Answers
Answers will vary.

Asociaciones

A **Agradables y desagradables.** Categoriza las palabras del Vocabulario según lo siguiente.

	Agradables	Desagradables
1. acciones		
2. cosas		
3. descripciones		
4. gente		

B **Se relacionan.** Da tres cosas que asocias con cada una de las siguientes palabras.

Por ejemplo: apoyarse

Me apoyo en la pared, el respaldo del sillón, mis amigos...

1. colgar	5. asombrar	9. detenerse en
2. aborrecer	6. (no) aguantar	10. un mendigo
3. sentarse	7. echar una siesta	11. un túnel
4. ahogar	8. marcharse de (al)	12. un puente

C **En otras palabras.** Busca palabras del Vocabulario que tengan algo que ver con *(have something to do with)* los siguientes tipos de personas.

Por ejemplo: pesimista

Una persona pesimista ve las noches como túneles.

1. ambiciosa	6. pícara	11. débil
2. estrafalaria	7. descortés	12. cómica
3. irresponsable	8. optimista	13. tacaña
4. perezosa	9. arrogante	14. cándida
5. traviesa	10. tímida	

D **Tal como soy.** Compara lo que muestras a la gente exteriormente y cómo eres realmente.

Por ejemplo: Quizás veas un cuerpo desgarbado pero, la verdad, soy muy buena bailarina (buena beisbolista, etc.).

E **No cuesta mucho.** Describe qué llevarías si te vistieras todo(a) estrafalario(a). Da detalles de la ropa y los adornos que te pondrías.

Por ejemplo: Llevaría un vestido morado, unos aretes plásticos, botas de soldado...

Llevaría una chaqueta de cuero roja y unos pantalones apretados...

Cooperative Learning Activity

Often, teenage behavior is misunderstood by adults, who might be judgmental or even afraid of young people. Working in their small groups, students take on the role of reporters. They should photograph, sketch, or find photos of typical teenage behavior that might be misunderstood by adults. Each group assembles its collection of photos and writes an explanation of how the scene appears to others and what is really happening in it. These collections can be displayed in the room during the lesson and later, perhaps, in the library.

F **Dime con quien andas y...** Completa las siguientes frases para describir a la gente con quien andas.

1. Siempre ando rodeado(a) de ___ .
2. Lo que me ata a mis amigos(as) es ___ .
3. Antes, cuando era chico(a), siempre quería amigos(as) que pudieran

   ___ .
4. Lo que aborrezco es que siempre ando ___ .
5. No hay cosa que me guste más que ___ .

G **Claro que no soy así.** Imagínate que alguien te critica por tener tres de las siguientes características. Defiéndete con buenos argumentos.

Por ejemplo: mendigo(a)
> *Aunque te parezca mendigo porque siempre ando pidiendo cosas, en el fondo, soy muy generoso porque si tú necesitas algo, siempre estoy aquí para ayudarte.*

1. mimado(a)
2. altivo(a)
3. mendigo(a)
4. estrafalario(a)
5. descarado(a)
6. haragán(-ana)

H **Más vale sólo que mal acompañado.** Di si los siguientes tipos de gente te caen bien o no. Da buenas razones.

Por ejemplo: Se burlan de los ancianos.
> *No voy a atarme a gente que se burle de los ancianos.*

1. Aborrecen el colegio.
2. Ponen demasiada atención a la ropa.
3. Ponen poca atención a los chismes.
4. Tienen cara de mimados.
5. No les importa el qué dirán.
6. Se ven estrafalarios.

I **Todo lo contrario.** ¿Cómo son tus amigos(as)? Di tres o cuatro cosas para describirlos(las). Sigue el modelo.

Por ejemplo: No ___ sino ___ .
> *No son haraganes sino trabajadores. No dicen estupideces sino cosas inteligentes.*

Vocabulario **399**

Conversemos

Presentation (page 400)

A. This section focuses on integration of the vocabulary, while encouraging the use of the following conversational strategies: mapping and organizing thoughts, cooperating, expressing and supporting opinions, expanding, personalizing, context transferring and recycling, recombining.

Actividades

Note: For complete answers to these activities see the Teacher's Manual, page 89.

Actividad A Answers
Answers may resemble the following:
1. **Allí se ven los niños jugando en la arena.**

Actividad B Answers
Answers may resemble the following:
1. **Acaba de oír un chisme acerca de ustedes.**

Extension of Actividad B
Have students make up one more situation like those in the activity. They should pass it to a partner, who tell them the real explanation.

Actividad C Answers
Answers will vary.

Conversemos ....

A **Lugares y paisajes.** Completa las frases que siguen para describir un lugar. Tus compañeros(as) adivinarán cuál es.

Por ejemplo: Allí se ven muchos muchachos aburridos que... El aire huele a loción y a... Se puede sentir una ligera brisa. Apenas se nota el calor. A veces hay...
Tus compañeros: Estás describiendo la playa, ¿verdad?

1. Allí se ven ___ .
2. Allí huele a ___ .
3. Se puede sentir ___ .
4. Allí apenas se nota ___ .
5. A veces hay ___ .
6. Si pones atención puedes ___ .

B **Ya sé lo que pasó.** Imagínate que ves a varias personas que demuestran lo que piensan o sienten en su cara o apariencia. Con un/a compañero(a), traten de adivinar qué le ha pasado a cada una de ellas.

Por ejemplo: Una chica tiene una mirada de dolor y una lágrima le cae por la mejilla.
¡Pobrecita! A lo mejor acaba de recibir una mala noticia.

1. Una amiga de Uds. acaba de mirarlos con altivez.
2. Un niño acurrucado en un rincón se tapa la cara con las manos.
3. Un joven vestido de manera estrafalaria canta solo en una tienda.
4. Una señora con cara de mimada se mira al espejo y sonríe.
5. Un muchacho descarado trata de poner buena cara en clase.
6. Una adolescente de cuerpo desgarbado se pone a bailar en la calle.
7. Una chica con cara de mendiga le pide un favor a una amiga.

C **Todo lo contrario.** Imagínate que tú eres un modelo de perfección. Di al menos cuatro cosas que hiciste (o que haces por lo general) para demostrarlo.

Por ejemplo: Esta mañana, no tiré los pantalones al suelo; al contrario, los colgué en el armario. Siempre me despido cortésmente de mis padres cuando salgo por la noche. Nunca...

D **"El qué dirán" al día.** Con un/a compañero(a) expliquen qué dice o piensa la gente cuando pasa lo siguiente. Luego den sus recomendaciones para que la gente deje de juzgar a su prójimo.

Por ejemplo: Una señora se viste como una adolescente.
La gente se ríe y dice que la señora está loca. Recomendamos que la gente no se ría. Puede ser que la señora se sienta joven porque realmente es joven de alma.

400 CAPÍTULO 6 *Lección 3*

Learning from Photos

Ask students to imagine that they are in this scene. What are they doing there at this moment?

For the Native Speaker

Have native speakers participate in the following activity: **En español, se dice de la adolescencia que es la edad del pavo. ¿De dónde saldrá esta frase? ¿Crees tú que es una descripción apropiada? Defiende tu punto de vista en un párrafo.**

1. Un señor siempre anda solo, no con su señora y sus hijos.
2. Unas chicas se ponen faldas demasiado cortas y blusas estrafalarias.
3. Un joven siempre se pone a charlar con las señoras ancianas.
4. Un muchacho joven no trabaja; ve la tele todo el día.
5. Una muchacha joven prefiere casarse en vez de ir a la universidad.

Escribamos

A **Mis alrededores.** Describe una escena que recuerdes en dos de los siguientes lugares. Trata de recordar todo lo que sentiste. Completa las frases de abajo o usa tus propias ideas.

en el tren (autobús, metro, avión)	en la casa de...
	en el aula de arte (música, etc.)
en la ciudad	en el estadio
en el hospital o la enfermería	en el campo o la playa

1. Recuerdo cuando estábamos en ___ .
2. Olía a ___ .
3. Sentía ___ .
4. Oía ___ .
5. Veía ___ .
6. Todos andaban (estaban) ___ .
7. Por todas partes se veía(n) ___ .
8. Estábamos rodeados de ___ .
9. Mirando hacia atrás, se podía ver ___ .

B **Defensa de la diferencia.** Piensa en una diferencia entre tú y otros(as) alumnos(as) de tu colegio o entre una persona que conoces y otra gente.

1. Defiende la diferencia con una buena explicación.
2. Da detalles sobre la diferencia misma y explica por qué es importante para esta persona ser diferente en algún respecto.
3. Da descripciones objetivas y también basadas en sensaciones e impresiones.

C **Mi pintura.** Elige una de las siguientes ideas y escribe un párrafo en que la describes de una manera muy detallada e imaginativa.

1. una noche como túnel
2. un amanecer como puente
3. una mirada hacia atrás
4. una contaminación que ahoga
5. una gente indiferente
6. un rostro de mimado
7. estupideces

Estructura

Bell Ringer Review

Write the following on the board or use BRR Blackline Master 6.3.2:
Unscramble the following vocabulary words:
1. lerfaoaitsra
2. dsepescetui
3. naegahsar
4. uogcle
5. rracduacuo
6. rbosedagad
7. imgneod
8. drcedoasa

Presentation (pages 402–403)

Have students brainstorm phrases that they know containing either **por** or **para** before you present the **Estructura.**

Extension. Have students explain this **dicho:** "Menea la cola el can, no por ti sino por el pan." Have students find other proverbios using **por** or **para** and bring them to class.

Por qué y para qué: Los usos de por *y* para

Sometimes, the prepositions **por** and **para** are equivalent to "for" in English. However, this does not mean that each time you express "for" you must use either **por** or **para** in Spanish. Often you will need either nothing at all or a different preposition, such as **de**.

A. The following are some of the uses of **por**.

1 In numerous set phrases that you have memorized as vocabulary.

por ejemplo	por lo general
por eso	por qué
por favor	por todas partes
por fin	gracias por…
por la mañana (noche, tarde)	

2 With certain verbs.

irse por	to take a street (highway, etc.) to go somewhere
ir por	to go get something or someone
pasar por	to pass by, stop by
preguntar por	to ask about somebody or something
preocuparse por	to worry about somebody or something
votar por	to vote for

Llamó Mario. Preguntó por ti. Dijo que iba a pasar por aquí mañana.

¿Por qué no nos vamos por la carretera 23? Hay menos tránsito a estas horas.

Juanito, ve por pan. Aquí tienes el dinero.

3 To indicate why something is done.

Luchó por la libertad de su país.
Lo hizo por orgullo.
Tú sabes que te quiero. Lo haré por ti, no por mí.

4 To indicate the place through or along which motion takes place.

Salió por la puerta de atrás.
Andaba por el parque.

5 To indicate price, or exchange of one thing for another.

Te doy mi casete nuevo por esa revista.
Le pagaron tres mil por su coche.

Learning from Realia

Advertisements in a Spanish-language newspaper or magazine are a good source of usage examples. Have students search for **por** and **para** and bring them to class.

6 To indicate the doer of an action.

La fiesta fue organizada por los miembros del Club de español.

7 To indicate a period of time. However, in most cases you will use nothing.

Mi hermanita gritó: "No voy a limpiar mi habitación por un año".

Corrió una hora. Luego leyó media hora.

B. The following are some common uses of **para**.

1 To express the use, purpose, or destination for which something is intended.

Le compraron un vestido para la fiesta.
Nunca estudió para actriz, pero le encanta actuar.
Me marcho para Filadelfia mañana para ver el desfile.
Y estos casetes, ¿son para mí?

2 To indicate date, celebration, or deadline in the future.

Para mi cumpleaños, quiero una cinta para el pelo.
Para las vacaciones de abril, pienso irme para San Diego.
La composición tiene que estar lista para el lunes.
Tengo dolor de muelas; me dieron una cita para el viernes.

3 To indicate "in order to" and "in order that."

Volvamos a casa para comer, para que podamos hacer las tareas después.
Me gustaría leerle el cuento para que entendiera mejor al personaje principal.

C. Use neither **por** nor **para** with the following common verbs.

pedir	to ask for
esperar	to wait for
buscar	to look for
pagar	to pay for

Ya le pedimos permiso a mamá.
Hace media hora que esperamos el autobús.
Ando buscando mi bolígrafo nuevo.
Es mejor que paguemos la cuenta y nos vayamos.

AT&T es su conexión mundial.
Para que usted no se pierda nada.

Conversemos

Presentation (page 404)

This section focuses on integration of the grammatical structures, while encouraging use of such conversational strategies as personalizing, associating, sorting and categorizing, expressing opinions, transferring to new contexts, recycling and recombining.

Actividades

Note: For complete answers to these activities see the Teacher's Manual, page 89.

Actividades A and B Answers
Answers will vary.

Extension of Actividad B
Have the class brainstorm a list of suggestions called **Para un mundo mejor** to be posted on the wall.

Actividad C Answers
Answers may resemble the following:
Lo que puedo hacer por ti es ayudarte a cortar el césped.
Lo que tú puedes hacer por mí es corregir el ensayo que escribí en español.

Escribamos

Presentation (page 404)

This section focuses on written integration of the grammatical structures while encouraging use of such learning strategies as personalizing, describing and narrating past events, expressing cause and effect.

Actividad A Answers
Answers may resemble the example.

Conversemos •••••••••••••••••••••••••••••••••••

A **En pedir no hay engaño.** Escoge tres de las siguientes fiestas del año y di qué quieres para cada una.

| tu cumpleaños | Channukah | el día de los |
| Navidad | el 4 de julio | enamorados |

Por ejemplo: Para el día de... quisiera un reloj y...

B **Ésta es mi opinión.** Da tu opinión sobre dos de las siguientes controversias o piensa en dos controversias. Sé sincero(a).

Por ejemplo: limitar la producción industrial para disminuir la
contaminación
Para mí, debieran disminuir..., pero no debieran limitar...
Por eso, creo que debieran...

1. exigir uniformes en los colegios para evitar malgastar el dinero en ropa
2. permitir que la gente use su coche sólo cinco horas a la semana para disminuir la contaminación
3. prohibir el uso de ropa estrafalaria u original en el colegio o en lugares públicos
4. limitar la producción industrial para disminuir la contaminación

C **Hoy por ti, mañana por mí.** Sin la ayuda de nuestros amigos no se puede vivir, dicen los hispanos. Dile a un/a compañero(a) qué puedes hacer por él o ella ahora y cómo te pueden retribuir en el futuro.

Por ejemplo: Lo que puedo hacer por ti es...
Después, tú puedes hacer esto por mí: ...

Escribamos •••••••••••••••••••••••••••••••••••

A **Tarjeta simpática.** Escríbele una tarjeta de buenos deseos a uno(a) de tus amigos(as). Recuerda que los hispanos escriben varias frases en estas tarjetas amistosas.

Por ejemplo: Para tu cumpleaños te deseo lo mejor.
Que tu mamá no se ponga exigente, para que no tengas que limpiar tu cuarto por un año, que no vayas a..., que termines tu trabajo de educación cívica para... Espero que también tengas tiempo para...

404   CAPÍTULO 6   *Lección 3*

B **La vida de plazo en plazo.** Ahora que ya eres alumno(a) avanzado(a), tu vida está llena de plazos. Describe los meses que te esperan ahora. Usa los siguientes términos: *principios de, mediados de, fines de* + mes.

Por ejemplo: Los meses que vienen serán muy difíciles para mí porque tengo mucho que hacer. Para fines de mayo... Para principios de junio... Para fines del verano... Para mediados de octubre...

C **¡Viva la diferencia!** Escribe una defensa de las cosas, ideas o personas diferentes que conoces. Explica por qué es diferente, cómo llegó a ser diferente, para qué es bueno esto y por qué apoyas tú esta diferencia.

Por ejemplo: Mi amiga... es diferente por su... y por su...
Ella llegó a ser diferente porque...
Para mí, esto es bueno para mostrarle a la gente que...
Por eso, yo la apoyo, por su originalidad (por su valentía, por...).

D **¡Vamos a España!** Con otra persona, completa lo siguiente con *por, para* o absolutamente nada cuando no sea necesario.

Esto es un memo ___ los miembros del Club de español que van a España en abril. Hay que pagar ___ los pasajes ___ el quince de marzo. El precio es 5.000 pesetas. Éste es el precio ___ estudiantes. Deben ir a la agencia Hispanotur y preguntar ___ la Srta. Álvarez. ¡No se olviden de pedir ___ el descuento!

Vamos a estar ___ dos días en Madrid. Tienen la tarde del primer día libre ___ pasear ___ el centro histórico de Madrid. ___ la noche vamos a comer en un restaurante típico. El segundo día visitaremos el Museo del Prado, que es conocido ___ sus obras de Velázquez, El Greco y Goya. El tercer día salimos ___ Toledo. Pasaremos ___ dos días en Toledo. Estoy seguro de que esto va a ser una experiencia inolvidable ___ todos.

MUSEO DEL PRADO

TOLEDO

Estructura **405**

Actividades B and C Answers
Answers will vary.

Actividad D Answers
por, para or blank, accordingly

Additional Practice

Have students do the following: **Piensa en algo que es muy importante para ti—alguna meta o plan que te hayas hecho y para cuándo esperas realizarlo. Explica también por qué se te ocurrió esta idea. Por ejemplo: Tener mi propio negocio (mi propia casa) es extremadamente importante para mí porque quiero... Por eso, espero poder... me encantaría realizar mi plan cuando tenga 23 años. Para conseguir esto también tengo que...**

Did You Know?

Established in 482 by the Visigoths, Toledo has been an important center of culture—Jewish, Christian, and Moslem—in Spain throughout history. In the thirteenth century, it was the most important center of science and philosophy in all of Europe. This postcard from Toledo commemorates its most famous inhabitant, El Greco. The painting in the center of the card is "El entierro del Conde de Orgaz," which can be seen today in the Iglesia de Santo Tomé in Toledo. This multi-level painting shows the burial of the Count on earth, while above his soul is already on its way to heaven.

Learning from Realia

The Museo del Prado was also built during the reign of Carlos III, who created a beautiful **paseo,** containing fountains, monuments, a botanical garden, and museums. The Prado closed at the beginning of the Spanish Civil War in 1936 and moved its collections to other places in Europe. After the war ended, the paintings were returned to the Prado.

Learning from Photos

The Puerta de Alcalá is one of the most recognizable symbols of Madrid. It was built by the famous architect Sabatini in 1778 during the reign of Carlos III, to commemorate the entrance of the king into Madrid.

Teaching Resources
1. Audio Program 6.3
2. Student Tape Manual, page 109

Bell Ringer Review

Write the following on the board or use BRR Blackline Master 6.3.3: Supply the correct preposition, **por** or **para,** in each sentence:
1. Luis preguntó ____ ti ayer.
2. ¿Me compras un nuevo suéter ____ el viaje?
3. Pues, ____ mí, esto es increíble.
4. El gato entró ____ la ventana.
5. Toma este dinero y ve ____ café.

Presentation (page 406)

In this particular lesson, it is recommended that you use the **Pensemos** section to introduce the lesson.

Antes de leer

Pensemos

Actividades

Note: For complete answers to these activities see the Teacher's Manual, page 90.

Actividad Answers
Answers will vary.

Miremos

Actividades

Actividad A Answers
Answers may resemble the following:
1. en un tren

Actividad B Answers
Answers may resemble the following:
1. Volvía a su casa.

Actividad C Answers
Answers may resemble the following:
1. ...la aclamación del público.

406

Lectura

Antes de leer

Pensemos

Ojalá que fuera así. ¿Qué cambios te harías si pudieras cambiar cualquier cosa de tu persona? Completa una o más de las frases que siguen.

1. Si pudiera cambiar mi nombre, me llamaría ____ porque ____ .
2. Si pudiera cambiar mi apariencia, sería (tendría, etc.) ____ porque ____ .
3. Si pudiera cambiar mi personalidad, sería más (menos) ____ porque ____ .

Miremos

A **Al principio.** Con un/a compañero(a), lee rápidamente hasta la línea 25 de la página 407. Ubiquen información para contestar las siguientes preguntas.

1. ¿Dónde tuvo lugar este episodio?
2. ¿Qué hora era?
3. ¿Quiénes estaban allí?
4. ¿Cómo era el ambiente?
5. ¿Cómo se llamaba la protagonista?
6. ¿Cómo era ella?
7. ¿Cómo se sentía?
8. ¿Qué estaba pensando?
9. ¿Qué hizo ella?
10. ¿A quién conoció?

B **Luego.** Ahora, lee hasta la línea 11 de la página 408 y contesta las siguientes preguntas.

1. ¿Adónde iba Rosamunda?
2. ¿Por qué le estaba contando su vida al soldado?
3. ¿Qué impresión tenía el soldado de Rosamunda?
4. Según Rosamunda, ¿cómo era ella en su juventud?

C **Por fin.** Sigue leyendo rápidamente hasta el final del cuento para ubicar lo siguiente.

1. lo que Rosamunda echaba de menos
2. lo que Rosamunda temía
3. lo que pensó el soldado al oír su historia

Al lector
● No te preocupes si no entiendes todas las palabras de la lectura. Eso es normal.
● No es necesario usar un diccionario. Trata de adivinar las palabras que no conoces.
● Confía en tu español; ¡ya sabes muchísimo!

406 CAPÍTULO 6 *Lección 3*

Critical Thinking Activity

Have students think about the name *Rosamunda.* What connotations does it have? What type of person would you expect to have this name? Do students think that people develop in certain ways because of their names? Do they believe that people should be allowed to choose a new name after a certain age?

Rosamunda (adaptado)
de Carmen Laforet (española, 1921)

Estaba amaneciendo, al fin. El departamento (compartimiento del tren) de tercera clase olía a cansancio, a tabaco y a botas de soldado. Ahora se salía de la noche como de un gran túnel y se podía ver a la gente acurrucada, dormidos hombres y mujeres en sus asientos duros. Era aquél un incómodo vagón-tranvía (un tren de categoría inferior), con el pasillo atestado de cestas y maletas. Por las ventanillas se veía el campo y la raya plateada del mar. 5

Rosamunda se despertó. Todavía se hizo una ilusión placentera al ver la luz entre sus pestañas semicerradas. Luego comprobó que su cabeza colgaba hacia atrás, apoyada en el respaldo del asiento y que tenía la boca seca de llevarla abierta. Se rehizo, enderezándose (levantándose). Le dolía el cuello —su largo cuello marchito (débil). Echó una mirada a su alrededor. Sintió ganas de estirar las piernas entumecidas *(numb)* —el tren traqueteaba, pitaba *(rattled, whistled)*—. Salió con grandes precauciones, para no despertar, para no molestar, "con pasos de hada"—pensó—, hasta la plataforma. 10 15

El día era glorioso. Apenas se notaba el frío del amanecer. Se veía el mar entre naranjos. Ella se quedó como hipnotizada por el profundo verde de los árboles, por el claro horizonte de agua.

—"Los odiados, odiados naranjos... Las odiadas palmeras... El maravilloso mar..." 20

—¿Qué decía usted?

A su lado estaba un soldadillo. Un muchacho pálido. Parecía bien educado. Se parecía a su hijo. A un hijo suyo que se había muerto. No al que vivía; al que vivía, no, de ninguna manera. 25

—No sé si será usted capaz de entenderme—dijo, con cierta altivez. —Estaba recordando unos versos míos. Pero si usted quiere, no tengo inconveniente en recitar...

El muchacho estaba asombrado. Veía a una mujer ya mayor, flaca (delgada), con profundas ojeras. El cabello oxigenado, el traje de color verde, muy viejo. Los pies calzados en unas viejas zapatillas de baile, color de plata, y en el pelo una cinta plateada también, atada con un lacito. 30

—... ¿Le gusta o no oír recitar?—preguntó Rosamunda, impaciente.

—Sí, a mí... 35

El muchacho no se reía porque le daba pena mirarla. Quizá más tarde se reiría. Además, él tenía interés porque era joven, curioso. Había visto pocas cosas en su vida y deseaba conocer más. Miró a Rosamunda y la vio soñadora. Tenía los ojos llenos de lágrimas.

—Si usted supiera, joven... Si usted supiera lo que este amanecer significa para mí me disculparía... Otra vez a mi casa. Otra vez a sentir ese ahogo de mi patio cerrado, de la incomprensión de mi esposo. No 40

Rosamunda (adaptado)
Presentation (pages 407–409)

Reading Strategies

A. This authentic text encourages use of such reading strategies as:
1. guessing from context
2. identifying cognates
3. using derivatives
4. looking for patterns
5. applying knowledge and experience to sense-making process
6. identifying salient information
7. searching for clues to meaning.

Guide students in how to guess meanings of unfamiliar words.

B. Have students work in pairs or individually to give meaning to these words using the following:
1. cues from context
2. their own experience
3. knowledge of English and knowledge of Spanish. Help them find and choose the correct clues to the meanings of: **olía a cansancio** (context), **se veía** (derivative), **semicerradas** (derivative), **se rehizo** (derivative), **soldadillo** (derivative), **no tengo inconveniente** (cognate), **zapatillas de baile** (derivative), **halagada** (context), **un arranque** (derivative), **un sepulcro** (cognate), **las burlas** (derivative).

C. If you assign this reading for homework, follow up by having students give you the clues they used to discover the meanings of these words.

Information About the Author

Carmen Laforet (1921)

Carmen Laforet is a contemporary Spanish novelist whose first novel, *Nada,* written and published while she was a law student at the University of Madrid, is considered the first modern Spanish novel of importance written after the Spanish Civil War. *Nada* received the Premio Nadal in 1944.

Laforet's third novel, *La mujer nueva,* received the Premio Nacional de Literatura in 1956. Her novels are considered a perfect balance of content and expression. She has also written many short stories.

She was born in Barcelona but spent her childhood in Las Palmas in Gran Canaria. With the success *Nada* brought her, she quit her law studies and devoted herself to writing. During the early part of her career she balanced her obligations as a mother of five with her writing.

sabe nada de lo que puede ser la vida de una mujer como yo. Este tormento infinito... Usted dirá que por qué le cuento todo esto, por qué tengo ganas de hacer confidencias... Pues, porque ahora mismo, al hablarle, me he dado cuenta de que tiene usted corazón y sentimiento
5 y porque esto es mi confesión. Porque, después de usted, me espera, como quien dice, la tumba... El no poder hablar ya a ningún ser humano, a ningún ser humano que me entienda.

Se calló, cansada, quizá, por un momento.

—Voy a empezar a usted mi historia, pues creo que le interesa.
10 Figúrese usted una joven rubia, de grandes ojos azules, una joven apasionada por el arte... De nombre, Rosamunda... Rosamunda.

***

Su verdadero nombre era Felisa; pero, no se sabe por qué, lo aborrecía. En su interior siempre había sido Rosamunda, desde los tiempos de su adolescencia. Aquel Rosamunda se había convertido en
15 la fórmula mágica que la salvaba de la estrechez de su casa, de la monotonía de sus horas; aquel Rosamunda convirtió al novio zafio (crude, coarse) y colorado (ruddy) en un príncipe de leyenda. Rosamunda era para ella un nombre amado, de cualidades exquisitas...
20 —Rosamunda tenía un gran talento dramático. Llegó a actuar con éxito brillante. Además, era poetisa. Tuvo ya cierta fama desde su juventud... Imagínese, casi una niña, halagada, mimada por la vida y, de pronto, una catástrofe... El amor... ¿Le he dicho a usted que era ella famosa? Tenía dieciséis años apenas, pero la rodeaban por todas
25 partes los admiradores. En uno de los recitales de poesía, vio al hombre que causó su ruina. A... a mi marido, pues Rosamunda, como usted comprenderá, soy yo. Me casé sin saber lo que hacía, con un hombre brutal, sórdido y celoso. Me tuvo encerrada años y años. ¡Yo! Aquella mariposa de oro que era yo.
30 (Sí, se había casado, si no a los dieciséis años, a los veintitrés, pero ¡al fin y al cabo!... Y era verdad que le había conocido un día que recitó versos suyos en casa de una amiga. Él era carnicero. Pero, a este muchacho, ¿se le podían contar las cosas así? Lo cierto era aquel sufrimiento suyo, de tantos años. No había podido ni recitar un solo
35 verso, ni aludir [referir] a sus pasados éxitos—éxitos quizá inventados, ya que no se acordaba bien; pero... Su mismo hijo solía decirle que se volvería loca de pensar y llorar tanto. Era peor esto que las palizas [golpes] y los gritos de él cuando llegaba borracho [drunk]. No tuvo a nadie más que al hijo aquél, porque las hijas fueron descaradas y
40 necias [tontas], y se reían de ella, y el otro hijo, igual que su marido, había intentado hasta encerrarla.)

—Tuve un hijo único. Un solo hijo. ¿Se da cuenta? Le puse (el nombre de) Florisel... Crecía delgadito, pálido, así como usted. Por eso quizá le cuento a usted estas cosas. Yo le contaba mi magnífica vida

408 CAPÍTULO 6 *Lección 3*

Critical Thinking Activity

The journey is a universal literary symbol, usually connoting self-discovery or some heroic action. In this story, the journey is ironic.

A. Ask students to brainstorm ways in which this is true. Point out to them that what Rosamunda has tried to do in her life is, in fact, what all people must do—invent themselves. What is it about

Rosamunda's circumstances that make her invention of herself ironic and sad?

B. Ask students to consider the symbols in the story. For example, the sea that Rosamunda glimpses through the barrier of the hated orange trees might represent the limitations that she cannot remove from her possibilities in life. How does her being a woman in

(continued on the next page)

anterior. Y él me escuchaba, como usted ahora, embobado (absorto).

Rosamunda sonrió. Sí, el joven la escuchaba absorto.

—Este hijo se me murió. Yo no lo pude resistir... Él era lo único que me ataba a aquella casa. Tuve un arranque, cogí mis maletas y me volví a la gran ciudad de mi juventud y de mis éxitos... ¡Ay! He pasado unos días maravillosos y amargos. Fui acogida (recibida) con entusiasmo, aclamada de nuevo por el público, de nuevo adorada... ¿Comprende mi tragedia? Porque mi marido, al enterarse de esto, empezó a escribirme cartas tristes y desgarradoras (heart-rending); no podía vivir sin mí. No puede, el pobre. Además es el padre de Florisel, y el recuerdo del hijo perdido estaba en el fondo de todos mis triunfos, amargándome.

El muchacho veía animarse por momentos a aquella figura flaca y estrafalaria que era la mujer. Habló mucho. Evocó un hotel fantástico, el lujo derrochado (extravagante) en el teatro el día de su "reaparición"; evocó ovaciones delirantes y su propia figura, una figura de "sílfide (sylph, nymph) cansada", recibiéndolas.

—Y sin embargo, ahora vuelvo a mi deber... Repartí mi fortuna entre los pobres y vuelvo al lado de mi marido, como quien va a un sepulcro (tumba).

Rosamunda volvió a quedarse triste. Sus pendientes (aretes) eran largos, baratos; la brisa los hacía ondular... Se sintió desdichada (miserable, desafortunada), muy "gran dama"... Había olvidado aquellos terribles días sin pan en la ciudad grande. Las burlas de sus amistades ante su traje de gasa (gauze), sus abalorios (adornments) y sus proyectos fantásticos. Había olvidado aquel largo comedor, donde había comido el pan de los pobres entre mendigos de broncas toses. Sus llantos (lágrimas), su terror en el absoluto desamparo de tantas horas en que hasta los insultos de su marido había echado de menos. Sus besos a aquella carta del marido en que, en su estilo tosco y autoritario a la vez, recordando al hijo muerto, le pedía perdón y la perdonaba.

El soldado se quedó mirándola. ¡Qué tipo más raro, Dios mío! No cabía duda de que estaba loca la pobre... Ahora le sonreía... Le faltaban dos dientes.

El tren se iba deteniendo en una estación del camino. Era la hora del desayuno, Rosamunda miraba hacia los vendedores de rosquillas (doughnuts).

—¿Me permite usted convidarla (invitarla), señora?— En la mente del soldadito empezaba a insinuarse una divertida historia. ¿Y si contara a sus amigos que había encontrado en el tren una mujer estupenda y que...?

—¿Convidarme? Muy bien, joven... Quizá sea la última persona que me convide... Y no me trate con tanto respeto, por favor. Puede usted llamarme Rosamunda... no he de (voy a) enfadarme por eso.

5

10

15

20

25

30

35

40

45

her social circumstances limit what she can expect and hope for? The soldier on the train is thinking of making up a lie to tell his friends about Rosamunda. If he does this, he will be elaborating on her fantasy of herself and creating a fantasy version of himself, as well. Will people someday look on him with pity and scorn?

C. Have students write a journal-style reflection on this **proverbio** as it applies to the story and to the other topics in the lesson: **Caras vemos, corazones no sabemos.**

Leamos

Presentation (page 410)

This section focuses on comprehension and use of information derived from more intensive reading through use of the following reading strategies: identifying salient information, reacting as a reader, speculating, analyzing characters, evaluating actions, expressing and supporting opinions, comparing and contrasting.

Actividades

Note: For complete answers to these activities see the Teacher's Manual, page 90.

Actividad A Answers
Answers may resemble the following:
1. **Era aquél un incómodo vagón-tranvía, con el pasillo atestado de cestas y maletas.**

Actividad B Answers
Answers may resemble the following:
1. **incomprensión, hombre brutal, sórdido, celoso, carnicero**

Actividad C Answers
Answers will resemble the example.

Leamos

A **Imágenes.** Escribe las siguientes categorías. Luego, ubica y copia todas las palabras, expresiones y frases que usa la autora para describir cada una de ellas.

Por ejemplo: el amanecer
Se salía de la noche como de un gran túnel...

1. el vagón del tren
2. el ruido del tren
3. el soldado
4. la ropa de Rosamunda
5. los pasajeros
6. el día
7. la casa de Rosamunda
8. el nombre "Rosamunda"
9. el paisaje
10. el tiempo
11. el olor

B **La familia de Rosamunda.** Ahora, ubica y copia todas las palabras y expresiones que describan a los siguientes miembros de la familia de Rosamunda.

1. su marido
2. su hijo Florisel
3. su otro hijo
4. sus hijas

C **La verdadera Rosamunda.** Ubica y copia todas las palabras y expresiones que se refieran a las diferentes "Rosamundas" del cuento. Luego da un breve resumen de los diferentes puntos de vista.

1. Felisa (cómo era)

Por ejemplo: "su verdadero nombre... lo aborrecía", "se había casado a los veintitrés"

2. Rosamunda (cómo se creía)

Por ejemplo: "lo que siempre había sido en su interior", "era poetisa", "aquella mariposa de oro..."

3. la mujer que veía el soldado

Por ejemplo: "aquella figura flaca y estrafalaria"

D **¡Quién sabe!** Agrega a cada frase de la página 411 una de las siguientes expresiones para dar tu opinión o indicar si la frase es dudosa, falsa o posible. Como ves, en muchos casos tendrás que usar el subjuntivo.

Por ejemplo: Rosamunda, cuando era joven, era famosa.
Es dudoso que haya sido famosa cuando era joven.

Dudo que...	Es imposible que...
Ojalá que...	Es evidente que...
No creo que...	No cabe duda que...
Es una lástima que...	Es dudoso que...

Independent Practice
The **Leamos** activities can be assigned as written homework and shared orally in the classroom.

1. Rosamunda iba en un tren de lujo.
2. El soldado pensaba que Rosamunda estaba loca.
3. El hijo preferido de Rosamunda vivía en otro país.
4. Rosamunda iba de vuelta a casa aunque no quería.
5. Rosamunda no podía separar la realidad de la fantasía.
6. El esposo de Rosamunda no la trataba bien.
7. El soldado se parece al hijo de Rosamunda.
8. Cuando el muchacho llegó a casa se rió por media hora.
9. A Rosamunda la esperaba la muerte en vida.
10. El cuento de Rosamunda era verdadero.
11. Las hijas de Rosamunda eran realmente malas.
12. Todo era mentira, pero era verdad que Rosamunda era una soñadora.

Después de leer

Analicemos

Adivinar el verbo. Da los verbos que están relacionados a las siguientes palabras.

1. amargo	6. cansancio	11. burla
2. soñadora	7. asiento	12. comedor
3. mirada	8. semicerrado	13. pasillo
4. amanecer	9. sufrimiento	14. pasos
5. olor	10. arranque	

Apliquemos

A **Otra vez.** Cuenta la historia de Rosamunda desde el punto de vista de uno de los siguientes personajes masculinos del cuento.

1. el marido
2. el hijo muerto
3. el otro hijo
4. el soldado

B **Me toca a mí.** Imagínate que eres tan mayor como Rosamunda. Cuéntale la historia de tu vida a una persona que no te conoce. Como Rosamunda, tú le puedes inventar algunos detalles interesantes a tu vida.

Answers may resemble the following:
1. **Es evidente que Rosamunda no iba en un tren de lujo.**

Después de leer

Analicemos

Actividades

Note: For complete answers to these activities see the Teacher's Manual, page 91.

Actividad Answers
Answers will vary but may resemble the following:
1. **amargar**

Additional Practice
Have students do the following:
1. **Ubica y copia las palabras y expresiones del cuento que evoquen las siguientes sensaciones:**
   a. oler   d. oír
   b. sentir   e. presentir
   c. ver
2. **Da antónimos de las siguientes palabras. Elige de la lista que sigue: afortunado, compradores, rechazado, despreocupado, respetuoso, dulce, vacío.**
   a. desdichado
   b. amargo
   c. embobado
   d. descarado
   e. acogido
   f. vendedores
   g. atestado

Apliquemos

Actividades

Actividades A and B Answers
Answers will vary.

Additional Practice
Have students draw a picture of Rosamunda according to the descriptions given in the story.

Independent Practice
Assign the following:
Activities on pages 410–411

Cultura viva

Presentation (pages 412–413)

A. This section examines the lesson theme from a cultural perspective. Students are asked to reflect and comment on their own culture as well as Hispanic cultures, through the stimulus of authentic personal, journalistic, and literary texts.

B. Introduce students to the topic by asking them to brainstorm unspoken rules of conduct that operate in their school. How are these rules enforced?

Conversemos y escribamos

Note: For complete answers to this activity see the Teacher's Manual, page 91.

Actividad A Answers
Answers may resemble the following:
"El qué dirán" me dice que: no fume, me vista bien siempre, no me junte con los estudiantes que sacan malas notas. Y me obliga a que: me vista a la última moda, vaya a estudiar a la universidad, asista a la ceremonia de graduación.

Actividad B Answers
Answers may resemble the following:
1. ... California este verano con mi novio.

Actividad C Answers
Answers will vary.

El qué dirán

"El qué dirán" es la expresión que sirve de nombre al comentario malicioso o prejuiciado de la gente. Son los juicios que la gente le agrega a los chismes o rumores. "El qué dirán", debido a su naturaleza colectiva, impone entonces ciertas reglas de comportamiento en un grupo social. Por ejemplo, en ciertas partes la gente no quiere ser vista en ciertos restaurantes o calles porque se considera que esos lugares no son para la gente de bien. Por miedo al "qué dirá la gente", entonces, hay muchas cosas que no deben hacerse en una ciudad o comunidad.

Conversemos y escribamos ....

A ¿A qué te obliga el qué dirán a ti? Haz una lista de lo que puedes o no puedes hacer según el qué dirán de tu grupo o de la sociedad en general.

Por ejemplo: "El qué dirán" me obliga a que sólo use ropa de última moda, como...

Exige que yo no me junte con ciertos chicos como...

Me obliga a alejarme de ciertos lugares, como...

Nos manda a mis amigos y a mí que vayamos a la universidad...

Prohíbe que yo me case con alguien que... sólo salga con...

Me dice que en el colegio me porte como...

B Di qué harías si no fuera por el qué dirán. Completa las siguientes frases con tus propias ideas.

1. Si no fuera por el qué dirán, yo me iría a ___ .
2. Yo le diría a ___ que ___ .
3. Yo me pondría ropa como ___ .
4. En vez de hacer lo que me agrada como ___ , yo tengo que ___ .

C En los siguientes poemas de Alfonsina Storni, identifica lo que exige "el qué dirán" que: 1) hagan o no hagan los hombres; 2) hagan o no hagan las mujeres.

412   CAPÍTULO 6   *Lección 3*

Critical Thinking Activity

In North American culture and Hispanic cultures, the changing role of women has had a profound effect on society as a whole. Nevertheless, change is difficult.

A. Ask students to consider this situation: In a March 1996 meeting of the Commission of Population and Development of the Mexican Senate, a report was issued saying that inequality between boys and girls with respect to education is a major contributing factor to the school drop-out rate, which is much higher among girls. As a result, then, inequality of educational opportunity also contributes to the problem of teenage pregnancy, according to the commission. The Mexican Undersecretary of Education has emphasized the

(continued on the next page)

Peso ancestral

Tú me dijiste: no lloró mi padre;
tú me dijiste: no lloró mi abuelo;
no han llorado los hombres de mi raza,
eran de acero.

Así diciendo te brotó una lágrima
y me cayó en la boca...; más veneno
yo no he bebido nunca en otro vaso
así pequeño.

Débil mujer, pobre mujer que entiende,
dolor de siglos conocí al beberlo.
Oh, el alma mía soportar* no puede   aguantar
todo su peso.

Hombre pequeñito

Hombre pequeñito, hombre pequeñito,
Suelta* a tu canario que quiere volar...   libra, deja libre
Yo soy el canario, hombre pequeñito,
Déjame saltar.

Estuve en tu jaula*, hombre pequeñito,   cage
Hombre pequeñito que jaula me das.
Digo pequeñito porque no me entiendes,
Ni me entenderás.

Tampoco te entiendo, pero mientras tanto
Ábreme la jaula, que quiero escapar;
Hombre pequeñito, te amé media hora,
No me pidas más.

D Con otra persona explica qué simboliza cada una de las siguientes palabras de los poemas.

1. canario
2. jaula
3. volar
4. soltar (suelta)
5. pequeñito
6. peso
7. acero
8. veneno
9. vaso
10. dolor de siglos

Extension of Actividad C
After reading both of these poems, ask students whether it is the man or the woman who is most restricted by the **qué dirán**. The man in the first poem is weighted down by the **peso ancestral** and caged by the **acero** of the men of his race. In turn, his sorrow affects the woman. In the second poem, the woman sees herself as a little canary in a cage who has stayed long enough and wants to fly. Her entrapment has hurt both herself and the man, whom she calls **pequeñito**.

Actividad D Answers
Answers may resemble the following:
1. canario: **la mujer encerrada**

Information About the Author
For information about Alfonsina Storni, please refer to **Capítulo 6, Lección 2** of the Teacher's Manual.

need for actions to help families keep their daughters in school with the same consistency and hope as they have for their sons. Can students think of any cultural factors that might contribute to this problem? What things might cause it to change?

B. The works of many wonderful contemporary Hispanic women writers are available for students to read as an extra project. Some of these authors are Isabel Allende, Elena Poniatowska, Montserrat Roig, Carmen Martín Gaite, Helena María Viramontes, Sandra Cisneros, Lorna Dee Cervantes, and Mary Helen Ponce. In particular, Martín Gaite's *La Cenicienta en Nueva York* offers some entertaining insights into the theme of **Lección 3**.

Estructura: Un poco más

A. This section presents additional aspects of the Spanish language that are often confusing for foreigners.

B. Students can also practice these connectors in conversation. Have them sit in a circle and have a **tertulia,** in which they discuss an issue on which they can agree or disagree. Each person who wants to speak must use one of the expressions from page 414.

Estructura: Un poco más

Resumen de las palabras que sirven para conectar tus frases

You have used many expressions that help you connect your ideas, to make them clearer and more logical. The following is a summary.

Cause, effect, consequence	Example	Contrast
por eso así (que) como..., entonces... dado que a causa de (que) porque debido a	por ejemplo como de hecho	aunque sin embargo pero en cambio a pesar de (que) no... sino... no obstante en vez de

Condition	Continuation	Clarification
a menos que para que hasta que con tal que	también tampoco además	es decir o sea en otras palabras no cabe duda

Sequence
primero, segundo, tercero... en primer (segundo, tercer...) lugar mientras (tanto) de repente luego ya al fin y al cabo

Elige uno de los temas de la actividad B de la página 404 y escribe dos párrafos en los que utilizas al menos ocho de las palabras o expresiones de esta página.

Diversiones

Las máscaras que nos ponemos. Guillermo y Guillermina tienen una colección de máscaras. Las máscaras representan las caras que ellos le muestran a la gente.

1. Con un/a compañero(a), escojan una máscara para Guillermo o Guillermina.

Por ejemplo: Guillermina se pone una máscara de...

2. Escriban una descripción detallada de cómo pasan el día Guillermo o Guillermina disfrazado(a) así.

3. La clase tiene que adivinar qué máscara escogieron Uds., según la descripción que le dieron.

Actividad

Note: For complete answers to this activity see the Teacher's Manual, page 92.

Actividad Answers
Answers will vary.

For the Native Speaker

Have native speakers participate in the following activity. **Busca una copia de** *Máscaras mexicanas* **por Octavio Paz. Después de leer las ideas de Paz, escribe un breve ensayo sobre el concepto, explicando tus propias opiniones también. Usa las expresiones de la página 414 para hacer tus ideas más claras y lógicas.**

Repaso de vocabulario

Cosas y conceptos

la altivez
la carrera *(career)*
el deseo
la estupidez
la falta (de)
la franqueza
el grupo
la indiferencia
la lealtad
la pinta
el plan
la previsión
el qué dirán
el respaldo del sillón
el rincón
el semblante
el túnel

Descripciones

acurrucado(a)
descarado(a)
desgarbado(a)
estrafalario(a)
glorioso(a)
haragán(-ana)
juicioso(a)
mimado(a)

Personas

el/la anciano(a)
el/la mendigo(a)

Actividades

aborrecer (zc)
ahogar
asombrar
atar
echarse una siesta
entusiasmarse (con)
marcharse
notar

Otras palabras y expresiones

a pesar de (que)
abruptamente
adelante
al fin y al cabo
atrás
de hecho
en el fondo
no cabe duda
por dentro
quizás
sino (que)

Capítulo 6 Un paso más

A **Otra perspectiva.** Con otra persona imagínense que uno(a) de ustedes es minusválido(a). Hagan un recorrido imaginario por el colegio y noten los obstáculos que encuentran. Luego, en una carta al Consejo Local de la Educación *(School Board)* hagan sus recomendaciones sobre lo que se debe cambiar.

Por ejemplo: Si fuera sordo(a), no podría saber cuándo se terminan y empiezan las clases. Debe haber...

Si usara silla de ruedas, no podría entrar en... porque las puertas son muy estrechas.

B **Yo.** Los siguientes temas de este capítulo contribuyen a una definición de quién es una persona. Prepara un autorretrato que incluye algo de cada una de las categorías que siguen.

1. tu nacionalidad
2. tu sociedad
3. tu grupo de amigos
4. tu apariencia
5. tu sexo y edad
6. tus formas de comunicarte
7. tu manera de vestir
8. tus ideas y creencias

C **Queridos amigos.** Escribe una carta a los menores sobre el tema del conformismo y las presiones de grupo. Incluye tus recomendaciones y consejos.

D **¿Nos conocemos bien?** Lee los siguientes comentarios hechos por niños mexicanos sobre los norteamericanos. Entonces, haz las actividades que los siguen.

Los gringos son altos, güeros (rubios), andan descalzos y otros con huaraches, pagan con dólares, matan a los animales para hacerse ropa, se pelean con los niños héroes y querían quitar la bandera de México, hablan inglés, viven en Estados Unidos. Algunos son chaparritos (bajos), pero los chaparros son más altos que los de México, no son cochinos (sucios), no tiran basura en Estados Unidos donde viven los gringos, viven muy lejos de México, algunos tienen el pelo largo y algunos con el pelo corto y ellos no comen frijoles, ni calabaza, ni maíz.

Actividades

Note: For complete answers to these activities see the Teacher's Manual, page 92.

Actividad A Answers
Si anduviera en silla de ruedas no podría subir al segundo piso porque no hay ascensor. No podría entrar al gimnasio porque la puerta es muy pequeña.

Actividades B and C Answers
Answers will vary.

Actividad D Answers
Answers may resemble the following:
1. La segunda.
2. El primer niño ha oído a sus padres hablar de los gringos.

Answers may resemble the following:
1. ...mis padres me dejen usar el coche.
2. ...me pregunten con quién salgo y a qué hora vuelvo.

Los turistas que vienen se la pasan tomando fotografías, tomando películas o coleccionando cosas, también vienen a estudiar más sobre la cultura, la ciencia o el arte.

De los gringos pienso que son buenos, amables y simpáticos y gentiles y son güeros (rubios) guapos y también son amables y son gringos y tienen sus casas muy bonitas y usan trajes muy ricos y son ricos.

Los gringos se creen mucho (son arrogantes), porque son blancos y no han sabido querer a su hermano negro.

1. En tu opinión, ¿cuál de estas descripciones mejor refleja lo que es el estadounidense?
2. ¿De dónde vienen nuestras ideas de otras gentes? Haz una lista de las fuentes de información, por ejemplo, que tenían estos niños mexicanos y analiza las impresiones hechas en cada caso.
3. Es cierto que la televisión norteamericana influye mucho lo que los extranjeros piensan de nosotros, porque los programas de los Estados Unidos se ven por todo el mundo. Imagínense que ustedes son los que deciden cuáles de los programas exportaríamos a otros países. Con otra persona, a) hagan una lista de los programas que mejor reflejan las actitudes y los valores de la sociedad norteamericana, y b) hagan otra lista de los programas que no exportarían porque dan una impresión mala o exagerada. Expliquen sus decisiones en cada caso.

E **Estoy creciendo.** Descríbeles a tus mayores cómo es esta época de tu vida, para que recuerden cuando ellos tenían tu edad. Completa las frases que siguen.

1. Lo que me gusta es que ___ .
2. Lo que no me gusta es que ___ .
3. Espero que ___ .
4. Me agrada que.
5. Me desagrada que ___ .
6. Lo que me ata a ___ es (son) ___ .
7. En cuanto a lo físico ___ .
8. En cuanto a mi vida social ___ .
9. En cuanto a mi vida académica ___ .
10. Esta época es difícil porque ___ .
11. Esta época es más fácil que las otras porque ___ .

F ¿Quién es? ¿Puedes adivinar a qué o a quién se refiere el siguiente poema de Antonio Espina?

El de delante

Va siempre delante. Manos a la espalda,
indeterminado. Viste de oscuro.
Avanzo, avanza.
Paro, para.

Va siempre delante.
Siluetado en macha*.   *burla*
Va siempre delante.
(Es el de delante.)

Nunca le adelanto. Ni por esos campos.
Ni por estas calles. Surge del asfalto.
De la lunería
de un escaparate*.   *shop window*

Le crucé en su duelo. Se cruza en mi duelo.
—Señor mío—dije. —Señor mío—dijo.
El no dijo nada.   Yo no dije nada.
(¡Oh, el adelantado que jamás se alcanza!)

Al que nunca alcanzo,
pues si avanzo, avanza
y si paro, para.

Va siempre delante,
su luctuosa mancha,
va siempre delante.
(Es el de delante.)
¡Sombras en el muro!

G Mi sombra y yo. Escribe tu propio poema en que describes tus acciones y las de tu sombra. Usa las siguientes líneas del poema "El de delante" como modelo.

H Hacia atrás, hacia adelante. Mira hacia atrás y hacia adelante y escribe una descripción de cómo te has cambiado en cuanto a lo siguiente.

1. lo que podías o no podías aguantar
2. cómo te veías o no te veías
3. lo que te volvía loco(a)
4. cómo era la vida rutinaria
5. en qué situaciones tartamudeabas

Actividad F Answers
Se refiere a su sombra.

Actividad G Answers
Answers will resemble the following:
Corro, corre.
Me paro, se para.
Intento agarrarla, intenta agar-
    rarme.
¡Por favor! le digo, ¡Por favor! me
    dice.
Pero yo no hago nada, y ella no
    hace nada.

Actividad H Answers
Answers may resemble the following:
1. Antes no podía aguantar a mi
    hermanito pequeño.

Verb Charts

1. REGULAR VERBS

hablar

PRESENT	hablo, hablas, habla, hablamos, habláis, hablan
IMPERFECT	hablaba, hablabas, hablaba, hablábamos, hablabais, hablaban
PRETERIT	hablé, hablaste, habló, hablamos, hablasteis, hablaron
PRESENT PERFECT	he hablado, has hablado, ha hablado, hemos hablado, habéis hablado, han hablado
PLUPERFECT	había hablado, habías hablado, había hablado, habíamos hablado, habíais hablado, habían hablado
FUTURE	hablaré, hablarás, hablará, hablaremos, hablaréis, hablarán
CONDITIONAL	hablaría, hablarías, hablaría, hablaríamos, hablaríais, hablarían
PRESENT SUBJUNCTIVE	hable, hables, hable, hablemos, habléis, hablen
PRESENT PERFECT SUBJUNCTIVE	haya hablado, hayas hablado, haya hablado, hayamos hablado, hayáis hablado, hayan hablado
PLUPERFECT SUBJUNCTIVE	hubiera hablado, hubieras hablado, hubiera hablado, hubiéramos hablado, hubierais hablado, hubieran hablado
CONDITIONAL PERFECT	habría hablado, habrías hablado, habría hablado, habríamos hablado, habríais hablado, habrían hablado
TÚ COMMANDS	habla; no hables
UD./UDS. COMMANDS	hable/hablen
PRESENT PARTICIPLE	hablando

comer

PRESENT	como, comes, come, comemos, coméis, comen
IMPERFECT	comía, comías, comía, comíamos, comíais, comían
PRETERIT	comí, comiste, comió, comimos, comisteis, comieron
PRESENT PERFECT	he comido, has comido, ha comido, hemos comido, habéis comido, han comido
PLUPERFECT	había comido, habías comido, había comido, habíamos comido, habíais comido, habían comido
FUTURE	comeré, comerás, comerá, comeremos, comeréis, comerán
CONDITIONAL	comería, comerías, comería, comeríamos, comeríais, comerían
PRESENT SUBJUNCTIVE	coma, comas, coma, comamos, comáis, coman
PRESENT PERFECT SUBJUNCTIVE	haya comido, hayas comido, haya comido, hayamos comido, hayáis comido, hayan comido
PLUPERFECT SUBJUNCTIVE	hubiera comido, hubieras comido, hubiera comido, hubiéramos comido, hubierais comido, hubieran comido
CONDITIONAL PERFECT	habría comido, habrías comido, habría comido, habríamos comido, habríais comido, habrían comido
TÚ COMMANDS	come; no comas
UD./UDS. COMMANDS	coma/coman
PRESENT PARTICIPLE	comiendo

vivir

PRESENT	vivo, vives, vive, vivimos, vivís, viven
IMPERFECT	vivía, vivías, vivía, vivíamos, vivíais, vivían
PRETERIT	viví, viviste, vivió, vivimos, vivisteis, vivieron
PRESENT PERFECT	he vivido, has vivido, ha vivido, hemos vivido, habéis vivido, han vivido
PLUPERFECT	había vivido, habías vivido, había vivido, habíamos vivido, habíais vivido, habían vivido
FUTURE	viviré, vivirás, vivirá, viviremos, viviréis, vivirán
CONDITIONAL	viviría, vivirías, viviría, viviríamos, viviríais, vivirían
PRESENT SUBJUNCTIVE	viva, vivas, viva, vivamos, viváis, vivan
PRESENT PERFECT SUBJUNCTIVE	haya vivido, hayas vivido, haya vivido, hayamos vivido, hayáis vivido, hayan vivido
PLUPERFECT SUBJUNCTIVE	hubiera vivido, hubieras vivido, hubiera vivido, hubiéramos vivido, hubierais vivido, hubieran vivido
CONDITIONAL PERFECT	habría vivido, habrías vivido, habría vivido, habríamos vivido, habríais vivido, habrían vivido
TÚ COMMANDS	vive; no vivas
UD./UDS. COMMANDS	viva/vivan
PRESENT PARTICIPLE	viviendo

2. STEM-CHANGING VERBS

o → ue
encontrar

PRESENT	encuentro, encuentras, encuentra, encontramos, encontráis, encuentran
IMPERFECT	encontraba, encontrabas, encontraba, encontrábamos, encontrabais, encontraban
PRETERIT	encontré, encontraste, encontró, encontramos, encontrasteis, encontraron
PRESENT PERFECT	he encontrado, has encontrado, ha encontrado, hemos encontrado, habéis encontrado, han encontrado
PLUPERFECT	había encontrado, habías encontrado, había encontrado, habíamos encontrado, habíais encontrado, habían encontrado
FUTURE	encontraré, encontrarás, encontrará, encontraremos, encontraréis, encontrarán
CONDITIONAL	encontraría, encontrarías, encontraría, encontraríamos, encontraríais, encontrarían
PRESENT SUBJUNCTIVE	encuentre, encuentres, encuentre, encontremos, encontréis, encuentren
PRESENT PERFECT SUBJUNCTIVE	haya encontrado, hayas encontrado, haya encontrado, hayamos encontrado, hayáis encontrado, hayan encontrado
PLUPERFECT SUBJUNCTIVE	hubiera encontrado, hubieras encontrado, hubiera encontrado, hubiéramos encontrado, hubierais encontrado, hubieran encontrado

CONDITIONAL PERFECT	habría encontrado, habrías encontrado, habría encontrado, habríamos encontrado, habríais encontrado, habrían encontrado
TÚ COMMANDS	encuentra; no encuentres
UD./UDS. COMMANDS	encuentre/encuentren
PRESENT PARTICIPLE	encontrando
	Verbs like **encontrar: acordarse, acostarse, almorzar, avergonzarse, colgar, comprobar, contar, costar, demostrar, doler, jugar, llover, morder, mostrar, moverse, recordar, resolver, soler, soñar, volar, volver**

e → ie
perder

PRESENT	pierdo, pierdes, pierde, perdemos, perdéis, pierden
IMPERFECT	perdía, perdías, perdía, perdíamos, perdíais, perdían
PRETERIT	perdí, perdiste, perdió, perdimos, perdisteis, perdieron
PRESENT PERFECT	he perdido, has perdido, ha perdido, hemos perdido, habéis perdido, han perdido
PLUPERFECT	había perdido, habías perdido, había perdido, habíamos perdido, habíais perdido, habían perdido
FUTURE	perderé, perderás, perderá, perderemos, perderéis, perderán
CONDITIONAL	perdería, perderías, perdería, perderíamos, perderíais, perderían
PRESENT SUBJUNCTIVE	pierda, pierdas, pierda, perdamos, perdáis, pierdan
PRESENT PERFECT SUBJUNCTIVE	haya perdido, hayas perdido, haya perdido, hayamos perdido, hayáis perdido, hayan perdido
PLUPERFECT SUBJUNCTIVE	hubiera perdido, hubieras perdido, hubiera perdido, hubiéramos perdido, hubierais perdido, hubieran perdido
CONDITIONAL PERFECT	habría perdido, habrías perdido, habría perdido, habríamos perdido, habríais perdido, habrían perdido
TÚ COMMANDS	pierde; no pierdas
UD./UDS. COMMANDS	pierda/pierdan
PRESENT PARTICIPLE	perdiendo
	Verbs like **perder: apretar, cerrar, defender, despertarse, empezar, encender, encerrarse, entender, enterrar, negarse, nevar, pensar, quebrarse, recomendar, regar, sentarse, tropezarse**

e → i
servir

PRESENT	sirvo, sirves, sirve, servimos, servís, sirven
IMPERFECT	servía, servías, servía, servíamos, servíais, servían
PRETERIT	serví, serviste, sirvió, servimos, servisteis, sirvieron
PRESENT PERFECT	he servido, has servido, ha servido, hemos servido, habéis servido, han servido

PLUPERFECT	había servido, habías servido, había servido, habíamos servido, habíais servido, habían servido
FUTURE	serviré, servirás, servirá, serviremos, serviréis, servirán
CONDITIONAL	serviría, servirías, serviría, serviríamos, serviríais, servirían
PRESENT SUBJUNCTIVE	sirva, sirvas, sirva, sirvamos, sirváis, sirvan
PRESENT PERFECT SUBJUNCTIVE	haya servido, hayas servido, haya servido, hayamos servido, hayáis servido, hayan servido
PLUPERFECT SUBJUNCTIVE	hubiera servido, hubieras servido, hubiera servido, hubiéramos servido, hubierais servido, hubieran servido
CONDITIONAL PERFECT	habría servido, habrías servido, habría servido, habríamos servido, habríais servido, habrían servido
TÚ COMMANDS	sirve; no sirvas
UD./UDS. COMMANDS	sirva/sirvan
PRESENT PARTICIPLE	sirviendo

Verbs like **servir: conseguir, corregir, despedirse, elegir, medir, pedir, reírse, seguir, sonreír, vestirse**

e → ie in present, **→ i** in preterit

preferir

PRESENT	prefiero, prefieres, prefiere, preferimos, preferís, prefieren
IMPERFECT	prefería, preferías, prefería, preferíamos, preferíais, preferían
PRETERIT	preferí, preferiste, prefirió, preferimos, preferisteis, prefirieron
PRESENT PERFECT	he preferido, has preferido, ha preferido, hemos preferido, habéis preferido, han preferido
PLUPERFECT	había preferido, habías preferido, había preferido, habíamos preferido, habíais preferido, habían preferido
FUTURE	preferiré, preferirás, preferirá, preferiremos, preferiréis, preferirán
CONDITIONAL	preferiría, preferirías, preferiría, preferiríamos, preferiríais, preferirían
PRESENT SUBJUNCTIVE	prefiera, prefieras, prefiera, prefiramos, prefiráis, prefieran
PRESENT PERFECT SUBJUNCTIVE	haya preferido, hayas preferido, haya preferido, hayamos preferido, hayáis preferido, hayan preferido
PLUPERFECT SUBJUNCTIVE	hubiera preferido, hubieras preferido, hubiera preferido, hubiéramos preferido, hubierais preferido, hubieran preferido
CONDITIONAL PERFECT	habría preferido, habrías preferido, habría preferido, habríamos preferido, habríais preferido, habrían preferido
TÚ COMMANDS	prefiere; no prefieras
UD./UDS. COMMANDS	prefiera/prefieran
PRESENT PARTICIPLE	prefiriendo

Verbs like **preferir: arrepentirse, convertirse, divertirse, herir, mentir, sentirse**

3. VERBS WITH IRREGULARITIES

andar

PRESENT	ando, andas, anda, andamos, andáis, andan
IMPERFECT	andaba, andabas, andaba, andábamos, andabais, andaban
PRETERIT	anduve, anduviste anduvo, anduvimos, anduvisteis, anduvieron
PRESENT PERFECT	he andado, has andado, ha andado, hemos andado, habéis andado, han andado
PLUPERFECT	había andado, habías andado, había andado, habíamos andado, habíais andado, habían andado
FUTURE	andaré, andarás, andará, andaremos, andaréis, andarán
CONDITIONAL	andaría, andarías, andaría, andaríamos, andaríais, andarían
PRESENT SUBJUNCTIVE	ande, andes, ande, andemos, andéis, anden
PRESENT PERFECT SUBJUNCTIVE	haya andado, hayas andado, haya andado, hayamos andado, hayáis andado, hayan andado
PLUPERFECT SUBJUNCTIVE	hubiera andado, hubieras andado, hubiera andado, hubiéramos andado, hubierais andado, hubieran andado
CONDITIONAL PERFECT	habría andado, habrías andado, habría andado, habríamos andado, habríais andado, habrían andado
TÚ COMMANDS	anda; no andes
UD./UDS. COMMANDS	ande/ anden
PRESENT PARTICIPLE	andando

caber

PRESENT	quepo, cabes, cabe, cabemos, cabéis, caben
IMPERFECT	cabía, cabías, cabía, cabíamos, cabíais, cabían
PRETERIT	cupe, cupiste, cupo, cupimos, cupisteis, cupieron
PRESENT PERFECT	he cabido, has cabido, ha cabido, hemos cabido, habéis cabido, han cabido
PLUPERFECT	había cabido, habías cabido, había cabido, habíamos cabido, habíais cabido, habían cabido
FUTURE	cabré, cabrás, cabrá, cabremos, cabréis, cabrán
CONDITIONAL	cabría, cabrías, cabría, cabríamos, cabríais, cabrían
PRESENT SUBJUNCTIVE	quepa, quepas, quepa, quepamos, quepáis, quepan
PRESENT PERFECT SUBJUNCTIVE	haya cabido, hayas cabido, haya cabido, hayamos cabido, hayáis cabido, hayan cabido
PLUPERFECT SUBJUNCTIVE	hubiera cabido, hubieras cabido, hubiera cabido, hubiéramos cabido, hubierais cabido, hubieran cabido
CONDITIONAL PERFECT	habría cabido, habrías cabido, habría cabido, habríamos cabido, habríais cabido, habrían cabido
TÚ COMMANDS	cabe; no quepas
UD./UDS. COMMANDS	quepa/quepan
PRESENT PARTICIPLE	cabiendo

caerse

PRESENT	me caigo, te caes, se cae, nos caemos, os caéis, se caen
IMPERFECT	me caía, te caías, se caía, nos caíamos, os caíais, se caían
PRETERIT	me caí, te caíste, se cayó, nos caímos, os caísteis, se cayeron
PRESENT PERFECT	me he caído, te has caído, se ha caído, nos hemos caído, os habéis caído, se han caído
PLUPERFECT	me había caído, te habías caído, se había caído, nos habíamos caído, os habíais caído, se habían caído
FUTURE	me caeré, te caerás, se caerá, nos caeremos, os caeréis, se caerán
CONDITIONAL	me caería, te caerías, se caería, nos caeríamos, os caeríais, se caerían
PRESENT SUBJUNCTIVE	me caiga, te caigas, se caiga, nos caigamos, os caigáis, se caigan
PRESENT PERFECT SUBJUNCTIVE	me haya caído, te hayas caído, se haya caído, nos hayamos caído, os hayáis caído, se hayan caído
PLUPERFECT SUBJUNCTIVE	me hubiera caído, te hubieras caído, se hubiera caído, nos hubiéramos caído, os hubierais caído, se hubieran caído
CONDITIONAL PERFECT	me habría caído, te habrías caído, se habría caído, nos habríamos caído, os habríais caído, se habrían caído
TÚ COMMANDS	cáete; no te caigas
UD./UDS. COMMANDS	cáigase/cáiganse
PRESENT PARTICIPLE	cayéndose
	Verb like **caerse: oír**

cubrir

PRESENT	cubro, cubres, cubre, cubrimos, cubrís, cubren
IMPERFECT	cubría, cubrías, cubría, cubríamos, cubríais, cubrían
PRETERIT	cubrí, cubriste, cubrió, cubrimos, cubristeis, cubrieron
PRESENT PERFECT	he cubierto, has cubierto, ha cubierto, hemos cubierto, habéis cubierto, han cubierto
PLUPERFECT	había cubierto, habías cubierto, había cubierto, habíamos cubierto, habíais cubierto, habían cubierto
FUTURE	cubriré, cubrirás, cubrirá, cubriremos, cubriréis, cubrirán
CONDITIONAL	cubriría, cubrirías, cubriría, cubriríamos, cubriríais, cubrirían
PRESENT SUBJUNCTIVE	cubra, cubras, cubra, cubramos, cubráis, cubran
PRESENT PERFECT SUBJUNCTIVE	haya cubierto, hayas cubierto, haya cubierto, hayamos cubierto, hayáis cubierto, hayan cubierto
PLUPERFECT SUBJUNCTIVE	hubiera cubierto, hubieras cubierto, hubiera cubierto, hubiéramos cubierto, hubierais cubierto, hubieran cubierto
CONDITIONAL PERFECT	habría cubierto, habrías cubierto, habría cubierto, habríamos cubierto, habríais cubierto, habrían cubierto
TÚ COMMANDS	cubre; no cubras
UD./UDS. COMMANDS	cubra/cubran

PRESENT PARTICIPLE	cubriendo
	Verb like **cubrir: descubrir**

dar

PRESENT	doy, das, da, damos, dais, dan
IMPERFECT	daba, dabas, daba, dábamos, dabais, daban
PRETERIT	di, diste, dio, dimos, disteis, dieron
PRESENT PERFECT	he dado, has dado, ha dado, hemos dado, habéis dado, han dado
PLUPERFECT	había dado, habías dado, había dado, habíamos dado, habíais dado, habían dado
FUTURE	daré, darás, dará, daremos, daréis, darán
CONDITIONAL	daría, darías, daría, daríamos, daríais, darían
PRESENT SUBJUNCTIVE	dé, des, dé, demos, deis, den
PRESENT PERFECT SUBJUNCTIVE	haya dado, hayas dado, haya dado, hayamos dado, hayáis dado, hayan dado
PLUPERFECT SUBJUNCTIVE	hubiera dado, hubieras dado, hubiera dado, hubiéramos dado, hubierais dado, hubieran dado
CONDITIONAL PERFECT	habría dado, habrías dado, habría dado, habríamos dado, habríais dado, habrían dado
TÚ COMMANDS	da; no des
UD./UDS. COMMANDS	dé/den
PRESENT PARTICIPLE	dando

decir

PRESENT	digo, dices, dice, decimos, decís, dicen
IMPERFECT	decía, decías, decía, decíamos, decíais, decían
PRETERIT	dije, dijiste, dijo, dijimos, dijisteis, dijeron
PRESENT PERFECT	he dicho, has dicho, ha dicho, hemos dicho, habéis dicho, han dicho
PLUPERFECT	había dicho, habías dicho, había dicho, habíamos dicho, habíais dicho, habían dicho
FUTURE	diré, dirás, dirá, diremos, diréis, dirán
CONDITIONAL	diría, dirías, diría, diríamos, diríais, dirán
PRESENT SUBJUNCTIVE	diga, digas, diga, digamos, digáis, digan
PRESENT PERFECT SUBJUNCTIVE	haya dicho, hayas dicho, haya dicho, hayamos dicho, hayáis dicho, hayan dicho
PLUPERFECT SUBJUNCTIVE	hubiera dicho, hubieras dicho, hubiera dicho, hubiéramos dicho, hubiérais dicho, hubieran dicho
CONDITIONAL PERFECT	habría dicho, habrías dicho, habría dicho, habríamos dicho, habríais dicho, habrían dicho
TÚ COMMANDS	di; no digas

UD./UDS. COMMANDS	diga/digan
PRESENT PARTICIPLE	diciendo
	Verb like **decir**: **maldecir**

estar

PRESENT	estoy, estás, está, estamos, estáis, están
IMPERFECT	estaba, estabas, estaba, estábamos, estabais, estaban
PRETERIT	estuve, estuviste, estuvo, estuvimos, estuvisteis, estuvieron
PRESENT PERFECT	he estado, has estado, ha estado, hemos estado, habéis estado, han estado
PLUPERFECT	había estado, habías estado, había estado, habíamos estado, habíais estado, habían estado
FUTURE	estaré, estarás, estará, estaremos, estaréis, estarán
CONDITIONAL	estaría, estarías, estaría, estaríamos, estaríais, estarían
PRESENT SUBJUNCTIVE	esté, estés, esté, estemos, estéis, estén
PRESENT PERFECT SUBJUNCTIVE	haya estado, hayas estado, haya estado, hayamos estado, hayáis estado, hayan estado
PLUPERFECT SUBJUNCTIVE	hubiera estado, hubieras estado, hubiera estado, hubiéramos estado, hubierais estado, hubieran estado
CONDITIONAL PERFECT	habría estado, habrías estado, habría estado, habríamos estado, habríais estado, habrían estado
TÚ COMMANDS	está; no estés
UD./UDS. COMMANDS	esté/estén
PRESENT PARTICIPLE	estando

haber

PRESENT	hay
IMPERFECT	había
PRETERIT	hubo
PRESENT PERFECT	ha habido
PLUPERFECT	había habido
FUTURE	habrá
CONDITIONAL	habría
PRESENT SUBJUNCTIVE	haya
PRESENT PERFECT SUBJUNCTIVE	haya habido
PLUPERFECT SUBJUNCTIVE	hubiera habido
CONDITIONAL PERFECT	habría habido
PRESENT PARTICIPLE	habiendo

hacer

PRESENT	hago, haces, hace, hacemos, hacéis, hacen
IMPERFECT	hacía, hacías, hacía, hacíamos, hacíais, hacían
PRETERIT	hice, hiciste, hizo, hicimos, hicisteis, hicieron
PRESENT PERFECT	he hecho, has hecho, ha hecho, hemos hecho, habéis hecho, han hecho
PLUPERFECT	había hecho, habías hecho, había hecho, habíamos hecho, habíais hecho, habían hecho
FUTURE	haré, harás, hará, haremos, haréis, harán
CONDITIONAL	haría, harías, haría, haríamos, haríais, harían
PRESENT SUBJUNCTIVE	haga, hagas, haga, hagamos, hagáis, hagan
PRESENT PERFECT SUBJUNCTIVE	haya hecho, hayas hecho, haya hecho, hayamos hecho, hayáis hecho, hayan hecho
PLUPERFECT SUBJUNCTIVE	hubiera hecho, hubieras hecho, hubiera hecho, hubiéramos hecho, hubierais hecho, hubieran hecho
CONDITIONAL PERFECT	habría hecho, habrías hecho, habría hecho, habríamos hecho, habríais hecho, habrían hecho
TÚ COMMANDS	haz; no hagas
UD./UDS. COMMANDS	haga/hagan
PRESENT PARTICIPLE	haciendo
	Verb like **hacer: deshacerse**

ir

PRESENT	voy, vas, va, vamos, vais, van
IMPERFECT	iba, ibas, iba, íbamos, ibais, iban
PRETERIT	fui, fuiste, fue, fuimos, fuisteis, fueron
PRESENT PERFECT	he ido, has ido, ha ido, hemos ido, habéis ido, han ido
PLUPERFECT	había ido, habías ido, había ido, habíamos ido, habíais ido, habían ido
FUTURE	iré, irás, irá, iremos, iréis, irán
CONDITIONAL	iría, irías, iría, iríamos, iríais, irían
PRESENT SUBJUNCTIVE	vaya, vayas, vaya, vayamos, vayáis, vayan
PRESENT PERFECT SUBJUNCTIVE	haya ido, hayas ido, haya ido, hayamos ido, hayáis ido, hayan ido
PLUPERFECT SUBJUNCTIVE	hubiera ido, hubieras ido, hubiera ido, hubiéramos ido, hubierais ido, hubieran ido
CONDITIONAL PERFECT	habría ido, habrías ido, habría ido, habríamos ido, habríais ido, habrían ido
TÚ COMMANDS	ve; no vayas
UD./UDS. COMMANDS	vaya/vayan
PRESENT PARTICIPLE	yendo

morirse

PRESENT	me muero, te mueres, se muere, nos morimos, os morís, se mueren
IMPERFECT	me moría, te morías, se moría, nos moríamos, os moríais, se morían
PRETERIT	me morí, te moriste, se murió, nos morimos, os moristeis, se murieron
PRESENT PERFECT	me he muerto, te has muerto, se ha muerto, nos hemos muerto, os habéis muerto, se han muerto
PLUPERFECT	me había muerto, te habías muerto, se había muerto, nos habíamos muerto, os habíais muerto, se habían muerto
FUTURE	me moriré, te morirás, se morirá, nos moriremos, os moriréis, se morirán
CONDITIONAL	me moriría, te morirías, se moriría, nos moriríamos, os moriríais, se morirían
PRESENT SUBJUNCTIVE	me muera, te mueras, se muera, nos muramos, os muráis, se mueran
PRESENT PERFECT SUBJUNCTIVE	me haya muerto, te hayas muerto, se haya muerto, nos hayamos muerto, os hayáis muerto, se hayan muerto
PLUPERFECT SUBJUNCTIVE	me hubiera muerto, te hubieras muerto, se hubiera muerto, nos hubiéramos muerto, os hubierais muerto, se hubieran muerto
CONDITIONAL PERFECT	me habría muerto, te habrías muerto, se habría muerto, nos habríamos muerto, os habríais muerto, se habrían muerto
TÚ COMMANDS	muérete; no te mueras
UD./UDS. COMMANDS	muérase/muéranse
PRESENT PARTICIPLE	muriéndose
	Verbs like **morirse: dormir** (but with regular past participle)

poder

PRESENT	puedo, puedes, puede, podemos, podéis, pueden
IMPERFECT	podía, podías, podía, podíamos, podíais, podían
PRETERIT	pude, pudiste, pudo, pudimos, pudisteis, pudieron
PRESENT PERFECT	he podido, has podido, ha podido, hemos podido, habéis podido, han podido
PLUPERFECT	había podido, habías podido, había podido, habíamos podido, habíais podido, habían podido
FUTURE	podré, podrás, podrá, podremos, podréis, podrán
CONDITIONAL	podría, podrías, podría, podríamos, podríais, podrían
PRESENT SUBJUNCTIVE	pueda, puedas, pueda, podamos, podáis, puedan
PRESENT PERFECT SUBJUNCTIVE	haya podido, hayas podido, haya podido, hayamos podido, hayáis podido, hayan podido
PLUPERFECT SUBJUNCTIVE	hubiera podido, hubieras podido, hubiera podido, hubiéramos podido, hubierais podido, hubieran podido
CONDITIONAL PERFECT	habría podido, habrías podido, habría podido, habríamos podido, habríais podido, habrían podido
PRESENT PARTICIPLE	pudiendo

poner

PRESENT	pongo, pones, pone, ponemos, ponéis, ponen
IMPERFECT	ponía, ponías, ponía, poníamos, poníais, ponían
PRETERIT	puse, pusiste, puso, pusimos, pusisteis, pusieron
PRESENT PERFECT	he puesto, has puesto, ha puesto, hemos puesto, habéis puesto, han puesto
PLUPERFECT	había puesto, habías puesto, había puesto, habíamos puesto, habíais puesto, habían puesto
FUTURE	pondré, pondrás, pondrá, pondremos, pondréis, pondrán
CONDIITIONAL	pondría, pondrías, pondría, pondríamos, pondríais, pondrían
PRESENT SUBJUNCTIVE	ponga, pongas, ponga, pongamos, pongáis, pongan
PRESENT PERFECT SUBJUNCTIVE	haya puesto, hayas puesto, haya puesto, hayamos puesto, hayáis puesto, hayan puesto
PLUPERFECT SUBJUNCTIVE	hubiera puesto, hubieras puesto, hubiera puesto, hubiéramos puesto, hubierais puesto, hubieran puesto
CONDITIONAL PERFECT	habría puesto, habrías puesto, habría puesto, habríamos puesto, habríais puesto, habrían puesto
TÚ COMMANDS	pon; no pongas
UD./UDS. COMMANDS	ponga/pongan
PRESENT PARTICIPLE	poniendo
	Verbs like **poner: disponer, posponer**

querer

PRESENT	quiero, quieres, quieré, queremos, queréis, quieren
IMPERFECT	quería, querías, quería, queríamos, queríais, quierían
PRETERIT	quise, quisiste, quiso, quisimos, quisisteis, quisieron
PRESENT PERFECT	he querido, has querido, ha querido, hemos querido, habéis querido, han querido
PLUPERFECT	había querido, habías querido, había querido, habíamos querido, habíais querido, habían querido
FUTURE	querré, querrás, querrá, querremos, querréis, querrán
CONDITIONAL	querría, querrías, querría, querríamos, querríais, querrían
PRESENT SUBJUNCTIVE	quiera, quieras, quiera, queramos, queráis, quieran
PRESENT PERFECT SUBJUNCTIVE	haya querido, hayas querido, haya querido, hayamos querido, hayáis querido, hayan querido
PLUPERFECT SUBJUNCTIVE	hubiera querido, hubieras querido, hubiera querido, hubiéramos querido, hubierais querido, hubieran querido
CONDITIONAL PERFECT	habría querido, habrías querido, habría querido, habríamos querido, habríais querido, habrían querido
TÚ COMMANDS	quiere; no quieras
UD./UDS. COMMANDS	quiera/quieran
PRESENT PARTICIPLE	queriendo

432 *Verbos*

reducir

PRESENT	reduzco, reduces, reduce, reducimos, reducís, reducen
IMPERFECT	reducía, reducías, reducía, reducíamos, reducíais, reducían
PRETERIT	reduje, redujiste, redujo, redujimos, redujisteis, redujeron
PRESENT PERFECT	he reducido, has reducido, ha reducido, hemos reducido, habéis reducido, han reducido
PLUPERFECT	había reducido, habías reducido, había reducido, habíamos reducido, habíais reducido, habían reducido
FUTURE	reduciré, reducirás, reducirá, reduciremos, reduciréis, reducirán
CONDITIONAL	reduciría, reducirías, reduciría, reduciríamos, reduciríais, reducirían
PRESENT SUBJUNCTIVE	reduzca, reduzcas, reduzca, reduzcamos, reduzcáis, reduzcan
PRESENT PERFECT SUBJUNCTIVE	haya reducido, hayas reducido, haya reducido, hayamos reducido, hayáis reducido, hayan reducido
PLUPERFECT SUBJUNCTIVE	hubiera reducido, hubieras reducido, hubiera reducido, hubiéramos reducido, hubierais reducido, hubieran reducido
CONDITIONAL PERFECT	habría reducido, habrías reducido, habría reducido, habríamos reducido, habríais reducido, habrían reducido
TÚ COMMANDS	reduce; no reduzcas
UD./UDS. COMMANDS	reduzca/reduzcan
PRESENT PARTICIPLE	reduciendo
	Verb like **reducir: conducir**

romper

PRESENT	rompo, rompes, rompe, rompemos, rompéis, rompen
IMPERFECT	rompía, rompías, rompía, rompíamos, rompíais, rompían
PRETERIT	rompí, rompiste, rompió, rompimos, rompisteis, rompieron
PRESENT PERFECT	he roto, has roto, ha roto, hemos roto, habéis roto, han roto
PLUPERFECT	había roto, habías roto, había roto, habíamos roto, habíais roto, habían roto
FUTURE	romperé, romperás, romperá, romperemos, romperéis, romperán
CONDITIONAL	rompería, romperías, rompería, romperíamos, romperíais, romperían
PRESENT SUBJUNCTIVE	rompa, rompas, rompa, rompamos, rompáis, rompan
PRESENT PERFECT SUBJUNCTIVE	haya roto, hayas roto, haya roto, hayamos roto, hayáis roto, hayan roto
PLUPERFECT SUBJUNCTIVE	hubiera roto, hubieras roto, hubiera roto, hubiéramos roto, hubierais roto, hubieran roto
CONDITIONAL PERFECT	habría roto, habrías roto, habría roto, habríamos roto, habríais roto, habrían roto
TÚ COMMANDS	rompe; no rompas
UD./UDS. COMMANDS	rompa/rompan
PRESENT PARTICIPLE	rompiendo

saber

PRESENT	sé, sabes, sabe, sabemos, sabéis, saben
IMPERFECT	sabía, sabías, sabía, sabíamos, sabíais, sabían
PRETERIT	supe, supiste, supo,supimos, supisteis, supieron
PRESENT PERFECT	he sabido, has sabido, ha sabido, hemos sabido, habéis sabido, han sabido
PLUPERFECT	había sabido, habías sabido, había sabido, habíamos sabido, habíais sabido, habían sabido
FUTURE	sabré, sabrás, sabrá, sabremos, sabréis, sabrán
CONDITIONAL	sabría, sabrías, sabría, sabríamos, sabríais, sabrían
PRESENT SUBJUNCTIVE	sepa, sepas, sepa, sepamos, sepáis, sepan
PRESENT PERFECT SUBJUNCTIVE	haya sabido, hayas sabido, haya sabido, hayamos sabido, hayáis sabido, hayan sabido
PLUPERFECT SUBJUNCTIVE	hubiera sabido, hubieras sabido, hubiera sabido, hubiéramos sabido, hubierais sabido, hubieran sabido
CONDITIONAL PERFECT	habría sabido, habrías sabido, habría sabido, habríamos sabido, habríais sabido, habrían sabido
TÚ COMMANDS	sé; no sepas
UD./UDS. COMMANDS	sepa/sepan
PRESENT PARTICIPLE	sabiendo

ser

PRESENT	soy, eres, es, somos, sois, son
IMPERFECT	era, eras, era, éramos, erais, eran
PRETERIT	fui, fuiste, fue, fuimos, fuisteis, fueron
PRESENT PERFECT	he sido, has sido, ha sido, hemos sido, habéis sido, han sido
PLUPERFECT	había sido, habías sido, había sido, habíamos sido, habíais sido, habían sido
FUTURE	seré, serás, será, seremos, seréis, serán
CONDITIONAL	sería, serías, sería, seríamos, seríais, serían
PRESENT SUBJUNCTIVE	sea, seas, sea, seamos, seáis, sean
PRESENT PERFECT SUBJUNCTIVE	haya sido, hayas sido, haya sido, hayamos sido, hayáis sido, hayan sido
PLUPERFECT SUBJUNCTIVE	hubiera sido, hubieras sido, hubiera sido, hubiéramos sido, hubierais sido, hubieran sido
CONDITIONAL PERFECT	habría sido, habrías sido, habría sido, habríamos sido, habríais sido, habrían sido
TÚ COMMANDS	sé; no seas
UD./UDS. COMMANDS	sea/sean
PRESENT PARTICIPLE	siendo

tener

PRESENT	tengo, tienes, tiene, tenemos, tenéis, tienen
IMPERFECT	tenía, tenías, tenía, teníamos, teníais, tenían
PRETERIT	tuve, tuviste, tuvo, tuvimos, tuvisteis, tuvieron
PRESENT PERFECT	he tenido, has tenido, ha tenido, hemos tenido, habéis tenido, han tenido
PLUPERFECT	había tenido, habías tenido, había tenido, habíamos tenido, habíais tenido, habían tenido
FUTURE	tendré, tendrás, tendrá, tendremos, tendréis, tendrán
CONDITIONAL	tendría, tendrías, tendría, tendríamos, tendríais, tendrían
PRESENT SUBJUNCTIVE	tenga, tengas, tenga, tengamos, tengáis, tengan
PRESENT PERFECT SUBJUNCTIVE	haya tenido, hayas tenido, haya tenido, hayamos tenido, hayáis tenido, hayan tenido
PLUPERFECT SUBJUNCTIVE	hubiera tenido, hubieras tenido, hubiera tenido, hubiéramos tenido, hubierais tenido, hubieran tenido
CONDITIONAL PERFECT	habría tenido, habrías tenido, habría tenido, habríamos tenido, habríais tenido, habrían tenido
TÚ COMMANDS	ten; no tengas
UD./UDS. COMMANDS	tenga/tengan
PRESENT PARTICIPLE	teniendo
	Verb like tener: **mantener**

traer

PRESENT	traigo, traes, trae, traemos, traéis, traen
IMPERFECT	traía, traías, traía, traíamos, traíais, traían
PRETERIT	traje, trajiste, trajo, trajimos, trajisteis, trajeron
PRESENT PERFECT	he traído, has traído, ha traído, hemos traído, habéis traído, han traído
PLUPERFECT	había traído, habías traído, había traído, habíamos traído, habíais traído, habían traído
FUTURE	traeré, traerás, traerá, traeremos, traeréis, traerán
CONDITIONAL	traería, traerías, traería, traeríamos, traeríais, traerían
PRESENT SUBJUNCTIVE	traiga, traigas, traiga, traigamos, traigáis, traigan
PRESENT PERFECT SUBJUNCTIVE	haya traído, hayas traído, haya traído, hayamos traído, hayáis traído, hayan traído
PLUPERFECT SUBJUNCTIVE	hubiera traído, hubieras traído, hubiera traído, hubiéramos traído, hubierais traído, hubieran traído
CONDITIONAL PERFECT	habría traído, habrías traído, habría traído, habríamos traído, habríais traído, habrían traído
TÚ COMMANDS	trae; no traigas
UD./UDS. COMMANDS	traiga/ traigan
PRESENT PARTICIPLE	trayendo
	Verb like **traer: atraer**

venir

PRESENT	vengo, vienes, viene, venimos, venís, vienen
IMPERFECT	venía, venías, venía, veníamos, veníais, venían
PRETERIT	vine, viniste, vino, vinimos, vinisteis, vinieron
PRESENT PERFECT	he venido, has venido, ha venido, hemos venido, habéis venido, han venido
PLUPERFECT	había venido, habías venido, había venido, habíamos venido, habíais venido, habían venido
FUTURE	vendré, vendrás, vendrá, vendremos, vendréis, vendrán
CONDITIONAL	vendría, vendrías, vendría, vendríamos, vendríais, vendrían
PRESENT SUBJUNCTIVE	venga, vengas, venga, vengamos, vengáis, vengan
PRESENT PERFECT SUBJUNCTIVE	haya venido, hayas venido, haya venido, hayamos venido, hayáis venido, hayan venido
PLUPERFECT SUBJUNCTIVE	hubiera venido, hubieras venido, hubiera venido, hubiéramos venido, hubierais venido, hubieran venido
CONDITIONAL PERFECT	habría venido, habrías venido, habría venido, habríamos venido, habríais venido, habrían venido
TÚ COMMANDS	ven; no vengas
UD./UDS. COMMANDS	venga/vengan
PRESENT PARTICIPLE	viniendo

Verb like **venir: prevenir**

ver

PRESENT	veo, ves, ve, vemos, veis, ven
IMPERFECT	veía, veías, veía, veíamos, veíais, veían
PRETERIT	vi, viste, vio, vimos, visteis, vieron
PRESENT PERFECT	he visto, has visto, ha visto, hemos visto, habéis visto, han visto
PLUPERFECT	había visto, habías visto, había visto, habíamos visto, habíais visto, habían visto
FUTURE	veré, verás, verá, veremos, veréis, verán
CONDITIONAL	vería, verías, vería, veríamos, veríais, verían
PRESENT SUBJUNCTIVE	vea, veas, vea, veamos, veáis, vean
PRESENT PERFECT SUBJUNCTIVE	haya visto, hayas visto, haya visto, hayamos visto, hayáis visto, hayan visto
PLUPERFECT SUBJUNCTIVE	hubiera visto, hubieras visto, hubiera visto, hubiéramos visto, hubierais visto, hubieran visto
CONDITIONAL PERFECT	habría visto, habrías visto, habría visto, habríamos visto, habríais visto, habrían visto
TÚ COMMANDS	ve; no veas
UD./UDS. COMMANDS	vea/vean
PRESENT PARTICIPLE	viendo

volver

PRESENT	vuelvo, vuelves, vuelve, volvemos, volvéis, vuelven
IMPERFECT	volvía, volvías, volvía, volvíamos, volvíais, volvían
PRETERIT	volví, volviste, volvió, volvimos, volvisteis, volvieron
PRESENT PERFECT	he vuelto, has vuelto, ha vuelto, hemos vuelto, habéis vuelto, han vuelto
PLUPERFECT	había vuelto, habías vuelto, había vuelto, habíamos vuelto, habíais vuelto, habían vuelto
FUTURE	volveré, volverás, volverá, volveremos, volveréis, volverán
CONDITIONAL	volvería, volverías, volvería, volveríamos, volveríais, volverían
PRESENT SUBJUNCTIVE	vuelva, vuelvas, vuelva, volvamos, volváis, vuelvan
PRESENT PERFECT SUBJUNCTIVE	haya vuelto, hayas vuelto, haya vuelto, hayamos vuelto, hayáis vuelto, hayan vuelto
PLUPERFECT SUBJUNCTIVE	hubiera vuelto, hubieras vuelto, hubiera vuelto, hubiéramos vuelto, hubierais vuelto, hubieran vuelto
CONDITIONAL PERFECT	habría vuelto, habrías vuelto, habría vuelto, habríamos vuelto, habríais vuelto, habrían vuelto
TÚ COMMANDS	vuelve; no vuelvas
UD./UDS. COMMANDS	vuelva/vuelvan
PRESENT PARTICIPLE	volviendo
	Verb like **volver: envolverse**

4. VERBS WITH SPELLING CHANGES

c → zc before **o** or **a**
conocer

PRESENT	conozco, conoces, conoce, conocemos, conocéis, conocen
IMPERFECT	conocía, conocías, conocía, conocíamos, conocíais, conocían
PRETERIT	conocí, conociste, conoció, conocimos, conocisteis, conocieron
PRESENT PERFECT	he conocido, has conocido, ha conocido, hemos conocido, habéis conocido, han conocido
PLUPERFECT	había conocido, habías conocido, había conocido, habíamos conocido, habíais conocido, habían conocido
FUTURE	conoceré, conocerás, conocerá, conoceremos, conoceréis, conocerán
CONDITIONAL	conocería, conocerías, conocería, conoceríamos, conoceríais, conocerían
PRESENT SUBJUNCTIVE	conozca, conozcas, conozca, conozcamos, conozcáis, conozcan
PRESENT PERFECT SUBJUNCTIVE	haya conocido, hayas conocido, haya conocido, hayamos conocido, hayáis conocido, hayan conocido
PLUPERFECT SUBJUNCTIVE	hubiera conocido, hubieras conocido, hubiera conocido, hubiéramos conocido, hubierais conocido, hubieran conocido
CONDITIONAL PERFECT	habría conocido, habrías conocido, habría conocido, habríamos conocido, habríais conocido, habrían conocido

TÚ COMMANDS	conoce; no conozcas
UD./UDS. COMMANDS	conozca/conozcan
PRESENT PARTICIPLE	conociendo
	Verbs like **conocer:** aborrecer, agradecer, aparecer, apetecer, crecer, desaparecer, embellecer, enfurecerse, enmudecerse, enrojecerse, merecer, nacer, obedecer, ofrecer, padecer, parecer, pertenecer

i→y between vowels
leer

PRESENT	leo, lees, lee, leemos, leéis, leen
IMPERFECT	leía, leías, leía, leíamos, leíais, leían
PRETERIT	leí, leíste, leyó, leímos, leísteis, leyeron
PRESENT PERFECT	he leído, has leído, ha leído, hemos leído, habéis leído, han leído
PLUPERFECT	había leído, habías leído, había leído, habíamos leído, habíais leído, habían leído
FUTURE	leeré, leerás, leerá, leeremos, leeréis, leerán
CONDITIONAL	leería, leerías, leería, leeríamos, leeríais, leerían
PRESENT SUBJUNCTIVE	lea, leas, lea, leamos, leáis, lean
PRESENT PERFECT SUBJUNCTIVE	haya leído, hayas leído, haya leído, hayamos leído, hayáis leído, hayan leído
PLUPERFECT SUBJUNCTIVE	hubiera leído, hubieras leído, hubiera leído, hubiéramos leído, hubierais leído, hubieran leído
CONDITIONAL PERFECT	habría leído, habrías leído, habría leído, habríamos leído, habríais leído, habrían leído
TÚ COMMANDS	lee; no leas
UD./UDS. COMMANDS	lea/lean
PRESENT PARTICIPLE	leyendo
	Verb like **leer:** creer

y before **o, e, a**
destruir

PRESENT	destruyo, destruyes, destruye, destruimos, destruís, destruyen
IMPERFECT	destruía, destruías, destruía, destruíamos, destruíais, destruían
PRETERIT	destruí, destruiste, destruyó, destruímos, destruisteis, destruyeron
PRESENT PERFECT	he destruido, has destruido, ha destruido, hemos destruido, habéis destruido, han destruido
PLUPERFECT	había destruido, habías destruido, había destruido, habíamos destruido, habíais destruido, habían destruido
FUTURE	destruiré, destruirás, destruirá, destruiremos, destruiréis, destruirán
CONDITIONAL	destruiría, destruirías, destruiría, destruiríamos, destruiríais, destruirían
PRESENT SUBJUNCTIVE	destruya, destruyas, destruya, destruyamos, destruyáis, destruyan

PRESENT PERFECT SUBJUNCTIVE	haya destruido, hayas destruido, haya destruido, hayamos destruido, hayáis destruido, hayan destruido
PLUPERFECT SUBJUNCTIVE	hubiera destruido, hubieras destruido, hubiera destruido, hubiéramos destruido, hubierais destruido, hubieran destruido
CONDITIONAL PERFECT	habría destruido, habrías destruido, habría destruido, habríamos destruido, habríais destruido, habrían destruido
TÚ COMMANDS	destruye; no destruyas
UD./UDS. COMMANDS	destruya/destruyan
PRESENT PARTICIPLE	destruyendo
	Verbs like **destruir: disminuir, huir**

z→c before e
cruzar

PRESENT	cruzo, cruzas, cruza, cruzamos, cruzáis, cruzan
IMPERFECT	cruzaba, cruzabas, cruzaba, cruzábamos, cruzabais, cruzaban
PRETERIT	crucé, cruzaste, cruzó, cruzamos, cruzasteis, cruzaron
PRESENT PERFECT	he cruzado, has cruzado, ha cruzado, hemos cruzado, habéis cruzado, han cruzado
PLUPERFECT	había cruzado, habías cruzado, había cruzado, habíamos cruzado, habíais cruzado, habían cruzado
FUTURE	cruzaré, cruzarás, cruzará, cruzaremos, cruzaréis, cruzarán
CONDITIONAL	cruzaría, cruzarías, cruzaría, cruzaríamos, cruzaríais, cruzarían
PRESENT SUBJUNCTIVE	cruce, cruces, cruce, crucemos, crucéis, crucen
PRESENT PERFECT SUBJUNCTIVE	haya cruzado, hayas cruzado, haya cruzado, hayamos cruzado, hayáis cruzado, hayan cruzado
PLUPERFECT SUBJUNCTIVE	hubiera cruzado, hubieras cruzado, hubiera cruzado, hubiéramos cruzado, hubierais cruzado, hubieran cruzado
CONDITIONAL PERFECT	habría cruzado, habrías cruzado, habría cruzado, habríamos cruzado, habríais cruzado, habrían cruzado
TÚ COMMANDS	cruza; no cruces
UD./UDS. COMMANDS	cruce/crucen
PRESENT PARTICIPLE	cruzando
	Verbs like **cruzar: abrazar, alcanzar, alzar, amenazar, analizar, aterrizar, avergonzarse, disfrazarse, empezar, familiarizarse, organizar, realizar, rechazar, rezar, tropezarse**

g→gu before e
llegar

PRESENT	llego, llegas, llega, llegamos, llegáis, llegan
IMPERFECT	llegaba, llegabas, llegaba, llegábamos, llegabais, llegaban
PRETERIT	llegué, llegaste, llegó, llegamos, llegasteis, llegaron
PRESENT PERFECT	he llegado, has llegado, ha llegado, hemos llegado, habéis llegado, han llegado

PLUPERFECT	había llegado, habías llegado, había llegado, habíamos llegado, habíais llegado, habían llegado
FUTURE	llegaré, llegarás, llegará, llegaremos, llegaréis, llegarán
CONDITIONAL	llegaría, llegarías, llegaría, llegaríamos, llegaríais, llegarían
PRESENT SUBJUNCTIVE	llegue, llegues, llegue, lleguemos, lleguéis, lleguen
PRESENT PERFECT SUBJUNCTIVE	haya llegado, hayas llegado, haya llegado, hayamos llegado, hayáis llegado, hayan llegado
PLUPERFECT SUBJUNCTIVE	hubiera llegado, hubieras llegado, hubiera llegado, hubiéramos llegado, hubierais llegado, hubieran llegado
CONDITIONAL PERFECT	habría llegado, habrías llegado, habría llegado, habríamos llegado, habríais llegado, habrían llegado
TÚ COMMANDS	llega; no llegues
UD./UDS. COMMANDS	llegue/lleguen
PRESENT PARTICIPLE	llegando

Verbs like **llegar: agregar, ahogar(se), alegar, apagar, cargar, castigar, colgar, despegar, entregar, interrogar, jugar, juzgar, negarse, pagar, regar, rogar, tragar, vengarse**

g→j before **o** or **a**
recoger

PRESENT	recojo, recoges, recoge, recogemos, recogéis, recogen
IMPERFECT	recogía, recogías, recogía, recogíamos, recogíais, recogían
PRETERIT	recogí, recogiste, recogió, recogimos, recogisteis, recogieron
PRESENT PERFECT	he recogido, has recogido, ha recogido, hemos recogido, habéis recogido, han recogido
PLUPERFECT	había recogido, habías recogido, había recogido, habíamos recogido, habíais recogido, habían recogido
FUTURE	recogeré, recogerás, recogerá, recogeremos, recogeréis, recogerán
CONDITIONAL	recogería, recogerías, recogería, recogeríamos, recogeríais, recogerían
PRESENT SUBJUNCTIVE	recoja, recojas, recoja, recojamos, recojáis, recojan
PRESENT PERFECT SUBJUNCTIVE	haya recogido, hayas recogido, haya recogido, hayamos recogido, hayáis recogido, hayan recogido
PLUPERFECT SUBJUNCTIVE	hubiera recogido, hubieras recogido, hubiera recogido, hubiéramos recogido, hubierais recogido, hubieran recogido
CONDITIONAL PERFECT	habría recogido, habrías recogido, habría recogido, habríamos recogido, habríais recogido, habrían recogido
TÚ COMMANDS	recoge; no recojas
UD./UDS. COMMANDS	recoja/recojan
PRESENT PARTICIPLE	recogiendo

Verbs like **recoger: corregir, encogerse, escoger, exigir, fingir, proteger**

c→ qu before **e**
sacar

PRESENT	saco, sacas, saca, sacamos, sacáis, sacan
IMPERFECT	sacaba, sacabas, sacaba, sacábamos, sacabais, sacaban
PRETERIT	saqué, sacaste, sacó, sacamos, sacasteis, sacaron
PRESENT PERFECT	he sacado, has sacado, ha sacado, hemos sacado, habéis sacado, han sacado
PLUPERFECT	había sacado, habías sacado, había sacado, habíamos sacado, habíais sacado, habían sacado
FUTURE	sacaré, sacarás, sacará, sacaremos, sacaréis, sacarán
CONDITIONAL	sacaría, sacarías, sacaría, sacaríamos, sacaríais, sacarían
PRESENT SUBJUNCTIVE	saque, saques, saque, saquemos, saquéis, saquen
PRESENT PERFECT SUBJUNCTIVE	haya sacado, hayas sacado, haya sacado, hayamos sacado, hayáis sacado, hayan sacado
PLUPERFECT SUBJUNCTIVE	hubiera sacado, hubieras sacado, hubiera sacado, hubiéramos sacado, hubierais sacado, hubieran sacado
CONDITIONAL PERFECT	habría sacado, habrías sacado, habría sacado, habríamos sacado, habríais sacado, habrían sacado
TÚ COMMANDS	saca; no saques
UD./UDS. COMMANDS	saque/saquen
PRESENT PARTICIPLE	sacando
	Verbs like **sacar: acercarse, arrancar, atacar, buscar, dedicar, destacar, explicar, identificar, indicar, marcar, picar, planificar, practicar, publicar, tocar**

Accents on weak vowels **(i, u)**: present, present subjunctive, and command forms
esquiar

PRESENT	esquío, esquías, esquía, esquiamos, esquiáis, esquían
IMPERFECT	esquiaba, esquiabas, esquiaba, esquiábamos, esquiabais, esquiaban
PRETERIT	esquié, esquiaste, esquió, esquiamos, esquiasteis, esquiaron
PRESENT PERFECT	he esquiado, has esquiado, ha esquiado, hemos esquiado, habéis esquiado, han esquiado
PLUPERFECT	había esquiado, habías esquiado, había esquiado, habíamos esquiado, habíais esquiado, habían esquiado
FUTURE	esquiaré, esquiarás, esquiará, esquiaremos, esquiaréis, esquiarán
CONDITIONAL	esquiaría, esquiarías, esquiaría, esquiaríamos, esquiaríais, esquiarían
PRESENT SUBJUNCTIVE	esquíe, esquíes, esquíe, esquiemos, esquiéis, esquíen
PRESENT PERFECT SUBJUNCTIVE	haya esquiado, hayas esquiado, haya esquiado, hayamos esquiado, hayáis esquiado, hayan esquiado
PLUPERFECT SUBJUNCTIVE	hubiera esquiado, hubieras esquiado, hubiera esquiado, hubiéramos esquiado, hubierais esquiado, hubieran esquiado

CONDITIONAL PERFECT	habría esquiado, habrías esquiado, habría esquiado, habríamos esquiado, habríais esquiado, habrían esquiado
TÚ COMMANDS	esquía; no esquíes
UD./UDS. COMMANDS	esquíe/esquíen
PRESENT PARTICIPLE	esquiando
	Verbs like **esquiar: actuar, enfriar, enviar, graduarse, reunirse**

u→ ü before e: preterit **yo** form, present subjunctive, **Ud./Uds**. commands
averiguar

PRESENT	averiguo, averiguas, averigua, averiguamos, averiguáis, averiguan
IMPERFECT	averiguaba, averiguabas, averiguaba, averiguábamos, averiguabais, averiguaban
PRETERIT	averigüé, averiguaste, averiguó, averiguamos, averiguasteis, averiguaron
PRESENT PERFECT	he averiguado, has averiguado, ha averiguado, hemos averiguado, habéis averiguado, han averiguado
PLUPERFECT	había averiguado, habías averiguado, había averiguado, habíamos averiguado, habíais averiguado, habían averiguado
FUTURE	averiguaré, averiguarás, averiguará, averiguaremos, averiguaréis, averiguarán
CONDITIONAL	averiguaría, averiguarías, averiguaría, averiguaríamos, averiguaríais, averiguarían
PRESENT SUBJUNCTIVE	averigüe, averigües, averigüe, averigüemos, averigüéis, averigüen
PRESENT PERFECT SUBJUNCTIVE	haya averiguado, hayas averiguado, haya averiguado, hayamos averiguado, hayáis averiguado, hayan averiguado
PLUPERFECT SUBJUNCTIVE	hubiera averiguado, hubieras averiguado, hubiera averiguado, hubiéramos averiguado, hubierais averiguado, hubieran averiguado
CONDITIONAL PERFECT	habría averiguado, habrías averiguado, habría averiguado, habríamos averiguado, habríais averiguado, habrían averiguado
TÚ COMMANDS	averigua; no averigües
UD./UDS. COMMANDS	averigüe/averigüen
PRESENT PARTICIPLE	averiguando
	Verb like **averiguar: avergonzarse (ue)**

Vocabulario español-inglés

The **Vocabulario español-inglés** contains all productive and receptive vocabulary from the text.

The numbers following each productive entry indicate the chapter and lesson in which the word is first introduced. The roman numeral I or II in parentheses indicates an entry introduced in Level 1 or 2 of **¡Acción!**

A

a at, (I); to, (I)
  a causa de because of, (II)
  a la izquierda to the left, (I)
  a la una at one o'clock, (I)
  a las (dos) at (two) o'clock, (I)
  a lo mejor maybe, (II)
  a mano by hand, (II)
  a menos que unless, (II)
  a mí me gusta I like, (I)
  a pie on foot, (I)
  ¿A qué eres (es) alérgico (a)? What are you allergic to?, (II)
  ¿A qué hora es...? At what time is...?, (I)
  a ti te gusta you like, (I)
  a tiempo on time, (II)
  a veces sometimes, (I)
  a ver let's see, (I)
abajo below; downstairs, (I)
abandonar to abandon, 3.1
el **abanico** fan, 4.3
abierto(a) open, (II)
el/la **abogado(a)** lawyer, (I)
aborrecer (zc) to detest, 6.3
abrazar to hug, 3.1
el **abrazo** hug
el **abrelatas** can opener, 5.1
abreviar to abbreviate
el **abrigo** overcoat, (I)
abril April, (I)
abrir to open, (I)
abrochar to fasten, (II)
abruptamente abruptly, 6.3
absoluto(a) absolute
la **abuela** grandmother, (I)
el **abuelo** grandfather, (I)
los **abuelos** grandparents, (I)
abundante abundant, 6.1
aburrido(a) boring, (I); bored, (I)
acabar de to have just, (II)
acalorado(a) argumentative, 6.1
acampar to camp, (II)
acaso perhaps, 5.3

el **aceite** oil (car), 1.3; oil (cooking), (II)
el **acelerador** accelerator, 1.3
aceptar to accept, 5.3
la **acera** sidewalk, (II)
acercarse to grow closer, 3.2; to get near, (II)
el **acero** steel, 5.2
acertar to guess right
aclamado(a) acclaimed
acomplejado(a) suffering from complexes
aconsejar to advise, (II)
acontecer to happen
acordarse (ue) (de) to remember, (II)
acostarse (ue) to lie down, (II)
acostumbrado(a) accustomed
acostumbrarse to get used to, (II)
la **actitud** attitude, 1.2
la **actividad** activity, (II)
el **actor** actor, (I)
la **actriz** actress, (I)
actual actual, 1.1
actualmente nowadays, (II)
actuar to act, work, 5.2
acudir to turn to, rely on, 2.1
acumulado(a) accumulated
acumular to gather
acurrucado(a) curled up, 6.3
adaptación adaptation
adecuadamente sufficiently
adecuado(a) adequate
adelantar to pass, to move ahead, 1.3
adelante forward, 6.3
adelgazar to become thin, 1.1
además besides, (II)
adentro indoors; inside, (I)
el **adicto(a)** addict
adiós goodbye, (I)
la **adivinanza** guess, 2.1
adivinar to guess
el **adjetivo** adjective
adjunto(a) enclosed

la **adolescencia** adolescence, 4.1
¿adónde? (to) where?, (I)
adquirir to acquire
la **aduana** customs, (II)
la **adversidad** adversity, misfortune
adverso(a) adverse
advertencia warning
advertido(a) notified
el **aerobismo** aerobic, 1.1
la **aerolínea** airline, (II)
la **aeronave** espacial spaceship, (II)
el **aeropuerto** airport, (II)
los **aerosoles** aerosols, (II)
afable pleasant, 6.1
afectado(a) affected
afeitarse to shave, (II)
la **afición** hobby, 2.3
afirmar to affirm, assert
afortunadamente fortunately, (II)
el **África** Africa, (II)
africano(a) African, 6.1
afuera outside, (I)
agarrar to catch, (II)
agarrotar to tie, bind
el/la **agente** airline agent, (II)
el/la **agente de tráfico** traffic police
agitado(a) agitated, shaken, (II)
agosto August, (I)
agotado(a) exhausted, (II)
agotar to exhaust, 5.2
agradable pleasant, (II)
agradecer (zc) to be grateful, 6.1
agregar to add, 4.2
agresivo(a) aggressive, 6.1
agrícola agricultural
el/la **agricultor/a** farmer, (I)
la **agricultura** agriculture
agridulce sweet and sour
agrio(a) sour, (II)
agrisado(a) grayish
el/la **agrónomo(a)** agronomist
el **agua** (f.) water, (I)
el **aguacate** avocado, (II)
aguantar to tolerate, put up with, 6.2
agudo(a) sharp, 6.1
el **águila** (f.) eagle, (II)

aguileño(a) curved (nose), **6.1**

ahí there, **6.1**

ahogar to overwhelm, **6.3**

ahogarse to drown, (II)

ahora now, (I)

ahorrar to save, (I)

el **aire acondicionado** air-conditioning, (II)

aislado(a) isolated, **1.2**

el **aislamiento** isolation, **5.2**

el **ajedrez** chess, (I)

ajeno(a) foreign, hostile, **4.3**

el **ajo** garlic, (II)

ajustado(a) tight

ajustar to adjust

al (a + el) to the, (I)

al aire libre outdoors, (I)

al fondo de at the end of (II)

al lado de next to, beside, (I)

al/en el extranjero abroad, (II)

el **ala** (f.) wing, **5.1**

el **alambre** wire, **5.1**

alargado(a) extended, elongated, **5.1**

alarmista alarmist, (II)

el **alcance** reach

alcanzar to reach, **3.3**

alegar to state, declare, **4.2**

alegrarse que to be glad that, to feel happy that, (II)

alegre cheerful, **6.1**

la **alegría** happiness, (II)

alejarse to go far away, **1.2**

el **alemán** German (language), (I)

alemán(ana) German, (I)

alentar to encourage

alérgico(a) allergic, (II)

la **alfombra** rug, (I)

el **álgebra** algebra, (I)

algo something, (I)

el **algodón** cotton

alguien somebody, (II)

alguna vez ever, sometime, (II)

alguno(a) some, any, (II)

los **alicates** pliers, **1.3**

la **alimentación** food, **5.2**

el **alimento** food, (II)

el **alimento en conserva** canned food

el **alivio** relief, **6.2**

el **alma** (f.) soul, **3.1**

el/la **amigo (a) del alma** soulmate, best friend, **3.1**

el **almacén** department store, (II)

almacenar to store, **5.1**

la **almendra** almond, (II)

almendrado(a) almond-shaped, **6.1**

la **almohada** pillow, (II)

almorzar (ue) to eat lunch, **2.2**

el **almuerzo** lunch, (I)

aló hello, (II)

alpinismo: hacer alpinismo to go mountain climbing, (II)

alpino alpine

alquilar to rent, (I)

los **alrededores** surroundings, **5.2**

el **altavoz** loud speaker

la **altivez** arrogance, **6.3**

altivo(a) arrogant, **6.1**

alto(a) high, (II); tall, (I)

el **aluminio** aluminium, (II)

el **alumnado** student body

el/la **alumno(a)** student, **2.2**

el/la **alumno(a) principiante** freshman, **2.2**

alzar to raise, **6.2**

allí there, (I)

el **ama de casa** (f.) homemaker, (I)

amable kind, (I)

el **amanecer** sunrise, **5.3**

amar to love, **3.1**

amarillo(a) yellow, (I)

amazónico(a) Amazon, Amazonian, (II)

ambicioso(a) bold, **1.2**

ambientado(a) set in, **1.1**

el **ambiente** environment, **2.2**

el **medio ambiente** environment (outdoors), (II)

ambos(as) both, **2.2**

la **ambulancia** ambulance, (II)

la **amenaza** threat

amenazar to threaten, **4.2**

el/la **amigo(a)** friend; (I)

el/la **amigo(a) del alma** soulmate, best friend, **3.1**

la **amistad** friendship, **3.1**

amistoso(a) friendly, **1.2**

amonestar to warn, **4.2**

amoroso(a): el asunto amoroso love matter

el **amortiguador** shock absorber

amplio(a) broad, **6.1**

amurrarse to sulk, **4.2**

el **analfabetismo** illiteracy, **5.2**

anaranjado(a) orange, (I)

la **ancianidad** old age, **5.3**

el/la **anciano(a)** old person, **6.3**

ancho(a) vast, **4.3**

andar to amble, to go, to move, (II)

andar con muletas to walk with crutches, (II)

andar en monopatín to skateboard, (I)

andar en silla de ruedas to use a wheelchair, (II)

la **anfetamina** amphetamine

el **ángel** angel, **3.2**

angosto(a) narrow, **6.1**

la **angustia** anguish

angustiado(a) anxious

anhelar to hope, wish

el **anillo** ring, (I)

el **animal** animal, (I)

animar to cheer up

anoche last night, (I)

el **anónimo** anonym

ansiado(a) longed for

la **Antártida** Antartica, (II)

anteayer the day before yesterday, (I)

antemano: de antemano beforehand, **5.1**

la **antena** antenna, **5.1**

los **anteojos** eyeglasses, (I)

los **anteojos de sol** sunglasses, (I)

el **antepasado** ancestor

anterior previous

antes before, previously

antes de before (time), (I)
antes que before (II)
los **antibióticos** antibiotics, (II)
anticuado(a) old fashion
antiguamente formerly, in the past (II)
la **antigüedad** antique
antiguo(a) old (object), (I)
antipático(a) unpleasant (person), (I)
el **antojo** snack, (II)
anual annual
anunciar to announce, (II)
el **anuncio** advertisement, (I); announcement
el **anuncio comercial** commercial ad, 1.1
el **año** year, (I)
　¿En qué año naciste? What year were you born?, (I)
　el **año pasado** last year, (I)
　el **año que viene** next year, (I)
el **Año Nuevo** New Year, (II)
el **Año Viejo** New Year's Eve, (II)
la **añoranza** nostalgia
añorar to miss, 4.3
los **años: a los... años** at... years old, 3.1
apagar to turn off, (II); put out (fire), (II)
el **apagón** blackout, (II)
el **aparato** gadget, machine, (I)
aparecer (zc) to appear, 3.3
la **apariencia** appearance, (II)
el **apartamento** apartment, (I)
el **apellido** last name
apenas scarcely, 6.1
apetecer (zc) to feel like it, 1.1
el **apio** celery, (II)
aplicado(a) industrious, studious, (I)
el **apodo** nickname
apoyar to lean; to support, (II)
el **apoyo** support, 4.1
aprender (a) to learn (how

to), (I)
el **aprendizaje** learning process
apretar (ie) to push, press, 5.1
aprobado passing grade
aprobar to pass (an exam)
apropiado(a) appropriate
aproximadamente aproximately
la **aptitud** aptitude
apuntar to point, 6.2
el **apunte** note, 2.1
apurarse to hurry up, (II)
aquel: en aquel entonces at that time, 3.2
aquel (m.) that, (II)
aquella (f.) that, (II)
aquellos(as) (f.) those, (II)
aquí here, (I)
árabe Arab, 1.1
la **araña** spider, (II)
el **árbitro** referee, (II)
el **árbol** tree, (II)
la **arboleda** forest, 1.2; grove, 6.3
el **arco** bow, 4.3
el **arco iris** rainbow, 3.3
archivar to file, 5.1
el **archivo** file
el **archivo en disco fijo** hard drive
la **arena** sand, (II)
el **arete** earring, (I)
argentino(a) Argentinian, (I)
el **argumento** story, 1.1
el **arma** (f.) weapon, 5.3
armar to build, (II)
el **armario** dresser, (I); closet, (II)
armarse to arm oneself
el **aroma** aroma, fragrance, (II)
el **arquetipo** archetype
el/la **arquitecto(a)** architect, (I)
arrancar el motor to start the engine, 1.3
arreglado(a) tidy
arreglar to fix, (I)
arreglarse to get (oneself) ready, (II)
el **arreglo** arrangement, 1.2
　el **arreglo floral** floral

arrangement, 1.2
arrepentido(a) sorry, 6.2
el **arrepentimiento** repentance
arrepentirse (ie, i) to be sorry, 4.2
arriba up, upstairs, (I)
arriesgado(a) bold, 1.2
arrogante arrogant, (I)
arrojar to throw, 5.2
el **arroyo** brook, 3.3
el **arroz** rice, (I)
arrugado(a) wrinkled, 4.1
el **arte** (f.) art, (I)
la **artesanía** craft, (II)
el **artículo** article, (II)
artificial artificial
el/la **artista** artist (I); actor/actress, 1.1
artístico(a) artistic, 1.2
asado(a) grilled, (II)
la **asamblea** assembly, (II)
el **ascensor** elevator, (I)
el **aseo** cleanliness
asesinar to murder
el/la **asesino(a)** murderer, 5.3
el **asesor/a** counsellor
el **asfalto** asphalt
así like this, this way, (II)
　así como as well as; 5.3
　así que so, therefore, (II)
asiático(a) Asian, 6.1
el **asiento** seat, (I)
el/la **asistente** assistant
　el/la **asistente dental** dental assistant, (II)
　el/la **asistente legal** assistant, (II)
　el/la **asistente médico** medical assistant, (II)
asistir a to attend, (I)
el **asma** (f.) asthma, (II)
asociar to associate, relate
asomar to show, appear
asombrado(a) astonished, (II)
asombrar to amaze, 6.3
el **asombro** amazement, 6.2
asombroso(a) astonishing, (II)
la **aspiración** aspiration, 2.3
la **aspiradora** vacuum cleaner, (I)
el/la **aspirante** applicant, 2.3

la **aspirina** aspirin, (II)
la **astilla** splinter, 5.2
el **astro** star
el/la **astronauta** astronaut, (II)
la **astucia** shrewdness
asturiano(a) from Asturias (Spain)
el **asunto** matter, affair
el **asunto amoroso** love matter
asustado(a) frightened, (II)
asustar to frighten, 3.2
atacar to attack, 4.3
la **atadura** restriction, ties
atar to tie, bind, 6.3
el **atasco** obstruction
la **atención** attention
poner atención pay attention, (II)
atento(a) attentive, polite, (II)
aterrador/a terrifying
aterrizar to land, (II)
atestado(a) crowded, 1.2
el **ático** attic, 4.1
el/la **atleta** athlete, 3.2
la **atmósfera** atmosphere, 5.2
atónito(a) aghast, 2.1
atraer to attract, 1.1
atraído(a) attracted
atrás backward, 6.3
atrasarse to be late, 2.3
atreverse (a) to dare, 1.2
atrevido(a) daring, 1.2
atroz atrocious
el **atún** tuna, (II)
el **auditorio** auditorium
el **aula** (f.) classroom, 2.1
aullido howl
aumentar to increase, (II)
aunque although, (II)
la **ausencia** absence, 3.2
el **auto** car, 4.1
el **autobús** bus, (I)
la **autoestima** self-esteem
el **autómata** automaton, robot, 5.1
la **autopista** highway, 1.3
autorizado(a) authorized
el **autorretrato** self-portrait
el/la **auxiliar** assistant
el/la **auxiliar de vuelo** flight attendant, (II)
auxilios: los primeros

auxilios first aid, (II)
la **avena** oatmeal, (II)
la **avenida** avenue, (I)
la **aventura** adventure
el **programa de aventuras** adventure program, (I)
la **aventura-supervivencia** "Outward Bound", 1.2
el/la **aventurero(a)** adventurer
aventurero(a) adventurous, 3.1
avergonzarse (por) (ue) to be embarrassed about, 3.1
la **avería** breakdown, 1.3
averiguar to find out, 2.3
el **avión** airplane, (I)
avisar to inform
el **aviso** want ad, (II)
ayer yesterday, (I)
la **ayuda** help
el/la **ayudante** helper
el/la **ayudante de cocina** kitchen helper, (II)
el/la **ayudante de construcción** construction helper, II
el/la **ayudante de laboratorio** lab assistant, (II)
el/la **ayudante de oficina** office assistant, (II)
ayudar to help, (I)
el **azúcar** (f.) sugar
azul blue, (I)
azulado(a) bluish, 6.1

B

bailar to dance, (I)
el/la **bailarín(ina)** dancer, (I)
el **baile** dance, (I)
bajar to lower, 6.2; to go down, (II)
bajar de to get off, (II)
bajar el río en balsa to go rafting, (II)
bajar la guardia to let one's guard down, 2.3
bajo(a) low; short (person), (I)
el **balcón** balcony, (II)

el **balneario** seaside resort, 1.2
el **baloncesto** basketball, (I)
la **balsa** raft, (II)
bajar el río en balsa to go rafting, (II)
la **ballena** whale, (II)
el **banco** bank, (I)
la **banda** music band, (II)
el/la **banquero(a)** banker
el **banquete** banquet
bañarse to go for a swim, 5.2; to take a bath, (II)
el **baño** bathroom, (I)
barato(a) inexpensive, cheap, (I)
la **barba** beard, (I)
el **barco** boat, ship, (I)
el **bardal** thatched fence
la **barraca** shack
barrer to sweep, (I)
la **barrera** barrier
el **barrio** neighborhood, (II)
el **barro** clay, 5.2
básico(a) basic, 5.2
¡Basta! Enough!, 4.2
bastante fairly; enough, (I)
la **basura** trash, (I)
la **batalla** battle, 5.3
la **batería** battery, 1.3; percussion instrument, drums, (II)
el **baúl** chest, 4.1
la **bebida** beverage, (I)
la **beca** scholarship, (II)
el **béisbol** baseball, (I)
bélico(a) warlike
bello(a) beautiful, 3.2
la **bendición** blessing
besar to kiss, 3.1
el **beso** kiss, (II)
el **besuqueo** smooching
la **biblioteca** library, (I)
la **bicicleta** bicycle, (II)
montar en bicicleta to ride a bicycle, (I)
bien fine, well, (I)
pasarlo bien to have a good time, 3.1
el **bienestar** well-being, 5.3
el **bigote** mustache, (I)
la **billetera** billfold, wallet, (I)
la **biografía** biography, 1.1
la **biología** biology, (I)

el/la **bisabuelo(a)** great-grandfather, great-grandmother, (II)
blanco(a) white,(I)
blanquear to whiten
el **bloqueo**: el **bloqueo mental**
mental block, 2.1
la **blusa** blouse, (I)
la **boca** mouth, (II)
la **bodega** grocery store, (II)
la **bolera** bowling alley
el **boliche** bowling, (I)
jugar boliche to bowl, (I)
el **bolígrafo** ballpoint pen, (I)
boliviano(a) Bolivian, (I)
los **bolos** bowling pins
la **bolsa** handbag, (I); bag,
el **bolsillo** pocket, (I)
el/la **bombero(a)** firefighter, (I)
bondadoso(a) kind, (II)
bonito(a) pretty, (I)
boquiabierto(a) flabbergasted, (II)
borracho(a) drunk
borrar to erase, 5.3
el **bosque** forest, woods, (I)
el **bostezo** yawn, 1.1
botar to throw away, 5.2
las **botas** boots, (I)
las **botas de explorador** hiking boots, (II)
el **bote** boat, (II)
la **botella** bottle, (II)
la **botica** pharmacy
el/la **boticario(a)** pharmacist
el **botón** button, 5.1
el **botones** bellboy, (II)
Brasil Brazil, (II)
brasileño(a) Brazilian, (II)
el **brazo** arm, (II)
la **brisa** breeze, (II)
la **brisa de mar** sea breeze, (II)
brizna string, fiber
el **bróculi** broccoli, (II)
la **broma** joke, 6.2
broncearse to get a tan, (II)
la **bronquitis** bronchitis, (II)
brotar to sprout, bud
el **brote** bud
la **brujería** witchcraft, 1.1
la **brújula** compass, (II)
brusco(a) brusque, rough

bucear to skin-dive, (I)
bueno(a) good, (I); excellent, kind, (II)
la **bufanda** scarf, (I)
la **bujía** spark plug, 1.3
burbujear to bubble
burlarse de to make fun of, 3.2
buscar to look for, (I)

C

la **caballería** knighthood
el **caballero** gentleman, man, (I); la **ropa de caballeros** men's clothing, (I)
el **caballo** horse, (I)
montar a caballo to ride horseback, (I)
cabe: no cabe duda no doubt about it, 6.3
el **cabello** hair, 3.2
caber to fit, 2.2
la **cabeza** head, (II)
la **cabra** goat, (II)
los **cacahuetes** peanuts, (II)
cada each
cada uno(a) each one, I .4
la **cadena de televisión** TV network
la **cadera** hip
caer bien (mal) to like (dislike) (someone), 1.1
caerse to fall down, (II)
el **café** coffee, (I)
de color café brown, (I)
la **cafetería** cafeteria, (I)
la **caja** box, (II)
el/la **cajero(a)** cashier, (II)
la **calabaza** squash, (II)
los **calcetines** socks, (I)
la **calcomanía** decal, 4.1
el **calculador solar** solar calculator, 5.1
la **calculadora** calculator, (I)
el **caldo** broth
el **caldo de ave** chicken broth, (II)
la **calefacción** central heating, (II)
calentar: calentar (ie) el examen to cram, 2.1
calentarse (ie) to get warm, (II)
la **calidad** quality, (II)

caliente hot, (II)
la **calma** calmness, calm, 2.1
calmarse to calm down, (II)
el **calor** heat (I)
hace calor it's hot, (I)
tener calor to be hot, (I)
la **calvicie** baldness, 5.3
la **calzada** street
callado(a) quiet, silent, (II)
callarse to keep quiet, 3.2
la **calle** street, (I)
la **cama** bed, (I)
la **cámara** camera, (I)
el/la **camarero(a)** chamberman, chambermaid, (II)
los **camarones** shrimp, (II)
el **camastro** cot
el **cambalache** barter, swapping
cambiante changing
cambiar to change, (I)
el **cambio** change
en cambio on the other hand, 2.2
el **camello** camel, (I)
caminar to walk, (II)
la **caminata** hike, (I)
dar una caminata to take a hike, (I)
el **camino** road, 1.3
la **camioneta** pick-up truck, (I)
la **camisa** shirt, (I)
la **camisería** shirt shop, (II)
la **camiseta** T-shirt, (I)
la **campanilla** bell
la **campaña** campaign, (II)
el/la **campeón(ona)** champion, (II)
el **campeonato** championship, (II)
el **campo** the countryside, (I); field
el **aire de campo** country air, (II)
Canadá Canada, (II)
canadiense Canadian, (I)
el **canario** canary, (I)
el **cáncer** cancer, 5.3
la **canción** song, 3.3
la **cancha** court (sports)
la **cancha de tenis** tennis court, (II)
el/la **candidato(a)** candidate, (II)
el **cangrejo** crab, (II)

canoso(a) gray hair, 4.1
cansado(a) tired, (I)
el cansansio weariness, 2.1
el/la cantante singer, (I)
cantar to sing, (I)
la cantimplora canteen, (II)
el caos chaos
la capa cape, 4.3; layer, 5.2
la capa de ozono ozone layer, 5.2
la capacidad capacity
capaz capable, 5.1
el capote cape
la cápsula capsule
la cápsula del tiempo time capsule, (II)
la cara side, 2.2; face (I)
el caracol snail, 3.2
el carácter character, personality, 6.1
la caravana caravan
las carcajadas: reírse a carcajadas to laugh uncontrollably, 3.2
la cárcel jail, 5.3
carcomer to consume
el cardenal bruise, (II)
cargado(a) loaded
el cargamento shipment
cargar to charge (battery), 1.3
el Caribe Caribbean, (II)
el cariño love, affection
cariñoso(a) affectionate, loving
el carnaval carnival, (II)
la carne meat (I); flesh
la carne asada grilled meat, (II)
la carne de cerdo pork, (II)
la carne de res beef, (II)
el carnet de conducir driver's license, 1.3
la carnicería butcher shop, (II)
carnoso(a) full (lips), 6.1
caro(a) expensive, (I)
la carpa tent, (II)
el/la carpintero(a) carpenter, (I)
la carrera career, 6.3; race (II)
la carretera highway, (II)
el carril lane, 1.3
la carroza carriage, float, (II)
el carrusel carrousel, 4.1

la carta letter (I)
la carta de recomendación reference letter, (II)
las cartas playing cards, (I)
jugar cartas to play cards, (I)
el cartel poster, (I)
la cartilla de Seguridad Social Social Security card
el cartón cardboard, (II)
la casa house, home, (I)
ir a casa to go home, (I)
el casamiento marriage
casarse (con) to marry, (II)
el cascabel jingle bell, 4.1
la cáscara peel, shell, rind, 5.2
casero(a) referring to the home, (II)
caseros: los remedios caseros home remedies, (II)
el casete cassette, (I)
casi almost, (I)
el caso case
en caso de in case of, (II)
hacer caso to pay attention, 3.2
castaño(a) brown (hair), 6.1
castigar to punish
el castigo punishment
el catarro a cold, (II)
la catástrofe catastrophe
catorce fourteen, (I)
la causa cause
a causa de because of, (II)
el/la cazador/a hunter, 4.3
la cebolla onion, (II)
ceder el paso to yield the right of way, 1.3
la ceja eyebrow, 6.1
la celebración celebration, (II)
los celos jealousy, 3.1
tener celos to be jealous, 3.1
celoso(a) jealous, 1.2
el cementerio cemetery, (II)
la cena supper, dinner, (I)
la ceniza ash, 3.2

el centímetro centimeter
el centro comercial shopping center, (I)
el centro downtown, (I); middle; center, (I)
cepillarse to brush
cepillarse los dientes to brush one's teeth, (II)
el cepillo brush, (II)
el cepillo de dientes toothbrush, (II)
la cerámica pottery, (II)
cerca de near, (I)
cercano(a) near, close
el cerdo pig, 3.2
el cereal cereal, (I)
el cerebro brain, 5.1
cero zero, (I)
cerrado(a) closed, (II)
cerrar (ie) to close, (II)
el cerro hill, 1.2
la certeza certainty
el certificado certificate, (II)
el certificado de notas report card
el certificado de vacuna vaccination certificate, (II)
cesar to cease, stop
el césped lawn, (I)
la cesta basket
el ciclismo a campo mountain biking, 1.2
el/la ciclista bike rider
ciego(a) blind, 3.2
el cielo sky, (I)
cien(to) one hundred, (I)
la ciencia science (I)
la ciencia ficción science fiction, (I)
el programa de ciencia ficción science fiction program, (I)
las ciencias science(s), (I)
el cigarrillo cigarette, (II)
el cigarro cigar
el cilindro cylinder
cinco five, (I)
cincuenta fifty, (I)
el cine movie theater, (I)
cinematográfico(a) cinematographic
la cinta tape, 4.1
la cintura waist, (II)

el **cinturón** belt, (I)
el **cinturón de seguridad** seat belt, (II)
el **circuito** circuit, **5.1**
la **circulación** traffic, **1.3**
circular to circulate
la **ciruela** plum, (II)
el **cisne** swan, (II)
la **cita** appointment
hacer una cita make an appointment, (II)
la **ciudad** city, (I)
el/la **civil** civilian, **5.2**
clandestino(a) clandestine
la **claridad** light, **3.2**
claro(a) light (color), **6.1**
la **clase** class (I)
¿Qué clase de...? What kind of...?, (I)
clavar la mirada to stare, **6.2**
clavar la mirada con saña to look daggers at, **6.2**
el **clavel** carnation, (II)
el **clavo** nail, **6.3**
el/la **cliente** customer, (II)
el **clima** climate, **1.2**
el **cloro** bleach, (II)
el **club** club, (I)
cobarde cowardly, (II)
cobrar to collect, obtain
el **cobre** copper, (II)
cocido(a) cooked, (II)
la **cocina** cooking, **1.1**; kitchen, (I); cuisine
cocinar to cook, (I)
el/la **cocinero(a)** cook, (I)
el **coche** car, (I)
el **codo** elbow, (II)
la **coeducación** coeducation, **2.2**
el **cohete** rocket, **5.3**
coincidir to coincide
cojo(a) lame, **6.1**
la **cola** line, (I)
hacer cola to stand in line, (I)
la **colaboración** contribution (to a newspaper)
colaborar to contribute, collaborate
el **colchón** mattress

el **colchón inflable** inflatable mattress, (II)
la **colección** collection, (I)
coleccionar to collect, (II)
el **colegio** school
el **colgador** clothes hanger, (II)
colgar (ue) to hang, (II)
la **coliflor** cauliflower, (II)
el **colmo** the final straw, **4.2**
colocar to place, (II)
colombiano(a) Colombian, (I)
la **colonia** cologne, (II)
el **color** color, (I)
colores: a colores in color, **2.2**
la **columna** column
el **columpio** swing, **4.1**
el **collar** necklace, (I)
el **combustible** fuel, **5.2**
la **combustión** combustion
el/la **comediante** actor; comedian; actress; comedienne
No seas comediante Stop exaggerating, (II)
el **comedor** dining room, (I)
el **comentario** commentary, **1.1**
el **comentario político** political commentary, **1.1**
comer to eat, (I)
cometer to commit, **2.1**
cometer errores to make errors, **2.1**
cómico: el programa cómico comedy (program), (I)
cómico(a) funny, (I)
la **comida** food, (I); meal
¡Cómo!: ¡Cómo no! Of course!, (I)
como as, like, (I)
tan... como as. . . as, (I)
como si as if, (II)
¿Cómo? what?; how?, (I)
¿A cómo está? how much is it?, (II)
¿Cómo es...? What is he/she/it like?, (I)
¿Cómo te llamas? What

is your name (fam.)?, (I)
la **cómoda** chest of drawers, (II)
cómodo(a) comfortable, (I)
el/la **compañero(a) de clase** classmate, (I)
el/la **compañero(a) pal**
la **compañía** company, (I)
compartir to share, (II)
compatible compatible
la **competencia** competition, (II)
competir to compete
competitivo(a) competitive, **2.2**
complejo(a) complex
completamente completely, (II)
complicado(a) complicated, **1.1**
el **comportamiento** behavior
comportarse to act, behave, **5.1**
la **composición** composition, (I)
comprar to buy, (I)
compremetido(a): estar comprometido(a) to be engaged, (II)
comprender to understand
la **compresa** compress, (II)
la **comprobación** verification
comprobar (ue) to check, **2.1**
comprometido(a) engaged
la **computadora** computer, (I)
común y corriente common, ordinary, **5.1**
comunicar to communicate
comunicativo(a) communicative, **6.1**
con with, (I)
con él (ella) This is he (she), (II) (telephone)
el **concepto** concept, **2.1**
el **concierto** concert, (I)
el **concurso** game show, (I); contest, (II)
condicionar to condition, prepare
las **condiciones** conditions, (II)
conducir (zc) to drive, **1.3**
el/la **conductor/a** driver, (I)

el **conector** connector

el **conejo** rabbit, (I)

la **confianza** trust, **6.2**

confiar en to trust, **3.1**

el **confín** boundary, limit

confundido(a) confused, **2.1**

confundir to confuse, **2.1**

la **confusión** confusion, **2.1**

confuso(a) confused

congelado(a) frozen, (II)

congestionado(a) congested, (II)

cónico(a) conical, conic, **5.1**

el **conjunto folclórico** folkloric group, (II)

el **conjunto** musical group, (I)

conocer (zc) to know (a person), (I); to meet; to get to know, (II)

conocerse to meet (one another), (II)

la **conquista** conquest

el **conquistador** conqueror

conseguir (i) to get, (II)

el/la **consejero(a)** counselor, (II)

el **consejo** advice (I)

dar consejos a to give advice to, (I)

conservacionista conservationist

considerado(a) considerate, (II)

considerar to consider, **3.2**

la **constelación** constellation, (II)

el **consuelo** consolation

consultar to consult, **2.1**

el **consultorio: el consultorio del corazón** advice column

consumir to consume

el **consumo** consumption, **5.2**

contacto: mantenerse en contacto to keep in touch, **3.1**

la **contaminación** pollution, (II)

contaminar to pollute, **5.2**

contar (ue) to count, (II); to tell, (II)

contar con to rely on, **3.1**

contemplar to contemplate, reflect, **3.3**

contemporáneo(a) contemporary

contento(a) happy, (I)

la **contestadora de teléfono** answering machine, **5.1**

contestar to answer, (I)

el **contexto** context

la **continuación** sequel, **1.1**

contra against, (II)

el **contrabajo** double bass (musical instrument), (II)

contrastante contrasting

contratar to contract

el **control** control, **2.1**

conveniente advisable, (II)

convenir (ie) to agree, **3.1**

convertirse (ie, i) to become, **1.1**

convivir to cohabit, live together, **5.3**

la **cooperación** cooperation, **5.2**

coordinar to coordinate, **5.1**

coquetear to flirt, **3.2**

el **coraje** courage, **1.2**

el **corazón** heart, (II)

la **corbata** necktie, (I)

Corea Korea, (II)

coreano(a) Korean, (II)

la **corona** crown, **4.3**

la **corona del Inca** poinsettia, (II)

correctamente correctly, (II)

corregir (i) to correct, **5.1**

el **correo** post office, (I)

correr to run; to jog, (I)

correr riesgos to take risks, **1.2**

la **cortadura** cut, (II)

el **cortaplumas** penknife, (II)

cortar(se) to cut, (II)

cortarse el pelo to get a haircut, (II)

cortarse las uñas to cut one's nails, (II)

la **corte** court, **5.2**

cortés polite, (II)

corto(a) short (object), (I)

la **cosa** thing, (I)

coser to sew, **1.2**

los **cosméticos** cosmetics, (II)

cosmopolita cosmopolitan, **1.2**

costar (ue) to cost, (II); to be difficult, **2.2**

costar trabajo to be difficult, (II)

¿Cuánto cuesta? How much is it?, (II)

costarricense Costa Rican, (I)

la **costumbre** custom, **1.2**

de costumbre usually, **3.2**

el **cráter** crater

creativo(a) creative

crecer (zc) to grow, (II)

la **creencia** believe

creer to think, to believe (I)

creerse to believe oneself to be, **4.3**

crespo(a) curly, **6.1**

el **crisantemo** chrysanthemum, (II)

la **crítica** criticism

la **cronología** chronology

el **cruce de caminos** intersection, **1.3**

el **crucero** cruise

hacer un crucero to go on a cruise, (II)

cruel cruel, **3.2**

el **crujido** crackling, (II)

cruzar to cross, (II)

el **cuaderno** notebook, (I)

la **cuadra** city block, (I)

cuadrado(a) square, (I)

cuadro: de cuadros plaid, (I)

el **cuadro** picture, (I)

¿cuál? which?, what?, (I)

cualquier any, **5.2**; **en cualquier parte** everywhere, **5.1**

cuando: de vez en cuando once in awhile, **3.2**

¿cuándo? when?, (I)

cuanto: en cuanto a regarding, **2.2**

¿cuánto(a)? how much?, (I)

cuarenta forty, (I)

cuarto: y cuarto quarter past the hour, (I)

el **cuarto** a fourth, **5.1**
el **cuarto** room (of a house), (I)
cuarto(a) fourth, (I)
cuatrocientos(as) four hundred, (I)
cubano(a) Cuban, (I)
los **cubiertos** place setting, (I)
cubrir to cover
cubrirse to cover oneself, (II)
la **cuchara** spoon, (II)
el **cuchillo** knife, (II)
el **cuello** neck, (II)
la **cuenta** bill, (II)
el/la **cuentista** storyteller
el **cuento** short story
el **cuento de hadas** fairy tale, **1.1**
la **cuerda de nilón** nylon cord, (II)
la **cuerda** rope, (II); cord, string, (II)
cuerdo(a) sensible, (II)
el **cuero** leather, (I)
el **cuerpo** body, (II)
el **cuervo** crow, (II)
la **cueva** cave, (II)
el **cuidado** care, caution, (II)
tener cuidado to be careful, (II)
cuidadosamente carefully, (II)
cuidadoso(a) careful, **1.2**
cuidar to take care of, (I)
la **culebra** snake, **3.2**
la **culpa** guilt, fault
echar la culpa to blame, (II)
cultivar to cultivate (land), **1.2**; to cultivate (friendship)
el **cultivo** cultivation, **5.2**
la **cultura** culture, **1.2**
el **cumpleaños** birthday, (I)
la **cuneta** ditch, gutter
el/la **cuñado(a)** brother-in-law (sister-in-law), (II)
curar to cure, **4.3**
curioso(a) curious, **1.2**
la **curita** adhesive bandage, (II)
el **curso** class
la **curva** curve

CH

el **chaleco** jacket
el **chaleco salvavidas** life jacket, (II)
el **champú** shampoo, (II)
Chanukah Jewish holiday, (II)
la **chaqueta** jacket, (I)
chato(a) flat, **6.1**
el **chato** small glass
el **cheque** check, (I)
hacer un cheque to write a check, (I)
el **cheque** de viajero traveler's check, (I)
la **chica** girl, **1.1**
el **chicle** gum, **4.1**
el **chico** boy, **1.1**
los **chícharos** peas, (II)
la **chifladura** craziness
chileno(a) Chilean, (I)
chillar to scream, **4.2**
el **chillido** screech, (II)
China China, (II)
el **chino** Chinese (language), (I)
chino(a) Chinese, (I)
el **chisme** gossip, **3.2**
chismear to gossip, **6.2**
chismoso(a) gossipy, **3.2**
el **chiste** joke
el **choque** (car) crash, (II)
el **chorizo** Spanish sausage
la **chuleta** chop, cutlet, (II)
el **chupa-chup** lollipop, **4.1**

D

dado que given that, considering, **5.2**
las **damas** ladies, (I)
para damas for ladies, (I)
danés(esa) Danish, (II)
la **danza** dance
dar to give (I)
dar asco to disgust, **1.1**
dar bostezos to make one yawn, **1.1**
dar consejos a to give advice to, (I)
dar de comer a to feed, (I)
dar igual to be all the same, not matter, **1.1**

dar la vuelta al mundo to go around the world, (II)
dar miedo to frighten, **1.1**
dar pánico to cause to panic, (II)
dar pena to make sad, **1.1**
dar rabia to enrage, **1.1**
dar risa to make laugh, **1.1**
dar susto to scare, to terrify, (II)
dar terror to terrify, **1.1**
dar un caderazo to push with the hip, **6.2**
dar un codazo to poke with an elbow, **6.2**
dar un golpazo to hit, bang, **6.2**
dar un mordiscazo to bite into, **6.2**
dar un paseo to go for a walk, (I)
dar un portazo to slam the door, **6.2**
dar un puñetazo to punch, **6.2**
dar un suspiro to sigh, **6.2**
dar un vistazo to keep an eye on, **6.2**
darse cuenta de to realize, (II)
darse la media vuelta to turn around, **6.2**
los **datos** data, **5.1**
de of, from, for (I)
de acuerdo OK, (I)
de nada you're welcome, (I)
¿De parte de quién? Who is speaking/ calling?, (II)
¿De qué es? What's it made of?, (I)
¿De quién es/son? Whose is it/are they?, (I)
de repente suddenly, (II)
debajo de underneath, (II)
el **debate** debate, (II)
el **deber** obligation, **2.2**
deber should, ought, (I)

debido a due to, 5.2
débil weak, (II)
la **debilidad** weakness, 6.2
el **deceso** death
decidirse to decide, 2.2
décimo(a) tenth, (I)
decir to say, to tell, (I)
  es decir in other words, (II)
  decir mentiras to tell lies, (II)
  decisión: tomar una decisión to make a decision, (II)
la **decisión** decision, (II)
la **declaración** declaration
dedicar to dedicate, devote, 2.1
  dedicar tiempo to devote time, 2.1
el **dedo del pie** toe, (II)
el **dedo** finger, (II)
el **defecto** defect, 2.3
defectuoso(a) defective
defender (ie) to defend, (II)
la **defensa** defense
el/la **defensor/a** defender
definido(a) defined, 6.1
degradable degradable, (II)
dejar to let, allow, 6.2; to leave something (behind), (II)
  dejar atrás to leave behind, 1.2
  dejar de + inf. to stop, 2.1
  dejar en paz to leave alone, 4.2
del (de + el) from the, of the, (I)
el **delantal** apron, 4.3
delante de in front of, (II)
deletrear to spell out
el **delfín** dolphin, (II)
delgado(a) thin, (I)
la **delicadeza** gentleness
delicado(a) delicate
la **delicia** delight
el **delito** crime, 5.3
los **demás** (the) others, (II)
demasiado too, too much
la **demora** delay, (II)
demostrar (ue) to show, 2.3

el/la **dentista** dentist, (I)
dentro de in, (II); inside, (I)
  por dentro inside, 6.3
depender (de) to depend (on), (II)
el/la **dependiente** shop clerk, (II)
el **deporte** sport, (I)
el/la **deportista** athlete, (I)
deportivo(a) sporty, casual; related to sports, (I)
  el **programa deportivo** sports program, (I)
el **depósito** gasoline tank
deprimente depressing, (I)
deprimido(a) depressed, (I)
el **derecho** right, 2.2
derecho straight ahead, (I)
  sigue derecho go straight ahead (fam sing. com.), (I)
derecho(a) straight, 4.1; right, (I)
  a la derecha to the right, (I)
derivado(a) derivative
derramar to spread, 5.3
el **derrame** spill, (II)
derrochar to waste, 5.2
desafortunadamente unfortunately, (II)
desagradable unpleasant, (II)
desagradar to dislike, 1.1
el **desagrado** displeasure, discontent, 6.2
desaliñar to make untidy
el **desamparo** helplessness, 5.3
desaparecer (zc) to disappear, 4.3
desarrollar to develop, 1.2
el **desarrollo** growth
el **desastre** disaster
desastroso(a) disastrous
el **desayuno** breakfast, (I)
descalzo(a) barefoot, 6.1
descansar to rest, (I)
el **descanso** rest, 1.2
descarado(a) insolent, 6.3
descomponer to break
descompuesto(a) broken, not working, 1.3

desconcertado(a) bewildered, 2.1
el **desconcierto** confusion, 2.1
desconectar to disconnect
desconfiado(a) distrusting
el/la **desconocido(a)** stranger
desconocido(a) unknown, 1.2
desconsiderado(a) inconsiderate, (II)
el **descubridor** discoverer
descubrir to discover, 1.2
descuidadamente carelessly, (II)
descuidar to neglect
desde from, since, (I)
desear to want, (II)
el **desecho** waste, 5.2
el/la **desempleado(a)** person out of work, unemployed, 5.2
el **desempleo** unemployment, 5.3
el **desenlace** ending, 1.1
el **deseo** wish, 6.3
el **desequilibrio** imbalance, 4.1
la **desesperación** desperation, 2.1
desesperado(a) desperate
desfallecer to faint
el **desfile** parade, (II)
desgarbado awkward, uncoordinated, 6.3
desglosar to detach
deshacerse de to get rid of, 3.1
el **desierto** desert, (I)
desinflado(a) deflated, 1.3
el **desinterés** selflessness, 5.2
desleal disloyal, (II)
desobediente disobedient, (II)
el **desodorante** deodorant, (II)
el **desorden** mess, disorder, 6.1
desordenado(a) messy, (II)
desorientarse to become disoriented, (II)
despacio slow, (II)
despachar to wait on or help customers, 6.3

desparramado(a) scattered

la **despedida** farewell, 2.2

despedirse (i, i) (de) to say goodbye, (II)

despegar to take off (airplane), (II)

el **desperdicio** trash, garbage, 5.2

despertarse (ie) to wake up, (II)

despistado(a) absent minded, confused, (II)

desplazarse to move

después de after, (I)

destacado(a) prominent, 1.1

destacar(se) to stand out, 5.3

el **destino** destiny

el **destornillador** screwdriver, 1.3

la **destrucción** destruction, (II)

destruir (y) to destroy, (II)

desvelar to keep awake, 6.1

el **desvío** detour

el **detalle** detail, 2.2

el **detectarradar** radar detector, 5.1

el/la **detective** detective

detener (ie) to stop, (II)

determinar to determine

detrás de behind, (I)

la **deuda** debt, 5.3

devolver (ue) to return

el **día** day, (I)

el **Día de Acción de Gracias** Thanksgiving, (II)

el **Día de la Independencia** Independence Day, (II)

el **Día de la Raza** Hispanic Pride Day, (II)

el **Día de las Brujas** Halloween, (II)

el **Día de los Enamorados** St. Valentine's Day, (II)

el **Día del Trabajo** Labor day

el **Día del Veterano** Veteran's Day

el **diablo** devil, 1.1

el **diagrama** diagram, 2.1

los **días feriados** holidays

dibujado(a) outlined, revealed, 6.1

dibujar to draw, (I)

el **dibujo animado** cartoon, (II)

diciembre December, (I)

los **dientes** teeth, (I)

los **frenos en los dientes** (dental) braces, (I)

la **dieta** diet, (II)

diez ten, (I)

diez y nueve nineteen, (I)

diez y ocho eighteen, (I)

diez y seis sixteen, (I)

diez y siete seventeen, (I)

la **diferencia** difference, 5.3

diferente different, (I)

difícil difficult, (I)

difícilmente with difficulty, (II)

la **dificultad** difficulty, (II)

dificultar to impede, hinder

la **dignidad** dignity

diminutivo(a) diminutive, small

Dinamarca Denmark, (II)

el **dinero** money, (I)

el **dinero en efectivo** cash, 1.3

la **diosa** goddess, 3.2

dirán: el qué dirán what people will say, 6.3

la **dirección** address, (I); direction

directo(a) direct

el **vuelo directo** non-stop flight, (I)

el **disco** record, (I)

el **disco rojo** red light

la **discordia** disagreement, discord

la **discoteca** discotheque

disculpar to forgive, 4.2

el **discurso** speech, (II)

la **discusión** discussion, 4.2

discutir to argue, 4.2

diseñar to design, 1.2

el **diseño** design

el **disfraz** (pl. **los disfraces**) costume, disguise, (II)

disfrutar to enjoy, 2.2

disgregar to disperse

disimular to pretend, feign, 3.2

la **disminución** decrease

disminuir (y) to diminish, 1.3

disparar to shoot, 4.3

disponer de to have available, 2.3

la **disposición** disposition

dispuesto(a) willing, 2.3

distante distant, 3.2

diverso(a) different, 2.2

divertido(a) fun, (I)

la **diversión** diversion, amusement, 1.2

divertirse (ie, i) to have fun, to enjoy oneself, (II)

divino(a) divine, 4.1

doblar to turn (a corner) (I)

el **doble** double, 5.1

doce twelve, (I)

la **docena** dozen, (II)

dócil docile, (II)

el/la **doctor/a** doctor, (I)

el **documental** documentary, 1.1

los **documentos** documents

los **documentos de viaje** traveling papers, (II)

el **dólar** dollar, (I)

doler (ue) to hurt, (II)

el **dolor** pain, 3.3

doloroso(a) painful

dominar to control, rule

el **domingo** Sunday, (I)

dominical dominical, pertaining to Sunday

dominicano(a) Dominican, (I)

¿dónde? where? (I)

¿Dónde te (le, les) duele? Where does it hurt?, (II)

dorado(a) golden, 3.3

dormir (ue, u) to sleep, (I)

dormirse (ue, u) to fall asleep, (II)

dos two, (I)

doscientos(as) two hundred, (I)

el **dragón** dragon, (II)

el/la **dramaturgo(a)** playwright

la **droga** drug, 5.3

la **ducha** shower, (II)

ducharse to take a shower, (II)

la **duda** doubt
el/la **dueño(a)** owner, (I)
el **dulce** sweet (candy)
dulce sweet, (II)
durar to last, **3.1**
el **durazno** peach, (II)
la **dureza** insensitivity, **4.3**
duro(a) tough, (II)

E

el **eco** echo, (II)
la **ecología** ecology, **1.2**
ecológico(a) ecological, (II)
económico(a) inexpensive, (II)
el **ecoturismo** ecological vacation, **1.2**
ecuatoriano(a) Ecuadorian, (I)
echar to throw, **4.2**
echar a la calle to throw out, **4.2**
echar de menos to miss, (II)
echar la culpa to blame, (II)
echar una mirada to take a look, **6.2**
echarse to put on, (II)
echarse una siesta to take a nap, **6.3**
echarse a + inf. to burst out, **6.1**
la **edad** age, **4.1**
el **edificio** building, (I)
la **educación** education, **2.2**
la **educación física** physical education, (I)
la **educación primaria** elementary education
la **educación secundaria** high school
la **educación separada** single sex education, **2.2**
educativo(a) educational, (I)
el **programa educativo** educational program, (I)
los **efectos especiales** special effects, **1.1**
la **eficacia** effectiveness

Egipto Egypt, (II)
el **egoísmo** selfishness, **3.1**
egoísta selfish, (II)
el/la **ejecutivo(a)** executive
el **ejemplo** example
por ejemplo for example, (II)
ejercer to exercise one's right
el **ejercicio** exercise, (I)
hacer ejercicio to exercise, (I)
él he, (I)
el the (m.), (I)
las **elecciones** elections, (II)
la **electricidad** electricity, **5.1**
el/la **electricista** electrician, (I)
eléctrico(a) electric, (II)
electrónico(a) electronic, **5.1**
el **elefante** elephant, (I)
la **elegancia** elegance, (II)
elegante elegant, (I)
elegir (i) to choose, **2.2**
el **elemento** element, **4.3**
ella she, her, (I)
ellas they, them (f.), (I)
ellos they, them (m.), (I)
emanar to arise from
embargo: sin embargo however, (II)
el **embarque** boarding
la **tarjeta de embarque** boarding pass, (II)
embellecer (zc) to beautify, **5.2**
la **emisión** emission
emocionado(a) excited, (I)
emocionante exciting, (I)
el/la **empacador/a** packer, (II)
empatado(a): quedar empatado(a) to be tied (sports), (II)
empezar (ie) to start, (I)
el/la **empleado(a)** employee, (I)
el **empleo** job, (II)
empobrecerse (zc) to become poor, **1.1**
emprendedor/a enterprising, **1.2**
emprender viaje to take a trip, **1.3**
la **empresa** company; enterprise, **2.3**

empujar to push, **4.2**
en at; in; on, (I)
en caso de in case of
en el/al extranjero abroad, (II)
en punto on the dot, (I)
en seguida right away, (II)
enamoradizo(a) easily infatuated
enamorado(a) in love, (I)
enamorarse (de) to fall in love (with), (II)
el/la **enano(a)** dwarf, **4.3**
encantado(a) enchanted
encantar to delight, (II)
encender (ie) to light, turn on, (II)
el **encendido** ignition
encendido(a) turned on
encerrar(se) (ie) to lock oneself in, **4.2**
encima above
encima de on top of, (II)
encogerse: encogerse de hombros to shrug, **6.2**
encontrar (ue) to find, (II)
encorvado(a) hunched, **4.1**
la **encuesta** opinion poll, **2.2**
enchufar(se) to plug in, **5.1**
la **energía** energy
la **energía del viento** wind power, (II)
la **energía solar** solar energy, (II)
enero January, (I)
enfadado(a) angry, **2.1**
enfadarse to get angry, **2.2**
enfermarse to get sick, **2.2**
la **enfermedad** sickness, (II)
el/la **enfermero(a)** nurse, (I)
enfermo(a) sick, (I)
enfrentar(se) to face, **5.1**
enfrente de in front of, (I)
enfriar to cool, **1.3**
enfurecerse (zc) to become furious, **6.1**
engañar to fool, deceive, **5.1**
el **engaño** deception
engañoso(a) deceptive, **3.2**

engordar to become fat, 1.1

enhorabuena congratulations

enjugar (ue) to dry, wipe a tear

enmudecer (zc) to become dumbfounded, 6.1

enojado(a) mad, angry, (I)

enojarse (con) to get mad (at), (II)

enojón(ona) irritable, touchy

enriquecerse (zc) to become rich, 1.1

enrojecerse (zc) to blush, 1.1

enrollarse to get involved, 3.1

la **ensalada** salad, (I)

la **enseñanza** education, 5.2

enseñar a to show, teach (how to) (I)

ensombrecer to cast a shadow

ensuciar to soil, 5.2

el **ensueño** dream

entender (ie) to understand, (I)

enterarse de to find out, (II)

enterrar (ie) to bury, 5.2

el **entierro** burial

entonces then, (I)

en aquel entonces at that time, 3.2

la **entrada** admission ticket, (I)

entrañable very affectionate

entrar to enter

entre between, (I)

entregar to hand over, (II)

el/la **entrenador/a** trainer, coach, (II)

entrenarse to train, (II)

entretenido(a) entertaining, 1.1

la **entrevista** interview, (II)

el/la **entrevistador/a** interviewer

entrometido(a) nosy, 1.2

entusiasmado(a) excited

entusiasmarse (con) to become excited, 6.3

entusiasta enthusiastic, 1.2

envejecer (zc) to become old, 1.1

envenenar to poison, 5.2

enviar to send, 2.2

la **envidia** envy, (II)

verde de envidia green with envy

envidioso(a) envious, 6.2

el **envío** shipment

la **envoltura** wrapping, 5.2

envolver(se) (ue) to wrap oneself, 4.3

enyesar to put a cast on, (II)

la **epidemia** epidemic, 5.2

el **epígrafe** epigraph, inscription

el **episodio** episode

la **época** period (of time), (II)

el **equilibrio** equilibrium, balance, 5.2

equipado(a) equipped, 2.2

el **equipaje** luggage, (II)

el equipaje de mano hand luggage, (II)

el **equipo** team, (I); equipment, (II)

equivocado(a) mistaken, (I)

erróneo(a) erroneous

el **error** error, 2.1

cometer errores to make errors, 2.1

la **erupción** rash, (II)

la **erupción volcánica** volcanic eruption, (II)

escabullirse to sneak away

la **escala** stopover, (II)

hacer escala to make a stopover, (II)

escalar to climb

la **escalera** stairs, (I)

el **escalofrío** chill, 4.1

escaparse to run away; to escape (II)

la **escasez** shortage, 5.2

escaso(a) thin (eyebrows), 6.1

el **escenario** scenery

el/la **esclavo(a)** slave, 5.1

la **escoba** broom, 4.3

escocés(esa) Scottish, (II)

Escocia Scotland, (II)

escoger to choose, (II)

esconderse to hide, (II)

el **escondite** hideout, hiding place

jugar al escondite to play hide-and-seek, (II)

escribir to write, (I)

el/la **escritor/a** writer, (I)

el **escritorio** desk, (I)

escrutar scrutinize

escuchar to listen to, (I)

la **escuela** school, (I)

ese(a) that (f.)

en ese tiempo at that time, 3.2

esos(as) those (f.), (I)

el **esfuerzo** effort, 2.2

el **espacio** outer space, 1.1; space

la **espada** sword, 4.3

la **espalda** back, (II)

espantar to scare, 4.3

el **español** Spanish (language), (I)

español/a Spanish, (I)

espasmódico(a) spasmodic

especial special, 5.1

especialmente especially, (II)

la **especie** species

espectacular spectacular, 1.1

el **espectáculo** performance

espejo mirror, (I)

la **esperanza** hope, 5.3

esperar to wait for, (I); to hope, (II)

las **espinacas** spinach, (II)

el **espionaje** espionage, 1.1

el **espítitu** spirit, 4.3

la **espontaneidad** spontaneity

el **esquema** outline, 2.1

el **esquí acuático** water skiing, (I)

practicar el esquí acuático to waterski, (I)

esquiar to ski, (I)

la **esquina** street corner, (I)

establecer to establish

el establo stable, (II)

la estación season, (I); train station, (II)

el estacionamiento parking lot, (II)

estacionar to park, (II)

el estadio stadium, (I)

el estado de ánimo state of mind

los Estados Unidos the United States

estadounidense from the United States, (I)

estallar to blow up, 4.3

la estancia stay, sojourn

el estante bookcase, (II)

estar to be, (I)

 está a it costs, (II)

 está nublado it's cloudy

 está prohibido it is prohibited, (II)

 estar a favor (de) to be in favor of, 2.2

 estar de acuerdo (con) to be in agreement, 2.2

 estar a + distancia to be + distance from, (I)

 estar de mal humor to be in a bad mood, (II)

 estar dispuesto(a) a to be ready to, 2.3

 estar en contra (de) to be against, 2.2

 estar en desacuerdo (con) to disagree (with), 2.2

 estar en el primer puesto to be in the first place, (II)

la estatura height, 5.1

 estos(as) those

el este east, 1.1

 este(a) this (I)

el estéreo stereo, (I)

el estereotipo stereotype

el estilo style

 estima: se estima to have a high opinion of another

el estimulante stimulant

 estimulante stimulating

 estirado(a) smooth, 4.1

 estival estival, pertaining to summer

el estómago stomach, (II)

el estornudo sneeze, (II)

 estrafalario(a) eccentric, bizarre, 6.3

la estrechez tightness

la estrella star, (II)

 estrellado(a) starry

el estreno first-run film, 1.1

 estrictamente strictly

 estropear to ruin, 2.3

el/la estudiante student, (I)

 estudiantil pertaining to students, (II)

 estudiar to study, (I)

  estudiar para to study to be a, (I)

  estudiar para un examen to study for an exam, (I)

la estufa stove, (I)

 estupendo(a) terrific, (I)

la estupidez stupidity, 6.3

el éter ether

 eterno eternal

 ético(a) ethical

 Europa Europe, 1.1

 europeo(a) European, 6.1

 evitar to avoid, (II)

 evocar to evoke

 exactamente exactly, (II)

 exacto(a) exact

 exaltar to exalt, glorify

el examen exam, test, (I)

  el examen final final exam, 2.1

  el examen semestral semester exam, 2.1

 excelente excellent, (I)

la excusa excuse

 exigente demanding, 1.1

 exigir to demand, 4.2

el éxito successful

  tener éxito to be successful, (II)

 exitoso(a) successful, 1.1

 exótico(a) exotic, 1.2

la experiencia experience, (II)

 experimentar to experience, feel, 1.2

 experto(a) expert

la explicación explanation, 6.2

 explicar to explain, (I)

 explorar to explore, (II)

 exquisito(a) exquisite, (II)

 extenderse to extend

 exterior outer

la extinción extinction

el extranjero: al/en el extranjero abroad, (II)

 extranjero(a) foreign, (I)

 extrañeza oddness

 extraño(a) strange, (II)

el extraterrestre extraterrestial

 extrovertido(a) extrovert

F

la fábrica factory, (I)

el fabricante maker

la faceta facet

 fácil easy, (I)

 fácil para el usuario user-friendly

 fácilmente easily, (II)

 facturar to check (luggage), (II)

la facultad ability

la falda skirt, (I)

 falso(a) false

la falta (de) lack (of), 6.3

 faltar: faltar el respeto to be disrespectful, 3.1

la familia family, (I)

 familiarizarse to become familiar with, 2.1

 famoso(a) famous, 1.1

la fantasía fantasy, 4.3

el fantasma ghost, 4.3

la farmacia drugstore, (II)

el fármaco medicine

el faro headlight

el farol street lamp

 fascinante fascinating, (II)

 fascinar to fascinate, (II)

la fatiga fatigue

el favor favor, (I)

 favorito(a) favorite, (I)

 febrero February, (I)

 fecundo(a) fertile

la fecha date

 feliz happy, 6.1

 fenomenal phenomenal, remarkable, 1.2

 feo(a) ugly, (I)

 feroz ferocious, 4.3

la ferretería hardware store

el **festival** festival, (II)
el **fichero** index
la **fiebre** fever, (II)
fiel faithful, 3.1
la **fiesta** party, (I)
fijarse to notice, 3.2
fijo(a) fixed
las **Filipinas** Philippine Islands, (II)
filipino(a) Philippine, (II)
el **filtro** filter, 1.3
el **fin** end
al fin y al cabo after all, 6.3
por fin at last, 3.1
el **fin de semana** weekend, (I)
la **finca** farm, (II)
los **fines: a fines de** at the end of
fingir to pretend, feign, 3.2
fino(a) thin (lips), 6.1
firmar to sign, (II)
físico(a) physical
la **educación física** physical education, (I)
el **flan** baked custard, (II)
la **flecha** arrow, 4.3
el **flechazo** sudden love
el **flequillo** bang, 6.1
flojo(a) lazy, 3.2
la **flor** flower, (II)
la **fobia** phobia, 5.3
el **folleto** pamphlet, (II)
fomentar to promote, (II)
el **fondo** back
en el fondo deep inside, 6.3
al fondo de in the back, rear, 2.1
formativo(a) formative, 2.2
formidable terrific, great, (I)
el **formulario** form (document), (I)
fortalecer to fortify, strengthen
la **fortuna** fortune
el **fósforo** match, (II)
fósil fossil, 5.2
la **foto** picture, photograph

sacar fotos to take pictures, (I)
el **fracaso** failure, 5.3
el **fragmento** fragment, 5.2
el **francés** French (language)
francés(esa) French
la **franqueza** frankness, 6.3
la **frase** phrase
la **frecuencia** frequency
¿Con qué frecuencia? How often?, (II)
frecuentemente frequently, (II)
frenar to brake, 1.3
los **frenos** brakes, 1.3
los **frenos en los dientes** dental braces, (I)
la **frente** forehead, 6.1
la **fresa** strawberry, (II)
el **fresco** coolness, (I)
hace fresco it's cool, (I)
fresco(a) fresh, (II)
la **frescura** freshness
el **frigorífico** refrigerator
los **frijoles** beans, (I)
el **frío** cold (I)
hace frío it's cold, (I)
tener frío to be cold, (I)
frío(a) cold, (I)
frío(a) hasta la médula chilled to the bone, (II)
frito(a) fried, (II)
frotar to rub
fruncir: fruncir las cejas to frown, 6.2
la **frustración** frustration, 2.1
la **fruta** fruit, (I)
el **fuego** fire, (II)
los **fuegos** artificiales fireworks, (II)
la **fuente** source, 5.2
fuera de outside, (II)
fuera out
el **fuerte** fort, 4.3
fuerte strong, 1.2
la **fuerza** strength
fumar to smoke, (II)
funcionar to work, (II)
la **furia** anger, 6.2
furioso(a) furious, (II)
furioso(a) conmigo mismo(a) furious with myself, 2.1

el **fútbol americano** football, (I)
el **fútbol** soccer, (I)
el **futuro** future, 1.1

G

la **galleta** cookie, (II)
la **gallina** hen, 3.2
ganador/a winning, 1.1
el/la **ganador/a** winner, (II)
ganar to earn (money); to win, (I)
la **ganga** bargain, (II)
el **garaje** garage, 4.1
la **garganta** throat, (II)
las **gárgaras: hacer gárgaras** to gargle, (II)
el **gas** gas
el **gas natural** natural gas, (II)
la **gaseosa** soft drink, soda, (I)
la **gasolina** gasoline, (II)
gastar to use, expend, 5.1; to spend (money), (I)
gatear to crawl, (II)
el **gato** cat, (I); jack, 1.3
la **gaveta** locker, (I)
el/la **gemelo(a)** twin, 6.1
general: por lo general in general, 3.2
generalizado(a) generalized
generalmente generally, (II)
generar to produce
el **género** genre
generoso(a) generous, (I)
genial ingenious, 4.1
la **gente** people, (II)
la **geometría** geometry, (I)
el **gesto** gesture
el/la **gigante** giant, 3.2
gigantesco(a) gigantic, (II)
el **gimnasio** gymnasium, (I)
la **ginebra** gin
girar to turn
el **girasol** sunflower
gitano(a) gypsy, 1.2
la **glándula** gland, (II)
global global, (II)
el **globo** balloon, 4.1
glorioso(a) glorious, 6.3
el **gobierno** government, (II)

el **gol** goal, (II)

    marcar un gol to score a goal

goloso(a) sweet-toothed

golpearse to hit oneself, (II)

la **goma** rubber, (I)

gordo(a) fat, (I)

la **gordura** fat, fatness, **5.3**

el **gorila** gorilla, (I)

la **gorra** cap, (I)

    la **gorra visera** visor cap, **6.3**

las **gotas** drops, (II)

    las **gotas de los ojos** eyedrops

la **grabadora** tape player, (I)

grabar to record (music), (II)

gracias (por) thank you, thanks (for), (I)

gracioso(a) funny, (II)

el/la **graduado(a)** graduate, **2.2**

graduarse to graduate, (II)

el **gramo** gram, (II)

grande great, large, (II)

el/la **granjero(a)** farmer

la **grasa** fat, (II)

gratis free, **2.2**

grave serious, grave, (II)

Grecia Greece, (II)

griego(a) Greek, (II)

la **grieta** crevice, **1.2**

la **gripe** influenza, cold, (II)

gris gray, (I)

gritar to scream, (II)

el **grito** scream, **3.2**

    llorar a gritos to cry one's eyes out, **3.2**

gruñir to grumble, **4.2**

el **grupo** group, **6.3**

la **gruta** grotto, cave

los **guantes** gloves, (I)

guapo(a) good-looking, (I)

el **guardajoyas** jewelry box

guardar cama to stay in bed (sick), (II)

guardar to keep, store (I)

guardar un secreto to keep a secret, (II)

guatemalteco(a) Guatemalan

la **guerra** war, **1.1**

    la **guerra civil** civil war, **1.1**

la **guía** guide

    la **guía de teléfonos** phonebook

    la **guía de viaje** travel guide, (II)

guiar to guide

guiñar: guiñar el ojo to wink, **6.2**

el/la **guionista** scriptwriter

el **guiso** stew

la **guitarra** guitar, (I)

    la **guitarra eléctrica** electric guitar, (II)

el/la **guitarrista** guitar player, (I)

el **gusano** worm, **3.2**

gustar to like

H

había there was (were), (II)

la **habichuela** bean; string beans, (II)

la **habitación** bedroom, (I); room

el **hábito** habit

habitual customary

hablador/a talkative, (II)

hablar to speak, talk, (I)

    hablar en voz baja to speak quietly, (II)

    hablar por teléfono to talk on the telephone, (I)

hace: hace buen tiempo the weather is nice, (I)

hace + time (with preterit) ago, (II)

hace... que it has been.... since, (I)

hace calor it's hot, (II)

hace fresco it's cool, (I)

hace frío it's cold, (I)

hace mal tiempo the weather is bad, (I)

hace sol it's sunny, (I)

hace un tiempo regular the weather is so-so, (II)

hace viento it's windy, (II)

hacer to do, (I)

    hacer alpinismo to go mountain climbing, (II)

    hacer caso to pay attention, **3.2**

    hacer cola to stand in line, (I)

hacer daño to hurt, **4.2**

hacer ejercicio to exercise, (I)

hacer el papel to play the role, **1.1**

hacer escala to make a stopover, (II)

hacer las maletas pack (suitcases), (I)

hacer las paces to make up, **4.2**

hacer paracaidismo to go skydiving, (II)

hacer reparaciones to make repairs, **1.3**

hacer reservaciones to make reservations, **1.3**

hacer un crucero to take a cruise, (II)

hacer un cheque to write a check, (I)

hacer un presupuesto to make a budget, **1.3**

hacer un viaje to go on a trip, **1.2**

hacer un viaje to take a trip, (II)

hacer una caminata to hike, (I)

hacer una pregunta to ask a question, (I)

hacerse to become, **1.1**

    hacerse cargo de to take charge of, **4.2**

    hacerse lenguas (de) to rave about, **6.2**

hacia toward, (II)

el **hacha** ax (f.), (II)

el **hada** (f.) fairy

halagar to flatter

la **hamaca** hammock, (II)

el **hambre** (f.), hunger, (I)

    tener hambre to be hungry, (I)

la **hamburguesa** hamburger, (I)

haragán(ana) lazy, **6.3**

la **harina de trigo** wheat flour, (II)

harto(a) fed up, **1.2**

hasta until; as far as; even, (I)

    hasta luego see you later, (I)

hasta pronto see you soon

hasta que until, (II)

hay there is, there are, (I)

(no) hay que one must (not), (II)

la **hazaña** accomplishment, **4.1**

el **hecho** fact, **5.2**

de hecho as a matter of fact, **6.3**

hecho(a) made

hecho a mano hand made, (II)

hedonista hedonistic

la **heladería** ice cream shop, (II)

el **helado** ice cream, (I)

el **helecho** fern, (II)

el **hemisferio (norte, sur)** hemisphere (northern, southern), (II)

heredar to inherit, **5.2**

la **herida** wound, (II)

herido(a) hurt

herir (ie, i) to hurt, **5.3**

el/la **hermanastro(a)** step brother (stepsister), (II)

el/la **hermano(a)** brother (sister), (I)

los **hermanos** siblings (brothers and sisters), (I)

hermosísimo(a) most beautiful, (II)

hermoso(a) beautiful, **1.2**

la **hermosura** beauty, (II)

la **herramienta** tool, **1.3**

el **hielo** ice, (I)

patinar sobre hielo to ice-skate, (I)

la **hierba** pasture, grass, **5.2**

la **hierba venenosa** poison ivy, (II)

el **hierro** steel, iron, **5.2**

el/la **hijastro(a)** stepson (stepdaughter), (II)

el/la **hijo(a)** son (daughter) (I)

los **hijos** children (sons and daughters), (I)

hinchado(a) swollen, (II)

el **hipo** hiccup, (II)

hispano(a) Hispanic, **1.1**

el/la **hispanohablante** Spanish speaker

histérico(a) hysterical, (II)

la **historia** story, **1.1**; history, (I)

histórico(a) historic, **1.1**

la **historieta** comic strip, (I)

hogareño(a) homebody, **1.2**

la **hoja** leaf, (II)

las **hojuelas** pancakes

hola hi, hello, (I)

el **hombre** man, (I)

el **hombre de negocios** businessman, (I)

el **hombre lobo** wolfman

el **hombro** shoulder, (I)

encogerse de hombros to shrug, **6.2**

hondureño(a) Honduran, (I)

la **honestidad** honesty

la **hora** hour, (I)

por hora per hour, (II)

el **horario** schedule, (II)

las **horas extraordinarias** overtime

el **horizonte** horizon, **1.2**

la **hormiga** ant, (II)

el **hornillo** portable stove, (II)

el **horno** oven, **5.1**

el **horno microondas** microwave oven, **5.1**

horrible horrible, awful, (I)

el **horror: ¡Qué horror!** How horrible!, (I)

horrorizado(a) horrified, (II)

hospitalario(a) hospitable, **4.3**

hoy today, (I)

hoy día nowadays, (II)

huele smells

huele a it smells like, (II)

la **huelga** strike, **5.3**

el **huevo** egg, (I)

los **huevos fritos** fried eggs, (II)

los **huevos revueltos** scrambled eggs, (II)

los **huevos tibios** soft boiled eggs, (II)

huir (y) to run away, (II)

las **humanidades** humanities

la **humildad** humility, (II)

humilde humble, (II)

el **humo** smoke, (II)

el **humor** mood

estar de mal humor to be in a bad mood, (II)

I

la **idea** idea, **1.2**

idealista idealist

idéntico(a) identical

identificar to identify, **1.3**

el **idioma** language, (I)

idiota idiot

la **iglesia** church, (I)

ignorar to ignore, **3.1**

ilusorio(a) illusory, deceptive

la **imagen** image, **2.3**

la **imaginación** imagination

imaginario(a) imaginary

imaginarse to imagine, (II)

imaginativo(a) imaginative, **1.2**

imbécil imbecil

imitar to imitate, **5.1**

la **impaciencia** impatience, **2.1**

impaciente impatient, (I)

impartir to impart, grant

imperceptible imperceptible

el **impermeable** raincoat, (I)

implantar to implant, introduce

imponer to impose

importante important, (II)

importar to matter, (I)

impotente powerless

imprecindible essential

impresionante amazing, impressive, (II)

la **impresora** printer, **2.2**

la **impresora calidad carta** letter quality printer

la **impresora de rayos láser** laser printer, **2.2**

imprevisto(a) unexpected

el **impuesto** tax, **5.3**

impulsivo(a) impulsive, **1.2**

inaguantable unbearable

inalterable unchangeable

el **Inca** Inca king

la **corona del Inca** poinsettia, (II)

incapaz not capable

el **incendio** fire, (II)

inclinar to bend, incline, 6.2

inclinar la cabeza to move one's head up and down, 6.2

incomodar to make uncomfortable

el **inconveniente** inconvenience, 2.2

incorporarse to incorporate oneself

increíble incredible, (I)

indefenso(a) defenseless

indefinible indefinable

la **independencia** independence, (II)

independiente independent, 1.2

indeterminado(a) indefinite

India India, (II)

indicar to indicate, show, 6.2

la **indiferencia** indifference, 6.3

indígena native, 6.1

indio(a) Indian (of Asia), (II)

inesperado(a) unexpected

inevitable unavoidable

la **infancia** infancy, 4.1

la **infección** infection, (II)

la **infelicidad** unhappyness

infiel unfaithful, 3.1

la **infinidad** infinity, 5.1

inflable inflatable

la **balsa inflable** inflatable raft (II)

la **inflamación** inflammation, (II)

inflamado(a) sore, swollen, (II)

inflar to blow up

inflexible inflexible, firm

la **influenza** influenza, flu, (II)

la **información** information, 5.1

el **informe** report

la **infusión de hierbas** hot herbal drink, (II)

el/la **ingeniero(a)** engineer, (I)

ingenioso(a) clever, 6.1

el **inglés** English (language)

inglés(esa) English, (I)

el **ingreso** to enter the university (as a student)

la **iniciativa** initiative

la **injusticia** injustice, 5.3

injusto(a) unfair, 4.2

inmediatamente immediately, (II)

la **inmortalidad** immortality, 5.3

la **inocencia** innocence, (II)

inolvidable unforgettable, 1.2

inquieto(a) restless, 6.1

insalubre unhealthy

la **inscripción** enrollment

el **insecto** insect, (II)

inseguro(a) insecure

inseparable inseparable

insignificante insignificant

insistir (en) to insist (on), 4.2

insolente insolent, haughty, (II)

insólito(a) unusual

la **instalación** facility, 2.2

la **instalación deportiva** sports facility, 2.2

el **instinto** instinct

el **instituto** institute

las **instrucciones** instructions, (II)

el **instrumento** musical instrument, (II)

integral whole

inteligente intelligent, (I)

intenso(a) intense

intentar to make an effort to, 2.1

el **interés** interest, 5.2

interesante interesting, (I)

interesar to interest, (II)

el/la **intérprete** interpreter, (II)

interrogar to interrogate, 6.2

interrumpir to interrupt, 4.2

intrépido(a) intrepid

intrigado(a) intrigued

introvertido(a) introvert

intuitivo(a) intuitive, 1.2

la **inundación** flood, (II)

invadir to invade

inventar to invent, make up

el **invierno** winter, (I)

invitar to invite, (I)

la **inyección** injection, (II)

poner una inyección to give a injection, (II)

ir to go, (I)

ir a pie to go on foot, walk, (I)

ir de pesca to go fishing, (I)

ir de vacaciones to go on vacation, (I)

Irlanda Ireland, (II)

irlandés(esa) Irish, (II)

irreal unreal

la **irritación** irritation, bad mood, 2.1

irritar to irritate, 1.1

irse to leave, to go away, (II)

la **isla** island, (I)

Italia Italy, (II)

el **italiano** Italian (language), (I)

italiano(a) Italian, (II)

el **itinerario** itinerary, route, (II)

la **izquierda** left, (I)

a la izquierda to (on) the left, (I)

J

el **jabón** soap, (II)

el **jamón** ham, (I)

Japón Japan, (II)

el **japonés** Japanese (language), (I)

japonés(esa) Japanese, (II)

el **jarabe** cough syrup, (II)

el **jardín de infantes** preschool

el **jardín** garden, (II)

el/la **jardinero(a)** gardener, (II)

la **jaula** cage

el/la **jefe** boss, 2.3

jerárquico hierarchical

la **jirafa** giraffe, (II)

la **jornada** journey

joven young, (I)

los **jóvenes** young people, (I)

la **joya** jewel, (pl. jewelry), (I)

la **joyería** jewelry store, (II)

la **jubilación** retirement, 5.3

el **juego** game, (I)

el juego de mesa board game, (I)
el **jueves** Thursday, (I)
el/la **jugador/a** player, (II)
jugar (ue) to play, (I)
jugar al escondite to play hide-and-seek
el **jugo** juice, (I)
jugoso(a) rare (meat), (II)
el **juguete** toy, (II)
el **juicio** judgement, **4.3**
juicioso(a) sensible, **6.3**
julio July, (I)
juntarse to get together, **3.1**
las **juntas** couplings
juntos(as) together, **2.2**
Júpiter Jupiter, (II)
la **juventud** youth, **4.1**
juzgar to judge, **5.3**

K

el **kerosén** kerosene
la **lámpara de kerosén** kerosene lamp, (II)
el **kilo** kilogram, (II)
el **kilómetro** kilometer

L

la it, her (f., pron.), (II)
la the (f.), (I)
el **labio** lip, **3.3**
laboral pertaining to work
el **laboratorio** laboratory, **2.2**
lacio(a) straight (hair), (I)
la **ladera** mountain side, **1.2**
el **lado** side (I)
al lado de next to; beside, (I)
el **ladrido** barking, (II)
el **ladrillo** brick, **5.2**
el/la **ladrón(ona)** thief
la **lagartija** lizard, (II)
el **lagarto** lizard, (II)
el **lago** lake, (I)
la **lágrima** tear, **3.2**
la **lámpara** lamp, (I)
la **lana** wool, (I)
la **langosta** lobster, (II)
lánguido(a) languid, listless, **6.1**
el **lápiz** pencil, (I)
largo(a) long, (I)
las them (f., pl., pron.), (II)

la **lástima** pity
lástima que it's too bad that, (II)
lastimarse to hurt oneself, (II)
la **lata** can, (II)
¡Qué lata! What a bore!
el **latido** heartbeat, **4.1**
el **lavabo** wash basin, (II)
la **lavandería** laundromat, (II)
el/la **lavaplatos** dishwasher (person), (II)
lavar to wash, (I)
lavarse to wash oneself, (II)
le him, her, (s., pron.), (I) (formal, pron.), (I)
leal loyal, (II)
la **lealtad** loyalty, **6.3**
el/la **lector/a** reader
la **lectura** reading, **2.1**
la **leche** milk, (I)
la **lechuga** lettuce, (I)
leer to read, (I)
legal legal
el/la **asistente legal** legal assistant, (II)
las **legumbres** vegetables, (I)
lejano(a) far away, **1.2**
lejos de far; far from, (I)
la **lengua** language
lentamente slowly, (II)
los **lentes** lenses, eyeglasses
los **lentes de contacto** contact lenses, (I)
lento(a) slow, **3.2**
el **león** lion, (I)
les them (pl., pron.); you (formal, pl., pron.), (I)
la **letra cursiva** italics
el **letrero** sign, (II)
levantar to lift
levantar pesas to lift weights, (II)
levantarse to get up, (II)
la **ley** law
la **leyenda** legend, **1.1**
liado(a) con hanging out with, **6.1**
la **libertad** freedom, **2.2**
la **libra** pound, (I)
libre free, (I)
al aire libre outdoors (I)
los **ratos libres** free time, (I)

la **librería** bookstore, (II)
la **libreta** notebook
la **libreta de direcciones** address book, (II)
el **libro** book, (I)
la **licencia** license
la **licencia de manejar** driver's license, (II)
la **liebre** hare, (II)
la **limitación** limitation, **2.2**
el **límite de velocidad** speed limit, **1.3**
el **limón** lemon, (II)
el **limonero** lemon tree
el **limpiaparabrisas** windshield wiper, **1.3**
limpiar to clean, (I)
limpiarse los zapatos to shine one's shoes, (II)
limpio(a) clean, (II)
la **linterna** flashlight, (II)
el **lío: ¡Qué lío!** What a mess!
la **liquidación** clearance (sale), (I)
el **líquido** liquid, **1.3**
liso(a) straight (hair), **6.1**
listo(a) ready, (II); smart, (I)
el **litro** liter, (II)
liviano(a) light-hearted, **1.1**; light (weight), (I)
lo it, him (m., s., pron.), (I)
el **lobo** wolf, (II)
la **loción** lotion, (II)
la **loción protectora (contra el sol)** sunscreen lotion
la **loción repelente** insect repellent lotion, (II)
loco(a) crazy, (II)
como loco(a) like crazy
la **locura** madness, insanity, **4.1**
lograr to achieve, **5.2**
el **lomo** back (of an animal)
el **loro** parrot, **3.2**
los them (m., pl., pron.), (I)
luchar to fight, **4.3**
luego then, later, (I)
el **lugar** place, (I)
el **lugar de nacimiento** birthplace

el **lujo** luxury
    de lujo deluxe, (II)
    lujoso(a) luxurious, 1.2
    luminoso(a) bright
la **Luna** the Moon (planet)
la **luna** moon, (II)
    la **luna de miel**
        honeymoon
el **lunes** Monday, (I)
el **lustre** shine
la **luz** light, (II)

LL

la **llama** flame, 3.2
la **llama** llama, (I)
    llamar to call, (I)
    llamarse to be called,
        named
el **llanto** tears, 4.3
la **llave** key (I)
    la **llave inglesa** wrench,
        1.3
la **llegada** arrival, (II)
    llegar to arrive, (I)
    llegar a ser to become,
        1.1
    llegar a tiempo to be on
        time, 2.3
    llenar to fill, (II); to fill up,
        1.3
    lleno(a) de gente
        crowded, (II)
    llevar to take; to carry; to
        wear, (I)
    llevarse bien con to get
        along well with, (II)
    llorar to cry, (II)
    llorar a gritos to cry one's
        eyes out, 3.2
    lloriquear to whine, 4.2
    llover to rain
    llueve it's raining, (I)

M

el **machete** machete, (II)
la **madera** wood, (I)
la **madrastra** stepmother, (II)
la **madre** mother, (I)
la **madrugada** dawn
    madrugador/a early riser,
        6.1
la **maduración** maturation
la **madurez** maturity, 2.3

    maduro(a) mature, (II)
el/la **maestro(a)** teacher, (I)
la **magia** magic, 4.3
    mágico(a) magical, (II)
    magnético(a) magnetic
    magnífico(a) magnificent
la **magnitud** magnitude, 5.2
el/la **mago(a)** wizard
el **maíz** corn, (II)
    majestuoso(a) majestic,
        (II)
el **mal ánimo** bad mood, 2.1
el **mal genio** bad mood, 6.2
la **maldad** wickedness
    maldecir to curse, 4.2
la **maldición** curse
    maldito(a) wicked, bad
la **maleta** suitcase, (I)
    hacer las maletas to
        pack, (I)
el **maletero** trunk (of a car),
    1.3
el **maletín de primeros**
    auxilios first-aid kit, (II)
    malhumorado(a) bad
        tempered, 1.2
    malo(a) bad, (I)
    malvado(a) evil, 4.1
la **mamá** mom, (I)
    manco(a) one-armed, 6.1
la **mancha** stain, 5.2
    mandado: hacer
    mandados to run
        errands, 6.1
    mandar to send, (I); to
        order, (II)
la **mandíbula** jaw, 5.1
    mandón(ona) bossy, (II)
    manejar to drive, (I)
la **manera** manner, form
la **manga** sleeve, (I)
    maniobrar to maneuver
    manipular to manipulate,
        6.2
la **mano** (f.) hand, (II)
la **manta** blanket, (II)
    mantener (ie) to keep, (II)
    mantener el equilibrio
        to balance, (II)
    mantener la calma to
        keep calm, 2.1
    mantenerse en
    contacto to keep in
        touch, 3.1

la **mantequilla** butter, (I)
la **manzana** apple, (II)
la **mañana** morning, (I)
    mañana tomorrow, (I)
el **mapa** map, (I)
    maquillarse to put on
        makeup, (II)
la **máquina** machine, 5.1
    la **máquina de afeitar**
        electric shaver, (II)
el **mar** sea, (I)
la **maratón** marathon, (II)
    maravillado(a) amazed,
        (II)
la **marca** brand name, (I);
        mark, (II)
    marcar to dial, (II); to score
        (sports), (II)
el **marco** setting, background
    marcharse to go, 6.3
    mareado(a) dizzy,
        lightheaded, nauseated,
        (II)
el **maremoto** tidal wave, (II)
la **margarita** daisy, (II)
el **marido** husband
el **marino** sailor
la **mariposa** butterfly, (II)
los **mariscos** shellfish, (II)
    marroquí Moroccan
    Marte Mars, (II)
el **martes** Tuesday, (I)
    marzo March, (I)
    más more, (I)
las **matemáticas** math, (I)
el **material** material, (II)
el **matriarcado** matriarchy
    matricularse to register
        (for classes), (II)
el **matrimonio** marriage
el **maullido** meowing, (II)
    mayo May, (I)
el/la **mayor** eldest, 5.2
    mayor older, (I); greatest
los **mayores** elders, 6.1
    me (to, for) me, (II)
el/la **mecánico(a)** mechanic, (I)
la **mecanografía** typing
la **medalla** medal, (II)
la **media: y media** half past
        the hour, (I)
    mediados: a mediados a
        in the middle of
    mediano(a) medium, 6.1

mediante by means of, **5.1**
el **medicamento** medication
el/la **médico(a)** doctor
  el/la **asistente médico**
    medical assistant,
    (II)
médico(a) medical
la **medida: a medida que** as,
  at the same time, **1.2**
el **medio** mean, way
el **medio ambiente**
  environment (outdoors),
  (II)
la **mediocridad** mediocrity
meditar to meditate
la **médula** marrow
frío hasta la médula
  chilled to the bone, (II)
la **mejilla** cheek, **4.1**
mejor better, (I)
mejorar to improve, (II)
mejorarse to feel better,
  (II)
el **melodrama** melodrama,
  1.1
el **melón** melon, (II)
la **memoria** memory
el/la **mendigo(a)** moocher,
  beggar, **6.3**
menear to shake, **6.2**
menear la cabeza to
  move one's head from
  side to side, **6.2**
el/la **menor** youngest
menor younger, (I)
menos less, (I)
a menos que unless, (II)
echar de menos to
  miss, (II)
menospreciado(a)
  underrated
el **mensaje** message, **3.3**
la **menta** mint, (II)
la **mente** mind, **6.1**
mentir (ie, i) to lie, **2.3**
la **mentira** lie, (II)
mentiroso(a) liar, (II)
el **menú** menu, (II)
menudo: a menudo often,
  2.1
el **mercado** business market;
  market
  el **mercado al aire libre**
    outdoor market, (II)

Mercurio Mercury, (II)
merecer (zc) to deserve,
  1.1
la **mermelada** jam, preserves,
  (I)
el **mes** month, (I)
  el **mes pasado** last
    month, (I)
  el **mes que viene** next
    month, (I)
la **mesa** table, (I)
la **mesada** monthly
  allowance, **4.2**
el/la **mesero(a)** waiter
  (waitress), (II)
la **meta** goal, **2.2**
el **metal** metal, (I)
metálico(a) metallic, **5.1**
meter to put in, **3.1**
meter la pata to put
  one's foot in one's
  mouth, **3.1**
meterse en la cabeza
  to put in one's head,
  2.2
el **metro** subway, (II)
mexicano(a) Mexican, (I)
la **mezcla** mixture
mezclar to mix, **4.3**
mí me (prep., pron.)
mi my, (I)
el **miedo** fear, (I)
tener miedo to be
  scared, (I)
la **miel** honey, (II)
mientras while, **3.2**
mientras tanto in the
  meantime, **5.1**
el **miércoles** Wednesday, (I)
la **migaja** crumb, **4.1**
mil one thousand, (I)
el **milagro** miracle, **5.3**
el/la **militar** army man, army
  woman, **5.2**
la **milla** mile, (I)
el **millón (de)** million, (I)
el/la **millonario(a)** millionaire,
  (II)
mimado(a) pampered,
  spoiled, **6.3**
minúsculo(a) tiny, very
  small, **5.1**
el **minuto** minute, (I)

la **mirada** glance, **3.3**; look,
  6.1
mirar to look at, to watch,
  (II)
mirarse to look at oneself,
  (II)
la **miseria** misery, **5.3**
misma: si misma oneself,
  herself, **3.1**
mismo: si mismo oneself,
  himself, **3.1**
mismo(a) same, **2.2**
el **misterio** mystery, **1.1**
misterioso(a) mysterious,
  (II)
la **mitad** half, **5.1**
la **mochila** bookbag,
  knapsack, (I)
la **moda** fashion, (I)
de moda in fashion, (I)
los **modales** manners
el/la **modelo** model, (II)
moderno(a) modern, (I)
el **modo** way, (II)
mojarse to get wet, (II)
el **molde** mold, mould
molestar to bother, (II)
la **molestia** discomfort,
  bother
el **momento** moment, (II)
la **momia** mummy
la **moneda** coin, (I)
el **mono** monkey, (I)
la **mononucleosis**
  mononucleosis, (II)
el **monopatín** skateboard, (I)
andar en monopatín to
  skateboard, (I)
el **monosílabo** monosyllable,
  2.3
el **monstruo** monster, (II)
  el **monstruo acuático**
    deep-sea monster, (II)
la **montaña** mountain, (I)
montar to ride
montar a caballo to ride
  horseback, (I)
montar en bicicleta to
  ride a bicycle, (I)
montar en la montaúa
  rusa to ride a roller
  coaster, (II)
el **monte** hill
el **montón** pile, **5.2**

morado(a) purple, (I)

la **moraleja** moral (of a story)

morder (ue) to bite, 6.2

morderse (ue): morderse la lengua to bite one's tongue, 6.2

moreno(a) dark, 6.1

morirse (ue, u) to die

morirse de ganas to be very anxious to

morirse de hambre to be very hungry, (II)

morirse de sueño to be very sleepy, (II)

la **mosca** fly, (II)

el **mosquito** mosquito, (II)

el **mostrador** counter, (II)

mostrar (ue) to offer, show, 5.2

el **motivo** motive

la **moto** motorcycle, (I)

el/la **motociclista** motorcyclist

el **motor** engine, (II)

mover(se) (ie) to move, 5.1

la **muchacha** girl, (I)

el **muchacho** boy, (I)

la **muchedumbre** mob

mucho gusto nice to meet you, (I)

mucho(a) a lot; many, (I)

mudarse to move, (II)

mudo(a) mute, 6.1

la **mueblería** furniture store, (II)

la **muela** molar tooth, (II)

el **muelle** spring

la **muerte** death, (II)

el **mugido** bellow (of a cow)

la **mujer** woman, (I)

la **mujer de negocios** businesswoman, (I)

la **mujer policía** female police officer, (I)

las **muletas** crutches, (II)

andar con muletas to use crutches, (II)

la **multa** (traffic) ticket, (II)

la **multitud** multitude

la **muñeca** doll; wrist, (II)

el **muñeco** figure, 1.2

la **muralla** city wall, 5.2

la **musculatura** musculature, 6.1

la **música** music, (I)

el/la **músico(a)** musician, (I)

mutuo(a) mutual

muy very, (I)

N

nacer (zc) to be born, (II)

el **nacimiento** birth

la **nacionalidad** nationality

nada nothing, (I)

de nada you're welcome, (I)

nadar to swim, (I)

nadie nobody, (II)

la **naranja** orange, (II)

el **nardo** spikenard, (II)

la **nariz** nose, (II)

Me corre la nariz. My nose is running., (II)

la **naturaleza** nature, 5.2

la **naturalidad** naturalness

la **naútica** art of navigation

la **nave** ship, 4.3

la **nave espacial** space ship

el/la **navegante** navigator

navegar to navigate, sail

la **Navidad** Christmas, (II)

necesario(a) necessary, (II)

la **necesidad** need, 5.2

necesitar to need, (I)

la **negación** negation

negarse (a) (ie) to refuse, 4.2

negativo(a) negative

negociar to negotiate

negro(a) black, (I)

Neptuno Neptune, (II)

el **nerviosismo** nervousness, 2.1

nervioso(a) nervous, (I)

neto net (salary)

el **neumático** tire, 1.3

neutro(a) neutral

nevar (ie) to snow

nieva it's snowing, (I)

la **nevazón** blizzard, (II)

ni... ni neither... nor, 6.1

nicaragüense Nicaraguan

la **niebla** fog, (II)

el/la **nieto(a)** grandchild

la **nieve** snow

ninguno(a) not any, none, (II)

el/la **niñero(a)** baby sitter, (II)

la **niñez** childhood, 4.1

el/la **niño(a)** child, (I)

el **nivel** level, 1.3

no no, not, (I)

nocivo(a) harmful

nocturno(a) nocturnal

la **noche** night, (I)

la **Nochebuena** Christmas Eve, (II)

nómada nomad

el **nombre** name, (I)

el **norte** north, 1.1

norteamericano(a) North American, (I)

Noruega Norway, (II)

noruego(a) Norwegian, (II)

nos us (pron.), (II)

nosotros(as) we, (I)

la **nota** note, 4.1; grade, (I)

sacar buenas notas to get good grades, (I)

notar to notice, 6.3

las **noticias** news, (I)

novecientos(as) nine hundred, (I)

la **novedad** latest fad, 1.2

la **novela** novel, (I)

noveno(a) ninth, (I)

noventa ninety, (I)

el **noviazgo** courtship, 3.1

noviembre November, (I)

el/la **novio(a)** steady boy (girl) friend, fiancé(e), (II)

el **nubarrón** storm cloud

la **nube** cloud, (II)

nuclear nuclear, 5.2

el/la **nudista** nudist

nuestro(a) our, (I)

nueve nine, (I)

nuevo(a) new, (I); another, (II)

el **número** number, (I)

el **número de teléfono** telephone number, (I)

nunca never, (I)

O

o or, (I)

o sea in other words (that is to say), (II)

obedecer (zc) to obey, (II)

la **obligación** obligation, 2.3

obligado(a) obliged, compelled
obligatorio(a) obligatory
la **obra** literary work
observar to observe
obsesionado(a) obsessed
obstante: no obstante however, **2.2**
la **ocasión** occasion, (II)
el **ocio** spare time, **1.1**
octavo(a) eighth, (I)
octubre October, (I)
ocultar to conceal, **3.1**
ocupado(a) busy, (I)
el/la **ocupante** occupant
ocupar to occupy
ocurrir to happen, **5.2**
ochenta eighty, (I)
ocho eight, (I)
ochocientos(as) eight hundred, (I)
el **odio** hate
el **oeste** west, **1.1**
ofendido(a) insulted, offended, **6.2**
la **oficina** office, (I)
ofrecer (zc) to offer, (II)
el **oído** hearing (sense); ear, (II)
oír to hear, (I)
ojalá que I wish that, (II)
ojo eye, (I)
la **ola** wave (ocean) (I)
saltar las olas to ride the waves, (I)
el **olfato** smell
las **olimpiadas** Olympic games, (II)
oliváceo(a) olive-colored, **6.1**
el **olmo** elm, (II)
el **olor** smell, (II)
oloroso(a) smelly, **3.3**
olvidar to forget, (I)
olvidarse (de) to forget, (II)
el **olvido** forgetfulness, **3.3**
once eleven, (I)
ondulado(a) wavy, **6.1**
la **onza** ounce, (II)
la **opción** option, **2.2**
operar to operate, **4.3**
el/la **operario(a)** machine operator, (II)

optar por to choose, **2.2**
optimista optimistic, **1.2**
opuesto(a) opposite
el **orbe** orb, world
el **ordenador** computer, **5.1**
ordenar to arrange, pick up, (II)
organizado(a) organized, (II)
organizar to organize, (II)
el **orgullo** pride, (II)
orgulloso(a) proud, **1.2**
oriental Oriental, **1.1**
orientarse to find one's way, (II)
el **oro** gold, (I)
la **orquesta** orchestra, (II)
la **orquídea** orchid, (II)
osado(a) daring
el **Oscar** Oscar award, **1.1**
oscilar to oscillate
la **oscuridad** darkness, **3.2**
oscuro(a) dark, **4.3**
el **oso** bear, (I)
la **ostentación** ostentation, boast
el **otoño** autumn, (I)
el/la **otro(a): el uno al otro (la una a la otra)** each other, **3.1**
otro(a) another, other, (I)
la **ovación** ovation
el **OVNI (Objeto Volador No Identiticado)** UFO (Unidentified Flying Object), (II)
oxigenado(a) bleached, **6.1**
el **oxígeno** oxygen
¡oye! hey!, listen!, (I)
el **ozono** ozone, (II)

P

las **paces: hacer las paces** to make up (after a quarrel)
paciente patient, (II)
el **Pacífico** Pacific Ocean, **1.1**
padecer to suffer
el **padrastro** stepfather, (II)
el **padre** father, (I)
los **padres** parents, (I)
los **padrinos** godparents, (II)
pagado(a) paid, **2.2**
pagar to pay, (I)

la **página** page, (I)
el **país** country, (I)
el **paisaje** scenery, **1.2**; landscape, (II)
la **paja** straw, **5.2**
el **pájaro** bird
la **palabra** word, (I)
la **palanca de mando** control stick, **5.1**
palidecer (zc) to become pale, **1.1**
pálido(a) pale, (II)
la **palmera** palm tree
el **palo** wooden stick
el **pan** bread, (I)
el **pan tostado** toast, (I)
la **panadería** bakery, (II)
panameño(a) Panamanian, (I)
el **panecillo** roll, (II)
el **pánico** panic
dar pánico to panic, (II)
los **pantalones** pants, (I)
la **pantalla** screen
la **pantalla chica** television, **1.1**
el **pantano** swamp
las **pantimedias** nylons, (I)
el **pañal** diaper
el **pañuelito de papel** tissue, (II)
el **pañuelo** handkerchief
el **pañuelo de papel** tissues, **4.1**
el **papá** dad, (I)
las **papas fritas** french fries, (I)
los **papás** mom and dad, (I)
el **papel** role, **1.1**; paper, (I)
hacer el papel to play the role, **1.1**
la **papelería** stationery store, (II)
para for; to (I)
para que in order to, (II)
el **parabrisas** windshield, **1.3**
el **paracaidismo** skydiving
hacer paracaidismo to go skydiving, (II)
la **parada** bus stop, (II)
el **paraguas** umbrella, (I)
paraguayo(a) Paraguayan, (I)
el **paraíso** paradise, **1.2**
el **paraje** place, spot

paralizado(a) paralysed, (II)

parar to stop, (II)

parecer (zc) to seem, (I)

parecido(a): ser parecido(a) a resembles, looks like, **6.1**

la **pared** wall, (I)

la **pareja** partner

el/la **pariente(a)** relative, (I)

el **párpado** eyelid, **6.2**
los **párpados caídos** eyes cast downward, **6.2**

el **parque** park, (I)
el **parque zoológico** zoo, (I)

la **parte** part, **2.2**; place
¿De parte de quién? Who is calling?, (II)
en cualquier parte everywhere, **5.1**
por todas partes everywhere, **5.1**

participar to participate, (II)

partidario(a) supporter

el **partido** game, match, (I)

partir to leave

el **pasado** past, **1.1**
pasado mañana the day after tomorrow, (I)

pasado(a) last, (I)
el **año pasado** last year, (I)
la **semana pasada** last week, (I)

el **pasaje** ticket (travel), (II)
el **pasaje de ida y vuelta** round-trip ticket, (II)

el/la **pasajero(a)** passenger, (II)

el **pasaporte** passport, (I)

pasar to pass, **3.3**; to happen; to spend (time), (I)
pasarlo bien to have a good time, **3.1**
pasar la aspiradora to vacuum, (I)
pasar por to pass through, (II)
pasear en velero to go sailing, (I)

el **paseo** stroll, walk, (I); boulevard, promenade, (I)
dar un paseo to go for a walk, (I)

el **pasillo** corridor; aisle, (II)

la **pasión** passion

la **pasta de dientes** toothpaste, (II)

el **pastel** pastry, (I)

la **pastilla** tablet, (II)

el **pasto** pasture, grass

la **pata** foot (of an animal or thing), **5.1**
meter la pata to put one's foot in one's mouth, **3.1**

patear to kick, (II)

patinar to skate, (I)
patinar sobre hielo to ice-skate, (I)

el **patio** patio, courtyard, (II)

la **patita** leg (of an animal), **4.1**

patitieso(a) stunned, (II)

el **pavo real** peacock, (II)

el **pavo** turkey, (II)

el **payaso** clown, (II)

la **paz** peace, (II)

el/la **peatón(ona)** pedestrian, (II)

pecador/a sinful, **4.1**

el/la **pecador/a** sinner

el **pecho** chest

pedagógico pedagogical

el **pedazo** piece, **4.1**

pedir (i) to ask for, (II)
pedir prestado(a) to borrow, **5.2**

peinarse to comb one's hair, (II)

el **peine** comb, (II)

pelear to fight, (II)

pelearse to quarrel, **3.1**

el **pelele** simpleton, **6.3**

la **película** movie, (I); film (camera), (II)

el **peligro** danger, **5.2**

peligroso(a) dangerous, **1.2**

pelirrojo(a) red-headed, (I)

el **pelo** hair, (I)
tomar el pelo to tease, **3.2**

la **pelota** ball, (II)

la **pena** pain

¡Qué pena! What a shame!, (I)
valer la pena to be worth it (II)

la **penicilina** penicillin, (II)

penoso(a) distressing

el **pensamiento** thought, **3.3**; pansy (II)

pensar (ie) to plan, to intend, (I)
pensar en to think about, (I)

pensativo(a) pensive, **4.1**

la **pensión** hotel meal plan
la **media pensión** hotel plan including two meals a day, (II)
la **pensión completa** American plan, hotel plan including three meals a day, (II)

la **peña** rock, **1.2**

peor worse, (I)

pequeño(a) small, (I)

la **pera** pear, (II)

el **percance** mishap, **1.3**

el/la **perdedor/a** loser, (II)

perder (ie) to lose, (I)
perder (ie) el hilo to go off on a tangent, **2.3**
perder (ie) los estribos to lose one's temper, **6.2**

perderse (ie) to get lost, (II)

el **perdón** forgiveness

perdón excuse me, (I)

perdonador/a forgiving, **4.3**

perdone excuse me (formal, com.), (II)

la **pereza** laziness, **5.3**

perezoso(a) lazy, (I)

la **perfección** perfection

perfectamente perfectly, (II)

el **perfume** perfume, (II)

el **periódico** newspaper, (I)

el/la **periodista** journalist, (I)

el **periquito** parakeet, (I)

perjudicar to harm

el **permiso** permission, (I)
con permiso excuse me, (I)

pedir permiso to ask for permission, (I)
permitir to allow, permit, (I)
pero but, (I)
el **perro** dog, (I)
perseguir (i) to
la **persona** person, (II)
el **personaje** character, 1.1
pertenecer (zco) a to belong to, (I)
peruano(a) Peruvian, (I)
la **pesadez** dullness
la **pesadilla** nightmare, 2.1
pesado(a) heavy, (I); annoying, (II)
el **pésame** condolences
pesar to weigh, (I)
  a pesar de que in spite of, 6.3
la **pesca** fishing, (I)
  ir de pesca to go fishing, (I)
la **pescadería** fish store
el **pescado** fish (to be eaten), (I)
la **peseta** monetary unit of Spain, (I)
pesimista pessimistic, (II)
el **peso** weight
la **pestaña** eyelash, 6.1
pestañear to blink, 6.2
la **petición** petition
el **petróleo** oil, (II)
el **pez** fish, (I)
  el **pez dorado** goldfish, (I)
el **piano** piano, (II)
la **picadura** bite, sting, (II)
picante spicy, (II)
picar to sting, (II)
pícaro(a) rascal, 4.1
el **pie** foot (measurement), (I); foot, (II)
  ir a pie to go on foot, to walk, (I)
la **piedad** compassion, piety, 4.3
la **piedra** stone, (II)
la **piel** skin, (II)
la **pierna** leg, (II)
el **pigmento** pigment
la **pila** battery, (II)
pilotear to pilot, (II)

pillar to catch, (II)
la **pimienta** pepper, (II)
el **pinchazo** blowout, 1.3
el **pingüino** penguin, (I)
el **pino** pine tree, (II)
la **pinta** look, appearance, 6.3
pintado(a) painted, 4.1
el/la **pintor/a de casa** house painter, (II)
la **piña** pineapple, (II)
la **pirámide** pyramid, (II)
el **pirata** pirate, 4.3
pisar to step on, 5.2
la **piscina** swimming pool, (I)
el **piso** story, floor (of a building), (I); floor, (I)
la **pista** clue, 2.1; track
los **pistones** pistons
la **placa** license plate, 1.3
placentero(a) pleasant, 1.2
el **placer** pleasure, 4.1
el **plan** plan, 6.3
planchar to iron, (I)
planear to plan, (I)
el **planeta** planet, (II)
planificar to plan, 1.3
la **planta** floor; plant, (II)
plantar to plant, 5.2
plantear to raise, pose
el **plástico** plastic, (I)
la **plata** silver, (I)
el **plátano** banana, (II)
platicar to talk
los **platillos voladores** flying saucers
el **plato** plate, (II); dish, (II)
la **playa** beach, (I)
la **plaza** plaza, (public) square, (I)
el **plazo** deadline, 2.3
plena full, complete
plenamente completely
Plutón Pluto, (II)
la **población** population
pobre poor, penniless; pathetic, (II)
la **pobreza** poverty, 5.3
la **poción** concoction, potion, 4.3
poco(a) little, small (amount), (I)
  un poco a little, (I)
pocos(as) few, (I)

poder (ue) to be able, (I)
el **poder** power, (II)
poderoso(a) powerful, 5.1
podrido(a) rotten, (II)
el **poema** (m.) poem, 1.1
el/la **poeta** poet, 3.3
polaco(a) Polish, (II)
polémico(a) polemic
el **polen** pollen, (II)
el **policía** male police officer, (I)
policial: la película policial detective movie, (I)
el/la **político(a)** politician, (I)
el **polo** pole
Polonia Poland, (II)
el **polvo** dust, (II)
el **pollo** chicken, (I)
poner to put, (II)
  poner a prueba to test, 1.2
  poner a punto to make perfect
  poner atención to pay attention, (II)
  poner en marcha to begin, 1.3
  poner la mesa to set the table, (I)
  poner una inyección give a shot (medical), (II)
ponerse to put on, (II); to become, get, (II)
  ponerse en forma to get in shape, (II)
popular popular (I)
por about, for, by
  por ejemplo for example, (II)
  por eso therefore, that's why, (I)
  por favor please, (I)
  por fin at last, 3.1
  por la mañana in the morning, (I)
  por la noche at night, (I)
  por la tarde in the afternoon, (I)
¿por qué? why? (I)
porque because, (I)
portarse to behave, (II)
el **portazo** slam (of a door)

portentoso(a) amazing
el **porvenir** future, **5.2**
la **posada** inn
poseer to possess
posponer to postpone, **2.3**
el **postre** dessert, (I)
postular to apply
potente powerful
el **pozo** well
practicar to play, to practice (I)
   practicar el esquí acuático to water-ski
   practicar la tabla hawaiana to surf, (II)
práctico(a) practical
la **pradera** field, **1.2**
el **prado** field
el **precio** price, (II)
precioso(a) precious, beautiful, **3.2**
preciso(a) necessary, (II)
precoz precocious, **4.1**
predecir to predict
la **predicción** prediction
predicho(a) predicted
predominar to stand out
preferir (ie) to prefer, (I)
la **pregunta** question, (I)
   hacer una pregunta to ask a question, (I)
preguntar por to ask for, **2.3**
preguntarse si to wonder if, (II)
el **prejuicio** prejudice, **1.2**
el **premio** prize, (II)
la **prensa** press, **5.2**
la **preocupación** worry
preocupado(a) worried, (I)
preocupar to worry
preocuparse (por) to worry (about), (II)
preparar to prepare, to get ready, (I)
prepararse (para) to get ready (for), (II)
los **preparativos** preparations, **1.3**
presagiar to predict, foretell
la **presencia** presence, **3.2**
presentar to introduce (I); to present

presentarse a to show up, **2.3**; to go to, (II)
el **presente** present, **1.1**
el/la **presidente** president, (II)
la **presión** pressure; tire pressure, **1.3**
   la **presión alta** high blood pressure
presionar to pressure, **4.2**
el/la **preso(a)** prisoner
prestar to lend, (I)
el **presupuesto** budget, **1.3**
pretencioso(a) conceited, (II)
la **pretensión** pretension
preveer to foresee
prevenir to prevent, **5.2**
la **previsión** foresight, **6.3**
previsto(a) foreseen
la **primavera** spring, (I)
primer: en primer lugar in the first place, **2.2**
primero(a) first, (I)
   de primera first rate, **1.1**
los **primeros auxilios** first aid, (II)
el/la **primo(a)** cousin, (I)
primordial fundamental
la **princesa** princess, **3.2**
principal main, **1.1**
el **príncipe** prince, **3.2**
la **prisa: tener prisa** to be in a hurry, (I)
los **prismáticos** binoculars, (II)
privado(a) private, (II)
el **privilegio** privilege, **2.2**
pro: en pro in favor
probar (ue) to try (something new), (II)
el **problema** problem, (II)
proceder to proceed
la **procesión** procession, (II)
el **proceso** process
procurar to try
la **producción** production, **1.1**
profesional professional
el/la **professor/a** teacher, professor, (I)
profundo(a) deep
el **programa** program, (I)
la **programación** program schedule

prohibido(a) prohibited, (II)
prohibir to prohibit, **4.2**
la **prolongación** prolongation
prometedor/ora promising
prometer to promise, (I)
la **promiscuidad** promiscuity
la **propina** tip, (II)
propio(a) own, **1.2**
proponer to propose, **5.3**
el **propósito** purpose
el/la **protagonista** main character, **1.1**
proteger (j) to protect, (II)
el **provecho: buen provecho** Enjoy your meal!, (II)
el **proverbio** proverb
la **prueba** test, **1.2**
la **prueba bimestral** midterm exam, **2.1**
la **psicología** psychology
publicar to publish, (II)
el **pueblo** people, nation, **5.3**
el **pueblo** village, town, (I)
el **puente** bridge, (II)
la **puerta** gate, (II); door, (I)
   puertorriqueño(a) Puerto Rican, (I)
pues well, (I)
el **puesto** job, position, (II); ranking, place, (II)
la **pulga** flea, (II)
la **pulgada** inch, (I)
la **pulmonía** pneumonia, (II)
la **pulsera** bracelet, (II)
puntiagudo(a) sharp-pointed
el **punto** dot
   en punto on the dot, (I)
   el **punto de vista** point of view, **2.2**
el **punto** stitch, (II)
   poner puntos to put in stitches (medical), (II)
puntual punctual, (II)
la **puntualidad** punctuality, **2.3**
la **pupila** pupil (of the eye)
el **pupitre** desk
puro(a) pure, fresh (air), (II); plain

Q

que that (I)
qué what; how, (I)
  ¿Qué tal? How are you?, (I)
  ¡Qué... tan...! what a(n) + adjective + person/thing, (II)
  ¡Qué va! No way!, (I)
la **quebrada** ravine, **1.2**
quebrarse (ie) to break, (II)
quedar to stay
  quedar empatado(a) to be tied (sports), (II)
  no quedar más remedio to have no other choice, **2.2**
quedarse to stay, remain; to be (as a reaction to something) (II)
el **quehacer** chore, task, (I)
la **queja** complaint
quejarse to complain, (II)
la **quemadura** burn, (II)
quemarse del sol to get sunburned, (II)
querer (ie) to love, **3.1**; to want, (I)
querido(a) dear, (II)
la **quesería** cheese shop
el **queso** cheese, (I)
¿quién? who?, (I)
quieto(a) still
la **química** chemistry, (I)
el/la **químico(a)** chemist, **4.3**
quince fifteen, (I)
quinientos(as) five hundred, (I)
quinto(a) fifth, (I)
quisiera I/he/she would like, (I)
quitar de encima to free or get rid off, **6.2**
quitarse to remove, take off, (II)
quizás maybe, **6.3**

R

el **rábano** radish, (II)
la **rabia** rage
  rojo(a) de rabia red with rage, (II)
la **rabieta** tantrum, **4.2**
el **racimo** bunch, (II)

el **radiador** radiator, **1.3**
el **radio** radio
  el **radio portátil** portable radio, (II)
  el **radio walkman** walkman radio, **5.1**
la **radio** radio (broadcasting, as a medium), (I)
radioactivo(a) radioactive, **5.2**
la **radiografía** X-ray
  tomar radiografías to take X-rays, (II)
la **rama** branch (tree), (II)
la **rana** frog, (II)
rápidamente quickly, (II)
rápido(a) fast, (II)
raro(a) weird, (I)
  raras veces seldom, **3.2**
rasgado(a) slanted, **6.1**
el **rasgo** feature, **6.1**
el **rato** time, while, **3.3**
el **ratón** mouse, **3.2**
el **ratoncito** mouse, (I)
los **ratos libres** free time, (I)
el **rayo** ray, beam
la **raza** race
razonar to reason, **5.1**
la **realidad** reality, **4.3**
realista realistic
la **realización** production, **1.1**
realizar to do, **2.2**
  realizar encuestas to take opinion polls, **2.2**
realizarse to fulfill, accomplish
rebajar to lower (the price), (II)
rebelde rebel, **4.1**
el **recado** message, (II)
el/la **recepcionista** receptionist, (II)
recetar to prescribe, (II)
recibir to receive, (I)
el **recibo de equipaje** luggage claim ticket, (II)
el **reciclaje** recycle
reciclar to recycle, (II)
el **recipiente** container
la **recitación** recitation
recitar to recite
reclamar to claim (luggage), (II)
recoger to pick up, (II)

recomendable advisable
recomendar (ie) to recommend, (II)
reconcentrado(a) concentrated
recordar (ue) to remember, (I)
  recordar (a) to remind (of), **3.3**
recorrer to tour, travel, **1.2**
la **recreación** recreation, (II)
rectangular rectangular, (I)
recto(a) straight
el **recuerdo** remembrance, **3.3**; memory; souvenir, (I)
el **recurso natural** natural resource, **5.2**
rechazar to reject, resist, **1.2**
el **rechazo** rejection
redondo(a) round, (I)
reducido(a) reduced
reducir (zc) to reduce, (II)
la **referencia** reference
reflejado(a) reflected
reflejar to reflect
reflexivo(a) reflective, thoughtful, **6.1**
reforzar (ue) to reinforce
el **refresco** noncarbonated soft drink, (I)
el **refrigerador** refrigerator, (I)
el **refrigerante** coolant, **1.3**
refugiarse to take shelter, (II)
el **regalo** gift, (I)
regar (ie) to water, (II)
regatear to bargain, (II)
el **regazo** lap, **4.3**
regional regional, **5.2**
la **regla** rule, **2.2**
  la **regla del tránsito** traffic rule, (II)
regresar to return, (I)
el **regreso** return
regular so-so, fair, (I)
la **reina** queen, **1.1**
reírse (i, i) to laugh, (II)
  reírse a carcajadas to laugh uncontrollably, **3.2**
relacionarse to relate (to someone)

la **relajación** relaxation, 2.1
relajado(a) relaxed
el **relámpago** lightning
religioso(a) religious, (II)
el **reloj** clock, (I)
    el **reloj despertador**
        alarm clock, (II)
la **relojería** watch and clock
    store, (II)
el **remedio** remedy, cure, (II)
el **remo** oar, (II)
el **remordimiento** remorse
remoto(a) remote, 1.2
el **renacimiento** rebirth
el/la **repartidor/a** delivery
    person, (II)
el **reparto** distribution
repasar to review, 2.1
el **repaso** review, 2.1
repetir to repeat
replicar to reply
la **reponsabilidad**
    responsibility
el **reportaje** report, special
    feature
reprender to reprimand,
    scold, 6.1
el **reproche** reproach
el **requisito** requirement, 6.3
la **res: la carne de res** beef,
    (II)
resbalarse to slip, (II)
rescatar to rescue, 4.3
el **rescate** rescue
reservado(a) reserved, 6.1
resfriado(a) chilly
    Me siento resfriado(a).
        I have a cold., (II)
resolver (ue) to solve, 5.1
el **respaldo: el respaldo del**
    sillón back of seat
    (chair), 6.3
respetar to respect, to
    obey, (II)
respetarse to respect
    oneself, each other
el **respeto** respect, 3.1;
    faltar el respeto to be
    disrespectful, 3.1
respetuoso(a) respectful,
    4.2
respingado(a) turned up,
    6.1
respirar to breathe, (II)

el **resplandor** glare, light
responder (a) to respond,
    answer, 5.2
responsable responsible
la **respuesta** answer, 2.1
el **restaurante** restaurant, (I)
la **restricción** restriction, 2.2
el **resultado** result, (II)
el **resumen** summary, 2.1
retirarse to leave, 6.2
retorcido(a) twisted
el **retrato** image, 6.1
el **retrete** toilet, (II)
retroceder to go back
la **reunión** get-together,
    meeting, (I)
    la **reunión familiar**
        family get-together,
        (II)
reunirse to get together, (II)
la **revelación** revelation
revelar to reveal
revisar to check, examine,
    (II)
la **revista** magazine, (I)
el **rey** king, 1.1
rezar to pray, 5.3
rico(a) rich, 4.3; tasty, (II)
el **riesgo** risk, 1.2
el **rincón** corner, 6.3
el **río** river, (I)
la **risa** laughter, 1.1
risueño(a) smiling, 6.1
rival rival
rizado(a) curly, (I)
el **robo** robbery, (II)
el **robot** robot, 5.1
el **rocío** dew, 3.3
rodear to surround, 1.2
la **rodilla** knee, (II)
rojo(a) red, (I)
el **rollo** roll
    el **rollo de película** roll
        of film, (II)
romántico(a) romantic, (I)
    el **programa romántico**
        love story, (I)
romper to break up, 3.1; to
    break, (II)
ronco(a) hoarse, (II)
el **ronroneo** purring, (II)
la **ropa** clothes, clothing, (I)
    la **ropa para caballeros**
        men's clothing, (I)

    la **ropa para damas**
        ladies' clothing, (I)
la **rosa** rose, (II)
rosado(a) pink, (I)
el **rostro** face, 3.2
rubio(a) blonde, (I)
la **rueda de repuesto** spare
    tire, 1.3
el **rugido** roaring, (II)
el **ruido** noise, (II)
el **rumor** rumor, 3.1
Rusia Russia, (II)
el **ruso** Russian (language), (I)
ruso(a) Russian, (II)
la **ruta: en ruta** in route, 1.3
la **rutina** routine, 1.2
rutinario(a) adhere to
    routine, 1.2

S

el **sábado** Saturday, (I)
la **sábana** sheet, (II)
saber to know, (I)
la **sabiduría** wisdom, 4.1
sabio(a) wise, 5.3
el **sabor** taste
el **sacapuntas** pencil
    sharpener, 5.1
sacar to take out, (I); to get,
    receive, (II); to extract (a
    tooth), (II)
    sacar la lengua to stick
        one's tongue, 6.2
    sacar buenas notas to
        get good grades, (I)
    sacar el título to get a
        degree (diploma), (II)
    sacar fotos to take
        pictures, (I)
el **saco de dormir** sleeping
    bag, (II)
el **sacrificio** sacrifice
la **sal** salt, (II)
la **sala** living room, (I)
    la **sala de urgencia**
        emergency room, (II)
salado(a) salty, (II)
la **salida** departure, (II); exit
    la **salida de emergencia**
        emergency exit
salir to go out, (I)
    salir bien/mal (en) to
        come out well/badly
        (in), (II)

el **salón** room
  el **salón de juego** game room, (II)
la **salsa** sauce, (II)
  saltar to jump, (I)
  saltar a la cuerda to jump rope, (II)
  saltar las olas to jump, ride the waves, (I)
la **salud** health, (II)
  salvadoreño(a) Salvadoran, (I)
  salvar to save
el/la **salvavidas** lifeguard, (II)
las **sandalias** sandals, (II)
la **sandía** watermelon, (II)
el **sandwich** sandwich, (I)
la **sanidad** health, 5.2
  sano(a) healthy, (II)
la **sartén** frying pan, (II)
la **sastrería** tailor's shop, (II)
  satisfecho(a) satisfied, 6.2
  Saturno Saturn, (II)
el **saxofón** saxophone, (II)
  se: se puede one can, (II)
  se himself, herself, itself, yourself(selves), themselves (reflexive pronoun) (II)
  secar to dry, (II)
  secarse to get dry, (II)
  seco(a) dry, (II)
el/la **secretario(a)** secretary, (II)
el **secreto** secret, (II)
la **sed** thirst, (I)
  tener sed to be thirsty, (I)
la **seda** silk, (I)
la **seda dental** dental floss, (II)
  seguir (i) to follow, (II); to continue, to keep on, (II)
  según according, 2.2
  segundo(a) second, (I)
la **seguridad** safety, (II); security, (II)
  el **cinturón de seguridad** seat belt, (II)
  seguro(a) certain, (I)
  seis six, (I)
  seiscientos(as) six hundred, (I)

la **selección** selection
la **selectividad** selectivity
la **selva** jungle, (II)
el **sello** stamp, (I)
el **semáforo** traffic light, (II)
la **semana** week, (I)
  la **semana pasada** last week, (I)
  la **semana que viene** next week, (I)
la **Semana Santa** Easter Week, (II)
la **semejanza** resemblance
la **senda** route, 1.3
el **senderismo** hiking, 1.2
el **sendero** path
  sensacional sensational, great, 1.1
  sensible sensitive, (II)
el **sensor** sensor, 5.1
  sentarse (ie) to sit down, (II)
el **sentido común** common sense, 5.3
  sentido(a) felt
el **sentimiento** feeling, 1.2
  sentir (ie, i) to be sorry (II)
  sentirse (ie, i) to feel, (II)
la **señal** sign, 1.3
  la **señal del tránsito** traffic sign, 1.3
  las **señales de dirección** turn signals, 1.3
el **señor** Mr., sir, (I)
la **señora** Mrs., ma'am, (I)
la **señorita** Miss, (I)
  separado(a) separated, 2.2
  septiembre September, (I)
  séptimo(a) seventh, (I)
la **sequía** drought, 5.2
  ser to be, (I)
la **serenata** serenade
la **serie** series, 1.1
la **seriedad** seriousness
  serio(a) serious, (II)
la **serpiente** snake, (I)
  servicial diligent, helpful
el **servicio** restroom, (I); service
la **servilleta** napkin, (II)
  servir (i) to serve, (II)
  ¿Para qué sirve? What is it used for?, (I)

  sesenta sixty, (I)
  setecientos(as) seven hundred, (I)
  setenta seventy, (I)
la **severidad** severity
  sexto(a) sixth, (I)
los **shorts** shorts (pants), (I)
  si if, (I)
  si tan sólo if only, 5.1
  sí yes, (I)
el **SIDA** AIDS, 5.3
  siempre always, (I)
la **sierra** mountain range, sierra, (II)
  siete seven, (I)
el **siglo** century
el **signo** sign
  sigue go on, continue (fam., sing., com.)
  sigue derecho go straight (fam., sing., com.), (I)
  Sigue ocupado. It is still busy., (II)
  silbar to whistle, 6.1
el **silencio** silence, (II)
la **silla** chair, (I)
  la **silla de ruedas** wheelchair, (II)
  simpático(a) nice, pleasant, (I)
  simple simple
  a simple vista at a glance
  sin without, (I)
  sin mangas sleeveless, (I)
  sin embargo however, (II)
la **sinagoga** synagogue, (I)
la **sinceridad** sincerity, 3.1
  siniestro(a) sinister
  sino (que) but rather, 6.3
el **síntoma** symptom, (II)
  sobrar to be too much, not be necessary, 6.2
  sobre about, 2.3
  sobre todo especially, 1.1
el **sobre** envelope, (I)
  sobresaliente outstanding
  sobrevivir to survive, 5.2
  sociable sociable, friendly, (I)

el **sofá** sofa, (I)
el **sol** sun, (I)
solar solar, (II)
el **soldado** soldier, 4.3
la **soledad** loneliness
soler (ue) to be in the habit of, 2.1
solicitar to apply for, (II)
la **solicitud** application, (II)
sólo only, 3.1
solo(a) alone, 3.1
solterón old bachelor
la **solución** solution, 5.2
la **sombra** shadow, 3.2
la **sombrilla de playa** beach umbrella, (II)
sombrío(a) dark, somber
someterse a to obey, 2.2
el **sonambulismo** sleepwalking
el/la **sonámbulo(a)** sleepwalker, 5.1
sondar to explore
el **sonido** sound
la **sonoridad** sonority
sonreír (i) to smile, 6.2
la **sonrisa** smile, 3.3
sonrosado(a) rosy, 4.1
soñador/a dreamer, dreamy, 1.2
soñar (ue) con to dream about, (II)
la **sopa** soup, (I)
sórdido(a) sordid, miserable
sordo(a) deaf, 3.3
sorprender to surprise, 1.1
sorprendido(a) surprised, 2.1
la **sorpresa** surprise, 2.1
sortear to avoid, evade
sospechar to be suspicious, 3.2; to suspect, 5.3
el **sótano** basement (of a house), (I)
su his, her, your (formal), their, (I)
suave soft, gentle, 3.3
la **subida** rise
subir to go up, (II)
subir a to get on, to board (bus, train), (II)
súbito(a) sudden

sucio(a) dirty, (II)
sudar to sweat
Suecia Sweden, (II)
sueco(a) Swedish, (II)
la **suela** sole, 6.3
el **sueldo** salary, (II)
el **suelo** soil, 5.2; floor, (II); ground, (II)
el **suelo lunar** moon surface
el **sueño** sleep, (I); dream
tener sueño to be sleepy, (I)
la **suerte** luck, (I)
el **suéter** sweater, (I)
sugerencia suggestion
superarse to get ahead, (II)
superior superior
el **supermercado** supermarket, (I)
la **superpotencia** superpower, 5.2
supersticioso(a) superstitious, (II)
el/la **supervisor/a** supervisor, (I)
el **sur** south, 1.1
el **suspenso** suspense, 1.1; failing grade
el **suspiro** sigh
el **sustantivo** noun
el **susto** scare
dar susto to scare, (II)

T

la **tabla hawaiana** surfboard
practicar la tabla hawaiana to surf, (II)
tacaño(a) stingy, (I)
el **tacto** touch, 3.3
tajante cutting
tal(es) como such as, 5.2
tal vez perhaps, 1.2
el **talento** talent
el **taller** shop
el **taller de reparaciones** repair shop, (II)
el **taller mecánico** car repair shop, 1.3
el **tamaño** size, 5.1
también also, too, (I)
tampoco neither, either, (II)
tan so

tan... como as... as, (I)
tan pronto como as soon as, (II)
el **tanque** tank, 1.3
el **tanto** point (score), (II)
tanto so much
tanto como... as much as..., (I)
tanto(as) so many
tantos(as) como... as many as..., (I)
tapado(a) plugged, (II)
la **nariz tapada** stuffed nose
tapar to fill (a tooth), (II)
tardar en... to take time..., (I)
la **tarde** afternoon, (I)
tarde late, (I)
más tarde later, (II)
la **tarea** homework assignment, (I)
la **tarjeta** card, (I)
la **tarjeta de crédito** credit card, (I)
la **tarjeta de embarque** boarding pass, (II)
la **tarjeta de inmigración** immigration card, (II)
la **tarjeta postal** postcard, (I)
tartamudo(a) stutterer, 6.1
la **taza** cup, (II)
el **té** tea, (I)
te you (fam., pron.), (II)
el **teclado** keyboard
la **técnica** technique, 2.2
tejer to knit, 1.2
la **tele** TV, (I)
ver la tele to watch TV, (I)
el **teléfono** telephone, (I)
el **número de teléfono** telephone number, (I)
hablar por teléfono to talk on the phone, (I)
la **telenovela** soap opera, (I)
el/la **televidente** TV viewer
el **televisor** television (set), (I)
el **tema** (m.) theme, 1.1
temer to be afraid of
el **temor** fear, 5.3

la **temperatura** temperature, (II)

temprano early, (I)

el **tenedor** fork, (II)

tener to have, (I)

tener calor to be hot, (I)

tener celos to be jealous, **3.1**

tener cuidado to be careful, (II)

tener dificultad para to have difficulty with, (II)

tener éxito to be successful, (II)

tener frío to be cold, (I)

tener ganas de to have a desire to, feel like, **2.3**

tener hambre to be hungry, (I)

tener lugar to take place, **1.1**

tener miedo to be afraid, (I)

tener paciencia to be patient, (II)

tener prisa to be in a hurry, (I)

tener que + inf. to have to, (I)

tener rabieta to have temper tantrums, **4.2**

tener sed to be thirsty, (I)

tener sueño to be sleepy, (I)

tener vergüenza to be embarrased, ashamed, (II)

los **tenis** sneakers, (I)

el **tenis** tennis, (I)

la **tensión** tension, **1.2**

tenso(a) smooth

la **tentación** temptation, **3.3**

teñido(a) dyed, **6.1**

el **teorema** theorem, **2.1**

el/la **terapista** therapist, (II)

tercero(a) third, (I)

el **tercio** a third, **5.1**

terco(a) stubborn, (II)

terminar to end, finish, (I)

el **termo** thermos bottle, (II)

la **ternera** veal, (II)

la **ternura** tenderness

el **terremoto** earthquake, (II)

el **terror** horror, (I)

la **película de terror** horror movie, (I)

el/la **tesorero(a)** treasurer, (II)

el **tesoro** treasure, **3.2**; treasure chest, **4.1**

ti you, yourself (prep., pron.)

a ti te gusta you like, (I)

para ti for you

la **tía** aunt, (I)

el **tiburón** shark, **3.2**

el **tiempo** time, (I); weather, (I)

a tiempo on time, (II)

en ese tiempo at that time, **3.2**

el **tiempo completo** full-time work

el **tiempo libre** spare time

el **tiempo parcial** part-time work

la **tienda** store, (I)

la **Tierra** Earth, (II)

la **tierra** land, (II)

tieso(a) straight, **6.1**

el **tigre** tiger, (I)

las **tijeras** scissors, (II)

la **timidez** shyness

tímido(a) timid, shy, (II)

tintinear to ting-a-ling

la **tintorería** dry cleaners, (II)

tiñoso(a) scabby

el **tío** uncle, (I)

los **tíos** aunt(s) and uncle(s), (I)

la **tira cómica** comic strip, (II)

el/la **tirano(a)** tyrant, **6.3**

tirar to throw, (II)

el **títere** puppet, **4.1**

el **titular** headline

el **título** title; degree (academic), (II)

la **toalla** towel, (II)

el **tobillo** ankle, (II)

toca: me (te, le, etc) toca it's up to me (you, him, her, etc), **5.2**

el **tocadiscos compacto** compact disc player, **5.1**

tocar to play (an instrument), (I); to touch

tocarle a uno to be one's turn, **2.3**

el **tocino** bacon, (II)

todavía yet

todavía no not yet, **3.2**

todo(a) every, all, (I); whole

todos los días every day, (I)

tomar to take, (I)

tomar medidas to take measures, **5.2**

tomar algo to drink something, (I)

tomar el pelo to tease, **3.2**

tomar en broma to take as a joke, **2.3**

tomar en serio to take seriously, **2.3**

tomar preso(a) to take prisoner, **4.3**

tomar radiografías to take X-rays, (II)

tomar sol to sunbathe

tomar una decisión to make a decision, (II)

el **tomate** tomato, (I)

la **tonalidad** tonality

el **tono** tone

tonto(a) silly, foolish, (I)

el **tope** top, limit

torcerse (ue) to twist, sprain, (II)

la **tormenta** storm, (II)

el **tornado** tornado, (II)

el **tornillo** screw, **5.1**

el **toro** bull, (II)

la **toronja** grapefruit, (II)

la **torpeza** clumsiness

la **torta** cake, pie, (II)

la **tortuga** turtle, (I)

la **tos** cough, (II)

trabajador/a hardworking, (II)

trabajar to work, (I)

trabajar en equipo to work in a team, **2.3**

el **trabajo** work, job, (I)

el **trabajo de medio tiempo** part-time work, (II)

el **trabajo de tiempo parcial** part-time work, (II)

el **trabajo escrito** composition, **5.1**

traer to bring, (I)
tragar to swallow, (II)
el traje suit, (I)
   el **traje de baño** bathing suit, (I)
el trama plot
tranquilo(a) calm, relaxed, (I)
transatlántico(a) transatlantic
transformado(a) transformed
el tránsito traffic, (II)
el transporte transportation
   el **transporte público** public transportation, (II)
tras after
trasladar to transfer
traspasar to go over
tratar de to try to, (II)
tratar(se) de to be about, 1.1
travieso(a) mischievous, (II)
el trayecto journey
trece thirteen, (I)
treinta thirty, (I)
el tren train, (I)
trenzar to braid
trepar a to climb, (II)
tres three, (I)
triangular triangular, 6.1
el trigo wheat, (II)
el triple, 5.1
la tripulación crew
tripulado(a) manned, 5.3
triste sad, (I)
la tristeza sadness, (II)
la trivialidad triviality
el trofeo trophy, (II)
la trompeta trumpet, (II)
tropezar (ie) to trip over, bump into, 5.1
tropical tropical, (II)
el trozo piece, 5.2
el truco strategy, trick, 2.1
la trucha trout, (II)
tú you (fam.), (I)
tu your, (I)
el tubo tube, 5.1
la tuerca nut (tool), 5.1
el tulipán tulip, (II)
el túnel tunnel, 6.3

la turbulencia turbulence, (II)
turístico(a) of or for a tourist, 1.3
turnarse to take turns
el/la tutor/a tutor

U

ubicar to locate, (II)
últimamente lately
último(a) last, 1.2
   a última hora at the last minute, 2.1
el ulular howling, (II)
un/a a, an; one (I)
   una vez a la semana (al mes, al año) once a week (a month, a year) (II)
único(a) only; unique, (II)
   lo único que faltaba that tops it all, 4.2
el uniforme uniform, 2.2
la universidad university, 2.2
el uno: el uno al otro (la una a la otra) each other, 3.1
uno one, (I)
la uña fingernail, (II)
Urano Uranus, (II)
urgente urgent, (II)
uruguayo(a) Uruguayan, (I)
usar to wear, 2.2; to use, (I)
el uso use, (II)
usted you (formal), (I)
ustedes you (pl.), (I)
útil useful
la uva grape, (II)

V

la vaca cow
las vacaciones vacation, (I)
   ir de vacaciones to go on vacation, (I)
vacilar to hesitate
el vacío(a) empty, void, 3.3
la vacuna vaccine, vaccination, (II)
vago(a) vague
valer to cost, (I)
   valer la pena to be worthwhile, 2.2
   valer la pena to be worth it, (II)

valiente brave, 1.2
valorar to value
la válvula valve
el valle valley, (II)
el vaquero cowboy, 4.1
los vaqueros jeans
la varicela chicken pox, (II)
varios(as) various, several, (I)
la varita wand, 4.3
el varón boy
varonil virile, 3.2
el vaso glass, (II)
las veces: raras veces seldom, 3.2
   a veces sometimes, (I)
el/la vecino(a) neighbor, (I)
el vehículo car
veinte twenty, (I)
la vejez old age, 4.1
la vela sail
el velero sailboat, (I)
   pasear en velero to go sailing, (I)
la velocidad speed, (II)
el velorio wake, vigil
la vena vein
la venda bandage, (II)
vendar to bandage, (II)
el/la vendedor/a salesperson, (II)
vender to sell, (I)
venenoso(a) poisonous, (II)
venezolano(a) Venezuelan, (I)
vengarse to get even, 4.2
venir (ie) to come, (I)
la ventaja advantage, 2.2
la ventana window, (I)
la ventanilla window (plane, bus), (II)
Venus Venus, (II)
ver to see, to watch, (I)
   ver la tele to watch TV, (I)
veraniego(a) pertaining to summer
el verano summer, (I)
¿verdad? right?, (I)
la verdad truth
verde green, (I)
   estar verde unripe
las verduras vegetables, (II)

la **vergüenza** shame
  tener vergüenza to be
    embarrassed, ashamed
el **vestido** dress, (I)
la **vestimenta** wardrobe
  vestirse (i) to get dressed,
  (II)
el/la **veterinario(a)**
  veterinarian, (I)
la **vez** time, (II)
  de una vez once and for
    all, **4.2**
  de vez en cuando once
    in awhile, **3.2**
  en vez de instead of, **5.1**
  tal vez perhaps, **1.2**
  una vez once, (II)
  viajar to travel, (I)
  hacer un viaje to go on
    a trip, (II)
el **viaje** trip, **1.1**
el **viajero: el cheque de**
  viajero traveler's check,
  (I)
las **vías públicas** public
  thoroughfare
el/la **vicepresidente** vice
  president, (II)
la **vida** life, (II)
el **vídeo** video, (I)
la **videocasetera** VCR, (II)
el **videojuego** video game, (I)
el **vidrio** glass (material), (II)
  viejo(a) old, (I)
el **viento** wind (II)
  hace viento it's windy,
    (I)
el **viernes** Friday, (I)
  Vietnam Vietnam, (II)
  vietnamita (m., f.)
    Vietnamese, (II)
la **vigilancia** watch
  vigilar to watch, keep an
    eye
el **vinagre** vinegar, (II)
el **vino** wine
la **violeta** violet, (II)
la **virilidad** virility
la **virtud** virtue, **2.3**
la **visión** vision, **5.3**; eyesight
  visitar to visit, (I)
la **vista** view, (II)
  a simple vista at a
    glance

la **vivencia** personal
  experience
  vivir to live, (I)
  vivo(a) live
  el **vivo retrato** spitting
    image, **6.1**
la **vocación** vocation
el **volante** steering wheel, **1.3**
  volar (ue) con alas delta
    hang gliding, **1.2**
el **volcán** volcano, (II)
el/la **voluntario(a)** volunteer,
  (II)
  volver (ue) to go back
  volverse to become, **1.1**
  volver a to do again, (II)
  volver la espalda (ue)
    to turn one's back, **6.2**
  volver loco(a) to drive
    crazy, **1.1**
  vosotros(as) you (fam., pl),
  (I)
el **voto** vote, (II)
la **voz** voice, (II)
el **vuelo** flight, (II)
  el/la **auxiliar de vuelo**
    flight attendant, (II)
  el **vuelo directo** non
    stop flight, (II)
  el **vuelo libre** flying in
    a glider, **1.2**

Y

  y and, (I)
  ya already, (I)
  ya no not anymore, **3.2**
  yo I, (I)
el **yodo** iodine, (II)
  Yom Kippur Jewish
    holiday, (II)

Z

  zambullirse to dive, (II)
la **zanahoria** carrot, (II)
la **zapata** brake shoe
la **zapatería** shoe store, (II)
los **zapatos** shoes, (I)
el **zodiaco** zodiac
el **zorro** fox, **3.2**
el **zumaque** ivy
el **zumaque venenoso**
  poison sumac, (II)
el **zumbido** buzzing, (II)

Vocabulario inglés-español

The **Vocabulario inglés-español** contains all productive vocabulary from the text. The numbers following each entry indicate the chapter and lesson in which the word is first introduced.

A

abandon abandonar, 3.1
about sobre, 2.3
abroad en el extranjero, 1.1
abruptly abruptamente, 6.3
absence la ausencia, 3.2
abundant abundante, 6.1
accelerator el acelerador, 1.3
to accept aceptar, 5.3
accomplishment la hazaña, 4.1
according to según, 2.2
to act actuar, 5.2
actual actual, 1.1
to achieve lograr, 5.2
to add agregar, 4.2
adolescence la adolescencia, 4.1
advantage la ventaja, 2.2
adventurous aventurero(a), 3.1
aerobics el aerobismo, 1.1
African africano(a), 6.1
after all al fin y al cabo, 6.3
age la edad, 4.1; at ... the age of a los... años, 3.1
old age la vejez, 4.1
aggresive agresivo(a), 6.1
aghast atónito(a), 2.1
to agree estar de acuerdo (con), 2.2; convenir (ie), 3.1
AIDS el SIDA, 5.3
almond-shaped almendrado(a), 6.1
alone solo(a), 3.1
although aunque, 2.2
aluminum el aluminio, 5.2
to amaze asombrar, 6.3
amazement el asombro, 6.2
amusement la diversión, 1.2
angel el ángel, 3.2
anger la furia, 6.2
angry enfadado(a), 2.1
answer la respuesta, 2.1
to answer responder (a), 2.3
answering machine la contestadora telefónica, 5.1
ant la hormiga, 3.2

antenna la antena, 5.1
any cualquier/a, 5.2
anymore: not anymore ya no, 3.2
to appeal to apetecer (zc), 1.1
to appear aparecer (zc), 3.3
appearance la apariencia, 6.3
applicant el/la aspirante, 2.3
apron el delantal, 4.3
Arab árabe, 1.1
to argue discutir, 4.2
argumentative acalorado(a), 6.1
arrogance la altivez, 6.3
arrogant altivo(a), 6.1
arrow la flecha, 4.3
artistic artístico(a), 1.2
as a medida que, 1.2
ash la ceniza, 3.2
Asian asiático(a), 6.1
to ask for preguntar por, 2.3
aspiration la aspiración, 2.3
athlete el/la atleta, 3.2; el/la deportista, 1.2
atmosphere la atmósfera, 5.2
to attack atacar, 4.3
attic el ático, 4.1
attitude la actitud, 1.2
to attract atraer, 1.1
automaton el autómata, robot, 5.1
awhile: once in awhile de vez en cuando, 3.2
awkward desgarbado(a), 6.3

B

back of (chair, seat) el respaldo, 6.3
backward atrás, 6.3
bad malo, 2.1
bad mood el mal ánimo, 2.1; el mal genio, 6.2
bad-tempered malhumorado(a), 1.2
balance el equilibrio, 5.2
baldness la calvicie, 5.3
balloon el globo, 4.1

bang (hair) el flequillo, 6.1
barefoot descalzo(a), 6.1
basic básico(a), 5.2
battery la batería, 1.3
battle la batalla, 5.3
to be about tratar(se) de, 1.1
to be against estar en contra (de), 2.2
to be all the same dar igual, 1.1
to be difficult costar (ue), 2.2
to be disrespectful faltar el respeto, 3.1
to be embarrassed (about) avergonzarse (por) (ue), 3.1
to be in agreement estar de acuerdo (con), 2.2
to be in favor of estar a favor de, 2.2
to be in the habit of soler (ue), 2.1
to be jealous tener celos, 3.1
to be late atrasarse, 2.3
to be on time llegar a tiempo, 2.3
to be one's turn tocarle a uno, 2.3
to be ready estar dispuesto(a), 2.3
to be sorry arrepentirse (ie, i), 4.2
to be suspicious sospechar, 3.2
to be too much sobrar, 6.2
to be very grateful agradecer (zc), 6.1
to be worthwhile valer la pena, 2.2
beautiful hermoso(a), 1.2; bello(a), precioso(a), 3.2
to beautify embellecer (zc), 5.2
to become convertirse (ie, i); hacerse; llegar a ser; volverse (ue), 1.1
to become dumbfounded enmudecer (zc), 6.1
to become familiar familiarizarse, 2.1
to become fat engordar, 1.1
to become furious enfurecerse (zc), 6.1

to **become old** envejecer (zc), 1.1
to **become pale** palidecer (zc), 1.1
to **become red** enrojecerse (zc), 1.1
to **become rich** enriquecerse (zc), 1.1
to **become thin** adelgazar, 1.1
beforehand de antemano, 5.1
beggar el/la mendigo(a), 6.3
to **begin** poner en marcha, 1.3
to **behave** comportarse, 5.1
to **believe oneself to be** creerse, 4.3
bewildered desconcertado(a), 2.1
to **bind** atar, 6.3
biography la biografía, 1.1
to **bite** morder (ue), 4.1
to **bite into** dar un mordiscazo, 6.2
to **bite one's tongue** morderse la lengua, 6.2
bizarre estrafalario, 6.3
bleached oxigenado(a), 6.1
blind ciego(a), 3.2
to **blink** pestañear, 6.2
block: mental block el bloqueo mental, 2.1
to **blow up** estallar, 4.3
blowout el pinchazo, 1.3
bluish azulado(a), 6.1
to **blush** enrojecerse (zc), 6.1
bold arriesgado(a), 1:2
to **borrow** pedir prestado(a), 5.2
boss el/la jefe, 2.3
both ambos(as), 2.2
bow el arco, 4.3
boy el chico, 1.1
brain el cerebro, 5.1
to **brake** frenar, 1.3
brakes los frenos, 1.3
brave valiente, 1.2
to **break up** romper, 3.1
breakdown (car) la avería, 1.3
brick el ladrillo, 5.2
broad amplio(a), 6.1

broken descompuesto(a), 1.3
brook el arroyo, 3.3
broom la escoba, 4.3
brown (hair) castaño(a), 6.1
budget el presupuesto, 1.3
to **bump (into)** tropezar (ie) (con), 5.1
to **burn** arder, 4.1
to **burst out laughing** echarse a reír, 6.1
to **bury** enterrar (ie), 5.2
butterfly la mariposa, 3.3
button el botón, 5.1

C

calm la calma, 2.1
to **keep calm** mantener la calma, 2.1
can opener el abrelatas, 5.1
cancer el cáncer, 5.3
capable capaz, 5.1
cape la capa, 4.3
car el auto, 4.1
  car repair shop el taller mécanico, 1.3
career la carrera, 6.3
careful cuidadoso(a), 1.2
carrousel el carrusel, 4.1
cash el dinero en efectivo, 1.3
to **cast: eyes cast downward** los párpados caídos, 6.2
cave la cueva, 4.1
character el personaje, 1.1; el carácter, 6.1
  main character el/la protagonista, 1.1
to **charge** cargar (la batería), 1.3
to **check** comprobar (ue), 2.1
cheek la mejilla, 4.1
cheerful alegre, 6.1
chemist el/la químico, 4.3
chest el baúl, 4.1
to **chew** masticar, 4.1
childhood la niñez, 4.1
chill el escalofrío, 4.1
to **choose** elegir (i), 2.2; optar por, 2.2
circuit el circuito, 5.1
civil war la guerra civil, 1.1

civilian el/la civil, 5.2
classroom el aula (f.), 2.1
clay el barro, 5.2
clever ingenioso(a), 6.1
climate el clima, 1.2
close: to get close to, near acercarse, 3.2
cloud la nube, 3.3
clown el payaso, 3.2
clue la pista, 2.1
code: in code en clave, 4.1
coeducation la coeducación, 2.2
color: in color a colores, 2.2
commentary el comentario, 1.1
commercial el anuncio comercial, 1.1
to **commit** cometer, 2.1
common común, 5.1
  common sense el sentido común, 5.3
communicative comunicativo(a), 6.1
compact disc player el tocadiscos compacto, 5.1
company la empresa, 2.3
compassion la piedad, 4.3
competitive competitivo(a), 2.2
complicated complicado(a), 1.1
composition el trabajo escrito, 5.1
computer el ordenador, 5.1
to **conceal** ocultar, 3.1
concept el concepto, 2.1
to **confuse** confundir, 2.1
confused confundido(a), 2.1
confusion la confusión, el desconcierto 2.1
conical cónico(a), 5.1
to **consider** considerar, 3.2
considering dado que, 5.2
to **consult** consultar, 2.1
consumption el consumo, 5.2
to **contemplate** contemplar, 3.3
control control, 2.1

cooking la cocina, 1.1
to **cool** enfriar, 1.3
coolant el refrigerante, 1.3
cooperation la cooperación, 5.2
to **coordinate** coordinar, 5.1
corner el rincón, 6.3
to **correct** corregir (i), 5.1
cosmopolitan cosmopolita, 1.2
courage el coraje, 1.2
court la corte de justicia, 5.2
cowboy el vaquero, 4.1
crazy: to drive crazy volver (ue) loco(a), 1.1
to **cram** calentar (ie) el examen, 2.1
to **crawl** gatear, 5.1
craziness la locura, 4.1
crazy: to drive crazy volver (ue) loco(a), 1.1
crevice la grieta, 1.2
crime el delito, 5.3
crow el cuervo, 4.1
crowded atestado(a), 1.2
crown la corona, 4.3
cruel cruel, 3.2
crumb la migaja, 4.1
to **cry: to cry one's eyes out** llorar a gritos, 3.2
to **cultivate** cultivar (tierra), 1.2
cultivation el cultivo, 5.2
culture la cultura, 1.2
to **cure** curar, 4.3
curious curioso(a), 1.2
curled up acurrucado(a), 6.3
curly crespo(a), 6.1
to **curse** maldecir, 4.2
curved (nose) aguileño(a), 6.1
custom la costumbre, 1.2

D

danger el peligro, 5.2
dangerous peligroso(a), 1.2
to **dare** atreverse (a), 1.2
daring atrevido(a), 1.2
dark moreno(a) (skin), 6.1; oscuro(a), 4.3

darkness la oscuridad, 3.2
data los datos, 5.1
dawn el amanecer, 5.3
deadline el plazo, 2.3
deaf sordo(a), 3.3
death la muerte, 3.3
debt la deuda, 5.3
decal la calcomanía, 4.1
to **deceive** engañar, 5.1
deceptive engañoso(a), 3.2
to **decide** decidirse, 2.2
to **declare** alegar, 4.2
to **dedicate** dedicar, 2.1
deep down en el fondo, 6.3
defect el defecto, 2.3
to **defend** defender (ie), 4.3
defined definido(a), 6.1
deflated desinflado(a), 1.3
to **demand** exigir, 4.2
demanding exigente, 1.1
to **deserve** merecer (zc), 1.1
to **design** diseñar, 1.2
desperation la desesperación, 2.1
detail el detalle, 2.2
detest aborrecer (zc), 6.3
to **develop** desarrollar, 1.2
devil el diablo, 1.1
to **devote** dedicar, 2.1
dew el rocío, 3.3
diagram el diagrama, 2.1
difference la diferencia, 5.3
different diverso(a), 2.2
difficult: to be difficult costar (ue), 2.2
to **diminish** disminuir (y), 1.3
disadantage el inconveniente, 2.2
to **disagree with** estar en desacuerdo con, 2.2
to **disappear** desaparecer (zc), 4.3
to **discover** descubrir, 1.2
discussion la discusión, 4.2
disguise: to wear a disguise disfrazar(se), 4.1
to **disgust** dar asco, 1.1
to **dislike** desagradar, 1.1
disorder el desorden, 6.1

displeasure el desagrado, 6.2
disrespectful: to be disrespectful faltar el respeto, 3.1
distant distante, 3.2
diversion la diversión, 1.2
divine divino(a), 4.1
to **do** realizar, 2.2
doctor el/la médico(a), 4.3
documentary el documental, 1.1
double el doble, 5.1
doubt la duda, 6.3; **no doubt about it** no cabe duda, 6.3
dreamer el/la soñador/a, 1.2
dreamy soñador/a, 1.2
to **dress up** disfrazar(se), 4.1
to **drive** conducir(zc), 1.3
driver's license el carnet de conducir, 1.3
drought la sequía, 5.2
drug la droga, 5.3
due to debido a, 5.2
dumbfounded: to become dumbfounded enmudecer (zc), 6.1
dwarf el/la enano(a), 4.3
dyed teñido(a), 6.1

E

each other el uno al otro (la una a la otra), 3.1
early riser madrugador/a, 6.1
east el este, 1.1
to **eat lunch** almorzar (ue), 2.2
eccentric estrafalario, 6.3
ecological vacation el ecoturismo, 1.2
ecology la ecología, 1.2
education la educación, 2.2; la enseñanza, 5.2
effort el esfuerzo, 2.2
to make an effort intentar, 2.1
elders los mayores, 6.1
eldest el/la mayor, 5.2
electricity la electricidad, 5.1

electronic electrónico(a), 5.1

element el elemento, 4.3

elongated alargado(a), 5.1

embarrassed: to be embarrassed (about) avergonzarse (por) (ue), 3.1

empty vacío(a), 3.3

ending el desenlace, 1.1

to **enjoy** disfrutar, 2.2

Enough! ¡Basta!, 4.2

to **enrage** dar rabia, 1.1

enterprise la empresa, 2.3

enterprising emprendedor/a, 1.2

entertaining entretenido(a), 1.1

enthusiastic entusiasta, 1.2; **to be enthusiastic about** entusiasmarse con, 6.3

envious envidioso(a), 6.2

environment el ambiente, 2.2

envy la envidia, 6.2

epidemic la epidemia, 5.2

equipped equipado(a), 2.2

to **erase** borrar, 5.3

error el error, 2.1

to **make errors** cometer errores, 2.1

especially sobre todo, 1.1

espionage el espionaje, 1.1

Europe Europa, 1.1

European europeo(a), 6.1

even: to get even vengarse, 4.2

everywhere por todas partes, 5.1

evil malvado(a), 4.1

exam el examen, 2.1

final exam el examen final, 2.1

midterm exam la prueba bimestral, 2.1

semester exam el examen semestral, 2.1

excited: to become excited about entusiasmarse con, 6.3

to **exhaust** agotar, 5.2

exotic exótico(a), 1.2

to **experience** experimentar, 1.2

explanation la explicación, 6.2

extended alargado(a), 5.1

eyebrow la ceja, 6.1

eyelash la pestaña, 6.1

eyelid el párpado, 6.2

eyes: eyes cast downward los párpados caídos, 6.2

F

face el rostro, 3.2

to **face** enfrentar(se), 5.1

facility la instalación, 2.2

fact el hecho, 5.2

fad: latest fad la última novedad, 1.2

failure el fracaso, 5.3

fairy el hada (f.), 1.1

fairy tale el cuento de hadas, 1.1

faithful fiel, 3.1

familiar: to become familiar with familiarizarse con, 2.1

famous famoso(a), 1.1

fan el abanico, 4.3

fantasy la fantasía, 4.3

far: to go far away alejarse, 1.2

farewell la despedida, 2.2

fat la gordura, 5.3

to **get fat** engordar, 1.1

favor: to be in favor of estar a favor de, 2.2

fear el temor, 5.3

feature el rasgo, 6.1

fed up harto(a), 1.2

to **feel** experimentar, 1.2

to **feel like** tener ganas de, 2.3

feeling el sentimiento, 1.2

ferocious feroz, 4.3

field la pradera, 1.2

to **fight** luchar, 4.3

figure el muñeco, 1.2

to **file** archivar, 5.1

filter el filtro, 1.3

to **fill up** llenar, 1.3

to **find out** averiguar, 2.3

fire el incendio, 5.2

first: in the first place en primer lugar, 2.2

first rate de primera, 1.1

first-run film el estreno, 1.1

to **fit** caber, 2.2

flame la llama, 3.2

flat chato(a), 6.1

to **flirt** coquetear, 3.2

floral arrangement el arreglo floral, 1.2

to **fly** volar (ue), 4.1

flying in a glider el vuelo libre, 1.2

food la alimentación, 5.2

to **fool** engañar, 5.1

foot la pata (de un animal o cosa), 5.1

forehead la frente, 6.1

foreign ajeno(a), 4.3

foresight la previsión, 6.3

forest la arboleda, 1.2

forgetfulness el olvido, 3.3

to **forgive** disculpar, 4.2

forgiving perdonador/a, 4.3

formative formativo(a), 2.2

fort el fuerte, 4.3

forward adelante, 6.3

fossil fósil, 5.2

fourth el cuarto, 5.1

fox el zorro, 3.2

fragment el fragmento, 5.2

fragrant oloroso(a), 3.3

frankness la franqueza, 6.3

free gratis, 2.2

freedom la libertad, 2.2

freshman el/la alumno(a) principiante, 2.2

friendly amistoso(a), 1.2

friendship la amistad, 3.1

to **frighten** asustar, 3.2; dar miedo, 1.1

from desde, 3.3

to **frown** fruncir las cejas, 6.2

frustration la frustración, 2.1

fuel el combustible, 5.2

full (lips) carnoso(a), 6.1

furious furioso(a), 2.1

furious with myself
furioso(a) conmigo
mismo(a), **2.1**
to become furious
enfurecerse (zc), **6.1**
future el futuro, **1.1**; el
porvenir, **5.2**

G

game el juego, **4.1**
garage el garaje, **4.1**
garbage el desperdicio, **5.2**
general: in general por lo
general, **3.2**
gentle suave, **3.3**
to **get angry** enfadarse, **2.2**
to **get even** vengarse, **4.2**
to **get involved** enrollarse,
3.1
to **get rid of** deshacerse de,
3.1
to **get rid of** quitar de encima,
6.2
to **get sick** enfermarse, **2.2**
to **get together** juntarse
ghost el fantasma, **4.3**
giant el gigante, **3.2**
gifted genial, **4.1**
girl la chica, **1.1**
given that dado que, **5.2**
glance la mirada, **3.3**
glider: flying a glider el
vuelo libre, **1.2**
glorious glorioso(a), **6.3**
to **go** marcharse, **6.3**
to **go far away** alejarse,
1.2
to **go off on a tangent**
perder (ie) el hilo, **2.3**
to **go on a trip** hacer un
viaje, **1.2**
goal la meta, **2.2**
goddess la diosa, **3.2**
golden dorado(a), **3.3**
to **gossip** chismear, **6.2**
gossip el chisme, **3.2**
gossipy chismoso(a), **3.2**
graduate el/la
graduado(a), **2.2**
grass la hierba, **5.2**
grateful: to be grateful
agradecer (zc), **6.1**
gray hair canoso(a), **4.1**
group el grupo, **6.3**

gruñir to grumble, **4.2**
guess la adivinanza, **2.1**
gum el chicle, **4.1**
gypsy gitano(a), **1.2**

H

hair el cabello, **3.2**
half la mitad, **5.1**
hang gliding volar (ue) con
alas deltas, **1.2**
hanging out with liado(a)
con, **6.1**
happy feliz, **6.1**
to **have a good time** pasarlo
bien, **3.1**
to **have a desire to** tener
ganas de, **2.3**
to **have all one can take**
estar hasta la corona, **4.2**
to **have available** disponer
de, **2.3**
to **have no other choice** no
quedar más remedio, **2.2**
to **have temper tantrums**
tener rabieta, **4.2**
health la sanidad, **5.2**
heartbeat el latido, **4.1**
height la estatura, **5.1**
helplessness el delito, **5.3**
hen la gallina, **3.2**
herself sí misma, **3.1**
to **hide: to hide one's
feelings** disimular, **3.2**
highway la autopista, **1.3**
hiking el senderismo, **1.2**
hill el cerro, **1.2**
himself sí mismo, **3.1**
Hispanic hispano(a), **1.1**
historic histórico(a), **1.1**
to **hit** dar un golpazo, **6.2**
hobby la afición, **2.3**
homebody hogareño(a),
1.2
hope la esperanza, **5.3**
horizon el horizonte, **1.2**
hospitable hospitalario(a),
4.3
hostile ajeno(a), **4.3**
however no obstante, **2.2**
to **hug** abrazar, **3.1**
hunched encorvado(a), **4.1**
hunter el/la cazador/a, **4.3**
to **hurt** hacer daño, **4.2**; herir
(ie, i), **5.3**

I

idea la idea, **1.2**
to **identify** identificar, **1.3**
if only si tan sólo, **5.1**
to **ignore** ignorar, **3.1**
illiteracy el analfabetismo,
5.2
image la imagen, **2.3**; el
retrato, **6.1**
spitting image el vivo
retrato, **6.1**
imaginative
imaginativo(a), **1.2**
to **imagine** imaginarse, **4.3**
imbalance el desequilibrio,
4.1
to **imitate** imitar, **5.1**
immortality la
inmortalidad, **5.3**
impatience la impaciencia,
2.1
impulsive impulsivo(a), **1.2**
in: in other words es
decir, **2.2**
independent
independiente, **1.2**
to **indicate** indicar, **6.2**
indifference la
indiferencia, **6.3**
infancy la infancia, **4.1**
infinity la infinidad, **5.1**
information la
información, **5.1**
ingenious genial, **4.1**
to **inherit** heredar, **5.2**
injustice la injusticia, **5.3**
insensitivity la dureza, **4.3**
inside por dentro, **6.3**
to **insist (on)** insistir (en), **4.2**
insolent descarado(a), **6.3**
instead of en vez de, **5.1**
insulted ofendido(a), **6.2**
interest el interés, **5.2**
to **interrogate** interrogar, **6.2**
to **interrupt** interrumpir, **4.2**
intersection el cruce de
caminos, **1.3**
intuitive intuitivo(a), **1.2**
iron el hierro, **5.2**
to **irritate** irritar, **1.1**
irritation la irritación, **2.1**
isolated aislado(a), **1.2**
isolation el aislamiento,
5.2

J

jack el gato, 1.3
jail la cárcel, 5.3
jaw la mandíbula, 5.1
jealous celoso(a), 1.2,
  to be jealous
  tener celos, 3.1
jealousy los celos, 3.1
jingle bell el cascabel, 4.1
joke la broma, 6.2
joy stick la palanca
  de mando, 5.1
to **judge** juzgar, 5.3
judgement el juicio, 4.3

K

to **keep quiet** callarse, 3.2
to **keep an eye on** dar un
  vistazo, 6.2
to **keep awake** desvelar, 6.1
to **keep calm** mantener la
  calma, 2.1
to **keep in touch** mantenerse
  en contacto, 3.1
king el rey, 1.1
to **kiss** besar, 3.1
kiss el beso, 3.3
to **knit** tejer, 1.2

L

laboratory el laboratorio,
  2.2
lack (of) la escasez (de),
  5.2; falta de, 6.3
lame cojo(a), 6.1
land la tierra, 1.2
lane el carril, 1.3
languid lánguido(a), 6.1
lap el regazo, 4.3
laser printer la impresora
  de rayos láser, 2.2
to **last** durar, 3.1
  last último(a), 1.2
  at the last minute a
  última hora, 2.3
  late: to be late atrasarse,
  2.3
to **laugh uncontrollably**
  reírse a carcajadas, 3.2
laughter la risa, 1.1
layer capa, 5.2
laziness la pereza, 5.3
lazy flojo(a), 3.2;
  haragán(ana), 6.3

to **leave** retirarse, 6.2
to **leave alone** dejar en
  paz, 4.2
to **leave behind** dejar
  atrás, 1.2
leg (of an insect) la
  patita, 4.1
legend la leyenda, 1.1
lejano(a) far away, 1.2
to **let** dejar, 6.2
to **let one's guard down**
  bajar la guardia, 2.3
level el nivel, 1.3
license plate la placa, 1.3
to **lie** mentir (i, ie), 2.3
light la claridad, 3.2;
  claro(a) (color), 6.1
light-hearted liviano(a),
  1.1
limitation la limitación, 2.2
lip el labio, 3.3
liquid el líquido, 1.3
to **live together** convivir, 5.3
to **lock oneself in**
  encerrar(se) (ie), 4.2
lollipop el chupa-chup, 4.1
look la apariencia, 6.3; la
  mirada, 6.1
to **look daggers at** clavar
  la mirada con saña, 6.2
to **look like** ser parecido(a) a,
  6.1
to **lose one's temper**
  perder(ie) los estribos, 6.2
to **love** amar; querer (ie), 3.1
to **lower** bajar, 6.2
loyalty la lealtad, 6.3
luxurious lujoso(a), 1.2
lynx el lince, 4.1

M

machine la máquina, 5.1
magic la magia, 4.3
magnitude la magnitud,
  5.2
main principal, 1.1
to **make a budget** hacer un
  presupuesto, 1.3
to **make an effort to**
  intentar, 2.1
to **make dizzy** dar vértigo,
  4.1
to **make fun of** burlarse de,
  3.2

to **make laugh** dar risa, 1.1
to **make one yawn** dar
  bostezos, 1.1
to **make repairs** hacer
  reparaciones, 1.3
to **make reservations** hacer
  reservaciones, 1.3
to **make sad** dar pena, 1.1
to **make up** hacer las paces,
  4.2
to **manipulate** manipular, 6.2
match el fósforo, 5.2
**matter: as a matter of
  fact** de hecho, 6.3
to **matter** importar, 1.1
  to **not matter** dar igual,
  1.1
maturity la madurez, 2.3
maybe quizá, 6.3
means: by means of
  mediante, 5.1
**meantime: in the
  meantime** mientras
  tanto, 5.1
medium mediano(a), 6.1
melodrama el melodrama,
  1.1
mess el desorden, 6.1
message el mensaje, 3.3
metallic metálico(a), 5.1
microwave oven el horno
  de microondas, 5.1
military personnel el/la
  militar, 5.2
mind la mente, 6.1
miracle el milagro, 5.3
mischievous travieso(a),
  3.2
misery la miseria, 5.3
mishap el percance, 1.3
to **miss** añorar, 4.3
to **mix** mezclar, 4.3
monosyllable el
  monosílabo, 2.2
monster el monstruo, 3.2
monthly allowance la
  mesada, 4.2
moocher el/la mendigo(a),
  6.3
mountain biking el
  ciclismo a campo, 1.2
mountain side la ladera,
  1.2
mouse el ratón, 3.2

to **move** mover(se) (ue), **5.1**
to **move one's head up
    and down** inclinar la
    cabeza, **6.2**
murderer el/la asesino(a),
    5.3
musculature la
    musculatura, **6.1**
mute mudo(a), **6.1**
mystery el misterio, **1.1**

N

narrow angosto(a), **6.1**
nation el pueblo, **5.3**
native indígena, **6.1**
natural resource el
    recurso natural, **5.2**
nature la naturaleza, **5.2**
**necessary: to not be
    necessary** sobrar, **6.2**
need la necesidad, **5.2**
neither... nor ni... ni, **6.1**
nervousness el
    nerviosismo, **2.1**
nightmare la pesadilla, **2.1**
north el norte, **1.1**
nosy entremetido(a), **1.2**
note el apunte, **2.1**; la nota,
    4.1
to **notice** fijarse, **3.2**; notar,
    6.3
nuclear nuclear, **5.2**
nut la tuerca, **5.1**

O

to **obey** someterse, **2.2**
obligation la obligación,
    2.2
to **occur** ocurrir, **5.2**
to **offer** mostrar (ue), **5.2**
often a menudo, **2.1**
oil el aceite, **1.3**
old age la ancianidad, **5.3**
old person el/la
    anciano(a), **6.3**
olive-colored oliváceo(a),
    6.1
on the other hand en
    cambio, **2.2**
once: once and for all de
    una vez, **4.2**
    once in awhile de vez
        en cuando, **3.2**
one-armed manco(a), **6.1**

oneself sí mismo(a), **3.1**
only sólo, **3.1**
to **operate** operar, **4.3**
opinion poll la encuesta de
    opinión, **2.2**
optimistic optimista, **1.2**
option la opción, **2.2**
ordinary corriente, común,
    5.1
Oriental oriental, **1.1**
Oscar award el Oscar, **1.1**
other: each other el uno
    al otro (la una a la otra),
    3.1
    in other words es
        decir; **2.2**
outer space el espacio, **1.1**
outline el esquema, **2.1**
outlined dibujado(a), **6.1**
"Outward Bound" la
    aventura-supervivencia,
    1.2
oven el horno, **5.1**
to **overwhelm** ahogar, **6.3**
own propio(a), **1.2**
ozone ozono, **5.2**
    ozone layer la capa de
        ozono, **5.2**

P

Pacific Ocean el Pacífico,
    1.1
paid pagado(a), **2.2**
pain el dolor, **3.3**
painted pintado(a), **4.1**
pale: to become pale
    palidecer (zc), **6.1**
pampered mimado(a), **6.3**
paradise el paraíso, **1.2**
parrot el loro, **3.2**
part la parte, **2.2**
to **pass** adelantarse, **1.3**;
    pasar, **3.3**
past el pasado, **1.1**
pasture la hierba, **5.2**
to **pay: to pay attention**
    hacer caso, **3.2**
peace la paz, **3.3**
peel la cáscara, **5.2**
pencil sharpener el
    sacapuntas, **5.1**
pensive pensativo(a), **4.1**
people el pueblo, **5.3**

perhaps tal vez, **1.2**; acaso,
    5.3
pessimistic pesimista, **1.2**
pet: exotic pet animalito
    exótico, **1.2**
phenomenal fenomenal,
    1.2
phobia la fobia, **5.3**
piece el pedazo, **4.1** el
    trozo, **5.2**
pig el cerdo, **3.2**
pile el montón, **5.2**
pirate el pirata, **4.3**
plan el plan, **6.3**
to **plan** planificar, **1.3**
to **plant** plantar, **5.2**
to **play the role** hacer el
    papel, **2.3**
pleasant placentero(a),
    1.2; afable, **6.1**
pleasure el placer, **4.1**
pliers los alicates, **1.3**
to **plug (in)** enchufar(se), **5.1**
poem el poema, **1.1**
poet el/la poeta, **3.3**
to **point** apuntar, **6.2**
point of view el punto de
    vista, **2.2**
to **poison** envenenar, **5.2**
poisonous venenoso(a),
    4.3
to **poke: to poke with an
    elbow** dar un codazo,
    6.2
political commentary el
    comentario político, **1.1**
to **pollute** contaminar, **5.2**
to **postpone** posponer, **2.3**
potion la poción, **4.3**
poverty la pobreza, **5.3**
powerful poderoso(a), **5.1**
to **pray** rezar, **5.3**
precious precioso(a), **3.2**
precocious precoz, **4.1**
prejudice el perjuicio, **1.2**
preparations los
    preparativos, **1.3**
presence la presencia, **3.2**
present el presente, **1.1**
to **press** apretar (ie), **5.1**
press la prensa, **5.2**
to **pressure** presionar, **4.2**
to **pretend** disimular; fingir (j),
    3.2

to **prevent** prevenir, 5.2
prince el príncipe, 3.2
princess la princesa, 3.2
printer la impresora, 2.2
privilege el privilegio, 2.2
production la producción; la realización, 1.1
prominent destacado(a), 1.1
to **propose** proponer, 5.3
proud orgulloso(a), 1.2
punctuality la puntualidad, 2.3
to **punch** dar un puñetazo, 6.2
to **punish** castigar, 4.1
puppet el títere, 4.1
to **push** empujar, 4.2
to **push with the hip** dar un caderazo, 6.2
to **put one's foot in one's mouth** meter la pata, 3.1
to **put in one's head** meterse en la cabeza, 2.2

Q

to **quarrel** pelearse, 3.1
queen la reina, 1.1

R

radar detector el detectarradar, 5.1
radiator el radiador, 1.3
radioactive radioactivo(a), 5.2
rage la rabia, 1.1
rainbow el arco iris, 3.3
to **raise** alzar, 6.2
rascal pícaro(a), 4.1
rather: but rather sino (que), 6.3
to **rave: to rave about** hacerse lenguas de, 6.2
ravine la quebrada, 1.2
to **reach** alcanzar, 3.3
reading la lectura, 2.1
ready: to be ready estar dispuesto(a) (a), 2.3
reality la realidad, 2.2
to **reason** razonar, 5.1
rebel rebelde, 4.1
to **record** grabar, 5.1
to **reflect** contemplar, 3.3
reflective reflexivo(a), 6.1

to **refuse** negarse (ie) (a), 4.2
regarding en cuanto a, 2.2
regional regional, 5.2
to **reject** rechazar, 1.2
relaxation la relajación, 2.1
relief el alivio, 6.2
to **rely on** acudir, 2.1; contar (ue) con, 3.1
remarkable fenomenal, 1.2
remembrance el recuerdo, 3.3
to **remind (of)** recordar (a), 3.3
remote remoto(a), 1.2
to **reprimand** reprender, 6.1
requirement el requisito, 6.3
to **rescue** rescatar, 4.3
to **resemble** ser parecido(a) (a), 6.1
reserved reservado(a), 6.1
to **respect** respetar, 3.1
respectful respetuoso(a), 4.2
to **respond** responder (a), 5.2
rest el descanso, 1.2
restless inquieto(a), 6.1
restriction la restricción, 2.2
result el resultado, 2.2
retirement la jubilación, 5.3
review el repaso, 2.1
to **review** repasar, 2.1
rich rico(a), 4.3
  to become rich enriquecerse (zc), 1.1
right el derecho, 2.2
rind la cáscara, 5.2
risk el riesgo, 1.2
road el camino, 1.3
robot el robot, 5.1
rock la peña, 1.2
rocket el cohete, 5.3
role el papel, 1.1
  to play the role hacer el papel, 1.1
rosy sonrosado(a), 4.1
route la senda, 1.3
  en route en ruta, 1.3
routine la rutina, 1.2; rutinario(a), 1.2

to **ruin** estropear, 2.3
rule la regla, 2.2
rumor el rumor, 3.1
to **run errands** hacer mandados, 6.1

S

same mismo(a), 2.2
satisfied satisfecho(a), 6.2
say: what people will say el qué dirán, 6.3
scarcely apenas, 6.1
to **scare** espantar, 4.3
scenery el paisaje, 1.2
to **scold** reprender, 6.1
to **scream** chillar, 4.2
screw el tornillo, 5.1
screwdriver el destornillador, 1.3
scholarship la beca, 2.2
seaside resort el balneario, 1.2
to **seem** parecer (zc), 1.1
seldom raras veces, 3.2
selfishness el egoísmo, 3.1
selflessness el desinterés, 5.2
to **send** enviar, 2.2
senility ancianidad, 5.3
sensational sensacional, 1.1
sensible juicioso(a), 6.3
sensor el sensor, 5.1
separated separado(a), 2.2
sequel la continuación, 1.1
series la serie, 1.1
set in ambientado(a), 1.1
to **sew** coser, 1.2
shadow la sombra, 3.2
to **shake** menear, 6.2
shark el tiburón, 3.2
sharp agudo(a), 6.1
ship la nave, 4.3
to **shoot** disparar, 4.3
to **show** demostrar (ue), 2.3; mostrar (ue), 5.2; indicar, 6.2
  to show up at presentarse (a), 2.3
to **shrug** encogerse de hombros, 6.2
side la cara, 2.2
to **sigh** dar un suspiro, 6.2

sign la señal, 1.3
silence el silencio, 3.3
silk la seda, 3.2
sincerity la sinceridad, 3.1
sinful pecador/a, 4.1
single sex education la educación separada, 2.2
size el tamaño, 5.1
to **slam** dar un portazo, 6.2
slanted rasgado(a), 6.1
slave el/la esclavo(a), 5.1
sleep el sueño, 3.3
sleepwalker el/la sonámbulo(a), 5.1
slow lento(a), 3.2
smile la sonrisa, 3.3
smiling risueño(a), 6.1
smooth estirado(a), 4.1
snail el caracol, 3.2
snake la culebra, 3.2
to **snoop** curiosear, 4.1
soft suave, 3.3
soil el suelo, 5.2
to **soil** ensuciar, 5.2
soldier el soldado, 4.3
solution la solución, 5.2
to **solve** resolver (ue), 5.1
song la canción, 3.3
sorry arrepentido(a), 6.2
  to be sorry arrepentirse (ie, i), 4.2
soul el alma (f.), 3.1
source la fuente, 5.2
south el sur, 1.1
spare time el ocio, 1.1
spare tire la rueda de repuesto, 1.3
spark plug la bujía, 1.3
special especial, 5.1
special effects los efectos especiales, 1.1
spectacular espectacular, 1.1
speed limit el límite de velocidad, 1.3
spirit el espíritu, 4.3
spite: in spite of a pesar de (que), 6.3
splinter la astilla, 5.2
spoiled mimado(a), 6.3
sports facility la instalación deportiva, 2.2
to **spread** derramar, 5.3
stain la mancha, 5.2

to **stand out** destacar(se), 5.3
to **stare** clavar la mirada, 6.2
to **start the engine** arrancar el motor, 1.3
to **state** alegar, 4.2
to **steal** robar, 4.1
steel el acero, 5.2
steering wheel el volante, 1.3
to **step on** pisar, 5.2
to **stick: to stick out one's tongue** sacar la lengua, 6.2
to **stop** dejar de + inf., 2.1
to **store** almacenar, 5.1
story el argumento; la historia, 1.1
straight derecho, 4.1; tieso(a), 6.1; **(hair)** liso(a), 6.1
strategy el truco, 2.1
straw la paja, 5.2
  the final straw el colmo, 4.2
strike la huelga, 5.3
strong fuerte, 1.2
student el/la alumno(a), 2.2
stupidity la estupidez, 6.3
stutterer tartamudo(a), 6.1
successful exitoso(a), 1.1
such as tal(es) como, 5.2
to **sulk** amurrarse, 4.2
summary el resumen, 2.1
superpower la superpotencia, 5.2
support el apoyo, 4.1
surprise la sorpresa, 2.1
to **surprise** sorprender, 1.1
surprised sorprendido(a), 2.1
to **surround** rodear, 1.2
surroundings los alrededores, 5.2
to **survive** sobrevivir, 5.2
to **suspect** sospechar, 5.3
suspense el suspenso, 1.1
suspicious: to be suspicious sospechar, 3.2
sweet dulce, 4.3
to **swim** bañarse, 5.2
swing el columpio, 4.1
sword la espada, 4.3

T

to **take a look** echar una mirada, 6.2
to **take a nap** echarse una siesta, 6.3
to **take a trip** emprender viaje, 1.3
to **take as a joke** tomar en broma, 2.3
to **take charge** hacerse cargo de, 4.2
to **take measures** tomar medidas, 5.2
to **take opinion polls** realizar encuestas, 2.2
to **take place** tener lugar, 1.1
to **take prisoner** tomar preso(a), 4.3
to **take risks** correr riesgos, 1.2
to **take seriously** tomar en serio, 2.3
tank el tanque, 1.3
tape la cinta, 4.1
taste el sabor, 6.2
tax el impuesto, 5.3
tear la lágrima, 3.2
tears el llanto, 4.3
to **tease** tomar el pelo, 3.2
technique la técnica, 2.2
television la pantalla chica, 1.1
temper tantrum la rabieta, 4.2
temptation la tentación, 3.3
tension la tensión, 1.2
terrific fenomenal, 1.2
to **terrify** dar terror, 1.1
test la prueba, 1.2
to **test** poner a prueba, 1.2
theme el tema, 1.1
theorem el teorema, 2.1
there ahí, 6.1
thief el/la ladrón(ona), 5.3
thin (eyebrows) escaso(a), 6.1
thin: to become thin adelgazar, 1.1
thin (lips) fino(a), 6.1
third el tercio, 5.1
thought el pensamiento, 3.3
thoughtful reflexivo(a), 6.1

to **threaten** amenazar, **4.2**
to **throw** arrojar, **5.2**
    to **throw out** echar a la
    calle, **4.2**; botar, **5.2**
to **tie** atar, **6.3**
    time el rato, **3.3**
    at that time en aquel
    entonces; en ese
    tiempo, **3.2**
    on time a tiempo, **2.3**
    tiny minúsculo(a), **5.1**
    tire el neumático, **1.3**
    tire pressure la presión,
    1.3
    tissue el pañuelo de
    papel, **4.1**
    together juntos(as), **2.2**
to **tolerate** aguantar, **6.2**
    tool la herramienta, **1.3**
    tops: that tops it all lo
    único que faltaba, **4.2**
    touch el tacto, **3.3**
to **tour** recorrer, **1.2**
    tourist: of or for a tourist
    turístico(a), **1.3**
    toward hacia, **3.3**
    traffic la circulación, **1.3**
    traffic sign la señal de
    tráfico, **1.3**
to **travel** recorrer, **1.2**
    treasure el tesoro, **3.2**
    triangular triangular, **6.1**
    trick el truco, **2.1**
    trip el viaje, **1.1** ·
    to **trip (over)** tropezar
    (ie) (con), **5.1**
    triple el triple, **5.1**
    tripulado(a) manned, **5.3**
    trunk el maletero **(of car)**,
    1.3; el baúl **(chest)**
to **trust** confiar en, **3.1**
    trust la confianza, **6.2**
    tube el tubo, **5.1**
    tunnel el túnel, **6.3**
to **turn to** acudir, **2.1**
    to **turn one's back**
    volver la espalda, **6.2**
    to **turn around** darse la
    media vuelta, **6.2**
    turn signals las señales de
    dirección, **1.3**
    turned up (nose)
    respingado(a), **6.1**
    twin el/la gemelo(a), **6.1**

U

unemployed
    desempleado(a), **5.2**
unemployment el
    desempleo, **5.3**
unfair injusto(a), **4.2**
unforgettable inolvidable,
    1.2
uniform el uniforme, **2.2**
university la universidad,
    2.2
unknown desconocido(a),
    1.2
up: it's up to me (you,
    him, her, etc) Me (Te, le,
    etc) toca, **5.2**
to **use (up)** gastar, **5.1**
usually de costumbre, **3.2**;
to **usually (do something)**
    soler (ue) (+ inf), **2.1**

V

vast ancho(a), **4.3**
virile varonil, **3.2**
virtue la virtud, **2.3**
vision la visión, **5.3**
void vacío(a), **3.3**
volunteer el/la
    voluntario(a), **5.2**

W

walkman radio el radio
    walkman, **5.1**
wall: city wall la muralla,
    5.2
wand la varita, **4.3**
war la guerra, **1.1**
to **warn** amonestar, **4.2**
to **waste** derrochar, **5.2**
waste el desecho, **5.2**
wavy ondulado(a), **6.1**
weakness la debilidad, **6.2**
weapon el arma (f.), **5.3**
to **wear** usar, **2.2**
weariness el cansancio,
    2.1
well: as well as así como,
    5.3
well-being el bienestar,
    5.3
west el oeste, **1.1**
which? ¿cuál(es)?, **5.2**
while mientras, **3.2**; el rato,
    3.3

to **whine** lloriquear, **4.2**
to **whistle** silbar, **6.1**
    willing dispuesto(a), **2.3**
    windshield el parabrisas,
    1.3
    windshield wiper el
    limpiaparabrisas, **1.3**
    wing el ala (f.), **5.1**
to **wink** guiñar el ojo, **6.2**
    winning ganador/a, **1.1**
    wire el alambre, **5.1**
    wisdom la sabiduría, **4.1**
    wise sabio(a), **5.3**
    wish el deseo, **6.3**
    witchcraft la brujería, **1.1**
to **work: to work as a team**
    trabajar en equipo, **2.3**
    worm el gusano, **3.2**
    worthwhile: to be
    worthwhile valer la
    pena, **2.2**
to **wrap oneself up**
    envolver(se) (ue), **4.3**
    wrapping la envoltura, **5.2**
    wrench la llave inglesa, **1.3**
    wrinkled arrugado(a), **4.1**

Y

yawn el bostezo, **1.1**
yet: not yet todavía no,
    3.2
to **yield: to yield the right of**
    way ceder el paso, **1.3**
youth la juventud, **4.1**